浙江大学"211"工程重点建设项目

浙江大学侨福建设基金资助出版

明清浙籍曲家考

汪超宏 ◎ 著

ZHEJIANG UNIVERSITY PRESS
浙江大学出版社

序

曾永义

在戏曲学术界，无人不知汪超宏先生，无人不从他的《明清曲家考》受惠良多。

读书做学问，汪先生选择了最扎实最下工夫的门路，去梳理典籍，去挖掘问题，从而彰显了古人的潜德幽光，从而论定了学术上的许多疑惑。

我真不知道汪先生如何去搜罗那么多"名不见经传"的曲家，从府县志里，从诗文中，乃至从笔记丛诔里来建构他们的生平，来证据他们的事迹。可以想见他坐拥书城，为天下人读书的辛勤。

戏曲学术，迄今不过百年，有待开发的园地尚多。而其间沃野纵横，只要用心用力下锄，即可开花结果。我很欣赏、很佩服汪先生选择了曲家、曲籍这块园地，一锄一锄地用心用力垦殖，所以能开出结成《明清曲家考》那样的繁花硕果。而今他又将近年对明清浙籍曲家研究的论文，结集为《明清浙籍曲家考》，考证田艺蘅、屠隆、叶宪祖、徐士俊、卓人月、范性华、沈谦、李渔、高宗元、吴锡麒，以及十四位嘉兴曲家生平事迹和论述其曲作。我还是同样佩服他的坚实，几于无懈可击。

多承汪先生雅雯，要我为他的新书写序。本来想好好的"先睹为快"，把读后心得仔细写出来。只是生性疏懒，日月蹉跎，直到眼前新书即将出炉，催序孔急，只好将我对汪先生的治学和著作的总体观感作此短文来搪塞，我深知汪先生会失望，读者诸君也会不满。但为之奈何？我只能在此鞠躬，说声抱歉罢了！

2008 年 6 月 10 日晨

于台湾大学长兴街宿舍

目　　录

田艺蘅的生卒年与曲作

　　田艺蘅,字子艺,钱塘(今浙江杭州)人。以岁贡生为徽州训导,罢归。博学善属文。有《大明同文集》、《田子艺集》、《留青日札》、《煮泉小品》、《老子指玄》等。《康熙钱塘县志》卷二二《人物·文苑》、钱谦益《列朝诗集小传》丁集中、《明史》卷二八七有其小传。[①] 关于其生卒年,齐森华等先生主编《中国曲学大辞典》、张㧑之、沈起炜、刘德重主编《中国历代人名大辞典》等有影响的工具书均云不详。[②] 最近,浙江大学硕士生王宁同学的学位论文《田艺蘅研究》根据田艺蘅《香宇集》卷三《哀母》"甲申季春,九日之巳。伯氏梦征,举于小子"和范禹臣《刻田子〈甲寅稿〉叙》"岁在甲寅,田子年盖三十有一"等材料,考知其生于嘉靖三年甲申(1524)三月初九,可从。但其云田艺蘅"何时过世,实无可考",王祖嫡《田子艺六秩寿序》是"有关田艺蘅的最后记载",[③]则显误。

　　王祖嫡《田子艺六秩寿序》是万历十一年癸未(1583)为田艺蘅六十寿辰而作:"三月九日为先生初度之辰,春秋六十。"[④]这不是有关田艺蘅的最后记

---

　　① 《康熙钱塘县志》卷二二,《中国地方志集成·浙江府县志辑》第 4 册,上海书店 1993 年版,第 413 页。钱谦益:《列朝诗集小传》丁集中,上海古籍出版社 1983 年版,第 504 页。《明史》卷二八七,中华书局 1974 年版,第 7372 页。

　　② 齐森华等主编:《中国曲学大辞典》,浙江教育出版社 1999 年版,第 123 页。张㧑之、沈起炜、刘德重主编:《中国历代人名大辞典》,上海古籍出版社 1999 年版,第 419 页。

　　③ 王宁:《田艺蘅研究》(未刊),2007 年 4 月,浙江大学中文系硕士学位论文,第 47 页。

　　④ 王祖嫡:《田子艺六秩寿序》,《师竹堂集》卷一三,《四库未收书辑刊》第 5 辑第 23 册,北京出版社 2000 年版,第 149 页。

载,且其卒年也可约略考知。

万历十六年戊子(1588),屠隆曾与书田艺蘅。屠隆(1542—1605),字长卿,又字纬真,号赤水,鄞县(今浙江宁波)人。万历五年(1577)进士,历官颍上、青浦知县、礼部主事。有《白榆集》、《由拳集》、《栖真馆集》、《鸿苞》及传奇《昙花记》、《彩毫记》、《修文记》等。传详徐朔方先生《屠隆年谱》、本书下文《屠隆年谱补正》。《与田子艺》云:

> 前年仆尝应新都汪伯玉司马白榆社之招,时先生业已去新都矣。去年与方外导师栖迟通玄观一月,开之无一日不追随。抵掌间,恒齿及先生。会方高卧山中,而仆亦禁足蒲团上,乃不得班荆把臂,一快平生。……野夫不能为供帐,奈何?崖略具答,未悉怅抱。①

据徐朔方先生《屠隆年谱》,屠隆万历十三年乙酉(1585)十二月接受汪道昆之邀,赴歙县,入白榆社。除夕,始返里。万历十五年丁亥(1587)八九月间,遇道士聂道亨,同栖杭州吴山通玄观一月。因此,书作于万历十六年戊子(1588)。书中"开之"即冯梦祯。冯梦祯(1546—1605),字开之,号具区,别署真实居士,秀水(今浙江嘉兴)人。万历五年(1577)进士,历官编修、南京国子监司业、祭酒。有《快雪堂集》、《快雪堂漫录》、《历代贡举志》等。传详钱谦益《初学集》卷五一《南京国子监祭酒冯公墓志铭》。由书中所述内容可知,在冯梦祯与屠隆的交谈中,多次谈到田艺蘅。这是屠隆首次与书田艺蘅,表达仰慕对方、一会为快的愿望。是否相会,屠隆和田艺蘅的诗文集中,都没有记载,想必未能如愿。

至于冯梦祯与田艺蘅的交往,则十分密切频繁,其《快雪堂集》中记载二人往来的材料更多。万历十六年戊子(1588)十二月十日,冯梦祯收到田艺

---

① 屠隆:《与田子艺》,《栖真馆集》卷一四,《续修四库全书·集部》第1360册,上海古籍出版社2002年版,第484—485页。

蘅来书。① 十二月十二日,田艺蘅来访冯梦祯。聚饮,并夜游西湖。② 十八年庚寅(1590)二月二十六日,冯梦祯与田艺蘅及其二子同游西湖,③三月八日,田艺蘅来书,冯梦祯回书。④ 九月十五日,冯梦祯收到田艺蘅来书,并还其《路史》二本。⑤ 十九年辛卯(1591)三月三日,冯梦祯又与田艺蘅在西湖相会,此时田艺蘅已步履蹒跚,行动不便,需人搀扶。⑥ 此后,得知田艺蘅眼疾,冯梦祯派人送来洗眼方,教其用法,关心备至。⑦ 到万历二十三年乙未(1595)八月一日,冯梦祯在日记中明确记载田艺蘅已经去世。⑧ 因此,田艺蘅去世时间在万历十九年辛卯(1591)三月至二十三年乙未(1595)八月一日之间。具体时间,难以确定。因为冯梦祯《快雪堂日记》始于万历十五年丁

---

① 冯梦祯《快雪堂日记》:"(万历十六年戊子十二月)初十,……得田子艺书。"《快雪堂集》卷四八,《四库存目丛书·集部》第164册,齐鲁书社1997年版,第691页。

② 冯梦祯《快雪堂日记》:"(万历十六年戊子十二月)十二,雪霁,日出禺中。至玉莲亭,迟李仁卿。日中,田子艺至。先饮者再,俱醉。黄昏,仁卿始至。上席食。顷,罢酒登舟,享仁卿席。舟出西泠,沿孤山而返。积雪在山,明月相映,可谓不夜。薄暮,都阃君宴客鼓吹,放烟火,如星如月,飞空而下。与子艺凭栏看之,亦佳观也。三鼓至家。"《快雪堂集》卷四八,《四库存目丛书·集部》第164册,第691—692页。

③ 冯梦祯《快雪堂日记》:"(万历十八年庚寅二月)二十六,晴。风田子艺来吊沈太公,因约湖上游。两儿侍饭在宝云超然阁,子艺两郎亦在。至智果山山居,一径最幽僻。仰视宝云群石,离离如鱼贯出玛瑙寺。至岳坟,至三桥,饮于桃花之下。今日士女最多。子艺虽老,兴颇狂逸。……一桥觅舟,别子艺而返。"《快雪堂集》卷五〇,《四库存目丛书·集部》第164册,第711页。

④ 冯梦祯《快雪堂日记》:"(万历十八年庚寅三月)初八,……田子艺书来。……作报田子艺书,为子艺作长兴姚伯道叔度书。"《快雪堂集》卷五〇,《四库存目丛书·集部》第164册,第711页。

⑤ 冯梦祯《快雪堂日记》:"(万历十八年庚寅九月)十五,……得田子艺书。返其《路史》二本。"《快雪堂集》卷五〇,《四库存目丛书·集部》第164册,第714页。

⑥ 冯梦祯《快雪堂日记》:"(万历十九年辛卯三月)初三,……同王季常、李君实金、不佞沈婿仲孙、两儿出钱塘门,渡湖看六桥桃花。晤田子艺先生,遂成胜集。子艺步履蹇涩,行止须人,比昨岁大衰矣。仍以二婢金钱、三春随。"《快雪堂集》卷五一,《四库存目丛书·集部》第164册,第722页。

⑦ 冯梦祯《答田子艺先生》:"以西湖作曲水,又得遇先生,遂成胜集。念先生视去春少衰,花会更可宝耳。湖上不妨多住。当数过先生,勿以酒资告竭,便动归兴也。洗眼方奉上,洗一过,俟目中涩甚,乃止。洗三四过,立愈。"《快雪堂集》卷三九,《四库存目丛书·集部》第164册,第500页。《快雪堂日记》中"遂成胜集"与《答田子艺先生》中"遂成胜集"应是指同一次相会,且书中明言"念先生视去春少衰",万历十九年三月三日冯、田相会,冯梦祯见田艺蘅"步履蹇涩,行止须人,比昨岁大衰",因此,《答田子艺先生》应是万历十九年三月三日冯、田二人相会后所写。

⑧ 冯梦祯《快雪堂日记》:"(万历二十三年乙未)八月初一,……汪生持田子艺所缉《风雅总逸》乞序,盖先生之意。先生手校,有跋语。令人慨叹。今安得有如此人?"《快雪堂集》卷五三,《四库存目丛书·集部》第164册,第744页。

亥(1587),止于万历三十三年乙巳(1605)。其中万历二十年壬辰(1592)、二十九年辛丑(1601)两年没有日记。万历二十一年癸巳(1593)、二十二年甲午(1594)虽有日记,但没有田艺蘅的记载。联系冯梦祯在万历十九年辛卯(1591)三月三日的日记中说田艺蘅的身体状况已经很差,因此,田艺蘅卒于此年的可能性很大。

王宁《田艺蘅研究》对田艺蘅著述也有所罗列,但却漏掉了田艺蘅的曲作。钱谦益《列朝诗集小传》丁集中云田艺蘅"善为南曲小令"。① 事实上,田艺蘅既有杂剧,又有散曲。祁彪佳《远山堂剧品》载田艺蘅有《归去来辞》杂剧:"南一折。隐括《归去来辞》。只此数语,亦自不俗。"②并把它与无名氏北四折的《陶彭泽》杂剧进行比较:"田子艺止数语耳,此则写来酣畅。然北韵甚严,不宜失叶。"③冯梦祯还与书田艺蘅,谈到自己读《归去来》后的感受,建议他做些修改:"杂剧是北调,传奇之名通南北。《归去来》以南调称杂剧,义似未允。不若改称传奇为妥。且渊明贫士,中间铺张,未免有富贵气。足下或借以自寓可也。试酌之。"④此剧今未见传本。田艺蘅词曲集名《缦园心调》,冯梦祯为之作序。序云:

> 《缦园心调》者,吾友田子艺先生所著诗余、南北词曲也。……子艺高才不遇,为老广文,其胸臆纳结,未免发之著作。此调太仓稊米耳。然其胸中一段超然洒落处,挟日月而驱风雷,与红尘隔绝者。此亦可以窥见一班(斑)也。……余不知度曲,兴到以意为之,俗谓之随心令。以故,不敢轻率填词。子艺之学,无所不通,亦笔端游戏乃尔。余不知词曲,能知子艺也。子艺索序,遂书此以质之。⑤

① 钱谦益:《列朝诗集小传》丁集中,第 504 页。

② 祁彪佳:《远山堂剧品》,《中国古典戏曲论著集成》第 6 册,中国戏剧出版社 1959 年版,第 186 页。

③ 祁彪佳:《远山堂剧品》,《中国古典戏曲论著集成》第 6 册,第 179 页。

④ 冯梦祯:《答田子艺记》,《快雪堂集》卷三四,《四库存目丛书·集部》第 164 册,第 480 页。

⑤ 冯梦祯:《序田子艺先生〈缦园心调〉》,《快雪堂集》卷一,《四库存目丛书·集部》第 164 册,第 57—58 页。

　　在《答田子艺》一书中,也谈到了对《缦园心调》的评价:"《缦园心调》甚佳。诗余逼真秦七、黄九,南北词施君美下、高则成(诚)上,必传无疑。"①在写序前,冯梦祯将《缦园心调》随身而带,仔细阅读,②惟恐序文不合田艺蘅之意,请其"删改付刻",③并将集中"可商处""拈出奉归",供其修改时参考。④《缦园心调》应是田艺蘅晚年将其词曲、杂剧结集而成,是否尚存人间,亦不得而知。

————————

　　① 冯梦祯:《答田子艺》,《快雪堂集》卷三四,《四库存目丛书·集部》第 164 册,第 480 页。

　　② 冯梦祯《答田子艺》:"三月廿日出门,以足下《缦园草》自随,淹留吴中几半月。……前委《心调》序文,俱未及卒业。更迟数日,专力奉致,不敢误。"《快雪堂集》卷三四,《四库存目丛书·集部》第 164 册,第 478 页。

　　③ 冯梦祯《答田子艺》:"方病目,勉为足下作《心调》序,知不成语,惟足下删改付刻,勿令为佛头粪可也。"《快雪堂集》卷三四,《四库存目丛书·集部》第 164 册,第 491 页。

　　④ 冯梦祯《报田子艺》:"小词出自足下,定是当行人语。乐子晋自吴中来已数日,当与渠共读一过。或有可商处,当拈出奉归。俚言岂宜弁首,当跋数语以塞尊意。"《快雪堂集》卷三五,《四库存目丛书·集部》第 164 册,第 500 页。

屠隆十二题

　　徐朔方先生《屠隆年谱》、郑闰先生《〈金瓶梅〉和屠隆》对晚明浙籍曲家屠隆(1543—1605)的生平、交游与创作都有所论列,①为我们认识和了解屠隆的人品和作品价值提供了有益的资料。但二著有不同程度的疏漏,而后者尤为严重。本文对屠隆生平中的诸多问题进行一些考证,对二著中的一些疏误予以纠正,以使人们对屠隆有更清楚的认识,真正做到知人论世。

屠隆与秦梁、秦焜父子

　　屠隆《秦氏新阡记》云:"吾师勾吴秦方伯先生,……不佞某以薄艺受知,为先生门下士。"②"勾吴秦方伯先生"指无锡人秦梁。勾吴是无锡(今属江苏)的古称。秦梁,字子成,号虹洲,嘉靖二十六年(1547)进士,历官南昌推官、吏科给事中、通政司右参议、南太仆少卿、鸿胪卿、南右通政、浙江右参议、山东副使、江西右布政使等。传见《掖垣人鉴》卷一四、《光绪无锡金匮县志》卷一九《宦望》。③ 先秦时,一方诸侯之首称方伯,亦作州伯。后因称州、

---

① 徐朔方:《屠隆年谱》,《晚明曲家年谱》第二卷,浙江古籍出版社 1993 年版。郑闰:《〈金瓶梅〉和屠隆》,学林出版社,1994 年版。

② 屠隆:《秦氏新阡记》,《白榆集》文卷五,《续修四库全书·集部》第 1359 册,上海古籍出版社 2002 年版,第 589 页。

③ 《掖垣人鉴》卷一四,《四库存目丛书·史部》第 259 册,齐鲁书社 1996 年版,第 303 页。《光绪无锡金匮县志》卷一九《宦望》,《中国地方志集成·江苏府县志辑》第 24 册,江苏古籍出版社 1991 年版,第 308 页。

省长官为方伯。明制,各省设左、右布政使各一人,"掌一省之政"。① 秦梁曾官江西右布政使,因称其为"秦方伯"。

屠隆何时成为秦梁的门下士呢? 应该是秦梁任官浙江时,这是可以肯定的。但秦梁在浙江任过多职:浙江右参议、浙江提刑按察司副使、浙江承宣布政司左参政、浙江提学副使。除《掖垣人鉴》卷一四明确说明秦梁任浙江右参议是在嘉靖四十年(1561)外,②其余三职的任职时间,有关材料都没有交代。《雍正浙江通志》卷一一八《秩官》只是笼统地记录秦梁在嘉靖年间任提刑按察司副使、承宣布政司左参政二职,没有提到他任浙江提学副使的事。③ 李开先虽然为秦梁任浙江提学副使写过送行的序文,但该文也没有说明秦梁任浙江提学副使是在哪一年。④ 难道秦梁任浙江提学副使的时间就无从考知了吗? 否。冯梦祯《上林苑监署丞秦君墓志铭》云:"余年十七,充青衿生,时锡秦公虹洲先生为督学使者。"⑤但冯梦祯十七岁是哪一年呢? 钱谦益《南京国子监祭酒冯公墓志铭》云梦祯万历三十三年乙巳(1605)卒时,享年五十八岁。⑥ 逆计之,则其生年是嘉靖二十七年戊申(1548)。因此,冯梦祯十七岁是嘉靖四十三年甲子(1564)。秦梁此年任浙江提学副使。本年,屠隆二十二岁,进学为诸生已三年。秦梁此次在浙任职时间约两年左右。因为嘉靖四十五年丙寅(1566)六月,秦梁父秦瀚卒,徐阶为秦瀚撰墓志铭,云秦梁已官江西右布政使。⑦ 秦梁督学浙江时,"所识拔多英俊,雅负人

———————

①　《明史》卷七五《职官四》,中华书局 1974 年版,第 1838—1839 页。

②　《掖垣人鉴》卷一四:"(嘉靖)四十年降至浙江右参议。"《四库存目丛书·史部》第 259 册,第 303 页。

③　《雍正浙江通志》卷一一八《秩官》,《文渊阁四库全书·史部》第 522 册,台湾商务印书馆 1986 年版,第 159,182 页。

④　李开先:《送虹洲秦宪副转任浙江提学序》,《闲居集》卷六,中华书局 1959 年版,第 347—348 页。

⑤　冯梦祯:《上林苑监署丞秦君墓志铭》,《快雪堂集》卷一三,《四库存目丛书·集部》第 164 册,齐鲁书社 1997 年版,第 227 页。

⑥　钱谦益:《南京国子监祭酒冯公墓志铭》,《初学集》卷五一,《四库禁毁书丛刊·集部》第 114 册,北京出版社 1997 年版,第 598 页。

⑦　徐阶:《封通政参议从川秦君墓志铭》:"君讳瀚,……君生弘治癸丑正月十一日,卒嘉靖丙寅六月二十三日,年七十有四。葬以卒之明年八月十三日。……子男四,长即梁,今为江西右布政使。"《世经堂集》卷一八,《四库存目丛书·集部》第 79 册,齐鲁书社 1997 年版,第 754 页。

望。"①对身为诸生的屠隆,秦梁赏识有加,爱护备至。屠隆铭记在心。秦梁去世后,屠隆由颍上(今属安徽)知县移官青浦(今属上海),专门到无锡祭奠秦梁。并应秦梁诸子之请,为作《秦氏新阡记》。②

郑闰先生《〈金瓶梅〉和屠隆》一书在谈到屠隆与秦梁的关系时,摘引了清人黄尧咨《锡金识小录》卷六的一段话。他对该段文字的摘录、标点和理解均存在着严重的错误。为了比较的方便,笔者将《锡金识小录》卷六一段原文完整引录如下:

> 秦虹洲梁督学浙中,最宽青衿,居间可以券取。继之者为屠枰石英,持法严,笪挞俱绝。时有"秦进屠出"之谣。万历初,枰石为祭酒,治如督学时。而周敬庵子义为司业,和厚得士心。时又有"屠毒周旋"之谣。至形奏疏。③

而《〈金瓶梅〉和屠隆》一书只摘引了这么几句:

> 秦虹洲梁督学浙中,最宽青衿。居间可以券取继之者屠枰石,英持法严,笪挞俱绝,时有秦进屠出之谣。

上述引文句读依郑著。郑先生在引述此段文字后,解释说:"所谓'秦进屠出'之谣,意在表明:屠隆出山之日,唯有秦梁莅督学政。屠是枰石,秦是木梁。木石相成,才成大业。……屠隆二十出头了,尚不能脱卸青衿。唯有秦梁莅督学政,屠隆才能脱颖而出。遂有'秦进屠出'之谣。"④这里,郑著不仅按我所需,断章取义,句读错误,而且望文生义,所谓"屠是枰石,秦是木梁。木石相成,才成大业"就是例证。把"秦进屠出"说成"唯有秦梁莅督学政,屠隆才能脱颖而出"更是想当然之词。实际上,这里的"屠"既不是枰石,也不是指屠隆,而是指"屠枰石英"。屠枰石英当为屠羲英。羲英,字淳卿,

① 《光绪无锡金匮县志》卷一九《宦望》,《中国地方志集成·江苏府县志辑》第24册,第308页。
② 《秦氏新阡记》,《白榆集》文卷五,《续修四库全书·集部》第1359册,第589页。
③ 黄尧咨:《锡金识小录》卷六,光绪丙申(1896)年锓板。
④ 郑闰:《〈金瓶梅〉和屠隆》,第107页。

号枰石，①宁国（今属安徽）人。嘉靖三十五年（1556）进士，授户部主事，历祠祭郎中、浙江提学。万历初，升南京光禄卿，改太常，转祭酒。传见《民国宁国县志》卷一一《人物志上》。②《民国宁国县志》卷一一说他任浙江提学时，"校士严明，抑浮华，绝干请。贵要投书，概述置之"。③ 这与《锡金识小录》卷六所说"持法严，竿牍俱绝"完全一致。

周子义（1529—1586），字以方，号儆庵，无锡（今属江苏）人。嘉靖四十四年（1565）进士，累官国子祭酒。训士有方，历吏部左侍郎，掌詹事府。有《中书直阁记》《国朝故实》《交翠轩佚稿》等。卒谥文恪。传见王锡爵《周文恪公墓表》、王世贞《周文恪公传》、《光绪无锡金匮县志》卷一九。④

上引《锡金识小录》卷六一段本是说秦梁、屠羲英、周子义三位学官对待学生的态度，秦梁宽、屠羲英严、周子义厚，未提到与屠隆的关系。郑著却硬把它与屠隆拉扯在一起。有必要在此指出，以免贻误学人。

秦梁诸子也与屠隆有交往，尤以秦焜与屠隆关系密切，感情深厚。

秦焜初名爌，字君阳，号元峰，入武英殿，更名焕章。入史馆，更名焜。传见《锡山秦氏宗谱》《锡山秦氏诗抄》。⑤ 秦梁有子四，秦焜为秦梁仲子。⑥ 秦焜是屠隆交往的友人中，能始终理解、支持、帮助屠隆的少数几位"高义"之人。万历十一年癸未（1583）春，屠隆以青浦令晋京上计返里。抵家数日，即得到礼部主事的任命。因无盘缠，不能赴京履任。迁延半岁，直到得到了秦焜一百五十两白银的资助，才成行。⑦ 万历十二年甲申（1584）十月，刑部

① 杨廷福、杨同甫：《明人室名别称字号索引》，上海古籍出版社 2002 年版，第 453 页。
② 《民国宁国县志》卷一一《人物志上》，《中国地方志集成·安徽府县志辑》第 54 册，江苏古籍出版社 1998 年版，第 193—194 页。
③ 《民国宁国县志》卷一一《人物志上》，《中国地方志集成·安徽府县志辑》第 54 册，第 193 页。
④ 王锡爵：《周文恪公墓表》，《王文肃公文草》卷七，《四库存目丛书·集部》第 136 册，齐鲁书社 1997 年版，第 329—331 页。王世贞：《周文恪公传》，《弇州续稿》卷六七，《文渊阁四库全书·集部》第 1283 册，台湾商务印书馆 1986 年版，第 10—13 页。《光绪无锡金匮县志》卷一九，《中国地方志集成·江苏府县志辑》第 24 册，江苏古籍出版社 1991 年版，第 310 页。
⑤ 参见郑闰《〈金瓶梅〉和屠隆》第 113 页。
⑥ 徐阶《封通政参议从川秦君墓志铭》："子男四，长即梁，……孙男十，樊、爌、焯、熠、梁子。"《世经堂集》卷一八，《四库存目丛书·集部》第 79 册，第 754 页。
⑦ 《高义》，《鸿苞》卷四八，《四库存目丛书·子部》第 90 册，第 224 页。

主事俞显卿劾屠隆"淫纵",屠隆上疏自辨,并参俞显卿。神宗削二人籍。时秦焜在京,闻讯大哭,认为皇帝对屠隆的处理太重。并为屠隆无力养家担忧,又资助他白银五十两返里。① 冯梦祯《上林苑监署丞秦君墓志铭》说秦焜与屠隆"无一面之识,立捐数百金助之"。② 不确。秦焜还考虑到屠隆家住海边,"无负郭田",生计困难,意欲在无锡为屠隆买田置屋,劝他移居无锡。屠隆因母亲故土难离,未能成行。③ 但屠隆对此高谊铭记在心,时刻不忘,希望有朝一日能实现移家无锡的愿望。《与秦君阳》书云:"弟业逃身物外,独苦八口无依,移家梁溪,初心不改。"④他还经常与人提起此事,在给邢侗的信中说:"吴中故人秦君阳公子,力劝弟做梁伯鸾故事,移家梁溪,盖为问田庐小具。"⑤《栖真馆集》卷一七《与孙以德》中也有类似的话。屠隆把自己与秦焜的关系比作东汉时的梁鸿(字伯鸾)与富家皋伯通,希望不断得到秦焜的资助,就像皋伯通资助梁鸿一样,能使自己免除生计之忧,潜心著述。"何年定了梁鸿约,五噫歌成事转非。"⑥直到万历三十三年乙巳(1605)屠隆去世,也未能实现移家无锡的愿望。

自京城分别后,屠隆与秦焜时有书信往来,互致问候。《白榆集》文卷一四、《栖真馆集》卷一八各有《与秦君阳》书一通。至少万历二十一年癸巳(1593),秦焜还在世。⑦ 此后,二人如何往来,因没有资料,不敢妄断。

徐朔方先生《屠隆年谱》在介绍秦焜时说:"君阳名焜,前工部尚书秦金(1467—1544)之玄孙,《明史》卷一九四有传。"⑧这里有二误。一是《明史》卷

---

① 同上书,第224—225页。

② 冯梦祯:《上林苑监署丞秦君墓志铭》,《快雪堂集》卷一三,《四库存目丛书·集部》第164册,第227页。

③ 《高义》,《鸿苞》卷四八,《四库存目丛书·子部》第90册,第225页。

④ 《与秦君阳》,《白榆集》文卷一四,《续修四库全书·集部》第1359册,第589页。

⑤ 《与邢子愿》,《白榆集》文卷一四,《续修四库全书·集部》第1359册,第589页。

⑥ 《寄君阳中翰京邸》,《栖真馆集》卷八,《续修四库全书·集部》第1360册,上海古籍出版社2002年版,第396页。

⑦ 冯梦祯《上林苑监署丞秦君墓志铭》云:"以赀授上林苑监署丞,未赴官,辛卯疾作,……中舍君又远处京师,……今年癸巳十二月某日,葬君五牧新阡。"《快雪堂集》卷一三,《四库存目丛书·集部》第164册,第228页。

⑧ 徐朔方:《屠隆年谱》,《晚明曲家年谱》第二卷,第346页。

一九四只有秦金及其孙秦柱的传记,没有秦焜的传记。二是秦焜不是秦金玄孙。

秦金(1467—1544),字国声,号凤山,弘治六年(1493)进士。历右副都御史巡抚湖广,嘉靖中,累擢户部尚书。仕终南京兵部尚书。谥端敏。有《安楚录》、《凤山诗集》等。传见严嵩《端敏秦公神道碑铭》、《明史》卷一九四。①

秦金、秦梁同属宋人秦观之后。秦观子秦湛任常州倅,将秦观墓由高邮迁葬无锡璨山,因家于此,遂为无锡秦氏。② 九传而为瑞玉,又五传为秦霖,是为秦金父。秦金有二子:秦泮、秦汴。秦汴有二子:秦柄、秦柱。③ 秦柱(1536—1585),字汝立,号余山。以诸生授中书舍人,忤张居正,迁鲁府审理,寻罢归。万历十三年(1585)卒。传见赵用贤《中书舍人秦君汝立墓表》、《明史》卷一九四。④

秦梁一支远祖季升,高祖秦旭,私谥贞静。⑤ 秦旭有子三:夔、永孚、仲孚。永孚是秦梁曾祖。永孚生子秦镗,秦镗是秦梁祖父。⑥ 秦镗生子秦瀚,秦瀚是秦梁父。⑦

---

① 严嵩:《端敏秦公神道碑铭》,《钤山堂集》卷二八,《四库存目丛书·集部》第56册,第239—241页。《明史》卷一九四,第5142—5145页。

② 严嵩:《端敏秦公神道碑铭》,《钤山堂集》卷二八,《四库存目丛书·集部》第56册,第239页。冯梦祯《上林苑监署丞秦君墓志铭》云:"宋淮海先生观之后,世居锡之玄文里。"墓主秦焞为秦梁子。《四库存目丛书·集部》第164册,第228页。

③ 赵用贤:《秦太守墓碑》,《松石斋集》卷一二,《四库存目丛书·集部》第41册,齐鲁书社1997年版,第170—172页。

④ 赵用贤:《中书舍人秦君汝立墓表》,《松石斋集》卷一二,《四库存目丛书·集部》第41册,第173—174页。《明史》卷一九四,第5145页。

⑤ 徐阶:《封通政参议从川秦君墓志铭》,《世经堂集》卷一八,《四库存目丛书·集部》第79册,第753—754页。

⑥ 唐顺之:《都察院都事秦君墓表》,《荆川文集》卷一一,《文渊阁四库全书·集部》第1276册,台湾商务印书馆1986年版,第450页。

⑦ 徐阶:《封通政参议从川秦君墓志铭》,《世经堂集》卷一八,《四库存目丛书·集部》第79册,第754页。

王世贞在为秦梁母殷氏写的八十寿序中说秦金是秦梁的从祖,①《尔雅·释亲》云:"孙之子为曾孙,曾孙之子为玄孙。"②因此,秦焜应是秦金的从曾孙,而非其玄孙。

郑闰《〈金瓶梅〉和屠隆》在谈到屠隆与秦焜的关系时,曾引《长安元夕听武生吴歌》中的两句诗:"繁音已尽意不歇,秦家公子吹欲低。"这里,郑著也存在着误引误释的问题。此两句诗的前后句为:"……初疑绛河响流月,再听泠风舞回雪。欲换故迟声转媚,繁音已尽意不歇。秦家公主吹欲低,洞庭女儿悲乍咽。……"③郑著不仅把原诗的偶句拆开,把不属对句的两句引成对句,而且把"秦家公主"引成"秦家公子",并进而说"秦家公子就是秦焜",④更是望文生义,一错再错。实际上,《长安元夕听武生吴歌》诗的主旨是赞扬武生演唱吴歌技艺高妙、动听。"秦家公主"是指秦穆公女弄玉。秦穆公嫁其为萧史之妻。萧史善吹箫,教弄玉作凤鸣吹,似凤声。凤凰来止其屋。事见《列仙传》卷上《萧史》。⑤"洞庭女儿"指尧之二女、舜之二妃娥皇、女英。《山海经》卷五《中山经》曰:"洞庭之山,……帝之二女居之。"⑥《列女传》卷一《有虞二妃》云:"有虞二妃者,帝尧之二女也。长娥皇,次女英。……尧乃妻以二女。……舜即嗣位,升为天子,娥皇为后,女英为妃。天下称二妃聪明贞仁。舜陟方死于苍梧,号曰重华。二妃死于江湘之间,俗谓之湘君。"⑦"秦家公主吹欲低,洞庭女儿悲乍咽"两句是说武生演唱吴歌的效果能使弄玉箫声低沉、娥皇、女英悲咽,感人至深,根本没有涉及屠隆与秦焜的关系。而郑

---

① 王世贞《寿秦母殷太夫人八十序》:"当万历戊寅之正月,而方伯秦君子成以母殷太夫人之寿言请也。前是甲戌之正月,而秦君已六十,不佞业赠之言,以近拟公之从祖端敏公。"《弇州续稿》卷三三,《文渊阁四库全书·集部》第1282册,台湾商务印书馆1986年版,第342页。

② 《尔雅义疏》上之四《释亲》,《四部备要·经部》第73册,台湾中华书局1981年版,第3页。

③ 《长安元夕听武生吴歌》,《白榆集》诗卷三,《续修四库全书·集部》第1359册,第464页。

④ 郑闰:《〈金瓶梅〉和屠隆》,第106页。

⑤ 刘向:《列仙传》卷上《萧史》,《文渊阁四库全书·子部》第1058册,台湾商务印书馆1986年版,第497页。

⑥ 《山海经》卷五《中山经》,《文渊阁四库全书·子部》第1042册,台湾商务印书馆1986年版,第173—174页。

⑦ 刘向:《列女传》卷一《有虞二妃》,清王照圆补注,《续修四库全书·史部》第515册,第664—665页。

著的解释,实在是牵强附会,不足为训。因此,有必要作辨析如上。

屠 隆 与 刘 翾

　　徐朔方先生《屠隆年谱》在嘉靖四十五年丙寅(1566)下云:"此年前后受知于浙江海道副使刘应箕。"并引《栖真馆集》卷一四《与刘观察先生》一书为证。徐先生据信推断刘为巴人。又据《宁波府志》卷一六,云"巴人刘姓为分巡海道者,一为起宗,嘉靖三十三年任。一为应箕,嘉靖四十一年任。后者年代较合"。① 嘉靖四十五年前后,屠隆果真受知于刘姓观察吗? 此"刘观察"真是巴人刘应箕吗?

　　《康熙鄞县志》卷一七屠隆小传云:"少有隽才,为诗古文辞,下笔滚滚如夙构,不加点窜,于书靡所不究。巡海观察刘翾试以《溟海波恬赋》,立就,名由大噪。"②据此,赏识屠隆的刘姓观察应是刘翾。刘翾,字元翰,内江(今属四川)人。嘉靖四十一年(1562)进士。令渭南,多异政。召入为御史,敢言极谏。后兵备浙江,以讨倭有功,晋大参。与张居正议相左,居正嗛其党劾之归。有《西台疏草》等。传见《民国内江县志》卷三《列传》。③ 又据张时彻《贺观察见嵩刘公三载报政序》和屠隆与友人沈君典、冯梦祯、徐元太等书,刘翾又字见嵩(见下文)。屠隆何时受知于刘翾呢?

　　《雍正宁波府志》卷一六《秩官上》载刘翾万历元年(1573)任分巡海道,其继任者公安人周良臣万历五年(1577)任。④ 屠隆《溟海波恬赋》亦云刘翾来任是在"首治改元"之时。⑤ 张时彻《贺观察见嵩刘公三载报政序》云:"观

　　① 徐朔方:《屠隆年谱》,《晚明曲家年谱》第二卷,第320页。
　　② 《康熙鄞县志》卷一七,《中国地方志集成·浙江府县志辑》第18册,上海书店1993年版,第599—600页。
　　③ 《民国内江县志》卷三《列传》,《中国地方志集成·四川府县志辑》第23册,巴蜀书社1992年版,第701—702页。
　　④ 《雍正宁波府志》卷一六《秩官上》,台湾成文出版社有限公司1974年版,第1087页。
　　⑤ 《溟海波恬赋》,《由拳集》卷一,《续修四库全书·集部》第1360册,上海古籍出版社2002年版,第8页。

察西蜀见嵩刘公……奉天子玺书,视师海上,屡平巨寇,功盖东国……公居海上三年,报政天子。"①"报政天子"指进京上计。《明史》卷七一《选举·三》:"自弘治时,定外官三年一朝觐,以辰、戌、丑、未岁。察典随之,谓之外察。……明初行之,相沿不废,谓之大计。"②万历二年甲戌(1574)、万历五年丁丑(1577)均是上计之年。万历二年甲戌(1574),刘翾任巡海观察仅二年,张时彻贺刘翾上计序文当是为万历五年丁丑(1577)上计所写。按惯例,外官进京上计,根据路程远近,例当在上计之年的前一年冬、腊月间起程。张时彻贺刘翾上计序文应是在万历四年丙子(1576)冬、腊月间所写,或同年的稍前月份。文云"公居海上三年",是概数,非实数。屠隆在为刘翾父刘望之写的祭文中云:"不肖寻窃一第京师,则长公以飞语西。"③"长公"即指刘翾。④ 屠隆中进士在万历五年(1577),时刘翾已中"飞语"西归。《雍正宁波府志》卷一六《秩官上》明载周良臣万历五年(1577)已履任。因此,刘翾在浙江任巡海观察的时间应是四年。

在这四年中,刘翾对屠隆十分赏识。既在物资上予以资助,又在精神上给予鼓励,并广泛游扬于藩臬大夫之间,使屠隆声名鹊起。刘翾的延誉,对出身贫寒、正在科场上苦苦跋涉的屠隆而言,无异于雪中送炭。对此知遇之恩,屠隆终身难忘。刘翾的"国士之知"时常成为屠隆日后美好的回忆。屠

---

① 张时彻:《贺观察见嵩刘公三载报政序》,《芝园定集》卷三二,《四库存目丛书·集部》第 82 册,齐鲁书社 1997 年版,第 187 页。

② 《明史》卷七一《选举·三》,第 1723 页。

③ 《祭大廷尉刘公》,《白榆集》文卷二○,《续修四库全书·集部》第 1359 册,第 785 页。

④ 刘翾父刘望之,字商林,号一厓,嘉靖五年(1526)进士,授杭州府推官,选兵科给事中,降魏县县丞。历山西左布政使,因与王府讦奏,听勘回籍。寻升顺天尹,仕至大理寺卿致仕。传见《民国内江县志》卷三《列传》(《中国地方志集成·四川府县志辑》第 23 册,第 701 页)。刘望之有子三人。《民国内江县志》卷三《列传》:"(刘望之)伯子翾,仲子翱俱进士,历官有声。诸子及孙蝉联接武,世其家。"仲子刘翱,字仲翰,隆庆二年(1568)进士。历官部郎。传见《民国内江县志》卷三《列传》(《中国地方志集成·四川府县志辑》第 23 册,第 702 页)。《祭大廷尉刘公》:"去年丧其爱弟,今年丧其尊公。"(《白榆集》文卷二○,《续修四库全书·集部》第 1359 册,第 785 页)此"爱弟"非刘翾,应是刘望之季子,无功名,《民国内江县志》无其传。因为万历十年(1582),屠隆进京上计,刘翾解粮入京,屠隆以道上相左为憾。万历十一年(1583),屠隆在京任礼部主事,与刘翾见面,大慰思念之情。见《白榆集》文卷九《与刘观察先生》(《续修四库全书·集部》第 1359 册,第 651—652 页)。

隆在《寄刘观察先生》诗题下有注云："先生观察浙中时，余受国士之知。"①在给刘翾的信中说：

> 不肖隆不得奉候尊师起居经年矣。……追维尊师开府海上时，略台官之贵，下缝掖之贱，倒屣设榻，给札授简。饱鱻莽于内厨，遗酒炙于母氏。而又使公子连床，傒奴飞觥。每奏一篇，抚掌击节。高山流水，泠泠赏音。其后柄文者希权相音，摧折东南青衿之士，不怿吾师游扬大（太）过，故抑不以收。师至扼腕，义形于色。②

在《答徐华阳中丞》中亦云：

> 明公部内内江刘见嵩参知，往持宪海上，仆是时以诸生受此公国士知，延仆官舍，给笔札。试以古文辞，日呈数十首。每一语成，令小奴子走报，辄大击节，一字一赏。嗟、嗟，钟期不死。无何，荐之督学使者。使者疑乃公侵己权，故抑不选。公遍游扬之藩臬大夫间，而仆名藉是顾益起。③

在《祭大廷尉刘公》中也有类似的话，不赘引。

　　万历四年丙子（1576），屠隆中举。刘翾异常高兴，并说自己和儿子中举，也没这么高兴。④其年冬，屠隆赴京应试。在路上，写了《燕齐道中怀刘观察先生》一诗，表达对刘翾的思念之情。⑤万历六年戊寅（1578），屠隆在颍上知县任上，刘翾谒选在京，⑥屠隆写信给京中友人沈君典、冯梦祯，请他们好好照顾刘翾。屠隆先写信给沈君典说："家师刘见嵩先生亮已入京，向托足下寄谢，知不忘此言。"⑦又写信给冯梦祯说："西属（蜀）刘先生观察明州，于弟有大恩。客岁曾与足下备言之，且属足下为弟一往候刘先生致谢，亦属沈

① 《寄刘观察先生》，《白榆集》诗卷三，《续修四库全书·集部》第1359册，第466页。
②④ 《与刘观察先生》，《栖真馆集》卷一四，《续修四库全书·集部》第1360册，第480页。
③ 《答徐华阳中丞》，《栖真馆集》卷一九，《续修四库全书·集部》第1360册，第571页。
⑤ 《燕齐道中怀刘观察先生》，《由拳集》卷九，《续修四库全书·集部》第1360册，第101页。
⑥ 《祭大廷尉刘公》，《白榆集》文卷二〇，《续修四库全书·集部》第1359册，第785页。
⑦ 《与沈君典三首》其一，《由拳集》卷一三，《续修四库全书·集部》第1360册，第170页。

君典。今刘先生谒选入京,旅食几半岁矣。居承恩寺,甚寥寂,不得意。乞足下要沈箕仲、陈伯符、沈少卿,或馆中年丈一二厚善者,为一过存刘先生。具道不佞鄙中,令刘先生知屠生居长安,能得诸贤豪大人之心,又以见刘先生门下士能不忘畴昔。诸公能以不佞故,而重刘先生,一为知己生色。甚善,甚善。"①冯梦祯回信说:"足下系心刘观察先生。……不佞为足下,即当省刘先生,叩首刘先生前,以报足下,而病不能出,当出足下书,遍示诸故人。诸故人当为足下一出慰刘先生,不令刘先生寂寞也。"②

万历七年(1579),屠隆官青浦知县,刘翾亦有"黔中之命"。③ 万历八年(1580),刘翾父刘望之卒,屠隆闻知,不仅写祭文以悼之,还派人到四川祭奠刘望之,安慰刘翾。④ 后又有《寄刘观察先生》一诗表达知遇之感和想念之情。⑤ 在青浦知县任内,刘翾弟刘翻任华亭县丞,道出青浦,屠隆延入县斋,置酒张灯,盛情款待。娓娓夜语,恍惚如见刘翾一般。⑥

万历十一年(1583),屠隆到北京后,就与书刘翾,报告自己的行踪和在礼部任职的感受。⑦ 万历十五年(1587),屠隆与书刘翾,报告自己罢官后的生活。⑧ 万历十六年(1586),屠隆同年王恒叔使蜀还,旋有蜀迁,屠隆与书刘翾,托王恒叔转致:"少申起居积念。……家贫道远,无以致情。一诗书扇头,聊见寸念。"⑨此后,屠隆文集中没有了与刘翾往来的信息。从屠隆与刘翾交往的过程,可以看出屠隆为人重情崇义、知恩图报的一面。

---

① 《寄冯开之四首》其三,《由拳集》卷一五,《续修四库全书·集部》第 1360 册,第 195—196 页。
② 冯梦祯:《报屠长卿》,《快雪堂集》卷四二,《四库存目丛书·集部》第 164 册,第 621 页。
③ 《祭大廷尉刘公》,《白榆集》文卷二〇,《续修四库全书·集部》第 1359 册,第 785 页。
④ 同上。《与刘观察先生》:"自昔年遣二力,吊先廷尉公,及寒暄吾师左右。"《白榆集》文卷九,《续修四库全书·集部》第 1359 册,第 651 页。
⑤ 《寄刘观察先生》,《白榆集》诗卷三,《续修四库全书·集部》第 1359 册,第 467 页。
⑥ 《与刘观察先生》,《白榆集》文卷九,《续修四库全书·集部》第 1359 册,第 652 页。
⑦ 同上书,第 651—652 页。
⑧ 《与刘观察先生》,《栖真馆集》卷一四,《续修四库全书·集部》第 1360 册,第 481 页。
⑨ 《奉刘观察先生》,《栖真馆集》卷一九,《续修四库全书·集部》第 1360 册,第 572—573 页。

屠隆与沈明臣

　　沈明臣,字嘉则,又字句章,号天放翁,鄞县栎社(今浙江宁波)人。自署栎社长。诸生,为胡宗宪记室,有诗名。有《越草》、《丰对楼诗选》、《吴越游稿》等。传见屠隆《沈嘉则先生传》、《康熙鄞县志》卷一七。① 郑闰《〈金瓶梅〉和屠隆》附录《屠隆年表》在万历二十四年丙申(1596)下云:"尊师沈明臣病故。"②似乎直到沈明臣去世,屠隆都与他保持着深厚的友谊。果真如此吗?事实上,沈明臣与屠隆的关系经历了由师生情深到反目成仇的过程。徐朔方先生《屠隆年谱》在万历十四年丙戌(1586)提到了屠隆与沈明臣交恶的事,③但没有细述二人交恶的原因与经过。因此,下面对二人交往的经过与交恶的原因进行一番探究。

　　沈明臣是嘉靖、隆庆、万历年间三大布衣诗人之一,④"以雅道倡东南,名动海内"。⑤ 屠隆少时即对其仰慕有加,神交十年,虽同为鄞人,但无缘得见,深以为恨。⑥ 直到嘉靖四十三年甲子(1564),两人在前任南京兵部尚书张时彻的引荐下,才得以相见。两人的初次会面,给屠隆留下了深刻的印象。屠隆多次回忆这次会面。《沈嘉则先生传》云:"先生一日偶于张司马公所见屠子所为诗若文,叹曰:'耳屠生十年余,乃今得之,当亦一快士,敢从公乞一

---

　　① 屠隆:《沈嘉则先生传》,《由拳集》卷一九,《续修四库全书·集部》第1360册,第267—270页。《康熙鄞县志》卷一七,《中国地方志集成·浙江府县志辑》第18册,上海书店1993年版,第591页。

　　② 郑闰:《〈金瓶梅〉和屠隆》,第193页。

　　③ 徐朔方《屠隆年谱》:"与沈明臣交恶或自此年始。"《晚明曲家年谱》第二卷,第355页。

　　④ 《明史》卷二八八:"嘉、隆、万历间,布衣、山人以诗名得十数,俞允文、王叔承、沈明臣辈,尤为世所称。"第7389页。钱谦益《列朝诗集小传》丁集中:"万历间,山人、布衣豪于诗者,吴门王伯谷、松陵王承父及嘉则,三人为最。"上海古籍出版社1983年版,第496页。

　　⑤ 《东海高士歌》,《由拳集》卷六,《续修四库全书·集部》第1360册,第55页。

　　⑥ 《沈嘉则先生传》:"屠子与先生故同里闬,不相往来。时时从他处窃读先生诗若文,辄自失也,曰:'今天下有沈郎者,天生屠隆何为?'盖几下卫夫人之泪矣。"《由拳集》卷一九,《续修四库全书·集部》第1360册,第269页。

见.'司马公曰：'若欲见屠生乎？吾为若致之.'一见若平生。"①《〈沈嘉则先生诗选〉序》说："一日，晤先生于张司马公所。一见把臂，欢如平生。"②《东海高士歌》序也说："张大司马为置酒，招置一见，倾倒。"③两人惺惺相惜，沈明臣称屠隆为李白再世，屠隆誉明臣"真非常人"。④ 并连宿明臣斋中，读其诗文，至漏下五鼓不休。⑤ 从此，"每会必达曙"。⑥《东海高士歌》一诗表达了屠隆以能相识沈明臣为幸的心情："嗟余不拜紫芝颜，怀人梦寐徒十年。仙凡只（咫）尺隔林樾，烟耶雾耶两茫然。司马爱才为招聚，一见把臂欢如故。往来共在天地里，何事当时不相遇？"⑦屠隆"嗒然心折先生，愿北面称弟子云"。⑧ 屠隆毫不讳言拜明臣为师的事实，他在给明臣从侄沈一贯的信中说："如君家山人，居然臭味同也，而贱子亦请以北面之礼。"⑨即使两人交恶后，

---

① 《沈嘉则先生传》，《由拳集》卷一九，《续修四库全书·集部》第 1360 册，第 269 页。张时彻（1500—1577），字惟静，一字九一，号东沙，鄞（今浙江宁波）人。嘉靖二年（1523）进士，累官南京兵部尚书。有《芝园定集》。传见《国朝献征录》卷四二余有丁《张司马先生传》（《四库存目丛书·史部》第 102 册，第 254—256 页）。

② 《〈沈嘉则先生诗选〉序》，《由拳集》卷一二，《续修四库全书·集部》第 1360 册，第 140 页。同文沈明臣《丰对楼诗选》卷首题作《〈句章先生全集〉叙》，《四库存目全书·集部》第 144 册，第 146—148 页。

③ 《东海高士歌》，《由拳集》卷六，《续修四库全书·集部》第 1360 册，第 55 页。

④ 《东海高士歌》："余览其风度议论，真非常人。读其文，令人神王。先生亦深见识，呼余似李白。"《由拳集》卷六，《续修四库全书·集部》第 1360 册，第 55 页。

⑤ 《〈沈嘉则先生诗选〉序》："遂连宿先生斋中。先生尽出所为诸稿，读之，至漏下五鼓不休。"《由拳集》卷一二，《续修四库全书·集部》第 1360 册，第 141 页。《沈嘉则先生传》："酒罢，期至邸中，谈咏达曙矣。"《由拳集》卷一九，《续修四库全书·集部》第 1360 册，第 269 页。

⑥ 《沈嘉则先生传》，《由拳集》卷一九，《续修四库全书·集部》第 1360 册，第 269 页。

⑦ 《东海高士歌》，《由拳集》卷六，《续修四库全书·集部》第 1360 册，第 56 页。

⑧ 《〈沈嘉则先生诗选〉序》，《由拳集》卷一二，《续修四库全书·集部》第 1360 册，第 140—141 页。《沈嘉则先生传》："屠子盖以北面之礼见。世以此谓沈先生殊有道长者，而屠子善折节，两贤之。"《由拳集》卷一九，《续修四库全书·集部》第 1360 册，第 269 页。

⑨ 《与沈肩吾太史》，《由拳集》卷一七，《续修四库全书·集部》第 1360 册，第 231 页。沈一贯（1531—1615），字肩吾，号龙江，鄞人。隆庆二年（1568）进士，万历间累官至户部尚书、武英殿大学士。卒谥文恭。有《易学》、《庄子通》、《敬事草》、《吴越游稿》、《喙鸣集》，编有《经世宏辞》、《弇州稿选》。传见《明史》卷二一八（第 5755—5759 页）、《康熙鄞县志》卷一七（《中国地方志集成·浙江府县志辑》第 18 册，第 591—593 页）。

屠隆也不否认这一事实。① 屠隆多次向友人推荐明臣,他给王世贞写信说:"吾乡沈嘉则先生,声律雄大,与龙伯争长。东海鄙,数千年无大雅,其他琐尾者又不足道,赖嘉则出,一浣之耳。"② 又给冯梦祯写信说:"沈嘉则先生布衣雄杰,人伦冠冕。……今山人处士满宇内,大都崇虚声,游谈无当,独乃公翩翩,不惟辞赋伟力,陵轹古今墨卿,而行义卓绝,朗然孤暎,即丰标谈咏,俊爽玉立,理致清远。与之周旋,可以忘老。"③ 并叮嘱故人李之文时时与明臣过从,不要错过机会。就是相会百遍,也不为多。④

　　自相识后,两人经常登山临水,饮酒赋诗,快意当前。屠隆《由拳集》中有不少二人诗酒唱和的作品。沈明臣好穿绯衣,或与二三好友坐长林之下,或白日行游市中,观者如堵,人称"绯衣公"。⑤ 明臣所穿绯衣,四季样式不同,作用也不一样。春衣用以骑马,夏衣用以拥妓,秋衣用以垂钓,冬衣用以对雪。明臣有四诗纪之,希"同声者和之"。⑥ 屠隆依约和之四首,诗在《由拳集》卷一一。⑦ 杭州名姬赵可兰嫁书生蔡白石,月余,蔡生死。逾月,可兰亦死。家人分两冢葬,相望里许。万历二年(1574)秋,明臣与余寅等人过其

---

① 《答喻邦相使君》:"吾乡有老文人,仆向北面而下之。诸凡为光扬粉泽,惟力是视。"《栖真馆集》卷一六,《续修四库全书·集部》第1360册,第508页。《与汤义仍奉常》:"吾乡一老山人,仆北面而奉之。"《栖真馆集》卷一六,《续修四库全书·集部》第1360册,第513页。

② 《与王元美先生》,《由拳集》卷一四,《续修四库全书·集部》第1360册,第178页。

③ 《与开之四首》其二,《由拳集》卷一五,《续修四库全书·集部》第1360册,第205页。

④ 《寄李之文》:"句章先生时时过从不? 仆往来四方交游多矣,故自不乏贤豪人,要如沈先生,才致风流,高霞孤暎,朗照人群,甚不易遘。不可以当世而失此人,百遍相过,无云数也。"《由拳集》卷一五,《续修四库全书·集部》第1360册,第193页。李先嘉,字之文,鄞县人。诸生,工诗。传见《康熙鄞县志》卷一七(《中国地方志集成·浙江府县志辑》第18册,第601页)。

⑤ 《沈嘉则先生传》:"晚好衣绯衣,与二三曹偶踞坐长林之下,或白日行游市中。市中哗,谓绯衣公且至,观者如堵。而先生自若也。"《由拳集》卷一九,《续修四库全书·集部》第1360册,第269页。

⑥ 沈明臣《不佞少也佻挞无赖,今老矣,壮怀未销。每爱衣绯,逃于物外。春郊则用以走马,东山则用以拥妓,秋江则用以把钓,高楼则用以对雪。因为四诗以自放焉,幸同声者和之》,《丰对楼诗选》卷三七,《四库存目丛书·集部》第144册,第597页。

⑦ 《和嘉则先生四诗》:"嘉则先生自言好衣绯,春邛则用以走马,东山则用以拥妓,秋江则用以把钓,高楼则用以对雪。因作四诗,而余和之。"《由拳集》卷一一,《续修四库全书·集部》第1360册,第134页。

墓,赋绝句七章伤之。明臣邀屠隆和之,屠隆亦赋绝句七首。①《由拳集》卷八《登沈嘉则先生明月榭》、《嘉则先生同叶元叔、田叔过草堂》、《春日,同嘉则先生、汪长文、叶元叔集柴仲初楼中,得还字》、《冬夜,宿嘉则先生青棠馆》、卷九《秋夜,宿嘉则先生峚中》等都是二人往来唱和的诗。《明月榭赋》是专为沈明臣居所明月榭而作,赋在《白榆集》诗卷一。②

万历五年(1577),屠隆中进士,在京中等待授官,写诗怀念沈明臣,时明臣客游淮南。③ 万历六年(1578),屠隆任颍上知县,两次写信明臣,介绍在颍上修东门堤等工作,谈到了自己文集的编辑情况。第一通信告诉明臣,将有文集刻成,并邀其访颍。④ 第二通信随信将文集寄明臣,请其批评。⑤ 明臣得书,以诗三首代书寄之。⑥ 万历六年(1578)冬,屠隆移官青浦知县。吏事之余,延接文人名士,诗酒往来,十分热闹,使松江府的这一荒僻小县,成了人文汇萃之地,影响很大。《列朝诗集小传》丁集上云:"长卿令青浦,延接吴越间名士沈嘉则、冯开之之流,泛舟置酒,青帘白舫,纵浪泖浦间,以仙令自

---

① 沈明臣《过赵姬墓六首,有序》:"赵姬,字可兰,杭妓也。住新市,与蔡生善。久之,蔡娶以归。逾月,蔡死。又逾月,姬亦死之。家人分冢而葬,相望里许。姬曷从哉? 姬曷从哉? 此嘉靖间事。蔡生号白石君。白石君任侠,重然诺。弃诸生事,事贾,贾于海。鄞之小白人云:'余故识生,且识姬。'万历二年秋日,予三人骑马过姬墓,言其事,君房为赋六首,余与汪生和如数。"《丰对楼诗选》卷三七,《四库存目丛书·集部》第 144 册,第 595 页。《赵姬墓七首,有引》:"赵姬,字可兰,杭州名倡也。嫁蔡生。无何,蔡生死。姬亦死之。家人分两冢葬,相望里许。姬不能从也。余君房过其墓,伤之,为赋绝句七章,沈嘉则亦赋绝句七章,要余赋。余赋如数。"《由拳集》卷一一,《续修四库全书·集部》第 1360 册,第 128 页。余寅:《赵姬墓二首》,《农丈人集》诗卷四,《四库存目丛书·集部》第 168 册,第 450 页。

② 《明月榭赋,为沈嘉则先生》,《白榆集》诗卷一,《续修四库全书·集部》第 1359 册,第 430—431 页。

③ 《都门怀嘉则先生》:"天末凉风吹远道,淮南落木送清秋。"《由拳集》卷九,《续修四库全书·集部》第 1360 册,第 105 页。

④ 《与沈嘉则二首》其一:"小集为文学诸生索刊,刊成寄先生。先生倘再客淮南,能遂涉颍乎? 下治虽鄙,将治十日酒待先生。"《由拳集》卷一四,《续修四库全书·集部》第 1360 册,第 173—174 页。

⑤ 《与沈嘉则二首》其二:"拙稿为诸生强刻之县峚,寄上先生,云何? 无逃品藻矣。"《由拳集》卷一四,《续修四库全书·集部》第 1360 册,第 174 页。

⑥ 沈明臣:《得屠颍上长卿书,因寄三首》其一云:"故人书到梦魂随,颍水东流日向谁? 一出风尘为傲吏,能令强项不低眉。"《丰对楼诗选》卷三九,《四库存目丛书·集部》第 144 册,第 631 页。

许。"①后来屠隆遭"削籍",这也成了原因之一。② 在青浦知县任上,沈明臣到青浦,可考的至少有三次。一次是在万历七年(1579)秋,另两次是在万历八年(1580)夏。万历七年(1579)七月初七,沈明臣与冯梦祯联袂至青浦。屠隆与二人游览境内的名山胜水,凭吊古迹。泛舟泖湖,登湖上浮屠。寻余丘,登天马山,吊二陆(陆机、陆云)祠,流连三日,梦祯别去,明臣则留青浦署中旬日。两人唱和之作不少。屠隆将此次三人的兴会之作结为《青溪集》刻行。③ 沈明臣《丰对楼诗选》卷一九《青浦道中雨作,呈屠令》《青溪夜泊》《青溪晓发》、卷二七《长卿明府具楼船泛泖登塔,同开之吉士、履善长史。事在己卯七月望日,得诗八首》、卷二九《甫至青浦,见长卿,辄口号为赠》《喜冯开之吉士过青浦署中,分疎字》、卷三七《仲秋之夕,屠青浦相与微服出行城上,因各即事四首》等,屠隆《由拳集》卷八《嘉则先生、冯开之小坐》、卷九《秋日,同沈嘉则、袁履善、冯开之泛泖登塔四首》、卷一一《秋夜,与嘉则先生微服登城四首》《浦口夜泛,同沈嘉则、冯开之三首》等均此次相会时作。万历八年四月初四,屠隆长子出生。闰四月初四,沈明臣与沈君典、冯梦祯同至青浦,各出锦褓、金钏及洗儿钱。明日,为汤饼会,吃满月酒。明臣为作

---

① 钱谦益:《列朝诗集小传》,第 445 页。

② 《与张大司马肖甫》:"又及不佞青浦之政,……青浦之政应罢邪?又今日是问青浦之政时邪?"《白榆集》文卷一一,《续修四库全书·集部》第 1359 册,第 683 页。《与王元美、元驭两先生》:"别求不肖诗酒疏狂细述。及追论青浦之政,谓放浪废职。……又及青浦之政,青浦之政应罢邪?又今日是问青浦之政时邪?"《白榆集》文卷一一,《续修四库全书·集部》第 1359 册,第 685 页。

③ 《〈青溪集〉叙》:"余雅抱微尚,缅怀哲人,而乡沈嘉则先生、就李冯开之吉士适以七夕至。至即相与操方舟出郭,行游苇萧野水间。是夜,云物大佳,天星并丽,余三人扣和舷歌,仰视青汉,因风而送曼声,乐甚。已,复相携汎泖湖,登湖上浮屠。寻余(余)丘,蹑天马,吊二陆祠,慷慨兴怀焉。盖流连三日,而开之别去,嘉则留鱼头旬日。余退食,即相与扬扢风雅,讽咏先王,不及于政。嘉则得诗如千首,余诗与之略等。……于是,谋刻先生诗,余与开之附焉,而用《青溪》命集。"《由拳集》卷一二,《续修四库全书·集部》第 1360 册,第 154—155 页。

《洗儿曲》,并为小儿取字曰阿云。① 《洗儿曲》见《丰对楼诗选》卷一〇。五月,沈明臣、王百谷、冯梦祯、屠田叔再次来到青浦,饮酒赋诗。② 本年,明臣为屠隆《由拳集》作序,③屠隆则为明臣作传。④ 屠隆与明臣不仅仅是文字之交,而且在生活上也相互照顾。屠隆母在家,明臣时时存问。⑤ 明臣生活困难,屠隆则拿出仅有的俸禄给以支持,还不时惠寄各种物品,令明臣感激不已。⑥ 此时是二人关系最密切、感情最深厚的时候。后来,屠隆写信给汤显

---

① 《沈君典诸公游记》:"沈君典在告,居青山岁余,以万历八年四月出游。方冠布袍,以一奴自随。径至武林西湖,访开之郊园。会沈嘉则至,相与泛西湖。……君典以书相闻,且日自西湖棹扁舟去,过清溪,访余斋中。……五日而君典、开之联舟来,相见大笑,不能作一语,直入斋头。时溟涬子方举一子。弥月之先一日,而两君适至。是夕,嘉则亦来。各出锦褓、金钏及洗儿钱。明日,同为汤饼客。嘉则为《洗儿曲》。……问小字沈先生,先生曰:'青溪,云间地。此儿云间生,当小字阿云。'客咸曰:'善。'"《鸿苞》卷二二,《四库存目丛书·子部》第89册,第378页。《与李之文》:"所可喜者,四月初四日亥刻,室人举一子。弥月之先一日,沈君典、冯开之及嘉则同来,做汤饼。客各出金钱,洗儿。……问小字于沈先生,先生字之曰阿云。云间生儿也。"《由拳集》卷一七,《续修四库全书·集部》第1360册,第237—238页。沈明臣:《万历庚辰又四月四日,宣城沈君典、就李冯次公及其子开之、华亭莫廷韩、昆山沈献可集屠长卿青浦署中,分韵余得山字》,《丰对楼诗选》卷三三,《四库存目丛书·集部》第144册,第548页。沈明臣:《五日复同诸君泛舟青溪郭外,沈、莫二子辞去,复有彭生钦之、徐生孟孺,分迟字》,《丰对楼诗选》卷三三,《四库存目丛书·集部》第144册,第548—549页。

② 《庚辰五月,沈嘉则、王百谷、冯开之、田叔见枉青浦署作》,《白榆集》卷三,《续修四库全书·集部》第1359册,第466页。沈明臣:《庚辰五月十六日,集屠青浦署中,同田叔、开之、百谷》,《丰对楼诗选》卷六,《四库存目丛书·集部》第144册,第223页。

③ 沈明臣《〈由拳集〉叙》:"及今令青浦,所著文章诗赋益鸿巨,益不能自秘。而冯太史开之谓前刻稍类,乃取而与沈太史君典删定之,增新者十之六,更名曰《由拳集》。盖由拳,故青浦地。……而开之更取付剞劂,属予叙。谓曰:'长卿严事先生,先生知长卿尽,合有言。'予于是序。……明万历八年岁庚辰五月,甬句东沈明臣嘉则父撰。"《由拳集》卷首,《续修四库全书·集部》第1360册,第4—6页。

④ 《与嘉则先生》:"退食偶暇,撰得《嘉则先生传》一首。……开之固欲为我翻刻小集,不得已付之。先生传亦已付去。……新旧集再乞先生一刊定焉。"《由拳集》卷一六,《续修四库全书·集部》第1360册,第220页。

⑤ 《与嘉则先生》:"岁杪无便羽,无从一寄讯,念先生不去怀中。老母东归,承先生时过存,具见长者高义。二月十九日,家兄始奉老母抵署中,得先生手札,如睹先生之面矣。"《由拳集》卷一六,《续修四库全书·集部》第1360册,第220页。

⑥ 沈明臣《与屠长卿》:"得手书三通,得挽先司马公诗六首、祭文一首,又得吴扇四握,中有寄不佞诗者一。松江布一匹、葛布一匹、白锭二两,其二书后所题者,无恙故也。长卿为吏廉,安所从辨(办)诸种种,实割俸远供山人酒资,登拜殊感激。……治青浦甫三月,青浦辄治如颍上,而神君之好益振四境。"《国朝名公翰藻》卷五〇,《四库存目丛书·集部》第314册,第551页。《与沈嘉则二首》其一:"罗浮砚一枚、天池茶一瓶、辰砂、雄黄各一缄奉上。"《由拳集》卷一七,《续修四库全书·集部》第1360册,第243页。

祖,回忆这一段时间与明臣的交往,说:"往宰由拳,过为折节,如临琼(邛)令之于相如、刘京尹之下玄度。又为悉力游扬诸公间。声誉赖仆而起,买山隐具赖仆而给。"①大体符合事实,没有夸大其词。

万历十年(1582)十一月,屠隆进京上计,十一年(1583)秋,赴京任礼部主事,沈明臣均送行,有诗纪之。② 在礼部主事任上,屠隆与书明臣,告知在礼部署中"如坐僧舍,焚香读书"和俸入不足、以银带换酒的事,明臣寄诗四首,为其解嘲。③ 万历十二年(1584),明臣闻屠隆罢官消息,以诗迓之。④ 万历十三年(1585)五月十三日,明臣才收到屠隆去年十一月十七日来书。明臣有感屠隆书说待冰解冻后还家,却一直未等到,写诗盼望屠隆早点回来。诗还把屠隆比作杜甫,把自己比作锦里先生,说自己和家乡父老已经准备好了美酒,欢迎屠隆早日归来。⑤ 同年九月九日,明臣要到苏州去,听说屠隆是日到家。于是,留下来等待与屠隆相会,但没等到。只好发舟启程,十二日,夜过越王城,旦日至西陵,才知屠隆此夜渡钱塘江离开。两人失之交臂,明臣十分怅然,乃作诗表达自己的这种心情。诗云:"越王城边秋可怜,芙蓉照

---

① 《与汤义仍奉常》,《栖真馆集》卷一六,《续修四库全书·集部》第 1360 册,第 513 页。与喻均书也有类似的话:"吾乡有老文人,……诸凡为光扬粉泽,惟力是视。当今吴中时,以一官奉此人,虽刘京尹之于玄度、临琼(邛)令之于相如,不啻过之。吴、越间山人、游客,交口而妒,以为屠生宿世岂有逋于此人邪? 何为德之过也?"(《答喻邦相使君》,《栖真馆集》卷一六,《续修四库全书·集部》第 1360 册,第 508 页)喻均,字邦相,新建(今属江西)人。隆庆二年(1568)进士,历官兰溪知县、松江、杭州知府、山东按察副使。有《山居文稿》等。见《弇州续稿》卷四七《喻邦相杭州诸稿小序》(《文渊阁四库全书·集部》第 1282 册,第 618—619 页)。

② 沈明臣:《送屠青浦长卿上计》,《丰对楼诗选》卷二九,《四库存目丛书·集部》第 144 册,第499 页。《送屠长卿礼部赴阙》,《丰对楼诗选》卷二七,《四库存目丛书·集部》第 144 册,第 466 页。

③ 《与沈嘉则书》:"婆娑兰省,曹务总归曹长,了不相关白。平明入署,如坐僧舍,焚香读书,亦甚清适。出门骑马,风沙被面。谒客投刺,独苦苛礼。以笔札事人,仅当鼓吹。风雅之业其衰乎?"《白榆集》文卷一〇,《续修四库全书·集部》第 1359 册,第 668 页。沈明臣《寄嘲屠礼部长卿四首》序云:"长卿来书云,俸入不足以给客,只余银带一围,解以换酒,故有此戏。"《丰对楼诗选》卷四〇,《四库存目丛书·集部》第 144 册,第 649 页。

④ 沈明臣:《闻屠礼部免官东还,诗以迓之三首》,《丰对楼诗选》卷二七,《四库存目丛书·集部》第 144 册,第 467 页。徐朔方先生《屠隆年谱》云其为卷二六,误。《晚明曲家年谱》第二卷,第 349 页。

⑤ 沈明臣《五月十三日,始得屠长卿十一月十七日书。书云守冻,俟冰泮始归。至今未到,赋此迟之》:"脱屣来归江上村,青山无限白云屯。杜陵男子宜初服,锦里先生具酒尊。梅雨歇时鱼已过,飓风生处海将昏。他乡纵好难留滞,稚子朝朝遣候门。"《丰对楼诗选》卷三四,《四库存目丛书·集部》第 144 册,第 565 页。

水空相鲜。前来舟楫杳不见，后飞鸿雁何茫然。心中所期交臂失，天末谁将落梦边？踌躇手把黄菊嗅，青沙白鸟双翩翩。”[①]情真意切，溢于言表。这是两人文集中保持良好友谊的最后记载。此后，两人渐行渐远，直至反目成仇。

屠隆与沈明臣两人关系何时恶化？具体时间难以考知，至少在万历十四年丙戌(1586)，王世贞已闻知两人关系不佳。王世贞与沈明臣信说：“昨冬偕戚少保与足下高会，时觉奕奕神王。……甬中人来，齮龁屠长卿，至不可闻。闻足下以大义持之，因而抵牾。大厦拉摺，非一木所支。朋友中不可无此段事。”[②]“戚少保”即戚继光。徐朔方先生根据汪道昆《太函集》卷七六《沧州三会记》、王世贞《弇州续稿》卷一七《少保戚公元敬解岭南将印还莱海，访余娄上言别，得二七言近体》、卷三八《寿少保兼太子太保左都督南塘戚公六十序》等考证，王世贞、戚继光与沈明臣的“高会”时间是在万历十三年(1585)，[③]良是。因此，王世贞写信给沈明臣，谈及明臣与屠隆的关系，则是在万历十四年丙戌(1586)。揣王世贞书意，明臣以“大义”要求屠隆，两人因而“抵牾”，关系破裂。而屠隆则认为，两人“抵牾”的原因，并非什么大义，而是睚眦之愤，是明臣不念旧情，落井下石。他在给喻均、汤显祖的信中，都提到此事。在《答喻邦相使君》中，屠隆谈到了与明臣反目的两个原因。一是：“某重不幸，复遭乡人之修冤于某者。向明公萋菲，若为彼夫左袒。然者

---

① 沈明臣《越王城作，有序》：“余于乙酉九日为吴行，途闻长卿是日当到家。因留以待，不果到。遂发舟，沿途无繇得信。十二日，夜过越城，遂尔相失。旦日至西陵，始知其夜渡也。怅然有作。”《丰对楼诗选》卷三四，《四库存目丛书·集部》第144册，第567页。越王城，在今浙江绍兴市南会稽山上。相传春秋吴军围越王勾践于此(魏嵩山：《中国历史地名大辞典》，广东教育出版社1995年版，第1103页)。屠隆确实于万历十三年(1585)九月九日离杭返甬，在其文集中多次提到。《答詹政叔》：“以重九后抵明州。”(《白榆集》文卷一二，《续修四库全书·集部》第1359册，第695页)《报汪伯玉司马》：“某于重九后亦奉家慈南渡罗刹。”(《白榆集》文卷一二，《续修四库全书·集部》第1359册，第695页)罗刹，即钱塘江。《寄陆大司空》：“某自去年九月奉母抵家。”(《栖真馆集》卷一八，《续修四库全书·集部》第1360册，第554页)《再与子愿》：“弟以去年九日始归自西陵。”(《白榆集》文卷一四，《续修四库全书·集部》第1359册，第716页)西陵，即西陵湖，又名白马湖、西城湖、石姥湖。在今杭州萧山西(魏嵩山：《中国历史地名大辞典》，第368页)。

② 王世贞：《尺牍·沈嘉则》，《弇州续稿》卷二〇六，《文渊阁四库全书·集部》第1284册，第902页。

③ 徐朔方：《王世贞年谱》，《晚明曲家年谱》第一卷，第671页。

嗟嗟,命也。乡人之谤,适与彼夫会。不佞之不德,近真矣。"①"乡人"指沈明臣,"彼夫"指俞显卿。作为自己亲密师友的沈明臣为自己的切齿仇人俞显卿"左祖",这能不令屠隆恼火吗?沈明臣的指责与俞显卿的诬告相呼应,使不明真相的人对屠隆的"不德"信以为真。事实上,也真是这样。王世懋(敬美)就因为受到明臣的影响,断绝了与屠隆的往来,就连屠隆的长笺,也无片语相回。而在此前,王世懋与屠隆也是来往密切,意气相投的。②二是:"不佞归而萧然,渠计无复赖于贫子,便欲从席上陵侮不佞,借以恐吓乡后进小生,而因以为利。自此睊眦相失,积怨日深,大肆谤讟于吴门、白下,曾不复念畴昔周旋也。"③在《与汤义仍奉常》中说得更明白:"吾乡一老山人,……此人使气好骂,有灌夫之病,向以仆头上有进贤冠,缓急可倚,稍戢锋锷。一旦摧废归来,渠谓无所复望于陈人,便相陵轹,假陈人以恐动里中诸少年。仆念夫夫薄行者,浮云苍狗,何常之有?逊谢而谨避之,以托于古人交绝不出恶声之义。夫夫不自反顾,大以为望,实肆萋菲于白下、吴门。"④屠隆所说是否属实?由于沈明臣《丰对楼诗选》有诗无文,而明臣文集又难能一见,无从知晓明臣对此事的叙述与态度,但我们可以从同时其他人对此事的看法,窥知屠隆所说并非一面之词。汤显祖在南京任职时,闻知明臣对屠隆的不利言辞后,"力持公论,谗口嗫不得张"。⑤又回信屠隆说:"读足下手笔,所未能忘怀,是山人口语一事。天下固有此人,……宁人负我,无我负人。江海萧条,大是群鸥之致。"⑥王世贞也写信给屠隆说:"沈嘉则闻病甚,虽起,不能久

①　《答喻邦相使君》,《栖真馆集》卷一六,《续修四库全书·集部》第1360册,第508页。

②　《与王百谷》:"王敬美遂为异物,可惜。仆往居由拳时,此君日与还往,尺素无日不将。直指青松,暾日苴盟。一旦削藉(籍)东归,弃我如遗迹焉。去年作一长笺,投之白门,杳不修一字见报。盖闻入栎社山人之谣诼深耳。"《栖真馆集》卷一七,《续修四库全书·集部》第1360册,第527页。《与赵汝师》:"敬美入吾乡老饕谗,遂投杆山民。敬美与山民生平何如,而忍一谗凶终隙末若然。人必不可被谗,谗夫有权甚矣。山民心行尚可质之上帝,而独不得信于故人。岂非命耶?"《栖真馆集》卷一八,《续修四库全书·集部》第1360册,第562页。

③　《答喻邦相使君》,《栖真馆集》卷一六,《续修四库全书·集部》第1360册,第508页。

④⑤　《与汤义仍奉常》,《栖真馆集》卷一六,《续修四库全书·集部》第1360册,第513页。

⑥　汤显祖:《答屠纬真》,《汤显祖全集》诗文卷四四,第1297页。

待。唯足下一濡煦之,不失为长者。"①汤显祖既"力持公论",又劝屠隆"宁人负我,无我负人",王世贞勉励屠隆做"长者",都间接说明,两人关系恶化的主要责任在沈明臣一方,而屠隆则是负屈衔冤者。屠隆把自己与明臣由师友到仇敌的这种关系写信告诉给多人,除上引写给喻均、汤显祖信外,他还给赵用贤(汝师)、王稚登(百谷)、沈一贯(肩吾)等人写信,告知此事。② 一般来说,在两人地位相当的前提下,理直者总是详尽告诉别人事情经过,请人评判是非曲直,理曲者往往讳莫如深,或者选择沉默。当然,相反的事实也有。但大多数情况是前者。如果错在屠隆,他就不会这样喋喋不休,没完没了,说个不止。因为这样做,无异于自曝己过。正因为他感到冤屈和窝囊,所以才会像后世鲁迅笔下的祥林嫂,逢人便说那么几句同样的话。

屠隆是一个心直口快、率性而为、恩怨分明的人。既然已经破裂,他就没有必要维持与明臣表面上的和睦关系。此后,虽然两人同在鄞地,没有任何一方迁居他乡,两者的关系是声息相闻,老死不相往来。屠隆知道明臣病重,没去看望他。但他把明臣生病的消息写信告诉了汪道贯(仲淹)、潘之恒(景升)、赵用贤(汝师)、王稚登(百谷)等人,③这样才有了王世贞写信劝屠隆"濡煦"明臣的话。屠隆《白榆集》原稿在明臣处,屠隆担心直接找明臣索回原稿,遭他拒绝。于是,反托汪道昆(伯玉),说自己"苦无副本",请他帮忙要

---

① 王世贞:《书牍·屠长卿》,《弇州续稿》卷二〇〇,《文渊阁四库全书·集部》第1284册,第834页。

② 《与赵汝师》:"今敬美已作古人,而谗者亦病疽。病疫虽犹存余息,曹蜍李志,奄奄下泉尔。而山民犹尚无恙。"《栖真馆集》卷一八,《续修四库全书·集部》第1360册,第562页。《与王百谷》:"栎社翁生平爱不佞厚恩,足下知之,天下人士所尽闻也。浮云苍狗,世熊(态)炎燠。片言相失,风波如山。人将食其余乎?今疡发于背,大如盘盂。恐是此生口业报。"《栖真馆集》卷一七,《续修四库全书·集部》第1360册,第527页。与沈一贯书见下页③所引。

③ 《答汪仲淹》:"吾乡沈嘉则,老而多欲,口如蛇矛,疽发其背。其巨如碗,复如斗。终得不死,天赞之矣。潘使还,崖略不谢。不悉。"《栖真馆集》卷一七,《续修四库全书·集部》第1360页。《答潘景升》:"沈嘉则疡发于背,顿而复苏。"《栖真馆集》卷一七,《续修四库全书·集部》第1360册,第533页。屠隆把明臣生病的消息告诉赵用贤(汝师)、王稚登(百谷)的书信,见②所引。

回原稿。事在万历十五年(1587)。① 万历十七年(1589)，宁波总兵侯继高和郡丞龙伯贞议修《普陀山志》，请屠隆主持。② 屠隆遍请名士大僚题咏，明臣自应在邀约之列。但屠隆也不愿直接找明臣，而是写信给明臣从侄沈一贯，请他代为约稿。③ 万历二十三年乙未(1595)，明臣既老且贫，余寅"欲游约同志置田百亩以安之"，④ 屠隆当然不会参与其中，何况此时他是泥菩萨过河——自身难保。有时需要友朋接济，有时还出去打打秋风，遭人白眼。万历二十四年丙申(1596)五月二十四日，明臣卒。⑤ 余寅、沈一贯等人纷纷写诗悼念哀挽。余寅《挽沈嘉则四首》在其《农丈人集》诗卷七。⑥ 沈一贯远在

---

① 《答汪伯玉司马》："老母九十生辰，……山人无赖，殆将灭我雕虫名，天去其疾。然犹望先生一督过此人，第得原稿完归，足矣。仆苦无副本，仆自令人索之，思夫人以负诺，故不肯见发。先生急遣一力取之，至幸。"《栖真馆集》卷一七，《续修四库全书·集部》第 1360 册，第 531－532 页。汪道昆《尺牍·屠纬真》："《白榆稿》以属程氏两生梓之。病起始得诠次，尚未卒业。大约如梓者十九，逸者曾无几何。……不佞行年七九，是岁惮于远游。"《太函集》卷一三○，第 477 页。此书万历十五年(1587)作。汪道昆《太函集》卷一三○《书牍·屠纬真》："虎林聚首，契阔少纾。于徒以于嗋相承，形骸相索。既复离索，四面惘然。钱唐入舟，痼疾复作。归而掩关伏枕，亦越三时。……胡生将命入境，则足下五七月书，亹亹数千言，大阐函三为一之教。……元美胥命于白岳，乃复更期于仲秋。兹将发使申之。但得许可，愿足下建一麾，从南海至。一时与国，或吴明卿、李本宁、徐茂吴其人。……不佞行年七九，是岁惮于远游。"《四库存目丛书·集部》第 118 册，第 476－477 页)汪道昆生于嘉靖四年乙酉(1525)(徐朔方《晚明曲家年谱》第三卷，第 13 页，汪超宏《明清曲家考》第 154 页)，至万历十五年(1587)，为其"七九"之期一六十三岁。

② 屠隆《〈补陀山志〉序》："开府侯大将军乃谋之兵使者刘公、郡大夫龙公，纂修《补陀志》，……爰尊今上奉圣母命，颁赐藏经制敕及御制序文，冠诸简端，而图绘山海岩洞、殿宇形胜，次弟(第)裒集古今名贤制作，汇为一书，复属道民删定。乃为稍削旧诗之俚谬，增入时贤之合作者若干篇，复以道民所自为记颂韵语附焉。……万历己丑春，叟光居士屠隆和南撰。"《普陀山志》卷四，《四库存目丛书·史部》231 册，第 240－241 页。

③ 《与沈肩(吾)少宰》："侯将军修《补陀志》，……龙伯贞郡丞白之侯公，属道民为稍刊定。……欲购求本州三大善知识，各出制作，以镇压名山，阐扬慈教。明公文苑哲匠，道门宗师，幸首锡佳篇，以倡同社。不慧不自揆度，妄有撰缀，敢溷览观，并希印可。道民以不德取讥栎社翁，文人之口，几满吴门、白下矣。以此不复敢见乃公。然名山神界，何可少此人笔札？乞先生转为索之，何如？"《栖真馆集》卷一六，《续修四库全书·集部》第 1360 册，第 517 页。

④ 《康熙鄞县志》卷一七："余寅，字君房，……里居屏造公府，惟郡中有关利害者，则言之谆切。周急溥丧，随力所给。友人沈明臣贫老，欲游约同志置田百亩以安之。其高谊多类此。"《中国地方志集成·浙江府县志辑》第 18 册，第 600－601 页。沈一贯《余公墓志铭》："乙未，起福建，在乞休，诏加太常少卿致仕。"《喙鸣集》文卷一六，《四库禁毁书丛刊·集部》第 176 册，第 285 页。

⑤ 《栎社沈氏宗谱》，参见郑闰《〈金瓶梅〉和屠隆》第 2 页。

⑥ 余寅：《挽沈嘉则四首》，《农丈人集》诗卷七，《四库存目丛书·集部》第 168 册，第 482 页。

京城任礼部尚书兼东阁大学士,参预机务。位高权重,公务繁忙。闻讯,写了《哭句章公九首》,痛悼明臣去世。诗见其《喙鸣集》诗卷一六。① 屠隆不会不知道明臣去世的消息。他写了不少应酬文字,往往率笔立就,却没有只言片语悼唁明臣之逝。这除了说明两人形同陌路、恩断义绝外,没有更好的解释了。②

屠隆两任知县的治绩

屠隆曾两任知县,一在颍上(今属安徽),一在青浦(今属上海)。在知县任上,屠隆做了很多有益地方和百姓的事。他克己奉公,体恤民情,不畏权贵,为民谋福,平反冤狱,为官清廉,是一个深受百姓爱戴的循吏。

经过长达半年多的苦苦等待,万历五年(1577)九月,终于等来了朝廷的一纸任命。屠隆被授颍上知县。③ 本来,沈懋学等友人劝屠隆谋任京兆博士,或京中其他清闲文职,因为世人"以内馆为高华,以外吏为流俗,以词赋为雅道,以吏事为风尘,以入直为贤达,以视篆为鞿掌,厌薄外补",④屠隆此

---

① 沈一贯:《哭句章公九首》,《喙鸣集》诗卷一六,《四库禁毁书丛刊·集部》第176册,第583页。其一云:"书来千里人难讳,泣尽寒星月影斜。"沈一贯万历二十二年甲午任南京礼部尚书,旋即以尚书兼东阁大学士入阁预机务。《明史》卷二一八:"二十二年,起南京礼部尚书。……诏以尚书兼东阁大学士,与陈于陛同入阁预机务。……辅政十有三年,当国者四年。"(第5755—5759页)《康熙鄞县志》卷一七:"甲午,召入阁办事,赞机务。"(《中国地方志集成·浙江府县志辑》第18册,第591页)

② 屠隆现存诗文集,《由拳集》刻于万历八年(1580),《白榆集》刻于万历二十二年(1594)至二十八年(1600)之间,《栖真馆集》初刻于万历十八年(1590),再刻于万历二十八年(1600)(见各书卷首序言所署时间)。如果屠隆有伤悼明臣的诗文,《白榆集》、《栖真馆集》在刊刻时补入是很自然的事。但上述二著均没有类似之作。笔者搜罗屠隆集外诗、文、曲几达四万字,也没有伤悼明臣的文字。因此,应该是屠隆没有写,而非散佚不存。

③ 《与余君房》:"主上慎选文学侍从之臣,不佞隆不得与。……足下东还有何状? 秋、冬间得就一官,东寻足下湖上,为十日饮,良足愉快。"《由拳集》卷一三,《续修四库全书·集部》第1360册,第161页。《与沈长孺》:"都门一别,至今犹怀怏怏然。……秋、冬倘得就一小吏,东寻足下山中,把臂一笑,亦大是快事。"《由拳集》卷一三,《续修四库全书·集部》第1360册,第163页。

④ 《上汪宗伯》,《由拳集》卷一四,《续修四库全书·集部》第1360册,第183页。

时"文名满长安,诸君以得足下单言片纸为荣",①只要酝藉时日,终成大器。一个小小的县令,不足以尽其才。② 但屠隆认为,能当知县也不错,也能发挥自己的才干。③ 县令的作用也很大:"夫理梦治剧,非令不效;振刷调剂,非令不行;精明果断,非令不见;宽仁惠和,非令不宜。士朝弛负担,莫列荐绅,绾符佩印,展布四体,丈夫何不可哉?"④因此,一接到任命,屠隆即离京返家。十一月初四日,与老母、妻子同赴颍,十一月二十六日,莅任。⑤

颍上是颍州所辖二县之一(另一县为太和),是凤阳府内一偏僻小县。⑥原是"颍、寿间一村落,东北去颍、寿二州稍远,故别置一县"。⑦ 知县的职责是"掌一县之政"。其中最主要的工作是狱讼和赋役。⑧ 早在宋代,就把"狱

---

① 《拙宦》,《鸿苞》卷四七,《四库存目丛书·子部》第 90 册,第 222 页。瞿甲《与屠长卿》:"是时我长者声名藉一甚京师中。"《国朝名公翰藻》卷五一,《四库存目丛书·集部》第 314 册,第 569 页。瞿九思《与屠长卿》:"明公名声益藉甚长安中。"《国朝名公翰藻》卷五一,《四库存目丛书·集部》第 314 册,第 567 页。

② 《与沈君典三首》其一:"始足下劝仆弃去吏事,作京兆博士,仆不从。乃今悔之。"《由拳集》卷一三,《续修四库全书·集部》第 1360 册,第 169 页。沈懋学《报屠长卿》:"足下意气词华,高示寰寓,仆与开之二三兄弟每以疎旷跌宕为足下忧。足下宜入词林,酝藉一二十年,终成远器。于令奔走,蒲伏烦劳,才弗宜也。"《郊居遗稿》卷八,《四库存目丛书·集部》第 163 册,第 698 页。《上汪宗伯》:"劳苦屠生,谓隆不得馆职,而摈之小吏,以为太息。"《由拳集》卷一四,《续修四库全书·集部》第 1360 册,第 183 页。

③ 《与沈箕仲》:"足下得闲曹适矣,乃仆为令,亦恶不也。"《由拳集》卷一四,《续修四库全书·集部》第 1360 册,第 184 页。

④ 《与沈箕仲》,《由拳集》卷一四,《续修四库全书·集部》第 1360 册,第 184 页。

⑤ 《与沈君典三首》其二:"九月去国,十月渡淮,仲冬始奉老母涉颍。"《由拳集》卷一三,《续修四库全书·集部》第 1360 册,第 170 页。《与沈君典诸子》:"去冬十一月初四日,始得奉老母涉颍,……不佞以去冬十一月二十六日,莅任。"《由拳集》卷一三,《续修四库全书·集部》第 1360 册,第 164－165 页。

⑥ 《明史》卷四〇《地理一》,第 912－915 页。黄霖先生《金瓶梅作者屠隆考》说屠隆"在山东邻省河南颍(颍)上做知县",误。《复旦学报》,1983 年第 3 期。

⑦ 《与沈君典诸子》,《由拳集》卷一三,《续修四库全书·集部》第 1360 册,第 165 页。《与沈君典诸子》:"颍故自小邑,不谓又凋敝不可言。"《由拳集》卷一三,《续修四库全书·集部》第 1360 册,第 165 页。

⑧ 《明史》卷七五《职官四》:"知县掌一县之政。凡赋役,岁会实征,十年造黄册,以丁产为差。赋有金谷、布帛及诸货物之赋,役有力役、雇役、借债不时之役,皆视天时休咎、地利丰耗、人力贫富,调剂而均节之。岁歉则请于府若省蠲减之。凡养老、祀神、贡士、读法、表善良、恤穷乏、稽保甲、严缉捕、听狱讼,皆躬亲厥职而勤慎焉。"第 1850 页。

讼无冤、催科不挠"作为考核知府、知县治事是否上等的标准。① 除少数清官外,封建时代的官吏大都刑讯逼供,屈打成招,造成很多冤假错案。关汉卿杂剧《窦娥冤》中的桃杌太守偏听偏信,他的判案"宝典"是"人是贱虫,不打不招",使窦娥屈死长街,造成千古奇冤,就是一形象而典型的例证。屠隆在审案时,往往是"先教化而后刑名"。② 他总是详细了解是非曲直,让原告、被告各尽其言,尽量少用刑,或不用刑。③ "即蒲鞭一切置之",④ 避免造成冤案。徽州巨富王大京,以财调陈伯万妻。伯万妻不从,告到县衙。屠隆差隶卒荆栢同保长提两家到衙。大京贿保长、乡老。荆栢称伯万殴拒,保长、乡老作伪证。两家争论不休。屠隆觉察伯万有冤,佯判道:"王大京调奸不成,陈伯万殴卒未实,两不问。"逐出双方,派人尾随,观察各自的动静。大京与众人到一空室中,拿出银两,交给荆栢与保长、乡老等人。众人还在因贿款不均争吵,被衙役抓个正着,受到了应得的惩罚。⑤ 屠隆善于用情理来感化当事人,使他们改过自新,重新做人。有一老母告儿子不孝殴母,屠隆召集乡父老了解实情后,以天性至情反复教育不孝子,并要责打他。儿子向母亲求救,母亲抱着儿子哭泣。见此情景,乡父老哭了,屠隆也掉下了眼泪,"堂上下无弗泣者"。屠隆见其有悔改之心,未加责打,叫乡父老领回去,严加督

① 《宋史·职官志三》:"以四善、三最考守令:……狱讼无冤、催科不挠为治事之最。"中华书局1977年版,第3839页。

② 《与沈嘉则二首》其一,《由拳集》卷一四,《续修四库全书·集部》第1360册,第173页。

③ 《与孙太史》:"对簿务令人各尽言,无说乃已。已即刑,刑而有言,已辍令听之。听之而无说,乃已。神解未至,务陈深而尽下情,庶几无冤。思讼烦长刁风,务在息争讼而讲解。即大事弗问,讲解纵舍者什之八九,丽法者多一二,万万不得已尔。"《由拳集》卷一三,《续修四库全书·集部》第1360册,第167页。孙继皋(1550—1610),字以德,号柏潭,无锡(今属江苏)人。万历二年(1574)进士第一,除修撰,累迁少詹事,拜礼部侍郎,改吏部,摄铨事。卒赠礼部尚书。有《宗伯集》、《柏潭集》等。传见叶向高《苍霞续草》卷一〇《柏潭孙公墓志铭》(《四库禁毁书丛刊·集部》第125册,第109—111页)。

④ 《与沈嘉则二首》其一,《由拳集》卷一四,《续修四库全书·集部》第1360册,第173页。

⑤ 《王大京》:"王大京者,徽民。巨富,以财调陈伯万妻。不从,讼之。差隶卒荆栢同保长提两家。大京贿保长、乡老。荆栢称伯万殴拒,勾摄。荆栢涂血散发而来,保长、乡老证之。溟涬子察其有冤,两家争不决。溟涬子曰:'王大京调奸不成,陈伯万殴卒未实,两不问。'逐出,而使人尾之。大京与众人至一空室中,纳赂荆栢,得白金二十铢,保长、乡老各十铢。保长曰:'尔以富调良家妇,得不坐,赖我证也。当倍酬。'尾者就擒之。"《鸿苞》卷四八,《四库存目丛书·子部》第90册,第235页。

责。后来,此子以孝闻名远近。① 一山西商人在颍上经商,十多人欠其货款未还,告到衙门。屠隆将欠债人放还,并对商人说:"他们会还你的钱。如果他们不还,我代他们还。"欠债人后来果然如数归还了银子,没有一人赖账。双方都非常感谢知县,屠隆也很高兴。② 前任知县祝希哲失重囚陈遵、王盘,祝希哲将两人的亲戚十多人抓进监狱,关了将近两年,想通过家人打听其下落,或引其上钩。屠隆到任后,将这些人全放了,并给予衣食度日。陈遵等人得知后,自缚来归。③

清人陈康祺《郎潜纪文》卷八曾说有些知州、知县,把升官发财放在首位,不把民瘼放在心上,"身为州县者,又往往急催科,缓抚字,瘠百姓,肥身家"。④ 屠隆是一个体恤民情的官员,下车伊始,即访民疾苦,⑤革除不利民

---

① 《与孙太史》:"其罹法而可以理谕者,不敢尽法也。有母告儿子不孝殴母者,召一二乡父老会问,隆反复谕以天性至情,语至移晷,薄责儿子,儿子号救(求)母。母前相持泣,隆泣,乡父老亦泣,堂上下无弗泣者。而后令乡父老领之去,日教督之,今以孝闻。"《由拳集》卷一三、《续修四库全书·集部》第1360册,第167页。迟可远《颍上令屠公去思碑记》:"有母讼儿子不孝者,系之堂下,谕以天性至情,卒改为慈孝。"《乾隆颍州府志》卷九《艺文志》,《中国地方志集成·安徽府县志辑》第24册,第510页。

② 《与孙太史》:"山西贾人持帛货县中,县逋(拖欠)商货二百金,以十余家讼县,至隆前。十余人都无券,皆如贾人言,无一人欺隆者。隆感其美,悉放免,无所拘絷,听其偿贾人。且谓贾:'此曹无庸絷,亡徒不偿者。所不偿若者,予则代偿。'果出,而尽偿贾,亡一负者。所出入,人出者称谢,入者亦称谢。隆不知所出,心殊自喜。"《由拳集》卷一三、《续修四库全书·集部》第1360册,第167页。

③ 《与孙太史》:"有盗遣,徒道亡,县囚其妇,几二载。饥病委顿,冬月单衣敝尽。隆廉得其状,给典衣食,亡徒感泣,自缚来归。盖二年逃不得,自来归义,而刑之不可。则为请于当道,得末减。"《由拳集》卷一三、《续修四库全书·集部》第1360册,第166页。迟可远《颍上令屠公去思碑记》:"一囚者脱案经年,连坐其母系狱。凄凄然衣不完肘。公悯之曰:'罪不及孥,矧母耶?'贷之,其囚自伏庭下请死。公更为请从末减,囚竟得释,卒改为善。"《乾隆颍州府志》卷九《艺文志》,《中国地方志集成·安徽府县志辑》第24册,第510页。《恤囚》:"颍上故令祝君失狱重囚陈遵、王盘,以无辜系累亲党交游数十人。溟涬子至而尽释之,吏请曰:'本以此曹致遵,而释之,无乃不可乎?'溟涬子曰:'彼不顾妻子,又何顾焉? 此曹即尽死狱中,遵必不来。枉杀无辜。'吏曰:'是皆遵平日踪迹厚密者,故系之。'曰:'昔厚今不厚矣。平时握手,一去掉臂。彼因宁复念故人哉?'曰:'此曹知遵踪迹。'溟涬子曰:'昔知遵踪迹,今不知矣。彼得漏网,此被拘囚。猛兽率彼旷野,能复回盼槛猿,自通消息哉? 吾心以他法缓遵,不赖此曹矣。'"《鸿苞》卷四八、《四库存目丛书·子部》第90册,第224页。"祝君"是屠隆前任祝希哲。《同治颍上县志》卷六《秩官》:"祝希哲,饶州举人。(万历)四年任。"《中国地方志集成·安徽府县志辑》第27册,第67页。

④ 陈康祺《郎潜纪文》卷八,《续修四库全书·子部》第1182册,第238页。

⑤ 《与孙太史》:"惧闾阎隐痛不得上莚,每出,停车按辔,听受人言,黄稚满车,前后数人。"《由拳集》卷一三、《续修四库全书·集部》第1360册,第167页。

生的弊端。颍上习用大秤,白银一铢,大秤称只有半铢。百姓苦之,屡禁不止。屠隆到任后,下令禁用大秤。但效果不明显,百姓遵否相半。屠隆派吏胥到市肆买东西,遇大秤就没收。百姓见吏胥至,就将大秤藏起来。吏胥一走,照用不误。屠隆又叫吏卒找来行人,给他们银两,要他们去市上贸易,遇大秤就来报告,重治用大秤之人。如此连续几天,百姓不知谁是县令的暗探,谁是真正的购物者,不敢再用大秤。最终在颍上禁绝大秤。①

颍上人烟稀疏,地瘠民贫。此前百姓为征敛所苦,皆背井离乡,逃离家园。② 屠隆在征收赋役时,"皆抚字而后催科"。③ 他审核户口、田亩、人丁,按正额收取,其余一概蠲免,不与民争利。④ 他认为应该向富商大贾征税,小商小贩、工匠挣点活命钱,还要收税,与知县是百姓父母官这一称谓不符。因此,他将小商小贩、工匠等人的税钱也一律蠲免。⑤ 由于他减轻百姓负担,让利于民,离开颍上的百姓纷纷来归。有时,一天多至上百人回来。⑥

在颍上知县任上,最能给屠隆带来美誉、也是屠隆最得意的事是东门河堤的修筑。

---

① 《禁大称》:"颍俗,称大白金一铢,止称半铢。民甚苦之,不能禁。滇涬子下令禁之,民遵否相半,不能禁。滇涬子使吏胥人等,密持往市肆贸易,遇大秤辄收之。民见吏胥人等至,即匿不出。于是,滇涬子坐堂上,令卒往门外呼行人至,滇涬子畀以白金,密嘱之曰:'汝第持吾金往市肆,遇平称置。遇大称即取以来。汝前往而吾密令人觇汝后,汝无卖吾法。'其人如法往,得大称辄重治之。明日,开门复然。民大惊,不知所备。凡持金钱来易货者,谓县中使来,又或非是。谓其非是,又或实系县使。大称终不敢出,一时遂禁绝。"《鸿苞》卷四八,《四库存目丛书·子部》第90册,第238页。

② 《与孙太史》:"先是,民贫苦吏苛,又苦征敛急,则皆亡去。"《由拳集》卷一三,《续修四库全书·集部》第1360册,第167页。《修颍上县东门河堤碑记》:"岁苦不登,民贫而赋敛急,逃且十之二三矣。"《由拳集》卷一八,《续修四库全书·集部》第1360册,第245页。

③ 《与孙太史》,《由拳集》卷一三,《续修四库全书·集部》第1360册,第167页。

④ 《与孙太史》:"又尽去铢锱,非正额秋毫无取。又审稽户口田亩,实数丁。死亡尽者、产归他人者、地瘠薄者、富横隐瞒者,悉犁正之。"《由拳集》卷一三,《续修四库全书·集部》第1360册,第167页。

⑤ 《止足》:"旧有榷税钱几千金,滇涬子下令蠲之。吏曰:'明府将行,苦贲用乏绝,何不急征之?'滇涬子曰:'榷商贾,非制也。王者讥而不征。富商大贾,此犹可者。卖菜佣日操一钱为活,而亦榷之,岂称为民父母之意哉?'……先是,以其多寡入金。滇涬子却之曰:'奈何与冶争秋毫官钱?诸不在岁额者,悉蠲之。'"《鸿苞》卷四四,《四库存目丛书·子部》第90册,第148页。

⑥ 《与孙太史》:"民稍稍来归,告复业者,今且委积车下,日以百什计矣。"《由拳集》卷一三,《续修四库全书·集部》第1360册,第167页。

颍水,一名颍河,源出河南登封。流经颍上县城东门。河宽十丈,深二丈左右。东门堤原距城墙较远,由于每年大水冲击,年久失修,水渐迫城下,距城仅二尺左右。一旦大水降临,冲破堤岸,水淹县城,十分危险。百姓朝不保夕,惴惴不安。① 屠隆意识到修东门堤的迫切性,于是,招集乡老商议,乡老十分拥护。② 但是,说起来容易做起来难。修筑河堤,花费巨大,颍上县贫,无力供给。所需木石要到二百里外的寿州取运,费时耗力。十多年来,地方上就一直有修堤的打算,终因困难重重而作罢。③ 屠隆倡议士绅、百姓捐钱捐物,自己带头,首先捐俸五十金。士绅、百姓纷纷响应,捐金钱、粮食、木头、畚、耒等工具。④ 但还缺石头。屠隆将准备修整县衙的瓦石拿出来,向每家每户借一些。城隍庙两庑外有两座钟鼓楼,砖石数万。屠隆命取之,有人说:"钟鼓楼是放置钟鼓的地方,废钟鼓楼,就是废钟鼓。怎么向神交代?"屠隆说:"城隍庙两边也可以放置钟鼓。供神是为保佑百姓平安。如果洪水

---

① 《明史》:"颍上,……东有颍河。"第914页。《同治颍上县志》卷一·《舆地》:"距城东门里许,至新河口,即明邑令屠隆所凿以移颍道也。"《中国地方志集成·安徽府县志辑》第27册,第26页。《与沈君典诸子》:"城临大河,河广十丈,深二丈许。先是,去城垣犹稍远,岁遭大水坏堤,水渐迫城下,今去城仅二尺许。"《由拳集》卷一三,《续修四库全书·集部》第1360册,第166页。《修颍上县东门河堤碑记》:"颍上城东门面大河,河从汴下走淮洞,北折而东,冲击城垣,夏秋间浩荡漫衍,包林麓,原隰称雄,险哉! 河故有堤,水岁啮,堤圮矣。去城不一武而近水,至辄灌城,城且不支,民惴惴焉,朝不谋夕。"《由拳集》卷一八,《续修四库全书·集部》第1360册,第245页。《与沈嘉则二首》其一:"城东门临大河,岁洪水为妖,薄我城垣。故堤失守,父老惴惴,恐一夕化为鱼。"《由拳集》卷一四,《续修四库全书·集部》第1360册,第173页。

② 《修颍上县东门河堤碑记》:"万历岁丁丑,屠子隆奉命来令颍上。甫弥节于郊,则进父老、博士、诸生曰:'隆不佞以主上命,得从诸君子游。诸君子何以教不佞,敢问治状何先?'父老、博士、诸生起对曰:'善哉! 大夫幸辱此言,颍之人福矣。治宁有先于河者。堤,城卫也。堤坏,城将从之失。今不治,明年无可为者。民其鱼乎?'"《由拳集》卷一八,《续修四库全书·集部》第1360册,第245页。

③ 《与沈嘉则二首》其一:"隆抵官,老幼遮道,为言东门之役。先是,议数十年无成,度支可万金。"《由拳集》卷一四,《续修四库全书·集部》第1360册,第173页。《与沈君典诸子》:"方修筑河堤,邑无一木一石,取木石当于寿州二百里外,度支盈万金,邑中一无所出。"《由拳集》卷一三,《续修四库全书·集部》第1360册,第166页。

④ 《修颍上县东门河堤碑记》:"屠子议先捐俸,同官亡不捐者。而后下令百姓曰:'河务急矣! 此执事者之责,亦黔首之患也。……'令下之明日,而捐金钱、持牛酒、糗粻、伐木、畚土、耒者,满车下焉。"《由拳集》卷一八,《续修四库全书·集部》第1360册,第246页。梅鼎祚《颍上县东门河堤告成记》:"屠君授颍上令,行矣。颍上之东门滨河,而岸善崩。……令首斥奉五十金为百姓帜,僚佐而下助有差。"《鹿裘石室集》文卷一六,《四库禁毁书丛刊·集部》第58册,第377页。

泛滥,淹没老百姓家园,哪里还有供神的地方? 我为百姓谋福,神也应该做点贡献。"尽取之,其他神祠也无不取者。又遍索郊外残碑断碣、坏桥废寺。缺石的问题解决了。① 万历六年(1578)正月六日,屠隆率父老祭河神,并作《祭河神文二首》,文在《由拳集》卷二一。② 正月九日,开工修堤。屠隆白天与百姓同劳作,晚上也不回家。百姓见县令亲自挑土运石,个个争先恐后。经过五十多天的忙碌,终于筑成了一道长五十丈、宽五丈、高五丈五尺的大堤。③ 东门堤的修筑,解决了颍上百姓的心腹大患。颍州分巡道佥事朱东

① 《修颍上县东门河堤碑记》:"邑又苦无石,则尽废邑治以风。而徒步走百姓家,借石一二。父老子弟争为位焚香,门迎至城隍。两庑外有钟鼓楼二,砖石可数万。屠子命取之,众为请曰:'楼县钟鼓,废楼是废钟鼓也。如神何?'屠子曰:'堂左右不可钟鼓乎? 置神以为民,民神依也。水至,民且丧其室家,神将安依? 令为民,神宜亦有之。'遂取之。他神祠亡不取者。又遍索郊以外残碑断碣、坏桥废寺,于是有石矣。"《由拳集》卷一八,《续修四库全书·集部》第1360册,第246页。

② 《祭河神文二首》其一:"隆受命于朝,来抚兹邑。……涉颍之二旬,是为春王正月六日。不佞则率邑博士诸生与千夫长、百夫长及邑之父老子弟,荷畚锸而来,是兴东门之役。"《由拳集》卷二一,《续修四库全书·集部》第1360册,第280页。《修颍上县东门河堤碑记》:"以万历六年戊寅春王正月六日,屠子自为文,率父老博士诸生泊千夫长、百夫长临河而祭,告于大河之神。"《由拳集》卷一八,《续修四库全书·集部》第1360册,第246页。

③ 《修颍上县东门河堤碑记》:"是兴此役,屠子日临视者二。……始于正月九日,终于二月廿有九日。盖五十日而河工告成。……凡长五十丈,广五丈,高五丈五尺。"《由拳集》卷一八,《续修四库全书·集部》第1360册,第246页。《与沈君典诸子》:"与土人多方区画,尽出县治之瓦石,以义倡百姓,家借一石,诸草屋泥垣。又苦无石,则取败石,伐枯杨,不佞方且身帟糒,与土人同操畚锸,列在负担,日绕行百里,而夜令人从门外报太夫人以无恙。百姓见不佞忠诚,人人劝也。"《由拳集》卷一三,《续修四库全书·集部》第1360册,第166页。梅鼎祚《颍上县东门河堤告成记》:"凡五十日而河堤成。……堤自东迄北长五十丈,广五丈,高五丈五。……经始万历戊寅之正月九日,是春二月二十九日竣工。在度支不下万金计,而是役也,即不敢当国家水衡钱,实不废县帑一金云。"《鹿裘石室集》文卷一六,《四库禁毁书丛刊·集部》第58册,第378页。迟可远《颍上令屠公去思碑记》:"颍上城泊大河,河水冲击奔怒,遇淫潦,城几为浸。公修筑河堤,亲操畚锸为民先。一切竹木沙石,设法措办。不旬日辄就。"《乾隆颍州府志》卷九《艺文志》,《中国地方志集成·安徽府县志辑》第24册,第510页。屠隆《重开颍水碑记》:"维时邑东门滨颍水,水岁啮堤且圮,所不侵城者数武。议修堤,度支数千金,即木石诸料,悉邑中所乏。工力诎甚。监司日下令督促,比以缗钱请,则寝不报。不佞大集缙绅父老咨议计画,言人人殊,多龃龉不合。不佞殚厥心力,凡劝募掊集,咸师心为之。下应如桴鼓。两阅月而堤成,百姓讴歌之。"《同治颍上县志》卷一一《艺文上》,《中国地方志集成·安徽府县志辑》第27册,第223—224页。

光、凤阳知府张登云非常欣赏屠隆的才干,下令犒赏屠隆及其他修堤有功之
人。① 屠隆也很欣慰,他将自己修堤的经过与难处写信告诉给沈懋学、冯梦
祯、孙继皋、沈明臣、张邦仁等友人,众人均有士别三日当刮目相看之感。②
屠隆还作了《东门河堤成四首》,抒发堤成的感受。诗见《由拳集》卷九。③ 百
姓更是兴高采烈,由衷感谢这位县令为民做实事的行为。以歌谣颂之,并在

① 《修颍上县东门河堤碑记》:"时尝受命观察朱公、郡守张公,两公为治精明,多惠政,授隆方
略甚详。……成之日,诸君咸举爵劳屠子。……堤成,告成事,观察朱公、郡守张公,两公阅之喜,犒
令以下有差。"《由拳集》卷一八,《续修四库全书·集部》第 1360 册,第 246－247 页。"观察朱公"应
为朱东光。《光绪重修安徽通志》卷一一九《职官志·表》:"(万历)分巡道:朱东光,临川人。"《续修四
库全书·史部》第 652 册,第 434 页。又据《同治临川县志》卷四〇《人物·宦业》,朱东光,以福建瓯
宁籍中隆庆戊辰(1568)进士,历官平阳、祁门知县、户科给事中、颍州金事、山东广东副使、右参政等。
《中国地方志集成·江西府县志辑》第 48 册,第 599 页。"郡守张公"应为张登云。《光绪凤阳府志》
卷六中《明秩官》:"(知府:隆庆)张登云,宁阳人,进士,五年任(《通志》作万历间任)。……万历间任:
张宁,进士,三十八年任。"《中国地方志集成·安徽府县志辑》第 32 册,第 188 页。
② 冯梦祯《与屠长卿》:"前别足下时,尝罔意足下文人,或不解吏事。窃私忧之,并与箕仲、君
典二君,意亦不异不佞。须君家苍头将尺素来,不佞询状。洎谢贡士将尺素来,不佞又询状。则足下
固能吏也。……闻足下作堤,月余而就。何神速乃尔。足下信才。"《国朝名公翰藻》卷四六,《四库存
目丛书·集部》第 314 册,第 449 页。沈懋学《报屠长卿》:"于令奔走,蒲伏烦劳,才弗宜也。岂知足
下才如神龙,变化不可捉摸。至颍上未两月而化行,以万金之役,二十余年不可必就之工,而忽焉落
成。官不告费,民不告劳,足下不动声色,运之谭笑之间。……不意长卿意气词华之外,复有此妙用
也。"《郊居遗稿》卷八,《四库存目丛书·集部》第 163 册,第 698 页。《与沈箕仲》:"仆为小吏淮泗之
上,朝夕兀兀,……城下新堤初成,度支可万金。帑有一钱乎? 亡之,则秋毫民力也。秋毫民力而民
不怨者何? 仆无他材,能终日百拜而劝之,用其愚也,愚所以成也。"《由拳集》卷一四,《续修四库全
书·集部》第 1360 册,第 185 页。《寄张长公诸君》:"渡淮来,吏事劳人,风尘作苦。……东门之役,
度支万金矣,隆以其款劝之愚民百姓,不烦官钱一钱,旬日而河工告成。"《由拳集》卷一三,《续修四库
全书·集部》第 1360 册,第 168 页。张邦仁,字孺谷,号之罘,张时彻长子。以贡官邵武(今属福建)
知县,卒年五十四岁。传见《邵武县令之罘张君墓志铭》,《栖真馆集》卷二八。《与沈嘉则二首》其一:
"隆雅不善吏事,今为令,虽隆自知其不可,况他人哉! ……下邑枵然濩落,奈何守空城,坐待鱼乎? 仆
实兴是役,昕夕兀兀矣。始于王正四日,终于三月晦日而告成事。未尝以一鞭箠使其民也。……海内
人士多皮相屠生,谓屠生必不善此官,故勉而就此。"《由拳集》卷一四,《续修四库全书·集部》第 1360
册,第 173 页。《与孙太史》,《由拳集》卷一三,《续修四库全书·集部》第 1360 册,第 166－168 页。
③ 《东门河堤成四首》,《由拳集》卷九,《续修四库全书·集部》第 1360 册,第 114 页。

堤上建了一座绿波亭,以志功德。① 二十年后,屠隆出游颍上,颍上父老倾城出迎。屠隆在颍上盘桓数日,在邑人任怀德书斋题诗二首,表达故地重游的喜悦心情和对颍上百姓厚待自己的感谢:

> 二十年前宰此城,重来经过不胜情。壶浆迢递倾都出,父老蹒跚夹道迎。涕泪未能忘宿昔,循良真自愧平生。幸逢地主高贤在,不减临邛遇长卿。
>
> 墨绶抛来颍水头,如今双舄是仙游。花开邑正歌新令,瓜熟人犹想故侯。管子碑荒青艸合,襄阳堤好绿波流。此邦地僻民风古,敢说当年遗爱留。②

凡为官一任,造福一方的官员,当地百姓会永远记住他的名字和事迹。为了纪念屠隆为民谋福之举,后人径称东门堤为屠堤。③ 清道光二十五年(1845),知县程钰在管仲墩侧重建绿波亭,手书"赤水去今三百载,绿波依旧一间亭"一联。④ 屠隆的《东门河堤成四首》诗,同治年间,还完好嵌刻在颍上县衙东厢春雨堂的壁上。⑤

---

① 《与孙太史》:"河工告成矣,不费官钱一文,而万金之役成不旬日,黔首欢然,父老咸谓,非明府三十年不成。"《由拳集》卷一三,《续修四库全书·集部》第 1360 册,第 168 页。沈明臣《寄题颍上绿波亭二首》序云:"屠长卿令颍上,会兴东门之役,有《哲邪》之歌。盖长卿白皙,而东门当汴泗之冲,水波甚恶,迫于城,城将站水中。乃长卿以五十日遂成大堤五十丈,民歌谣之。因作绿波亭于上,以志功德。故作二章寄题。事在万历七年秋日。"《丰对楼诗选》卷三九,《四库存目丛书·集部》第 144 册,第 633 页。《管仲鲍叔庙碑记》:"既筑东门河堤,剜未碑,创绿波亭。邑稍增胜。"《由拳集》卷一八,《续修四库全书·集部》第 1360 册,第 256 页。《修颍上县东门河堤碑记》:"众议工成,宜有碑。乃亭其上,剜石碑焉。"《由拳集》卷一八,《续修四库全书·集部》第 1360 册,第 247 页。

② 屠隆《重过颍上,题任文学怀德书斋》,《同治颍上县志》卷一一《艺文下》,《中国地方志集成·安徽府县志辑》第 27 册,第 249 页。任怀德,字充符,颍上人。由恩贡授铅山令。居官清正,善察民隐。历仕三载,著有政绩。尤长翰墨,工文章。见《同治颍上县志》卷九《人物》,《中国地方志集成·安徽府县志辑》第 27 册,第 127 页。《乾隆颍州府志》卷九《艺文志》亦收录屠隆《重过颍上二首》,《中国地方志集成·安徽府县志辑》第 24 册,第 272—273 页。《乾隆颍州府志》卷六《名宦志》:"屠隆,……解任后,复过颍上,父老子弟倾城迎之。"《中国地方志集成·安徽府县志辑》第 24 册,第 294 页。《同治颍上县志》卷八《宦业》:"知县屠隆,……既去,复过颍上,父老子弟倾城迎之。题诗邑人任怀德书斋,留数日而去。"《中国地方志集成·安徽府县志辑》第 27 册,第 115 页。

③ 《同治颍上县志》卷一《舆地》:"东门堤,一曰通津堤。万历十七年,县令屠隆筑。某年,县令张大业葺。崇正(祯)九年,县令廖维义复修。《风物记》称为屠堤。"《中国地方志集成·安徽府县志辑》第 27 册,第 29 页。文云"万历十七年,县令屠隆筑",时间误。

④ 《同治颍上县志》卷一《舆地》:"绿波亭,在东门河堤上。明邑令屠隆建,后废。道光二十五年(1845),邑令程钰移建管仲墩侧,手题'赤水去今三百载,绿波依旧一间亭'一联,今毁于火。"《中国地方志集成·安徽府县志辑》第 27 册,第 30 页。

⑤ 《同治颍上县志》卷二《建置》"(县署)又东为春雨堂。明县令《东门堤》诗刻嵌壁中。"《中国地方志集成·安徽府县志辑》第 27 册,第 34 页。

　　鉴于屠隆治绩卓著，万历六年（1578）十一月，朝廷调屠隆任青浦知县。十二月，到任。①

――――――――――

　　①　《寄冯开之四首》其二："弟素以不能名，今廷议首调不佞青浦。"《由拳集》卷一五，《续修四库全书·集部》第1360册，第195页。《与沈君典》："督府公移书主爵者，持为青浦择令长，而谬推不佞。"《由拳集》卷一五，《续修四库全书·集部》第1360册，第197页。冯梦祯《报屠长卿》："病中闻足下有清（青）浦之命。……足下莅颍上未浃岁，而颍上吏民安。足下乃尔，固当事者首调足下意也。"《快雪堂集》卷四二，《四库存目丛书·集部》第164册，第621页。《奉刘观察先生》："自以颍川之治可，无大过，江以北监司诸公久且亮不肖奉职循理，朴直无他眷注，颇多异等，……监司诸公之采听，多寄之间阎编民，以故不肖得少展其尺寸。尝以暇日理四封之事，人稍称平。……监司亦雅相爱，愿不肖久于小邑。不肖亦雅安之。讵谓量移之命从中出。"《白榆集》文卷六，《续修四库全书·集部》第1359册，第612页。关于屠隆始任青浦知县的时间，徐朔方先生《屠隆年谱》、罗宗强先生《明代后期士人心态研究》说是万历七年（1579）十二月（第326页、387页），郑闰先生《屠隆年表》则说是万历六年（1578）十一月（《〈金瓶梅〉和屠隆》，第188页），两者有一年多的差距。究竟哪一种说法正确？我们看看屠隆及同时人的有关记载，就可一目了然。《上包家湾龙王求雨疏》："某尝为颍上、青浦令，先后凡五年有奇。"（《栖真馆集》卷二三，《续修四库全书·集部》第1360册，第632页）屠隆从万历五年（1577）冬至万历十年（1582），任颍上、青浦知县，共五年多。任颍上知县一年多（屠隆《重开颍水碑记》："居颍一年，移官由拳去。"《同治颍上县志》卷一一《艺文上》，《中国地方志集成·安徽府县志辑》第27册，第224页）迟可远《颍上令屠公去思碑记》："公讳隆，……戊寅，来令颍上一年，天子旌公能，迁青浦令。"（《乾隆颍州府志》卷九《艺文志》，《中国地方志集成·安徽府县志辑》第24册，第510页）《寿溪谷先生五十序》："期年而移青浦。"（《由拳集》卷一二，《续修四库全书·集部》第1360册，第154页）《奉刘观察先生》："某居颍一岁。"（《白榆集》文卷六，《续修四库全书·集部》第1359册，第612页）《寄冯开之四首》其二："弟居此间一岁。"（《由拳集》卷一五，《续修四库全书·集部》第1360册，第195页）冯梦祯《报屠长卿》："足下莅颍上未浃岁，而颍上吏民安。"（《快雪堂集》卷四二，《四库存目丛书·集部》第164册，第621页）浃岁，一年。任青浦知县四年。《与吕心文》："仆四载由拳长。"（《白榆集》文卷九，《续修四库全书·集部》第1359册，第648页）《再与曾观察》："隆在云间，爱民洁己，四年一日。"（《栖真馆集》卷一八，《续修四库全书·集部》第1360册，第561页）王世贞《青浦屠侯去思记》："长卿之居令垂四载。"（《弇州续稿》卷五七，《文渊阁四库全书·集部》第1282册，第749页）《与沈君典》："客岁冬十二月，奉青浦之命，扶侍老母渡江南。……某自冬十二月抵官。"（《由拳集》卷一五，第197页）客岁，去年。《与沈君典》书作于万历七年（1579）。何三畏明言屠隆任青浦知县是万历六年。《青浦令赤水屠侯传》："以材能调青浦。……六年，公为令。"（《云间志略》卷四，《四库禁毁书丛刊·史部》第8册，第240页）因此，屠隆始任青浦知县的时间应是万历六年（1578）十二月。罗宗强先生《明代后期士人心态研究》说屠隆"在青浦整三年"，并在注释中说"屠隆常说'四载青浦'，他是从前后限说的。从万历七年十二月到万历十年十一月，其实是整三年"（南开大学出版社2006年版，第393页），误。《明代后期士人心态研究》在谈到屠隆假馆授徒的经历时，引用了《鸿苞》卷一七中"余舞象能文，……稍稍有物色"一段文字，在注释中说其读到的《四库全书存目丛书·子部》所收录的该书《文章》一篇中没有此段文字，并云转引自徐朔方先生《晚明曲家年谱》第二册《屠隆年谱》（《明代后期士人心态研究》，第379页）。其实，《鸿苞》卷一七有罗先生上引一段文字，只不过不在《文章》一篇中，而是在《论诗文》一篇中。见《四库存目丛书·子部》第89册，第251页。徐朔方先生《屠隆年谱》所引此段文字云出自《鸿苞》卷一七《文章》，误（《晚明曲家年谱》第二卷，第318页）。郑闰先生《〈金瓶梅〉和屠隆》根据沈明臣《丰对楼诗选》卷一九《人或谓长卿徙清河，已而青浦为真，重有此赋》说屠隆任青浦知县前曾"选调为清河县令"（《〈金瓶梅〉和屠隆》，第133页），误。沈明臣诗题中"或谓"一词已可说明是不确定之事，王世懋《与屠长卿》则明确说屠隆任清河知县是误传："门下之自颍上迁也，盖邮筒误以青为清，浦为河，不佞误为扼腕。又误移书于藩大夫陈玉叔，玉叔书来，云足下误也，渠自青浦耳。"《王奉常集》卷三七，《四库存目丛书·集部》第133册，第578页。

　　早在今年七月间，就有调屠隆任青浦知县的说法。① 颍上百姓不愿屠隆离开，屠隆也不愿马上调离。一来与颍上百姓感情深厚，②二来施政措施刚刚推行，未见成效，这样一走，半途而废，十分可惜。③ 颍上百姓纷纷向吏部官员、巡按御史等陈情，请求不要调离屠知县，但吏部以不宜改成命而拒绝。④ 朝命难违，屠隆只好起程赴任。

　　上路时，雨雪交加。颍上百姓不顾天气严寒，走道相送。有的送了二三百里，还不忍分手。众人只好在荒村中住了一夜，第二天，洒泪而别。⑤ 屠隆深感颍上百姓的厚意，途中写了《发颍上》、《怀颍中父老》二诗。

　　《发颍上》云：

　　　　伸（仲）冬发颍阳，驱车城东隅。父老拥马首，儿童遮路衢。掩袂不

---

　　① 《与冯开之四首》其一："畴昔长安诸公，尝以弟调官为忧，乃观察朱公亦累言之，愿不肖无有此也。而七月间，孙太史以德过颍，与朱公言之，颍父老子弟不愿屠隆者，恒以为忧。朱公愕然，公何言调也？孙太史又言，第恐府按诸公有此意尔。惟先生图之。朱公答云，府按都无此意。弟遂私计可以兑此矣，乃不谓有此举也。"《由拳集》卷一五，《续修四库全书·集部》第1360册，第194页。

　　② 《与冯开之四首》其一："今骤有此迁，诚难为情。闻报后，徒有日夕对此间父老，相视掩泣尔。……今夫途人相逢于逆旅，追随累日，去之亦难为情，况号称父母子弟者哉？"《由拳集》卷一五，《续修四库全书·集部》第1360册，第194—195页。屠隆《重开颍水碑记》："不佞去颍，不啻若慈母氏之与爱子诀也。今去颍且二十年，不佞犹眷眷念颍父老子弟，颍父老子弟亦眷眷念不佞如一日。"《同治颍上县志》卷一一《艺文上》，《中国地方志集成·安徽府县志辑》第27册，第221—222页。

　　③ 《与冯开之四首》其一："今诸为地方事体，俱未睹成效，中道而弃之。"《由拳集》卷一五，《续修四库全书·集部》第1360册，第195页。

　　④ 《寄冯开之四首》其一："适部使者先生按寿，父老子弟奔走遮留于按院者百千人，第恐无益于弟之去留，适足为累，禁之不能止也。倘按院公肯怜而留之，回天不难。"《由拳集》卷一五，《续修四库全书·集部》第1360册，第195页。《与冯开之四首》其二："冬十一月屠隆顿首致书开之仁兄足下：颍阳父老子弟千人白御史台遮留，业已可之矣，既而以成命为解，首鼠两端，即青浦之行决矣。"《由拳集》卷一五，《续修四库全书·集部》第1360册，第195页。《奉刘观察先生》："讵谓量移之命从中出，时诣督府台，见遮留者数千人，不能得。不肖与彼中诸父老大怃而行。"《白榆集》文卷六，《续修四库全书·集部》第1359册，第612页。

　　⑤ 《发颍阳记》："屠子居颍，既奉部檄移青浦。按期殊促，夜奉檄诣朝，遂行。颍父老子弟仓皇走送，有骑者，有不及骑而徒步者，跟跄于道。屠子固止之。抵八十里，又固止之。临河而别，惨动天地。诸生各骑一蹇驴，复走大雪中三百里。屠子辞焉，痛苦不去。屠子亦为泣数行下，乃相与夜人一茅屋中叙语，佐以浊醪。质明，复痛哭别去。"《由拳集》卷一八，《续修四库全书·集部》第1360册，第254页。《雨雪发颍上，留别迟茂弘诸子二首》："诸子走大雪中二百余里，相送日莫，临分，涕泗横集，不忍别，乃托宿村中一夕。明旦痛哭而别，遂有此作。"《由拳集》卷一一，《续修四库全书·集部》第1360册，第132页。

可视,怅焉增郁纡。宵征蒙雾露,行行复踟蹰。嗟我本薄夫,见宽于长老。明智惭不逮,宁拙毋为巧。区区抱微诚,久乃相昵好。无事安鄙朴,垂帘讼庭空。黄鸡与浊酒,麦饭供村翁。偶坐桑树下,起行田野中。忽闻天书降,只(咫)尺将分携。欲留计不可,欲行心凄其。君子念大义,小人重别离。去去日回首,愁绝长河湄。①

《怀颍中父老》云:

伊余绾尺符,税驾于颍阳。父老安于拙,眷焉理农桑。一朝奉奔走,去国如怀乡。黄稚向余泣,惨怛令人伤。清晨发下蔡,薄莫宿濠梁。马蹄蹴冰雪,双髻侵寒霜。忆昔居乐土,岁月殊未央。徒步视畚锸,乡人馈壶浆。意合网自疏,情深迹乃忘。倏忽人事改,膏车空彷徨。在昔问痛痒,一别安可量? 感此发三叹,沉思结中肠。②

二诗描写自己与民同甘共苦的生活和颍上百姓送行的盛况。依依惜别之情,溢于言表,如在目前。

青浦本是一小村落,③嘉靖二十一年(1542)四月,析华亭西北二乡、上海西三乡,置青浦县,县治青龙镇。三十二年(1553),废。万历元年(1573),复置,移县治于唐行镇。④ 屠隆上任后,请求将华亭县集贤乡、上海县新江乡划

---

① 《发颍上》,《由拳集》卷四,《续修四库全书·集部》第 1360 册,第 42—43 页。

② 《怀颍中父老》,《由拳集》卷四,《续修四库全书·集部》第 1360 册,第 43 页。

③ 《与沈君典》:"青浦故一村落尔。"《由拳集》卷一五,《续修四库全书·集部》第 1360 册,第 197 页。《与冯开之四首》其四:"(青浦)为一小村落。"《由拳集》卷一五,《续修四库全书·集部》第 1360 册,第 196 页。

④ 《明史》卷四〇《地理一》:"青浦,府西北。嘉靖二十一年四月以今县东北之新泾寻检司置,析华亭、上海二县地益之。三十二年,废为青龙镇,仍置新泾寻检司。万历元年,复于唐行镇置县,即今治也。"第 921 页。何三畏《青浦令赤水屠侯传》:"嘉靖二十一年,从按院苏公汀所奏,割华亭西北二乡、上海西三乡,立青浦县于青龙镇。而以三十二年科臣议废。至万历元年,郡人给谏蔡公汝贤奏复,移治于唐行镇。"《云间志略》卷四,《四库禁毁书丛刊·史部》第 8 册,第 240 页。《嘉庆松江府志》卷一《沿革表》载,嘉靖二十一年(1542),置青浦县,分华亭、上海地,立县治于青龙镇。嘉靖三十二年(1553),罢青浦县。万历三年(1575),仍置青浦县,移治于唐行镇。嘉庆二十二年(1817)刊本。《与冯开之四首》其四:"华、上二县复割荒区瘠土,稍附益之,置县。"《由拳集》卷一五,《续修四库全书·集部》第 1360 册,第 196 页。

归青浦。才使青浦方圆达二百二十四里，与华亭、上海鼎立，而为松江府三县之一。① 屠隆刚接到调任青浦的通知时，青浦难治之声不绝于耳。②"天下郡县莫难于云间，云间莫难于青浦。"③亲朋好友纷纷写信给屠隆，为其能否治理好青浦担忧。④ 因为颍上民风淳朴，易于治理。⑤ 青浦土著居民少，四方无赖、有罪逃亡之人聚居于此。⑥"俗好虚浮"，⑦"俗嚣甚"，⑧奸利之徒较多，甚至有人称此地为"鬼方"。⑨ 屠隆上任，行至滁阳，青浦吏卒数十人来迎，他们衣着华丽，举止傲慢。第二天，随行者只有几人。中午，人都走光了。颍上吏卒在冰雪中负担而行，步履艰难。青浦吏卒视若无睹，掉臂而去。到了青浦，连篝火都没准备。坐堂点差，有利，则争相应差；稍有劳苦不

---

① 何三畏《青浦令赤水屠侯传》："以材能调青浦。……六年，公为令。复请割华亭集贤乡、上海新江乡之未尽者以益之，编户二百二十四里。于是，与华、上鼎立而为三县矣。"《云间志略》卷四，《四库禁毁书丛刊·史部》第8册，第240页。松江府辖华亭、上海、青浦三县。见《明史》卷四〇《地理一》，第920－921页。

② 《与沈君典》："（青浦）最号难治。渡江千里来，未抵县，言青浦难治者满耳矣。"《由拳集》卷一五，《续修四库全书·集部》第1360册，第197页。《与冯开之四首》其二："（青浦）真号为难治矣。"《由拳集》卷一五，《续修四库全书·集部》第1360册，第195页。

③ 《寄高升伯》，《由拳集》卷一五，《续修四库全书·集部》第1360册，第203页。

④ 《青浦风俗》："除目到，亲识咸贻书相唁也。曰：'青浦非人所居，逋逃之薮，奈何令为？'"《鸿苞》卷四七，《四库存目丛书·子部》第90册，第218页。《催科》："滇淬子闻命之后，亲识书移相劳苦者不绝于道。"《鸿苞》卷四八，《四库存目丛书·子部》第90册，第240页。

⑤ 颍上民风淳朴，淳朴到连起码的官府礼法都不知晓。《与沈君典诸子》："土风纯然淳朴，不复知官府礼法。其尤者言之，可为诸君长安抵掌之资。不佞下车之日，旧令举公燕燕不佞。堂上尽召城中千夫长、百夫长、及数辈龙钟而皤然者，为乡老、博士、故县尉、丞、州司马，至有顶儒巾而青袍者，称故上舍，皆与不佞南面分席而坐，堂上惟旧令下坐，称主人县官。明日，不佞举公燕酬旧令，诸君复来。"《由拳集》卷一三，《续修四库全书·集部》第1360册，第165页。

⑥ 《与沈君典》："民无土著，群四方无赖居其间。"《由拳集》卷一五，《续修四库全书·集部》第1360册，第197页。《与冯开之四首》其四："四方无赖群其中。"《由拳集》卷一五，《续修四库全书·集部》第1360册，第196页。

⑦ 《奉刘观察先生》，《白榆集》文卷六，《续修四库全书·集部》第1359册，第612页。

⑧ 《青浦风俗》："青浦者，故松江西鄙，土瘠民贫，四方无赖居其间，俗嚣甚。"《鸿苞》卷四七，《四库存目丛书·子部》第20册，第218页。

⑨ 《奉刘观察先生》："四方有罪亡人之窟，而奸利之聚落也。"《白榆集》文卷六，《续修四库全书·集部》第1359册，第612页。《催科》："议者甚畏居其地，至比之鬼方。"《鸿苞》卷四八，《四库存目丛书·子部》第90册，第240页。

便，就互相推委，连呼不应。指定某人，某人则极不情愿，怒视而去。① 更有甚者，有的胥隶为虎作伥，贿赂公行，操纵讼狱，从中渔利。有的公开抢夺百姓钱财，百姓畏如蛇虎，②但又无计可施，只有忍气吞声。屠隆了解这些情况后，凡审案、恤灾，不以衙役、胥隶为耳目，亲力亲为，调查研究，弄清事实真相。严禁衙役、胥隶弄权，危害百姓。一旦发现，依法严惩。③ 衙役许曰、朱臣、赵岩等人捕获盗贼十多人，其中汪璠、吴应元及其妇称冤。屠隆审问，许曰等人百般阻扰，咬定汪璠、吴应元是盗贼。屠隆愈加怀疑。其他盗贼所盗赃物均有人认领，只有汪璠、吴应元所盗赃物无人认领。汪璠一一交代衣物、首饰所做时间与裁缝及工匠，屠隆又叫二妇穿上衣裳，十分合体。屠隆对衙役说："夫人出十指，修短不能齐。令盗诸家衣，宁能一一中体？即一一中体，两家妇宁皆然？是自置，非盗也。"又审问盗首李桂，李桂交代衙役许曰等人见汪璠、吴应元家有资财，且二妇美丽，唆使他诬告汪璠、吴应元是同伙，企图霸占二人钱财与妻子。屠隆命解除二人身上枷锁，关在外牢。又马上密令抓捕许曰等人归案。当晚，许曰等密谋杀汪璠、吴应元，挈二妇而逃。未行，就擒。稍迟，则其阴谋得逞，汪璠、吴应元就会成为冤鬼。幸亏屠隆明察秋毫，反应及时，不仅避免了冤案的发生，而且使作恶者受到了应得的惩

---

① 《青浦风俗》："溟涬子自颍行至滁阳，报青浦吏卒来迎。则数十人，皆鲜衣文履，傲然行步，舒徐罗列马首。明日，自逆旅发，仅可数人。日中皆不见。颍上故吏卒负担涉冰雪，困甚。青浦吏卒睨之，掉臂去，不顾。及入境萧然，篝火不具。诘朝坐堂上，哗然蚁拥。每差一卒，各自以亲识呼其名。稍有利，则延颈争得之。其小劳苦不便者，连呼不应。或指其人，则怒视而去。"《鸿苞》卷四七，《四库存目丛书·子部》第 90 册，第 218 页。

② 《青浦风俗》："胥隶白日攫钱，闾阎畏如蛇虎。"《鸿苞》卷四七，《四库存目丛书·子部》第 90 册，第 218 页。

③ 《与沈君典》："独约束猾胥奸氓，隶奉三尺维谨。此与颍上稍异矣。"《由拳集》卷一五，《续修四库全书·集部》第 1360 册，第 197 页。

《奉徐少师》："先是，衙役窃弄，政出多门，而故令又往往寄耳目于匪人，以致败事。隆今严戢各役，奉三尺惟谨。门以内从严，门以外从宽。诸听断惟情惟理，绝不敢咨访近习，以滋他弊，似矣。"《由拳集》卷一五，《续修四库全书·集部》第 1360 册，第 201 页。

罚。① 由于屠隆的整肃,青浦的社会风气有了很大的改观。半年后,那些狡黠的吏民纷纷逃离青浦,吏卒抢夺百姓钱物的现象少了,即使有,百姓也能大胆地拒绝。② 屠隆的善断案得到了上司的肯定,巡按御史让屠隆重审邻县上海的积案。上海诸生陆明扬与父陆栎曾语诮知县敖选,敖选怀恨在心。栎与族人陆楠有隙。陆楠因姻家曹忿夺奴妻事,诬明扬同谋杀夫。敖选拷打明扬,诬服。其弟明允吁辨台司。陆楠惧,谋迁明扬于青浦狱,将杀之。明允弃儒就圃,以事父母。每三日则负粮探望狱中之兄,三年如此。屠隆夜行狱,见明扬读书,察其冤,申状巡按御史。巡按御史命屠隆将敖选五年内所判案重审,屠隆平反七十余案。明扬也得以昭雪。③《鸿苞》卷四七《张元弼》、《辨劫盗》、卷四八《王锦》、《辨奸》、《张万良告杀胎》、《王强》、《卜寡女》、《辨黠囚》、《辨伪券》、《辨钱亨谋》、《潘麟》、《朱家仕》、《辨妇谋杀亲夫冤状》等篇均是屠隆仔细勘案、平反冤狱的真实记载。尤其可贵的是,屠隆能不惧权势,不为利诱,秉公办案。屠隆刚到青浦,前内阁大学士徐阶的家人就找到屠隆,说徐阶虽然家居,依然遥执国柄,能决定官员的升迁与否。要屠隆

---

① 《汪璠》,《鸿苞》卷四八,《四库存目丛书·子部》第 90 册,第 224－225 页。《嘉庆松江府志》卷四二《名宦传三》:"贼曹卒有得盗者,中两人及妇称冤。隆陈所获衣,令妇服之,斩斩如一。隆曰:'夫人出十指,修短不能齐,令盗他人衣,宁能悉中体耶?'脱桎梏,使人阴获之。则贼曹卒利妇美,将夜杀两人者,而窃妇逃矣。遂抵于法。"

② 《青浦风俗》:"居半岁,吏民之黠者尽逃出境。溟滓子甫抵官,邑里箫条,今称稍提茂矣。彭钦之曰:'吾望气而知青浦之治矣。往舟泊河下,不移时而群斗者四起。今经岁无之。明府甫至,禁吏卒不得攫百姓钱,今虽导之,百姓不与矣。夫百姓以钱为命,而顾乐与吏卒哉?'"《鸿苞》卷四七,《四库存目丛书·子部》第 90 册,第 218 页。

③ 《嘉庆松江府志》卷四二《名宦传三》:"隆折狱抉隐类此,而仁恕不苟。时上海知县敖选好文,致人于死。诸生陆明扬者,为仇家所陷,具五毒引服。选拜御史去。明扬弟明允吁辩于台司。仇者惧,传致明扬青浦。狱将杀之。适隆夜视囚,明扬方读书。异之,察其冤。因申状巡按御史,请以选五年所决狱,得覆谳。御史从之,平反七十余事。明扬亦得白。"敖选,字用卿,金堂(今属四川)人。万历二年甲戌(1574)进士,万历二年(1574)至万历七年(1579)任上海知县,后升任御史。见《同治上海县志》卷一二《职官表》。同治辛未(1871)刊本。《同治上海县志》卷一八《人物一》:"陆明允,……父栎,字豫门。……兄明扬,……栎与明扬尝以语诮邑令敖选。选衔之。会栎与族人楠有隙。楠因姻家曹忿夺奴妻事,诬明扬同谋,杀其夫。明扬被拷诬服,明允吁辨台司。楠惧,谋迁明扬于青浦狱,欲瘐死之。明允弃儒就圃,以事父母。居三日,则负糒脯走百里,视其兄于狱中者三年。令屠隆夜行狱,闻明扬读书,察其冤,申状直指,覆谳之,得释。"《光绪青浦县志》卷一四《职官·屠隆传》记载同,光绪己卯(1879)镌。

与其搞好关系,屠隆不为所动。① 每有关说,皆严词拒绝。② 徐阶母弟家人周时化,倚靠徐阶势力,累资巨万,奸淫良家妇女,杀人无算。屠隆依法将其严惩,为受害者伸冤雪恨。③ 这样就得罪了徐阶一家。徐阶及其家人到处造谣,污蔑屠隆。有一中丞、一御史要推荐屠隆升官,均被徐阶阻止。但屠隆毫不后悔。④

"三吴外号腴壤,中实桥虚,民贫赋重。"⑤青浦地处松江西鄙,地形低洼,

———————————

① 《谢巨室》:"邑有巨室,某子甲者,使人私说溟涬子曰:'某虽家食,遥执国柄。能造明府命者,某也。幸与交欢明府,曲培巨室体貌,某能为明府进取地。'溟涬子曰:'某不肖,滥竽民社寄,竞竞奉三尺惟谨,宁敢交欢巨室,植私党而蔑公法? 进取有数,托巨室以徼幸,某不愿也。'"《鸿苞》卷四七,《四库存目丛书・子部》第 90 册,第 223 页。《与冯方伯》:"华亭巨室,饰外深中,权足倾时,富可敌国。某初到官,便令心腹人来,说某云,彼虽已闭贤者路,门生故旧,布满要地,遥执国柄。彼其祸福人,易于翻掌。地方之吏,未有不深自结纳,而得令终者。明府其熟计之。某谢之曰:'黄发大老,某敢不事之惟谨。第为明天子守三尺法,以牧此中黔首。宁能废公义而媚私门? 结纳之言,不敢闻命。'"《栖真馆集》卷一六,《续修四库全书・集部》第 1360 册,第 514 页。"邑有巨室"、"华亭巨室"指徐阶。徐阶(1503—1583),字子升,号少湖,一号存斋,松江华亭(今属上海)人。嘉靖二年(1523)进士,历礼部尚书、内阁大学士。后为高拱所扼,致仕归。卒谥文贞。有《世经堂集》、《少湖文集》等。传详《明史》卷二一三(第 5631—5638 页)。

② 《谢巨室》:"数以非法相干,拒之颇严。"《鸿苞》卷四七,《四库存目丛书・子部》第 90 册,第223 页。《与冯方伯》:"此后凡有关说至,某毅然以公法裁之。是时,郡县吏率作大家入幕之宾,事无巨细,悉登门领教而后行。独某强项,即关说至,犹然不奉指导。"《栖真馆集》卷一六,《续修四库全书・集部》第 1360 册,第 514 页。

③ 《周时化》:"周时化者,徐相公母弟家人,以相公势横甚,睚眦。杀人无算,奸淫良家妇女亦无算,积赀累巨万。为仇家所讼,溟涬子按得实状,坐死,入狱中。"《鸿苞》卷四一,《四库存目丛书・子部》第 90 册,第 68 页。

④ 《谢巨室》:"某遂大憾,所以中之监司者,不遗余力。一中丞、一御史欲剡荐溟涬子,屡为所捍而止。溟涬子受巨室陵轹者四年,甘心不悔云。"《鸿苞》卷四七,《四库存目丛书・子部》第 90 册,第 223 页。《与冯方伯》:"衔之切齿矣。诸为龈龉当路者,惟力是视。而某复以公事得罪某公,后为怨家磔杀。某为其被害民人湔雪,大枉其家,亦见恨深。"《栖真馆集》卷一六,《续修四库全书・集部》第 1360 册,第 514 页。沈懋学《复丁右武司法》:"长卿令清溪,汝虞令漳浦,政事卓然可纪,并称神君,洵大可喜。昨过武林,诸郡邑皆潜迹,独不能逃青浦令摸索,乃为留二日。令可无议,独稍稍任情,不得诸巨室心。诸巨室心故难得,奈何以长卿当之也?"《郊居遗稿》卷一〇,《四库存目丛书・集部》第 163 册,第 724 页。

⑤ 《奉刘观察先生》,《白榆集》文卷六,《续修四库全书・集部》第 1359 册,第 612 页。

土地贫瘠,经常发生水旱灾害。① 但"税粮之重甲天下",②每年要交赋税一二十万,③且贫富悬殊,④屠隆感到最难办的是催收赋税—"尤苦催科"。⑤ 贵官大家偷逃赋税,有钱不交。催租吏上门催讨,拒不理睬。无赖悍民赌博狂饮,雇人受刑,也不交赋税。而贫苦百姓衣不蔽体,变卖丝粟、田庐,有的甚至鬻妻卖子,也无法交完,只好逃亡他方。⑥ 屠隆针对不同的征收对象,采取不同的策略。对贵官大家,屠隆接受友人"催科不害善政"的建议,"稍行督责"。⑦ 对贫苦百姓,"尤务宽仁"。⑧ 百姓也能尽量按时缴纳。⑨ 万历七年(1579),适逢水灾,百姓生活无着,完额不多。屠隆能体恤民苦,向巡抚应天

---

① 《催科》:"而青浦者,松之西鄙,地形低注。潦无所洩,旱无所畜。"《鸿苞》卷四八,《四库存目丛书·子部》第90册,第240页。《奉刘观察先生》:"若清(青)浦新邑,则故云间两大县之割恶壤弃土也。"《白榆集》文卷六,《续修四库全书·集部》第1359册,第611—612页。

② 《催科》,《鸿苞》卷四八《四库存目丛书·子部》第90册,第240页。

③ 《与冯开之四首》其四:"令出赋税至十数万,……二十万官钱,令荒落瘠土出办,谁能堪此者?"《由拳集》卷一五,《续修四库全书·集部》第1360册,第196页。《与沈君典》:"岁额增至十数万。"《由拳集》卷一五,《续修四库全书·集部》第1360册,第197页。

④ 《奉刘观察先生》:"富者钟鼎豪奢,贫人采凫茈而食;游闲公子以百金置酒,以千金市奇珍宝玩,而间阎小民以数口男女易斗粟。"《白榆集》文卷六,《续修四库全书·集部》第1359册,第611—612页。

⑤ 《与沈君典》,《由拳集》卷一五,《续修四库全书·集部》第1360册,第197页。

⑥ 《与冯开之四首》其四:"赋敛多为贵官大家所逋,催租吏持县官刺(刺)叩士大夫,士大夫辄叱去,不视。吏胁息不敢出声,甚而为门者所呵,不得一见贵人之面。编民慓诈者,挟官钱从博人酒家饮,而募无赖受县官鞭笞痛楚。贫者体无完躯,易麻枲丝粟不得钱,有鬻妻孥。"《由拳集》卷一五,《续修四库全书·集部》第1360册,第196页。《与沈君典》:"民无赖挟官钱从博徒倡家饮,而募人受捶楚。贫者卖麻枲丝粟,不得。即思鬻妻孥、田庐,不可。有挈家逃尔。先是,催征者颇虐,用鞭笞。民愈恐,逃去。"《由拳集》卷一五,《续修四库全书·集部》第1360册,第197页。《奉徐少师》:"先是,催科太严,捶楚过滥,总经催人等,至杤腹而完。官里创而催办,民甚称苦,逃亡接踵。……本县因田地瘠薄,岁苦重差,以致人户逃绝者众。"《由拳集》卷一五,《续修四库全书·集部》第1360册,第201页。

⑦ 《催科》,《鸿苞》卷四八,《四库存目丛书·子部》第90册,第240—241页。

⑧ 《青浦风俗》,《鸿苞》卷四七,《四库存目丛书·子部》第90册,第218页。

⑨ 《奉徐少师》:"今不肖隆以官宽之,下颇感激,黾勉完纳,似矣。"《由拳集》卷一五,《续修四库全书·集部》第1360册,第201页。《与沈君典》:"某以宽官之,谕以温言,风以至情,父老子弟欢然乐输也。诸所覆茹燠休,一如居颍上时。"《由拳集》卷一五,《续修四库全书·集部》第1360册,第197页。

副都御史胡执礼陈述百姓艰难。胡执礼数次移文切责,屠隆也不为动。① 他还在暴雨中祈晴,求天保佑庄稼不受伤害。② 求神拜佛当然是迷信活动,但它表现了屠隆的爱民之心。是封建时代官员的勤政之举,不应一概否定。

在青浦知县任上,屠隆还参与了当时一项全国性的工作——"履亩"。屠隆多次提到这一工作。"某近奉上命,有履亩之役。"③"某近以履亩之役,久在郊外。"④所谓履亩,即实地观察,丈量田亩。清丈田亩是张居正的改革措施之一。明代中叶后,贵族、官僚和地主通过隐瞒其所兼并的土地,拒不纳税,使得"小民税存而产去,大户有田而无粮",⑤赋税征收陷于严重混乱和不均状态之中。要解决这一问题,就必须清丈土地和改革赋役制度。万历五年(1577),张居正提议清丈全国各种类型的土地。第二年,正式下令清丈。万历九年(1581),全国清丈完竣,总计田七百零一万三千九百七十六

---

① 《催科》:"岁适被水灾,民益饥伤,租粮不给。滇漳子不忍以鞭棰使其民,直宽之,完额颇少。督府关中胡公数移文切责,滇漳子不为动,且陈小民灾伤痛苦状甚力。虽不见省答,滇漳子亦安之。"《鸿苞》卷四八,《四库存目丛书·子部》第 90 册,第 240 页。胡执礼,永昌卫(今甘肃永昌县)人。嘉靖三十八年(1559)进士,除保宁推官,迁工部主事,改枢密铨曹。万历初,迁通政,累进副都御史,巡抚应天。时年三十有六。万历七年(1579),入为户部右侍郎。终总督仓场、左侍郎。传见《嘉庆松江府志》卷四二《名宦传三》)。

② 《上包家湾龙王求雨疏》:"当在青浦,春夏之交,淫雨大潦,田禾淹没,下民嗷嗷。某祈(祈)晴不应,五鼓起,徒跣至城隍祠,坐淋雨中。至天曙,吏民始觉。时已大委顿,父老抱持恸哭,不为动。俄而云散雨止,杲杲日出。凡六大雨潦,六坐淋漓中。咸登即晴霁,卒免水灾。"《栖真馆集》卷二三,《续修四库全书·集部》第 1360 册,第 626 页。《由拳集》卷二一《祈晴》、《谢晴文》、《祭城隍谢晴文》等文均记载了这次祈晴的经过。在颍上时,天大旱,也曾求雨。《上包家湾龙王求雨疏》:"当为颍上,夏五月,大旱,祷雨,日不应,乃日至曝庭中,夜望空抟额至旦。形骸焦槁,神气惙惙。此时命如悬丝,老母、妻孥环哭不知也。若此凡三日,而大雨沾足。"《栖真馆集》卷二三,《续修四库全书·集部》第 1360 册,第 626 页。迟可远《颍上令屠公去思碑记》:"夏亢旱,禾苗焦槁,公忧形于色。司巫舞雩为祷,公叹曰:'吾为民祷雨,乌得付司巫者,而自取愉快为?'乃暴赤日,凡越两昼夜不休。须臾,云蒸露蓊,应时澍雨,禾苗尽庭庭然起。"《乾隆颍州府志》卷九《艺文志》,《中国地方志集成·安徽府县志辑》第 24 册,第 510-511 页。《由拳集》卷一八《祷雨记前》、《祷雨记后》、《重建敕封昭灵张龙王祠碑记》、卷二一《一告城隍文》、《再告城隍文》、《三告城隍文》、《祭张龙王文》、《祭城隍谢雨文》、《祭武安王谢雨文》等文均记载了这次求雨的经过。

③ 《与凤洲先生》,《白榆集》文卷七,《续修四库全书·集部》第 1359 册,第 632 页。

④ 《与荆石先生》,《白榆集》文卷七,《续修四库全书·集部》第 1359 册,第 632 页。

⑤ 《明实录·世宗实录》卷二〇四,台湾"中央"研究院历史语言研究所 1962 年校印版,第 4270 页。

顷,视弘治时赢三百万顷。① 丈量田亩对打击豪强势力、增加国家赋税收入确实有促进作用,但在执行过程中,有些地方官员迎合居正意,弄虚作假,片面追求增多土地面积。面积增多,对地方来说,就要多缴赋税,无疑增加地方负担。事实上,朝廷也是按丈量后的面积来征收赋税的。② 一方面,屠隆按照要求,"亲历四乡,沿丘履亩,踏勘荒田",③另一方面,又将丈出的余田仍归原号,造册上交。松江知府阎邦宁对下属非常严峻,知县稍有不慎,即严厉叱责。④ 阎邦宁责怪屠隆没有另行造册,怒骂不休,屠隆正色说:"此乃官长错怪,非本官之罪。原田就像衣领,挈之始明。余田就像衣带,非衣不附。难道能使带自为带,衣自为衣吗?"阎邦宁无话可答,只好按屠隆所造之册上交。因此,青浦的赋税也按原数缴纳。⑤ 由此可见屠隆不阿谀媚上、梗直端

① 谷应泰《明史纪事本末》卷六一《江陵秉政》:"万历五年十一月癸丑朔,……令天下度田。国初天下土田八百五十万顷,至后渐减。岁久滋伪。豪民有田不赋,贫民曲输为累。民穷逃亡,故额顿减。张居正请料田。凡庄居、民田、职田、荡地、牧地,皆就疆理,无有隐。其挠法者,下诏切责之。"《文渊阁四库全书·史部》第 364 册,第 754 页。《明史》卷七七《食货一》:"万历六年,帝用大学士张居正议,天下田亩通行丈量,限三载竣事。用开方法,以径围乘除,畸零截补。于是,豪猾不得欺隐,里甲免赔累,而小民无虚粮。总计田数七百一万三千九百七十六顷,视弘治时赢三百万顷。"第 1883 页。

② 《明史》卷七七《食货一》:"然居正尚综核,颇以溢额为功。有司争改小弓以求田多,或剖克见田以充虚额。北直隶、湖广、大同、宣府,遂先后按溢额田增赋云。"第 1883 页。

③ 《奉徐少师》,《由拳集》卷一五,《续修四库全书·集部》第 1360 册,第 202 页。

④ 阎邦宁,字子固,号月川,源武县(今属河南开封)人。隆庆二年(1568)进士。传见何三畏《云间志略》卷四《郡侯月川阎公传》(《四库禁毁书丛刊·史部》第 8 册,第 238-239 页)。又据《嘉庆松江府志》卷三六《职官表》,阎邦宁万历七年至九年任松江知府。何三畏《郡侯月川阎公传》:"万历七年来任吾松。……其待属下吏颇觉严峻。当是时,杨公云楼东野令华亭,敖公南溟选令上海,屠公赤水隆令清溪,并负循良重望,而公绝不少假辞色。文移应对间,稍不当意,即加呵斥,甚而骂詈。三大令意殊不堪,而亦以此严惮之。"《云间志略》卷四,《四库禁毁书丛刊·史部》第 8 册,第 238-239 页。

⑤ 何三畏《青浦令赤水屠侯传》:"时江陵柄国,檄天下郡邑清丈量田。郡守阎公月川奉行唯谨,每呵詈邑长。侯不以介意,从容应之。册成,守复讶其丈出余田,仍归原号,摄掌计吏往。侯肃衣冠,先入府堂,叱吏使去,曰:'有错误,我自承之。'郡守怒未平,语刺刺相让。侯正色折之,曰:'此官长见谬,非县令罪也。丈量原田,譬之衣领,挈之始明。丈出余田,譬之衣带。带非衣不附。今可使带自为带,衣自为衣乎?'郡守语塞,卒如其册以上之。当路径不如使之易也。"《云间志略》卷四,《四库禁毁书丛刊·史部》第 8 册,第 240-241 页。《嘉庆松江府志》卷四二《名宦传三》:"时江陵柄国,有履亩之令。长吏率增余田以阿。隆以丈出余田,仍附系原号。知府阎邦宁怒骂之,隆正色曰:'原田譬之衣领,挈之使明。余田譬之衣带,非衣不附。岂可使衣自为衣,带自为带乎?'邦宁语塞,赋迄不能增。"《光绪青浦县志》卷一四《职官·屠隆传》亦有记载,光绪己卯(1879)镌。

方的性格。

屠隆是一个廉吏。他屡言"颍上令廉"、①"某为吏廉"、②"溟涬子为政廉"、③"六载廉吏"，④这不是自我炫耀，而是实情。他两任知县，"未尝受民一尺帛，食民一鸡子"。⑤刚到颍上时，条件十分艰苦，吃的是粗蔬淡饭，住的地方颓垣败壁，大风灌室，寒气逼人。⑥即使这样，他知道"官以贿败，一钱不敢入私囊"，⑦"不敢私民间尺布一钱"。⑧所得俸米，仅能奉养老母。虽时时缺钱，为一贫吏，也能自得其乐。⑨在青浦时，衙役买笋，百钱买笋十斤，衙役拿了十一斤。屠隆知道后，把多余的退还卖笋者，责杖衙役。此后，再也没有以少买多、多拿多要的事了。⑩

明代官员俸禄不高，洪武二十五年(1392)，定百官禄。作为正六品的礼部主事的月俸米是十石，正七品的知县的月俸米是七石五斗。⑪虽然后来有所改变，或以布折米，或以米折银，但增加不多。尽管俸禄低，仅够养家，但屠隆总是捐金赈灾、济贫、筑堤等。修东门河堤、建管仲、鲍叔庙、建陆机、陆

---

① 《寄李之文》,《由拳集》卷一五,《续修四库全书·集部》第1360册,第194页。

② 《再与元美先生》,《白榆集》文卷六,《续修四库全书·集部》第1359册,第618页。

③⑤ 《止足》,《鸿苞》卷四四,《四库存目丛书·子部》第90册,第148页。

④ 《与张大司马肖甫》,《白榆集》文卷一一,《续修四库全书·集部》第1359册,第682页。
《寄王元美、王元驭两先生》,《白榆集》文卷一一,《续修四库全书·集部》第1359册,第684页。

⑥ 《与沈君典诸子》:"日麦饭一匙,而啖干葫芦。官舍颓垣败壁,大风灌室,号嘎不止。老母苦寒夜起,不佞手爇芦苇,细君进汤汁。"《由拳集》卷一三,《续修四库全书·集部》第1360册,第165页。

⑦ 《与孙太史》,《由拳集》卷一三,《续修四库全书·集部》第1360册,第166页。

⑧⑨ 《寄李之文》,《由拳集》卷一五,《续修四库全书·集部》第1360册,第194页。

⑩ 《止足》:"以钱易笋,百钱当得笋十斤,守门者取十一斤。溟涬子访知之,召卖笋者,而杖守门者。乃自后无贱直买者矣。"《鸿苞》卷四四,《四库存目丛书·子部》第90册,第148页。

⑪ 《明史》卷八二《食货六》:"(洪武)二十五年,更定百官禄。正一品月俸米八十七石,……正六品十石,从六品八石,正七品至从九品递减五斗,至五石而止。自后为永制。"第2002页。《明史》卷八二《食货六》:"(正统)十六年,又令以三梭布折米,每匹抵三十石。……久之,定布一匹折银三钱。于是,官员俸给凡二:曰本色,曰折色。本色有三:曰月米,曰折绢米,曰折银米。月米,不问官大小,皆一石。折绢,绢一匹当银六钱。折银,六钱五分当米一石。其折色有二:曰本色钞,曰绢布折钞。本色钞十贯折米一石,后增至二十贯。绢布折钞,绢每匹折米二十石,布一匹折米十石。公侯之禄,或本折中半,或折多于本有差。文武官俸,正一品者,本色仅十之三,递增至从九品,本色乃十之七。武职府卫官,惟本色米折银例,每石二钱五分,与文臣异。余并同。"第2003—2004页。

云祠,屠隆均带头捐金。① 万历六年(1578)四月,水灾,屠隆捐金易麦,赈济灾民。② 在由颍上赴青浦的途中,将数十余金悉数给了衣服破烂、又冷又饿、无钱回家的河工。③ 在青浦,屠隆资助无力葬父的范应龙银两、米,④ 又捐俸资贫民,作为开垦荒田的工本。⑤ 凡此种种,不一而足。正是因为屠隆为官清廉,又有诸多善举,所以,当屠隆削籍返家时,归道青浦,青浦父老敛田千亩,请其徙居,⑥后又建屠公祠以祀。⑦ 当屠隆万历二十六年(1598)重游颍上时,颍上父老倾城出迎。

屠隆曾说:"世人谓文人不善吏治,隆谓必文人而后善吏治。"⑧屠隆两任知县的治绩,实现了他的这一誓言。他既是文人,又是善吏治之人。由于他的卓越表现,万历十一年(1583),屠隆升任礼部主事。世事难料,命运难测。谁知这竟是他仕途的终点。此是后话。

---

① 《管仲、鲍叔庙碑记》:"颍上祀管仲、鲍叔,礼也。……不佞承乏兹邑,……抵官之明年,始得修学宫。……于是,捐俸裹金,不给,则以士民所乐助,为两公祠。"《由拳集》卷一八、《续修四库全书·集部》第 1360 册,第 256 页。《二陆先生祠记》:"不佞来令兹邑,既以祀两先生学宫,复为之建祠,专祀焉。……是役也,不佞实捐俸首事。"《由拳集》卷一八,《续修四库全书·集部》第 1360 册,第 255—256页。

② 《赈灾伤》:"万历六年夏四月,大雨雹,伤麦。溟涬子捐金易麦,以赈被灾者。"《鸿苞》卷四八,《四库存目丛书·子部》第 90 册,第 232 页。

③ 《发颍阳记》:"屠子居颍,既奉部檄移青浦。……旦起上马,行数里,见山谷中群蓝缕号哭而来。屠子停辔问之,皆答曰:'吾侪小人,皆大梁民,为官人拘于河工一岁。冬月暂放还,单衣敝尽,而橐中亡一钱,奈此寒天何? 去其家尚千里,且晚委于沟壑。故哀伤而哭尔。'屠子泫然怜之,捐金钱而后行。其人咸哭,拜马首去。"《由拳集》卷一八,《续修四库全书·集部》第 1360 册,第 254 页。《与王敬美太常》:"往以月俸佐黔首,资穷交,官舍恒无隔宿粮。由颍上移青浦,有俸数十余金,濠梁道上遇治河卒单衣破尽,哭声弥野,悉以散给。徒手抵官青浦。"《栖真馆集》卷一八,《续修四库全书·集部》第 1360 册,第 540 页。

④ 《范孝子传》:"范孝子,名应龙,兰溪人,流寓青浦,为人淳朴有至性,事父母极孝。……溟涬子令青浦,闻其为人而好之。会其归葬父兰溪,以白金一两、米一石助丧。"《鸿苞》卷四七,《四库存目丛书·子部》第 90 册,第 201 页。

⑤ 《奉徐少师》:"今为计不得已,捐不肖俸资及无碍官银共得百两,立法当散贫民,为开垦工本,而俸钱无多,小惠未遍。"《由拳集》卷一五,《续修四库全书·集部》第 1360 册,第 202 页。

⑥ 《明史》卷二八八:"归道青浦,父老为之敛田千亩,请徙居。隆不许。欢饮三日,谢去。"第 7388 页。

⑦ 《嘉庆松江府志》卷一八《建置志》:"(青浦县)屠公祠,祀知县屠隆。"

⑧ 《上汪宗伯》,《由拳集》卷一四,《续修四库全书·集部》第 1360 册,第 184 页。

屠隆任过礼部郎中吗?

　　屠隆仕途经历比较简单,两任知县,一任礼部主事。可现今诸多著作和工具书却说他任过礼部郎中,如庄一拂《古典戏曲存目汇考》云:"为青浦知县,……历礼部郎中。"①袁震宇、刘明今《明代文学批评史》:"升礼部主事,转郎中。"②李修生主编《古本戏曲剧目提要》云:"历任县令、礼部主事、礼部郎中。"③郭英德《明清传奇综录》、《明清传奇史》二书并云:"迁礼部主事,历郎中。"④有的著作还说他任过礼部员外郎。周群《儒释道与晚明文学思潮》云:"征授礼部主事,历员外、郎中。"⑤果真如此吗?

　　最早提及屠隆任过礼部郎中的是钱谦益《列朝诗集小传》丁集上:"升礼部主客主事,历仪制郎中。"⑥其次是胡文学编《甬上耆旧诗》和朱彝尊《明诗综》。《甬上耆旧诗》屠隆小传云:"稍迁礼部主客司主事,进郎中。"⑦《明诗综》卷五二:"升礼部主事,历郎中。"⑧《道光东阳县志》卷二二亦云:"除颍上令,调青浦,迁礼部主事,历郎中。"⑨其后,研究者的文章及其著作在介绍屠隆生平时,大都沿用钱谦益的说法,未加深究。而钱谦益的说法是不准确的。钱谦益所以致误,大概与屠隆在文中多次说自己为"礼曹郎"、"仪部郎"有关。如《与王敬美太常》:"礼曹郎俸薄,不足活其孥。"⑩《一切惟心》:"溟涬

---

　　① 庄一拂:《古典戏曲存目汇考》,上海古籍出版社1982年版,第837页。

　　② 袁震宇、刘明今:《明代文学批评史》,上海古籍出版社1991年版,第305页。

　　③ 李修生主编:《古本戏曲剧目提要》,文化艺术出版社1997年版,第268页。

　　④ 郭英德:《明清传奇综录》,河北教育出版社1997年版,第150页。《明清传奇史》,江苏古籍出版社1999年版,第255页。

　　⑤ 周群:《儒释道与晚明文学思潮》,上海书店出版社2000年版,第50页。

　　⑥ 钱谦益:《列朝诗集小传》,上海古籍出版社1983年版,第445页。

　　⑦ 胡文学:《甬上耆旧诗》卷一九,《文渊阁四库全书·集部》第1474册,第368页。

　　⑧ 朱彝尊:《明诗综》卷五二,《文渊阁四库全书·集部》第1460册,第277页。

　　⑨ 《道光东阳县志》卷二二《人物志十》,《中国地方志集成·浙江府县志辑》第53册,上海书店1993年版,第302页。《方志著录元明清曲家传略》云在卷一五,误。《曲海总目提要》卷七亦云:"官止礼部郎中。"《笔记小说大观》第25编第8册,第315页。

　　⑩ 《与王敬美太常》,《栖真馆集》卷一八,《续修四库全书·集部》第1360册,第540—541页。

子以青浦令入为仪部郎。"①《滇滓子论不动心》:"滇滓子为仪曹郎。"②《范孝
子传》:"滇滓子入为仪曹郎。"③"入为兰省郎,……部郎差贵于令君。"④《上
寿母太夫人九十叙》:"比某为兰省郎,俸薄。"⑤《与刘观察先生》:"五年作令,
得一曹郎。……不肖得以一曹郎,快睹其盛。"⑥明人也有称屠隆为礼部郎
的,如王稚登《与屠长卿》:"礼部郎俸入,不当侏儒飡钱。"⑦这里,屠隆、王稚
登所说郎非指员外郎、郎中,而是指主事。他们是沿用隋唐旧称。隋唐时六
部尚书下有二十四司,每司有郎中、员外郎。员外郎为曹司次官,此后历代
相沿。唐尚书丞郎、侍郎、郎中称曹长。李肇《国史补下》:"尚书丞郎、郎中
相呼为曹长。"⑧主事亦称郎,但不负主要责任,不属曹长之列。《与傅伯俊》:
"身在闲曹,曹务甚简于县事,部郎差贵于令君。"⑨《答李惟寅》:"兰省簿牒,
有曹长主之。"⑩《与沈嘉则书》:"婆娑兰省,曹务总归曹长。"⑪可见,屠隆自
己也没说自己属曹长之列。除钱谦益外,屠隆同时和稍后人的记载均说屠
隆削籍时的官职是礼部主事。《明实录·神宗实录》载:万历十二年十月甲
子(二十二日),"刑部主事俞显卿劾礼部主事屠隆与西宁侯宋世恩淫纵诸
状,……上削隆、显卿籍。"⑫张应文《鸿苞居士传》:"举万历丁丑进士,出为颍
上、青浦令,治行第一,迁礼部仪制司主事,以谗去官,林居二十载。"⑬谈迁
《国榷》(不分卷)(万历十二年十月):"甲子,……刑部主事上海俞显卿讦奏
礼部仪制主事鄞县屠隆在西宁侯宋世恩所淫纵,事及陈经邦。命按之,隆、

---

① 《一切惟心》,《鸿苞》卷二八,《四库存目丛书·子部》第 89 册,第 536 页。

② 《滇滓子论不动心》,《鸿苞》卷四六,《四库存目丛书·子部》第 90 册,第 182 页。

③ 《范孝子传》,《鸿苞》卷四七,《四库存目丛书·子部》第 90 册,第 202 页。

④ 《与傅伯俊》,《白榆集》文卷一二,《续修四库全书·集部》第 1359 册,第 697 页。

⑤ 《上寿母太夫人九十叙》,《栖真馆集》卷一一,《续修四库全书·集部》第 1360 册,第 443 页。

⑥ 《与刘观察先生》,《白榆集》文卷九,《续修四库全书·集部》第 1359 册,第 652 页。

⑦ 王稚登:《与屠长卿》,《谋野集》卷四,《四库禁毁书丛刊·集部》第 175 册,第 405 页。

⑧ 李肇:《国史补下》,《文渊阁四库全书·子部》第 1035 册,第 440 页。

⑨ 《与傅伯俊》,《白榆集》文卷一二,《续修四库全书·集部》第 1359 册,第 697 页。

⑩ 《答李惟寅》,《白榆集》文卷一〇,《续修四库全书·集部》第 1359 册,第 666 页。

⑪ 《与沈嘉则书》,《白榆集》文卷一〇,《续修四库全书·集部》第 1359 册,第 668 页。

⑫ 《明实录·神宗实录》卷一五四,第 2856—2857 页。

⑬ 张应文:《鸿苞居士传》,《四库存目丛书·子部》第 88 册,第 628 页。

显卿并除名。"①沈德符《万历野获编》卷二五《昙花记》:"今上甲申岁,刑部主事俞识轩显卿论劾礼部主事屠长卿隆。得旨。两人俱革职为民。"②《明史》卷二八八《屠隆传》亦只云:"迁礼部主事",③而未说其任过礼部郎中。据《明史》卷七二《职官一》,礼部有仪制、祠祭、主客、精膳四清吏司,各郎中一人,正五品。员外郎一人,从五品。主事一人,正六品。④ 仪制司分掌诸礼文、宗封、贡举、学校之事,⑤主客司分掌诸蕃朝贡接待给赐之事。⑥ 两者职责不同,主事、员外郎、郎中品级不同,待遇也不一样。因此,屠隆只任过礼部主事,未任礼部员外郎、郎中。

俞 显 卿 其 人

万历十二年十月,刑部主事俞显卿劾屠隆"淫纵"。神宗下令彻查,结果虽查无实据,但屠隆还是因"诗酒放旷"削籍,俞显卿也以"挟仇诬陷"革职为民。⑦ 当时,屠隆内迁才一年多,俞显卿中进士后授官仅数月。两败俱伤,时

---

① 谈迁:《国榷》(不分卷)(万历十二年十月),《续修四库全书·史部》第362册,第273页。

② 沈德符:《万历野获编》卷二五,中华书局1959年版,第644页。

③ 《明史》卷二八八,第7388页。

④ 《明史》卷七二《职官一》,第1745页。

⑤ 《明史》卷七二《职官一》,第1746页。

⑥ 《明史》卷七二《职官一》,第1749页。

⑦ 沈德符《万历野获编》卷二五《昙花记》:"今上甲申岁,刑部主事俞识轩显卿论劾礼部主事屠长卿隆。得旨。两人俱革职为民。"第644页。《与张大司马肖甫》:"疏上,主上令廉访其事,了无实状。乃坐伊人挟仇诬陷,而坐某诗酒放旷,两议罢。"《白榆集》文卷一一,《续修四库全书·集部》第1359册,第683页。《明实录·神宗实录》卷一五四:万历十二年十月甲子(二十二日),"刑部主事俞显卿劾礼部主事屠隆与西宁侯宋世恩淫纵诸状,并及(礼部尚书)陈经邦。上以显卿出位渎奏,并屠隆、宋世恩等,该科其看(勘)以闻。"(第2856页)丙寅(二十四日),"礼部主事屠隆上疏自辩,并参俞显卿。西宁侯宋世恩亦上疏自辩。于是,吏科都给事中齐世臣等交参之。上削隆、显卿籍,夺世恩禄米半年,朱宗吉等法司提问。"(第2857页)谈迁《国榷》(不分卷)(万历十二年十月):"甲子,……刑部主事上海俞显卿讦奏礼部仪制司主事鄞县屠隆在西宁侯宋世恩所淫纵,事及陈经邦。命按之,隆、显卿并除名,世恩夺禄半年。"《续修四库全书·史部》第362册,第273页。《溟涬子论不动心》:"持议者论显卿挟仇倾诬,而坐溟涬子诗酒放旷,两议罢。"《鸿苞》卷四六,《四库存目丛书·子部》第90册,第182页。

人为之惋惜不已。① 俞显卿何许人也？他为什么要劾屠隆？他后来的结局如何？

俞显卿，字子如，号适轩，上海人。嘉靖四十年辛酉(1561)举人，万历十一年(1583)进士，授刑部主事。② 刑部主事的职责是辅佐郎中、员外郎掌所司分省之刑名，③而掌纠劾百官的是科道官。④ 显卿刚任刑部主事不久，就迫不及待地"出位渎奏"屠隆，原因何在？原来是屠隆在青浦知县任上时，两人结下了冤仇。⑤

两人有交往的最早记载是在万历八年(1580)。本年，屠隆倡议修建陆机、陆云祠，并带头捐款，俞显卿积极响应，捐田土作祠基。⑥ 此后，两人关系就恶化了。恶化的原因，一是显卿"暴横把持，乡间切齿"，屠隆"以法裁之"。二是"诗文相忌，积成仇恨"。⑦ 沈德符《万历野获编》也记载屠隆令青浦时，俞显卿来拜谒，屠隆对其不理不睬，且加侮慢。俞显卿怀恨在心，伺机报复。⑧ 俞显卿初任刑部主事，就构陷本部尚书潘季驯，排挤同僚。屠隆闻知，对其颇有非议。话传到俞显卿耳朵后，俞显卿更加不满，仇恨之火愈烧愈旺，

---

① 沈德符《万历野获编》卷二五《昙花记》："屠自邑令内召甫年余，俞第后授官只数月耳。睚眦之忿，两人俱败。终身不复振。人亦惜屠之才，然终不以登启事也。"第 645 页。

② 《同治上海县志》卷一九《人物》："俞显卿，字子如，号适轩。万历十一年进士，授刑部主事。"姚弘绪《松风余韵》卷一一："《云间人物志》：显卿，字子如，号适轩。嘉靖辛酉举人，万历癸未进士，授刑部主事。"《四库存目丛书·补编》第 37 册，第 243 页。

③ 《明史》卷七二《职官一》："浙江、……云南十三清吏司，各郎中一人，正五品，员外郎一人，从五品，主事二人，正六品。……十三司各掌其分省及兼领所分京府、直隶之刑名。"第 1755 页。

④ 《明史》卷七四《职官三》："吏、户、礼、兵、刑、工六科，……掌侍从、规谏、补阙、拾遗、稽察六部百司之事。"第 1805 页。《明史》卷七三《职官二》："十三道监察御史，主察纠内外百司之官邪，或露章面劾，或封章奏劾。"第 1768 页。

⑤ 《滇渟子论不动心》："比部郎俞显卿自滇渟子为青浦县时，尝有宿憾。"《鸿苞》卷四六，《四库存目丛书·子部》第 90 册，第 182 页。

⑥ 《二陆先生祠记》："不佞来令兹邑，既以祀两先生学宫，复为之建祠，专祀焉。……是役也，不佞实捐俸首事。终之者，部民陈谟、蔡伦，而祠基，则俞孝廉显卿所捐土田。皆好义有志者，得并书。"《由拳集》卷一八，《续修四库全书·集部》第 1360 册，第 255－256 页。《嘉庆松江府志》卷七三《艺文志·金石》："《二陆祠记》，明万历八年青浦县知县屠隆撰。"

⑦ 《寄王元美、元驭两先生》，《白榆集》文卷一一，《续修四库全书·集部》第 1359 册，第 684 页。

⑧ 沈德符《万历野获编》卷二五《昙花记》："俞，松江之上海人。为孝廉时，适屠令松之青浦。以事干谒之，屠不听，且加侮慢。俞心恨甚。"第 644－645 页。

必欲报仇而后快。① 俞显卿时刻观察屠隆的一举一动，准备寻找机会，报仇雪恨。② 西宁侯宋世恩从南京回北京，慕屠隆名，愿为弟子。屠隆不从，世恩以兄礼事之。九月，世恩置酒演戏，大宴宾客。席间十余人，酒酣淋漓，世恩两次向屠隆敬酒，并说两家要通家往来，要自己妻子登堂拜见屠隆母亲、妻子。俞显卿听说有"通家往来"语，"酒中狂态"又可以利用，于是，无中生有，罗织其词，上奏神宗。落得个两败俱伤。③ 由于俞显卿的诬奏，彻底断送了屠隆的仕途。屠隆自然对之恨之入骨，径称其为"仇人"、"凶德宵人"、"仇家"、

---

① 《寄王元美、元驭两先生》："初入刑部，构陷堂官潘司寇（季训）。排挤同僚提牢生事，风波百出，僚友疾之如寇仇，畏之如蛇蝎。此通都士大夫所尽知也。……比长安士大夫盛传其构陷堂官事，不肖偶闻而非之。语泄于俞，大仇深恨，遂愈结而不可解。"《白榆集》文卷一一，《续修四库全书·集部》第 1359 册，第 684 页。

② 《与张大司马肖甫》："仇人欲甘心不佞之日久，自某之入京，日夜侦不佞行事。"《白榆集》文卷一一，《续修四库全书·集部》第 1359 册，第 683 页。《寄王元美、元驭两先生》："日夜侦不肖行事。"《白榆集》文卷一一，《续修四库全书·集部》第 1359 册，第 685 页。

③ 《与张大司马肖甫》："十一月二之日，屠某顿首奏记肖甫先生有道门下：……承明公下问，敢略陈其颠末：西宁侯宋世恩，恂恂雅如儒生。生平慕李临淮之为人，欲脱去貂蝉气息，而以辞赋显名。新从秣陵解府印还燕，即托人为介绍，执贽通刺，愿就讲千秋业，称北面弟子。不佞力谢，不敢当。固请以兄礼事不佞，不得已，许之。九月，置酒张戏，大会宾客。词人无论，缙绅布衣不下十数人，不佞与焉。措大燕五侯之第，酒酣乐作，客醉淋漓，狂态有之。冤哉！独不佞某不善酒，亦不能狂。当诸客豪举浮白时，某瞑目趺坐，作老头陀入定，客相戒勿惊其神也。西宁凡两觞不佞，不佞亦一觞西宁。西宁不解事，时向人抵掌言，屠先生幸肯与宋生通家乎？又向不佞言，徼天宠灵，业蒙先生许某称弟，异日者，家弟妇将扶伏拜太夫人、嫂夫人堂下。座客多闻此语，实未行也。仇人欲甘心不佞之日久，自某之入京，日夜侦不佞行事，无所得。不佞多贤豪长者游，踪迹皎然，难可媒孽。西宁者，纨裤（绔）武人子，可借以惑人报仇。又适闻有通家往来语，又酒中狂态可采摘，遂文致张皇其辞。家仅一僮一婢，何关渠家事，而亦捃摭其中邪？其所诬蔑，无论事情，即以理度之，通乎，不通乎？……又及不佞青浦之政。嗟嗟，上所置问疏中，污蔑事实，业廉无之。伊人之倾险有辞，而乃别求他细过，令与险者同罢邪？又及青浦之政，青浦之政应罢邪？又今日是问青浦之政时邪？一夫持论，万口莫争。斯其故，不可知已。"《白榆集》文卷一一，《续修四库全书·集部》第 1359 册，第 682－683 页。《鸿苞》卷四六《溟涬子论不动心》、《白榆集》文卷一一《与王元美、元驭两先生》、钱谦益《列朝诗集小传》丁集上《屠仪部隆》、《明史》卷二八八《屠隆传》、沈德符《万历野获编》卷二五《昙花记》等都有或详或略的记载，不具录。

"谖夫"。① 多少年后,由于有仇人在吴地,屠隆不愿再踏上那块土地。②

《同治上海县志》卷一九《人物》记载了俞显卿家居的情况。小传云其"杜门清修,敦尚孝友。执亲丧,蔬食三年。家贫,鬻园以葬其亲。士论高之"。③

俞显卿著述丰富,清姚弘绪《松风余韵》卷一一引《云间人物志》云:"所著有《国朝史辑》五十卷、《韵府通义》四十卷、《春晖堂集》十二卷、《倚庐杂草》、《礼云编》、《二江稿》、《千里游稿》、《吴淞漫稿》、《和陶诗》各一卷,并藏于家。"④这些书籍未见传本留存,而其补订张之象的《古诗类苑》却有传本。张之象,子元超,晚号王屋山人。以监生游京师,徐阶知其才,讽撰青词,可得中翰,不应。入赀,就选浙江按察使知事。投劾归。卒年八十一岁。传见莫如忠《故浙江按察司知事王屋张公墓志铭》、《光绪青浦县志》卷一九《人物三》。⑤ 张之象编成《古诗类苑》后,家贫,无力刊刻,以授显卿。显卿校雠补

①　《答张质卿侍御》:"不肖某横被仇人中伤,实为无罪污名。……凶德宵人,无故而发难,蔑士大夫。"《白榆集》文卷一一,《续修四库全书·集部》第1359册,第683页。《与喻邦相使君》:"前岁某蒙仇家大诉而还。"《栖真馆集》卷一六,《续修四库全书·集部》第1360册,第508页。

②　《与王百谷》:"畴昔谖夫俨然存伯嚭冢旁,眈眈其目,猖猖其口,未已也。而平日侧目屠生,欲甘心焉者,明知彼夫无状,故为吠声,仆诚畏之,以故四三年间,闭影灭迹,不敢西逾吴会跬步路。"《栖真馆集》卷一四,《续修四库全书·集部》第1360册,第480页。

③　《同治上海县志》卷一九《人物》,同治辛未(1871)刊本。

④　姚弘绪:《松风余韵》卷一一,《四库存目丛书·补编》第37册,第243页。

⑤　莫如忠:《故浙江按察司知事王屋张公墓志铭》,《崇兰馆集》卷一九,《文渊阁四库全书·集部》第1458册,第239—242页。《光绪青浦县志》卷一九《人物三》,光绪己卯(1879)镌。莫如忠《故浙江按察司知事王屋张公墓志铭》:"公卒之岁,为万历丁丑正月朔,距生正德丁卯十二月十二日,享年八十有一。"《明文海》卷四三四,《文渊阁四库全书·集部》第1458册,第241页。莫如忠《故浙江按察司知事王屋张公墓志铭》:"公卒之岁,为万历丁亥正月朔,距生正德丁卯十二月十二日,享年八十有一。"《崇兰馆集》卷一九,《四库存目丛书·集部》第105册,第28页。

订,未完稿而卒。其弟显谟于万历三十年壬寅(1602)刻成。① 卷首有显卿自序,说明其补订《古诗类苑》和晚年生活情况。文如下:

> 仆早岁受业,困顿公车,解组归来,遂是初服。席门穷巷,全无二顷之田;左右图史,差多百城之乐。爰欲搜辑众家,财成五总,则有乡先达玄超先生,才为国华,学成文府,流略兼包,三余靡暇。积有岁时,杀青充栋,开箧启椷,出用相示。自史传以还,逮于文章词赋、稗官小说,靡不彙辑成书。别裁义例,手自编摩,殆余千卷。其古诗自汉魏而下,迄于陈隋。旁采古逸,博参群志。比类相从,都为一集,凡若干卷。……仆不任研削而获观玮丽,因便祈借,僱工缮写,载为雠对,仍从埤补梨枣,未遑,藏之家塾,赏奇析义,时在座右。则有缙绅先生、文学之伦,同声咨难,谓其囊括致博而区分已甚,未足下上时代,澄镜流品。仆嗟此论,未为允当。……别有《唐诗类苑》若干卷,体例并同。并用自副,后有博雅,以公同好。若在剞劂,盍念前劳? 必毋使论衡茂制,独藉中郎之谭;行路名篇,载搆东阳之讼。吴淞俞显卿撰。②

俞显卿只活了五十四岁,无子。③ 据《松风余韵》卷一一引《云间杂识》记载,俞显卿为无子所苦,听信一方士的话,以巨龟肠和药,可生子。于是,遍求巨龟。有人将常州市肆人家养的一能解人意的巨龟偷来,卖给显卿,显卿

---

① 黄长卿《〈古诗类苑〉叙》:"诗之有《类苑》也,自吾乡先辈张玄超始也。玄超性恬淡寡营,而独嗜书。……而尤沉酣于有韵之文。网罗历代,自黄虞迄于六朝,为《〈古诗类苑〉》。自唐武德迄于天祐,为《唐诗类苑》。……而家故贫,不能杀青,擎而授余社友比部俞子如。子如亦雅有书癖,业已缮写雠校。一旦捐宾客,而不能卒业。笥而藏者十余载。岁庚子,《唐诗类苑》始刻于吴门曹氏家。而壬寅岁,子如弟显谟惜双美之未合,悲先志之未竟,亦偕其婿王君颖、陈君甲雠对,发刻《〈古诗类苑〉》于海上。夫是两书也,玄超集其成而厄于空囊,子如将广其传而抑于短晷。……海上黄体仁长卿甫撰。"《古诗类苑》卷首,《四库存目丛书·集部》第320册,第4—6页。俞显谟《〈古诗类苑〉凡例》:"是书经始于张先生玄超,补订于先兄子如。校正于长舆诸君,而董其成于不佞。擥撮研校,颇费岁时。惟是先伯子酷嗜书,收藏之外,手所缮录者,盈箱累箧。数年以来,殊恨散亡。是编为表弟子先析借,幸以不失。谟恐私之家塾,非二君子嘉惠勤勤之意。近赖社中同调,各为损赠,得度诸木,以公四方。"《古诗类苑》卷首,《四库存目丛书·集部》第320册,第8页。
② 俞显卿:《〈古诗类苑〉序》,《古诗类苑》卷首,《四库存目丛书·集部》第320册,第2—4页。
③ 《云间人物志》:"无子,卒年五十四。"姚弘绪《松风余韵》卷一一,《四库存目丛书·补编》第37册,第243页。

酬以重价。方士刳肠和药。显卿以一勺入口,随即而卒。①

屠 隆 与 邢 侗

邢侗(1551—1612),字子愿,临清(今属山东)人。万历二年(1574)进士,官终陕西行太仆卿。善画,能诗文。书为海内所珍,与董其昌、米万钟、张瑞图称邢、张、米、董。家资巨万,筑来禽馆于古犁丘,减产奉客,遂致中落。有《来禽馆集》。墨迹刻石曰《来禽馆帖》。传见李维桢《大泌山房集》卷七九《邢公墓志铭》、《明史》卷二八八。②

万历十一年(1583)春,屠隆上计在京,在太医院吏目朱汝修斋,与邢侗相识。关于这次相见,屠隆在《与李济南》中回忆说:"不谷与邢君无生平,往岁以计吏在长安,偶集朱汝修斋。邢君走一介,托友生求见不谷。时邢君已将有持斧□吴之役,不谷谢不敢见。邢君少选至,'奈何以一鸡肋物骄天下士? 邢生伧父哉? 及命未下,第讲交游礼。'不谷慨然起,世乃有大雅若君卿,仆安可过自局促,而不以成君高。长揖据上座。长安以此两贤之。"③屠隆《春夜,同陈玉叔、莫廷韩、傅伯俊、邢子愿、胡元瑞集朱汝修斋中》、陈文烛《邢子愿侍御、屠长卿、傅俊伯(伯俊)二明府、胡元瑞、莫廷韩孝廉饮朱汝修

---

① 《云间杂识》:"比部俞适轩壮而无子,一方士曰:'得巨龟,刳其肠以和药,可生男也。'俞即遍求。先是,常州市肆家畜一龟,大如盘,能解人意。饮食呼之,即至。有见之者,潜得以献。俞得之,大喜。酬以重价,命方士刳肠和药。是夕,梦乌衣人索命。后方士药成,俞以一匕入口,随卒。居数日,方士亦得恶疾死。"姚弘绪《松风余韵》卷一一,《四库存目丛书·补编》第37册,第243—244页。

② 李维桢:《邢公墓志铭》,《大泌山房集》卷七九,《四库存目丛书·集部》第152册,第372—376页。《明史》卷二八八,第7397页。

③ 《与李济南》,《白榆集》文卷一四,《续修四库全书·集部》第1359册,第717页。朱宗吉,字汝修,寿州(今属安徽)人。任太医院吏目。见程君房《程氏墨苑》诗文卷一《墨苑姓氏爵里》,《续修四库全书·子部》第1114册,第278页。

馆,谈李于麟感赋》等均是此次相会时所赋之诗。① 大约在同时,屠隆写了
《赠邢子愿侍御二首》,表达对邢侗才识的赞誉和与其相识的喜悦之情。
诗云:

> 才子乘骢侍玉皇,红云紫雾照仙郎。青山面带烟霞色,白简身依日
> 月光。霜落城乌三殿曙,花黏宫燕六街香。彩毫更濯银河水,夜傍天孙
> 赋七襄。

> 风期潇洒佐清欢,银烛高斋卜夜阑。欲罄厨中桑落酒,不知头上惠
> 文冠。君将气色看龙剑,我自泥沙问马鞍。此日千秋肝胆在,他年万顷
> 水云宽。②

屠隆被诬去职,邢侗督饷楚藩后回山东,听到此消息,深为屠隆家贫,无
力奉养老母为忧,答应捐俸为其买地。屠隆十分感动。③ 关于此事,屠隆与
多人谈起过。《答胡从治开府》云:"泰山邢子愿年少有心人,翩翩才藻,与不
谷有日观之约。"④《与秦君阳》云:"与山东邢子愿使君有约。"⑤万历十四年
(1586),屠隆两次与书邢侗,报告自己返家后的生活情况,希望得到邢侗的

---

①　《春夜,同陈玉叔、莫廷韩、傅伯俊、邢子愿、胡元瑞集朱汝修斋中》,《白榆集》诗卷六,《续修
四库全书·集部》第 1359 册,第 499 页。陈文烛:《邢子愿侍御、屠长卿、傅俊伯(伯俊)二明府、胡元
瑞、莫廷韩孝廉饮朱汝修馆,谈李于麟感赋》,《二酉园诗集》卷一〇,《四库存目丛书·集部》第 139
册,第 374 页。

②　《赠邢子愿侍御二首》,《白榆集》诗卷六,《续修四库全书·集部》第 1359 册,第 499 页。

③　《与李济南》:"往岁不谷以无罪去国,属子愿以楚藩督饷,抵山东,所至问屠长卿安之,免官
不论,吾知其母老家贫,无担不,何以为生? 吾且捐俸为其买山。不谷深心德之,而信使未至。"《白榆
集》文卷一四,《续修四库全书·集部》第 1359 册,第 717 页。

④　《答胡从治开府》,《白榆集》文卷一四,《续修四库全书·集部》第 1359 册,第 726 页。

⑤　《与秦君阳》,《白榆集》文卷一四,《续修四库全书·集部》第 1359 册,第 717—718 页。

帮助。① 在第一通书中,屠隆说:"去年足下与不佞约作泰山主人,不佞以此愿未了,颇置方寸。"②邢侗《寄答长卿屠丈二首》其二尾联"七十二君烦寄语,美人愁绝越来鸿"有自注云:"长卿数有书,期登泰山。"③在第二通书中,屠隆说已遣族孙屠震往山东,访邢侗,送邢侗一枚汉宣帝黄龙元年鼎,期待邢侗能兑现诺言,并说自己想秋天去访邢侗。书云:"独苦老母妻孥无可托者,辱仁兄见念深,累许捐赀为弟买山,业有成约。遣使相存,逡巡岁余。……敬遣家诸孙震奉诣仁兄,幸无为德不卒。倘使至而兄不在家,震不能待,见弟此札后,可遂以信使来。弟交游满天下,独以八口投仁兄,其故可知已。汉宣帝黄龙元年鼎一枚,奉去。焚沉水香,读二氏书。此鼎已经吴越间博雅者多人鉴定,真汉物,非赝。震,郡诸生,以父忧涉远道,足下幸善遇之。……望秋间当得一访仁兄,出处大致,幸以与我。"④担心屠震找不到人,屠隆又与书济南知府李伯春和同年、新城知县张元鼎,请他们予以照顾和帮忙。《与李济南》云:"近且以八口远托临邑邢子愿。……今闻其转马曹还里,乃遣家诸孙震往,以八口累邢君。……明公为此君邦大夫,遂以奉闻。……所患子

———————————

① 《与邢子愿》:"母年九十高,妻孥幼小。"《白榆集》文卷一四,《续修四库全书·集部》第 1359 册,第 714 页。《再与子愿》:"弟以去年九日始归自西陵,……与九十老母相共啖脱粟。"《白榆集》文卷一四,《续修四库全书·集部》第 1359 册,第 716 页。徐朔方先生《屠隆年谱》据书中母年九十定此书于万历十六年(1588)作,误。《晚明曲家年谱》第二卷,第 361 页。《由拳集》卷二三《赵太夫人行略》:"今年是为万历丁丑,不肖隆幸登进士第,而家母适春秋七十有九。隆奉命颁上,令行有日,顾自度家母明年八十,而隆且以吏事走四方,即欲为寿,安所得长者之言而称之?"《续修四库全书·集部》第 1360 册,第 301 页。万历五年(1577),屠隆母年七十九,至万历十六年(1588),九十岁。但两书云母年九十并非实指,而是概数。《再与子愿》云"去年九日始归自西陵",屠隆万历十三年(1585)归鄞,见第 24 页注释①,因此,两书均作于万历十四年(1586)。
② 《与邢子愿》,《白榆集》文卷一四,《续修四库全书·集部》第 1359 册,第 714 页。
③ 邢侗:《寄答长卿屠丈二首》,《来禽馆集》卷三,《四库存目丛书·集部》第 161 册,第 395 页。
④ 《再与子愿》,《白榆集》文卷一四,《续修四库全书·集部》第 1359 册,第 716 页。

愿不在家,去使恐馁于路,幸使君念之。"①《与张新城元鼎》云:"属以八口托临邑邢子愿,特遣家诸孙震远赴邢君,而弟贫如范史震,不能为去使治往返粮,所虑子愿万一不遇,诸孙且为中途馁鬼,故以此字付之子,令其蒲服谒足下,幸少濡沫之。……足下问故人近状,业作蒲团上苦行头陀。邢君许恤我八口,且遂入四明雪窦最深处。数字为念,不及其他。"②上述诸书中,累言以"八口"托邢侗,③不是把家人寄养在邢家,而是乞求邢侗予以接济。郑闰《〈金瓶梅〉和屠隆》却认为屠隆把母亲等人寄养在邢家,直言"托山东临邑邢侗故友,将老母妻孥八口寄养之"、"屠隆一家八口远赴山东临邑"、"屠隆北上山东,首先拜见老母,会晤邢侗"等,④均为无稽之谈。除上述理由外,从情理来看,屠隆也不会把母亲寄养在邢家。在封建时代,统治者宣扬以孝治天

---

① 《与李济南》,《白榆集》文卷一四,《续修四库全书·集部》第1359册,第717页。《与李济南》:"不谷挂冠南下,吴中交知独明公远存,不遗故簪弃履,义高于古人。不谷往在清溪,明公宜不在后车数内。今日见顾,特异常流。人伦鉴若此,宜其及也。"《白榆集》文卷一四,《续修四库全书·集部》第1359册,第717页。万历年间,济南知府李姓者,一为上海人李伯春,一为成都人李学诗。此"李济南"应为李伯春。《道光济南府志》卷二七《秩官五》:"(知府)万历:……李伯春,南直上海人,进士。李学诗,四川成都人,进士。"《中国地方志集成·山东府县志辑》第1册,第521页。李伯春,字友卿,号约斋,上海人。隆庆五年(1571)进士,历官刑部主事、郎中、济南知府、浙江、湖广参政等。传见何三畏《云间志略》卷二〇、《同治上海县志》卷一八(同治辛未刊本)。何三畏《云间志略》卷二〇:"丁亥,转副浙臬,督理邮传。……公之守济南五年也。"《同治成都县志》卷四《选举》:"(进士)万历二年:李学诗,成都人。"郑闰《〈金瓶梅〉和屠隆》云"李济南"是"济南知县李守约"(《〈金瓶梅〉和屠隆》,第134页),不详何据。据《明史·地理志》,明时济南为府,而非县。

② 《与张新城元鼎》,《白榆集》文卷一四,《续修四库全书·集部》第1359册,第718—719页。《与李济南》:"新城张令,仆同门年友,老成闳达,兰溪之政卓然。并幸留念。"《白榆集》文卷一四,《续修四库全书·集部》第1359册,第717页。《光绪兰溪县志》卷四《官师表》:"(万历知县)张新,字元鼎,镇海籍邑,进士,五年任。喻均,七年任。"《中国地方志集成·浙江府县志辑》第52册,第707页。《民国重修新城县志》卷一〇《秩官志》:"张新,江南太仓,进士。万历间知新城县事。兴学校,抚流徙。开河渠,抑豪强。升工部主事。"《中国地方志集成·山东府县志辑》第28册,第110页。

③ "八口"是家人的代称,非指家中实际人数。《孟子·尽心上》:"百亩之田,匹夫耕之,八口之家,足以无饥矣。"《孟子注疏》卷一,《四部备要·经部》第42册,台湾中华书局1981年版,第5页。屠隆家中人口,在其与友人书中有所交代。《与龙君善》:"以慈母在堂,年逾九十,两儿一女,婚嫁未期。"《栖真馆集》卷一三,《续修四库全书·集部》第1360册,第464页。《与丁右武》:"母年九十,两儿一女俱幼。"《栖真馆集》卷一三,《续修四库全书·集部》第1360册,第465页。黄霖先生《〈金瓶梅〉作者屠隆考》:"一旦罢官,顿陷困境,八口之家,惟靠'斥卤侵焉'的'十七亩水田',有时就不得不靠'鬻文卖赋'以生。"《复旦学报》,1983年第3期。郑闰《〈金瓶梅〉和屠隆》亦认为屠隆家真有八口人,均误。

④ 郑闰:《〈金瓶梅〉和屠隆》,第134页、第135页。

下，百行孝为先，侍奉双亲是人伦之大德。古代很多官员，以双亲年事已高，无人奉养，或双亲念家为由辞官，往往能得到批准。屠隆无论怎样不顾礼法，放浪形骸，也不会荒唐到把母亲寄养在别人家，不尽人子之责，而到处去游山玩水，追欢买笑的。如果真的那样，必定遭到千夫所指，万人唾骂，无法立身于天地之间。实际上，屠隆是有机会移家他处的，因考虑到母亲故土难离，"孝子以顺亲为志"，因此，没有为糊口而徙居。无锡友人秦焜买田五百亩赠送屠隆，请他移居无锡。因母亲系念家人，屠隆未能同意。① 屠隆削籍返家时，归道青浦，青浦父老敛田千亩，请其徙居，屠隆也没有同意。②

　　屠隆此次派族孙干求邢侗，很可能是无功而返。屠隆《再与子愿》说"望秋间当得一访仁兄"，因此，屠隆《与邢子愿》、《再与子愿》及派族孙往山东均在秋季前，而朝廷批准邢侗致仕是在万历十四年（1586）十一月癸丑。③ 很可能屠隆族孙连邢侗人也没见上。即使邢侗在朝廷正式批准他致仕前已经返家，屠隆族孙见到了邢侗，屠隆这次派人千里相求，也没有达到目的。邢侗家居后，"四方宾客造门，户屦恒满。减产奉客，酒枪簪珥，时时在质库中。"④ 虽然家资巨万，但四方求助者太多，邢侗不会是来者不拒。看来，这次他对屠隆爽约了。屠隆对给自己提供资助的人，常在信中提起，表示感谢。如

---

　　① 杨得周《明故文林郎礼部仪制司主事赤水屠公墓志铭》："过梁溪（无锡），秦公子焜拟斥田五百亩留先生，仿梁鸿依皋伯通故事。夫人察太夫人系念诸子妇，不欲留，曰：'孝子以顺亲为志，乌可为糊口计而伤母心？'遂去。《甬上屠氏宗谱》卷二二，转引自《晚明曲家年谱》第二卷，第 349 页。《与秦君阳》："弟业逃身物外，独苦八口无依，移家梁溪，初心不改。弟以老母结念诸子姓，难以一朝飘然。"《白榆集》文卷一四，《续修四库全书·集部》第 1359 册，第 717－718 页。

　　② 《明史》卷二八八："归道青浦，父老为敛田千亩，请徙居。隆不许。欢饮三日，谢去。"第 7388 页。杨得周《明故文林郎礼部仪制司主事赤水屠公墓志铭》："过吴门，由拳父老倡议敛田千亩给故侯。夫人曰：'君往在由拳以廉介闻，罢官而卒食其土，如晚节何？'先生力谢诸父老归。"《甬上屠氏宗谱》卷二二，转引自《晚明曲家年谱》第二卷，第 349 页。

　　③ 《国榷》："（万历十四年十一月）癸丑，……陕西行太仆寺少卿兼按察金事邢侗俱致仕。"《续修四库全书·史部》第 362 册，第 301 页。《先侍御史府君行状》："侗官陕西行太仆寺少卿，兼宁夏河东兵粮道按察司金事。丙戌，以湖广参议督曹，从徐州上疏移疾，部覆促之任。已，再疏，乃得予告。"《来禽馆集》卷一八，《四库存目丛书·集部》第 161 册，第 616 页。《累敕封孺人亡妻陈氏墓志铭》："余以庚辰被征为御史，则孺人复随之京。居数月，余按蓝三河。已，按三吴。……不肖比随例出为楚参藩，孺人两度随之楚。……丙戌，余复量移秦太仆。两上疏得请栖里中。"《来禽馆集》卷一三，《四库存目丛书·集部》第 161 册，第 532－533 页。

　　④ 钱谦益：《列朝诗集小传》，第 617 页。

《与胡从治开府》："复拜买山钱,更谢郑重。"①《与方众甫》："累承捐俸,故人义高,何以为报?"②《与元美仙伯》："去岁得先生手书,且贷金为寄,以养小人之母,陈义甚高矣。"③《与吕玉绳使君》："惟有俯仰八口,今日得仁兄相助,堪为半岁资粮。"④《与陆与绳司寇》："老母九十,辱长者捐月俸见饷。"⑤如果这次有所收获,屠隆一定会写信致谢的。但屠隆文集中没有此类书信。此后,两人仍有交往。屠隆为邢侗父亲作祝寿诗文,两寓尺书,并有碑传文字寄览。邢侗也有怀念屠隆的诗。⑥ 万历二十二年(1594)三月,诏修国史。⑦ 屠隆与邢侗都在被征之列,但后来不了了之。邢侗与书屠隆,告知此中情况。⑧

邢侗《来禽馆集》中有和屠隆的诗。《和屠长卿十姊妹诗二首》序云:"客有谈屠长卿作十姊妹诗,都不记忆,余追想赋成。此花似蔷薇而华跗,妖冶过之倡。余和女,余又一长卿矣。其畴为余和乎哉?"⑨屠隆诗题曰《七姊妹花》,在《白榆集》诗卷六。⑩ 此后,就没有二人交往的资料了。

① 《与胡从治开府》,《白榆集》文卷一一,《续修四库全书·集部》第1359册,第686页。

② 《与方众甫》,《白榆集》文卷一四,《续修四库全书·集部》第1359册,第715页。

③ 《与元美仙伯》,《栖真馆集》卷一四,《续修四库全书·集部》第1360册,第476页。

④ 《与吕玉绳使君》,《栖真馆集》卷一四,《续修四库全书·集部》第1360册,第476页。

⑤ 《与陆与绳司寇》,《栖真馆集》卷一九,《续修四库全书·集部》第1360册,第569页。

⑥ 《与屠长卿祠部》:"一从陈茂才得所为寿家君诗文,又两得见寓尺书,一从商河毛文学,一从东兖杨使君,中间各有碑传文字一二缮,都已长跪领讫,迟至今未有以报也。……久别仁兄,又久不通书叙心,故辄舒其愤懑如此。向作寄怀一诗,今书扇头奉览观。弥年恋恋,亦何不念乎?"《来禽馆集》卷二五,《四库存目丛书·集部》第161册,第697—698页。

⑦ 《明史》卷二〇《神宗本纪一》:"(万历二十二年)三月癸卯,诏修国史。"第276页。

⑧ 《与屠长卿祠部》:"中朝大征史材,我辈遂几脱颖。其所屈指,云杜李本宁、四明屠长卿、沛北不佞侗,而王百谷亦以布衣之贱参之。余更得十二人,人有主名,秘不尽闻。要之,我四人者,籍籍传都门。去年,顾史部泾阳业已起草省中,疏垂上而事中忤。迄今音耗寥寥,则以诸相君难从度外行事,又馆中诸君小忌折角云辈来耶?"《来禽馆集》卷二五,《四库存目丛书·集部》第161册,第697—698页。

⑨ 《和屠长卿十姊妹诗二首》,《来禽馆集》卷三,《四库存目丛书·集部》第161册,第400—401页。

⑩ 《七姊妹花》,《白榆集》诗卷六,《续修四库全书·集部》第1359册,第494页。

屠隆与顾养谦

顾养谦(1537—1604),字益卿,号冲庵,南直隶通州(今属江苏)人。嘉靖四十四年(1565)进士,由户部郎中历迁蓟镇兵备,寻拜右佥都御史巡抚辽东,迁南户部侍郎,以忧去。后起为兵部侍郎,总督蓟辽军务。卒谥襄敏。有《冲庵抚辽奏议》、《奏议》等。传见申时行《赐闲堂集》卷二七《顾公偕配李氏合葬墓志铭》、李维桢《大泌山房集》卷六五《顾司马家传》。①

徐朔方先生《屠隆年谱》云:"屠、顾之会未尽如意。"②在引用了《白榆集》文卷一四《答胡从治开府》一段文字之后,又云:"二人关系不佳,而所求如此,可谓穷极无聊矣。"③说出了二人交往的部分情况,但绝不是事实的全部。实际上,二人最初的交往还是不错的。

顾养谦在给屠隆的一封信中说久闻屠隆名动海内,及与沈明臣会,沈明臣谈到了不少屠隆的情况,与其结交之情油然而生,以不能马上相见为憾。④万历五年(1577),屠隆中进士,顾养谦谒选来京。顾养谦多次拜访屠隆,屠隆也多次回拜,不巧没有遇上。⑤ 同年秋九月,屠隆离京赴任颍上知县。⑥

---

① 申时行:《顾公偕配李氏合葬墓志铭》,《赐闲堂集》卷二七,《四库存目丛书·集部》第 134 册,第 555—559 页。李维桢:《顾司马家传》,《大泌山房集》卷六五,《四库存目丛书·集部》第 152 册,第 108—112 页。

② 徐朔方:《屠隆年谱》,《晚明曲家年谱》第二卷,第 349 页。

③ 同上书,第 362 页。

④ 顾养谦《与屠长卿》:"仆往岁家居,则尝闻足下名名海内。及晤沈嘉则,则谈足下益详。知足下天下才,世不可多遘见。遘见之而不得即遘见,相与倾倒,其平生往往惜才于千百世之上,何为哉? 盖心晤足下久,不啻握手接殷勤之欢矣。"《国朝名公翰藻》卷四二,《四库存目丛书·集部》第 314 册,第 349 页。

⑤ 《与沈嘉则二首》其二:"客岁,得海陵书,盛称顾使君抄蕆。使君如燕,过某者十度,某亦十往造使君之庐,不得一面。"《由拳集》卷一四,《续修四库全书·集部》第 1360 册,第 174 页。"抄蕆",当为顾养谦的另一字或号。《与王百谷》:"胡之所善顾君,往岁入京,十顾不侫于邸中,不遇。"《白榆集》文卷六,《续修四库全书·集部》第 1359 册,第 610 页。

⑥ 《与沈君典三首》其二:"九月去国,十月渡淮,仲冬始奉老母涉颍。"《由拳集》卷一三,《续修四库全书·集部》第 1360 册,第 170 页。

顾养谦追送至报国寺,彻夜长谈,相见甚欢。[①] 分手后,屠隆在途中作《寄顾益卿》诗,记载这次相会的情景。[②] 诗云:

> 昔年草草长安游,今年小吏走沧州。北风烈烈关山道,何物英雄顾虎头。天寒走马来相留,腰间解赠双吴钩。玉壶醉我都门秋,生来能乐不能愁。便与击筑弹箜篌,我本要离侠者俦。顾侯意气片言投,酒酣雄谈倾不周。自言尝戴铁兜鍪,手提长剑骑骅骝。夜砍贼营催山丘,杀人如草还穷蒐。屠生闻之开两眸,捋髯把臂呼君侯。君侯、君侯,文修天上五凤楼,武可当纵横百万之貔貅。丈夫如此真趉趉,扬雄老死相如忧。文章道是雕猕猴,黄沙莽莽生边州。黄云片片落貔裘,白日不动滹沱流。夜深命取大白浮,狂来浩荡歌吴趋。天星一夜历乱不得休,明朝酒醒挥手别,斑骓去矣风萧飔。[③]

同年稍后,顾养谦赴任云南按察司佥事。[④] 屠隆在青浦知县任上,为顾养谦友胡泽作墓志铭,寄王百谷。听说顾养谦返家,又将胡泽墓志铭和《寄

---

① 《与王百谷》:"比不佞出都门,追及于报国寺,作长夜之谈。观其人,殊英雄。豪有力,双臂如铁。自言持大刀杀贼状,使人发立。饮酒尽不佞一石,犹言不佞贫措大,无酒醉客也。"《白榆集》文卷六,《续修四库全书·集部》第1359册,第610页。《与沈嘉则二首》其二:"及发都门,出舍报国寺,使君乃与沈箕仲、冯开之、沈君典来会,一见,把臂大笑,酣语达旦。某观其才气,真簸荡千古。非英雄不能知英雄矣。"《由拳集》卷一四,《续修四库全书·集部》第1360册,第174页。《与顾益卿观察》:"往岁苍黄出都门,得先生把呲庐阁上,一夕雄谈,略尽寥廓。奇事。平明上马,先生入都,仆即长途。酸风淡日,烟沙障人。回望低垂,魂痴欲绝。"《白榆集》文卷六,《续修四库全书·集部》第1359册,第613页。顾养谦《与屠长卿》:"都门之晤,并在仓皇中,殊草草。片言相投,肺肠悉露。不复矜态,设色城府。雄饮竟夜,各出狂态。若曰吾两三人者,可去形骸,一吾汝见其真素,无妨作婴儿状,即牛鸣马嘶,何所不可? 明相得欢也。当是时也,不曰一日千秋乎? 平旦马首,南北茫然。"《国朝名公翰藻》卷四二,《四库存目丛书·集部》第314册,第349页。

② 《寄顾益卿》:"余出都门,顾观察益卿追送报国寺。相与剧谈,沉酣达旦,平明别去,赋此寄之。"《由拳集》卷六,《续修四库全书·集部》第1360册,第63页。

③ 《寄顾益卿》,《由拳集》卷六,《续修四库全书·集部》第1360册,第63页。

④ 顾养谦《与屠长卿》:"足下之颍上,在吾乡,仆则孑然一身,间关万里,而赴滇越。"《国朝名公翰藻》卷四二,《四库存目丛书·集部》第314册,第349页。

顾养谦《疏辞升辽东巡抚奏》:"臣由嘉靖四十四年进士,初任户部主事,历升员外、郎中,升福建按察司佥事。……升广东布政司参议,历升副使。……即以福建佥事论列考察,不及而听调归。归则闭门悔罪,不敢谒调者凡四年。而后调补云南按察司佥事。"《冲庵顾先生抚辽奏议》卷一,《四库存目丛书·史部》第62册,第392—393页。

顾益卿》诗寄顾养谦。① 顾养谦回书，盛赞《寄顾益卿》诗是"雄词浩歌"，胡淏墓志铭"得太史公家法"，并请屠隆把自己的诗文集寄给他阅读。② 万历八年（1580），得知顾养谦升任浙江布政司参议的消息，屠隆与书养谦，既为其升迁高兴，又为地方有这样的官员高兴。又把自己刚写的《喜顾益卿擢参浙藩，却寄二首》和诗文集叫人一同送给养谦。③《喜顾益卿擢参浙藩，却寄二首》其二云："都门尊酒别苍茫，魂梦三年向夜郎。此日轺车沧海曲，异时斗笠水云乡。青宵肯负千秋约，白石堪为五岳粮。知尔雄心消未得，弯弓且欲挂扶桑。"④"魂梦三年"，从万历五年（1577）两人分别到万历八年（1580），前后恰好三年。万历十年（1582），养谦升任霸州兵备副使。由于杭州兵变，巡

---

① 《明故御史莲渠胡公墓志铭》："公生于嘉靖甲午十一月，卒于万历己卯四月，得年四十有六。……二孤将以是年某月日葬君蠡湖之桃花坞，公友人王山人叔承、王太学稚登以墓铭见属。两君不博求当世之贵人钜公，而属余小子。余小子不佞，顾恒好谈士大夫美行侠节，乃不辞而为之铭。"《白榆集》文卷一八，《续修四库全书·集部》第1359册，第650页。据文，胡原荆，名淏，号莲渠，无锡（今属江苏）人。

《与王百谷》："胡原荆侍御，真磊磊丈夫，死不足哀，贫又何伤？……愧鳆生小才，无能扬其大者。……墓铭、书两通，一致胡氏孤，一致先生案头。别来念先生良切，何以慰我？"《白榆集》文卷六，《续修四库全书·集部》第1359册，第610页。

《与顾益卿观察》："南天寥绝，音问久疏。日为胡原荆侍御撰墓碑，知先生胡公金石交，临文含毫，抒写磊块。居然臭味，更思先生。碑文甫成，寄王百谷。王百谷书来云，辎轩以北上，暂过桑梓，使人飞动。咫尺海陵，如隔黄姑津矣。……闻行李遄北，仓卒遗讯，殊属草草。胡侍御墓碑一通，奉往。都门别后，赋得长歌一篇，久未寄上，今书扇头并往。"《白榆集》文卷六，《续修四库全书·集部》第1359册，第613页。

② 顾养谦《与屠长卿》："正坐小冗，且迫省束装，而使翰翩翩来自海上。雄词浩歌，读之令人神游四表，精骛八极。……读胡原荆志，真得太史公家法而铭。足以铭原荆不朽。……所惠《兰晖堂集》，殊博雅，足征足下家学。然仆曾从陈思进所，得读长卿集，则何以不以长卿集见示，而独《兰晖堂》是遗？殊望之，望之。冗夺草率，具此附使者去，且谢足下之悬悬者也。十月自都下还，将吊原荆于梁溪，遂东游娄江。庶几得走吴淞江上，晤足下，一倾倒，故不复走一力。仆以六月十二日抵庐北，北发在七月三日。"《国朝名公翰藻》卷四二，《四库存目丛书·集部》第314册，第349—350页。

③ 顾养谦《疏辞升辽东巡抚奏》："升浙江布政司参议，分守温、处间。"《冲庵顾先生抚辽奏议》卷一，《四库存目丛书·史部》第62册，第392页。《与顾益卿少参》："近阅邸报，知明公移参浙藩，私心殊为故乡诸父老识喜。……嘉则先生书来，谓使节以八月过吴门，久不得的耗。适上海潘方伯至，乃知旌干业已东下，某不能暂卸印绶，负弩之役于金闾道上，怅怅何如？敬以二诗及小集，遣一急足，奉候使君。又弗敢趋俗调，用朴遬小礼，区区之衷，望明公亮察。"《白榆集》文卷七，《续修四库全书·集部》第1359册，第630—631页。

④ 《喜顾益卿擢参浙藩，却寄二首》，《白榆集》诗卷五，《续修四库全书·集部》第1359册，第489页。

抚浙江右副都御史张佳胤上疏请养谦留任,朝廷改养谦任浙江按察司副使。① 在养谦任职浙江期间,屠隆曾到养谦官舍相会。两人畅谈出世入世之理,聊得十分投机。② 万历十一年(1583)七月,屠隆赴京任礼部主事,张佳胤为其准备了一只官舫,③屠隆正在为家人随行无船发愁,养谦提供的官舫及时送到,解了屠隆燃眉之急。屠隆感激不已。④ 在京期间,由于坐客常满,屠隆常常捉襟见肘。养谦时时接济。此时养谦任蓟州兵备使。⑤ 万历十三年(1585)二月,屠隆南归前,受张佳胤邀,访檀州(今北京市密云县),⑥屠隆作有《登檀州城》、《古北口歌十首,呈张制府》二诗。前诗在《白榆集》诗卷七,后诗在《白榆集》诗卷八。屠隆又作诗怀念顾养谦,⑦还作有《蓟门行,赠顾益

---

① 顾养谦《疏辞升辽东巡抚奏》:"两年而升霸州兵备副使矣,以浙江抚按疏留而未任,改浙江按察司副使,治杭、严。抵任不十日,而遇处分叛卒之事。当是时,督抚重臣主之,按浙两御史力赞成之。"《冲庵顾先生抚辽奏议》卷一,《四库存目丛书·史部》第62册,第392－393页。谈迁《国榷》:"(万历十年三月)庚申,杭州兵变。……上命兵部右侍郎张佳胤兼右副都御史,巡抚浙江,听便宜行事。"《续修四库全书·史部》第362册,第225页。谈迁《国榷》:"(万历十年五月),巡抚浙江张佳胤,杭州民变,擒斩之。"《续修四库全书·史部》第362册,第227页。

② 《与顾益卿观察》:"官舍风雨,公厨盘餐。名理清言,流连永夕。在世出世,两寄深情。千秋神合,可以无恨。"《白榆集》文卷九,《续修四库全书·集部》第1359册,第650页。

③ 《答张肖甫少司马》:"计在七月北征,不及双星之夕。虎林肃候,晤对非遥。忽拜明贶华械,神爽飞动,书辞悃款,相念良殷。故知人言不虚,可胜欣跃。又蒙贶一官舫,长年业已先三日来。敬佩德意,容相见时九顿首阶除。先遣一介,将其荒陋之辞偕使者陈谢。"《白榆集》文卷九,《续修四库全书·集部》第1359册,第650页。肖甫,张佳胤字。

④ 《与顾益卿观察》:"北征官舫,往尝与百谷一言之。百谷遂具言,且徼宠灵于明公。某亦拟作一书,仰溷长者。后因囊装萧瑟,未能掣室而行。某且独身操轻舠北,家中数口,徐作后图。未敢奉闻。今者舟人俨焉持观察公札来,乃明公业为办此事。郑重长者,用情若此,何可当,何可当。既以具此舫,便留以待老母妻孥行。某的于七月行,未及双星之夕。双星之夕,计当在虎林。望见颜色,指河汉而言别也。草率布谢,不尽欲言。"《白榆集》文卷九,《续修四库全书·集部》第1359册,第650页。

《与徐观察》:"北上欲觅一舫,止拟修不腆之牍,溷渎台慈。偶吴门王文学百谷来越中,曾及之。百谷为言,归出虎林,且具言之顾使君。无何,而舟人俨焉以札子至寒家,报舟楫已具。"《白榆集》文卷九,《续修四库全书·集部》第1359册,第650页。

⑤ 《与顾益卿》:"足下治蓟州,有美酝,当君在事,仆醉客之具且取给焉。蓟州固仆贡献之国矣。仆居长安贫,日乞燕市米,而座客不减。无步兵之厨,而有北海之累。……从纷挐中潜炼密纬,仆与足下,愿各努力。"《白榆集》文卷一〇,《续修四库全书·集部》第1359册,第666－667页。

⑥ 《寄陆大司空》:"二月初旬,以张肖甫司马先生之累招,一往言别,作檀州三日留。"《栖真馆集》卷一八,《续修四库全书·集部》第1359册,第553－554页。

⑦ 《登古北城,怀顾益卿使君》,《白榆集》诗卷七,《续修四库全书·集部》第1359册,第513页。

卿使君》诗。其中有二句云:"君今留卧边头月,余也归耕海上田。"①此次离京,养谦也有盘缠相赠。② 同行者有茹懋集、汤慈明二人,好酒,屠隆与书养谦,要他分数瓮,以备二人路上之需。③ 行前,养谦答应屠隆,资助他买田养家。因此,万历十四年(1586),屠隆写信养谦,恳请他实践诺言。因出关有禁,屠隆又写信胡从治,请他派人把信转达给养谦。④ 此时养谦已由都察院右佥都御史升任都察院右副都御史,巡抚辽东。⑤ 不知是胡从治没派人将屠隆信送达养谦,还是养谦收到后,没有理睬屠隆的要求。很有可能这次也没有收获。如果有所收获,屠隆也一定会写信致谢的。但屠隆文集中没有此

<hr>

① 顾养谦《疏辞升辽东巡抚奏》:"今者备兵蓟镇,正图悉心于抚剿修守之间,……而又忽逢今命,岂不更出望外,而益重臣之惧哉?"《冲庵顾先生抚辽奏议》卷一,《四库存目丛书·史部》第 62 册,第 392－393 页。《蓟门行赠顾益卿使君》,《白榆集》诗卷三,《续修四库全书·集部》第 1359 册,第 458 页。

② 《答顾益卿》:"足下赤手撑乾坤,不顾妻孥,不问生产,乃为故人分俸,故人何以堪?"《白榆集》文卷一一,《续修四库全书·集部》第 1359 册,第 689 页。

③ 《答顾益卿》:"茹懋集留通州城五日,已订同舟之约,暂入京别游好。再得汤慈明青春作伴,更喜家田叔乘一楼船北上,仆今载以东还。艖使者惠以邮符,长年、鼓吹,长途差不寂寞。江苦独行,无友生为侣,今得汤、茹二丈同舟,领略江云海月,啸咏菰蒲,鸣榔击汰,遂忘其身为逋臣矣。两生酒德颇不浅,舟中苦无麯君,停船日沽村醪,恐不堪供吟啸,闻此君床头尚多此物,幸分数瓮来。"《白榆集》文卷一一,《续修四库全书·集部》第 1359 册,第 689 页。

④ 《答胡从治开府》:"诚得负郭之田百亩,上奉老母,下畜妻孥,无愧人伦,乃和天道。此世界无可托者,辽阳开府顾益卿,往岁许为不谷买山,想以兵事婴心,忘之耳。欲走一介诣顾使君,贫士力不能治远行装,且闻白衣人出关有禁,今修一札,奉从治先生,烦先生为不谷特遣一力,直抵辽阳,致不谷书于益卿所,令益卿遣一力直抵四明。不谷果得百亩之田,则在世出世两大事济矣。以先生风格,当慨然为不谷任此无疑。倘先生遂欲分取益卿仁义,更善,非所敢望矣。"《白榆集》文卷一四,《续修四库全书·集部》第 1359 册,第 724－725 页。书作于万历十四年(1586)。《答胡从治开府》:"不谷挂冠以来,生平椒兰相许,往往化为艾萧。……每年八十有八,妻少子幼。"《白榆集》文卷一四,《续修四库全书·集部》第 1359 册,第 724－725 页。屠隆母万历十四年(1586)八十八岁,因此,书作于本年。

⑤ 顾养谦《辽东巡抚到任谢恩奏》:"臣原任山西按察司整饬蓟州兵备副使,万历十三年六月二十五日,准吏部咨为缺行事,该本部等衙门会题,奉圣旨,顾养谦升都察院右佥都御史,巡抚辽东地方,兼赞理军务。……臣随于八月十二日前到辽东地方。"《冲庵顾先生抚辽奏议》卷一,《四库存目丛书·史部》第 62 册,第 394－395 页。顾养谦《谢加升副都御史并钦赏奏》:"万历十四年五月二十一日,准兵部咨为大房结聚谋犯,主将相机出师,仰仗天威,官兵奋勇,擒斩获、收奇捷事:该本部覆议,本镇镇边堡境外,地名可可母林,斩获捷功等因节,奉圣旨,该镇出塞剿房,斩获数多,奇功可嘉。……顾升都察院右副都御史,照旧巡抚。赏银三十两,纻丝三表里。"《冲庵顾先生抚辽奏议》卷三,《四库存目丛书·史部》第 62 册,第 431 页。

类书信。此后,就再也没有二人交往的信息了。①

"云梦生"是谁?

郑闰《〈金瓶梅〉和屠隆》在引用了屠隆《与汪伯玉司马》中"有以仰见先生之度,令(郑著引作会)得从云梦生之后,而抵掌大业,可乎"一段文字后,接着分析道:"云梦生者,公安三袁也。屠隆显然已看准三袁'独抒性灵'的造化,才央求汪伯玉为之引度,以与三袁相识结交。"②果真如此吗?

---

①　《白榆集》文卷一一有《与顾益卿》一通,作于礼部主事任上。中有云:"兰省客名过其实,奔走都人,而贫日甚。"《续修四库全书·集部》第1359册,第678页。徐朔方先生《屠隆年谱》摘引了余寅《答屠长卿》一书的部分内容,以此证明"屠、顾之会未尽如意"。(《晚明曲家年谱》第二卷,第349页)但仔细阅读余寅《答屠长卿》一书,并没说屠、顾之会不如意,相反,余寅说养谦"颇知"屠隆。文云:"相阔何翅遽然,乃过辱勤问,必足下先。斯又足诧已。太夫人毗典,自是熙代以旌能子。仆秋毫不得与焉。何敢辄有居言?足下迩来声望烨然,乃与者半,不与者半。即与者,亦抑者半,扬者半。岂尝有嗛于诸君邪?足下高朗,用直道相狥,无问升沉如何。顾吾耳及之,乌得不为足下一明其不然耶?前岁,晤顾益卿,与共道足下。即今年稽事不为河伯所侵没,大抵堤力为多。谁谓长卿非策实者?亦颇知足下矣。足下无他,盖意气过盛。盖益卿标格亦觉峻整,乃以皎日视其身,而以荆棘视斯人,故尝不受污,亦不受役。然是时,亦几不免。是途真可畏哉!足下勉旃,亦听之而已,安问他云?"(《农丈人集》卷一七,《四库存目丛书·集部》第168册,第363—364页)此书作年,约当在万历八年(1580)至十年(1582)之间。书中"大抵堤力为多"之堤不是指颍上所修东门之堤,东门河堤不是防御河水淹没庄稼,而是防御河水淹没颍上城。"稽事不为河伯所侵没"之堤应指屠隆万历八年(1580)所筑之圩堤。《与王元美先生》云:"君典自娄江还金昌,遂买一吴姬,泛五湖烟雨去。……为日来淫雨为虐,不肖徒跣踉跄,泥没于胫矣。鄙邑幸春间豫筑圩堤,今得不为灾。天道放晴,倘(尚)可无事。两岁再潦,吏兹土者,罪状可言。"(《由拳集》卷一七,《续修四库全书·集部》第1360册,第237页)《与冯开之》云:"沈郎挟吴娃,泛五湖烟雨去……不佞日来被发跣足,踉跄泥水中。上告云君,下告阳侯,驱痴龙妖蛟,劳苦不可言。今春尝预修水田堤圩,力障洪川。而不佞手执瓣香,即操畚锸,鄙邑当得不灾。有如两岁再灾,民生行且殄,令将安归?"(《由拳集》卷一七,《续修四库全书·集部》第1360册,第239页)《与沈嘉则二首》其二云:"天道淫雨,不肖徒跣,且拜且行,泥没至膝。驱龙禁阳侯,为力良苦。不意今春圩塘,遂以收功。河水高于田间一二尺许,而不入田。不肖复驾小舠巡行阡陌,龙骨遍野,车轧轧声闻于四郊,禾苗大声色。父老咸言,仗使君力,今年不为灾。"(《由拳集》卷一七,《续修四库全书·集部》第1360册,第243页)沈君典买吴姬在万历八年(1580),因此,圩堤之筑亦当在本年。余寅《答屠长卿》书末说养谦由于标格峻整,也受到非议。因此,才有"是途真可畏"之叹,并没有说屠、顾交情不好。徐先生把余寅《答屠长卿》书中所述事件定在万历十三年(1585),以此证明"屠、顾之会未尽如意",有误。

②　郑闰:《〈金瓶梅〉和屠隆》,第15页。

云梦,亦作云薎,本是古薮泽名。《周礼·夏官·职方氏》:"正南曰荆州,其山镇曰衡山,其泽薎曰云薎。其川江汉,其浸颍湛。"郑玄注:"衡山在湘南,云薎在华容。"①汉魏之前云梦范围并不很大,晋以后的经学家将云梦泽的范围越说越广,把洞庭湖都包括在内。后又以云梦代指古代楚地。"公安三袁"是指公安(今属湖北)人袁宗道与弟宏道、中道,三人均有文名,世称"公安三袁"。袁宗道(1560—1600),字伯修,万历十四年(1586)会试第一,授编修,官终右庶子。有《白苏斋集》。传详袁中道《珂雪斋前集》卷一六《石浦先生传》、《明史》卷二八八。② 袁宏道(1568—1610),字中郎,号石公,万历二十年(1592)进士,历官吴县知县、稽勋郎中。有《觞政》、《瓶花斋杂录》、《潇碧堂集》、《解脱集》等。传详袁中道《珂雪斋前集》卷一七《吏部验封司郎中中郎先生行状》、《明史》卷二八八。③ 袁中道,字小修,万历四十四年(1616)进士,历官徽州府学教授、国子博士、南礼部郎中等。有《珂雪斋集》等。传详《明史》卷二八八。④ 其实,《与汪伯玉司马》中的"云梦生"不是指"公安三袁"。郑著所引原文的前面已经交代了"云梦生"是谁,即"贵郡理龙君,荆南佳士,先生忘年而与之交",⑤可郑著视若无睹,硬说是"公安三袁",岂非怪事?"贵郡理龙君"就是时任徽州司理的龙膺。龙膺,字君御,一字君善,武陵(今属湖南)人,万历八年庚辰(1580)进士。历官徽州司理、国子博士、礼部主事、户部郎中、山西按察司佥事、甘肃参政等。有《九芝集》。传见

---

① 《周礼·夏官·职方氏》,《周礼郑注》卷三三,《四部备要·经部》第 4 册,台湾中华书局 1981 年版,第 7 页。

② 袁中道:《石浦先生传》,《珂雪斋前集》卷一六,《续修四库全书·集部》第 1375 册,第 707—709 页。《明史》卷二八八,第 7397 页。

③ 袁中道:《吏部验封司郎中中郎先生行状》,《珂雪斋前集》卷一七,《续修四库全书·集部》第 1376 册,第 10—17 页。《明史》卷二八八,第 7397—7398 页。

④ 《明史》卷二八八,第 7398 页。

⑤ 《与汪伯玉司马》,《白榆集》文卷一一,《续修四库全书·集部》第 1359 册,第 681 页。

《同治武陵县志》卷三五《人物志》。[①] 龙膺万历八年(1580)始任徽州司理。[②]屠隆与龙膺始见于万历十年(1582),地点在青浦。第二年,两人在京城相遇。[③] 此次是因上计之故,才有机会再次相遇。龙膺与众人一起到屠隆居处宴饮赋诗,[④]屠隆还和龙膺一起到董嗣成(字伯念)宅,为其请告归省送行。[⑤]龙膺准备为沈思孝(字纯父)刊刻《行戌集》,屠隆为该诗文集作序。[⑥] 屠隆有《赠龙司理》诗云:"少年借问宝刀钚,得似清朝玉笋班。应有才名高白雪,了无时俗妒朱颜。秋花冉冉开湘水,春竹青青映楚山。好道更如王子晋,吹笙遥傍月明还。"[⑦]对龙膺的少年高才十分钦佩。[⑧] 万历十三年(1585)十一月,

---

① 《同治武陵县志》卷三五《人物志》,《中国地方志集成·湖南府县志辑》第75册,江苏古籍出版社1990年版,第421页。龙膺《太函尺牍序》:"今集中所称宰公者,即膺也。又予故字(君)善,翁命之曰御,称君御云。……翁字予御,实以音与玉近。又翁别号泰毛,复号余茅龙氏。"《纶滤文集》卷三,转引自《晚明曲家年谱》第三卷,第65—66页。

② 《道光徽州府志》卷七之一《职官志·郡职官》:"(推官),龙膺,武陵人,进士,(万历)八年任。金枝,崇德人,进士,十四年任。"《中国地方志集成·安徽府县志辑》第48册,第457页。龙膺《汪伯玉先生传》:"予小子释褐徽理为万历庚辰。"《纶滤文集》卷八,转引自《晚明曲家年谱》第三卷,第65页。

③ 《赠龙君善》:"去年相见清溪曲,水尽天空飞属玉。……今年复遇燕市旁,垆头月出天苍茫。"《白榆集》诗卷二,《续修四库全书·集部》第1359册,第453页。

④ 《沈纯父符卿、萧以占太史、以孚民部、龙君善司理集小斋作》,《白榆集》诗卷七,《续修四库全书·集部》第1359册,第511页。

⑤ 《同龙君善饮董伯念斋中,时伯念以请告将归吴兴》,《白榆集》诗卷七,《续修四库全书·集部》第1359册,第511页。

⑥ 《〈行戌集〉序》:"纯父在南中,所为诗文名曰《行戌集》。新都理龙君善遇纯父燕邸,欢若平生。读其集,叹赏不已。携之箧中,将命工劂于官舍,而沈君则以叙见属。"《白榆集》文卷三,《续修四库全书·集部》第1359册,第575页。

⑦ 《赠龙司理》,《白榆集》诗卷五,《续修四库全书·集部》第1359册,第491页。

⑧ 龙膺生于嘉靖三十九年(1560)。汪道昆《甲申春三月乙未,宰公将以考绩行,孙秘书、丁明府、郭次父、潘景升及不佞二三兄弟,饯之扈跸行营,去白榆社差近。是日五星聚于奎璧,适宰公揽揆之辰,问其年,春秋二十有五。相与登歌为寿,属余先鸣》(《太函集》卷一一六,《四库存目丛书·集部》第118册,第633页)。龙膺万历十二年甲申(1584)二十五岁,逆计之,则其生年是嘉靖三十九年(1560)。龙膺《庚戌,五十初度,功德母庵礼佛自寿,和辛稼轩最高楼一阕》,《九芝集》卷一四,《四库存目丛书·集部》第167册,第693页。龙膺[水调歌头]:"弱龄登一第,三十六年过。……五十五年皆梦,从此宝餐霜雪。"《九芝集》卷一四,《四库存目丛书·集部》第167册,第694页。汪道昆《司理龙公遗爱碑》:"龙公起武陵世家,则以材美倾公车籍,年始弱冠,出理新都。"《太函集》卷六四,《四库存目丛书·集部》第118册,第53页。

汪道昆、龙膺走使相邀,屠隆赴歙县(今属安徽),入白榆社,①盘桓月余,岁末始还。②

万历十四年(1586),又是大计之年。龙膺"以直道忤世,去新安"。③ 他先到河南探望担任卫辉推官的父亲龙德孚,再回故乡武陵。④ 汪道昆偕其二弟送行,经杭州,过太仓(今属江苏),访王世贞,又游苏州、太湖、无锡、镇江

---

① 《与汪仲淹、仲嘉书》:"未几,仆中谗者投劾而南。六月,抵西湖,……东而白榆使者至自大鄣,则伯氏实与龙使君移书招仆入白榆社。"《白榆集》文卷一〇,《续修四库全书·集部》第 1359 册,第 665 页。《报汪伯玉司马》:"仲冬初旬,詹生从虎林走平头,以明公与龙司理手书来,辱长者招入白榆社。"《白榆集》文卷一二,《续修四库全书·集部》第 1359 册,第 695 页。《报龙君善司理》:"足下青松心竟不改,千里相招,书辞慷慨。……詹生充白榆使者至四明,食不下咽,鹄立庭中,敦迫上道,不佞遂发黄山、白岳之兴,冥寥游且始于此矣。……以此月十二日发官奴城,旬日可抵大鄣,把臂入林矣。詹奴还,先此奉报。"《白榆集》文卷一〇,《续修四库全书·集部》第 1359 册,第 665-666 页。汪道昆《书牍·屠长卿》:"郡司理龙君御还新都,猥辱提命,荣施衮琬,亹亹千言,重以阳春,洋洋盈耳。……君御方惩足下,特走詹生执与于虎林。唯是黄山、白岳之灵,待公久矣。不佞二三兄弟,欣为执鞭。……第白云红树,秋色宜人。十月之交,即一举趾、一寓目,率皆良工绘事。……詹生奉使行迫,未敢以币交。长歌未赓,尚须嗣响。"《太函集》卷一〇二,《四库存目丛书·集部》第 118 册,第 466 页。余翔《冬至,汪伯玉招集太函馆,同屠长卿、徐茂吴、吴少君、龙君御、吴叔嘉、汪仲淹、仲嘉、潘景升暨悦公得灯字》,《薜荔园集》卷四,《文渊阁四库全书·集部》第 1288 册,第 134 页。

② 《与龙君善司理》:"岁暮还家园,老母和愉,妻孥欢喜。"《白榆集》文卷一三,《续修四库全书·集部》第 1359 册,第 709 页。《与汪伯玉司马》:"岁晏浪游入新安,辱长者以国士见收,寥廓相许,知己之感,可泐金石矣。逼除,还里门,奉椒觞北堂岁巡。元日亲道板舆,侍慈亲看花灯火树,愉快可言。"《白榆集》文卷一三,《续修四库全书·集部》第 1359 册,第 709 页。

③ 《汪南明先生年谱》,《太函副墨集》卷末附,转引自《晚明曲家年谱》第三卷,第 14 页。

④ 汪道昆:《社中喜宰公出朝还郡,便道省觐》,《太函集》卷一一一,《四库存目丛书·集部》第 118 册,第 565 页。龙膺《遽庐赋,有序》:"予理新都,报政赴阙。承恩还郡,取道淇门,省觐二人。奉娱旬月,称觞多暇,读书遽庐。嘉树当轩,云鸟俱适。令人仙仙有尘外之想,山林之思焉。漫为之赋。时甲申秋九月也。轩名遽庐,因以名赋。时家大人理卫郡。"《九芝集》卷七,《四库存目丛书·集部》第 167 册,第 655 页。

等地,①屠隆一直关注着龙膺的行程,盼望能与龙膺在杭州见上一面,为其送行。② 但龙膺与道昆都没有告知屠隆消息,使屠隆失去了与其相会的机会。屠隆怅恨不已。③ 本年,屠隆有三通书信与龙膺。正月,请龙膺告知到杭州时间,也请龙膺为其《白榆集》作序,并将近作《草堂杂咏》和《栖云馆百泉》诗等寄上。④ 五月初,又修书一通,托陈立甫转致龙膺。书中表达了秋、冬间要

---

① 龙膺《寄汪函翁白榆社长》:“(道昆)复偕二仲泪诸同社,方舟沿流而下,并泊西泠,搜六桥三竺之胜者十日。已,由越来溪直溯娄江,访弇州。……比车茂苑,醉虎丘之月,枕石湖之流,追策杖锡山,振衣石固,偕欢朝夕,舣棹金焦。……盘桓千余里,致不忍别。临歧大醉,醒已解维。”《纶滪文集》卷二四,转引自《晚明曲家年谱》第三卷,第 80 页。龙膺《汪伯玉先生传》:“比予以诗酒忤吏议,归武陵,先生赋《悯世》为赠。复同诸父老恋恋予,不忍去。偕二仲及多士祖予金焦,千余里始别。……且因之取道,偕予访王元美先生于弇园。留五日,治具饷客,出图书相视。则又雪乘剡曲,而星聚太丘矣。”《纶滪文集》卷八,转引自《晚明曲家年谱》第三卷,第 80-81 页。《悯世》《太函集》卷八五,《四库存目丛书·集部》第 118 册,第 269-270 页。王世贞《东海游记》:“岁丙戌之孟夏,汪司马挟其二仲,与客龙、徐司理栖我弇中。”《弇州续稿》卷六二,《文渊阁四库全书·集部》第 1282 册,第 814 页。汪道昆《尺牍·龙君御》:“丙戌三山之别。”《太函集》卷一〇六,《四库存目丛书·集部》第 118 册,第 514 页。

② 《与龙君善司理》:“足下瓜期过久矣,非远内招,报至,幸以急足相闻。第当飞舠渡西陵,候干旄天竺六桥之间,流连青翰舫,纵谈名理,送足下南徐,临大江而别。千万勿负故人此意。”《白榆集》文卷一三,《续修四库全书·集部》第 1359 册,第 709 页。

③ 《与龙君善司理》:“别司马时,业成约以献岁会于西湖,同如娄东访元美司寇。及春间得足下左迁报,此时拟足下旦暮西。司马当送之湖上,必践初约。走急足甬东,不俟单飞小舠,径渡西陵。日夜望东来使者,两睫张而不下,良久杳然。不俟以不得东来的信,日复一日,且望且待,竟成蹉跎。亦缘家居贫甚,不能裹粮,大负初心。自后闻伯玉果送足下湖上,盘桓旬日,始趋娄东。又闻足下曾渡西陵,一会陈立甫。乃通不以信使相闻,使不夜几立化为石,何也?……司马与足下并好道长者,何为失信不俟若此乎?又闻足下与司马公会元美后,即飘然还武陆(当为陵),寻列仙毛女,采药茹芝,修度世之业,果然吾道大幸。”《白榆集》文卷一三,《续修四库全书·集部》第 1359 册,第 709-710 页。《与君善》:“当足下单舸下岩濑,入虎林,弟不能蚤以急足侦行李,追送故人,可胜长恨。”《白榆集》文卷一三,《续修四库全书·集部》第 1359 册,第 713 页。

④ 《与君善》:“王正月,曾附尺素讯起居,到时足下已东。”《白榆集》文卷一三,《续修四库全书·集部》第 1359 册,第 713 页。《与龙君善司理》:“岁暮还家园,老母和愉,妻孥欢喜,椒觞花炬,亲朋来集。念使君不能忘。别司马公,约以花时会于湖上,同人吴闻,不审竟能来不?……承司马公留近草,许为序而传之,足下亦何可无一言宠灵不俟?维大雅留神。卿家丈人陈玉叔先生委作《草堂杂咏》,足下命作《栖云馆百泉》诗,俱成,书两纸奉去。独新安游纪未就,以未及登黄、白两山。诚内惭,难于命管,容徐图之。相见当有以报也。”《白榆集》文卷一三,《续修四库全书·集部》第 1359 册,第 709 页。《与陈玉叔方伯》:“龙君善当世才子,其为吏前无古人。过采谗言,当事者之责。回承命作《草堂集咏》,业寄之君善所。不审达不?今再录一通以往。”《白榆集》文卷一三,《续修四库全书·集部》第 1359 册,第 711 页。

到武陵访龙膺的愿望,亦附诗六首。① 得知龙膺父龙德孚任宁波同知的消息后,屠隆再次与书龙膺,为龙膺遭遇鸣不平,并请龙膺在其父前为之绍介。②

万历十五年(1587)四月,屠隆托楚僧将一书二诗致龙膺,又托龙膺将一

---

① 《与君善》:"五月初旬,修八行,作五言律诗六首,苦无南去鸿鲤,乃遣奴送之陈立甫司理所,转寄武陵。"《白榆集》文卷一三,《续修四库全书·集部》第1359册,第713页。《与陈立甫司理》:"外寄龙君善书一械、诗六首,敬致左右。南归有便,为转寄龙君。"《白榆集》文卷一三,《续修四库全书·集部》1359册,第711页。《与龙君善司理》:"往岁,不佞客新都,属足下有采石之役。不佞亦旋别伯玉司马而还。别司马时,业成约以献岁会于西湖,同如娄东访元美司寇。及春间得足下左迁报。……四月中,立甫以职事抵四明,见访,出足下答司马十绝,读之,始慷慨欲绝,无何,飘扬欲仙。……久有泛洞庭、登衡岳之志,闻辰州丹砂甚富,秋、冬间请以道民野服访足下武陵,先此奉报。小诗六首奉怀,不尽缱绻。"《白榆集》文卷一三,《续修四库全书·集部》第1359册,第709—710页。

② 《与君善》:"仁兄为吏,玉雪冰壶,自古未有两。当事者愦愦乃尔。弟虽物外人,不能不为仁兄抱孤愤冲冠。……无何,得报尊公以卫辉李转四明郡丞,念吏卒南迎使君茅者,可得作书邮,遂再削此牍,以明相忆拳拳。……忽于五月十五日,得人生希觏奇证,遂决志谢绝一切尘缘,力修大道。……以足下事尊公,固是通家子弟,生平未有往返,今为邦大夫,未敢仓卒通贱姓名,幸为叱致。握手未期,临风怅结。"《白榆集》文卷一三,《续修四库全书·集部》第1359册,第713页。

书转致友人丁此吕(字右武)。① 《寄龙君善二首》在《栖真馆集》卷七。② 龙膺入京候补是在万历十五年(1587)冬,③ 补官温州府学教授。④ 龙膺在京候任时,曾与诗书,问候屠隆。⑤ 得到龙膺任温州府学教授的消息后,屠隆日夜

---

① 《与龙君善》:"四月中有楚僧朝补陀洛伽还,曾附一书二诗,起居足下。云水游僧,不知何时达武陵尔。……丁右武,豫章男子,与仆投分不浅。八行相讯,乞足下为仆亲致之。其书不封题,足下读一过,乃送丁君。"(《栖真馆集》卷一三,《续修四库全书·集部》第1360册,第464—465页)《与丁右武》:"顷吾郡龙使君云足下持宪武陵,……龙使君奴还,便布此讯。湘浦不乏鲤鱼,幸无忘尺素。"(《栖真馆集》卷一三,《续修四库全书·集部》第1360册,第465—466页)丁此吕,字右武,新建(今属江西)人。万历五年(1577)进士,由漳州府推官征授御史,劾礼部侍郎高启愚,坐谪潞安推官。寻召还,历浙江右参政。以受赃谪戍边。有《世美堂稿》。传详《明史》卷二二九(第6007页)、《同治新建县志》卷四〇《贤良上》(《中国地方志集成·江西府县志辑》第5册,江苏古籍出版社1996年版,第437—438页)《与龙君善》:"故人得伯玉司马春仲书,征仆于秋间入新安,与元美、明卿、本宁、茂吴复修中原牛耳盟。仆无西行资斧,恐终不成行矣。"(《栖真馆集》卷一三,《续修四库全书·集部》第1360册,第464—465页)《与汪伯玉司马书》:"得先生四月手书,云秋间大修白榆社之会,会元美、明卿诸公,而令仆与邠,莒预大邦之盟,今闻其事遂已。故装徊歧路,未敢前。谨令苍头代布。……今且谒白岳玉虚大帝,便道或得访先生。"(《栖真馆集》卷一四,《续修四库全书·集部》第1360册,第474页)汪道昆邀屠隆、王世贞(元美)、吴国伦(明卿)、李维桢(本宁)、徐茂吴等赴歙县是万历十五年事。汪道昆《书牍·屠纬真》:"虎林聚首,契阔少纾。于时徒以于嗢相承,形骸相索。既复离索,四面惘然。钱唐从舟,痼疾复作。归而掩关伏枕,亦越三时。……胡生将命入境,则足下五七月书,亹亹数千言,大阐函三为一之教。……元美胥命于白岳,乃复更期于仲秋。兹将发使申之。但得许可,愿足下建一廛,从南海至。一时与国,或吴明卿、李本宁、徐茂吴其人。……不佞行年七九,是岁惮于远游。"(《太函集》卷一〇〇,《四库存目丛书·集部》第118册,第476—477页)汪道昆生于嘉靖四年乙酉(1525)(《晚明曲家年谱》第三卷,第13页,汪超宏《明清曲家考》,第154页),至万历十五年(1587),为其"七九"之期一六十三岁。《寄龙君善二首》其一:"湘潭归去且垂纶,绕舍芝苓学采真。茅屋苍烟秦隐士,桃花流水晋渔人。石香苔雨黏约舄,地冷松风堕葛巾。五百灵综如可觅,凭君一问武陵津。"其二:"天都三载别仙郎,何意君归卧楚乡。颜色凄凉嗤泽畔,远书辛苦达泾阳。为园好傍丹砂井,凿沼须通紫药房。若念道人家四壁,饥来只膳禹余粮。"(《续修四库全书·集部》第1360册,第385页)本年秋修白榆社之会未果。汪道昆《书牍·龙君御》:"王长公素有白榆之约,秋以为期。仆欲订明卿、本宁、长卿、茂吴、元瑞诸君修西园故事。会长公有事堂斧,兹复下征书,计不果矣。"(《太函集》卷一〇三,《四库存目丛书·集部》第118册,第478页)

② 《寄龙君善二首》,《栖真馆集》卷七,《续修四库全书·集部》第1360册,第385页。

③ 汪道昆《书牍·屠纬真》:"龙君御不复相闻,闻都人士多口未息。是冬入补,未为愆期。"《太函集》卷一〇三,《四库存目丛书·集部》第118册,第476—477页。

④ 《乾隆温州府志》卷一七《职官·教职》:(府学教授,万历年间任)"龙膺,武陵人,进士。"(《中国地方志集成·浙江府县志辑》第58册,第248页)《王骥德、吕天成年谱》云龙膺"十四年补温州府学教授"(《晚明曲家年谱》第二卷,第289页),《汪道昆年谱》亦云:"今春(万历十四年)上计,龙膺以言事贬一级,得温州府学教授。"(《晚明曲家年谱》第三卷,第79—80页)不详何据。

⑤ 《与龙君善》:"李生至自京邸,得足下长笺韵语,深见远怀。"《栖真馆集》卷一七,《续修四库全书·集部》第1360册,第524—525页。

盼望龙膺能先到宁波省父,再到温州上任。因此,派人去接龙膺。但龙膺直接从杭州到温州,没有经过宁波。也没有写一书告诉其中原委,令屠隆疑情满腹,以为是有人从中挑拨。并提出了一访龙膺、登临雁宕山的愿望。① 时在万历十六年(1588)秋。同年稍后,龙膺即邀屠隆明春花时过访温州。② 此次温州之行,可能未能成行。因为两人的诗文集中没有只言片语记载,而屠隆每到一地,均有诗文记载。龙膺任官博士北上,屠隆有诗送行。③ 万历二十八年庚子(1600),龙膺期屠隆过访南京,④屠隆为龙膺《九芝集》作序。⑤龙膺《九芝集》卷三有《屠纬真期以七夕访予武林,后三日始至,时予将有泽宫之役,赠别四首》,⑥不详作年。

　　屠隆与龙膺父龙德孚和兄龙襄也有交往。龙德孚,字伯贞,嘉靖三十七年戊午(1558)举人。十上春官不第,历官卫辉推官、辉县知县、宁波同知、南户部员外郎等。有《对湘楼集》。传见《同治武陵县志》卷三五《人物志》。⑦龙襄,字君超,万历十年壬午(1582)举人。以父病不赴公车。有《檀园草》。

---

① 《与龙君善》:"后遂得东瓯之报,日夜望前旌过明州,先趋庭而后履任。道民得携一壶贺监祠下,看湖光净绿,芙蓉靓妆,擎结秋色,畅叙深情。……廿又二日,晨起,忽有人来报,足下从虎林径走永嘉,之官舍,不复来四明封内。候人归矣,为之怅然。足下何急而就广文一片冷清毡?使桥梓一树,偃仰东西,阁道霎星,只尺河汉。其为恨恨,非言所宜。又候人回,不得故人一字,谁为间之?疑情满腹矣。……雁宕荟蔚窅窱,奇踪跪迹,深秀万状,为东南山川第一。天姥华顶,皆在北面。道民向缘杜门屏足,未一登临,良是欠事。今便当携一布囊,来访足下,并了名山宿愿也。……翔便附笺,未尽中曲。"《栖真馆集》卷一七,《续修四库全书·集部》第1360册,第524—525页。

② 《答汪仲淹》:"去岁岁暮促还,不及再与足下握别言,……老母九十生朝,承足下记念,佳币瑶篇,登拜郑重。母子感戢,非言所宜。……君善已领广文毡东瓯,约不慧花时过之,并了雁宕宿愿。不知竟得成行否?"《栖真馆集》卷一七,《续修四库全书·集部》第1360册,第533页。

③ 《送龙君善博士北上》,《栖真馆集》卷五,《续修四库全书·集部》第1360册,第371页。

④ 龙膺《旧京篇》,期屠纬真仪部过访,时庚子春仲:"六朝佳丽地,二月艳阳天。长干花似语,广陌柳如烟。……桃根画楫思王郎,素鲤遥传四明客。……山泽重君名,莺花迟帝城。操觚才比张衡丽,挥麈神如卫玠清。久已声华动南国,可无词赋到东京。"《九芝集》卷二,《四库存目丛书·集部》第167册,第632—633页。

⑤ 《晚明曲家年谱》第二卷,第382页。《四库存目丛书·集部》第167册所收中共中央党校图书馆藏清光绪十三年(1887)九芝堂刻纶瀜全集本《九芝集》无屠隆序。

⑥ 龙膺:《屠纬真期以七夕访予武林,后三日始至,时予将有泽宫之役,赠别四首》,《九芝集》卷三,《四库存目丛书·集部》第167册,第639页。

⑦ 《同治武陵县志》卷三五《人物志》,《中国地方志集成·湖南府县志辑》第75册,江苏古籍出版社1990年版,第420页。

传亦见《同治武陵县志》卷三五《人物志》。^① 龙德孚任宁波同知的时间是在万历十四年(1586)至十九年(1591)之间。^②《栖真馆集》卷一《寿龙使君》、卷二《竹林七贤图，为龙伯贞赋》、《画百画屏歌，为龙伯贞大夫赋》、《岁寒三友图，为龙使君赋》、卷三《省耕歌，为龙伯贞使君》、《长歌，投包家湾龙王乞雨，奉龙伯贞使君命作》、卷七《赠龙伯贞郡丞》、《中秋，同聂道亨夜坐龙伯贞使君衙斋谭玄》、《龙大夫祷雨诗》、卷八《元旦，答龙伯贞使君》、《元日，龙郡丞、杨、黎二别驾、王编修、余舍人过栖真馆观灯，余适有腰疾，不能成礼，有作》、《九日，同龙伯贞郡丞登清道观》、《九日，龙伯贞招宴慈湖》、《秋日，同伯贞使君酌颜应雷侍御宅》、《永明寺与伯贞先生坐语》、《龙使君、冯方伯携酒送余清道观》、《秋夜舟中，怀龙伯贞》、《雨中与龙伯贞连舟之檇李》、《金伯佑公子携酒邀陪龙伯贞大夫登烟雨楼》、《檇李别龙伯贞，凄然有怀作》、卷九《王母谣六首，寿龙伯贞仙伯》、卷一二《赠郡大夫武陵伯贞龙公三载考绩序，代作》、卷一三《与龙伯贞》、卷一四《与龙伯贞郡丞》、《与龙伯贞》、卷二○《宁波郡丞龙公德政碑》、《栖真馆集》卷二《栖云广歌，投赠龙君超伯子》、卷三《园有花短歌，为龙君超》、《题君超卧读轩》、卷四《再送龙君超四首》、卷八《武陵龙君超入四明，省其尊公伯贞先生，遂视弟君善永嘉，因游天台雁宕诸胜，赋赠二首》、《寄讯龙君善三首，时伯氏君超南行》、卷二七《题龙君超像赞》等作均是屠隆与二人交往时所作，其往来的具体情况不细述。

---

① 《同治武陵县志》卷三五《人物志》，《中国地方志集成·湖南府县志辑》第 75 册，第 420 页。

② 《雍正宁波府志》卷一六《秩官上》："(同知，万历年间任)龙德孚，武陵，举人，十四年任。黄钟会，晋江，举人，二十年任。"《中国地方志集成·浙江府县志辑》第 30 册，上海书店 1993 年版，第 609 页。

屠隆《与汪伯玉司马》作于万历十一年（1583），①本年，袁宏道十六岁，②结文社城南，自为长，开始有声里中。③ 万历十四年（1586），袁宗道会试第一，授编修。在翰林院，与黄辉等力排王、李的复古之风。④ 万历二十年（1592），宏道中进士。万历二十三年乙未（1595）三月，宏道任吴县知县，与文人学士谈说诗文。⑤ 次年，为中道诗集作序，提出"独抒性灵，不拘格套"的主张。⑥ 万历二十六年（1598），袁宗道、宏道、中道发起，在北京西郊崇国寺，

---

① 《与汪伯玉司马》云："不幸与两先生同时，今年四十，精已消亡。……仆生东海四十年，而未通尺一门下。……故独念业与先生同时，而绝不一通，终属欠事。……故敢将不腆之辞，谨布腹心左右。"（《白榆集》文卷一一，《续修四库全书·集部》第 1359 册，第 681 页）屠隆生于嘉靖二十二年癸卯（1543）（《晚明曲家年谱》第二卷，第 316 页），至万历十年壬午（1582）四十岁。屠隆万历十年壬午（1582）十一月十二日从青浦出发，十二月十五日抵京城上计（《发青溪记》："万历十年壬午，余以青溪长上计。十一月十二日暮，发青溪。……（十二月）十四日，抵都门。明日，入城。驮驮在途，一月有奇。征夫之苦，阅历殆尽。比入城，而风尘马蹄之役，方始已。"《白榆集》文卷五，《续修四库全书·集部》第 1359 册，第 594－601 页）据《与汪伯玉司马》，此书是屠隆首次与书汪道昆，而带书者即是龙膺。龙膺亦是上计来京，屠隆与之相会，托其带书与道昆（《与汪仲淹、仲嘉书》："往岁龙使君入都，不谷尝奏记伯氏司马，尚未及通二仲足下。"《白榆集》文卷一〇，《续修四库全书·集部》第 1359 册，第 665 页）《与汪伯玉司马》书中所云"今年四十"、"仆生东海四十年"等当是概数，不是实指。《与汪伯玉司马》应作于万历十一年（1583）。

② 袁中道《吏部验封司郎中中郎先生行状》："先生生于隆庆戊辰之十二月初六日，卒于万历庚戌之九月初六日，享年仅四十有三。"（《珂雪斋前集》卷一七，《续修四库全书·集部》第 1376 册，第 17 页）"隆庆戊辰"是隆庆二年（1568），至万历十一年（1583），袁宏道十六岁。

③ 袁中道《吏部验封司郎中中郎先生行状》："入乡校，年方十五六，即结文社于城南，自为社长。社友年三十以下者，皆师之。奉其约束，不敢犯。"《珂雪斋前集》卷一七，《续修四库全书·集部》第 1376 册，第 10 页。《明史》卷二八八："宏道年十六为诸生，即结社城南，为之长。闲为诗歌古文，有声里中。"第 7398 页。

④ 《明史》卷二八八："先是，王、李之学盛行，袁氏兄弟独心非之。宗道在馆中，与同馆黄辉力排其说。"第 7398 页。《列朝诗集小传》丁集中："伯修在词垣，当王、李词章盛行之日，独与同馆黄昭素厌薄俗学，力排假借盗窃之失。"第 566 页。

⑤ 《明史》卷二八八："举万历二十年进士。归家，下帷读书，诗文主妙悟。选吴县知县，听断敏决，公庭鲜事。与士大夫谈说诗文，以风雅自命。已而解官去。"第 7398 页。袁中道《吏部验封司郎中中郎先生行状》："乙未，谒选，为吴县令。"《珂雪斋前集》卷一七，《续修四库全书·集部》第 1376 册，第 11 页。

⑥ 袁宏道：《〈小修诗〉叙》，《锦帆集》卷二，《续修四库全书·集部》第 1367 册，第 671 页。

组织蒲桃社,吟诗作文。① 屠隆与袁宏道于万历二十三年(1595)在苏州有过一次相会,②与宗道、中道没有交往。因此,郑著说万历十一年(1583)屠隆就"显然已看准三袁'独抒性灵'的造化,才央求汪伯玉为之引度,以与三袁相识结交"属臆测之词,与事实相距甚远。

《与汤义仍奉常》中一段文字的疏证

屠隆《与汤义仍奉常》是一通长达一千一百多字的书信。书中谈到了自己罢官后的窘境、对文章之道的看法、与汤显祖、沈明臣的关系等,是屠隆生活的真实写照和心迹的自然流露。其中有一段话,学者们存在着误解,有必要做一疏解。文如下:

> 赵先生直如汲长孺,清如胡威父子。淹雅多闻,一代名德也。慕足下才品,不翅调饥,相见便当作椒兰契。王元美司马入山不深,为时戈(弋)出,可得免小草之诮不?……两贤同栖,政不妨朝夕把臂。四海名不易得,若元美者,词林宿将,皮骨即差老弱,犹堪开五石弓,先登陷阵。愿足下无易廉将军。……足下居六朝佳丽地,山川诸胜,尽入品题。新篇寄示,勿以陈人也而土苴之。③

① 袁中道《吏部验封司郎中中郎先生行状》:"戊戌,伯修以字趣先生入都。始复就选,得京兆校官。时伯修官春坊,中道亦入太学,复相聚论学。结社城西之崇国寺,名曰蒲桃社。"《珂雪斋前集》卷一七,《续修四库全书·集部》第1376册,第13页。袁中道《石浦先生传》:"戊戌,再入燕,先生官京师,仲兄亦改官,至予入太学,乃于城西崇国寺蒲桃林结社论学,往来者为潘尚宝士藻、刘尚宝日升、黄太史辉、陶太史望龄、顾太史天峻、李太史腾芳、吴仪部用先、苏中舍惟霖诸公。"《珂雪斋前集》卷一六,《续修四库全书·集部》1375册,第708页。

② 袁宏道《尺牍·屠长卿》:"欲与长卿一别,而竟未能。俗吏之束缚人甚矣。明年将挂冠从长卿游。此意已决。会汤义仍先生,幸及之。"《锦帆集》卷三,《续修四库全书·集部》第1367册,第681页。袁宏道《尺牍·王以明》:"游客中可与语者,屠长卿一人。轩轩霞举,略无些子俗气。余碌碌耳。"《锦帆集》卷三,《续修四库全书·集部》第1367册,第681页。袁宏道《尺牍·汤义仍》:"长卿隽人,东上苍苍,不知唾落几许珠玑。"《锦帆集》卷三,《续修四库全书·集部》第1367册,第681页。

③ 《与汤义仍奉常》,《栖真馆集》卷一六,《续修四库全书·集部》第1360册,第512—513页。

徐朔方先生根据《神宗实录》记载，万历十五年(1587)十月，王世贞由南京刑部右侍郎升南京兵部右侍郎，十六年(1588)二月始履任，又据书云"今且幸及食新"，考知书作于万历十六年(1588)秋，①良是。但徐先生认为书中"赵先生"为赵用贤，则值得商榷。②

赵用贤(1535—1596)，字汝师，号定宇，常熟(今属江苏)人。隆庆五年(1571)进士，万历时官检讨，疏论张居正夺情，与吴中行同杖戍。居正殁，起官，终吏部侍郎。卒谥文毅。有《松石斋集》、《三吴文献志》、《国朝典章》、《因革录》等。传见瞿汝稷《瞿冏卿集》卷一〇《定宇赵公行状》、钱谦益《牧斋初学集》卷六二《赵公神道碑铭》，《明史》卷二二九亦有传。③

文中"汲长孺"是西汉濮阳人汲黯(？—前112)。汲黯，字长孺。景帝时，以父任为太子洗马。武帝初，为谒者。往视河内火灾，矫制发仓粟赈民。出为东海太守，轻刑简政，有治绩。召为主爵都尉，列于九卿。为人性倨少礼，好直谏廷净，谓武帝内多欲而外施仁义，武帝称为社稷之臣。又主张与匈奴和亲，反对兴兵，指责孙弘、张汤等刀笔吏舞文弄法，阿谀君主。以事免官。居田园数年，召拜淮阳太守，卒官。传见《史记》卷一二〇《汲(黯)郑(当时)列传》。④

"胡威父子"是魏晋时胡质、胡威。胡质(？—250)，字文德，三国时魏寿春人。少知名于江淮间，仕州郡。曹操召为顿丘令，入为丞相属。魏文帝黄初中，徙吏部郎，为常山太守，迁任东莞。在郡九年，有惠政。迁荆州刺使，加振威将军，封关内侯。迁征东将军，假节都督青、徐诸军事。广农积谷，通渠道，利舟楫。海边无事。卒后家无余财，追封阳陵亭侯，谥贞。传见《三国志·魏志》卷二七。⑤

① 《屠隆年谱》，《晚明曲家年谱》第二卷，第263页。第三卷，第298页。

② 《汤显祖年谱》，《晚明曲家年谱》第三卷，第298页。

③ 瞿汝稷：《定宇赵公行状》，《瞿冏卿集》卷一〇，《四库存目丛书·集部》第187册，第238—246页。钱谦益：《赵公神道碑铭》，《牧斋初学集》卷六二，《四库禁毁书丛刊·集部》第115册，第18—21页。《明史》卷二二九，第6000—6002页。

④ 《汲(黯)郑(当时)列传》，《史记》卷一二〇，海南新闻出版中心1995年版，第835—837页。

⑤ 《三国志·魏志》卷二七，海南新闻出版中心1995年版，第283—284页。

　　胡威（？—280），字伯武，西晋淮南寿春人。胡质子。少以清慎称。拜侍御史，迁徐州刺史。勤于政事，风化大行。晋武帝问胡威，与其父质孰清？胡威答曰："臣不如父。臣父清恐为人知，臣清恐人不知。"官至青州刺史。封平春侯，卒谥烈。传见《三国志・魏志》卷二七。①

　　赵用贤个性与品质确实是"直如汲长孺，清如胡威父子"。万历五年（1577）九月，张居正父丧，奉诏起复。十月，赵用贤与编修吴中行因星变陈言，刑部员外郎艾穆、主事沈思孝合疏劾居正。用贤等四人同时受杖刑，罢黜谪戍有差。② 万历十一年（1583）正月，复原官。进右赞善，数议大臣得失。申时行、许国等忌之，用贤抗辩求去。③ 万历十六年（1588），用贤在南京任礼部右侍郎。④ 粗看起来，说文中"赵先生"指赵用贤，未尝不可。但仔细深究，却有问题。因为此时在南京任职的赵姓官员，不只赵用贤一人。除赵用贤外，可考者还有赵志皋、赵参鲁、赵泰修等人。⑤

---

　　①　《三国志・魏志》卷二七，海南新闻出版中心1995年版，第284页。

　　②　《明史纪事本末》卷六一，《文渊阁四库全书・史部》第364册，第752—753页。钱谦益《赵公神道碑铭》："万历六年，江陵张公当国，父丧，有诏起复，公抗疏请听终制，杖六十，为编氓。"《牧斋初学集》卷六二，《四库禁毁书丛刊・集部》第115册，第18页。《明史》卷二〇《神宗一》："（万历五年）冬十月乙巳，以论张居正夺情，杖编修吴中行、检讨赵用贤、员外郎艾穆、主事沈思孝，罢黜谪戍有差。"第265页。

　　③　《明史》卷二二九："居正死之明年，用贤复故官，进右赞善。江东之、李植辈争向之，物望皆属焉。而用贤性刚，负气傲物，数訾议大臣得失。申时行、许国等忌之，会植、东之攻时行，国遂力诋植、东之，而阴斥用贤、中行。……于是，用贤抗辩求去，极言朋党之说。……帝不听其去。"第6001页。

　　④　钱谦益《赵公神道碑铭》："家居六年，以原官召用，升右春坊右赞善。久之，迁司经局洗马，管国子监司业，又迁右春坊右庶子。十五年，以詹事府少詹事管南京国子监祭酒。明年，升南京礼部右侍郎。十九年，召为礼部右侍郎，兼翰林院侍读学士，教习庶吉士。二十一年，改吏部左侍郎，兼官如故。"《牧斋初学集》卷六二，《四库禁毁书丛刊・集部》第115册，第18页。

　　⑤　赵焕亦曾在南京供职，惟其万历十六年（1588）前已调至北京，故不计在内。赵焕，字文光，号吉亭，掖县（今属山东）人。嘉靖四十四年（1565）进士，官乌程知县、工部主事。神宗时，累官吏部尚书。传见《明史》卷二二五（第5921—5923页）。《国榷》："（万历十三年四月壬戌）南京提督操江右金都御史赵焕为南京右金都御史。"《续修四库全书・史部》第362册，第282页。《国榷》："（万历十四年五月）乙卯，曾同亨、赵焕为工部左右侍郎。"《续修四库全书・史部》第362册，第301页。《国榷》："（万历十五年三月）己亥，……工部右侍郎赵焕改吏部。"《续修四库全书・史部》第362册，第312—313页。《明史》卷二二五："张居正遭父丧，言官交章请留，焕独不署名。擢顺天府丞，累迁左金都御史。十四年三月，风霾求言，焕请恢圣度，纳忠言，……帝嘉纳焉。寻迁工部右侍郎，改吏部，进左。乞假去。起南京右都御史，以亲老辞。时佥兄辽东巡抚金都御史爝亦乞归养，吏部言二人情同，爝为长子，且任封疆久，可听其归。乃趣焕就职。寻召为刑部尚书。"第5921页。

赵志皋(1524—1601),字汝迈,号谷阳,兰溪(今属浙江)人。隆庆二年(1568)进士,万历初,官侍读。忤张居正,谪官。后官至礼部尚书,入参机务。卒谥文懿。有《灵洞山房集》、《四游稿》、《内阁奏题稿》等。传详朱赓《赵公墓志铭》、《明史》卷二一九。①

赵参鲁,字宗传,号心堂,鄞人。隆庆五年(1571)进士,选庶吉士,授户科给事中,谪高安典史,累擢右副都御史,迁吏部侍郎,官终南京刑部尚书。卒谥端简。传见《康熙鄞县志》卷一七、《明史》卷二一一。②

赵泰修,忻城伯赵彝十一世孙。万历六年(1578)袭爵位,万历十一年(1583)十月,任南京左府金书。十四年(1586)正月,改中府,十六年(1588)九月,署南京中军都督府事。二十五年(1597)七月卒。见《明史》卷一五〇《表第七·功臣世表二》。③

上述三人中,除赵泰修外,其余二人个性与品质也是"直如汲长孺,清如胡威父子"的。

张居正夺情,将廷杖吴中行、赵用贤。志皋偕张位、习孔教等疏救,又请以中行等疏宣付史馆,居正怒。趁星变考察京官时,贬志皋为广东副使。三年后,再以京察谪其官。居正殁,起解州同知。旋改南京太仆丞,历国子监

---

① 朱赓:《赵公墓志铭》,《国朝献征录》卷一七,《四库存目丛书·史部》第 100 册,齐鲁书社 1997 年版,第 709—710 页。《明史》卷二一九,第 5774—5776 页。

② 《康熙鄞县志》卷一七,《中国地方志集成·浙江府县志辑》第 18 册,第 594 页。《明史》卷二一一,第 5824—5825。

③ 《明史》卷一五〇《表第七·功臣世表二》:"泰修,万历六年袭。十一年十月,南京左府金书。十四年正月改中府,二十五年七月甲午卒。"第 3139—3140 页。《国榷》:"(万历十四年正月己未),南京中军都督府忻城伯赵泰修为南京中军都督府金书、署都督金事。"《续修四库全书·史部》第 362 册,第 295 页。《国榷》:"(万历十六年九月)乙未,敕泰宁侯陈良训、忻城伯赵泰修署南京中军都督府事。"《续修四库全书·史部》第 362 册,第 335 页。

司业、祭酒，再迁吏部右侍郎，并在南京。①

赵参鲁任户科给事中时，直言敢谏。上疏言王守仁当从祀，不应建庐沟桥佛寺等，论建侃侃，极有道理。宦官张进醉殴给事中王颐，言官交章论，仅薄罚。参鲁直言张进乃申信之党，不治信，无以肃朝廷纪纲。而申信与司礼宦官冯保善，张居正谪参鲁高安典史以悦保。② 万历十五年（1587），任南京

① 《明史》卷二一九《赵志皋传》："万历初，官侍读。张居正夺情，将廷杖吴中行、赵用贤。志皋偕张位、习孔教等疏救，格不上，则请以中行等疏宣付史馆，居正恚。会星变考察京朝官，遂出志皋为广东副使。居三年，再以京察谪其官。居正殁，言者交荐，起解州同知。旋改南京太仆丞，历国子监司业、祭酒，再迁吏部右侍郎，并在南京。寻召为吏部左侍郎。十九年秋，申时行谢政，荐志皋及张位自代。遂进礼部尚书兼东阁大学士，入参机务。"第 5774—5775 页。《明史》卷二一三《张居正传》："未几，丁父忧。……户部侍郎李幼孜欲媚居正，倡夺情议，居正或之。冯保亦固留居正。诸翰林王锡爵、张位、赵志皋、吴中行、赵用贤、习孔教、沈懋学辈皆以为不可，弗听。……中行、用贤及员外郎艾穆、主事沈思孝、进士邹元标相继争之。皆坐廷杖，谪斥有差。"第 5647 页。朱赓《赵公墓志铭》："江陵以父丧夺情，诸疏劲者皆暗激。上怒，廷杖窜戍。而编修吴公中行、赵公用贤复继之。旨未下，公纠同志七人以至情大分面诘江陵，冀遏吴、赵之祸。吴、赵竟亦廷杖。一切劲疏，悉不付史局。公以职掌，坚请之，使不得秘。江陵怒甚。会星变，察百僚，遂出公广东按察司副使。公持法平恕，间与名士徜徉山水，况味恬适。而江陵怒犹未释，辛巳，例察京师，又黜公。公归，筑祠清献公祠旁，自号六虚主人，枕石漱流，为终焉计。壬午，江陵逝，南北台省交荐公。起公解州同知，升南京太仆寺丞，寻擢国子监司业，历右谕德，掌府翰林院事。改左谕德，修玉牒。再校礼闱，升南国子监祭酒。岁余，转少詹事，掌府事。无何，复升南吏部侍郎。是时，公资已深，而宦迹北乍南，意良安之。又岁余，改吏部左侍郎。辛卯九月，上特旨简用，升礼部尚书兼东阁大学士，与太仓王公、山阴王公同辅政。"《四库存目丛书·史部》第 100 册，第 709 页。《国榷》："（万历十二年十月壬戌）南京右春坊右谕德赵志皋为左春坊左谕德兼翰林院侍读、司经局洗马。"《续修四库全书·史部》第 362 册，第 273 页。《国榷》："（万历十四年三月乙巳）左春坊左谕德兼翰林院侍读赵志皋为南京国子监祭酒。"《续修四库全书·史部》第 362 册，第 299 页。《国榷》："（万历十五年二月）庚午，南京国子监祭酒赵志皋为少詹事兼翰林院侍读学士。"《续修四库全书·史部》第 362 册，第 311 页。《国榷》："（万历十五年十二月）乙卯，少詹事赵志皋为南京吏部右侍郎。"《续修四库全书·史部》第 362 册，第 322 页。

② 《康熙鄞县志》卷一七："授户科给事。论建侃侃，如言王守仁当从祀，芦沟桥佛寺不当建。及甄别吏治，釐剔马房诸疏，皆其要者。奄人张进殴给事中于留都，台省交劾进，仅薄罚。参鲁抗言：'进乃守备中官申信之党，不并治信，无以肃朝廷纪纲。'信方与司礼冯保比，潜之于上。令回奏，遂草疏云：'臣但知有道之世可以危言，不顾君父之前所当忌讳。'遂谪高安典史。已，升饶州推官，迁福建提学金事。爱养宽而去取严，人皆悦服。"《中国地方志集成·浙江府县志辑》第 18 册，第 594 页。《明史》卷二一三《张居正传》："南京小奄醉殴给事中，言者请究治。居正谪其尤激者赵参鲁于外以悦保，而徐说保裁抑其党，毋与六部事。"第 5645 页。《明史》卷二一一："万历二年，慈圣太后立庙涿州，祀碧霞元君。部科臣执奏，不从。参鲁斥其不经，且言：'南北被寇，流害生民，兴役浚河，蠹及妻子。陛下发帑治桥建庙，已五万有奇。苟移振贫民，植福当更大。'亦不听。南京中官张进醉殴给事中王颐，给事中郑岳、杨节交章论，未报。参鲁复上言：'进乃守备中官申信之党，不并治信，无以厌人心。'时信方结冯保，朝议遂夺岳等俸，谪参鲁高安典史。"第 5824 页。

太常卿。① 十七年（1589），以右副都御史巡抚福建。②

汤显祖、屠隆均与赵用贤有交往。万历十二年（1584），赵用贤抗辩求去，显祖写信用贤，劝其不要离开朝廷。③ 三月，御史丁此吕发兵部员外郎嵇应科、山西提学副使陆楙、河南参政戴光启为乡会试考官，私首相张居正子嗣修、懋修、敬修。大学士申时行、余有丁、许国等皆嗣修座主，遂谪此吕潞安推官。④ 显祖又写信劝不必勉留此吕。⑤ 十五年丁亥（1587）冬至，作《长至奉慰赵祭酒乡思》。⑥ 此后的交往还有迹可寻。⑦

万历八年（1580），屠隆在青浦知县任上时，写信赵用贤，表达仰慕之情，并以未能为赵用贤所刻《管子》、《韩非子》作序而遗憾。⑧ 十一年（1583），赵用贤还朝，屠隆为作诗《去妇归，为赵汝师太史作》，庆贺用贤还朝，以拟妾口

---

① 《明史》卷二一一："遭丧，服除，仍督学福建。历南京太常卿。"第 5824 页。《康熙鄞县志》卷一七："服阕，仍督闽学政。累迁南京太常卿。"《中国地方志集成·浙江府县志辑》第 18 册，第 594 页。

② 《明史》卷二一一："（万历）十七年，以右副都御史巡抚福建。"第 5824 页。

③ 《答赵赞善》："天下前已嚣器，而贵臣天陨，可谓洗削一时。今又坐失，后幸难再。今相国虽未有奇，号为和雅，而名（明）公以才名出其门下，又戚里见知，得有所言，宜莫如足下。以足下之才之亲，不能转一和雅之相，乃向无所施处谈天下事乎？三十六卦，宁止一遁？世且以足下挟傲而去，不益正言之名。意有所念，虽夜半游相国于曲房之中，天下知其无邪心。第幸无以为言。以戚且知，而仅耿耿以去，谁不可以去也？"《汤显祖全集》诗文卷四四，第 1288 页。

④ 《明史》卷二三六《李植传》，第 6142－6143 页。

⑤ 《再答赵赞善》："天下事有损之而益者，今日岂宜更留？右武不出关，为还故御史乎？男儿去国，不可不成名。君子爱人以德。以丁生颖绝，何所不立见也。"《汤显祖全集》诗文卷四四，第 1289 页。

⑥ 《长至奉慰赵祭酒乡思》，《汤显祖全集》诗文卷八，第 260 页。

⑦ 万历十七年己丑（1589），汤显祖任南京礼部祠祭司主事。六月，王弘诲升南京礼部尚书，八月，南京国子监祭酒赵用贤升南京礼部右侍郎。汤显祖作有《己丑长至，奉陪王、赵二宗伯斋居有感》（《汤显祖全集》诗文集卷九，第 290 页），《答管东溟》亦云："忆不佞在祠署时，晤赵宗伯公，未尝不问门下起居。"（《汤显祖全集》卷四四，第 1296 页）万历十八年庚寅（1590），赵用贤以吏部郎中赵南星荐改北，汤显祖作有《奉赠赵宗伯二十韵》（《汤显祖全集》诗文卷九，第 316－317 页），又作有《奉别赵汝师先生序》。序云："以赵公之为大人，而予又游之久，最知，然所以望之知命而已。"（《汤显祖全集》诗文卷二八，第 1051 页）

⑧ 《与赵汝师太史》："人之相与，有同堂接席、朝夕周旋，而味未尝不短；有形旷影绝、咫尺河山，而神未尝不亲。神气苟同，即形骸可废也。……某则日接大贤邑屋，烟火相望，鸡犬相闻，三年不将片辞，无一日而去胸臆。士大夫邮筒不乏，而独久缺先生之一械也。……先生高旷清真，皭然物表，真不绝俗，和不狗时，真仆之师也。……岁云暮矣，百务填委，草草修此笺，奉候长者，聊以致其三年积仰。闻刻管、韩二子，将以叙见属，而不果。何也？区区此心，愿附门下青云。伏惟先生鉴察。"《白榆集》文卷八，《续修四库全书·集部》第 1359 册，第 641 页。

吻,代用贤感谢朝廷的"赐环之恩"。① 用贤抗辩求去,同显祖一样,屠隆也写信劝其不要因"细人微语"而选择离开。② 用贤离京,屠隆写诗为其送行。③ 他还写信给王锡爵、王世贞,称颂用贤是"千仞之凤"、国家"狮豸","能令百兽震恐",是不可多得的人才。④ 万历十五年(1587)、十六年(1588),均有信与用贤,前者是叙说近况,乞求帮助,欲到南京,请用贤与王世懋为东道主,接待。⑤ 后者谈自己与沈明臣的恩怨,介绍张时彻之孙与用贤认识,请他予

---

① 《去妇归,为赵汝师太史作》:"颓阳有回照,寒花发故枝。明镜破复合,胜于未破时。妾颜如芙蓉,妾心如兔丝。……即使红颜化枯骨,赐环之恩那可没?"《白榆集》文卷二,《续修四库全书·集部》第1359册,第567—568页。

② 《与赵汝师太史》:"今天下之望归于明公,少婆娑可立致大位,而为其所欲为。三千八百,古人所急。在清微之上,尚降而为之。公业操在手而自掷之,何也? 古之君子患不逢时而名不立,今天下以明公为景星卿云,而君相虚己以求明公甚力,不可谓不逢时矣。出处大节,士君子所重。如其秋毫有碍,弃三事直灰尘耳。今公之所遭,秋毫无碍,何急而为掩关之计也? 岂以间者细人微语芥蒂邪? 若然,则公之方寸,若风中之烛、浪中之沤,虽掩关百年,何益?"《白榆集》文卷九,《续修四库全书·集部》第1359册,第656—657页。又见《鸿苞》卷三九,《四库存目全书·子部》第90册,第15—16页。

③ 《送赵汝师太史还吴二首》:"偶来东观览人群,归去南中卧水云。除是山深堪独啸,若为身隐不须文。天将黄鹄心俱远,名在清城世闻闻。龙笛吹残蛟蜃舞,诗成乞与洞庭君。"《白榆集》文卷七,《续修四库全书·集部》第1359册,第510页。

④ 《与元驭先生》:"长安迩来议论太多,诪张聚讼,二三少年,负气言事,慷慨至烦。当事诸大老并力弹压之,似非盛世之所宜有也。二三少年,徒空言耳。发之当,未之不当。亦应容之,以开言路,养士气。即不能容此,一在事之臣,折之足矣。何至恐不能胜,而合诸公之力以排之也。多口哓哓,谓是非有两端,仆以为无有两端也。先生高翔寥廓,两耳不闻,讵不快哉? 赵汝师真千仞之凤,其于含光守中,尚未至乎? 其至持节南还,遂有长往之兴。先生以为是不? ……汝师还,便布数行,不庄不悉。"《白榆集》文卷一○,《续修四库全书·集部》第1359册,第675页。《与元美先生》:"长安人事如置弈然,风云变幻,自起自灭。……赵汝师落落然鸡群野鹤,然不离是非,此行谋石隐矣。仆又以为且不必尔。汝师在国家,若狮豸,即暗暗无声,能令百兽震恐,以此为三下(千)八百。他日名书上清,何急而息影灭迹也? 闻先生近日神大王,甚喜。"《白榆集》文卷一○,《续修四库全书·集部》第1359册,第675页。

⑤ 《与赵汝师司成》:"闲中无以自娱,稍取三教理,参订和合,著为一书,号《广桑子》。……去冬先君始得入土,不封不树,荒垄块然。母年九十,神明无恙。……夏秋之间,欲稍乞食向秣陵,足下与敬美能为东道主人不? 汝师为南司成,海上六馆诸生,闻报动色,矍然顾化。桃李不言,下自成蹊。愿益开颜端范,以铸南金。既通候汝师,便须修八行抵敬美。此书成而懒病陡作,不欲勉强劳神,遂已之。……乞仁兄出此书示敬美,道道民无恙。"《栖真馆集》卷一八,《续修四库全书·集部》第1360册,第543页。《国榷》:"(万历十五年二月乙亥)右庶子赵用贤为南京国子祭酒。"《续修四库全书·史部》第362册,第312页。

以照顾,行一方便。①

　　汤显祖、屠隆既均与赵用贤熟知,且万历十二年(1584),用贤求去时,汤显祖、屠隆两人同在礼部供职。屠隆任礼部主事,汤显祖在礼部观政。二人去年就已认识。去年,汤显祖中进士,屠隆秋入京,贻诗订交。其《赠汤义仍进士》在《白榆集》卷一。用贤求去在当时是朝中大事,朝野共知,屠隆、汤显祖既然都写信慰留,屠隆理应知道汤显祖与用贤是熟知的,而《与汤义仍奉常》中"赵先生"慕显祖才品,"不翅调饥,相见便当作椒兰契",显然此"赵先生"与显祖不熟。如果是赵用贤的话,则用不着屠隆为之介绍。"赵先生"是否是赵志皋呢?也不是。因为赵志皋也与汤显祖相识。万历十二年(1584)三月,命南京国子监司业赵志皋为右春坊右谕德,掌南京翰林院事。② 八月,汤显祖任南京太常寺博士后,③有诗赠赵志皋。诗题《灵洞篇,呈赵太史兰阴》,在《汤显祖全集》诗文卷七。志皋,兰溪人,故云"赵太史兰阴。"④两人既然相识,当然用不着屠隆介绍。况且屠隆与志皋并没交往。虽然二人同为浙江人,但赵志皋《灵洞山房集》与屠隆《由拳集》、《白榆集》、《栖真馆集》中没有二人交往的诗文。因此,此"赵先生"也不应是赵志皋。那么,他是谁呢?只能是赵参鲁。赵参鲁既是屠隆乡人,此前也未见汤显祖与其有交往。赵参鲁不仅符合《与汤义仍奉常》所说"直如汲长孺,清如胡威父子",也是"淹雅多闻,一代名德"。万历十五年(1587),赵参鲁赴任南京太常卿,屠隆有诗送之。诗云:"丹霄九列奉常清,白日千秋抗疏名。可是君王眷南顾,悬如太史奏东行。占农蚕下忧时泪,割俸应深举火情。莫谓野夫无一事,中宵常望泰阶平。"⑤又在与王世贞、陆与绳的信中,反复介绍赵参鲁的人品,赞美

---

　　① 《与赵汝师》:"张公子往至白门,以八行为讯。……敬美入吾乡老饕谗,遂投杼山民。敬美与山民生平何如,而忍以一谗凶终隙末若然。人必不可被谗,谗夫有权甚矣。山民心行尚可质之上帝,而独不得信于故人。岂非命耶? 今敬美已作古人,而谗者亦病疽。病疫虽犹存余息,曹蜍李志,奄奄下泉尔。而山民犹尚无恙。……就业成均者,张生子□序,东沙司马长孙之罘先生之子也。山民三世通家,不得不为一绍介。"《栖真馆集》卷一八,《续修四库全书·集部》第1360册,第562页。

　　② 《明实录·神宗实录》卷一四七,第2738页。

　　③ 徐朔方《晚明曲家年谱》第三卷,第279页。

　　④ 《灵洞篇,呈赵太史兰阴》,《汤显祖全集》诗文卷七,第215－216页。

　　⑤ 《赠赵太常之南都》,《栖真馆集》卷八,《续修四库全书·集部》第1360册,第390页。

之词与"淹雅多闻,一代名德"意思相同。与王世贞信云:"吾乡赵奉常先生南行,附布此讯。奉常直节清德,吾乡师表。天下大事,须时与商榷。"①与陆与绳信云:"吾乡赵太常公,清简耿亮,正人也。入南都,望先生犹云中威凤。大贤会聚,太史当奏德星相,与共筹天下大计,以甦元元。"②赵参鲁所任之职是汤显祖上司,两人此前既未交往,屠隆为之介绍,合情合理。屠隆云赵参鲁也很欣赏汤显祖,两人同在南京太常寺供职,定会成为情投意合的贤德之友。

"王元美司马"即王世贞。王世贞(1526—1590),字元美,号凤洲,别号弇州山人,江苏太仓人。嘉靖二十六年(1547)进士,官至刑部尚书。"后七子"之一,独主文坛二十年。有《弇州山人四部稿》一七四卷、《续稿》二〇七卷、《弇山堂别集》一〇〇卷等。传详王锡爵《王公神道碑》、《明史》卷二八七。③

自从万历六年(1578)屠隆与书王世贞,两人相识之后,④交往十分密切。王世贞《弇州续稿》卷二〇〇有与屠隆书牍二十一通,屠隆《由拳集》、《白榆集》、《栖真馆集》有与世贞书牍二十二通。两人的唱和诗也不少。《由拳集》卷九《春日,燕王元美先生弇州山堂,分得青、岑二字》、卷一〇《杂诗二十首》、《白榆集》诗卷四《弇州园池上泛月》、卷六《元美先生偶出过清溪,余拏舟相见城下,竟夕,嗒然别去。明旦,以一诗见诒,率尔寄答》、王世贞《弇州

---

① 《与王元美司马》,《栖真馆集》卷一六,《续修四库全书·集部》第 1360 册,第 511 页。

② 《与陆与绳司寇》,《栖真馆集》卷一六,《续修四库全书·集部》第 1360 册,第 511 页。

③ 王锡爵:《王公神道碑》,《国朝献征录》卷四五,《四库存目丛书·史部》第 102 册,第 391—393 页。《明史》卷二八七,第 7397—7381 页。

④ 《与王元美先生》:"隆发未燥即知有吴会王元美先生,……不图隆乃得与元美先生同时,又吴越相去近也,世无先生,何羡异代?世有先生,何羡异代?……隆自知小技不合大方区区之心,欲自进门下,亦无盐之所以见齐王也。然先生广心远识,延揽四方豪俊,惟恐失之,岂可使门下不知有东海屠生哉?……先生岂以高才尊官,傲天下士者哉?谨以所为鄙言,请教门下。"《由拳集》卷一四,《续修四库全书·集部》第 1360 册,第 175—178 页。王世贞《青浦屠侯去思记》:"当长卿之治颍上,而以书自通于余,累数千言,遂定交。"《弇州续稿》卷五七,《文渊阁四库全书·集部》第 1282 册,第 750 页。王世贞《书牍·屠长卿》:"无何,使者至矣。启械读之,累数千言。……足下虽雅言二李先生,而其许不佞独至,念不佞独切甚,谓不佞辞有于鳞、有献吉、有往哲,而又自有元美广大变化,所以极玄。斯言也,岂不佞所敢当然?不敢以不佞故,而掩足下之鉴也。……佳集诗语秀逸,有天造之致,……方困客,数就草数起,而使促报甚迫。不一。"《弇州续稿》卷二〇〇,《文渊阁四库全书·集部》第 1284 册,第 823—824 页。

续稿》卷一五《屠青浦长卿以诗采真,聊尔倚和》、卷二〇《嘉则、长卿复以五言绝句二十首博和,有如乐府者,有如咏史者,漫为倚答,当更许我事,不许我情也。……》等均为二人唱和之作。① 由于追随王世贞,王世贞将屠隆列为"末五子"之一,②屠隆也认为王世贞是自己平生少数石友之一。③

  万历十五年(1587)十月,王世贞起任南京兵部右侍郎。十六年(1588)二月,赴任。④ 对于王世贞此次出山,屠隆认为大可不必。因此,在《与汤义仍奉常》书中语带微讽,说他"入山不深,为时戈(弋)出,可得免小草之诮不"?"小草之诮"典出《世说新语》。刘义庆《世说新语·排调》云:"谢公始有东山之志,后严命屡臻,势不获已,始就桓公司马。于时有人饷桓公药草,中有远志。公取以问谢:'此药又名小草,何一物而有二称?'谢未即答。时郝隆在坐,应声答曰:'此甚易解。处则为远志,出则为小草。'谢甚有愧色。桓公目谢而笑曰:'郝参军此过乃不恶,亦极有会。'"⑤远志,又名小草。多年生草木植物,根入药,有安神、化痰的功效。张华《博物志》卷七:"远志苗曰小草,根曰远志。"⑥李时珍《本草纲目·草一·远志》:"此草服之能益智强志,故有远志之称。"⑦后以小草喻平庸,亦含虽怀远志,而遭际不遇之慨。

---

  ① 《与王元美二首》其一:"署中无事,戏为二十咏,隆与沈先生同赋成,左右顾盼,提挟风霜,举趾颇高矣。敬要先生同赋之,旋奉篇目,幸握管以待,有如先生不赋此者,虽非鲍照才尽,终无以压天下英雄心。惟先生图之。……嘉则先生甫至,……且云八月中旬过弇园,访先生也。"《由拳集》卷一六,《续修四库全书·集部》第1360册,第207页。《与王元美二首》其二:"曹子念枉,得先生五言绝句二十首,读之齿牙间泠泠生山泉爽气,留三日不去。"《由拳集》卷一六,《续修四库全书·集部》第1360册,第207页。《再与元美先生》:"前累求大笔,不见应。谨装潢一绢素,往乞书,向者见答采真之作,将悬之斋头,时时如奉眉宇。从此以后,恐墨妙,益不可得尔。"《白榆集》文卷六,《续修四库全书·集部》第1359册,第618页。

  ② 王世贞《末五子篇》:"余老矣,蜗处一穴,不能复出友天下士,而乃有五子者,俨然而以文事交于我,则余有深寄焉。自此余不复操觚管矣。……"《弇州续稿》卷三,《文渊阁四库全书·集部》第1282册,第33页。余四人是李维桢、赵用贤、魏允中、胡应麟。

  ③ 《与王百谷》:"不佞生平石友如先生者不三数人。毛羽摧颓以来,眼前白衣大半化为苍狗。岁寒青松,吴中独元美与先生在耳。"《栖真馆集》卷一八,《续修四库全书·集部》第1360册,第544页。

  ④ 徐朔方:《王世贞年谱》,《晚明曲家年谱》第一卷,第677—679页。

  ⑤ 刘义庆:《世说新语》卷下,《四部备要·子部》第422册,台湾中华书局1981年版,第7页。

  ⑥ 张华:《博物志》卷七,《四部备要·子部》第422册,台湾中华书局1981年版,第5页。

  ⑦ 李时珍:《本草纲目·草一·远志》,《本草纲目》卷一二,《文渊阁四库全书·子部》第773册,第38页。

　　屠隆不仅在《与汤义仍奉常》书中对王世贞此次出山语带微讽，而且在与管登之、沈纯父、陆与绳的书中，流露出了同样的意思。① 这是因为，屠隆认为王世贞已年逾六十，官至九卿，文成四部，名垂千秋，没有必要再入官场这"火宅"。② 万历十二年（1584）正月，起世贞任应天府尹原官。二月，升南京刑部侍郎。③ 世贞以病乞休，并与书屠隆，请为其斡旋。④ 屠隆劝其勿出，专心修道，不要再追逐世俗功名。世贞深以为然，"抗表力辞"，⑤终于得准在

---

　　① 《与管登之》："瑯琊公遂出山，海内动色相贺。远志小草，昔人所云。"《栖真馆集》卷一五，《续修四库全书·集部》第1360册，第497页。《与沈纯父》："元美公遂出，发短齿落，臣精销亡矣，奈何舍静业而走畏涂（途）？恐天下以瑯琊先生为九华山人，进退安据？"《栖真馆集》卷一五，《续修四库全书·集部》第1360册，第492页。《与陆与绳司寇》："元美公遂出，亦此道一助。不审其于静业无妨否？"《栖真馆集》卷一五，《续修四库全书·集部》第1360册，第491页。

　　② 《答元美先生》："某迩来默自校勘，百虑渐灰，七情荒淡，独有名障欲根，葛藤未断。……大丈夫年逾六十，官至九列（卿），文成四部，名垂千秋。以骚雅登擅，以大道结局，于先生足矣。业从火宅而就清凉，讵宜复舍清凉而就火宅？果然高蹈远引，风期如此，大自快人。世间儿女子识，不足采也。渠意不过欲王先生作大官，而艳其里閈尔。书到，即与孙文融选部言之。报云凤洲先生鸿冥，故自佳。然一辞辄允，于朝廷大体觉未然，须其再疏而遂，则朝廷与此公斯为两得。报书甫至，少选，而孙君遂有母夫人之变矣。自台省敢谏四三君子相继斥斥之后，此中时事又一更易。杞人之虑，方深缨绋，不被于体。高翔寥廓，徜徉人外，其乐可言。"《白榆集》文卷一〇，《续修四库全书·集部》第1359册，第670页。

　　③ 徐朔方：《晚明曲家年谱》第一卷，第665－666页。

　　④ 王世贞《书牍·屠长卿》："得手诲，娓娓如面。所云名根洗削且尽，欲根不易除。此是体验真至语，仆何所置喙？……仆昨春一病几委顿，幸而不死。……乃是庙堂搜宿物，见而怜之耳。……乞骸疏上，兄可为我一缓颊，得早赐覆罢。……春暖加湌，自爱。"《弇州续稿》卷二〇〇，《文渊阁四库全书·集部》第1284册，第831页。

　　⑤ 《与沈纯父》："此公曩被召，仆尝以书力阻其出，今不复尔。"《栖真馆集》卷一五，《续修四库全书·集部》第1360册，第492页。《与王元美司马》："东山累召，遂出矣。……往被召命，公心如石，固尝抗表力辞，凿坯掩户。道民亦诒书，力沮先生无出。先生深领其言，方且谓一丘一壑，隐计成矣，何图诏旨累下，强萦幽人，熏穴搜山，迫而令出。……业在仕路，便非野夫所求往遂耳。次且不前，敬修尺书，道此缕缕。"《栖真馆集》卷一五，《续修四库全书·集部》第1360册，第487－489页。《与王元美先生》："先生掩关塞充，当遂有所证悟不？某被风尘驱入，火宅车马之劳、笔札之役，时时有之。年逾四十，涸鳞不休，精气安得不销亡？……先生业谢人间事，修心炼性，作了道丈夫，便应倏然长往。一行出山，追逐红尘，妨废大事，空掷流光，前功尽弃，故不应出。此甚浅之乎？……顾先生所处时势，有不可出者。何则？丈夫进退，欲其有据也。"《白榆集》文卷一〇，《续修四库全书·集部》第1359册，第667页。

籍调理,未曾赴任。世贞此次出山,屠隆也曾劝其勿出,①世贞没有接受。因此,屠隆便以小草与远志之典讥之。

"两贤同栖"中的"两贤",郑闰《〈金瓶梅〉和屠隆》认为是指王世懋与汤显祖,②徐朔方先生《屠隆年谱》认为是指王世贞与汤显祖。③ 以徐先生所言为是。因为万历十六年(1588)闰六月,世懋卒。④

王世懋(1536—1588),字敬美,号麟洲,太仓(今江苏苏州)人。世贞弟。嘉靖三十八年己未(1559)进士,累官太常寺少卿。有《王奉常集》等。传详王世贞《亡弟中顺大夫太常寺少卿敬美行状》。⑤ 王世懋万历十四年丙戌(1586)六月由福建布政司左参政升任南京太常寺少卿,万历十五年丁亥(1587)辞病归。⑥ 汤显祖万历十一年癸未(1583)中进士,观政北京礼部。十二年甲申(1584),除南京太常寺博士。万历十六年戊子(1588)改官南京詹事府主簿。⑦ 书中的"奉常"即指太常寺,秦时称奉常,唐以后均称太常。但一般人常常以奉常代之。南京太常寺设卿一人,正三品;少卿一人,正四品;典簿、博士各一人,正七品。还有协律郎、赞礼郎等多人。⑧ 将近有一年多时间,王世懋为汤显祖的顶头上司,但二人的关系并不好。汤显祖有《复费文孙》书云:"身为敬美太常官属,不与往还。敬美唱为公宴诗,未能仰答。虽坐才短,亦以意不在是也。"⑨汤显祖并不因为王世懋是自己的上司,而与之虚与委蛇,更谈不上有什么交情。

---

① 王世贞《书牍·屠长卿》:"得足下书千言,引我通介之间,宽我出处之际,中间释疑解嘲,无所不极。虽使仆自言之,必无以过。第仆不敢大自摽鲜,为识者捧腹耳。长篇之致,要亦如之。……与绳司寇为国怜才,诚如足下言。每见相与,扼腕足下。仆尝谓目中珠、胸中金石,皆不可少者。张太学人便,附此不悉。"《弇州续稿》卷二〇〇,《文渊阁四库全书·集部》第1284册,第833页。

② 郑闰:《〈金瓶梅〉和屠隆》,第9页。

③ 徐朔方:《屠隆年谱》,《晚明曲家年谱》第二卷,第364页。

④ 谈迁《国榷》:(万历十六年闰六月)"乙未,前太常寺少卿王世懋卒。"《续修四库全书·史部》第362册,第331页。

⑤ 王世贞:《亡弟中顺大夫太常寺少卿敬美行状》,《弇州续稿》卷一四〇,《文渊阁四库全书·集部》第1284册,第47—59页。

⑥ 徐朔方:《汤显祖年谱》,《晚明曲家年谱》第三卷,第287页。

⑦ 同上书,第267—293页。

⑧ 《明史》卷七五《职官四》,第1834—1835页。《明史》卷七四《职官三》,第1795—1796页。

⑨ 汤显祖:《复费文孙》,《汤显祖全集》诗文卷四六,第1399页。

《昙花记》、《彩毫记》的作年

屠隆两部传奇《昙花记》、《彩毫记》的创作时间，至今迄无定论。徐朔方先生《屠隆年谱》根据武林天绘楼刊本《昙花记》屠隆自序末署"万历二十六年九月"，云"记或今年作"。① 郭英德先生《明清传奇综录》亦据此推测："剧或亦成于是年"。② 徐先生又据《昙花记》第四十二出《团圆受诏》[尾声]"《昙花》三宝诠真谛，又拈出《彩毫》玄秘。豪客应烧笔砚时"，云《彩毫记》作于《昙花记》之后，但没说出具体时间。③ 郭英德先生则云："《彩毫》之作，当在万历二十六年至二十八年(1598—1600)之间。"④李修生先生主编《古本戏曲剧目提要》则认为《昙花记》"约作于万历二十六年(1598)前，"《彩毫记》"约作于万历二十六年(1598)后。"⑤而齐森华等先生主编的《中国曲学大辞典》则干脆未提二剧的创作时间。⑥ 其实，二剧创作的确切时间可以考知。此一问题的解决，对了解屠隆创作二剧时的心态及剧作主题，是很有帮助的。

屠隆友人管志道的《续问辨牍》卷二《答屠仪部赤水丈书》前附录了屠隆来书一通。屠隆《由拳集》、《白榆集》、《栖真馆集》均未收入。书很长，约七千余字。其中涉及到了《昙花记》、《彩毫记》的创作情况：

> 隆去岁又不胜其技痒，撰传奇二部，一名《昙花》，广陈善恶因果，以明佛理。一名《彩毫》，假唐青莲居士，以明仙宗。成而卜之天神，天神不许也，竟不能抑止，冒而行之，罪将安逃？□□□□□□传奇，事止游戏，于劝惩或有小补，于述作未为僭逾耳。⑦

---

① 徐朔方：《晚明曲家年谱》第二卷，第 378 页。
② 郭英德：《明清传奇综录》，河北教育出版社 1997 年版，第 152 页。
③ 徐朔方：《晚明曲家年谱》第二卷，第 379－380 页。
④ 郭英德：《明清传奇综录》，第 157 页。
⑤ 李修生主编：《古本戏曲剧目提要》，文化艺术出版社 1997 年版，第 270 页，第 269 页。
⑥ 齐森华等主编：《中国曲学大辞典》，浙江教育出版社 1997 年版，第 342－343 页。
⑦ 《续问辨牍》卷二，《四库存目丛书·子部》第 88 册，齐鲁书社 1997 年版，第 66 页。

　　管志道(1536—1608)，字登之，号东溟，娄江(今属江苏)人。隆庆五年(1571)进士，官南京刑部主事。疏陈利弊九事，忤张居正，出为分巡岭东道，以察典罢官。有《孟义订测》、《问辨牍》、《续问辨牍》、《从先维俗议》、《觉迷蠡测》等。传详钱谦益《牧斋初学集》卷四九《管公行状》、《国朝献征录》卷九九焦竑《管公墓志铭》。屠隆《白榆集》文卷七、《栖真馆集》卷一五、卷一七各有《与管登之》书一通，与此书内容完全不同。

　　屠隆书中的"去岁"是指哪一年呢？管志道《问辨牍》四卷编成于万历二十六年(1598)，收入的均是此年前的"论学"之书。其中的"元集"亦附录了屠隆来书一通，因与本题无关，不讨论其内容。《问辨牍》万历二十七年己亥(1599)刻成流通后，四方学者来书讨论，或赞成，或反对，管志道将回书编成《续问辨牍》。其《〈续问辨牍〉自叙》云："岁戊戌，届余七九之期，与四方君子有所酬往，积成《问辨牍》四卷。越己亥，门人请梓之。流通先后达间，奖荐与驳问交至。奖荐可含，而驳问不可以无答。自春徂夏，复积副墨二十余通。门人许椿龄、徐汝良、年家子曹仲礼等复议梓之，咨诸学博王道宇先生，曰：'可。'遂索以付剞劂氏。仍分四卷，命曰《续问辨牍》。……万历己亥蜡月丁丑，管志道书于惕若斋中。"①很明显，收入《续问辨牍》的二十余通书是管志道万历二十七年己亥(1599)"自春徂夏"所写，屠隆来书附录其中，当然也是本年所写。因此，书中所说的"去岁"是万历二十六年(1598)。《昙花记》、《彩毫记》均作于此年。

　　管志道回书约三千余字。针对屠隆来书中所述观点，管志道答云：

　　　　劄谕以传奇二部卜之天神，天神不许，意者天神先得此同然耶？《昙花记》广陈善恶因果，而究竟于佛之最上一乘文字中游戏三昧也。近来淫曲滥觞，此作真是绝唱。足下自信于劝惩或有小补，于述作未为僭逾，诚然，诚然。予以佛学勘之，则犹未跳出绮语之关也。……而《昙花》之绮，终在声色。之于以化民，末也。声色而入剧戏，所化几何？亦犹或纱其兄之臂，而谓之姑徐徐云尔。乃尊序自谶必有大乘之器，不离

---

　　①　《续问辨牍》卷首，《四库存目丛书·子部》第88册，第1页。

场而跼跃脱化者,六梦居士之作,又等之尧蜡周傩。妓乐供佛,极口张扬,以为天壤间别出一种大雅目连记。意极精,辞极巧。吾以为俱未离绮语障也。世固有摩诃菩萨,以游戏三昧作佛事者,然须自知因地则可,不然,则魔道也。纵以因果罪福,发人菩提之因,而浮伪二根之人,反借此以侮弄佛法。倘记中援引有失实处,抑扬有过当处,将使孤陋寡闻之夫,或认妄以为真,或迷真以为妄,又为天下种大妄语之因也。①

从回书中可知,管志道是读过屠隆《〈昙花记〉自序》的。他对屠隆通过戏曲来宣传佛理的想法与做法,持否定态度。这是目前能见到的最早对《昙花记》进行评价的文字(参见徐朔方先生《屠隆年谱》),对了解《昙花记》在当时的影响与传播,很有价值。因此,一并摘引于此。

关于《彩毫记》的写成时间,还有一种说法。郑闰先生《〈金瓶梅〉和屠隆》认为:"初稿写成于青浦任上,万历十二年(1584)已有演出记载,万历二十六年(1598)后,屠隆又作了进一步的修改。"②他的根据是钱谦益《列朝诗集小传》丁集上的记载:"长卿令青浦,迎接吴越间名士沈嘉则、冯开之之流,泛舟置酒,青帘白舫,纵横泖浦间,以仙令自许。"③屠隆任青浦(今属上海)知县是在万历七年至十年(1579—1582)之间。郑著在引录了钱谦益的记载后,推断"正因为自许仙令,屠隆才谱写《彩毫记》"。④ 屠隆"以仙令自许"和其作《彩毫记》,没有必然的关联。如此推断,实属牵强。郑著还说《彩毫记》"一出现即轰动京城,"⑤根据是屠隆《青溪道士吟,留别京邑诸游好》中的两句"争设琼宴借彩毫,朝入西园暮东邸"。郑著认为诗中的"彩毫"即传奇《彩毫记》,这是误解。《青溪道士吟,留别京邑诸游好》在《白榆集》诗卷三(郑著引自清人胡文学编《甬上耆旧诗》)。这是屠隆万历十二年(1584)被诬"淫纵"罢官、出京时写给好友的,主要是回忆万历十一年(1583)、十二年(1584)

① 管志道:《答屠仪部赤水丈书》,《续问辨牍》卷二,《四库存目丛书·子部》第88册,第73页。
② 郑闰:《〈金瓶梅〉和屠隆》,第50页。
③ 钱谦益:《列朝诗集小传》,第445页。
④ 郑闰:《〈金瓶梅〉和屠隆》,第44页。
⑤ 郑闰:《〈金瓶梅〉和屠隆》,第52页。

任礼部主事时与友人诗酒唱和的情景："可惜一朝不自坚,来作清朝兰省客。……长安大道连平沙,王侯戚里纷豪华。银台画阁三千尺,绣箔珠楼十万家。省郎卜居穷巷里,车马趋之若流水。争设琼宴借彩毫,朝入西园暮东邸。"①因此,诗中的"彩毫"指笔,非指传奇《彩毫记》,更不是指《彩毫记》的演出。屠隆诗中以"彩毫"代指笔的诗句很多,如《白榆集》诗卷一《游仙诗》"复有文章伯,彩毫一何绮"、诗卷二《寄瞿生甲》"眼看瞿生落彩毫,一一尽作青霞色"、诗卷六《怀陈伯符》"彩毫五色春裁赋,弦管诸生暮散衙"、《淮南道中怀瞿孟坚》"宝剑西风生飒爽,彩毫南国借娉婷"、《赠陈广野给谏二首》"天子宵衣百辟临,彩毫应得傍华簪"、诗卷七《赠陆无从》"石坛松桂邀棋局,水殿芙蓉借彩毫"等均是指笔,不能望文生义,想当然地把它理解成《彩毫记》。因此,《彩毫记》与《昙花记》的作年一样,同是在万历二十六年(1598)完成。不存在在青浦任上写成初稿,万历二十六年(1598)后再修改的情况。

"成而尚秘"之书是《金瓶梅》吗?

说屠隆是《金瓶梅》的作者,始于黄霖先生,②台湾魏子云先生踵武其后。③ 这种说法的不可靠性,王利器先生《〈金瓶梅词话〉成书新证》、徐朔方先生《〈金瓶梅〉作者屠隆考质疑》、《〈别头巾〉文不能证明〈金瓶梅〉作者是屠隆》、《笑笑先生非兰陵笑笑生补证》、《〈金瓶梅〉考证要实事求是》诸文多有驳诘,④很有道理,令人信服。郑闰《〈金瓶梅〉和屠隆》在黄霖、魏子云二说的基础上,走的更远,得出的结论更没有说服力。

郑著先引录《答邹孚如》一书所云:"己丑夏,始得足下戊子秋云梦书至。

---

① 屠隆:《青溪道士吟,留别京邑诸游好》,《白榆集》诗卷三,《续修四库全书·集部》第 1359 册,第 458 页。
② 黄霖:《〈金瓶梅〉作者屠隆考》,《复旦学报》,1983 年第 3 期。
③ 魏子云:《〈金瓶梅〉的幽隐探照》,台湾学生书局 1988 年版。
④ 王利器:《〈金瓶梅词话〉成书新证》,杜维沫、刘辉编《金瓶梅》研究集,齐鲁书社 1988 年版,第 5—10 页。徐朔方:《小说考信编》,上海古籍出版社 1997 年版。

……道民年来蒲团多暇，流览八荒，参合三教，著为一书。析天人之微以彻障蔽，章善恶之报以警顽愚。……成而尚秘，未敢播之通都，意且藏之石匣。足下异日者倘来而出刊订，今断不能寄览也。"又引录《与汪伯玉司马》一书所云："闲中无以送长日，以经世、出世二义者为一家言，业已垂成，尚未敢出，当虚心请教先生矣。……隆所著书多天壤间最大事，间出古人未道语，窃妄意作今代未有书。"进而得出结论："遣词造句如此闪砾（原文如此，应为烁）隐约，但口气又如此狂妄自大，这'成而尚秘'之书必是惊世骇俗的'今代未有书'——实乃《金瓶梅词话》也。"①郑著如此推测，是毫无根据的。笔者仔细研读屠隆《由拳集》、《白榆集》、《栖真馆集》及与其有交往的同时人的诗文集，没有找到他与《金瓶梅》的蛛丝马迹。"成而尚秘"之书不是《金瓶梅》，那是什么书呢？

除了《答邹孚如》、《与汪伯玉司马》外，屠隆还在与其他友人的书信中，谈到这"成而尚秘"之书。这些书信虽未提到书名，但谈到了书中的内容。如与王世贞书云："闲中既无一事相关，无以送长日，稍取三教之理，参其同异，寻其要归，著为一书，颇为此事染着，亦属理障。今亦将完矣，尚未敢出，终当请教先生。"②与苏君禹书云："不佞弟自去秋将母南还，杜门绝迹。……沔阳陈玉叔书来，力劝弟修明山之业，著经世出世一书，以成西蜀赵文肃公未就余志。夏日山居无事，业成此书，亟欲请教大雅，恨足下方在严重地，未

---

①　郑闰：《〈金瓶梅〉和屠隆》，第141页。

②　《报元美先生》，《白榆集》文卷一四，《续修四库全书·集部》第1359册，第719—720页。

得自达耳。"①与沈一贯书云:"三教一理,信其必然。……窃不自度,从一般见处,苦心发明,若得一语,合道三教,赖以参同。即坎廪穷,穷饿以死,死且不朽。第持论太洩太尽,似从古所未然。一旦言之,非维惧骇耳目,亦恐不尽合圣祖妙道微旨。梁萧统之沉沦地狱,何辞矣。书初成,不敢出。每五鼓初觉,便欲取而火之,或埋之土中。且起复踟蹰,不能自割此书。亦即为道民之障不浅矣。欲奉去先生一览教,亦复裴徊久之。念舍肩吾先生,无可与语者。竟尔尘一夕观览,幸不恡大惠药石,虚怀以请。"②与陆五台书云:"某年来参同三教同处,要其大归,著为一书,成矣,尚未敢以出示人者。昨沈肩吾一见印可,以为深得祖师言诠。第未知先生作何商量耳?容负持虚怀以请。"③与张佳胤(肖甫)书云:"道民将母东还,……长日多暇,稍检括三教大

----

① 《与苏君禹》,《白榆集》文卷一四,《续修四库全书·集部》第 1359 册,第 724 页。赵贞吉(1508—1576),字孟静,号大洲(一作大周),内江(今属四川)人。嘉靖十四年(1535)进士,授编修,历司业、左谕德、监察御史、户部侍郎、礼部尚书、文渊阁大学士。谥文肃。有《文肃集》。传见胡直《少保赵文肃公贞吉传》,《明史》卷一九三亦有传(胡直:《赵贞吉传》,《国朝献征录》卷一七,《四库存目丛书·史部》第 100 册,第 638—643 页。《明史》卷一九三,第 5122—5125 页)。胡直《赵贞吉传》:"公平日持论,以二氏学通吾儒,谓必出世乃可经世。道汴,游嵩高、抱犊、伏牛诸山,巡抚蔡公汝南逆而问学,公遂列为图,明三教之所由起。曰:'儒者见之曰儒,仙者见之曰仙,佛者见之曰佛,意一之也。'蔡公梓以为传。"《国朝献征录》卷一七,《四库存目丛书·史部》第 100 册,第 640 页。钱谦益《列朝诗集小传》丁集中:"身任天下之重,百折不回,以宰辅忤时去国。入五台山参禅趺坐,与老禅和扣击宗旨,久之而后去。著《经世通》《出世通》二书,未就而卒。"第 539 页。《与陈玉叔方伯》:"往岁得明公闽中书,见念拳拳矣。细察来书,辞旨大都喁仆以穷愁发愤,著书立言,勒成一家,副在名山,垂之千秋。……不佞天之弃民也,将以立言垂不朽,如足下所云,则才力萎绵。将努力大道如仆所自许,则根器浅薄。斯两者,皆非不佞所任也。顾鄙愿,宁修大道而不至,不欲托文字而不成。请自今以往,随事有过,随事炼心,日觅我本来,庶几一朝显露,幸而遂得牟尼,亦我自有之物。不幸而不得,且作随缘之人。如是毕吾余生已尔。著书立言,急而托于世,请不复敢闻命。书辞久不答,恐明公终不达鄙人之心,故复至娓娓如此。"《白榆集》文卷一三,《续修四库全书·集部》第 1359 册,第 711—712 页。

② 《与沈少宰肩吾》,《栖真馆集》卷一三,《续修四库全书·集部》第 1360 册,第 463 页。《与沈少宰肩吾》:"顷走句余,吊吕相公,长君元以请恤典北上,遂求三事大者。志铭须得先生所为,状乃可持以为介绍。元已于初九日行,待命于虎林,不敢刺促门下,托仆转为从臾,维先生亮在。"《续修四库全书·集部》第 1360 册,第 463 页。吕本卒于万历十五年六月。《国榷》:"(万历十五年六月癸亥)前大学士吕本卒。"《续修四库全书·史部》第 362 册,第 315 页。吕本(1504—1587),字汝立,号南渠,初冒姓李,后复本姓,余姚(今属浙江)人。嘉靖十一年(1532)进士,累官太子太保文渊阁大学士。卒谥文安。传见《弇州山人续稿》卷七一《吕文安公传》、《太函集》卷三九《太傅吕文安公传》(《文渊阁四库全书·集部》第 1283 册,第 49—55 页、《四库存目丛书·集部》第 117 册,第 487—491 页)。

③ 《答陆五台司寇》,《鸿苞》卷四〇,《四库存目丛书·子部》第 90 册,第 27 页。

道,参合考订,要于大同,著为一书,将成矣,道远未能寄览印正。私中县结。"①

这些书信所述内容相同,都是说自己的新作是谈三教一理的。屠隆在与赵用贤、王百谷的书信中,提到书名是《广桑子》。与赵用贤书云:"闲中无以自娱,稍取三教理,参订和合,著为一书,号《广桑子》。中窍破的,未必敢望三教圣贤点头。然直写胸中所得,提肝挈胆矣。但恐终非祖师西来之意。太洩太尽,但未免理障。以故秘不敢出。"②与王百谷书云:"不谷挂神武冠回,杜门却扫,日以修禅悦为事。暇则间览异书,意有所到,率尔撰著文字数篇,名为《广桑子》。"③与汪道昆、王世贞书作于万历十四年(1586),与赵用贤书作于万历十五年(1587)。④ 因此,《广桑子》是万历十三年(1585)返家后至十五年(1587)之间完成的。

《鸿苞》卷二二收有《广桑子游》一文。《广桑子游》假托广桑子游历各地,遇见儒、僧、道各色人等,借机宣传三教合一的道理。⑤ 中有云:"至于释道,贵寂寞而去荣华,重性灵而轻得失,离束缚而尚摆脱,舍烦躁而就清凉。故儒者譬则谷食也,释道譬则浆饮也。以释道治世,若以浆济饥,固无所用

---

① 《与张肖甫司马》,《栖真馆集》卷一三,《续修四库全书·集部》第1360册,第460页。《与张肖甫司马》:"自出都门,绝不通一字。长安诸故人属先生方在笔枢,以故三年寥落,片楮不将。"《续修四库全书·集部》第1360册,第460页。

② 《与赵汝师司成》,《栖真馆集》卷一八,《续修四库全书·集部》第1360册,第543页。

③ 《再与王百谷》,《栖真馆集》卷一八,《续修四库全书·集部》第1360册,第547页。

④ 《与汪伯玉司马》:"首夏作一书,取三教之理,诠次大略,求先生印可。……某久负宛陵之约,惭愧良友下泉。盖缘不佞迩来贫益甚,不能治出门三日粮,惟有禁足小楼,讨求性命大事而已。此月望前后将决计作宣州行,行则尚力图与先生一会。……往辱先生许为某刻《白榆集》,如已命工,则卒成之。如犹未也,幸遂已其事。何急为人谋覆瓿之具? 弇州先生一寄诗、三诒尺牍,某都无一字为报。弇州得无督过深乎?"《白榆集》文卷一四,《续修四库全书·集部》第1359册,第720页。《报元美先生》:"冬月,辱汪伯玉司马见约,以今岁花时相闻,会于湖上,同如吴门,访先生。……乃春来司马使约之,不至,某亦遂禁足不出门矣。欲了宣城哭沈君典宿心,会家居贫甚,不能裹粮,独负良友下泉,深以为恨。"《白榆集》文卷一四,《续修四库全书·集部》第1359册,第719—720页。《与赵汝师司成》:"此外,更无它事。……去冬先君始得入土,不封不树,荒垒块然。每年九十,神明无恙。……夏秋之间,欲稍乞食向秣陵,足下与敬美能为东道主人不? ……即通候汝师,便须修八行抵敬美。此书成而懒病陡作,不欲勉强劳神,遂已之。……乞仁兄出此书示敬美,道道民无恙。"《栖真馆集》卷一八,《续修四库全书·集部》第1360册,第543页。

⑤ 《广桑子游》,《鸿苞》卷二二,《四库存目丛书·子部》第89册,第365—377页。

之。欲存儒而去释道，若食谷而不饮浆，如烦渴何？故三教并立，不可废也。"①所述内容和屠隆与友人书中《广桑子》内容一致。因此，《广桑子游》当即是《广桑子》，名稍异，当是同文异名。

《广桑子游》又名《冥寥子游》，上下二卷。冥寥子是屠隆的号。②《冥寥子游》卷上首署："四明纬真屠隆著，云间士抑何三畏评。"《丛书集成初编》收入。③笔者将《广桑子游》与《冥寥子游》仔细比较，发现两文除将冥寥子改成广桑子和极少数字词不同外，余全同。九峰赤松侣的《〈冥寥子纪游〉叙》说万历十五年自己游历到四明（今浙江宁波），遇屠隆，交给他《冥寥子游》。因此，为其作序，以广同志。④由此可知，该文初名《广桑子游》，后名《冥寥子游》。二文也是同文异名。郑闰《〈金瓶梅〉和屠隆》把该文当作两篇文章，说《广桑子》"记叙屠隆京都罢官返家途中所见所闻之感叹"、《冥寥子游》"是屠隆自我游历记闻的结集"是错误的。⑤

"成而尚秘"之书又指《鸿苞》。

郑著引录了《答邹孚如》一书的部分内容，令人惊奇的是，恰恰是在此书中，屠隆明白无误地说，"成而尚秘"之书就是指《鸿苞》，而郑著却视若无见，妄加推测，说是指《金瓶梅》。真是咄咄怪事。为存其真，将《答邹孚如》与此有关的内容引录如下：

> 己丑夏，始得足下戊子秋云梦书，至自广陵。……道民年来蒲团多暇，流览八荒，参合三教，著为一书，析天人之微以彻障蔽，章善恶之报

① 《广桑子游》，《鸿苞》卷二二，《四库存目丛书·子部》第89册，第375页。

② 顾世能《〈冥寥子纪游〉跋》："或曰：冥寥子即四明屠长卿也。噫，微斯人孰能斯言？"《冥寥子游》卷末，《丛书集成初编》第2987册，第15页。

③ 《冥寥子游》，《丛书集成初编》第2987册，第1—15页。

④ 《〈冥寥子纪游〉叙》："余性好游，岁疆圉大渊献，由澂泖泛五湖，跨三竺，南望普陀，浮钱唐，历雁荡，登天台，寻刘阮故迹，转陟四明，循鸟道，渐入仙窟，追羲农之绝轨，蹑二老之玄踪，遇一道人，秀目白颊，拔袡垂瓢，趺坐松下，旁若无人。余心揣其非凡流也。……余长跽下风，茫然自失。道人手一编示余，题曰《冥寥子游》。余庄诵之，道人忽不见。……道人其冥寥子乎？彼有营营于修短，戚戚于穷通，谭冝情，理不典，昼夜煎熬，其形而不知止者，视此亦可以少休矣。余不佞，不欲秘其传以为己藏也，因引其端，以广吾同志云。九峰赤松侣书于烟霞洞天。"《冥寥子游》卷首，《丛书集成初编》第2987册，第1页。"岁疆圉大渊献"是万历十五年（1587）。

⑤ 郑闰：《〈金瓶梅〉和屠隆》，第180页，第138页。

以警顽愚,以摆落为义趣,归逍遥以澄汰,为宗理,存清净,搜考奇闻,纪述灵迹,旁及世务,间谭艺文,阐发前修,颇多自得,分二十余卷,名为《鸿苞》。成而尚秘,未敢播之通都,意且藏之石匣。足下异日者倘来而出刊订,今断不能寄览也。①

"戊子"是万历十六年(1588),"己丑"是万历十七年(1589)。此书在《栖真馆集》卷一九,郑著误为《白榆集》文卷一三。《白榆集》文卷一三也有《答邹孚如》一书,但与上引用内容不同。

除上引《答邹孚如》书外,屠隆还两次与书管志道,谈到《鸿苞》的写作情况。一云:"仆间著一书,深明天人之际,研讨二氏,参同三教,其要归于善恶报应,历劫因果。"②又云:"顷岁,里居无事,偶意兴所到,妄欲著书,六合内外,及三教事理,无所不谭,亦信笔挥成,未尝属草。当其津津意得,毛颖莫停,寝食并废。然或恐精光太至屑越,或恐意旨不合圣贤,日所成篇,夜发大惧,急起而取且火之。寻复低回,诘朝则又不觉搦管矣。十年之间,夜卧不知几起,背汗不知几何,而竟以成书。积三十卷,妄自命曰《鸿苞》。"③管志道回书,劝其不要轻易付梓。④ 屠隆接受其建议,在世时未付梓。⑤ 屠隆辞世

---

① 《答邹孚如》,《栖真馆集》卷一九,《续修四库全书·集部》第1360册,第579—580页。

② 《与管登之金宪》,《栖真馆集》卷一七,《续修四库全书·集部》第1360册,第522—523页。《与管登之金宪》:"陆五台司寇向年来四明,修释迦文佛舍利殿,尚未完工。近请无漏瓶上人住持此山,而仆受司寇命,为檀越,仍属无漏募缘,了此殿工。仆贫,无能以法财为功德,乃为撰疏文一首,令行募吴、越间。在虎林则冯开之,在云间则陆宗伯,在吴郡则属先生,而嘉兴则司寇公自为檀越矣。惟足下力为主张此缘事。盖工程将完,所须不多,幸足下留意。"《续修四库全书·集部》第1360册,第522—523页。

③ 管志道:《续问辨牍》卷二《答屠仪部赤水丈书》前附,《四库存目丛书·子部》第88册,第65—66页。

④ 屠隆《清言》叙:"余于诗文外,纂一书,谭大人之际,命曰《鸿苞》,积二十卷。吴郡管登之遗书规我,必无远播通都,姑庋之篋笥。古至人著书,多自道成,名根后后。子期未至,何急而击鼓以求亡羊为? 余受其诚,秘焉。……庚子秋八月,书于包氏旧草堂。"《丛书集成初编》第2986册,第1页。"方自疑惧中,得先生教云,名根未尽,不许多著书。遂愕然深秘而不敢出。"管志道《续问辨牍》卷二《答屠仪部赤水丈书》前附,《四库存目丛书·子部》第88册,第66页。

⑤ 张应文《鸿苞居士传》:"并《鸿苞》四十八卷,未受梓。"《四库存目丛书·子部》第88册,第629页。

五年后的万历三十八年(1610)，由归安(浙江湖州)茅元仪选订刊行。① 屠隆自认为《鸿苞》是其"藏之名山，传之不朽"之作。② 此书内容十分庞杂，黄汝亨《〈鸿苞〉序》云："晚乃栖心于禅玄二氏，又欲宗三教之旨于一毫端，时出为竺乾、为柱下、为尼山，霏霏乎落笔为花，流液为珠，玄黄黻黼，其辞以自愉快。于是，析天人，研性命，剖两仪，纬万类，渔猎诸子，网罗百家，以及齐谐、虞初，丛聚谑浪之谭。凡书之所有，目之所淫，喉舌之所吞吐，尽举而载之于笔。"③张应文《鸿苞居士传》曰："晚留意释典，《鸿苞》所由著焉。其书以参合三教为本，网罗宇宙古今，精入造化，散及名物，微言奥义，率宇内所未有，而能畅其词，令读者涣然冰释，所开示来学者甚多。世竟崇居士诗文，尠识是书者。居士亦颇秘之。"④《四库全书总目提要·〈鸿苞〉提要》评云："此书乃隆晚年所著，其言放诞而驳杂，又并所为杂文案牍同编入之，体例尤为恒钉。大抵耽于二氏之学，引而驾于儒者之上。谓周公、孔子大而化之之谓圣，老子、释迦圣不可知之。谓神儒者言道之当然，佛氏言道之所以然。盖李贽之流亚也。"⑤

郑闰《〈金瓶梅〉和屠隆》还有两处明显错误。郑著引用了屠隆《沈嘉则先生传》一段"客海上最久，与朱邦宪为莫逆交。邦宪亦奇杰之士，即与先生昵好。而严视先生，虽酒中怒骂不问二吴名士，亡不延颈，愿交先生"后，分析道："所谓酒中怒骂二吴名士，即王世贞兄弟。沈明臣既与怒骂'二吴名士，亡不延颈'的朱邦宪为莫逆交，岂能够俯首屈就王世贞门下？"⑥这里也存

---

① 黄汝亨《〈鸿苞〉序》云："公选茅氏，为吾友水部荐卿之子，博文嗜奇，爰付剞劂，属予序之，以资同好者流览。兼爱全书未加诠择。……庚戌春二月，寓庸居士黄汝亨书于玉岑山下。"《鸿苞》卷首，《四库存目丛书·子部》第88册，第626—628页。

② 《销夏言》："所著《鸿苞》，将藏之名山，传之不朽，亦大都信笔而成者。"《鸿苞》卷四五，《四库存目丛书·子部》第90册，第163页。张应文《鸿苞居士传》曰："援笔作辞世词。……其二曰：生平一罪，多言多语。《鸿苞》等篇，尽付一炬。"《四库存目丛书·子部》第88册，第629页。黄汝亨《〈鸿苞〉序》："然予闻之长卿辞世偈云：生平一过多言多语。《鸿苞》等书，付之一炬。"《鸿苞》卷首，《四库存目丛书·子部》第88册，第626—628页。

③ 黄汝亨：《〈鸿苞〉序》，《鸿苞》卷首，《四库存目丛书·子部》第88册，第626—628页。

④ 张应文：《鸿苞居士传》，《鸿苞》卷首，《四库存目丛书·子部》第88册，第629页。

⑤ 《四库全书总目提要·〈鸿苞〉提要》，《鸿苞》卷尾附，《四库存目丛书·子部》第90册，第246页。

⑥ 郑闰：《〈金瓶梅〉和屠隆》，第4页。

在着误引、误点、误释的问题。郑著所引原文应为："客海上最久,与朱邦宪为莫逆交。邦宪亦奇杰士,即与先生昵好,而严视先生,虽酒中怒骂不问。三吴名士亡不延颈愿交先生。"① 把"三吴名士"误引成"二吴名士",把"二吴名士"解释成王世贞兄弟,也是毫无根据的。三吴是吴兴(今浙江湖州)、吴郡(今江苏苏州)、会稽(今浙江绍兴)的合称,见《水经注·浙(渐)江水》。②

　　郑著在谈到屠隆与山东的关系时说:"这之后,屠隆游临清州,因作《临清妇》。《临清妇》记述了休宁富商在临清置妾事,写得有声有色,反映了商人家庭主妇、小妾间的斗争。"③ 其实,《临清妇》既不是屠隆游临清州时作,其主要内容也不是反映商人家庭主妇、小妾间的斗争。该文是屠隆万历十五年(1587)客休宁(今属安徽)时所作,④ 其内容是写一休宁富翁在临清经商,娶一妾。回休宁后,其妻想方设法折磨妾,缢妾死。四人抬去埋,妾半道而苏。妾请四人相救,并言腰间有金若干相谢。四人夺其金,又将妾杀死。后富翁妻患喉病,请金淮、丁洋诊治,有一女鬼出现,叫二人不要诊治富翁妻。富翁妻喉病,是她用手猛掐所致。四个杀她夺金的人也被她所杀。二人忙问自己的子嗣,女鬼一一作答。后来果然应验。⑤ 因此,该文表现的是因果报应的思想,不是什么"反映商人家庭主妇、小妾间的斗争"的作品。

———————

　　① 《沈嘉则先生传》,《由拳集》卷一九,《续修四库全书·集部》第1360册,第269页。
　　② 《水经注·浙(渐)江水》:"永建中,阳羡周嘉上疏,以县远赴会至难,求得分置。遂以浙江西为吴,以东为会稽。汉高帝十二年,一吴也。后分为三,世号三吴。吴兴、吴郡,会稽其一焉。"《王氏合校水经注》卷四〇,《四部备要·史部》第309册,台湾中华书局1981年版,第12—13页。
　　③ 郑闰:《〈金瓶梅〉和屠隆》,第135页。
　　④ 《临清妇》:"金淮者,余友汪虞卿至戚。丁洋者,丁南羽季父也。余客休宁,二子携觞觞余萧寺,为言其事甚详。"《栖真馆集》卷二一,《续修四库全书·集部》第1360册,第599页。屠隆客休宁在万历十五年(1587),参见《晚明曲家年谱》第二卷,第357—358页。
　　⑤ 《临清妇》,《栖真馆集》卷二一,《续修四库全书·集部》第1360册,第599页。

《屠隆年谱》补正

徐朔方先生的《屠隆年谱》(《晚明曲家年谱》第二卷,浙江古籍出版社, 1993 年 12 月)对晚明浙籍曲家屠隆的家庭、交游、仕宦、文学创作与戏曲活动进行了广泛而深入的探讨,为我们认识和评价屠隆创作成就和地位提供了丰富的材料。笔者受教之余,根据自己阅读到的各种文献,对徐先生的《屠隆年谱》做一些补充。补充主要从两方面来进行,一是补充《屠隆年谱》中没有列入的屠氏行事和人际关系,二是对已列入的行事和人际关系用新的材料来加以证实,使之更清晰明朗,并对《屠隆年谱》中的失误予以纠正。《屠隆年谱》中出现过的人或事,本文一般不作介绍与考证。不当之处,敬请方家、学人批评。

嘉靖二十二年癸卯(1543)　1 岁

与汪礼约同时生。

> 《栖真馆集》卷一八《与汪长文约昏》:"汪氏世家大雷下,……幸生同时,居同里,学同调。仆既好君,君亦好仆。两相欢,无间也。"

> 汪礼约,字长文,后字士岐,号石雪,鄞(今浙江宁波)人。传见清胡文学编《甬上耆旧诗》卷二一。

嘉靖二十九年庚戌(1550)　8 岁

始入塾读书。

《栖真馆集》卷一一《上寿母太夫人九十叙》："某髫时授书,归自塾舍,太夫人亲剪葵苋,作糜饲某。"

龆龀,指儿童换齿时。《韩诗外传》:"男八月生齿,八岁而龆齿。"

嘉靖三十一年壬子(1552)　10 岁

始就童子师。

《栖真馆集》卷一八《与颜应雷侍御》:"隆生贫家,十岁始就童子师。"

嘉靖三十六年丁巳(1557)　15 岁

能文章。读书刻苦,向人借书抄览。无论寒冬盛暑,率至五鼓不辍。

《鸿苞》卷一七《论诗文》:"余舞象能文,雕虫早誉。父兄三老,少目奇童。遭家化离,悬鹑茹蘖。环堵不具,筐庋都无。从人借书,手抄目览。隆寒盛暑,率至五鼓不辍。"

《礼记·内则》:"十有三年,学乐,诵诗,舞勺;成童,舞象,学射御。"郑玄注:"先学勺,后学象,文武之次也。成童,十五以上。"孔颖达疏:"舞勺者,熊氏云:'勺,籥也。'言十三之时,学此舞勺之文舞也。舞象,谓武舞也。熊氏云:'谓用干戈之小舞也。'"

嘉靖四十一年癸亥(1562)　20 岁

与汪礼约过从密切。

《栖真馆集》卷一八《与汪长文约昏》:"往仆为诸生,君数从朝夕。……余两人既莫逆于心,而社中兄弟张君孺愿、杨君汉卿又时从臾之。"

与董樾交善。

《由拳集》卷一六《与董太史》:"弟之于仁兄,岂特附在青云之末,称兄弟行,然后相善也。盖自总角,同游胶庠,外托交游,内连兼葭,义至厚矣。其后以贫贱之故,就食太末,又出入雅相亲。"

董樾，字子亨，万历五年(1577)进士，历官编修、修撰、广西、贵州参议，迁四川副使，未赴任而卒。传见《康熙鄞县志》卷一七、《雍正宁波府志》卷二〇《人物》。

在开化、龙游(今属浙江)等地假馆授徒，乞食糊口。

《鸿苞》卷一七《文章》："弱冠以家贫，走万山中，假馆负米。"

《白榆集》文卷一六《先府君行状》："二十为诸生，走千里负米姑蔑。"

《由拳集》卷一八《开化游记下》："玄同子少数奇游，甚困。年二十岁，就食开化。"

《由拳集》卷一九《吾谨传》："余游姑蔑，读其文若诗，姑蔑人为余言谨甚详。于是，乃为之传。"

姑蔑，龙游的古称。

玄同子，屠隆的号。

嘉靖四十三年甲子(1564)　22 岁

受知于浙江提学副使秦梁。

《白榆集》文卷五《秦氏新阡记》："不佞某以薄艺受知为先生门下士。"

考证见《屠隆与秦梁、秦焜父子》一节。

嘉靖四十四年乙丑(1565)　23 岁

复至开化。

《由拳集》卷一八《开化游记下》："后三年，而复游其地。"

嘉靖四十五年丙寅(1566)　24 岁

父卒。 卒前，屠隆长兄屠佃得罪同里权贵，权贵诬告至御史温如玉。温如玉派人逮屠佃，屠佃不在家。逮隆父，隆父不惧，酣睡如故。后屠佃回家，遂逮屠佃，释隆父。

《由拳集》卷二二《先君丹溪公诔并序》:"先君丹溪翁卒,享年七十。……诸子有以事忤里中权贵人,权贵人中之温御史,卒误逮系公。公慷慨言曰:'吾修身砥行七十年,官逮我何为者? 吾有罪死,则其分;即无罪,彼其如我何?'毅然不为动。已而卒知非公也,乃释公,逮系公子云。……先是,隆游学姑篾。公一日以无疾终。隆在旅中,一夕,梦拜公,与公诀。觉而大惊,即促装归。归而公卒七日矣。隆痛公之无禄即世,又痛己之不天,不克送公终,而羁旅于外也。一哭而绝,绝而复苏者数四。乃仰天大呼曰:'天、天,隆何得罪于天,绝弗令送公终也? 且公素长者,何不百年,而以七十死也? 即死,隆七日至矣,何独不令少须臾俟耶?'嗟、嗟,隆亦人子,生不能养,死不及送。惭愧天地,为世大戮。呜呼痛哉! 乃作诔。"

《白榆集》文卷一六《先府君行状》:"里中豪释憾于长君,中之温御史。逮长君,不在。逮府君。温操下急,所当多立就死。府君自若曰:'吾食贫六十年,不能谩语,何恶之能为御史捕治,原廓而问田奴乎?'夜卧鼻息如雷。家人忧惧,不知所出。夜半呼之醒,曰:'此何时而黑甜? 明旦且见主者。'府君徐应曰:'明旦事在,在今夕须睡尔。'掉头拥襆被,鼾声自若。已,长君来就逮,乃释府君。"

屠隆父有子六人。《白榆集》文卷一六《先府君行状》:"子六人:佃、侯、俅、俛、仍、隆。隆即不肖孤。女二。"王世贞《弇州续稿》卷九三《屠丹溪公墓志铭》:"有六子者:佪、侯、俅、俛、仍、隆。唯隆成进士。女二人。"一云佃,一云佪,当是形近所误。以屠隆所云为准。

"温御史"即温如玉,字孟纯,号少谷,陨县(今属湖北)人。嘉靖三十二年(1553)进士,除行人,拜御史,巡莅浙江,按苏、松、陕西,擢山东副使卒。传见王世贞《弇州四部稿》卷八七《中顺大夫山东按察司副使少谷温公墓志铭》、《同治陨县志》卷八。

隆庆元年丁卯（1567）　25 岁

初次应举，不第。

《由拳集》卷二二《大司马张公诔，并序》：“其友问焉，曰：‘子故刚肠，尝两下第，同袍咸咨嗟，子叹伤哉？’”

《明史》卷七〇《选举二》：“子、午、卯、酉年乡试，辰、戌、丑、未年会试。乡试以八月。”隆另两次应举，一在隆庆四年，一在万历四年。见下文。

隆庆二年戊辰（1568）　26 岁

在西安设馆授徒。

《由拳集》卷一八《开化游记下》：“后三年，而游于西安。西安从游诸子多屠沽家儿，不习为礼让。久之，馈粥常不至。玄同子安焉。屡空跌坐，而读书怡然。岁满还，多负玄同子橐金。玄同子不顾而去。比登舟，有持一钱增直者，玄同子曰：‘吾非卖菜佣，安所事增直？’投金濑水。故时人为之语曰：‘屠君慷慨，投金于濑。’”

西安，在今浙江衢州。见《明史》卷四四《地理五》。

隆庆四年庚午（1570）　28 岁

再次应举，亦不第。张时彻、屠大山并慰之。张时彻尤喜屠隆文。

《由拳集》卷二二《大司马张公诔，并序》：“岁庚午，某下第。人于是始不信屠子，虽某亦不自信也。公曰：‘力田不如逢年。年苟不逢，虽力何益？’公与家司马慰劳某，相望于道，数握手语曰：‘非战之罪也。曩予与子家司马读子文，则勃勃神王。喜而起，谓哀然举首也。乃不意竟落，命也。’为咨嗟窃叹。”

李绍文《皇明世说新语》卷二《文学》：“张司马时彻最喜屠长卿文，曰：‘他人敏则窳，迟则苦。或下笔千言，矢口无味；或数语累月，务为刻深。敏而不窳，迟而不苦。吾得屠生矣。’”

隆庆六年壬申(1572)　30 岁

送沈明臣(字嘉则)去上海吊朱邦宪,有诗。

《由拳集》卷八《送嘉则先生之上海吊朱邦宪》。

朱邦宪,字察卿,号象冈,上海人。太学生。传见《朱邦宪集》卷首潘恩《故太学生象冈朱君墓志铭》。《故太学生象冈朱君墓志铭》云:"隆庆壬申冬十月二十日寒疾卒于家,距生嘉靖甲申六月十三日,年四十有九。"

娶妻。

《鸿苞》卷二一《忘机》:"一故将军以日者术自负,谓溟涬子曰:'近闻公连举二子,当是美器。幸以支干见命,且为两公子一卜将来远大。'溟涬子谢曰:'乃公弃瓢抱瓮之徒也,三十始昏,三十六始举子。'"

徐朔方先生《屠隆年谱》在万历四年下云:"或今年始婚,娶杨氏。"(《晚明曲家年谱》第二卷,第 321 页)不确。

万历元年癸酉(1573)　31 岁

受知于巡海观察刘翾。

考证见《屠隆与刘翾》一节。

万历二年甲戌(1574)　32 岁

闻沈明臣与汪礼约游四明山,有诗。

《由拳集》卷四《闻沈嘉则先生与汪长文游四明洞天作》。

胡文学编《甬上耆旧诗》卷一九题作《闻沈嘉则先生与汪长文游四明山作》。

《康熙鄞县志》卷五《形胜考·山》载沈明臣《游四明山记》:"余生四明,余五十七年矣,尝走吴、楚、闽、粤间。凡佳山水处,率谋裹粮游。而顾于四明山,未尝一陟其巅。何以称四明人哉?今年二月一日,与汪生礼约期。是日雨,乃买舟至凤皨口,肩舆入山。……南入二三里许,山俯而复昂,崖穷壁立,盖几千仞。下睨潭水,黑临厕,不敢窥。窥辄眩。厂稍西南,向者亦骨立水滴,滴垂腰。穴而岫者四,即石窗也,号称四明者。……万历二年岁甲戌记。"

四明山,在鄞县西南,距县城一百五十里。见《康熙鄞县志》卷五《形胜考·山》。

作《赵姬墓七首》,和沈明臣。

《由拳集》卷一一《赵姬墓七首,有引》:"赵姬,字可兰,杭州名倡也。嫁蔡生。无何,蔡生死。姬亦死之。家人分两冢葬,相望里许。姬不能从也。余君房过其墓,伤之,为赋绝句七章,沈嘉则亦赋绝句七章,要余赋。余赋如数。"

沈明臣《丰对楼诗选》卷三七《过赵姬墓六首,有序》:"赵姬,字可兰,杭妓也。住新市,与蔡生善。久之,蔡娶以归。逾月,蔡死。又逾月,姬亦死之。家人分冢而葬,相望里许。姬曷从哉?姬曷从哉?此嘉靖间事。蔡生号白石君。白石君任侠,重然诺。弃诸生事,事贾,贾于海。鄞之小白人云:'余故识生,且识姬。'万历二年秋日,予三人骑马过姬墓,言其事,君房为赋六首,余与汪生和如数。"

余寅《农丈人集》诗卷四有《赵姬墓》二首。

作《赠李大将军十六韵》诗。

徐朔方先生《屠隆年谱》根据此诗在《屠长卿集》卷一二,为诗集最后一首,推测此诗"作于万历二十一年冬或明春。大将军指李如松"(《晚明曲家年谱》第二卷,第369—370页),误。

此诗亦见《由拳集》卷八。《由拳集》是万历八年(1580)冯梦祯刻,卷首有万历八年(1580)五月沈明臣序(见下文)。据《雍正宁波府志》卷一六《秩官上》,隆庆年间在宁波官总兵的,没有李姓者。万历年间在宁波官总兵的,李姓者有四人。松门卫人李超,二年(1574)任。南昌卫人李应诏,二十一年(1593)任。处州卫人李承勋,二十九年(1601)任。彰德卫人李光先,三十八年(1610)任。李超的继任者安庆卫人黄应甲,五年(1577)任。

由于《由拳集》刻于万历八年(1580)，已收入本诗，李超任宁波总兵官在万历二年(1574)至万历四年(1576)之间。姑将此诗的作年系于本年。

李超，字升霄，号天衢，历官总兵、南赣游击、台金严参将、全浙护军、京城卫军都督。以疾乞休，加特进柱国、光禄大夫。传见《嘉庆太平县志》卷一一、《民国台州府志》卷一〇九。

《由拳集》卷九还有《赠李将军》、《夜饮李将军帐中》二首。此"李将军"当亦是李超。

为人代作祭沈一贯母文。

《由拳集》卷二〇《祭沈太夫人，代作》："太夫人者，今封君沈慕闲先生之夫人，而肩吾太史之母也。……某等忝太史同年之谊，为昆弟，则事太夫人有母道焉。今夫人一旦捐馆舍，则无涯之戚，独诸子也与哉？乃为太夫人称不朽，而不及沉痛悲伤之语。盖为太夫人言之，非某等之所以事太夫人者也。于是，同声而尽一哭，不自知其涕之无从也。太夫人有知，亮无取于是矣。"

沈一贯母卒于本年十一月。沈一贯《喙鸣集》诗卷一九《先妣》："先妣洪氏讳桂馨，……壬申，奉皇帝恩泽，封孺人。甲戌，从家大人归。……十月晦，病咳。自知天年，与家大人诀。散予内外，属衣物趣治具。诸子不忍，先妣曰：'死，归也。留归人何为？'躬擘画甚详。十一月既望，具成，躬阅之，因问：'今日吉乎？'莫应。默而计曰：'十八日吉，吾将逝。'届期，招所与治佛者诸妪斋供，终日举手若辞而终。子女诸妇皆在侧，独不孝一贯留京师，以腊月二十五日讣闻。"

沈一贯(1531—1615)，字肩吾，号龙江，鄞人。隆庆二年(1568)进士，万历间累官至户部尚书、武英殿大学士。卒谥文恭。有《易学》、《庄子通》、《敬事草》、《吴越游稿》、《喙鸣诗文集》，编有《经世宏辞》、《弇州稿选》。传详《明史》卷二一八、《康熙鄞县志》卷一七。

万历四年丙子(1576)　34 岁

中举,与董樾、陈泰来、胡应麟、金九成等为同年。

　　《由拳集》卷一八《北征记》:"万历丙子,屠子举于乡。"

　　《由拳集》卷二三《赵太夫人行略》:"去岁丙子,隆始获举于乡。"

　　《由拳集》卷一六《与董太史》:"无何,同举于乡。"

　　《由拳集》卷一二《赠陈伯符奉命归娶序》:"陈子以万历丙子岁与不佞同举于乡。"

　　《白榆集》文卷二《少室山房稿序》:"余与元瑞同举于乡,兄弟之义甚好。"

　　胡应麟《少室山房集》卷五四《金伯韶以春怀小草见诒,讶其结交甚盛,戏为赋此。伯韶与余同举于乡,时年甚少》。

　　陈泰来,字伯符(一作符),一字上交,平湖人(今属浙江)。万历五年(1577)进士,历官顺天教授、国子博士、礼部主事、员外郎,以疏救赵南星,谪饶平典史卒。有《员峤集》。传见《明史列传》卷八五、《明史》卷二三一。

　　胡应麟,字元瑞,号少室山人,更号石羊生,兰溪(今属浙江)人。万历四年(1576)举人。有《少室山房集》、《少室山房笔丛》、《诗薮》等。传详《少室山房集》卷首王世贞《石羊生传》、《少室山房集》卷八九《石羊生小传》。《石羊生传》在《弇州续稿》卷六八作《胡元瑞传》。

　　金九成,字伯韶,号望溪,秀水(今属浙江嘉兴)人。十九岁,举万历丙子(1576)举人。屡上公车不售,卒年三十九岁。有《借竹轩稿》、《春怀小草》、《读史小论》等。传见清沈季友《槜李诗系》卷一五、《光绪嘉兴县志》卷二五《列传五·文苑》、《光绪海盐县志》卷一九《人物传·流寓》。

中举后,拜见张时彻,时彻延屠隆入内室交谈。刘翾亦非常高兴,说自己和儿子中举,也没有如此愉快。

　　《由拳集》卷二二《大司马张公诔,并序》:"先是四年丙子,隆举于乡,归谒公。公病谢客,隆至,延入内室语。见先生虽病,犹神采。"

　　《栖真馆集》卷一九《与刘观察先生》："不肖离百艰,始得入锁闱。是岁,竟获隽南国。师闻之,喜而欲狂,谓其身与其子之获隽时,未至若是之愉快也。"

腊月八日,起程赴京应进士试。沈一贯送行,有诗。

　　《由拳集》卷一八《北征记》："且偕计上都,家贫,不能具橐装。至腊月始成行。"

　　《由拳集》卷一七《与沈肩吾太史》："以足下官京师,侍金华,而贱子方困泥途,无从自近,私心望矣。比足下东归,即对家田叔首问长卿无恙。及贱子丙子北上,足下又俨然损惠珠玉,烂焉色泽,盖似深有意于不肖者。"

　　沈一贯《喙鸣集》诗卷六《送屠长卿公车》："桃花渡口梅花白,官奴城下江流碧。腊月八日天气晴,东风为汝开行色。旧年春事新年前,新年一倍春堪怜。细柳初莺满人耳,流云挟君飞上天。天门忽开五色曜,天子尚文君正少。万朵花枝羽旆明,最上一枝顾君笑。官袍方正无周折,道旁观者森成列。杏花金泥醉后书,可忘桃花渡头别。"

　　官奴城:鄞县的别称。《康熙鄞县志》卷二三《杂记考·古迹》云,孙恩作乱于会稽,刘裕戍守勾章,与数十人觇贼,与贼众遇。有奴名桂者,匿其得免。后刘裕于此立官奴城以报。

　　桃花渡,在鄞县东北三里。见《康熙鄞县志》卷七《利济考·渡》。

过苏州,王稚登(字百谷)来访,定交。以未能见张凤翼、张献翼兄弟为恨。送别友人,有诗。

　　《由拳集》卷一六《寄张幼于兄弟》："丙子岁北征,倚櫂阊门城下。王百谷先生俨然造不佞。时不佞谢病,百谷强起之。揽衣初,殊头岑岑。既听王先生玄言清远,如披松下风。肌骨为爽,病良已。自是定交。独以不得一当君家兄弟为恨。"

　　《由拳集》卷一一《姑苏送别二首》其一："北行曾不恨东流,一别关河万里愁。霜月满天君去后,断肠何处宿孤舟?"其二："君寻归路依南雁,我作行人犯北风。不奈客中兼送客,马头霜雪见枯蓬。"

"张幼于兄弟"是张凤翼(字伯起)、张献翼(幼于)兄弟。

过晋陵(今江苏常州)、毗陵(今江苏武进),有诗。

《由拳集》卷一八《北征记》:"行至晋陵,河冻矣。"

《由拳集》卷八《毗陵道中》。

除夕,抵广陵(今江苏扬州),有诗。

《由拳集》卷一八《北征记》:"除夕,抵广陵。大风雪。"

《由拳集》卷八《扬州除夕》。

万历五年丁丑(1577)　35岁

正月初一,登舟破冰而行,夜抵邵伯湖。阻湖中,复还广陵,有诗。

《由拳集》卷一八《北征记》:"除夕,抵广陵。……明日登舟,破冰行。夜抵邵伯湖。冰坚不可破,阻湖中。……复还广陵。"

《由拳集》卷八《扬州春日》、《邵伯湖阻冻》。

邵伯湖,在今江苏省江都县北,接高邮县界。

过京口(今江苏镇江)、六合(在今江苏省南京市西北),有诗。

《由拳集》卷九《杨(扬)子江》:"京口捎云过寺倚,江心截浪回落日。"

《由拳集》卷九《六合道中》。

过中都(今安徽凤阳),夜宿逆旅,有梦。

《白榆集》文卷一九《沈太史传》:"丁丑之役,不佞北。顿辔中都,裴徊高皇帝龙兴汤沐邑。遥拜陵寝,览观王气。夜宿逆旅,梦谒至尊。遇宋张无垢左掖门下,握手如平生,同谒拜上。上亲歌《湘灵》诗送之。"

《白榆集》文卷六《与君典约婚书》:"盖昔者岁在丁丑,不佞北上公车,顿辔中都,裴徊高皇帝汤沐邑,肃然穆庄者久之。夜宿逆旅,梦入赤墀,朝见今主上,出而遇张无垢先生左掖下,把臂欢甚。相与共歌钱起《湘灵》诗,仰见白云在天作微绛。既寤,心殊异之,颇自负。已,入廷试,大魁,得君典。"

过临淮、宿州(今属安徽),有诗。

　　《由拳集》卷四《临淮晓发》、卷八《宿州道中》。

元夕(正月十五日),抵徐州。有老者谈屠大山功绩,有诗多首。

　　《由拳集》卷一八《北征记》:"元夕,抵徐州。复雪,暂解鞍,览彭城故都,登项王戏马台,作诗吊之。……复想昭烈领徐州牧,鼎足之基寔开拓于此。裴徊久之。质明,冒雪北行,风色益劲。日驰一百六十里,大都莽荡之野。"

　　《由拳集》卷一九《少司马屠公传》:"万历丙子,余偕计吏,北上。道经徐州,夜宿徐州逆旅。一老人布袍皓首,问余,知为公族,耸然起敬曰:'老夫就木游魂,不意今日得见吾屠使君宗人来,使君亡恙乎?使君抚治吾徐,德博而功巨,风采比于天神,其岂弟温然父母也?儿曹不能知,老夫犹及见使君。于今不忘。'余过徐,距公治徐越四十年,而父老犹眷眷若尔。"

　　《由拳集》卷四《徐州道中感怀》、《徐州谒三义庙》、卷八《彭城怀古》、《彭城览眺》、《范增墓》、卷九《彭城登项王戏马台》、卷一一《徐州元夕》、《渡黄河》等均此时作。

过兖州、阙里、邹县、东阿(今属山东),有诗多首。

　　《由拳集》卷一八《北征记》:"入兖州界上,多士女秋千、蹴踘戏。屠子行稍倦,则下马贳浊酒数行,取枯芦燎火,而观蹴踘。过阙里,遥拜孔子墓。至邹县,谒孟子庙。……敬瞻圣贤之风,低回叹息而去。过东阿,考齐相管子遗烈,寻陈思王墓,踟躇亦久之。"

　　《由拳集》卷八《歌妓》、《舞女》、《斗鸡》、《走马》、卷九《泰山夫人》、《客中书怀》、《燕齐道中怀观察刘公》等均此时作。

渡滹沱河,有诗。

　　《由拳集》卷八《渡滹沱河》。

　　滹沱河流经真定府、河间府(今河北省境内)。

过涿州、良乡,有诗。

　　《由拳集》卷八《涿州怀古》、《良乡道中》。

涿州、良乡,均属顺天府。涿州,今属河北省。良乡,今属北京市。

二月初四,到京,有诗。

《由拳集》卷一八《北征记》:"及抵燕京,二月四日矣。盖发自广陵,马上日夜行二千余里。既备辛劳,亦多险绝。余故记之,以俟后世子孙考焉。"

《由拳集》卷四《初至长安作二首》(五古)、卷九《初至长安作》(七律)。

二月,参加会试。三月,参加廷试。中进士。

《明史》卷七〇《选举二》:"子、午、卯、酉年乡试,辰、戌、丑、未年会试。乡试以八月,会试以二月。皆初九日为第一场,又三日为第二场,又三日为第三场。……廷试以三月朔。"

《明实录·神宗实录》卷五九:"(万历五年二月)乙丑,命大学士张思维、申时行为会试主考官,取冯梦祯等三百名。辅臣张居正子嗣修得中式。房考为陈思育。"

谈迁《国榷》(不分卷):"(万历五年二月)乙丑,大学士张思维、少詹事申时行主礼闱,得冯梦祯等三百人。张嗣修与焉。居正子。"

《明实录·神宗实录》卷六〇:"(三月)壬寅,廷试天下贡士冯梦祯等三百一人。……己巳,赐贡士沈懋学、张嗣修、曾朝节等及第,出身有差。百官致词称贺。"

同年且交往密切者有董樾、陈泰来、沈懋学、冯梦祯、沈九畴、王士性、丁此吕、甘雨、顾绍芳、苏濬、陆可教、傅光宅、朱维京、曾乾亨、于瑱、费尚伊、沈自邠、朱廷益、马应图等人。

沈懋学《郊居遗稿》卷九《复屠长卿明府》:"不佞幸得与足下同第,尝过从言,则愿吾兄弟辈无负所学,无负君亲。"

《由拳集》卷一二《寿溪谷先生五十序》:"岁万历丁丑,不佞隆举于南宫。时同举于南宫者三百人,而檇李冯君梦祯为举首。与不佞隆一见语合,结驷联镳,兄弟之好有加焉。"

钱谦益《初学集》卷五一《南京国子监祭酒冯公墓志铭》："万历丁丑举会试第一,选翰林院庶吉士。……与同年生宣城沈君典、鄞屠长卿以文章意气相豪。"

《由拳集》卷一六《与董太史》："成进士,又同也。"

《由拳集》卷一二《赠陈伯符奉命归娶序》："万历丁丑,陈子成进士,……陈子以万历丙子岁与不佞同举于乡,今年成进士又同。"

沈懋学(1539—1582),字君典,号少林、百云山樵,宣城(今属安徽)人。万历五年(1577)举进士第一,授修撰,引疾归,卒。追谥文节。有《郊居遗稿》。传见汤宾尹《睡庵文稿》卷一八《沈君典先生墓志铭》、王世贞《弇州续稿》卷一二五《沈君典先生墓表》、屠隆《白榆集》文卷一九《沈太史传》。

冯梦祯(1546—1605),字开之,号具区,别署真实居士,浙江秀水(今浙江嘉兴)人。万历五年(1577)进士,历官编修、南京国子监司业、祭酒。有《快雪堂集》六十四卷、《快雪堂漫录》一卷、《历代贡举志》等。传详钱谦益《初学集》卷五一《南京国子监祭酒冯公墓志铭》。

沈九畴,字箕仲,鄞县(今浙江宁波)人。万历五年(1577)进士,授刑部主事,历员外郎、郎中、江西督学副使、江西、山东参政、四川按察使、陕西右布政使、江西左布政使等。传见《康熙鄞县志》卷一七、《雍正宁波府志》卷二〇《人物》。

王士性,字恒叔,号太初,临海(今属浙江)人。万历五年(1577)进士,历官确山知县、礼科给事中、河南提学、山东参政、太仆少卿、南京鸿胪寺正卿。卒年五十二。有《五岳游草》、《广游记》、《玉岘集》等。传详《民国临海县志》卷一九《人物·名臣》。

丁此吕,字右武,新建(今属江西)人。万历五年(1577)进士,由漳州府推官征授御史,劾礼部侍郎高启愚,坐谪安潞推官,寻召还。历浙江右参政,以受赃谪戍边。有《世美堂稿》。传见《明史》卷二二九。

甘雨,字子开,号应溥,永新(今属江西)人。万历五年(1577)进士,选庶吉士,历南京礼部郎中,出为广西佥宪,改贵州副使,官终湖广参政。有《古今韵分注撮要》、《白鹭洲书院志》、《翠竹集》、《青莲集》等。传见《同治永新县志》卷十六《人物志·列传》。

顾绍芳,字实甫,昆山(今江苏苏州)人。万历五年(1577)进士,选庶吉士,授检讨,官终左春坊左赞善。有《宝庵集》。传见张大复《明人列传稿》。

苏濬(1541—1599),字君禹,号紫溪,晋江(今属福建)人。万历五年(1577)进士,授南刑部主事,改工部,历广西参政,擢贵州按察使,未赴卒。有《周易儿说》、《冥冥篇》、《紫溪集》等。传见李廷机《李文节集》卷二一《苏先生墓志铭》。

陆可教,字敬承,兰溪(今属浙江)人。万历五年(1577)进士,以编修掌诰敕,累官右宗伯。有《陆礼部文集》。传见《光绪兰溪县志》卷五《文学》。

傅光宅(1547—1604),字伯俊,号金沙居士,聊城(今属山东)人。万历五年(1577)进士,授吴县令,擢御史,累官四川提学副使。传见于慎行《谷城山馆文集》卷二二《傅公合葬墓志铭》。

朱维京(1549—1594),字可大,号讷斋,万安(今属江西)人。万历五年(1577)进士,累官光禄寺丞。有《朱光禄集》。传见于慎行《谷城山馆文集》卷二三《朱公墓志铭》,《明史》卷二三三亦有传。

曾乾亨(1538—1594),字于健,号健斋,吉水(今属江西)人。同亨弟。万历五年(1577)进士,授合肥令,改休宁,擢监察御史,累官大理少卿。传见刘应秋《刘大司成集》卷八《健斋曾先生墓志铭》、邹元标《邹子愿学集》卷四《曾公传》,《明史》卷二二○亦有传。

于瑱(1547—1592),字子充,后更名达真,改字子冲,号完璞,历城(今属山东)人。万历五年(1577)进士,授泽州知州,官至陕西参政。传见于慎行《谷城山馆文集》卷二○《于公墓志铭》。

费尚伊,字国聘,号似鹤,沔阳(今属湖北)人。万历五年(1577)进士,由庶吉士授兵科给事中、四川佥事。有《市隐园集》。传见李维桢《大泌山房集》卷二八《金宪费公寿序》。

沈自邠,字茂仁,号几轩,嘉兴(今属浙江)人。万历五年(1577)进士,选庶吉士,授检讨,升修撰。卒年三十六岁。传见清沈季友《槜李诗系》卷一五。

朱廷益,字汝虞,秀水(今浙江嘉兴)人。万历五年(1577)进士,为漳浦令,继补嘉定,以佥事督江西学政,寻擢南礼曹。晋光禄少卿,寻改大理丞。服阕,补通政司参议,以疾卒于官。有《清白堂稿》。传见《康熙秀水县志》卷五《先达》、《光绪嘉善县志》卷一九《名臣》。

马应图,字心易,平湖(今属浙江)人。万历五年(1577)进士,授行人,迁刑部主事,改南礼部,升郎中,谪山西大同典史,升河南封丘知县,复刑部主事。以疾免归。天启初,赠光禄少卿。传见《光绪平湖县志》卷一五《人物列传一》。

邀座主朱赓与宴。

《由拳集》卷一三《上座主先生启》:"青阳布令,群芳含气于木公;白帝乘秋,万宝告成于金母。……恭惟太宗师先生,东海巨儒,南宫清德。石帆秦望,竞绣于会稽;玉简金书,探奇于禹穴;碑枕兰亭,墨妙右君之笔;波涵镜水,文驰贺监之声。甘泉扈从,赋拟凌云;天禄校雠,星临太乙。暂违侍从之班,来况抡材之地。……出之风尘,共赴云龙之会。是太宗师有造于诸生也,虽甚盛德,蔑以加诸?何以报之,如彼罔极?爰治具于庖人,敬申燕喜;用徼宠于执事,聊叙雅怀。伏惟大君子不鄙夷诸生,惠然临况,不胜光荣欢忭之至。"

朱赓《朱文懿公文集》卷一二《祭屠母太孺人文》:"在昔丁丑,余从南宫,得四明屠长卿,掖使登焉。"

朱赓(1535—1608),字少卿,号金庭,山阴(今浙江绍兴)人。隆庆二年(1568)进士,万历中累官礼部尚书兼东阁大学士。卒谥文懿。有《朱文懿公奏疏》、《朱文懿公文集》等。传见《国朝献征录》卷一七邹元标《朱公行状》。

与诸同年拜谒吏部尚书张瀚。

《鸿苞》卷四七《拙宦》:"初第时,与诸同年庭谒冢宰。方庭谒而心犹构思一文,至步履颠错。旧制,吏部堂上之规矩最严。众咸骇之。"

据《明史》卷一一二《七卿年表二》,张瀚万历元年(1573)九月任吏部尚书,万历五年(1577)十月免。其继任者王国光,万历五年(1577)十月任,万历十年(1582)十月免。

春日早朝,有诗。

《由拳集》卷九《春日早朝》。

送余寅落第归鄞。

《由拳集》卷一三《与余君房》:"昔者先生之马首东也,仆与二三知己送之都门,相视不能出一语。盖颜情殊不欢,岂惟仆与二三知己,即白日亦为足下黯淡无色矣。"

《由拳集》卷八《送余君房下第东归》。

余寅《农丈人诗集》卷三《次韵答屠长卿进士都门赠别三首》。

余寅,字君房,改字僧杲,号汉城,鄞县人。万历八年(1580)进士,历官工部主事、陕西督学、参政等。有《农丈人集》。传见《康熙鄞县志》卷一七。

送沈一中落第归鄞。

《由拳集》卷一三《与沈长孺》:"都门一别,至今犹怀惘惘然。……及幸叨此一第,居长安,日负羁绁,从诸君驰道上,颇仰人眉睫(睫),将降心谐俗,仆有不能。……秋、冬倘得就一小吏,东寻足下山中,把臂一笑,亦大是快事。家有老母,方资升斗,为朝夕甘毳计,且又苦无买山之资,须暂为吏隐,然后惟所适尔。急流勇退,仆能为之,谭何太早。所谓未卯而求时夜者也。足下许之否?"

《由拳集》卷六《赠沈长孺东还》:"怜君有才时不偶,空令岁月风尘走。公车三上长安春,马蹄几别都门柳。"

沈一中(1544—1614),字长孺,号太若,鄞人。沈一贯从弟。万历八年(1580)进士,授户部主事,迁礼部郎,历湖广兵备、山东参政、

贵州左布政使等。有《梅花园集》。传见薛三省《薛文介公文集》卷四
《沈公墓志铭》。

四月，作祭同年伍惟忠文。

　　《由拳集》卷二〇《祭同年伍进士文》。

　　《由拳集》卷一三《与冯开之小牍八条》其三："早起作祭伍君文，
稍自得意。"

　　伍惟忠，字效之，号荩吾，安福（今属福建）人。万历五年（1577）
进士，同年四月卒。传见沈懋学《郊居遗稿》卷一〇《明刑部观政进士
伍荩吾先生墓志铭》。

　　《明刑部观政进士伍荩吾先生墓志铭》："万历五年丁丑三月，沈
子某同伍进士荩吾君登第。越一月，而进士君卒。"

与冯梦祯等友人过从甚密。住京师逆旅小轩，有茂树一株。因命住处
曰嘉树轩。日与友人谈诗论文，饮酒赋诗。

　　《鸿苞》卷四七《拙宦》："溟涬子初释褐，居京师，杜门不出。未尝
怀一刺造人，亦不作诗文自衔鬻。同年伍君惟忠客死，溟涬子怜而为
文哭之。为诸公见，有物色溟涬子者。冯开之一日见访溟涬子，时小
恙，卧不起，开之直入卧内，溟涬子卧而与之言。开之殊博雅，造次愈
合。溟涬子起坐榻上，瞿然曰：'卿可人，博雅哉！其言清雅有致，始
仆与足下数遇对面而失之。'开之见溟涬子之意向，亦喜，谈至夜分乃
别去，曰：'吾且去，诘朝复来。'自兹无日不见过。入门下马，辄脱衣
解带，饭脱粟，竟日夕晤对。而友人沈箕仲、周元孚、于子冲、徐茂吴、
沈君典、李惟寅、王恒叔、孙以德、丁右武、甘应浦、沈少卿、陆敬承、陈
伯符亦时时来。京师逆旅中有小轩，种茂树一章，溟涬子与四三君子
偃息其下，或相与论诗文；或订玄理，不及世务；或竟日无言，相对嗒
然。溟涬子倾囊市酒脯佐欢，不给，数君即递相助之。自以为适，不
复问门外事。"

　　《由拳集》卷一二《寿溪谷先生五十序》："盖数过从余于长安逆
旅。每君至，余则闭门谢他客，独呼二三同心，相对坐茂树，乘凉风。

时而剧谭雄辩,悬河倒峡,訇訇走雷电乎舌端;时而为枯禅,突然窅窈,灵籁不发,天青日朗,意境所到,坐失千古。不佞隆乃数脱骍骊衮,从黄公贳酒佐骣。每秉烛至丙夜,北斗垂于檐阿,而西山低于几席,辄起击玉唾壶,慷慨不休,或因以达曙矣。"

《由拳集》卷一四《与冯开之》:"畴昔之日,吾两人邂逅适愿,旅食京华,……每过嘉树轩,婆娑竟日。"

《由拳集》卷一五《寄少宗伯王公》:"往岁居都门,……傥得长安旅舍中有茂树一章,杜门偃息其下,读古人书,六籍而下,间流览诸子。尚羊乎偶骑马出,归复尚羊如故也。"

《由拳集》卷一七《与欧桢伯》:"居都下,亦闭门下楗。居半岁,无一人知者。会友人伍君客死,仆哀而为文哭之。为沈君典、冯开之诸君见而奇之,问为何人作,或以仆对。相约联骑过我,三及门,仆犹坚卧不起。诸君排闼寻我卧内,仆不得已,强起,拥布被,据匡床,而与之谈。谈有顷,乃呼童子取衣冠。诸君信可人。自是日取酒扫榻,而延此二三相知,二三相知稍习不佞。顾益喜,无日不见过。旅舍有茂树一章,相与偃息其下。或张灯至丙夜,不罢去,而门外之客日益跣。二三相知偶然而合,诸公亦偶然而跣。非敢为骩髊也。"

凌迪知《国朝名公翰藻》卷四六冯梦祯《与屠长卿》:"忆客岁此时,不佞且与箕仲、君典、伯符诸君子,时时过从足下于嘉树轩,足下括囊金,沽燕市酒,佐客欢。相对剧饮,穷日继夜。意气道上,薄云掩日。"

五月,参加考选庶吉士。庭谒大学士张居正,以构思文义,失礼。赴考前一日,友人劝屠隆稍自抑附,有所结托,不从。取二十八人,屠隆不与焉。

《鸿苞》卷四七《拙宦》:"及馆选,同诸君赴内阁,庭谒相公,亦以构思文义,稍失礼。同年又笑焉。将赴考之先一日,友人或谓溟涬子曰:'夫物未有无因而至者,以子之才,稍自降抑附人,何所不至?既幸登一第,顺风而呼,此丈夫取功名之会也。前事不必复言,今就馆选,足下之才,自是玉堂品格,然不可无所结托矣。'溟涬子谢曰:'某惟无所托，是以至此。平居既不善纳交，及当功名之会，而后执虎子亲人，不亦左乎？我生不有命，何为自苦？'及就试，果见遗。溟涬子怡然安焉。友人又有谓溟涬子者，曰：'子今又不得与兹选，且为令矣。令将奈何？'溟涬子曰：'某不才，不堪为令。然吉士亦岂不才所堪？第安之耳。'"

"相公"，指张居正。据《明史》卷一一〇《宰辅年表二》，万历五年任大学士者有三人：张居正、吕调阳、张四维。而尤以张居正位高权重。因此，这里相公是张居正。

《明实录·神宗实录》卷六二："(五月)壬寅，先是，大学士张居正等请考选庶吉士日期，命定期十五日。至是取沈自邠、顾绍芳、杨起元……费尚伊……甘雨、陆可教……冯梦祯……卷进呈，命俱改庶吉士，与一甲进士沈懋学等俱送翰林院读书。"

谈迁《国榷》(不分卷)："(万历五年五月)壬寅，选翰林院庶吉士沈自邠、顾绍芳、杨起元……费尚伊……甘雨、陆可教……冯梦祯……"共二十八人。

观政兵部。

《由拳集》卷一三《与余君房》："仆居都下无状，且无能为，而有无可为。晨起，第骑马出走，往候诸公间。诸公间往候，门者率不人(入)，驰去。即不往候，又得过。诘朝辄复然，日暮倦归。有亟命，枕席卧尔。给事、大司马，省中殊无所事事，与诸君杂坐一室中，候大司马升堂出揖。揖罢，复入坐室中。长日无以为欢，诸君则嘈嘈孟浪媒语尔。旅进旅退，如是而已。"

《由拳集》卷一三《与冯开之小牍八条》其五："午前自兵部引堂回。"

"大司马"，兵部尚书的古称。从三月中进士，至九月授官颍上知县，其间有将近半年的时间。由上文所云"候大司马升堂出揖"、"自兵部引堂回"诸语，知屠隆此时应在兵部观政。

为瞿九思(字睿夫)鸣冤，并有诗、物赠九思及其子甲。

《国朝名公翰藻》卷五一瞿九思《与屠长卿》："不佞思以坐法伏长安时，名公名声益藉甚长安中。长安中贵人争纳履其户外者，履常满。思私窃自计，计则以不佞乃若何人，而敢以知名于将命者哉？非为愧之，又实恨之。其后，天其或者以不佞思之白骨托之明公，乃明公一日轻身以先于我邸舍。……纳刺后，时时接杯酒，殷勤笑语甚厚。或时复令思得即卧内，箕踞而坐，相与谈说今昔，即中夜以为常，不厌也。矧之明公雅欲上书天子，言黄梅臣瞿九思无罪，以友人有持不可者。明公又为作《讼瞿九思书》，告闻中外。仆夫在门履，在皇逵之外，车马所至，无不言瞿生才。又言瞿甲茂才异等。……赖明公之灵，得称冤于陛下，保完首领，致命乡国，得生见老母，而再上先君子丘垅者，明公也。……且明公凡赠我长歌一章、甲长歌一章，日持以示长安名贵人。长安名贵人无不唏嘘涕泪者。濒行，明公又为思父子慷慨悲歌，一再烹蟹食之。令甲得书轻觇。明日，又赠不佞思诗一章，又为冯太史开之修尺牍于楚御史中丞暨若侍御公。又明公于不佞思、于甲皆又明觇。"

《国朝名公翰藻》卷五一瞿甲《与屠长卿》："家君子九思，居常亦摄敝衣冠，谬名私其绪，常慷慨愿自列在粪土之中。然家君子故自优厉而守高也。无何，变从中起。执事者不察，过听杀人。家君子以庄见忌，遂下于理。不得自解，免滠，当坐徒。幽居图圄之中，三年淹也，而久之乃通尺牍理于上。甲小人从行，凡三上疏，三可其奏。御史大夫卒革不行也。会是时我长者声名藉甚京师中，则自言知楚有瞿生久矣，天幸而长者俨然辱觇之，三顾于京师邸中，不置也。若有意乎？其来者属甲，亦因家君子得绍介，以托于大君子之门。长者乃屑然怜家君子不去口，且手自削牍，遍告之卿相人臣及布衣之士，斯志年深矣。乃更言瞿生有子，子年少，有奇材。以此燕之士人诸公，咸翕然称小子。然长者之遇甲父子，过于平生矣。即相见时，或厕踞而视之，或时不冠。视家君子若以为兄弟，数于甲，则以兄弟之子子畜之。"

《由拳集》卷六《赠瞿九思》："瞿时以讥误长流塞外，余怜其高才烦怨,为作此诗。"

《由拳集》卷六《瞿童子诗》:"瞿童子名甲,楚人瞿九思子。抱才甚奇,年十三,徒步走京师,上书相公,讼父冤,辞情慷慨。余见而心壮之,遂访其父子邸中。赠之以诗,童子亦有赠余之作。"

《由拳集》卷九《赠瞿睿夫还楚》

《讼瞿九思书》在《白榆集》卷八,题《为瞿睿夫讼冤书》。该文又见黄宗羲编《明文海》卷二〇五。

与曾同亨结交,受其赏识。

《白榆集》文卷七《奉曾大司空》:"窃惟丁丑之岁,某幸叨属司马署,得数侍尊严。荷相公不鄙夷小子,采其虚声,收其薄技,赐以讲饰,借以温言。"

曾同亨(1533—1607),字于野,号见台,吉水(今属江西)人。嘉靖三十八年(1559)进士,历官贵州巡抚、工部尚书、南京吏部尚书。卒谥恭端。传见叶向高《苍霞草》卷一五《曾公墓志铭》,《明史》卷二二〇亦有传。

与王锡爵结交,得其游扬于诸人间。

《由拳集》卷一五《寄少宗伯王公》:"往岁居都门,……虽巨儒鸿烈如先生者,亦未曾抱尺一之牍,求通姓名于记室。乃先生顾雅知不肖隆,游扬之诸公间。"

《由拳集》卷八《奉赠少宗伯王公二十韵》。

王锡爵(1534—1610),字元驭,号荆石,太仓(今属江苏)人。嘉靖四十一年(1562)会试第一,廷试第二,授编修。万历初掌翰林院,累官礼部尚书兼文渊阁大学士,改吏部尚书。卒谥文肃。有《王文肃集》及《疏草》。传详叶向高《苍霞续草》卷一四《王公神道碑》,《明史》卷二一八亦有传。

与李言恭结交。

《由拳集》卷一七《与李临淮》:"及以公车之役,旅食长安,幸得以薄技见收于二三君子,又幸得以友人之推毂,交于下执事也。……仆之获交于下执事,相欢,盖殊有数,非偶而已也。朱第倾筋,琳宫飞盖。二三友人,狂呼大嚎。北斗下注,星河倒流。千载奇踪,真宰所忌。把袂不数,转盼河山。"

《由拳集》卷九《燕李临淮第》、卷一一《同冯开之访李临淮,马上口占》。

李言恭,字惟寅,号青莲居士,盱眙(今属江苏)人。景隆七世孙,万历三年(1575)袭封临淮侯,守备南京。好学诗,折节寒素。有《贝叶斋稿》。见王世懋《王奉常集》卷五《赠李惟寅袭封临淮侯序》。

夏夜,与友人集嘉树轩,有诗。又集徐茂吴宅,亦有诗。

《由拳集》卷九《夏夜沈箕仲、冯开之、丁右武、徐茂吴、沈少卿、陈伯苻集嘉树轩,得人字》、《夏夜集徐茂吴宅》、《夏夜对月咏怀》。

七夕(七月七日),邀冯梦祯共坐嘉树轩,观牛郎织女星,有诗。

《由拳集》卷一三《与冯开之小牍八条》其六:"今夕何夕,客中多怀。足下可乘晚凉来,共坐嘉树轩,观天孙渡河。仆当为《长安七夕篇》酬之也。"

《由拳集》卷九《长安七夕》。

秋夜,与友人集嘉树轩、吴文仲宅、周弘禴宅、陆可教宅,均有诗。

《由拳集》卷九《秋夜诸君集嘉树轩》、《新秋夜集吴文仲宅》、《秋夜集周元孚宅,得辉字》、《秋夜集陆敬承宅》。

《由拳集》卷一六《与陆敬承》:"不佞往居都门,辱二三兄弟谬爱,日夕过从,挑灯促席,每恨短晷。或一朝不把手,辄有山河阔绝之思。"

《由拳集》卷六《酬周元孚民部》。

《由拳集》卷一六《与周元孚》:"追维长安把臂,斗酒相劳,清谈名理,婆娑嘉树。微宠灵于足下,自谓范张可作、管鲍不死。洎弟以小吏奉奔走之役,苍茫分手,辱足下时时过我逆旅,相对黯然。虽苏李河梁之别,不过此矣。"此书《由拳集》卷一七重出。

周弘禴,字元孚,麻城(今属湖北)人。万历二年(1574)进士,为顺天通判,上疏指斥朝贵,谪代州判官。寻为尚宝丞,大兴水利,以将材荐哮承恩等。坐谪投劾归。传见《明史列传》卷八三、《明史》卷二三四。

为陈泰来奉诏归娶作诗、文。

《由拳集》卷一三《与冯开之小牍八条》其六:"为陈郎作《花烛篇》七绝,幸足下过读之。"

《由拳集》卷一二《赠陈伯符奉命归娶序》:"万历丁丑,陈子成进士,奉命归娶,则春秋十九尔。陈子之奉命归娶也,都人士啧啧中艳之。……陈子归,可谓衣绣昼行矣,光动里閈,里閈且又啧啧中艳陈子。不佞愿陈子益自广,其无徒取光荣里閈也与哉!"

《由拳集》卷一一《赠陈伯符奉诏归娶七首》、卷二三《赠陈伯符奉诏归娶锦帐词》、卷九《陈伯符二首》此时作。

《由拳集》卷一七《与陈伯符》:"不见伯符三年矣,江上秋风,都门夜月,连镳结轸;大堤曲巷,烧灯把盏,细语雄词。顾先生云烟,俯仰无天地,此欢若可长久,侯王何责(贵)哉!旬日之间,星流霞散。伯符折而东,仆折而西。如断蓬一离本根,随长风飘转,天涯相失,茫茫何之?"

中秋,与友人集陶茂中宅,有诗。《长安明月篇》亦同时作。

《由拳集》卷九《中秋,同黎惟敬诸君集陶茂中宅,得朝字》。

《由拳集》卷六《长安明月篇》:"长安明月正秋宵,桂树扶疎香不销。……魄满中秋天浩荡,光圆三五夜迢遥。"

欧大任《欧虞部集·雍馆集》卷四有诗《中秋,同黎惟敬、王敬美、梅客生、沈箕仲、屠长卿、周元孚、唐惟良、沈叔成集陶懋中宅对月》。

陶茂中,一作懋中,名允宜,号兰亭,字懋中,会稽(今属浙江)人。万历二年(1574)进士,授刑部主事,官至黄州府同知。有《镜心堂集》、《陶驾部选稿》(参见吴书荫先生《汤显祖交游和诗文创作年代补考》,《国学研究》第十六卷,第397页,2005年12月)。

《国朝名公翰藻》卷四六欧大任《与屠长卿》:"仆始闻足下于沈生

也,不得觐见。既而秋中之夕,同饮同玩月于陶生所,竟未交一语而去。"

欧大任(1516—1595),字桢伯,顺德(今属广东)人。嘉靖时以贡生历官国子博士,终南京工部郎中。有《虞部集》。传见《明史》卷二八七。

黎民表,字惟敬,号瑶石山人,从化(今属广东)人。嘉靖十三年(1534)举人,授翰林孔目,转吏部司务。万历中累官河南布政使参议致仕。工诗,善书画。有《瑶石山人稿》、《北游稿》、《谕后语录》、《养生杂录》等。传见《明史》卷一八一。

与唐邦佐结交。

《由拳集》卷一四《与唐惟良》:"都下逢君,邂逅适愿。把臂促席,长歌浩眺。蹑层台之长云,邀西山之落月。真出天地之外,之乎寥廓也。陶北(比)部席上,得闻佳论,具见款款,彻我颛蒙,肉我枯朽,真不世之造也。青松指心,曒日苴盟。"

《白榆集》文卷六《与唐惟良》:"客岁长安,把臂相视而笑,遂吐肝肠,金石之言,泠泠在耳。"

唐邦佐,字惟良,号中廊,兰溪(今属浙江)人。隆庆二年戊辰(1568)进士,授泰和令,以病不赴,已而改如皋,政声卓著。未满岁,调仪真,擢刑部主事。谪判两淮盐政,移赣州府判,知河南光州。后罢归。有《唐比部集》。传见《光绪兰溪县志》卷五《列传》。

与王世懋结交。王世懋离京,送别,有诗。

《由拳集》卷一六《答王敬美》:"曩岁得逢清尘燕市,秉烛深夜,谈天雕龙,尽披玉屑,便自谓不虚此生。"

《由拳集》卷一六《与王敬美》:"都门把臂,为欢须臾。一夕分携,千古永叹。"

《由拳集》卷一四《与王元美先生》:"去年获晤敬美先生于都门,托颉颃之羽,结绸缪之欢,不啻幸矣。"

《由拳集》卷九《携尊与沈箕仲诸君饯别王敬美》、《赠王敬美》。

王世懋（1536—1588），字敬美，号麟洲，太仓（今江苏苏州）人。世贞弟。嘉靖三十八年己未（1559）进士，累官太常寺少卿。有《王奉常集》等。传详王世贞《弇州续稿》卷一四○《亡弟中顺大夫太常寺少卿敬美行状》。

张居正次子嗣修多次求诗，并为屠隆令外县抱屈。

《鸿苞》卷四七《拙宦》："一日，晤一贵公子张君，亦同年进士。君典言溟涬子于君曰：'此即所谓屠长卿氏也。'君与揖，殷勤见顾，良厚。谓溟涬子曰：'足下文名满长安，诸君以得足下单言片纸为荣，独弟不得，良愧。'溟涬子曰：'敬请教。'退而缮写诗若文数首，使苍头遗之。阅数日，会于座主先生所。君复谓曰：'日见示佳篇，佳甚。第恨其少，可得请稍益乎？'溟涬子曰：'且复谋所以就教矣。'退而复缮写数首，使前苍头奴遗焉。君谓奴曰：'语尔主，我且过访。无劳尔主见过，恐不便。'少选，君至。溟涬子出见，劳苦溟涬子，曰：'卿佳人，有才若是，何忍令奔走外吏为？'时君典适在座，曰：'业已定，无及。'溟涬子竟无所报谢，乃君亦不以苛礼相求也。"

张居正《张太岳诗文集》卷四七张敬修《张太岳行实》："子男六：……次嗣修，丁丑进士及第第二人，翰林院编修。"

为沈箕仲父八十岁作寿序。

《由拳集》卷一二《寿稷丘先生八十序》："稷丘先生者，沈箕仲九畴之尊大人也。……先生今年八十高矣，是为万历五年丁丑，会九畴与不佞隆并登进士第，九畴一日过不佞隆，请曰：'……今年家大人春秋八十，而适九畴成进士，乃始通籍都下，不得束具巵酒为寿，神惘惕动矣，将微宠灵于吾子，吾子寔知家大人深，幸图之。'不佞隆因系之感焉。"

为江东之母六十岁作寿序。

《由拳集》卷一二《寿江夫人六十序》："太夫人者，姓某氏，余年伯新都江先生夫人，同年江君东之母也。……万历丁丑，江君与不佞同第进士。……今年，太夫人寿六十。不佞观于太夫人之所为寿者，以其有德而贤。有德而贤,名在史氏,寿且越千百纪。即百岁不为永年,何言六十哉?至儿子他日致位通显,将藉天子之崇光,以为太夫人荣,此世俗之语,咸无取焉。"

　　江东之,字长信,号念所,歙县(今属安徽)人。万历五年(1577)进士,授行人,擢御史,历太仆少卿。以事左迁兵部员外郎,仕终佥都御史巡抚贵州。有《瑞阳阿集》。传见《国朝献征录》卷六三邹元标《江公传》,《明史》卷二三六亦有传。

代人为杨尔立任益都(今属山东)知县作赠序。

　　《由拳集》卷一二《赠杨君令益都序,代作》:"太原杨君尔立以经术起家,万历丁丑进士,拜益都令,将行,过不佞,……益都,固古青、齐大国。……杨君德器深湛,盖有道君子也。为益都,吾且奚患哉?"

代人为徐申任海阳(今属广东潮州)知县作赠序。

　　《由拳集》卷一二《赠徐君令海阳序,代作》:"姑苏徐君维岳起家万历丁丑进士,出令海阳。海阳者,岭以南剧邑,固贤哲展布之资也。……徐君其勉之。"

　　徐申(1548—1614),字维岳,号文江,长洲人。万历五年(1577)进士,授海阳令,擢御史,历应天府尹,官终南京通政使。传见李维桢《大泌山房集》卷一一○《徐公神道碑》、叶向高《苍霞续草》卷一二《徐公墓志铭》。

作《拟岭西大捷露布》。

　　《由拳集》卷二三《拟岭西大捷露布》:"万历五年月日,总督两广军务某官臣某奉诏讨岭西徭獞等贼……"

为母赵氏作行略。

　　《由拳集》卷二三《赵太夫人行略》:"今年是为万历丁丑,不肖隆幸登进士第,而家母适春秋七十有九。隆奉命颍上,令行有日,顾自度家母明年八十,而隆且以吏事走四方,即欲为寿,安所得长者之言而称之?……幸吾子其实图利之。"

九月,作《长安秋兴四首》。

《由拳集》卷九《长安秋兴四首》其一："九月青砧动朔方，征人北戍雁南翔。"

九月，离开京城。沈懋学、冯梦祯、李言恭等友人来送别，有诗。

《由拳集》卷一三《与沈君典三首》其二："九月去国。"

《由拳集》卷一三《与沈君典三首》其一："世人相别，多作儿女子悲。道上握手数行下，苏李河梁之情，何其怆也。昔人有言，黯然销魂，唯别而已。足下殊不然。居都下，足下之于仆，用情至矣，独不用情于别。沈箕仲、冯开之、周元孚、孙以德二三兄弟，临行握仆手，惘怅唏嘘，邑邑不能出一语，谓仆且行，至不忍复过仆故居。追忆此时，天地为仆二三兄弟惨然无色。足下耻之，独奋然起去不顾。烈士悲心，即不可谓二三兄弟非夫，而足下方竟起去不顾，乃真有英雄之气哉！"

《由拳集》卷一三《与沈君典三首》其二："思畴昔作吏，行李戒途，子与箕仲、元孚、以德、开之二三兄弟，劳我良苦，款留拳拳。中夜彷徨，相视永叹。北斗阑干，同袍之情，可谓笃至，仆不能从命也。"

《由拳集》卷六《留别沈君典、冯开之诸君》："黄金台下都人满，道上逢君意款款。……城头咚咚鼓四挝，酒醒上马月欲斜。故人片时犹在眼，春明门里是天涯。"

《由拳集》卷九《李惟寅携酒显灵宫，同沈箕仲、沈君典、冯开之与余言别赋此》、《与冯开之登毗庐阁言别》。

沈懋学《郊居遗稿》卷三《送屠长卿令颍上》。

顾养谦亦来送行。

考证见《屠隆与顾养谦》一节。

道出涿鹿（今属河北），与书冯梦祯。

《由拳集》卷一三《与冯开之》其八："不佞南矣，道出涿鹿，旷哉！黄沙莽莽，天何高乎！巨野千里，回望宫阙，迥不见故人。此仆销魂时也。气结临风，不能长语。廿九日，隆顿首勒状，无他言。"

回途经过任丘、河间（今属河北）、东阿（今属山东）、彭城（今江苏徐州）、苏州、宝应(在今江苏扬州附近)、扬州、镇江等地,有诗。

> 《由拳集》卷八《任丘道中》:"信宿来时路,销魂是去年。"

> 《由拳集》卷八《河间大水》、《登第后过山东逆旅戏作二首》、《漂母祠》、《东阿道中》、卷六《彭城下吊项羽》、《淮阴祠下作》、《吴王歌》、卷九《途次怀寄长安诸故人四首》、《风雨渡宝应湖》、《扬州怀古》、《金山寺二首》等均回途作。

归家,屠大山来贺,以"努力王事"相勉励。

> 《由拳集》卷二〇《祭家司马》:"余归自燕,岁在丁丑。公也掀髯,入门握手。吾家痴叔,今解事否?一官鸡肋,文章敝帚。努力王事,庶其不朽。"

作诗、诔文哭张时彻卒。

> 《由拳集》卷二二《大司马张公诔,并序》:"万历五年丁丑,隆登进士第,授颍上令,归则大司马东沙先生卒十六日矣。"

> 《由拳集》卷九《哭张大司马四首》。

> 沈一贯《喙鸣集》文卷一八《南京兵部尚书东沙张公行状》:"病不起,实丁丑九月七日也,生弘治庚申,享年七十有八。……公年五十有五,尚茂齿,卒无有用之者。然得以其暇,修孝友之政。与宾客赋诗,优游又二十余年。"

> 沈一贯行状云时彻卒于"九月七日",屠隆诔文云"归则大司马东沙先生卒十六",则屠隆到家之日是九月二十三日。

十一月初四日,奉母、妻赴颍上。十一月二十六日,到任。离家前,李生寅送别,有诗。

> 《由拳集》卷一三《与沈君典诸子》:"去冬十一月初四日,始得奉老母涉颍,……不佞以去冬十一月二十六日,莅任。"

> 《由拳集》卷一三《与沈君典三首》其一:"十一月初四日,离家之颍上,奉老母及携细君以行。"

> 《由拳集》卷一三《与沈君典三首》其二:"仲冬始奉老母涉颍。"

> 李宾父《李山人诗》卷上《送屠长卿宰颍上》:"千里冻云惊白雪,

四骓寒色走青萍。"

　　李生寅,字宾父,号旸谷,鄞人。有《李山人诗》。传见《栖真馆
集》卷二一《李宾父山人传》。

到任后,又走寿州、中都、滁州、淮泗、扬州等地,谒上官而归。

　　《由拳集》卷一三《与沈君典诸子》:"去岁间关抵家,又间关奉老
母渡淮而北,喘息未宁,又走寿州,走中都,走滁州,走淮泗,走扬州,
谒上官而归。"

　　《由拳集》卷一三《与沈君典三首》其二云:"十月渡淮。"从上引材
料来看,屠隆九月二十三日到家,十一月初四日,离家赴颍上。中间
有一月时间,屠隆不可能单独一人"渡淮"后,再回家接家人一起赴
任。《由拳集》卷二〇《祭家司马》亦云:"冬月寒风,苍黄涉淮。"除《与
沈君典三首》其二云"十月渡淮"外,其它均是"十一月"、"冬月",因
此,"十月渡淮"当是屠隆误记。

腊月(嘉平月),过苏州,遇王稚登,询问沈明臣消息。

　　《由拳集》卷一四《与沈嘉则二首》其一:"嘉平之月,道出姑苏,遇
王百谷,问先生踪迹,云行李不日且次吴。某以王事牵人,不能得便,
留八行去。"

　　《由拳集》卷一九《王处士小传》:"比余出山为濠梁之行,夜维舟
阊阆城下。舟人报王(百谷)先生来,余方病,偃卧艎中,闻王先生来,
矍然病良已。则起,抵掌与语风雅之道,间及王霸大略、经营当世
之具。"

万历六年戊寅(1578)　36 岁

二月,修东门河堤成,与书告知孙继皋。

　　《由拳集》卷二一《祭河神文二首》其一:"隆受命于朝,来抚兹邑。
……涉颍之二旬,是为春王正月六日。不佞则率邑博士诸生及千夫
长、百夫长及邑之父老子弟,荷畚锸而来,是兴东门之役。"

　　《由拳集》卷一三《与孙太史》:"抵任两月,奉职亡状。惟勉强勤

思治理,不敢即安。……河工告成矣,不费官钱一文,而万金之役成不旬日,黔首欢然,父老咸谓,非明府三十年不成。……谢生者,颍上人,以贡上京师,幸借颜色。不佞所以治颍上,谢生或能道一二矣。"

孙继皋(1550—1610),字以德,号柏潭,无锡(今属江苏)人。万历二年(1574)进士第一,除修撰,累迁少詹事,拜礼部侍郎,改吏部,摄铨事。卒赠礼部尚书。有《宗伯集》、《柏潭集》等。传见叶向高《苍霞续草》卷一〇《柏潭孙公墓志铭》。

与书沈懋学、沈明臣,告知东门河堤成,请二人作碑文。沈懋学回书可作,但未作,请梅鼎祚代作。沈明臣回书,请名家作记为好。如无,可承乏。后如约而作。

《由拳集》卷一三《与沈君典诸子》:"城临大河,河广十丈,深二丈许。……与土人多方区画,尽出县治之瓦石,以义倡百姓,家借一石,诸草屋泥垣。又苦无石,则取败石,伐枯杨,不佞方且身帣鞲,与土人同操畚锸,列在负担,日绕行百里,而夜令人从门外报太夫人以无恙。百姓见不佞忠诚,人人劝也。嗟乎,畴昔搁管清言屠生,令一至此哉!……遂兴此役。"

《由拳集》卷一三《与沈君典三首》其三:"足下今归矣,何不乐矣。……居京师甫一岁,而飘飘然告归,岂人情哉?……河上碑文辱见许,今业已劚碑,幸即示去人。仆自制碑文一首,并河工告成碑文一首,附览。"

沈懋学《郊居遗稿》卷九《复屠长卿明府》:"独念足下奇绩,不可无一言纪其事,勉强应命,乃屡损币金,则愧心甚矣。"

梅鼎祚《鹿裘石室集》文卷一六《颍上县东门河堤告成记》:"今皇帝丁丑,以不佞臣典太史事,而东海屠君隆者,其年举进士。……亡何,屠君授颍上令,行矣。颍上之东门滨大河,而岸善崩。……令首斥奉五十金为百姓帜,僚佐而下助有差。……凡五十日而河堤成,走其吏问记于史某。"

《国朝名公翰藻》卷五〇沈明臣《与屠长卿》:"治青浦甫三月,青浦辄治如颍上，而神君之好益振四境。……又颍吏口纳纳，愿乞我为颍上故侯作去思碑。夫颍上去思碑，恐须得一当代名笔，始能稍悉治状一二，奈何小吏思及不佞邪？岂小吏亦习沈先生邪？夫乃颍上公举口便道沈生，故小吏耳习其人能文章，遂尔向我图耳。不然，一小吏胡由知，胡由来谋之也？大是诧事。不佞何能辞，第后人以同邑为嫌也，何如？何如？"

《国朝名公翰藻》卷五〇沈明臣《与屠长卿》："二吏去后，果十日始课得碑文。颍吏不再至，知使君不欲为之名，而不佞意殊未然之。兹乃颍人不忘故君功德，而使君非要之使然者。然窃意此非知使君治颍状习，不能书，而习知治颍状者，庶几孙、沈二史氏与京中宦游诸故人。孙且北，而沈已碑东门堤矣。外是，恐不悉治颍状，而且笔不逮所欲书。吴中故饶才，而使君业不得自请，颍吏又木木不能请，故不佞乃为泚颍，殊不尽使君治颍状。而正所谓笔不逮所欲书者。然故以示承乏可也。颍吏西乎？倘付草去，得一名笔模上石，然后可知此皆非使君所屑屑也。"

《由拳集》卷一五《答沈嘉则二首》其一："碑文真文章巨家，深严闳丽，第不肖德薄，无当游扬尔。当取便寄颍人。颍人雅不闲于翰墨事，恐不足辱大雅，奈何？"

修学宫，在东门河堤上建绿波亭。捐俸建管仲、鲍叔祠，作碑记。

《由拳集》卷一八《管仲、鲍叔庙碑记》："颍上祀管仲、鲍叔，礼也。……不佞承乏兹邑，……抵官之明年，始得修学宫，制祭器，稍葺南北坛墠，示士民以礼。既筑东门河堤，劙未碑，创绿波亭。邑稍增胜。于是，捐俸哀金，不给，则以士民所乐助，为两公祠。"

《由拳集》卷一八《修颍上县东门河堤碑记》："众议工成，宜有碑。乃亭其上，劙石碑焉。"

沈明臣《丰对楼诗选》卷三九《寄题颍上绿波亭二首，有序》："屠长卿令颍上，会兴东门之役，有皙邪之歌。盖长卿白皙，而东门当汴泗之冲，水波甚恶，迫于城，城将站水中，乃长卿以五十日，遂成大堤五十丈。民歌谣之,因作绿波亭于上,以志功德。故作二章寄题之。事在万历七年秋日。"

徐朔方先生《屠隆年谱》据此认为建绿波亭在万历七年秋,误。沈明臣诗序"事在万历七年秋日"之事,当指其题诗寄诗之事,而非指建绿波亭之事。

四月,有事寿春(寿州,今属安徽)。返颍,大雨雹伤麦,十分忧心。捐金易麦,以赈灾者。

《由拳集》卷一八《祷雨记前》:"屠隆为颍上之明年,是为万历戊寅四月,有事寿春。四之日大风,明日,人言颍上大雨雹,伤麦苗。隆方食,忧惧,食噎几殆。归视东郊,原野空也。稽桑谢过,自伤为令亡状,皇天嫁祸我民,仰天而哭。已,入中庭,对邑父老又哭。父老曰:'天祸下民远矣。他郡邑雹灾者,汴梁以北,建业以南,多有之。宁独颍上矣。使君无为自苦。'隆曰:'风雨不避灌坛乎? 余寔不德,以遭此殃也。奈何以他郡邑为解。'"

《鸿苞》卷四八《赈灾伤》:"万历六年夏四月,大雨雹,伤麦。溪淬子捐金易麦,以赈被灾者。"

五月,大旱,率众祈雨。作告城隍文三、祷雨记二、祭文二、碑记一等。

《由拳集》卷二一《一告城隍文》:"隆猥以疏庸,谬司民社,自抵任以来,颇知祇慎,惟守官箴,……明神是谴,降割下民。始以雨雹,伤我麦苗。今复亢阳,伤我稼事。……幸即赐时雨,苏我都菽,乃亦有秋。下民万幸。"

《由拳集》卷二一《再告城隍文》:"入夏以来,复遭恒阳,赤地百里,……率同官及邑父老子弟顿首请罪,遍告群神,……乃反复自度,扪心思过,隆生三十六年于兹矣,……伏乞少宽谴怒,哀怜下民,大降时雨,苏我禾稼,保我室家。干冒明威,岂不战汗?"

《由拳集》卷二一《三告城隍文》。

《由拳集》卷二一《祭城隍谢雨文》:"当不谷隆竭诚祷神二日,不雨,则暴赤日中。越二日,又不雨。为文告于神者三。……方暴中庭，日落乃已。即夕，玄云四合。诘朝而雨，二之日又雨，三之日乃大雨竟夕，土膏滋润。……敬陈不腆，率官吏诸生及邑父老子弟顿首报谢，伏惟明神财察。"

《由拳集》卷二一《祭张龙王文》："戊寅之岁，岁大旱，隆斋宿敬祷于神，……降以甘雨，……隆又敬用不腆，偕邑博士若文学诸生、若千夫长、百夫长、若父老子弟顿首祠下，用陈谢悰。"

《由拳集》卷二一《祭武安王谢雨文》："岁在戊寅，颍上大旱。隆则大惧，怒焉疚心，敬率有众虎拜稽颡，祷于王祠。维王灵爽，……应时乃雨。"

《栖真馆集》卷二三《上包家湾龙王求雨疏》："某尝为颍上、青浦令，先后凡五年有奇，水旱祈祷，讵维竭诚，亦云舍命。当为颍上，夏五月大旱，祷雨，日不应，乃日至曝庭中，夜望空抟颡至旦。形骸焦枯，神气惙惙。此时命如悬丝，老母妻孥环哭不知也。若此凡三日，而大雨沾足。"

《由拳集》卷一八《祷雨记前》："至五月，又大旱，为文祷于城隍。又祷于张龙王之神。……祷二日不雨。……隆乃赤日暴中庭，从朝至莫。越二日，又不雨。……为文告于神者三，始顿首谢过，乞怜其辞哀，已而激切，语涉不逊，命迁神。对曝日中，日晡乃已。即夕云起。诘朝而雨，明日又雨。然阴云如黛，雨不甚沾足。隆又思入祷玄帝庙。……是时日向暝矣，应时大雨。竟夕，四郊沾足。自是连日大雨。……隆谓此事可用以自警，亦可以警世也。故记之。"

《由拳集》卷一八《祷雨记后》。

《由拳集》卷一八《重建敕封昭灵张龙王祠碑记》："隆以旱祷于王故祠，不崇朝而雨。再登王祠，则又大雨也。灵气于昭乎烈哉！于是，邑人为王改筑宫祠焉，而屠子为之记。"

六月，大雨不止，率众祈晴。

《由拳集》卷二一《祭城隍谢晴文》："至六月，霖雨浃辰，隆又率士民以雨请神，又应时而雨止。若响答焉。……隆又敬率有众，杀牲陈词,用申昭报。王其鉴之。"

诗文集由颍上诸生刻成,作序,言诗适者为美的主张。

《由拳集》卷首沈嘉则《由拳集叙》:"屠长卿……令颍时,诸所著文章诗赋,颍诸生乃请付剞劂,而非长卿意也。"

《由拳集》卷一二《旧集自叙》:"余自总角学咿唔,时有所得,多弃而不收。惧为大物灾,今存者什不当一二,敢望今之君子,而何以梦寐古人为?客愈屠子曰:'往子与客论诗文于京师,则古证今,甲是乙不,此瑕彼瑜,多所弹射,言辩矣,而持论卒无定。子知诗美与恶与?何说而定?'屠子曰:'余恶知诗?又恶知诗美?其适者美邪?夫物有万品,要之乎适矣;诗有万品,要之乎适矣。……'"

将诗文集寄沈明臣,请其品藻。沈明臣寄诗三首。

《由拳集》卷一四《与沈嘉则二首》其一:"小集为文学诸生索刊,刊成寄先生。先生倘再客淮南,能遂涉颍乎?下邑虽鄙,将治十日酒待先生。"

《由拳集》卷一四《与沈嘉则二首》其二:"得七月帖子、诗四章、通志一册,读之娓娓不能休。……拙稿为诸生强刻之县斋,寄上先生,云何?无逃品藻矣。"

沈明臣《丰对楼诗选》卷三九《得屠颍上长卿书,因寄三首》其一:"故人书到梦魂随,颍水东流日向谁?一出风尘为傲吏,能令强项不低眉。"

将诗文集寄冯梦祯、沈懋学、陆可教、沈九畴、唐邦佐、曾乾亨、余寅、杨承鲲、家乡故人等。

《由拳集》卷一五《与冯开之四首》其二:"又为邑诸生刻小集,此恐足招尤,寻亦悔之。"

沈懋学《郊居遗稿》卷九《复屠长卿明府》:"佳刻读之,令人洒然。即青莲,当无多让。近作二章,录呈见志。"

《国朝名公翰藻》卷四六陆可教《与屠长卿》:"人至辱书,仆适他饮,醉归,披衣疾读,划然而醒。盖喜得足下书,又喜闻足下政也。

……惟得足下集,忽如珠璧在把,讽诵至卒业,犹反覆不已。"

《国朝名公翰藻》卷四六沈九畴《与屠长卿》:"长卿无恙! 急欲知长卿治颍上者状,乃长卿高自许可,贤隽所愿效于世。……尽读新集,快哉! 令人忘寐也。"

《由拳集》卷一四《与唐惟良》:"足下……弭节维扬,乘月坐二十四桥上,听玉人吹箫,飘飘欲仙。仆望之矣,谨裁短书,使人迓旌于江上。吏事正冗,不宣我怀。小刻新成,奉寄览教。"

《由拳集》卷一四《与曾合肥》:"今虽同出宰淮上,又苦吏事徽缠,山川非遥,鸿鲤且阔。神爽虽近,晤言则希。……率尔裁书,凉风在念。新刻一种奉寄,不泊所云。"

"曾合肥",曾乾亨,时官合肥知县。

《由拳集》卷一五《又寄余君房》:"小刻新成,寄足下请教。文品仆不能自知,宁逃作者? 敬俟后命。大江秋气,幸爱景光。"

《由拳集》卷一五《又寄杨伯翼》:"新刻一种,寄上览教。械属百冗,略叙不宣。"

杨承鲲,字伯翼,鄞县人,太学生。御史美益子,嗜学工诗。传见钱谦益《列朝诗集小传》丁集下、《康熙鄞县志》卷一七。

《由拳集》卷一五《寄海上故人》:"新刻一种,请教大雅。居颍半岁,始得寄讯左右,冗可知也。"

游颍上西湖,有诗四首。

《由拳集》卷一四《与冯开之》:"仆居颍半岁,始得一至子瞻西湖。戴星而往,戴星而还。是夜,湖水微绿,芙蕖盛开。天假一夕,六合朗霁,云物且为仆作五色焉。……得诗四。盖不复就枕,诘朝吏事牵去矣。"

《由拳集》卷九《西湖宿四贤祠四首》。

又见《乾隆颍州府志》卷九《艺文志》。

西湖,非杭州之西湖,在颍上。《乾隆颍州府志》卷一《舆地志》:"西湖,郡城西五里。旧广二里,袤十余里。唐许浑从事于颍,已有

'西湖清燕'之句。宋晏殊、欧阳修、苏轼相继为守,皆尝燕赏于此。亭台之胜,诗酒之乐,与杭之西湖并称。欧公创建书院,后乞身归颍,终老湖上。今裔孙有家焉者。其后苏公乞留黄河夫万人濬治西湖,并境内沟洫。岁久淤浅,为邻近规为田。嘉靖乙未,兵备道李公宗枢委判官吕景蒙勘复湖地十顷有余,湖面及岸滩地共周一十六里,重建书院祠宇。"四贤祠,《乾隆颍州府志》卷二《建置志》:"四贤祠,西湖上祀宋晏元献公殊、吕正献公公著、欧阳文忠公修、苏文忠公轼,岁以春秋二仲月上戊日祭。"

与书汪镗。

> 《由拳集》卷一四《上汪宗伯》:"今不意得以薄艺收于门下,为门生。……是以安心下吏,息念清华。……世人谓文人不善吏治,隆谓必文人而后善吏治。……先生试问隆所以治颍上焉,置对矣。"

> 汪镗(1512—1588),字振宗,号远峰,鄞人。嘉靖二十六年(1547)进士,累官至礼部尚书管詹事府,兼翰林院大学士。有《余清堂稿》。传见《国朝献征录》卷三四沈一贯《汪公行状》、王锡爵《王文肃公文草》卷六《汪公神道碑》。

与书朱赓。

> 《由拳集》卷一四《上座主朱太史先生》:"私中自度门下士多扬休策名,骍然砰隐,而隆独黯霾失意,牛马走淮泗上,……隆今者为令,无他材,能以朝夕慝而已矣。……秋风多厉,勉焉加餐。"

冯梦祯来书,请其为父作寿序。有寄冯梦祯诗四首。

> 《由拳集》卷一二《寿溪谷先生五十序》:"先是,君遗书颍上曰:'子意不可一世,而独某得幸于子。子以兄弟之好亲某,明年家君寿五十,秋七月实维生辰。某将以是月献一卮,为家君寿。以子畴昔义,宁得无一言贶家君?……'"

> 《由拳集》卷九《寄开之四首》其一:"水落濠梁三楚白,云生蓼国九江寒。"其四:"羡君楚楚秘书郎,浪度相思寄八行。"

屠本畯(字田叔)书来,云《闵贞赋》"诋诃先达",取罪其子孙。屠隆回书,非有意,乃"少不解事"。已派人将寄往京中友人的书中,抽下此篇。又将近作附寄屠本畯。

《由拳集》卷一五《寄田叔》:"田叔书来,举诋诃先达文,以为罪,甚善,思深哉。沉痛而有味,婉曲而尽物,情真长者之言,吾过矣,吾过矣。然此非自今日,当少年时,读乃公文,夆口弹射,盖知乃公乡人,不知其尊官,亦不知其子孙谁何也。足下谓不当弹射官人,恐其子孙有甘心于不佞者。不佞不任主臣,顾不佞亦何心于取罪乃公与其子孙哉?口中雌黄,偶及于此。此稿为诸生强刻,忘削去,业已为足下所瑕摘。足下爱我,不以美疢而以药石。甚善,甚善。刻成寄长安诸君,发一日矣。而家僮持足下书来,即翻然起趾,及于堂皇之外,令二隶驰骑追还,削此而后发也。不佞赋于昔人,无能为役,而欲诋诃先达,少不解事如此。所谓笑古人之未工,忌己事之为拙,斯扬、马之所掩口也。不佞此事可谓踈狂,未可谓凉德。……足下又谓不当辄名乃公,古之身都将相、贤豪先生,曷尝不名?……拙集稍附近作,请正大雅。"

《闵贞赋》在《由拳集》卷一。《闵贞赋》序云:"翟节妇之死,余既为之赞,乃心高节妇不已。既读杨司空《闵贞赋》,感焉,可谓异世同慨,遂又此作。……聊以写余心之忡忡矣。"

屠隆又有《翟节妇赞》诗,在《由拳集》卷二。《翟节妇赞》序云:"客有从京师来者,为言翟尚书鸾孙妇某氏,生二十年,其夫死,妇哭之哀。已,不哭,则绝粒坐。……积十二日,竟饿而死。京师士大夫及闾巷之民走视之如云。屠隆闻而悲之。……于是,乃为之赞。"

瞿九思、瞿甲均来书,回书瞿九思。后又回书,慰其冤屈必有湔雪之时。

《国朝名公翰藻》卷五一瞿九思《与屠长卿》:"一出蓟门,遂成各涯。念故人,岂不亦时时泣数行下?唯是多难殷忧,不能驰一介之使,但望远,不能为情甚耳。不佞思今者诸当事者多空语,无实意,疏下余一年,且未能即平反思,但则曰幸间者陛下明圣,而明公亦不久在交戟之内,思固可凭藉之,无他,恐明公在颍上,必邑邑不自得。幸强饭加爱。"

《国朝名公翰藻》卷五一瞿甲《与屠长卿》:"颍上虽上郡,得长者之重卧而治之,一日理簿书,十日为布衣之饮,何不可也。……甲义若犹子,又习知长者,不能不以此有所怀。此甲之所以系心而不忘,故于此三致志焉。"

《由拳集》卷一六《与瞿睿夫》:"去岁居颍,得足下及贤郎书,语意高古,情寄沉郁。……仆未尝一日作攒眉态,从此三十八年而往,世间之荣枯忧喜,何复能入仆之眉睫?"

《白榆集》文卷七《与瞿睿夫》:"向承仁兄手自削牍,缕缕百千言,吐肝沥胆,同气有加。第每一披,双涕辄陨。……春间,仅得于周府公行,致一笺,而府公单舸遄发,草草数行,含郁之怅,又复不尽。……仁兄之事,不识比者作何处分? 方今圣明御世,贤相匡时,……岂应使才名忠信之士久在覆盆? 计仁兄必且湔雪宿垢,飞扬嘉声,与诸君子窥图书于秘府,识豪杰于东观,而弟故远,莫能知尔。幸不惜一言见慰。弟三年作吏,两更剧邑,……年才四十,殆已成翁。亲朋相惊,何至作如此状? 此某之职事应尔,复何置辞? 独向故人言其近履如此。"

生一子,后夭。

《鸿苞》卷二一《忘机》:"溟涬子谢曰:'乃公弃瓢抱甑之徒也,三十始昏,三十六始举子。'"

《由拳集》卷一八《发颍阳记》:"屠子居颍,既奉部檄移青浦。……时迫于檄期,势不能挟室以行。乃独身日夜驰,而留老母反,室人后发。邑中止安车二,既行,而念老母年高,室人新免身,皆不可无安车。乃使人以车还,而自乘一马。"

《鸿苞》卷四〇《与陈思进督抚》:"老母今春秋历九十有八,一女已嫁,两男未婚。十月望,且携长儿就室宛陵故太史沈君典季女。仲子年一十六,婚期不远。"屠隆两子,长子金枢,字西升,万历八年(1580)四月生。参见徐朔方先生《屠隆年谱》该年。次子玉衡,字仲椒。《与陈思进督抚》作于万历二十四年（1596），书云"仲子年一十六"，逆计之，则玉衡生于万历九年（1581）。因此，屠隆妻今年所生子夭折。

七月前后，有调官他地的传言。

《由拳集》卷一五《与冯开之四首》其一："畴昔长安诸公，尝以弟调官为忧，乃观察朱公亦累言之，愿不肖无有此也。而七月间，孙太史以德过颍，与朱公言之，颍父老子弟不愿调屠隆者，恒以为忧。朱公愕然，公何言调也？孙太史又言，第恐府按诸公有此意尔。惟先生图之。朱公答云，府按都无此意。弟遂私计可以兑此矣，乃不谓有此举也。"

"观察朱公"是朱东光。《光绪重修安徽通志》卷一一九《职官志·表》："（万历）分巡道：朱东光，临川人。"又据《同治临川县志》卷四〇《人物·宦业》，朱东光，以福建瓯宁籍中隆庆戊辰进士，历官平阳、祁门知县、户科给事中、颍州佥事、山东、广东副使、右参政等。

为李先嘉父作寿序。

《由拳集》卷一二《寿李翁六十序》："余姻李翁束发游京师，……李翁三丈夫子，中子之文彬彬雅儒生，而孟季则豪举，有父风。……万历戊寅中秋日，迺翁六十生辰，属不佞居淮泗，不得与宾客奉觞之列，乃遥申此章，为翁寿。"

《由拳集》卷一五《寄李之文》："尊君生辰，白云在天，海月甚丽，诸子宾客，奉觞为欢，独远人漂泊淮泗，是夕把酒东望，为汝大人长歌白云之谣，因风而寄曼声也。……颍上令廉，无橐金以助贫交。……林生为我书明月诸篇远寄，深感雅情，幸一谢之。"

李先嘉，字之文，鄞县人。诸生，工诗。传见《康熙鄞县志》卷一七。

秋，调官青浦知县命已下。颍上百姓向按院请留，屠隆亦不愿地方之事"俱中道而弃之"。但成命已下，无可改变。

《由拳集》卷一五《与冯开之四首》其一："今骤有此迁，诚难为情。

闻报后,徒有日夕对此间父老,相视掩泣尔。而适部使者先生按寿,父老子弟奔走遮留于按院者百千人,第恐无益于弟之去留,适足为累,禁之不能止也。倘按院公肯怜而留之,回天不难。今诸为地方事体,俱未睹成效,中道而弃之,今夫途人相逢于逆旅,追随累日,去之亦难为情,况号称父母子弟者哉?秋天摇落,寒风萧萧。人情物候,两足悲心。去去淮泗,原野为空;吴会信美,非吾土矣。足下谓我奈何?"

《由拳集》卷一五《与冯开之四首》其二:"冬十一月屠隆顿首致书开之仁兄足下:颍阳父老子弟千人白御史台遮留,业已可之矣,既而以成命为解,首鼠两端,即青浦之行决矣。"

十二月,离颍赴青浦。颍上士民走道相送,不忍离去,有诗。颍人迟可远作《颍上令屠公去思碑记》。途中,遇治河百姓衣不蔽体,捐俸助其返家。

《由拳集》卷一五《与沈君典》:"客岁冬十二月,奉青浦之命,扶侍老母渡江南。……某自冬十二月抵官。"

《由拳集》卷一八《发颍阳记》:"屠子居颍,既奉部檄移青浦。按期殊促,夜奉檄诣朝,遂行。颍父老子弟仓皇走送,有骑者,有不及骑而徒步者,跟跣于道。屠子固止之。抵八十里,又固止之。临河而别,惨动天地。诸生各骑一蹇驴,复走大雪中三百里。屠子辞焉,痛苦不去。屠子亦为泣数行下,乃相与夜入一茅屋中叙语,佐以浊醪。质明,复痛哭别去。时迫于檄期,势不能挟室以行。乃独身日夜驰,而留老母反,室人后发。邑中止安车二,既行,而念老母年高,室人新免身,皆不可无安车。乃使人以车还,而自乘一马。时旷野雪深数尺,疾风如矢,体中挟纩若亡。有黄沙昼晦,咫尺不辨人马。明日,雪益甚,马足陷冰雪中,冻且裂。……是夕,宿茅屋中。上漏下湿,床头积雪盈尺,襆被如冰。旦起上马,行数里,见山谷中群蓝缕号哭而来。屠子停辔问之,皆答曰:'吾侪小人,皆大梁民,为官人拘于河工一岁。冬月暂放还,单衣散尽,而橐中亡一钱,奈此寒天何?去其家尚千里,旦晚委于沟壑。故哀伤而哭尔。'屠子泫然怜之,捐金钱而后行。其人咸哭拜马首去。……老母后发,间关险巇复倍之。"

《乾隆颖州府志》卷九《艺文志》迟可远《颖上令屠公去思碑记》:"公讳隆,……戊寅来令颖上。一年,天子旌公能,迁青浦令。既行,颖上士庶欲志甘棠之爱,以是碑为请,且竞言公治颖上状。……因为勒其事,为异日太史观民风者采焉。"

《栖真馆集》卷一八《与王敬美太常》:"往以月俸佐黔首,资穷交,官舍恒无隔宿粮。由颖上移青浦,有俸数十余金,濠梁道上遇治河卒单衣破尽,哭声弥野,悉以散给。徒手抵官青浦。"

《由拳集》卷一一《雨雪发颖上,留别迟茂弘诸子二首》:"诸子走大雪中二百余里,相送日莫,临分,涕泗横集,不忍别,乃托宿村中一夕。明旦痛哭而别,遂有此作。"

《由拳集》卷四《发颖上》、《怀颖中父老》。

屠隆调官青浦的时间,参见《屠隆两任知县的治绩》一节。

有诗赠王稚登。王稚登以诗、书简屠隆,谈读其诗文集的感受,请其过苏州时,与己会面。

《由拳集》卷七《赠王百谷》。

王稚登《竹箭编》卷下《寄屠青浦长卿》:"往岁仅交足下臂恨晚,且匆匆也。读见贻篇什,啧啧惊叹,一何破浪哉!顷从孺谷所见长卿集,乃大错愕。昨所窥者一斑乎?明故多奇士,于足下无两矣。……与章叔同舟,惟载剡溪之雪,无他长物,以一诗寄赠。过吴门,请一访王生庐。"

王稚登《竹箭编》卷下《与吴章叔同舟,简屠长卿。长卿由颖上令移清(青)浦》。

途中,拜访王世贞,有诗相赠。

《由拳集》卷一六《答王敬美》:"已,从濠濮量移吴会,遂得抠衣拜长公廷尉先生。先生旷度,一见谬赏,把臂入林。"

《由拳集》卷七《赠王元美廷尉》:"濠梁小吏名位轻,束发论交号有情。……东方鳅生太渺小,思君逢君苦不早。一见如生平,片语俱绝倒。"

徐朔方先生《屠隆年谱》认为此诗"当与书信同行"。书信是《由拳集》卷一四的《与王元美先生》。此书是首次与书王世贞,而《赠王元美廷尉》"思君逢君苦不早。一见如生平,片语俱绝倒"明云已见面。因此,《赠王元美廷尉》一诗作于与王世贞见面时或稍后。

万历七年己卯(1579)　37岁

正月,过太仓(今江苏苏州),拜访王锡爵。后与书锡爵,并将诗文集附寄之。

《由拳集》卷一五《寄少宗伯王公》:"献岁行役太仓,得奉车轮清尘,如披五色云,峨峨霞爽,慰我素心。……隆两经罢邑,鞅掌劳人。……先生文章巨丽,人物冠冕,此真不肖隆所愿奉鞭箠使者,况既受知门下,不敢不布其款款之愚,且以致平居向往。幸惟财察。小刻多诸生时所撰结,请正大雅。"

献岁,岁首正月。

二月,得知屠大山去世消息,设位而哭,有祭文、诗哭之。

《由拳集》卷二〇《祭家司马》:"己卯二月,余病休沐。鸿鲤自东,告公淹速。慌乱失哀,既定乃哭。家人怜我病而蒿目,载哭载思。"

《白榆集》文卷二《屠司马诗集序》:"余时作由拳长,闻讣,为位而哭,极哀。"

《由拳集》卷九《哭竹墟司马六首》。

沈一贯《喙鸣集》文卷一四《竹墟屠公洎配淑人陆氏章氏合葬墓志铭》:"公生弘治庚申,卒万历己卯。"

冯梦祯归省,有诗。

《由拳集》卷九《喜冯开之预告归》。

冯梦祯《快雪堂集》卷二《陈伯符诗集序》:"余忆己卯春,以庶吉士予告。"

《由拳集》卷一五《答沈嘉则二首》其一:"冯吉士开之予告,计此时已抵家矣。"

与莫是龙会，联吟《嘲误写枇杷诗》。二人成为莫逆。

托名李贽《山中一夕话》下集卷四《嘲误写枇杷诗》："莫廷韩过袁履善家，适村人献枇杷果，误书作琵琶字。相与大笑。屠令君续至，莫避去。令偶谓：'有莫君，不可得见也。'袁曰：'正在此。'因出见，而笑容尚在面。令君以为问，袁道其故。令君曰：'琵琶不是这枇杷。'袁曰：'只为当年识字差。'莫即云：'若使琵琶能结果，满城箫管尽开花。'令君赏誉再三，遂为莫逆。"

冯梦龙《古今谭概》卷六《琵琶果》："莫廷韩过袁太冲家，见桌上有帖，写'琵琶四斤'。相与大笑。适屠赤水至，而笑容未了，即问其故。屠亦笑曰：'枇杷不是此琵琶。'袁曰：'只为当年识字差。'莫曰：'若使琵琶能结果，满城箫管尽开花。'屠赏极，遂广为延誉。"

褚人获《坚瓠集》甲集卷三《错写琵琶》："屠赤水、莫廷韩过袁太冲家，见帖上写'琵琶一盒'，相与大笑。屠曰：'枇杷不是这琵琶。'袁曰：'只为当年识字差。'莫曰：'若使琵琶能结果，满城弦管尽开花。'一座绝倒。"

冯梦龙《古今谭概》卷二九《莫廷韩对》："屠赤水与莫廷韩一日游顾园，酒酣，屠偶吟云：'檐下蜘蛛，一腔丝意。'莫信口云：'庭前蚯蚓，满腹泥心。'"

此事发生的时间不详，并附于此。

三月，莫是龙赴京北上，有诗送之。有书与高萃，请是龙带之。

《由拳集》卷一五《与徐孟孺二首》其二："日者青雀舫过浦口，属不佞患疮，不胜进贤冠，不能倒屣出迎高贤。……三月中旬，送莫廷韩浦口，把酒唱歌，仆有'水绿花红送远人'之句。逡巡情致不减文通。……君典数日前以书相闻，云首夏且微服见枉。"

"水绿花红送远人"，全诗见《由拳集》卷一一。《青龙浦同诸君送莫廷韩，得春字》："沙棠迤逦大堤春，水绿花红送远人。可忍临觞不尽醉，明朝芳草伴车轮。"

《由拳集》卷七《送莫廷韩北上》："我从淮泗走云间,乘春立马机云山。……云间莫生二陆俦,文章意气横高秋。……我与一见称心赏,年来喜挟屋户长。…………酒酣拔剑夜起舞,忽思骝马趋燕京。……送君北行饮君酒,二月回风吹浦口。……"

《由拳集》卷七《莫廷韩诸君夜集》。

《国朝名公翰藻》卷五〇莫是龙《与屠长卿》："不肖北行,虽旅资羞涩,然终不至枯槁道上。……承长谣祖别,深得仁人赠言之义。……拟以初四日挂席而西,初五日留泊浦上,与明公一咏河梁之句也。"

莫是龙,字云卿,更字廷韩,号秋水,又号后明,华亭人(今属上海)。能诗,善书画。以贡生终。有《石秀斋集》、《画说》等。传见《石秀斋集》卷首张所敬撰《莫廷韩小传》、何三畏《云间志略》卷一九。

莫是龙明年闰四月在青浦(见下文),因此,送别及作诗应在本年。

《由拳集》卷一五《寄高升伯》："升伯居贤关,操文衡,怀人负义,揽华披秀,作我髦士。……以一新置小邑,而当两大县,大夫士户外之屦常满也,且多不谅,望贱子或太深。故百废难理,群逋难问,多口难调。为吏顾不良苦哉?勤苦将事,加之以忠诚,庶几免于大戾。仆窃慕此,未能,先生何以教不佞?北征有便羽,敬附荒械。莫廷韩之人,才可念也。"

高萃,字升伯,鄞人。万历二年(1574)进士,历官延平教授、国子助教、博士、刑部郎中、肇庆知府等。传见《雍正宁波府志》卷二〇《人物》。

四月,与书沈明臣,送其诗文、钱物,且走使相邀访青浦。

《由拳集》卷一四《与沈嘉则二首》其一："四月初有人自广陵来,言先生尚留滞广陵陆无从家。即走信使陆无从,踪迹先生。陆君不在,家人云:'行李数日前渡江矣。'惆怅可知。"

《由拳集》卷一五《答沈嘉则二首》其一："青浦望盐官,盈盈一水耳。……八月之期，不已晚乎？……新种花木今已蓊郁成林，日夜望先生来，日啸咏其间。天马、佘丘、二陆先生祠墓在焉。泖上浮屠，四面孤悬空水中。有陆宗伯新创藏经阁，藏经数万卷。……愿先生即櫂扁舟来，敢为山灵敬邀宠光。钱给事先生集，可携之箧笥中。且行且仇（雠），不然，俟再返就李，卒业未晚也。"

《国朝名公翰藻》卷五〇沈明臣《与屠长卿》："不佞四月朔日从语溪吕心文所赴盐官，半逻钱氏。十二日辱走二吏远寻，然误以盐官为海昌。既走海昌，道复走盐官，道殊费日费力。二吏不无为劳薪乎？又不啻如目连寻母也。得手书三通，得挽先司马公诗六首、祭文一首，又得吴扇四握，中有寄不佞诗者一。松江布一匹、葛布一匹、白镪二两，其二书后所题者，无曷故也。长卿为吏廉，安所从辨（办）诸种种，实割俸远供山人酒资，登拜殊感激。……治青浦甫三月，青浦辄治如颍上，而神君之好益振四境。"

沈明臣《丰对楼诗选》卷三《己卯夏四月廿有七日，客盐官……》。

四月，为马莳《难经正义》作序。

马莳《难经正义》卷首屠隆《〈难经正义〉叙》："《难经》者，难《内经》也。……会稽马君莳者，以诸生讲肘后方，已，弃去诸生业，业医。故近世推此术以马君为最。何者？他人从里闬授一二古方，略解脉理缓急，药性温凉，辄列肆而谈轩岐。彼其智不过自为谋生，一切偷取，天幸射利尔。试语以《内经》，茫然何物也。马君故名儒，语云：儒而医，菜作虀。况君今青衿中表表者哉！然则征医当世，无先君者矣，而君又制《难经正义》。《内经》之理，得秦越人而明。《难经》之书，得君而传。功巨矣！余与君有乡曲之雅，故僭为之叙。万历七年四月谷旦，明州屠隆拜手书。"

与书冯梦祯，邀其与沈明臣同访青浦。

《由拳集》卷一五《与开之四首》其二："沈嘉则先生，布衣雄杰，人伦冠冕，今正作客盐官之钱氏，为故给事钱薇先生辑遗文。弟累以书促之，则以校雠未卒业为解。盐官去秀州咫尺，足下不可以当世而失此人。……足下幸过青浦，可约以俱来。弟且复折柬招之。"

春夏之交，大雨，率众筑堤，祈晴。

《由拳集》卷一六《寄与元美二首》其一："天降灾，下邑元元，离此大眚，隆日夜蓬跣，自伤为令无状，无能出一筹，救我父老子弟，徒步走雨中，率父老子弟亲操畚锸，筑堤圩，今禾稼仅存十五耳。"

《栖真馆集》卷二三《上包家湾龙王求雨疏》："当在青浦，春夏之交，淫雨大潦，田禾淖没，下民嗷嗷。某祁晴不应，五鼓起，徒跣至城隍祠，坐淋雨中。至天曙，吏民始觉。时已大委顿，父老抱持恸哭，不为动。俄而云散雨止，杲杲日出。凡六大雨潦，六坐淋漓中。咸登即晴霁，卒免水灾。"

为冯梦祯父作寿序。

《由拳集》卷一五《与开之四首》其二："六月廿四日，屠隆顿首寓书开之仁兄：……尊公华诞，以七月何日上寿？既罢，能遂买云间之櫂不？"

《由拳集》卷一二《寿溪谷先生五十序》："期年而移青浦。青浦去檇李一水也。于是，时时赍书往候其尊人溪谷先生，迺君亦以予告东。是为万历七年己卯。而溪谷先生适寿五十，遘会逢时，称异数哉！……不佞隆既与君修兄弟之好，而以诸父事溪谷先生，是故当有言。……先生生辰以七月，时招摇指伸，天气乍凉，冯君百拜举觞上寿，洵美且乐，而不佞隆乃坐困簿牒，不获列于诸子，起舞婆娑，弹八琅之璈，吹云和之笙，以为先生寿也，夫盈盈一水相望，何但如天汉间哉？"

王稚登来书，请为其父作传。并计划七夕后到青浦，当面郑重请屠隆作传。屠隆后回书，打算明年正月执笔作传。明年春，如约完成，寄王稚登，随寄花布一匹。

王稚登《谋野集》卷二《答屠青浦长卿》："长篇投赠，灵光烨然。……文人善吏事，足下信无双哉！……将徽足下之灵，不朽先子。足下何以命之？"

王稚登《谋野集》卷二《与屠青浦》："属者有江上之役，归读手教，知公悯农，请祷遍群望也。良苦。……七夕后，当操单舸造公，跂而请先子之传。盖暮见，旦日早发，不敢当重客以累临邛。先介章叔以请。章叔行，而仆尾其后也。"

《由拳集》卷一六《与王百谷二首》其一："君家先君子布衣之侠，令弟得执笔，以从事其间，何异伯喈作郭有道碑。……献岁当彻一二日视篆，为尊君一搦管。"

《由拳集》卷一六《与王百谷二首》其二："尊公小传脱稿，奉去请教。……足下献岁来何所事事？……北征何时？幸一见报飞。花布一端，附械。"

《王处士小传》见《由拳集》卷一九。

与书徐阶，请其为地方之事言之抚台，造福于民。

《由拳集》卷一五《奉徐少师》："士大夫屈指我朝贤相，必以先生称首。隆自龆龀授书，辄知向慕华亭相公盛德。洎叨下吏云间，获一再望见颜色，私计名臣元老，涉世且久，更事既多，天下之务，何者不了了胸中？况云间又先生桑梓之地，闻见既真，计虑尤审，而隆小子幸得以通家之好，受知门下，所愿虚心请教之日久矣。……此一节，烦望门下将青浦痌瘝苦情，为抚台一言之。即片言九鼎，为地方造福不小矣。……窃不自量，夙夜思维欲为敝邑小补，而以一书生初出涉世，更事不多，识见未定，乖剌种种，祇深芒负。仰惟相公朝廷柱石，乡邦元老，治道模楷，后学指南。伏冀惠赐大教，隆在下风，敬端拱以听，不任瞻仰惶悚之至。"

《由拳集》卷九《奉酬徐少师》。

徐阶（1503—1583），字子升，号少湖，一号存斋，松江华亭（今属上海）人。嘉靖二年（1523）进士，历礼部尚书、内阁大学士。后为高拱所扼，致仕归。卒谥文贞。有《世经堂集》、《少湖文集》等。传见《明史》卷二一三。

七月初七，沈明臣与冯梦祯至青浦。屠隆与二人游览青浦境内名山胜

水,凭吊古迹。三日后,梦祯别去。明臣留青浦旬日。两人唱和之作不少。屠隆将此次三人之作结为《青溪集》刻行。

> 《由拳集》卷一二《〈青溪集〉叙》:"余雅抱微尚,缅怀哲人,而余乡沈嘉则先生,就李冯开之吉士适以七夕至。至即相与操方舟出郭,行游苇萧野水间。是夜,云物大佳,天星并丽,余三人扣和舷歌,仰视青汉,因风而送曼声,乐甚。已,复相携泛泖湖,登湖上浮屠。寻余(佘)丘,蹑天马,吊二陆祠,慷慨兴怀焉。盖流连三日,而开之别去,嘉则留丝头旬日。余退食,即相与扬挖风雅,讽咏先王,不及于政。嘉则得诗如干首,余诗与之略相等。……于是,谋刻先生诗,余与开之附焉,而用《青溪》命集。"

七月十五,与冯梦祯、沈明臣、袁福徵等泛泖湖(青浦境内),登湖上浮屠,有诗。陆树声、范惟一有和诗。

> 《由拳集》卷九《秋日,同沈嘉则、袁履善、冯开之泛泖登塔四首》。

> 沈明臣《丰对楼诗选》卷二七《长卿明府具楼船泛泖登塔,同开之吉士、履善长史。事在己卯七月望日,得诗八首》。

> 徐朔方先生《屠隆年谱》云:"近王世贞门而不入,不悉何因。此时未有青浦之命。"误。《晚明曲家年谱》第二卷,第 326 页。

> 姚弘绪编《松风余韵》卷一四袁福徵《同明府屠公、嘉则沈山人、冯开之太史泛谷泖》。

> 袁福徵,号履善,松江华亭人。嘉靖二十三年(1544)进士,授刑部主事,出守沔阳,历唐府长史,以诖误下诏狱,久之始解。传见何三畏《云间志略》卷一六。

> 姚弘绪编《松风余韵》卷四八陆树声《次屠明府赤水秋日泛泖登塔院三首》。

> 《国朝名公翰藻》卷二二陆树声《与屠长卿》:"仆病暑伏蓐者淹旬矣,适往使翰,一再省览,投示瑶章,如披襟以当冷风,体中霍然矣。……畴昔之夕,知仙舟泛长水、憩塔院,偕一二客,邀明月以举觞,竟长波而鼓枻。拟量人境,当不啻苏长公赤壁之泛矣。第仆方慵卧一

室,无由得共清缘,赓扣弦之响,然癯残骨相,受人描写者,为山僧挂壁之具。辱借清盼,已于公相见于声色之外矣。呵、呵。使者返,命谨勒短状,附谢。"

姚弘绪编《松风余韵》卷四一范惟一《和屠青浦秋日泛泖登塔》。

范惟一(1510—1584),字于中,号洛川、中方,松江华亭人。嘉靖二十年(1541)进士,历山东少参、浙江提学副使,官至南京太仆寺卿。有《范太仆集》。传见陆树声《陆文定公集》卷七《范公墓志铭》。

与沈明臣各作《杂诗二十首》,与书王世贞博和。世贞如约而和。

《由拳集》卷一六《与元美二首》其一:"昨以长年操青雀舫,迎沈嘉则先生,甫至自盐官。县丞得此,如操白雪而下神物也。……署中无事,戏为二十咏,隆与沈先生同赋成,左右顾盼,提挟风霜,举趾颇高矣。敬要先生同赋之,旋奉篇目,幸握管以待,有如先生不赋此者,虽非鲍照才尽,终无以压天下英雄心。惟先生图之。……嘉则先生甫至,……且云八月中旬过弇园,访先生也。"

《由拳集》卷一六《与王元美二首》其二:"曹子念见枉,得先生五言绝句二十首,读之齿牙间泠泠生山泉爽气,留三日不去。……嘉则先生辱先生款遇良厚,私谢之。"

《由拳集》卷一〇《杂诗二十首》。

王世贞《弇州续稿》卷二〇《嘉则、长卿复以五言绝句二十首博和,有如乐府者,有如咏史者,漫为倚答,当更许我事,不许我情也。……》

沈明臣《丰对楼诗选》未收入《杂诗》的和诗。

八月,与沈明臣微服出行城上,各有诗。

《由拳集》卷一一《秋夜,与嘉则先生微服登城四首》。

沈明臣《丰对楼诗选》卷三七《仲秋之夕,屠青浦相与微服出行城上,因各即事四首》。

与书冯梦祯,请其和《杂诗二十首》,并附寄《青溪集》。

《由拳集》卷一五《与开之四首》其三:"嘉则先生尚留丞中,日以赋诗读书为事。神肆力王,出语惊人。使人悚然心服。暑中无事,戏为二十咏,多言古丽情绮语。弟与嘉则同赋成,读之颇怀。拍拍然命记室录上请教,更要足下赋之。已寄王元美先生属和矣。……小力还,附有尺素,敬上侍者。泛泖作,共为二册,其首嘉则者,奉足下首,弟作者求足下书佳篇付嘉则先生。其一空白者,求足下首佳篇付弟,过下邑杂诗,当另书一册,同二十咏并奉去也。"

"泛泖作"即《青溪集》。

为范惟一作寿叙。

《由拳集》卷一二《寿范太仆先生七十叙》:"万历七年己卯嘉平月,是为先生七十生辰,诸文学莫生廷韩、彭生钦之、方生众甫、徐生孟孺、郁生孟野单谓不佞知先生,以叙辱焉。夫世俗之吏可以为文乎? 则班、扬不足贵也。"

《白榆集》文卷二《〈范太仆集〉序》:"不佞以吏牍小暇,时得侍先生杖履于西佘、天马之间,见先生逸翰飚飞,嘉藻泉涌,口不言而神伏焉。……范先生之诗,固自有足传者,在要不在诗。将闲情旷度时寄之山川风月,是乃先生之所以传者也。"

张世伟始识屠隆。

张世伟《自广斋集》卷一五《屠仪部》:"屠隆,字纬真,浙之鄞县人。丁丑进士。余十二三时,从家君馆娄江,识先生为由拳令时。"

张世伟,字异度,号泌园,吴江县(今江苏苏州)人。万历四十年壬子(1612)举人。连举不第。以贤良方正举,不就。以坐馆为生。与周顺昌等交往密切。崇祯甲申(1644),赠翰林待诏。有《自广斋集》十六卷附《周吏部纪事》一卷。见朱彝尊《静志居诗话》卷一九。

张世伟《自广斋集》卷一一《先考省堂府君暨先妣袁硕人行略》云其母万历二年甲戌(1574)十二月卒时,兄世俊八岁,自己七岁。《自广斋集》卷二一《先兄孟舒先生行略》亦云:"先硕人之弃二孤也,兄八龄,伟七龄,号恸如成人。"由万历二年(1574)逆计之,则其生年为隆庆二年(1568)。本年,张世伟十二岁。

万历八年庚辰（1580）　38 岁

正月十五，衣道袍观灯。

　　《鸿苞》卷四七《元夕记游》："青浦僻陋，民纤啬，故不识岁时元夕。旧无张灯，百姓为溟涬子张灯。十五夜，溟涬子衣道袍，冠毳冠，以二童子自随出游。甫出县门，父老子弟拥千数追随，华灯簇簇，烂于星月。童子传呼除道，溟涬子止之曰：'无呼。'童稚多倚门，伐鼓吹箫为欢。溟涬子至门，辄止。溟涬子谓童子：'第鼓吹，勿为止。'百姓乃不复知为县官。……溟涬子曰：'邑不幸去年被灾，而民得不流离，岁时风景犹如此，聊书之以识喜。'"

二月十五日前后，冯梦祯两度过访青浦。

　　《由拳集》卷一六《与嘉则先生》："花朝，开之两度见过，居斋中，俱数日剧谈高啸，欢如常时。"

　　花朝，旧俗以农历二月十五日为百花生日，故称此日为花朝节。吴自牧《梦粱录·二月望》："仲春十五日为花朝节。浙间风俗，以为春序正中，白花争放之时，最堪游赏。"

王稚登来书，请为胡泽作墓志铭。后作成，寄之。

　　《由拳集》卷一六《与百谷》："昨友人冯开之坐丝头，作三日留。……新春协风且至，农事方兴。……雅闻胡侍御公高行亮节，竟坎廪死。……诚得以笔足供役，甚愿，不敢辞。"

　　《白榆集》文卷一八《明故御史莲渠胡公墓志铭》："公生于嘉靖甲午十一月，卒于万历己卯四月，得年四十有六。……二孤将以是年某月日葬君蠡湖之桃花坞，公友人王山人叔承、王太学稚登以墓铭见属。两君不博求当世之贵人钜公，而属余小子。余小子不佞，顾恒好谈士大夫美行侠节，乃不辞而为之铭。"

　　《白榆集》文卷六《与王百谷》："胡原荆侍御，真磊磊丈夫，死不足哀，贫又何伤？……愧鲰生小才，无能扬其大者。……墓铭、书两通，一致胡氏孤，一致先生案头。别来念先生良切，何以慰我？"

　　据墓志铭，胡泽，字原荆，无锡（今属江苏）人。嘉靖四十四年乙丑（1565）进士，历官永丰知县、御史等。

二月十九日，母抵青浦，得沈明臣书。后长兄屠偁来省母，以诗勉其安贫守义。

> 《由拳集》卷一六《与嘉则先生》："岁杪无便羽，无从一寄讯，念先生不去怀中。老母东归，承先生时过存，具见长者高义。二月十九日，家兄始奉老母抵署中，得先生手札，如睹先生之面矣。"

> 《由拳集》卷一六《与开之四首》其三："老母以十九日抵官署，距仁兄行一日尔。辄荷见存，敬道雅意于老母前矣。仁兄之华亭，日与诸故人燕笑为乐。"

> 《由拳集》卷一七《与李之文》："家兄奉老母抵署中，正拟足下与俱，不谓竟得空札，跫然不来也。懊怅何已。"

> 《白榆集》文卷二〇《哭伯兄东山先生文》："去年，兄来省老母于官舍，不肖不能以禄入润吾兄，而所以事吾兄者不敢缺。兄命不肖撰一言为寿，而不肖云：'六十贫犹昔，无惭廉吏兄。'盖勉吾兄以贫守义，无以一第故，辄改其初。"

阴雨连绵。二月二十三日，率众祈晴。

> 《由拳集》卷一六《与嘉则先生》："献岁又复苦阴雨连绵，今月廿三，告城隍神，是日乃霁。微天之幸，二麦有望矣。"

> 《由拳集》卷二一《祈晴》："往某等率士民虔祷于明神，业承灵贶，应时晴霁三日，……四之日复雨。何也？岂两岁灾眚，帝心有在，非可以蝼蚁微诚力为转移，即神明亦不得而与其力耶？……去年伤于淫潦，今岁复苦于阴雨，将生人之类，不复可延。蠢尔贱臣，言之于邑。惟明神其图之。"

> 《由拳集》卷二一《谢晴文》："往岁夏五月雨，今春土脉甫动，农事将兴，又复连遭阴雨，乃率官师士民自陈罪状，且告之悔，而明神遂鉴其愚忠，以请于帝，是日乃霁。……某与士民奈何敢不敬？"

在冯梦祯离开青浦后，为沈明臣作传。二月底，与书沈明臣，言冯梦祯欲为其刻《由拳集》，请沈明臣为其刊定。

《由拳集》卷一六《与嘉则先生》:"西湖春事正盛,……适开之正在归途,先生以此时出门,计三月初旬可直于湖上。……开之出门岑寂,退食偶暇,撰得《嘉则先生传》一首。传先生固多明笔,乃隆不肖,敢自谓知先生于行辈中为最深,握笔者,余小子何敢多让?文字即未精工,其言先生大略若是。敬奉去,惟高明自择焉。中间描写胡司马及先生行实一二,颇得英雄本色。差少法度耳。开之固欲为我翻刻小集,不得已付之。先生传亦已付去。外,临别时有七言律一首,送行李不及录稿,之武林,幸持原稿付梓人。新旧集再乞先生一刊定焉。"

建二陆(陆机、陆云)祠,作记。

《由拳集》卷一八《二陆先生祠记》:"不佞来令兹邑,既以祀两先生学官,复为之建祠,专祀焉。……是役也,不佞寔捐俸首事。终之者,部民陈谟、蔡伦,而祠基,则俞孝廉显卿所捐土田。皆好义有志者,得并书。"

《嘉庆松江府志》卷七三《艺文志·金石》:"二陆祠记,明万历八年,青浦县知县屠隆撰。"

与冯梦祯商讨《由拳集》的选订和刊刻之事。作《欢赋》。

《国朝名公翰藻》卷四六冯梦祯《与屠长卿》:"顷者信宿湖上。……此日友人相约登六和塔看潮,恨不能与足下共之。且以九日望后晤足下县斋,当以遂访君典敬亭山中。《由拳集》版谨致讹字,幸一一检改之。刻工朱生谨命同往。君典书今日早发矣。"

《国朝名公翰藻》卷四六冯梦祯《与屠长卿》:"月初,张使来,得《欢赋》泊尺书。读之,喜翩翩欲狂。此赋称难工,足下搦管便宏丽若此,即江、鲍而在,犹然辟易。……仆受校足下集,且卒业,遂固有评骘。丙子以前,间出声俊,尚多措大面目。至北上诸作,始雄爽可喜。自后才情傅合,纵横变化,如饵九转丹砂,骑日月,凌倒景而上,遂与凡景隔矣。遂欲为足下作忠臣,有所删去,大都诸生时作,泊张司马诸公代草耳。足下乃比于裂骈割疣,即存此,不害足下千古。……足下幸弗以割爱为病。雪山有草,名曰肥腻。食之纯出醍醐。足下丙子前,特未尝此耶?"

冯梦祯《快雪堂集》卷三三《与屠长卿》:"惠物领悉,佳刻乃及鄙言,陶铸不浅,万一离娄子眇焉,眣之得无以鱼目为明月累乎?"

《由拳集》卷一六《与开之四首》其四:"小刻足下与长孺意既决,敢不惟命。新旧稿并奉去,在两君财择,目录且无刻,随有,得不妨次第寄往。两君业为叙,嘉则宜有作。敬遣吏持上原台(稿),弟检阅。不日有人走西湖,工直弟自处分。两君贫士,不如令床头犹有俸钱,不以相累,费公神思,可尔。"

《由拳集》卷一七《与冯开之》:"新刻都雅可观,第仆意欲直称《由拳集》,其上不必冠以屠长卿三字更适之。足下所删十之三四,为不佞藏拙,甚善。所删去篇目,幸一一示来。脱有一二文字可去,而其人其事有当存者,尚欲为足下请之。亡则遂已之,不敢自庇护也。近作可多存不? 黔娄之家,鲜有奇宝。足下恐第亦姑就其人存之。……更望稍秘此事。承命作《欢赋》,……不佞一夕而作此,其何能工? 然沉着不足,飘爽有余。……古乐府嗣作若干,祖用旧题,出以新意,不袭前人一语。……感怀诗必不忍弃去,今增唐惟良、曹子念二首,置之杨公亮后。徐、彭二子叙,都作六朝语。徐当为前叙,彭为后叙。二子既作六朝,足下当为史汉。嘉则恐不可无一言,王百谷于不佞有知己之雅,恐亦不能忘情。仆往所自制,可刻之集中,题当云何,足下定之。不欲弃去也。"

《欢赋》在《由拳集》卷一。《欢赋》序云:"余处冗贱,百忧煎人,侧身天地,常苦踽踽,思欲挥闷散心,寄兴楮墨。我思古人动多忧愁,昔士衡叹逝,文通赋恨,惊心动魄,一字一叹。每一披览,秋风飒飒,风雨欲来,使人恻怆。几不知有生人之乐矣。友人冯梦祯谓仆曰:'子何不为《欢赋》? 悦心畅意,破彼我之烦懑,宣万物之郁塞,则此道贵矣。夫愁苦之语易好,欢娱之言难工。然乌可以其难,而含毫沮丧也?'于是,为赋焉。文通诸君子,见当掩口。"

与书王稚登,请其为《由拳集》作序。

　　《由拳集》卷一七《与王百谷》:"君典与不佞有女萝之约,且指苍天以为正矣。先生有便,亦幸一从臾之。……开之为不佞校刻小集,敬恳先生一言。自知缊黂,欲借饰山龙,惟先生图之。"

为父作行状。

　　《白榆集》文卷一六《先府君行状》:"嗟乎!先府君无禄即世十有五年,于兹尚未得劂片石,卜寻丈之地而大归也。不肖孤盖负死罪十有五年。……倘一日得归,卜葬地,劂石从事,不肖孤死且不朽。于是,孤自为府君状。"

　　屠隆父嘉靖四十五年去世,至本年前后十五年。

四月初四,长子金枢出生。冯大受有诗相贺。

　　《由拳集》卷一七《与李之文》:"所可喜者,四月初四日亥刻,室人举一子。"

　　《由拳集》卷一七《与开之二首》其一:"承仁兄及贤嫂氏念及寒荆,果于四月初四日亥刻举一子,沐发矣。作书时,寒荆倚床,嘱仆寄声谢贤嫂。相见之期在足下,不在仆。……端阳前后,如足下不一视我县中,仆且为文诅楚。"

　　姚弘绪编《松风余韵》卷五冯大受《寿屠明府兼贺得子》。

　　明年,屠隆次子玉衡出生。冯大受此诗不详作于今年还是明年,姑系之今年。

　　冯大受,字咸甫,华亭人。负才名,工书法。万历七年(1579)举人,困公车三十年。谒选得阳山县,改教余姚,擢知庆元县。致仕归。有《竹素园集》。见姚弘绪编《松风余韵》卷五、《嘉庆松江府志》卷五四《古今人传六》。

闰四月初四,沈明臣与沈懋学、冯梦祯同至青浦,各出锦襁、金钏及洗儿钱。明日,为汤饼会,吃满月酒。明臣为作《洗儿曲》,并为小儿取字曰阿云。与沈懋学有儿女婚姻之约。泛舟清溪,各有诗。费尚伊有诗相询。

　　《鸿苞》卷二二《沈君典诸公游记》:"沈君典在告,居青山岁余,以万历八年四月出游。方冠布袍,以一奴自随。径至武林西湖,访开之郊园。会沈嘉则至,相与泛西湖。……君典以书相闻,且曰自西湖棹扁舟,过清溪,访余斋中。……五日而君典、开之联舟来,相见大笑,不能作一语,直入斋头。时溟涬子方举一子。弥月之先一日,而两君适至。是夕,嘉则亦来。各出锦襁金钏及洗儿钱。明日,同为汤饼客。嘉则为《洗儿曲》。……君典摩其顶,诧曰:'佳哉儿,它日文学不数阿爷,科名不数沈郎矣。吾家孙姬有身,卜当得女。得女,以妻此儿。'溟涬子曰:'丈夫宁可食言?'开之曰:'吾且为媒氏。'问小字沈先生,先生曰:'青溪,云间地。此儿云间生,当小字阿云。'客咸曰:'善。'"

《洗儿曲》见《丰对楼诗选》卷一〇。

冯梦祯《快雪堂集》卷二三《祭屠母赵太君文》:"惟余骖乘,令子同举。倾盖投分,一笑心许。令子领邑,余旋归里。扁舟娄从,倡予和汝。起居太君,温然色喜。若母吾母,视余犹子。每忆庚辰,太君抱孙。余偕君典,千里及门。喜啖汤饼,喜订婚姻。沈姬免身,天惠得女。缄书清溪,愿谐宿许。余忝睿修,宛陵是征。一段奇事,千古交情。"

《由拳集》卷一七《与李之文》:"弥月之先一日,沈君典、冯开之及嘉则同日来,做汤饼。客各出金钱,洗儿。……问小字于沈先生,先生字之曰阿云。云间生儿也。"

《白榆集》文卷一九《沈太史传》:"及不佞自颍上移吴会,而君典来。来则不佞方举一子,遂有婚姻之期。"

《白榆集》文卷六《与君典约婚书》:"及余举此儿,弥月之明日,而仁兄与开之适至。诘朝,遂为汤饼客也。仁兄摩此儿顶,许之曰:'佳。'盖啼声未试矣,而辄称孙夫人且有身,数当得女。得女以字此儿。再越月,而报孙夫人举女。仁兄竟弗寒盟。……不腆之币,敬徼宠灵,永以为好。"

《白榆集》文卷六《与李之文》:"君典未生女时,即以生女见许。

不佞以贫为解,沈君称正取足下贫。……已而果生女,即走使见报。不佞贻书,犹未敢显然将前辞。而君典答书,辄称神仙眷属矣。"

沈明臣《丰对楼诗选》卷三三《万历庚辰又四月四日,宣城沈君典、就李冯次公及其子开之、华亭莫廷韩、昆山沈献可集屠长卿青浦署中,分韵余得山字》。

《丰对楼诗选》卷三三《五日,复同诸君泛舟青溪郭外,沈、莫二子辞去,复有彭生钦之、徐生孟孺,分迟字》。

《由拳集》卷一一《浦口夜泛,同沈嘉则、冯开之三首》。

沈懋学《郊居遗稿》卷二《同沈嘉则、冯开之、屠长卿泛舟清溪》。

费尚伊《市隐园集》卷一《屠长卿令青浦,闻沈君典、冯开之轻舟造访,剧饮十日而还,遥有此询》。

五月,沈明臣、王稚登、冯梦祯、屠本畯再集青浦,饮酒赋诗。

《白榆集》卷三《庚辰五月,沈嘉则、王百谷、冯开之、田叔见枉青浦署作》

《丰对楼诗选》卷六《庚辰五月十六日,集屠青浦署中,同田叔、开之、百谷》。

五月,沈明臣、徐益孙为《由拳集》作序。

《由拳集》卷首沈明臣《〈由拳集〉叙》:"及今令青浦,所著文章诗赋益鸿巨,益不能自秘。而冯太史开之谓前刻稍类,乃取而与沈太史君典删定之,增新者十之六,更名曰《由拳集》。盖由拳,故青浦地。……而开之更取付剞劂,属予叙。谓曰:'长卿严事先生,先生知长卿尽,合有言。'予于是序。……明万历八年岁庚辰五月,甬句东沈明臣嘉则父撰。"

《由拳集》卷一七《与沈嘉则二首》其二:"读《〈由拳集〉序》,奇气咄咄来逼人,真举龙文宝鼎手,快甚。顾余小子虚薄,无足当先生扬诩尔。"

徐益孙《〈由拳集〉叙》在《由拳集》卷首。

《白榆集》文卷八《与徐长孺》:"《欢赋》请教,佳叙大是潘、陆门风。骨力风调,称其为才子矣。"

徐益孙,字孟孺,号与偕,华亭人。太学生。传见何三畏《云间志略》卷二二。

以《由拳集》寄李先嘉。

《白榆集》文卷六《与李之文》:"开之近刻成,奉去一册。此刻尚阅,世间得此者,四三君而外,不以滥及,幸知之。"

以《由拳集》寄王世贞,王世贞来书,谈其读后感。

王世贞《弇州续稿》卷二〇〇《书牍·屠长卿》:"《由拳集》读之,真如太阿出匣,霜风飒然,又似薝社湖头睹明月珠,目眩睛遁。……雅觊拜领,遂附不腆之敬,为恐简牍为荷。"

王世贞《弇州续稿》卷二〇〇《书牍·屠长卿》:"每读足下《由拳集》,见与冯开之书,辄娓娓不置,私窃怪咤,以为何物冯郎,乃能倾倒足下。寻得足下所致开之尺牍,诵之令人口吻习习吐五色气,如夜行鄠杜间,遇蹑剑御风客,亡论为仙为侠,要不作人间人。非足下当之,旗乱辙靡矣。中间所最爱者,七月一书。于放逸中出精理,其他叙事,殊藻雅有思。不知他文定何如?当亦不落夹也。"

与王锡爵、王世贞、沈懋学等奉昙阳子为师。九月九日,昙阳子卒,屠隆为作《仙师传》。又有《恭送昙阳大师十九首》。与王世贞往来书信多通,讨论《仙师传》的内容。

王世贞《弇州续稿》卷二〇〇《书牍·屠长卿》:"乡者语足下,为具一启,当为上之师真也。居三日而有鲤鱼之札至。其缄口密而貌甚整,以为果上之师真也,则驰一介,投元驭宗伯,发而知其误。乃师真莞然解颐,顾谓元驭:'姑志之。此子才识志行,非肉食者伍也。第福业尚未竟,应须于苦海中了之。'又再三致声,但坚持启中语。时至,当有为若师者,不必我也。盖元驭之报札云尔。又三日,而始得足下书,具悉。……足下过自摧抑,谓兰台石室,名籍素定,而不敢觊。子不仙,固不敢觊兰台石室之有名籍;子不登兰台石室,又安知名籍之不有子耶?丈夫患无志耳。木可使穿石,石可使作镜。而况一身中事耶？勉之,勉之。师真之旨,仆当与足下共勉之,勉之。"

王世贞《弇州续稿》卷二〇〇《书牍·屠长卿》:"得手教,具感护法至意。……兄不旬日已成《仙师传》,……第仆居一再侍仙师,意似不欲太漏光彩,又亟戒仆寡言。而篇中过情之谈,往往滥及仆。仆不敢辞世法谤,恐得罪上真耳。记向者师与兄书,谓大道知之不言,言之不文。兄不能忘言,且又闻矣。其姑秘之,以为箧中之宝。若中间小有传闻异辞,则另列上,从容质元驭先生可也。"

《白榆集》文卷六《与以德》:"某抵吴会,两食新矣。……八月中旬,见邸报,仁兄有归省之请。……昙阳师真遂证大道,位列上清,以九月九日羽化。宝箓玄言,仅有存者。君典幸授玄教为弟子,不佞弟亦滥蒙甄收。……君典复与弟为女萝之契,更思足下尔。"

《白榆集》文卷六《与君典》:"师真行后,两从梦境示元驭、元美先生,同夕同梦,同教敕语云:'是摄魂去,非梦也。拳拳以诸君退悔为虑。此后精进不已,五年必见。见当授以道要,如自沦落,即不得见。非特不见,祸罚从之。'其言如此,使人懔懔。……十一月初一日,宪且进观,仁兄能一至不？至则幸密以闻。……直塘还,遂为《师真传》奉览。初成寄元美,元美谓宜秘。后得师真意,不妨便传。阐道宣教,开化后人,亦在所不禁。……不若遂传之。第不佞居此中,尚未可出。今所见,独元美与足下矣。元美业稍为核实,更求有道印证焉。"

《白榆集》诗卷八《恭送昙阳大师十九首》。

《白榆集》文卷六《与田叔》:"昙阳大师以道家虚静兼释氏圆通,而从精严实相处着力,教本人伦理兼性命,真吾师也。……《大师传》刻成矣,敬奉去四册,足下作序。另刻可以此为据,刻成寄我。"

《白榆集》文卷六《与君典》:"师真宪入观,弟亦谨以辨(瓣)香、短疏往参。……使者至自娄上,拜命之辱,仪文过腆,何以堪此？感激,感激。适貌得师真像二帧,装潢已成,一留斋头供养,一奉去,知兄处尚少此尔。……《师真传》敬如来教,刊定一二矣。"

《白榆集》文卷六《再与元美先生》："《师真传》一如指教，更定，另录一通奉去。大作成，千万示教。不宣。"

《白榆集》文卷七《奉王宗伯元驭先生》："吾侪小人，幸得依归大道，即汤火可蹈，何论其他？……先生与吾师俱非诞谩相欺者。《师传》不妨遂行，幸长者亮之。"

王世贞《弇州续稿》卷二○○《书牍·屠长卿》："得手教，满纸具见精进至意。……先师传更无可议，幸其意亦然，无妨纸贵也。"

王世贞《弇州续稿》卷二○○《书牍·屠长卿》："先师龛以朔后二日子时发徐墓。……前后启二通，俱拜祝于几而焚之。最后，莫廷韩致足下一纸云，欲令渠作小楷丹石而剞劂，甚佳。传文精绝，无可复措商榷。内九日化事，云顶作两髻，而后却称祀徐郎墓，截右髻置之。似小抵牾。盖是日截右髻，故巾裹发前，横玉冠，寻解，见授去巾，为左髻耳。弟（第）去前双髻语可也。足下或有公期来此，一瓣香了未尽心，仆虽痛谢客，尚堪修庙，祝装以见。"

王世贞《弇州续稿》卷二○○《书牍·屠长卿》："月来不见公竿牍，一见之，觉九咽中作甘露，洒爽不可言。……公何时能一见过？……近从续高僧传得鸾大师遗迹，兼他所考据，又得二三事，辄仿传体，以一记蕞之，垂脱稿矣。元驭丈刻公传将完，却并上也。公才太高，诚于淡之一字，加力应世出世，何所不可。"

王焘贞（1558—1580），王锡爵女。后以昙阳子为号，幼字徐景韶，未婚而夫死。诡云十七岁遇上真，据传六年不食。今年重九死，明年正月合葬。王锡爵、王世贞、沈懋学、屠隆等奉昙阳子为师。传见王世贞《弇州续稿》卷五六《纯节祠纪》、《昙鸾大师纪》、卷七八《昙阳大师传》。

屠隆《仙师传》未收入其诗文集中。

与书沈一贯，闻有人"横作口语"。沈一贯回书，劝其"益勤明德"。并有诗寄屠隆。

《由拳集》卷一七《与沈肩吾太史》："待罪鄞邑，亦惟是日夕竞竞，择地而蹈，罔敢逾法度尺寸。敝地父老子弟颇安其拙，乃闻有向长者横作口语。此必不肖有凉德于彼，偶不自知。不然者，何以至此？伏蕲足下哀其蠢愚，而教植之。幸甚。"

《国朝名公翰藻》卷四三沈一贯《与屠长卿》："足下虔承国纪，道宣皇泽，邑子啬夫，咸除狙犷。易沴为和，化危为丰。厥猷畅茂，咸兴颂声。往者剧县能吏，率不时迁。而今淹终三年，佳绩播闻，未有后命，成功之难也如是。虽然，主上即不求才能吏而官之，求才能吏而官之，执事之外，少二三矣。语曰：'影从表，瑞从德。'愿执事益勤明德焉。"

沈一贯《喙鸣集》文卷一二《酬屠长卿二首》其一："谁言州县独劳人，青浦缄题物色新。"其二："小园芝兰馥馥闻，故人书札远氤氲。斜风一道相思字，直以此心遥对君。绿鬓无多堪暮雨，虚名久已付浮云。陶家若有归来赋，野寺扁舟共日曛。"

与书甘雨，言自己没因文事而废民事。

《由拳集》卷一六《与甘应溥侍御》："交游中得士如足下，可为吾徒增一恒岱。……簿书小暇，亦惟是二三故人，冯开之、沈嘉则时时相闻问。而此中有士曰莫廷韩、徐长孺、彭钦之，皆藻雅冲亮，可与言。仆虽处泥途，不闷也。偶意兴所到，吐一二里言咿吾，北窗下自取快意而止。而议者有谓空文无当，无补于殿最之毫末（末）。所知遂举以相戒。嗟、嗟。令贱子日夜工雕虫之技，而置民事都不问，以废职业，而买虚生，则吾岂敢？仆不过偷取一时之暇，或夜悬灯而手一编，以解烦散郁，及吐一二言自为适，固非沉酣其中者也。居官而至以读书修艺文为戒，亦可悲矣。夫官之秽德，足以败官者何限，而独文章哉？……琐琐略陈，伏惟澄照。"

与书沈九畴，言自己雅好文艺，遭人诟妒。

《由拳集》卷一六《与箕仲》："仆居此中，无治状可称。弟不但操行，即一謦笑，亦不敢苟，而哓哓者犹向肩吾不休。仆何敢知其人，即知之，何敢恨也？……平生好弄笔墨，今为簿书吏，固尝决意焚楮研，专志治簿书,庶几得职,而偶遭文人,不堪技痒,又好折节时贤,旁观不察,或以为近名。百日墨守,一朝而失之。片语出人间,便足诲妒。明知其如此,而不能割也。……使仆尽捐笔墨,一意簿书,便觉太无聊赖,亦不能知有官人之乐矣。然以此故,长恐为世人口实,而勤苦恒倍于他人。黔首之事,以身任之。即至猥琐劳瘁,不敢辞。足下所知也。薄命之人,进退维谷。假使仆雅无文艺之好,而别有凉德,人将舍我乎?……沧海之曲,可以投竿。仆不当攒眉而向故人穷愁之言,不觉觍缕。恐足下厌听。"

秋,长兄屠佃卒,有诗文哭之。

《由拳集》卷一七《报开之》:"不知秋风飒从何处来,摇落之感,想当同之。拙稿刻甚精工,重劳尊神。……适有家长公之戚,慌乱失次。君典与孙姬、吴姬同居郊园,……孙夫人尚未免身。数日前曾有人来,书中令仆劝仁兄稍择交息游,亦谓不佞也。仁兄颔之不?"

《白榆集》文卷二〇《哭伯兄东山先生文》:"呜呼,痛哉!讵谓今日遂哭吾兄也?……兄堕地六十年来,忧愁贫苦,盖居其强半。伸眉而开颜者,百无一日。……逮其晚岁,不肖始得窃一第,补邑小吏,兄乃少抒六十年之烦忧,而不肖为吏廉,奉国家三尺惟谨,小吏之俸不足以饱诸兄,兄贫犹故也。……某与老母一闻兄病,日夜悬念,亟割俸驰归,迎医祷神,犹万一无恙。未几,而竟以讣闻。老母以八十有余之人,而哭吾兄千里之外。母既衰暮,岂复堪此大哀?不肖既痛吾兄,又惧伤老母。有涕则掩,有声则吞。阳劝老母堂上,而私哭吾兄室隅。伤哉,兹情!……呜呼,痛哉!尚飨。"

《白榆集》诗卷四《哭伯兄四首》。

徐朔方先生《屠隆年谱》云屠佃或去年去世,误。《晚明曲家年谱》第二卷,第326页。

九月十六日,为王稚登《竹箭编》作序。互有礼物相赠。

王稚登《竹箭编》卷首屠隆《〈竹箭编〉序》:"竹箭者,吾大越之美也。……君发蛇门,由御儿港东渡钱唐,取道西陵,然后浮甬东,出海

门,望三神山而归。复遵会稽,立马石帆、秦望之上,吊范蠡、计然,诸
君皆不在。而所谓竹箭者,独菶郁如昔。于是,感而欲掩之也,以君
垒块,使得当吴、越王麾下,庶几子胥、少伯无难,而徒以其垒块者,发
为丽辞,吐为佳言。……万历庚辰九月既望,东海屠隆撰。"

《白榆集》文卷一《〈竹箭编〉序》未署作年。

《白榆集》文卷六《与百谷》:"《〈竹箭编〉叙》,对使属草,愧不能
工。承教。……芧帐敬领,红蜡三十枚,助足下清夜谭名理。"

送范守己任南京刑部主事,有诗。

《白榆集》诗卷五《送范司理之南比部》。

范守己,字介儒,洧川(今属河南)人。万历二年(1574)进士,授
松江推官。迁南京刑部主事,终兵部职方郎中。传见《嘉庆松江府
志》卷四二《名宦传三》。

据《嘉庆松江府志》卷三六《职官表》,范守己万历三年(1575)至
八年(1580)任松江推官,其继任者浦城人徐民式,万历九年(1581)至
十四年(1586)任。

为张所敬母作墓志铭。

《白榆集》文卷一八《张孺人墓志铭》:"海上张子所敬长舆为人清
真,有奇才,不佞雅闻之。……一日,手其所字为母氏张孺人状,而乞
墓不佞。不佞守土吏,昕夕惟簿牍锥刀之是理,而假理墨卿为,以与
亡者谋及地下也。张子固请不已,又以其才故,于是,不辞而为之。
……孺人生于嘉靖二年癸未之正月十六日,卒于万历八年庚辰六月
之初五,享年五十有八。"

张所敬,字长舆,上海人。诸生。见《嘉庆松江府志》卷五四《古
今人传六》。

与书倪涷,慰其量移同知,又有诗寄之。

《白榆集》文卷七《与倪郡丞》:"明公江右之政高于古人,天下有
耳有目者,某谁不见闻?……不意蹭蹬于时,仅以需次,量移郡贰。
一官方迁,四海称屈。某闻报骇愕,扼腕腐心,虽连叩阍人,思欲一登

阶,序问其寒暄,吐其烦懑,而贵体尚在卧疴,咫尺不见恩府。……谨遣吏恭候贵体无恙。夫风云未期,升沉有命。一官幻泡,人生亦浮。得意恒有可忧,失马安知非福。况公论久而后定,天理晦而后明。伏愿我公以从容宽舒处之。从来贤人君子,多于此处着力。某猥以下情激切,不自知其放言至此,不任殒越瞻仰之至。"

《白榆集》诗卷五《倪使君闻报,暂还会稽,却寄》。

倪涷,字雨田,上虞(今属浙江)人。万历二年(1574)进士,知江西安福县,移松江府同知。简易近民,严束军弁,漕事甚办。某御史修隙,论谪山西按察司照磨,终广东琼州知府。传见《嘉庆松江府志》卷四二《名宦传三》。

又据《嘉庆松江府志》卷三六《职官表》,倪涷万历八年(1580)任松江同知,其继任者洛阳人吴三省,万历九年(1581)任。

与书孙𨥤,请其提携照顾。

《白榆集》文卷七《与孙文融吏部》:"追维昔者旅食长安,得御大雅,辄荷许义金石,寻盟岁寒。每捧读南国诗人之句,实感知己。……某待罪三载,兹当给由例,得遣吏赍文赴部,便布空椷,敬问台福。家有老亲,今年八十有三,将以仰希龙章之宠,下伸乌鸟之私。伏惟明公以孝治天下,某奉职虽无状,倘幸录其三年犬马微劳,俯赐提掖,其自老亲而下,实拜恩休。某不任顶戴殒越之至。"

孙𨥤(1542—1613),字文融,号月峰,余姚(今属浙江)人。万历二年(1574)会试第一,为文选郎中,累进兵部侍郎,加右都御史,代顾养谦经略朝鲜,还迁南兵部尚书。有《孙月峰评经》、《今文选》、《书画跋跋》、《孙月峰全集》等。传见于慎行《谷城山馆文集》卷四《送抚台月峰孙公入为少司寇叙》、《明史列传》卷八五。

读曾同亨《平蛮奇勋全录》,有书与诗寄之。

《白榆集》文卷七《奉曾大司空》:"近有至自京师者,以《平蛮奇勋全录》见惠,某长跽发读之,有以仰见相公石画神智。安边鄙,益社稷,成天地功,不胜景慕。敬撰鄙语四章,将以奉献。而卑职待罪两邑,任满三载,适给由吏役北上,乃僭削一牍,再拜北向。械付下吏,进之门下。"

《白榆集》诗卷五《读平蛮奇勋全录,寄答曾大司空四首》。

与书张元忭,请其为二亲恩命撰制词。

《白榆集》文卷七《与张阳和太史》:"某不肖窃禄两邑,任满三载,治行无闻,罪行甚著。仰仗门下宠灵,幸免黜罚,例得以二亲之恩命请。上干龙章之宠,下伸乌鸟之私。所撰制词,应出门下大手笔。以此长跽械情,披沥陈恳,伏惟门下山川间气,文章巨公,片语南金,四海共宝。倘蒙不鄙夷小子,俯赐一言,慰先严于下泉,光垂白于堂上,其自不肖而下,以及子孙,世食明德,其何敢忘?下情耿切,伏乞大君子垂仁采纳,某不任瞻仰殒越顶戴之至。"

张元忭(1538—1588),字子荩,号阳和,山阴(今浙江绍兴)人。隆庆五年(1571)进士第一,官至翰林侍读。卒谥文恭。有《不二斋文选》等。传见朱赓《朱文懿文集》卷一一《张公行状》、《不二斋文选》卷首王锡爵《张公墓志铭》、《明史》卷二八三。

与书骆问礼,请其为侄孙谋一教职,为其婉拒。

骆问礼《万一楼集》卷二八《答屠赤水》:"读《由拳集》,知门下之陵跨古今,为海内所推服者,不虚矣。……令侄孙来,忽承大教,推奖过情,而且谓有耶溪苎浣之兴,岂惟山川借光,企仰宿抱,将得少舒?而或者谓门下卑视一世,胡肯轻以一字及不才?必伪简耳。生意名贤咳謦得,窃闻之,即赝,亦足珍诧。况令侄孙恂恂可敬,此岂有别肠者?但敝地荒落,馆地一时难得,容徐图之耳。临楮驰仰,不任统惟照存。不宣。"

骆问礼,字缵亭,诸暨(今属浙江)人。嘉靖四十四年(1565)进士,历官南京刑科给事中、楚雄知事、湖广副使等。有《万一楼集》。传详《万一楼集》卷首陈性学《万一楼居士墓表》、《明史》卷二一五、《光绪诸暨县志》卷二九。

书中说"读《由拳集》",知书作于《由拳集》刊刻后。不详具体何年,姑系于此。

赏识钱良辅。

> 何三畏《云间志略》卷二一:"时青大令四明赤水屠公以博学高才雄视一世,而公以子弟礼见,不能难之以所不知,遂折行定交,引为重客。而公亦自矜重,无所私谒,而亦无所私干。屠令亦敬礼之。盖重其学,亦重其人也。"

> 钱良辅,字德卿,号傅岩、毅庵,华亭人。万历十年(1582)举人,后屡试不第。传见何三畏《云间志略》卷二一。

> 不详具体何年,姑系于此。

万历九年辛巳(1581) 39 岁

阎邦宁任松江知府,待下属严峻。清丈履亩,以余田归原号,遭阎邦宁呵斥。屠隆据理力争,仍以自己所造之册上报。

> 何三畏《云间志略》卷四:"万历七年来任吾松。……其待属下吏颇觉严峻。当是时,杨公云楼东野令华亭,敖公南溟选令上海,屠公赤水隆令清溪,并负循良重望,而公绝不少假辞色。文移应对间,稍不当意,即加呵斥,甚而骂詈。三大令意殊不堪,而亦以此严惮之。"

> 据《同治上海县志》卷一二《职官表》,金堂(今属四川)人敖选万历二年(1574)至七年(1579)任上海知县。其继任者监利(今属湖北)人邓炳万历八年(1580)至万历十年(1582)任。

> 据《光绪华亭县志》卷一一《职官》,山东沂水人杨东野万历六年(1578)任华亭知县,其继任者湖口(今属江西)人陈秉浩万历十一年(1583)任。

> 何三畏《云间志略》卷四《青浦令赤水屠侯传》:"时江陵柄国,檄天下郡邑清丈量田。郡守阎公月川奉行唯谨,每呵詈邑长。侯不以介意,从容应之。册成,守复讶其丈出余田,仍归原号,摄掌计吏往。侯肃衣冠,先入府堂,叱吏使去,曰:'有错误,我自承之。'郡守怒未平,语刺刺相让。侯正色折之,曰:'此官长见谬,非县令罪也。文量

原田，譬之衣领，挈之始明。丈出余田，譬之衣带。带非衣不附。今可使带自为带，衣自为衣乎？'郡守语塞，卒如其册以上之。当路径不如使之易也。"

阎邦宁，字子固，号月川，源武县（今属河南开封）人。隆庆二年（1568）进士。传见何三畏《云间志略》卷四。

又据《嘉庆松江府志》卷三六《职官表》，阎邦宁万历七年（1579）至九年（1581）任松江知府。

关于履亩之事，参见《屠隆两任知县的治绩》一节。

请王世贞为父作墓志铭。

《白榆集》文卷八《与凤洲先生》："先生文字，上帝所重。……不肖偶得幸于先生，数年以来，绝不敢以笔札之役仰渎长者。即先君弃不肖十六年于兹，而以家世贫贱，故尚在浅土，未得镵片石而铭也。……尝私撰一行状，未敢径以为请，谨斋沐奉叩。倘长者以不肖故，怜而破格许之，容以状往，悚息听命矣。……先子之铭，十六年不敢向长者长觊乞铭，而迄今尚不欲得他人文字，此其情可念也。唯先生图之。"

王世贞《弇州续稿》卷二〇〇《书牍·屠长卿》："扇头五六言绝句，把玩不忍释手。……足下五月初当为太公效不腆地下，苟必欲露丑于石，则章藻其人也。余不多及。"

王世贞《弇州续稿》卷二〇〇《书牍·屠长卿》："向仓卒具草，不足为先公地下重，万毋灾石也。"

王世贞后作《屠丹溪公墓志铭》，见《弇州续稿》卷九三。

作《长水塔院记》，寄陆树声。陆树声回书，言读记之感受。

《白榆集》文卷五《长水塔院记》："余尝与袁长史福徵、沈征君明臣、冯吉士梦祯登泖塔，坐藏经阁，凭栏瞩眺，四面空水，迥绝大地，浮屠肖然矗立烟云空翠间，……余心洒焉，乐之。时与诸君各赋诗纪游。……大宗伯陆公树声倡缘为置大藏，割腴田数十亩以供香火，遂为吴中名刹云。寺僧某因袁、冯二君请序于余，且谋刻诸君诗于石。

盖以泖属予封内,而曩泖上之游,余实与焉,遂不能辞。"又见《松江府志》卷七五《名迹志》、《鸿苞》卷三〇。

《嘉庆松江府志》卷七三《艺文志·金石》:"《长水塔院记》,明万历九年屠隆撰,莫云卿篆。"

《白榆集》文卷七《奉陆大宗伯》:"先生道登希夷,心怀太上,海内欲丐其言不可得。得单语只字,辄比卿云。乃为余小子操颖,伏读名篇,冲雅和粹,如其为人。……顷泖塔僧以冯吉士书来,索藏经阁记。泖乃圣地灵区,……使小子得以一言厕其间行,且与赤乌之禅同不朽,固不肖之所攘臂欲前者,是以忘其浅陋,僭纪盛事,敬请教门下。伏惟大赐神削,去其冗长,正其讹谬。嫫母匿丑,计藉粉泽。某在下风,以俟嘉命。"

《国朝名公翰藻》卷二二陆树声《与屠长卿》:"顷获于士友处览观大撰,谓当操著作之柄于天禄石渠,非浮湛薄领中可泛常物色也。会暑病卧蓐,使者持士塔院经阁记,披诵一再,蹶然而起。……览教,不任庆快。"

九月,为王世懋《关洛纪游稿》作序,并寄一册与屠本畯。

《白榆集》文卷七《与王敬美道兄》:"快读七绝,深秀幽峭,使原倡无色。又读《关洛纪游》,闳丽险绝,直于嵩、华二岳标胜千古,卓哉!……辱委叙新刻,当勉附青云。忽思先生刻,见和七绝于卷末,因自校勘。此即名根,何缘与公共刬除之?嘉惠过崇,破例登拜,敬谢。"

《白榆集》文卷八《与麟洲先生》:"《关洛纪游稿》,乞再惠二册,小叙不妨即行。……率尔裁书,不尽想仰。"

王世懋《关洛纪游稿》卷首屠隆《〈关洛纪游稿〉叙》:"以督学使者之敕,西入函谷,蹑太华,涉轩辕之墟,讨周汉之故。无何,而飘然投劾,黄冠布袍,乘一舴艋,下龙门三峡,经黄河,长流百折,长年津吏,莫知其督学使者。入洛,游嵩山、少林,观初祖面壁处,与高衲讲经谈道,归而掩关矣。诸所游历,咸有记。……万历九年九月晦日。"

《白榆集》文卷一同文未署作年。

《白榆集》文卷七《与田叔》:"敬美自秦中还,著《关洛纪游》,属不佞为之叙。奉去一册。"

冬,为凌迪知编《国朝名公翰藻》作序。

《白榆集》文卷七《与凌稚哲》:"门下博物好古,为当世张司空、李邺侯,仆雅向往。……吏牍侵人,不能以贱姓名一通款曲,门下乃辱惠问先及,掩面自惭。……所谕《皇明名公翰藻》序,似当得海内鸿儒巨笔,光此盛美。仆如学语新鹦,泠泠调舌,花边柳外可耳。恶得奏诸九天凤啸之侧,重其羞涩也。然门下有命,义不可辞。容勉缀以进,亦将藉此为请教之地。仆平生尺牍,多散漫不收,今小集中仅仅存其今札。……率尔奉复,百不宣一。"

《白榆集》文卷七《与王百谷》:"未得识凌君,辱惠问,先及。"

凌迪知《国朝名公翰藻》卷首屠隆《〈国朝名公翰藻〉叙》:"吴兴凌君稚哲,人伦之秀,好古藏书,为当今邺侯家。诸所著述业遍方内,又博搜我朝学士大夫尺牍,汇为一书,命之曰《皇明名公翰藻》。……凌君文章巨家,敬以是质之,且愿有请于天下学士大夫也。万历九年冬日。"

《白榆集》文卷七同文《〈皇明名公翰藻〉序》未署时间。

凌迪知,字稚哲,乌程(今属浙江)人。嘉靖三十五年(1556)进士,官至兵部员外郎。有《万姓通谱》、《左国诔词》、《太史华句》、《两汉隽言》、《文选锦字》、《名世类苑》、《国朝名公翰藻》。见屠隆《〈国朝名公翰藻〉叙》。

受到松江推官徐民式的赏识。

《栖真馆集》卷一八《与徐检吾使君》:"往不谷某以职事辱在明公鞭箠之下,明公破拘挛之见,弘寥廓之观。盖当是时,被明公奔走下吏三,而明公所以遇不谷某者独异等。衙斋清酤香饭,把臂论心,至出明公爱子见客。此之异数,它(他)令张皆不得与焉。"

徐民式,字检吾,浦城(今属福建)人。万历八年(1580)进士,除松江府推官,入为户部郎,出知安庆府,后历南京光禄寺少卿、通政司参议、太仆寺少卿、佥都御史等。传见《嘉庆松江府志》卷四二《名宦传三》。

又据《嘉庆松江府志》卷三六《职官表》，徐民式万历九年(1581)至十四年(1586)任松江推官。

万历十年壬午(1582)　40 岁

二月初一，沈明臣集屠本畯霞爽阁赋诗。屠隆因在青浦，未能与会。

沈明臣《丰对楼诗选》卷二四《壬午二月朔，集屠比部田叔霞爽阁十二韵，有序》："时集者，张长公孺谷、李山人宾父、汪太学长文、闻秀才大连、仲连、李秀才之文、蔡山人子行、王孝廉季孺、叶茂异虞叔、余家比部箕仲。所不至者，柴仲初、杨伯翼、叶郑郎、张孺愿。而宦游者，余君房水部、家太史肩吾、进士长孺、屠明府长卿尔。一时雅集，数年所无，分韵成篇。首余东字。"

王世贞来书，请屠隆为沈懋学作传。

王世贞《弇州续稿》卷二〇〇《书牍·屠长卿》："旬日前有传君典太史非常者，仆绝不信之。以为吴中人甚口当时，用前病剧务。而足下已有信来云，且勿药，故不宜遽至此。数日而辰玉自南都附一书，亦云云。方疑之，寻而伯玉司马书亦至矣。……伯玉以状属梅生，而自任志铭，又强仆以传。殆未知有足下耳。足下幸任传，毋已。仆敢效不腆于隧道一石，可也。"

沈懋学卒于今年四月。见汤宾尹《睡庵稿》卷一八《翰林院修撰承务郎沈君典先生墓志铭》。

作《自赞》。

《白榆集》文卷一九《自赞》："尔貌清癯而神内腴，其文则藻而朴自如。流浪四十年，行类滑稽而心毂雒，忘机剗伪，世共指为愚。愚未必然，乃名之曰踈。霜降水涸，华脱木枯。万缘倘尽，五岳可庐。人称为我，我不知其为吾？"

与书吕炯，谈人生两件事，栖身学道与快意当前。

《白榆集》文卷九《与吕心文》："五十日泰兴令,标韵峻绝。……足下所善沈嘉则、冯开之,亦仆之友也。……足下五十日泰兴,弃去恐后,仆四载由拳长,犹然兀兀不肯休,宜其不敢自通于左右也。……居常妄为天下大事,惟有两端。其一栖身学道,抱朴栖神。其一快意当前,及时行乐。……仆方缚世法而谈超然,亦影子耳。何时一披玄朗,虚往实归也。"

《栖真馆集》卷二一《吕心文传》："余往令青浦,与先生为神交。赫蹏时时通不绝。"

吕炯,字心文,号雅山,崇德(今属浙江)人。嘉靖三十四年(1555)举人,谒选得扬州泰兴令,官五十日,挂冠而去。见《栖真馆集》卷二一《吕心文传》。

十月,妻奉母东归,以俸购小楼三间。

《白榆集》文卷五《发青溪记》："逮十月,余妇奉母东。"

《白榆集》文卷一三《与王辰玉》："往岁仆北上计,以俸余急购小楼三间。前望浮屠,后枕城郭,大江日夜汤汤走其下。"

与书王世贞及其子王士骐(字冏伯),祝贺王士骐中举。介绍黄仲高拜访王世贞,并与王士骐一起,进京应试。

《白榆集》文卷八《与凤洲先生》："去力还,得诗三章。……佳公子擢桂还,某不得曳锦带,蹑珠履,来作堂上贺客,神驰,神驰。聊以世法,遣使修贺。幸存之。己卯孝廉黄君仲高,年少有奇才。……兹北上春官,道出吴门,生平望王先生,不啻青云列宿,而怀中有刺,御李无因,某敢为之介绍,希法眼为一青。以彼朗润,或金台官中掌书焚香童子也。一笑。"

《白榆集》文卷八《与冏伯》："骐也果骏,振鬛长鸣,万马俱瘖矣。……一第乃其故物,不敢为知己称庆。……四明黄君汉阳,以北上春官,便道谒尊公,并诣足下,幸作倾盖之雅。北上联镳,足称联璧。此君隽爽,故当不辱冏伯。不腆之仪,随例漫往,幸存之。"

王士骐,字冏伯,太仓(今属江苏)人。王世贞子。万历十年

（1582）乡试第一，万历十七年（1589）进士，由礼部主事调吏部员外郎。坐妖书狱削籍。有《醉花庵诗选》。见朱彝尊《静志居诗话》卷一六。

刘凤为屠隆上计作序文。

《刘子威集》卷三五《送青浦屠使君入觐序》："始为颍上，即颍治。乃移之青浦。……吾闻君之为青浦，敦以清净，终日俨然，未尝以刑罚法令役役。然薄书期会，深督严察为，而邑之人惊若神明，无敢不敬。……今将以献计行，以爱清爱静之旨，荐之于朝，无毛蚝以宽东南，不于君乎，望之谁也？"

刘凤，字子威，长洲（今江苏苏州）人。嘉靖二十三年（1544）进士，授中书舍人，擢御史，巡抚河南，投劾归。有《续吴先贤传》、《杂组》、《子威集》等。传见《乾隆长洲县志》卷二四《人物三》。

沈明臣有诗送屠隆上计。

沈明臣《丰对楼诗选》卷二九《送屠青浦长卿上计》。

十一月十二日，从青浦出发，进京上计。众人相送，道者王佘峰亦来送。

《白榆集》文卷五《发青溪记》："万历十年壬午，余以青溪长上计。十一月十二日暮，发青溪。时雨沉沉不止。父老子弟、缙绅缝掖拏舟相送，倾城而出，踉跄如云。……时道者王佘峰来送。……与余为方外交。"

《白榆集》诗卷八《赠道者王佘峰先生》。

十三日，抵娄东。与王锡爵（太原）及其子衡、王世贞（琅邪）及其子士骐、王世懋（敬美）等盘桓数日，有诗。范应龙一路追送至此。十六日，与众人辞行。

《白榆集》文卷五《发青溪记》："十三日，舟抵娄东，谒恬憺观。告辞昙阳大师，访太原公元驭、琅邪公元美观中。时太原以其尊人大故，归伏苫次。琅邪则以伯子士骐得隽南都第一人，还里，暂往视之。此两观主皆不在，独一祝史司局钥。……顷之，往吊太原公。太原公与弟督学君天性至孝，毁瘠过哀。盖哭其尊人，一夕而髭鬐为白。余相见劳苦,语以灭性之戒,甚切。两君颔之。……是夕去,宿敬美憺圃。憺圃者,敬美弃官归筑栖隐处也。……是夕,彭钦之汝让、曹子念昌先、徐孟孺益、孙泽夫元普、郁孟野承彬、陈仲醇继孺(儒)、家诸孙和叔、本中皆在。饭罢,诸子别去,独余与和叔宿佛堂中。……明旦,复以篮舆至观拈香,则邑中士民数百余人踪迹而至,向余博颡。余第谓之曰礼佛,众罗拜阶下,崩角之声闻于数武,亦希有盛事也。……顷之,瑯邪公来邀游弇园,而吴门袁太常洪愈适至。……余遂别去。入观中,遇瞿太虚。邂逅晤语,言言至理。……是夜,跏趺大师莲座下。至三鼓,起步月中,庭有一人,在阶上。问之,则邑人范孝子也。……余初入观,此人尾其后,一武一拜,而入谒上真。是夕,随余在观。……明日,往唁太原公。太原公命儿衡陪余,因引余登师楼居。楼是师修道处。……十六日,拜辞上真及我大师,别太原兄弟,握手叮咛,悽怆欲绝。元美、敬美出郭相送。"

《白榆集》文卷九《寄辰玉》:"两王先生为弟破例出送河津,独足下负约不至。意不无小望焉。……孟孺、钦之青雀相并,无夕不留连。水穷舟澁,不得不问车马。诸君乃别去,各怀黯然,声涕俱下。"

《鸿苞》卷四七《范孝子传》:"及溟涬子入朝,孝子又送之北。溟涬子如娄东谒辞昙阳大师恬憺观,夜跏趺师龛前。至三鼓时,吏民皆散,境籁闲然。溟涬子起步中庭,见月下微有一人影。迹之,则孝子也。溟涬子諴曰:'夜深矣,汝不就邸舍而犹裴佪于此者何?'孝子曰:'亲至雪山见如来道场,此千载一时,而奈何即邸舍为?'溟涬子鉴其来意诚,呼入与同宿元驭先生室中。明发,吏民先后遣归,孝子独远送,临江而别。"

范孝子,名应龙,兰溪(今属浙江)人,流寓青浦,为屠隆所赏。见《鸿苞》卷四七《范孝子传》、《光绪青浦县志》卷二二《人物六》。

《栖真馆集》卷一六《与王阿伯》:"向者以青浦计吏,一再与足下把臂。"

《白榆集》诗卷一《留别王敬美道丈二首》、《夜宿恬憺观二首》、卷四《弇州园池上泛月》、卷八《留别辰王（玉）道兄四首》。

王世懋《王奉常集》卷二《送屠长卿上计二首》。

抵苏州，袁福徵等在虎丘置酒饯行。游苏州名胜。十八日，舟发苏州。

《白榆集》文卷五《发青溪记》："质明，抵阖闾间城下。邑士民咸来集。……而诸士大夫各置酒虎丘饯余，比部郎袁公福徵为之祭酒。……余之入计，作绝句四十章，又作律诗四章送行。余未抵吴门，公已候之虎丘十日矣。是夕，天高气清，月色转朗。余与袁比部及诸公以烈炬入山扪幽崖，陟磴道，入大寺，礼天竺古先生，观吴王试剑石。窥绿萝井而下，与诸公布席千人座。飞觞促膝，联韵赋诗。……复登诸公楼船，把醆清言，四鼓乃罢。余先与皇甫司勋、刘子威侍御、张伯起兄弟约过吴门，必造其庐。至是颇畏人事纷拏，遂止不往。而王百谷适以是日至自靖江，使人先以书闻。余暂过之，饭罢辞去。吴郡诸公无至者。十八日，舟发阊门，士民始稍稍辞回。……是日，僧心了来送。……以金刚子、念珠见赠。是日，即别去。"

《白榆集》文卷九《与陆君策》："再别吴王试剑石下，与大帝陵口之别，觉微不同。陵口之别，握手踟蹰，数视日影。河梁之义，足为千秋凄凉。姑苏之别，追随竟日，撒手即行，差近草草。"

陵口，今江苏省丹阳东南。

抵锡山（无锡），访孙以德、秦君阳。王稚登追至，有诗相赠。送行八人，每人二诗相赠。踏月入慧山，汲泉烹茗。

《白榆集》文卷五《发青溪记》："抵锡山，访故人孙太史、秦公子，相见欢甚。夜泊城下，诸名士送者咸有篇什，仍索余诗留别。时送者八人，人各二章。是夜，芸赋七言绝句十六章，作书复倍之。惫矣。淫精耗气，可不戒哉。王百谷挐舟至，以七言绝句十章见赠，惊心动魄，秀色可餐。昆山沈孟嘉作七言律十章，……百谷最佳。……相携踏月，入慧山，呼童子汲第二泉烹茗，人啜一瓯，饮甘露，天浆不啻也。……余与诸子各分大石而坐，徘徊良久。比下山，群鸡咿喔矣。"

《白榆集》诗卷六《百谷先生挐舟载酒，追送征夫毗陵道上，临别感动,为赋此篇》、卷八《百谷以七言绝句十首送行,惊心动魄,秀色可餐,余复答以四绝,可谓淫于诗矣》、卷四《留别沈孟嘉》、《留别沈孟嘉二首》、《留别徐孟孺道兄二首》、《留别陆伯生二首》、《留别彭钦之二首》、《留别周季华二首》、《留别曹重甫二首》、《留别诸宜甫兄弟二首》、卷四《留别郁孟野》、卷八《留别郁孟野二首》等均此时作。

二十一日,舟抵丹阳。二十三日,舟发丹阳。

　　《白榆集》文卷五《发青溪记》:"廿一日,舟抵丹阳吴大帝陵口。水道阻塞,弃舟登陆。送行者别去。……廿三日亭午,发丹阳城。"

由句容抵金陵(今江苏南京),未进城。渡江,有诗。

　　《白榆集》文卷五《发青溪记》:"由句容抵金陵。……余以计吏,不敢入都城。又为严程所限,不得顿辔踟蹰,乃由江浦渡江。……江上望宣城,伤沈太史。此太史发引之月也,曰(白)车素马。奈愧且痛焉。"

　　《白榆集》诗卷八《金陵道中八首》:"余平生足迹不到金陵,此行以计吏从浦口渡江,不敢入城。览眺风景,作诗纪行。"

二十六日,到南滁(今属安徽),有诗。由临淮渡淮河,经宿州而北。

　　《白榆集》文卷五《发青溪记》:"廿六日,达南滁,大雪,渡清流关。……作诗怀长安诸故人,多以风雪起兴。……由滁走大柳、池河诸处,由临淮渡淮河,经宿州而北。"

　　《白榆集》诗卷二《南·滁大雪歌》。

十二月初一日,始抵彭城。会姜士昌,有诗。二日,渡黄河,有诗。

　　《白榆集》文卷五《发青溪记》:"十二月初一日,始抵彭城。……会丹阳姜仲文士昌以司农郎出为徐州榷商使者,甫下马入逆旅,而仲父(当为文)来。仲父(当为文),大司成姜公宝仲子。年才弱冠,明润如玉人,有俊才楚楚。与余为神交,一见欢甚。为余置酒徵歌,软语欵洽。寒暄徐益孙、郁承彬良至,洵一南国俊流也。临分踟蹰,定交而去。明日,渡黄河。遇吾乡吴瓯宁,相约偕行,稍破寥寂。"

　　《白榆集》文卷一一《与姜仲文》:"追维歇马彭城,剪烛官舍,乌啼霜冷,月落斗斜。戏马吊项王之霸图,放鹤怀苏公之远韵。连宵枕藉,累日沉冥。故欢杳然,言之心断。"

《白榆集》诗卷一《登彭城子房山,与仲文》、卷四《彭城渡黄河》、卷六《彭城遇姜仲文使君》、卷七《北上,彭城别姜仲文二首》、《同姜仲文使君登子瞻黄楼瞩眺》、卷八《寄姜仲文四首》等均此时作。

《寄题五岳》亦计吏途中作。《白榆集》诗卷六《寄题五岳,有引》:"余少有五岳之志,不幸牵于世网,并未得游。万历壬午,以计吏北上,途中偶尔兴怀,寄托五首。"

入山东境内,遇故人吴德承及其弟吴昌龄。吴昌龄走马送至兖州。过邹、鲁,瞻孔孟遗风。

《白榆集》文卷五《发青溪记》:"入山东界上,遇故人吴德承。界河时,为界河邮吏。及其弟吴山人昌龄,乃先朝吴仁甫学士孙,与余有亲。又同居桃花津上,为比邻,少同笔研,相善。昌龄岁一至署中,德承不相见者数年。至是余当入觐,而德承使游徼卒侦余前路,且十余日矣。余感其意,为之怃然停骖,留连止宿。……平明别去,而山人则走马送余兖州城,然后别去。驰驱邹鲁,顾瞻孔孟遗风。"

腊月初六,至东阿。夜宿东平。作《逍遥子赋》。初九,至德州。

《白榆集》文卷五《发青溪记》:"蜡月初六日,至东阿县。……夜宿东平州。……鞍马累日,面目皴皱,鬓发为枯,而怀抱殊不作恶,亦竟忘其罢,马上口占诗,日可数十首。稿之腹中,歇马酒肆,辄索笔研书之。作《逍遥子赋》一篇以见志,亦马上腹稿也。余默自校勘。……初九日,至德州。"

《逍遥子赋》在《白榆集》诗卷一。

十四日,抵都门。十五日,入城。

《白榆集》文卷五《发青溪记》:"至十四日,抵都门。明日,入城。"

徐学谟拟以屠隆任嘉定知县,未成。

徐学谟《归有园稿》卷一六《京稿·复屠长卿》:"往居山中,尝检括当世艺林人物,知四明有足下。比参朝请,则又知足下青浦之政。

昨敝邑缺令,偶以足下姓名请于当事者,卒格于再调之例,至今耿然。思足下而不得见也,乃忽往瑶缄,兼奉珍集。读之恍见其人,诚瑰伟不群之士哉!"

徐学谟(1522—1593),字叔明,一字子言,号太室山人,初名学诗,后更名学谟,嘉定(今属上海)人。嘉靖二十九年(1550)进士,授兵部主事,历湖广布政使,累官至礼部尚书。有《徐氏海隅集》、《归有园稿》、《世庙识余录》、《万历湖广总志》等。传见郭正域《合并黄离草》卷二六《徐公行状》、王锡爵《王文肃公文草》卷五《徐公神道碑铭》、申时行《赐闲堂集》卷二六《徐公墓志铭》等。

万历十一年癸未(1583)　41 岁

与邢侗结交。

见《屠隆与邢侗》一节。

计事竣,东还无资,向傅光宅告贷,乃还。

《白榆集》文卷九《与李观察》:"往以入计事竣,东还,而饥于路,从友人乞贷,乃得东。"

《白榆集》文卷一四《再与子愿》:"弟为令廉,又好急穷恤难,官舍常无隔宿粮。青浦入觐事竣,而南行橐罄矣,分聊城傅伯俊装,乃得抵家。"

《栖真馆集》卷一八《与王敬美太常》:"入觐事竣,行资尽绝,贷于吴县长,乃得东还家。"

二月,过任城,有诗。

《白榆集》诗卷七《任城览眺》:"二月任城花气寒,登高载酒一凭栏。"

过淮、徐,有诗。

《白榆集》诗卷七《淮徐感兴》:"望国怀乡感路岐,征夫两鬓欲成丝。江南水阔鱼难至,淮北春寒花较迟。断碛马蹄冰裂后,平林莺语日斜时。金书玉札无消息,碧海青天有梦思。"

途中,怀母,有诗。怀友人,有诗。

《白榆集》诗卷七《奉怀母夫人》:"昔别长途雨雪飞,今来杨柳正
依依。天边自喜人南去,江上初迎雁北归。泪与春波窥素发,梦随残
月下鸣机。"

《白榆集》诗卷六《燕齐道中,赠傅伯俊四首》、卷七《代内见怀》、
《怀李之文、之芳、吴昌岭、文长、伯英诸子》、《怀嘉则、宾父、伯翼、长
文、田叔、仲初、郑郎诸君》、《怀元美、元驭、敬美三先生》、《怀王辰玉
道兄》、《怀王百谷、陆伯生、彭钦之、徐孟孺、郁孟野、沈孟嘉、曹重甫、
诸宜甫诸子》等均归途中作。

抵家数日,即得到升任礼部主事的消息。因无盘缠,不能赴任。迁延半
载,秦君阳资助一百五十两银子,才能成行。

《白榆集》文卷一四《再与子愿》:"抵家数日,即得仪部报。时有
四壁在,不能治北行。迁延半载,业罢弃鸡肋物,勾吴故人闻而为治
装,始能入省。"

《白榆集》文卷九《与刘观察先生》:"自春徂夏,迁延在家。"

《白榆集》文卷九《与李观察》:"而闻礼曹之擢,贫不能治北行之
装,遂家居半年,入四明山采药不返。所知劝驾,其后贷于勾吴,而始
成行。"

《栖真馆集》卷一八《与王敬美太常》:"数日得礼曹报,苦无北上
装。迁延半岁,勾吴公子闻而助之,始北。"

《白榆集》文卷九《与冯开之》:"弟两为邑长吏,归而橐中装如洗。
遍贷无所得,几不成行。勾吴公子者,见念,乃得治北装。"

《鸿苞》卷四八《高义》:"先是,庚桑子自青浦觐还里中,而仪曹之
报至。居里中半岁,不能治北行装。贷于句吴故人秦公子君阳,得白
金一百五十两,始成行。"

夏,为李宾父诗集作序。

李宾父《李山人诗》卷首《〈李山人诗集〉叙》:"余友李山人宾甫,
少而辞荣,中岁石隐,家幸不乏负郭,弛于负担,所居有林皋泉石之

胜,灌园垂钓,与禽鱼亲。发为诗歌,力去雕饰,天然冲夷。……万历癸未夏日,友人桃花客卿屠隆撰。"

《白榆集》文卷三《〈李山人诗集〉序》未署作年。

七月初,离家赴任。沈明臣有诗送别。

《白榆集》文卷九《与刘观察先生》:"至七月初旬,促装北上。"

沈明臣《丰对楼诗选》卷二七《送屠长卿礼部赴阙》。

徐朔方先生《屠隆年谱》云该诗在卷二六,误。

张佳胤(字肖甫)、顾养谦各送一只官舫。张佳胤有钱物相赠。七夕,与张佳胤在杭州相会。

《白榆集》文卷九《与徐观察》:"北上欲觅一舫止,拟修不腆之牍,涵渎台慈,偶吴门王文学百谷来越中,曾及之。百谷为言归出虎林,且具言之顾使君。无何,而舟人俨焉以札子至寒家,报舟楫已具。固知明公神识蚤见,乃其用情于不佞某,何其深笃。至此悚激、悚激。某在七月初旬促装而北,尚期停桡钱塘,一挹风采而后行。先以短刺,自明向往崖略,不庄。"

《白榆集》文卷九《与顾益卿观察》:"北征官舫,往尝与百谷一言之。百谷遂具言,且徵宠灵于明公。某亦拟作一书,仰渎长者。后因橐装萧瑟,未能挈室而行。某且独身操轻舠北,家中数口,徐作后图。未敢奉闻。今者舟人俨焉持观察公札来,乃明公业已为办此事。郑重长者,用情若此,何可当,何可当。既已具此舫,便留以待老母妻孥行。某的于七月行,未及双星之夕。双星之夕,计当在虎林,望见颜色,指河汉而言别也。草率布谢,不尽欲言。"

《白榆集》文卷九《答张肖甫少司马》:"计在七月北征,不及双星之夕。虎林肃侯,晤对非遥。忽拜明贶华械,神爽飞动,书辞恓款,相念良殷。故知人言不虚,可胜欣跃。又蒙赐一官舫,长年业已先三日来。敬佩德意,容相见时九顿首阶除。先遣一介,将其荒陋之辞偕使者陈谢。生平雕虫小技,为友人谬辱厕工,敬献之大雅门下,仰求教益。不宣。"

长年,船工。

《白榆集》文卷九《报张肖甫少司马》:"某之北上,辱明公相携,登吴山,望西泠六桥,把酒清言,遂至娓娓。明公盖以小子无识而屈体虚怀,披诚接引,意气良高于古人。又累拜明贶,礼数过崇,前路舟车赖以不乏。"

过崇德(今属浙江),与崇德知县朱维京会吕炯。

《栖真馆集》卷二一《吕心文传》:"及余以仪曹郎北,尝与崇德令朱君维京一醉友芳园,见先生姿鉴澄朗,胸怀萧踈,真人外人。"

过嘉兴(檇李在嘉兴境内),作祭文哭冯梦祯父。

《白榆集》文卷九《与冯开之》:"檇李哭尊公罢,不见仁兄,心更折也。急趋而北,犹思道上握手,何意弟走巨野,兄遵长河,东西相去,邈矣天涯。"

《白榆集》文卷二〇《祭冯溪谷封君文》。

冯梦祯父本年六月卒。

冯梦祯《快雪堂集》卷二〇《家乘》:"先君始生嘉靖九年庚寅七月二十五日,卒万历十一年癸未六月十五日,享年五十四。"

冯梦祯《快雪堂集》卷二〇《先考封翰林院编修文林郎溪谷居士先妣赠孺人沈氏合葬墓志铭》:"先考生嘉靖庚寅七月二十五日,终万历癸未六月十五日,年五十四。"

陈与郊追送至嘉兴、苏州,在虎丘盘桓数日,在丹阳分别。陈与郊嘱屠隆与书报平安,屠隆有诗相赠。

《白榆集》文卷一二《与陈广野给谏》:"七月北征,辱足下追之就李,又追之吴门,虎丘携手连日夕。犹忆与君科头坐磐陀石上,万木交阴凉飔,满天素月,西流河汉,左界为欢,惜别魂动神飞。明日陵口,望故人盈盈一水矣。……方别时,足下见嘱云:'卿诚见念,不必长笺,即草草数字,寄平安,要在明两人之相忆耳。'"

《白榆集》诗卷六《赠陈广野给谏二首》。

青浦诸生沈嘉猷徒步相送至六合。

《白榆集》文卷一二《与徐司理》："青浦邑诸生沈嘉猷,大奇才。不肖物色之久,渠衔国士之感。昔年不肖以转官北上,此生徒步远送六合道中。"

八月初九,抵京。十二日,上任。

《白榆集》文卷九《与刘观察先生》："某以八月初九抵都门,十二日抵敝任。……单骑陆行,不及携家老母妻孥,尚在后发。

《白榆集》文卷九《与冯开之》："七月初旬,独身从云阳吴大帝陵口舍舟而陆,日夜驰一百八九十里,自陵口十有八日,而抵都门。业逾牒期,法应坐。幸当事者见宽,而弟体中已罢甚,不复可支。"

母、妻舟后发,至交河(在今河北境内),巨木破舟,图书数籝,尽落水中。母、妻仅以身免。

《白榆集》文卷九《报张肖甫少司马》："又累拜明贶,礼数过崇。前路舟车赖以不乏。老母舟发,又荷明公拳拳垂情,给符遣役,长途挈敝舟而行,时使人问老母无恙。某闻之感泣下拜。……老母舟自与仙鹢相失后,受惊恐者三。最后至交河,为巨木破舟,老母、荆人而下,仅以身免。某生平无长物,仅有图书数籝,今第已问之水滨。是夕舟坏,老母而下,相携野栖芦苇中。诘朝易他舟前,今幸抵河西。自非仰仗明公宠灵,事必无幸。感何可言。"

《白榆集》文卷九《与刘观察先生》："七月初旬,促装北上。……单骑陆行,不及携家老母妻孥,尚在后发。至今不得音问,未免悬劳。……家人后发舟行,又乏役夫,比从当事者觅得一邮符,而使小力前途候之。十月中即可得达京师矣。"

送徐学谟归家,有诗文相赠。后又与书相慰。

《白榆集》文卷一○《与徐大宗伯》："师行时,某不能远送旌干,仅随诸属吏出国门,拜马首而别。……迩者世路崄巇,人事翻覆,瞿塘巫峡,眼波骇人。言念吾师,业脱缨绂,徜徉林泉,眷丘中之缘,惬物外之赏。松风入耳,萝月在怀。真作飞天仙人之想,又何问浮云变态乎?"

《白榆集》诗卷七《奉送大宗伯徐公致政归三吴四首》、文卷三《送大宗伯徐公致政归三吴序》同时作。

谈迁《国榷》（不分卷）："（万历十一年）十月己酉朔，太子少保礼部尚书徐学谟罢。吏科给事中邹元标劾之。"

与书汪道昆，请龙膺转致。

《白榆集》文卷一一《与汪伯玉司马》："今天下文章，属之琅琊与先生。若麟凤之为百兽长，沧海之为百谷王，千秋之名终归焉。……仆生东海，四十年而未通尺一门下。……故仆今者于天下事一切可已，顾独念业与先生同时，而绝不一通，终属欠事。……故敢将不腆之辞，谨布腹心左右。……贵郡理龙君，荆南佳士，先生忘年而与之交，仆有以仰见先生之度，令得从云梦生之后，而抵掌大业，可乎？涸渗清严，悚息以听。"

《白榆集》文卷一〇《与汪仲淹、仲嘉书》："往岁龙使君入都，不谷尝奏记伯氏司马。"

具体细节参见《"云梦生"是谁》一节。

与殷都结交。殷都出守夷陵（今属湖北），有诗与文赠别。

《白榆集》文卷三《送殷无美出守夷陵序》："余友殷无美，江左名士，结发读书，……年逾四十，始起家进士，以彼其才，有国鸿宝，乃上不留金马之门，下不置含香之署，而仅领荆南斗大一州以出。……无美行矣，南岳祝融之神且命扫地十里，而候使君前茅矣。"

《白榆集》文卷一〇《与殷无美》："一夕剧谭，自足千古。足下领夷陵以出，夷陵故荆南山川最胜处。足下贤豪人，山灵借丈屦，使阳台之神，通刺使君，称部下女子，亦人生快事也。"

《白榆集》诗卷六《出京寄殷无美》："无美昔年曾一见过，清夜篝灯，疑语欢甚。此后音问遂寥然。比握手临发，留此寄之。"

《白榆集》诗卷七《送殷无美出守夷陵二首》。

殷都，字无美，一字开美，嘉定（今属上海）人。万历十一年（1583）进士，历官夷陵知州、职方郎中、南京刑部主事。万历三十年壬寅（1602）卒，年七十二岁。传详唐时升《三易集》卷一七《殷公墓志铭》、《光绪嘉定县志》卷一六《宦迹》。

与书王士性（号太初）、屠本畯，谈在京中为诗作文与读佛道之书的生活。

《白榆集》文卷一〇《与王太初、田叔二道友》："仆居长安，淡矣寡营，萧然发僧。独可笑文字之癖，日盛一日，深入膏肓。……仆年四十，精已销亡。……余读《楞严》、《维摩》，神幻精光，文心绝丽；余读《丹经》、《真诰》，高华深秀，韵语尤工。得道之人，销声匿景，身世两遗。……足下清真人，文章一缘，与我同病。剑备乎未，愿共图之。"

为潘恩作神道碑文，并有祭文悼之。

《白榆集》文卷一七《资政大夫都察院左都御史进阶荣禄大夫赠太子少保谥恭定笠江潘公神道碑》："万历壬午十月十六日，都察院左都御史笠江潘公卒于家。明年癸未，巡抚都御史郭公思极以讣闻，上震悼，赐谕祭者二，遣官营葬，赠太子少保。……公之子学宪君允哲、方伯君允端将以十二月某日葬公赐茔陈泾之兆，遣使持王廷尉元美所为状，而走数千里乞文于余，竖之队（隧）道，以垂不朽。"

《白榆集》文卷二〇《祭御史大夫笠江潘公文》。

据碑文，潘恩，字子任，号笠江，上海人。嘉靖二年癸未（1523）进士，历官祈州知县、南京刑部员外郎、广西按察佥事、四川左参议、山东按察副使、江西、浙江布政使、南京刑部尚书、都察院左都御史等。

与姜应麟结交。

《栖真馆集》卷二八《明故诰封王氏宜人墓志铭》："不佞承乏仪曹，盖数从姜泰符吉士游，甚善。泰符盖通伟伉爽士。"

姜应麟（1546—1630），字泰符（一作苻），慈溪（今属浙江）人。万历十一年（1583）进士，改庶吉士，累官户科给事中。谪广昌典史，移余干县，以忧归，家居二十年。光宗立，起太仆少卿。传见《明史列传》卷八四、《明史》卷二三三。

事在今、明两年，姑系之本年。

与邹观光结交,为其制义作序。

《栖真馆集》卷二一《邹先生传》:"时不佞在兰省,一见倾注,遂结为石交。日以文章行义相砥。"

《白榆集》文卷三《〈邹孚如制义〉序》:"余友邹孚如,楚奇士。……一日,以其平居所为制义见遗,令不佞卒业焉。……乃今观孚如之文,流标万古,簸弄三才,义取师心,法必程古,……为制义若此,倘亦所谓不朽之烈乎?"

邹观光,字孚如,云梦(今属湖北)人。万历八年(1580)进士,为吏部郎,公平廉正。建尚行书院讲学,学者多从之。与吉水邹元标齐名,时称二邹先生。官至太仆卿,有《续大学衍义补》、《邹孚如集》等。传见《道光云梦县志略》卷九《人物上·儒林》。

事在今、明两年,姑系之本年。

胡从治赠币与书,定交。

《白榆集》文卷一四《答胡从治开府》:"往不谷待罪兰省,与足下都无生平欢,先生则载币械书,千里走健儿阙下,定交。"

《白榆集》诗卷七《寄胡从治开府二首》。

事在今、明两年,姑系之本年。

胡从治,山东人,详情待考。

《白榆集》文卷一四《答胡从治开府》:"先生一代词人,词人多偃塞流落,先生今开府拥旄,竖功名西北,此文章家称命达矣。蓬莱三山,近在君家宇下,顾何日归访安期、羡门,仆曾与先生约,他日请径走登、莱,相共寻海上灵药瑶草。"

与董嗣成结交,有诗赠答。

《白榆集》文卷三《送董伯念客部请告南还序》:"吴兴董伯念,……而尤好不佞。不佞薄收东海声,伯念耳之甚习。比南官一接,目击道存,归与客曰:'屠生果然快士。向也吾闻其声,今望见其气矣。'自是引为臭味。虽吴国双钩、延津二物,不是过也。"

《栖真馆集》卷一八《与董宗伯》:"去岁从青浦量转,得与伯念令孙同事春曹。促膝论心,飞觥授简。称异姓昆季,至欢矣。"

　　董嗣成《青棠集》卷二《雪中入署示屠纬真》。

　　《白榆集》诗卷三《赠董伯念膳部》。

　　《白榆集》诗卷三《走笔答董伯念膳部》:"长安小儿声哑哑,当街大笑兰省客。清眉瘦面肩若山,天寒冲泥委巷窄。风高雪花大于手,边成萧萧乱云黑。……"

　　董嗣成(1560—1595),字伯念,乌程(今浙江湖州)人。董份孙。万历八年(1580)进士,历礼部员外郎。有《青棠集》。传见范允临《输寥馆集》卷五《董公行状》、《青棠集》卷首茅国缙撰《董伯念传》,《明史》卷二三三亦有传。

万历十二年甲申(1583)　　42 岁

正月,送范儁归里,有诗。

　　《白榆集》诗卷三《送范国士侍御以言事免官归高安》。

　　谈迁《国榷》(不分卷)(万历十二年正月甲辰):"湖广道御史范儁削籍。儁上十事。……上渎之,遂削籍。"

　　范儁,字国士,高安(今属江西)人。万历五年(1577)进士,授义乌知县,征授御史,陈时政忤旨,斥为民。后屡荐不起,里居数十年卒。赠光禄少卿。传见《明史列传》卷八三、《明史》卷二三四。

与书李言恭,盼其与邹元标交往。

　　《白榆集》文卷一〇《答李惟寅》:"邹尔瞻以言事忤明主,又有秣陵之行。此君清身直道,有国之宝也。足下当与朝夕嘉晨,芳甸条风驰荡。南睇美人,匈(胸)如结矣。"

　　邹元标(1551—1624),字尔瞻,号南皋,江西吉水人。万历五年(1577)进士,累官至刑部右侍郎。立朝敢言,以方严见惮。晚建首善书院,集同志讲学。卒谥忠介。有《愿学集》。传见《明史》卷二四三。

　　谈迁《国榷》(不分卷):"(万历十二年正月甲辰)吏科给事中邹元标降南京刑部照磨。初,慈宁宫火,元标言六事,保圣躬开言路,谕百官,节财用,拔幽滞。上责其狂,遂被谪。盖申时行修徐学谟之郄也。"

春,送董嗣成予告南归,有诗文相赠。

《白榆集》文卷三《送董伯念客部请告南还序》:"居无何,伯念厌居含香之署,请告还吴兴。……伯念归,而有君家之天目;而不佞留,而有吾胸中之四明。其为消摇一也。"

董嗣成《青棠集》卷五《龙君善、屠纬真、金玄朗、詹淑正集斋中,拈得东字韵。时余得告南归》:"宫柳晴霞御气通,十千美酒贳新丰。……客散高庭槐影绿,诗传清漏烛花红。……"

董嗣成《青棠集》卷一《赠别屠纬真仪部四首》同时作。

《白榆集》诗卷七《送董伯念予告还吴兴四首》、《同龙君善饮董伯念斋中,时伯念以请告将归吴兴》同时作。

俸薄,常以妻子首饰贳酒佐客。甚至将腰中仅有的银带换酒,王季夏作《销带行》纪其事。

《白榆集》文卷一一《报董伯念》:"足下乘大艑东下,布帆锦缆,长笛短箫。烟月满篷窗,星河在鹢首。凌空蹈虚,快意可言。弟自别足下,风尘纷溷,日盛一日。时时脱细君绣襦簪珥,向燕姬垆头贳酒佐客欢。客跳地仰天,大呼浮白,不知鲍宣家桓夫人耀首之具尽矣。"

《白榆集》文卷一四《再与子愿》:"居都下,尝恐东方生乞米状。客在座贳酒,大都倚办细君簪珥及图书、鹨鹕裘,腰下仅有一银带,急时销付酒家。长安相知作《销带行》纪其事。"

胡文学编《甬上耆旧诗》卷一九:"其在曹,好客益甚。而橐中屡空,时解带付酒家。王季夏太史为作《销带行》纪之。"

《栖真馆集》卷一八《与王敬美太常》:"礼曹郎俸薄,不足活妻孥。细君一簪一珥,数质数赎于市肆。……腰间仅一银带围,急时销之,以给薪米。长安诸公闻而作《销带行》以纪其事。"

《白榆集》文卷一〇《答王元驭先生》:"往来纠纷,文责填委,诚有如先生所谕。然雕虫之辞,某性实好为之。每成一首,不胜其愉快。

思浮气扬,不能降伏。今尚未觉疲耗。……某今在此中贫,遂刺骨矣。生平罕程郑交,无从告贷。荆妇颇有桓氏贤行,无簪珥可脱。某腰下止有银带一条,亦毁以佐朝夕。将鬻其雕虫之辞乎?百首诗篇,不易斗粟。为郎俸薄,如东方生苦饥,而不肖之眉头,未尝一日不扬也。"

王稚登《谋野集》卷四《与屠长卿》:"礼部郎俸入,不当侏儒飡钱。乃足下无如好施何?银带不逾十围,岂胜并州快剪乎?……苍头旧识屠先生,因令致尺一。"

夏,为栗可仕父栗升与母刘氏合葬作墓志铭。

《白榆集》文卷一七《明故锦衣庵泉栗公暨配安人刘氏合葬墓志铭》:"不佞承乏南宫,与栗孝廉可仕游,甚欢。……甲申夏,其父庵泉公卒于家。可仕偕其兄太学公可学持余友董伯念所为状,乞铭不佞。"

据墓志铭,栗升,字显夫,号庵泉,北京人。官昭信校尉。

中秋,宴郭子直宅,有诗。

《白榆集》诗卷三《中秋宴郭舜举兵部宅》:"中秋夜醉令公家,更深云尽月吐华。座客半是五陵侠,边风不动天无沙。妖童新度梁州曲,豪士自鼓渔阳挝。……"

郭子直,字舜举,崇德(今属浙江)人。隆庆五年辛未(1571)进士,官闽臬。有《三游草》。传见清沈季友《檇李诗系》卷一四。

与吴中行交往。俞显卿上疏劾屠隆前,将疏与吴中行看,遭到吴中行的严厉斥责。

吴中行《赐余堂集》卷一○《与屠纬真仪部》:"往不佞起家通籍,即闻东海屠先生之名,光施寰区,芬流齿颊。即稍稍从他所得先生之文而读之,丰韵道逸,缔搆绵密,鸷鹘神骏,蹑景摩空,洸洋百千言,援毫濡素,俄洒立就。至于声律语,尤为词坛雄帅。……不佞至庸陋,无足当先生。……为诗以赠之,举全集以投之,又进之中堂而饮食之,而兹且觊之,至教发其所未传者,倾盖为欢,捧袂为晚。先生毋亦取其似,而忘其匪类乎?不佞受知己之感,因怀负知己之羞,处宇一介,历宙一息,为此谊无涯,则不佞之此心亦无涯也。"

吴中行《赐余堂集》卷首屠隆《〈赐余堂集〉序》:"不佞疏谬,犹以薄技辱收先生。往谗人修郤于不佞,袖疏示先生,先生瞋目叱之。彼夫云:'公人中龙比,仆亦愿拜下风,窃附同调,奈何麾而揶揄我?'先生笑曰:'彼仪部君者,宁炙手可热江陵耶?我何至作君昏黑鬼孤语,而强附人为?'谗夫面如死灰而去。嗟乎,先生不佞知己也。"

吴中行(1540—?),字子道,号复庵,武进(今属江苏常州)人。隆庆五年(1571)进士,授编修,上疏论张居正夺情,廷杖几毙。居正死,累迁侍讲学士,被劾归卒。有《赐余堂集》。传见赵南星《赵忠毅公文集》卷三《吴公传》、《明史》卷二二九。

九月,西宁侯宋世恩置酒张戏,以兄礼事屠隆。俞显卿闻二人有"通家往来语",又采摘酒中狂态,诬二人"淫纵"。

《白榆集》文卷一一《与张大司马肖甫》:"十一月二之日,屠某顿首奏记肖甫先生有道门下:……祸大奇矣。……承明公下问,敢略陈其颠末:西宁侯宋世恩,恂恂雅儒儒生。生平慕李临淮之为人,欲脱去貂禅气息,而以辞赋显名。新从秣陵解府印还燕,即托人为介绍,执贽通刺,愿就讲千秋业,称北面弟子。不佞力谢,不敢当。固请以兄礼事不佞,不得已,许之。九月,置酒张戏,大会宾客。词人无论,缙绅布衣不下十数人,不佞与焉。措大燕五侯之第,酒酣乐作,客醉淋漓,狂态有之。冤哉!独不佞某不善酒,亦不能狂。当诸客豪举浮白时,某瞑目趺坐,作老头陀入定,客相戒勿惊其神也。西宁凡两觞不佞,不佞亦一觞西宁。西宁不解事,时向人抵掌言,屠先生幸肯与宋生通家乎?又向不佞言,微天宠灵,业蒙先生许某称弟,异日者,家弟妇将扶伏拜太夫人、嫂夫人堂下。座客多闻此语,实未行也。仇人欲甘心不佞之日久,自某之入京,日夜侦不佞行事,无所得。不佞多贤豪长者游,踪迹皎然,难可媒孽。西宁者,纨裤(绔)武人子,可借以惑人报仇。又适闻有通家往来语,又酒中狂态可采摘,遂文致张皇其辞。"

　　此中详情,参见《俞显卿其人》一节。

十月,罢官。

　　谈迁《国榷》(不分卷)(万历十二年十月):"甲子,……刑部主事
上海俞显卿讦奏礼部仪制主事鄞县屠隆在西宁侯宋世恩所淫纵,事
及陈经邦。命按之,隆、显卿并除名,世恩夺禄半年。"

十一月二日,与书张佳胤,告知遭诬经过。

　　见上引《与张大司马肖甫》一文。

邹观光送出都门,请为其父作传。

　　《栖真馆集》卷二一《邹先生传》:"无何,而谗言骤兴,诬不佞跌宕
踰检,孚如独曰:'今长卿非汉之长卿也,谓其超超玄着,脩
然有出世,度则可至。其秉道执节,兢兢大闲,宜莫之能先也。'孚如
其知余哉。不佞之出都门,孚如执手曰:'长卿归,而私其海上青山白
云,幸甚。楚、越相距,亦谓昔人所谓风马牛无论聚首。即北鸿南雁,
亦不易达也。先布衣之行,有足传者。愿托吾子,实图不朽之。'不佞
敬诺之。"

　　《白榆集》文卷一三《答邹孚如吏部》:"野鹤出笼,何天不可飞乎?
……挂帆南下,风日渐佳。海月江云,遂落吾手,他无足言。所委传
文,懒不复作。足下意诚坚,必办此而后去。"

十一月十七日,与沈明臣书,告知冰化后归里。

　　沈明臣《丰对楼诗选》卷三四《五月十三日,始得屠长卿十一月十
七日书。书云守冻,俟冰泮始归。至今未到,赋此迟之》。

十二月二十八日,回书胡从治,谢其安慰与馈赠。

　　《白榆集》文卷一一《与胡从治开府》:"嘉平月廿八日,屠隆顿首
奏记从治先生足下:……不肖乃布衣皂帽,萧然一骑出都门。……隆
今归矣。……书辞慷慨,分义殷笃,中心藏之。复拜买山钱,更谢郑
重。临风裁报,惟有惘然。"

　　《白榆集》文卷一四《答胡从治开府》:"及不佞横被仇口以出,先

生则又驰咫尺之书,且并为治南还装。书辞慷慨,至恨不得伏阙抗
章,以明东海小臣无罪。"

赵世显闻俞显卿、屠隆被逐,有诗。

　　赵世显《芝园稿》卷六《闻俞、屠二省郎被逐,感赋》:"愁极难成
寐,起来翻强歌。世情即若此,吾道将如何?柔舌嗟生衅,贞心誓靡
它。所思同志士,相与挽江河。"

　　此诗前为《雪夜,集沈户曹继扬淮南公署,沈曾令岭南》,后为《正
月四日,江行即事》,因此,将此诗系于本年。

万历十三年乙酉(1584)　43 岁

与陆光祖同至潞河,谈无生之义,甚欢。

　　《栖真馆集》卷一八《寄陆大司空》:"往岁某在长安,横遭仇口,承
先生扶义挺身,力持公道,保曾参不杀人,明子公之无罪。知己之感,
勒在五衷。洎得相从潞河,抵掌清言,论不死之神丹,究无生之了义。
如叩石室,恍对觉皇,愉快矣。蒙长者见约,联舟东下,可数共朝夕,
商略出世大事因缘。某私心不胜幸愿。"

　　潞河,在今北京市通县。

阻冻潞河,门生周叔南走视逆旅,有诗。

　　《栖真馆集》卷七《哭周叔南,有叙》:"叔南,余门人。其尊人少鲁
侍御、季父元孚民部,皆与余相善。叔南从余长安游。余挂冠东还,
叔南送之潞上。余守冻潞河,叔南又走视余逆旅。"

　　《白榆集》诗卷四《潞河晚泊二首》其二:"何物炉纶巾,乾坤一放
民。……回舟见新月,痛饮得天真。"

范应龙千里走视,至潞河,欲为屠隆击鼓鸣冤,为屠隆所止。

　　《鸿苞》卷四七《范孝子传》:"后溟涬子入为仪曹郎,居岁余,为冤
家所谮,投劾去。……孝子日夜行四千里抵渔阳,时溟涬子已出居潞
河之上。一日,忽报青浦民范孝子至,亟迓之,入拜而伏地哭,尽哀。
溟涬子扶之,良久乃起,曰:'天乎!贤如使君,而令谮人得行其蜂虿

邪？青浦之政，某独知之。阴德在人，莫可缕指，而有今日，是亡神理矣。'溟涬子笑曰：'汝精诚足贯金石，顾何用冲冠扼腕，泣不自休，宁伤不肖区区失一头上冠哉？'孝子曰：'宁有是？余伤天道之不明，又念使君母老，归而无以为家。'袖出白金二两，畀溟涬子，曰：'余口吻中节缩所余，以稍助使君归计。'溟涬子曰：'某虽贫，何至为汝忧若此？某居长安时，诚无以给饘粥，今一旦罢官，为诸公所怜，竞捐金助装，幸不至馁于道路，无烦贤者，然不敢不受其金也。'孝子就座，无一语，第孺子泣，雨涕不止。时宋西宁世恩、余（佘）大令翔、黄孝廉之璧、金文学学孟适在，感孝子诚，无不为凄然数行下。知黄生高才，能文章，日长跽其前，乞黄生代草一疏，且击登闻鼓，叫阊阖，屡为溟涬子所捍而止。诸君咸爱孝子为人，挈之入燕京数日。孝子既不能草疏，则日叩长安贵人马控冤，又长号于阙门之下，几为缇卒所得。知者扶之而去。溟涬子始与约同舟南下，临发求之，则不可得。盖不欲以口腹累贫吏，而偷安其身，伏以行乞扶伏归矣。"

沈明臣闻屠隆免官东还，有诗。

沈明臣《丰对楼诗选》卷二七《闻屠礼部免官东还，诗以迓之三首》其一："闻说屠生已罢官，倦游司马去长安。花开海国春鱼熟，潮打江门旧业寒。"其二："孤帆带雪长河冻，远道嘶风匹马酸。"

徐朔方先生《屠隆年谱》云此三首在卷二六，误。《晚明曲家年谱》第二卷，第 349 页。

舟过清源（今属山东），与虞淳熙、余寅会。

《鸿苞》卷三九《虞长孺》："岁乙酉，与余晤于清源舟中。时余乡余君房亦在。"

《白榆集》文卷一三《答徐孟孺》："虞长孺灵心妙识，加以实际，此是大根器人，是我辈修行榜样。向尝与此君在清源舟中谭半日，大要说仆病根平等，宽舒之意多，简径精严之功少。"

舟抵射阳湖，与王锡爵会。锡爵劝屠隆"闭关息游"、"归乎简寂"。

《白榆集》文卷一二《答陆君策、郁孟野、曹重甫》："自潞上发舟，一路诸公曾不以身名摧废见畜，倒屣投辖，倍于曩时。……射阳湖上，遇元驭先生，拳拳以逍遥为祸本，庄、老乃长卿之贼，欲不佞闭关息游，绝迹五岳，一切刬去，归乎简寂。其言甚切。"

《白榆集》文卷一四《寄王荆石阁老》："射阳湖舟中，得奉至教，句句肝肠，言言精理。洵不肖终身韦弦佩。"

射阳湖，在今江苏盐城东南。

渡江，彭钦之、陆君策、郁孟野、曹重甫等人来迎。

《白榆集》文卷一四《与方众甫》："客岁，将母南还，……舟甫渡杨子，钦之、君策、孟野、重甫相继操单舸来，荡桨乘流，论心累日。"

《白榆集》文卷一二《答陆君策、郁孟野、曹重甫》："十四日，偶倚蓬窗，忽见使者在岸上，喜愕久之，如见三君子颜色。旦莫把手，我心飞动。"

彭汝让，字钦之，华亭人。诸生。入国子监，中万历元年（1573）副榜。为隆万诗文社十八子之一，有《北征》、《南游》、《击筑》诸稿。传见何三畏《云间志略》卷二一、《嘉庆松江府志》卷五四《古今人传六》。

曹重甫，青浦人。冯梦祯《快雪堂集》卷一三《孝廉曹君墓志铭》："盖孝廉君为曹生重甫之父。重甫家青浦。往岁余同年屠长卿作令，会余在告，时赴扁舟之期，因识重甫。"

陆万言，字君策，号咸斋，华亭人。万历四年（1576）举人，后屡试不第。传见何三畏《云间志略》卷二一。

舟抵广陵（今江苏扬州），范应龙来迎。与詹政叔在此分别。

《鸿苞》卷四七《范孝子传》："及溟涬子舟抵广陵，则孝子业行还家，复自其家北迎溟涬子广陵。舟中一见，即又告去，苦留之不可得。前后赠之橐金，固辞不受。途中有知孝子，故怜而赈之者，一无所受。广陵船头伏而泣别，感恸百千人云。"

《白榆集》诗卷一《范生诗。范生名应龙，性至孝，清真好道，高义绝人。其行具余传中，又为之诗》。

《白榆集》文卷一二《答詹政叔》："自与足下别广陵。"

抵京口(今江苏镇江),青浦诸生沈嘉猷来迎,以至失郡试之期。

　　《白榆集》文卷一二《与徐司理》："不肖为令无状,为部中士人所仇,遂至投劾。……奉母南还,布帆无恙。……青浦邑诸生沈嘉猷,大奇才。……兹不肖南下,又操单舸走迎不肖京口,遂失郡试之期。"

抵无锡(今属江苏),孙继皋(字以德)兄迎之江上。欲买田百亩云间(松江),馈赠屠隆,岁时收租,以养家口。为其婉拒。

　　《栖真馆集》卷一七《与孙以德》："往不佞被谗东下,辱令兄逆之江上舟中。念青浦令廉而贫,无负郭,谋与二三高义士,同买田百亩云间,令不佞得岁收租,以养其八口。此甚义举,山妻闻而力辞于不佞曰:'君以彼中人谗削藉(籍),身名摧败。士可杀,不可辱。即饿死,义不食谗夫脚下土。'于是,遂寝其议。而不佞固心德令兄,不敢忘。"

春,王稚登来书,劝慰屠隆。

　　王稚登《谋野集》卷四《答屠长卿》："客岁遣厮养讯足下,……后三日从郡大夫谈,乃知有余比部事。古来词客,动遭吏议。奈何屠先生能独免。不髡钳城旦,已幸矣。仆得罪令君且不辨,而公得罪陛下,尚较乌黔鹄白耶?长卿自长卿,仪部自仪部。二者初不相附丽,何必藉头上进贤,为足下宠荣?……春水乍绿,时鸟变声。足下归啖蹲海错,饱欲死耳。白云苍狗,自昔而然。仆请为足下三缄其口,姑置勿论。"

　　客岁,去岁。

　　余比部,余,应为俞,当为音近而讹。

汪道昆与书龙膺,谈屠隆遭罢官打击,诗文会"穷而益工"。

　　汪道昆《太函集》卷一〇一《尺牍·龙君御》："屠长卿隽才,于此一跌,故知其穷而益工。第今日诸作者,薄骨力而竞风神,又将浸淫乎挽近?此不可不亟反也。宛陵梅禹金,少年崛起,其才可与长卿并驱。公暇当一过之。"

五月十三日,沈明臣收到屠隆十一月十七日书,有诗。

沈明臣《丰对楼诗选》卷三四《五月十三日,始得屠长卿十一月十七日书。书云守冻,俟冰泮始归。至今未到,赋此迟之》。

六月,抵杭州,居三月余。

《白榆集》文卷一二《报汪伯玉司马》:"不侫挂冠神武,将母南还,避暑西湖虎林。"

《白榆集》文卷一〇《与汪仲淹、仲嘉书》:"六月,抵西湖,就水国芙蓉。"

《白榆集》文卷一二《答冯咸甫》:"惜(昔)闻含沙射影,今之含沙,乃射无影。……仆今者奉老母避暑吴山下,且买湖舠,看西泠六桥荷花,登天竺,礼古先生。以新秋凉风,渡罗刹而东。……仆近尝有诗云:脱我今日之红尘,还我旧时之白云。……到日夏云凉月暗,满天湖雨六桥西。此足知仆之近况。"

《白榆集》文卷一二《答詹政叔》:"自与足下别广陵,抵虎林,避暑吴山下三月,数奉老母,挈细君,泛舟西泠六桥,采荷花,撷菱芡,登三天竺,礼古先生。归坐一室,荫小山茂树,萧萧泠泠,体气甚畅。"

为友人汪修伯《有门颂略解》作序。

《白榆集》文卷四《〈有门颂略解〉叙》:"会解官南还虎林,而友人汪修伯□以其所为《有门颂略解》来问叙。余少事雕虫,晚乃归心三宝,于此道醯鸡尔,亦何足知法师之妙义玄旨,亦聊以表一时之信心,故法师所许也。"

与李衷纯结交,有诗。

《白榆集》文卷一三《答李玄白》:"往不谷与就李冯开之游甚洽,□通于贺生伯暗。伯暗至今犹属神交尔。最后识玄白,虎林一见语合,臭味不啻也。"

《栖真馆集》卷三《结交行,答赠李玄白》。

李衷纯,字玄白,秀水(今浙江嘉兴)人。万历四十年壬子(1612)中顺天乡榜,令如皋,迁南工部主事,旋转兵部员外郎,出知邵武,擢两淮运使。见《康熙秀水县志》卷五《先达》。

王稚登来书,请为其五十画像题词。如其请,作《王百谷五十小影》。

《栖真馆集》卷二七《王百谷五十小影》。

王稚登《谋野集》卷四《答屠礼部》:"前月望夕,归自虞山,见足下长笺堕案头,不知为鱼腹者何人?将从天下乎?燕山多游客,不能苦屠先生。安得如吴客,能次人骨也?……今年五旬,周生为仆写像,诸君题诗作偈,累累如□□,□□□石家三尺,尚在屠先生橐中,故虚左而待之。足下其无靳。"

王稚登生嘉靖十四年乙未(1535)七月,至本年,五十岁。李维桢《大泌山房集》卷八八《王百谷先生墓志铭》:"先生卒万历壬子十有二月十有六日,生嘉靖乙未七月二十有二日,年七十有八。"

九月九日后,从西陵渡钱塘江,归里。沈明臣闻屠隆九月九日当到家,因留以待,不果到。十二日,过越城(今浙江绍兴)。早上至西陵,始知其夜渡。怅然有作。

《白榆集》文卷一二《答詹政叔》:"以重九后抵明州,远客乍归,亲朋来见,黄花白酒,日入陶然,大是愉快事。"

《白榆集》文卷一四《再与子愿》:"弟以去年九日始归自西陵。"

《白榆集》文卷一二《报汪伯玉司马》:"某于重九后亦奉家慈南渡罗刹。"

《白榆集》文卷一四《与苏君禹》:"不佞弟自去秋将母南还,杜门绝迹。"

《栖真馆集》卷一八《寄陆大司空》:"某自去年九月奉母抵家,杜门习静。"

沈明臣《丰对楼诗选》卷三四《越王城作,有序》:"余于乙酉九日为吴行,途闻长卿是日当到家。因留以待,不果到。遂发舟,沿途无繇得信。十二日,夜过越城,遂尔相失。旦日至西陵,始知其夜渡也。怅然有作。"

西陵,在今浙江萧山西。

罗刹,钱塘江的别称。

十月,李衷纯来书。屠隆回书,随寄《由拳集》,并请衷纯为郡人董大晟谋一教职。

> 《白榆集》文卷一三《答李玄白》:"不谷抵四明,甫逾月,而使者远渡罗刹,走官奴,以瑶华之音来陈。辞辞洒气。……中间推许不谷过当,中心好之,忘其奇丑,钟子期不笑人地下乎? ……《由拳集》一册奉览。……董君谟,吾郡之俊,玄白延之,得良友矣。然董氏更有大晟扬名者,淹博奇伟,与君谟雁行。而才亦伯仲,足下宁识之不? 邻舍中托有青毡一片地,可并罗致也。"

十一月,汪道昆、龙膺走使相邀,赴歙县(今属安徽),入白榆社。

> 《白榆集》文卷一二《报汪伯玉司马》:"仲冬初旬,詹生从虎林走平头,以明公与龙司理手书来,辱长者招入白榆社。"

> 《白榆集》文卷一〇《与汪仲淹、仲嘉书》:"六月,抵西湖,……东而白榆使者至自大鄣,则伯氏实与龙使君移书招仆入白榆社。"

> 《白榆集》文卷一〇《报龙君善司理》:"詹生充白榆使者至四明,食不下咽,鹄立庭中,敦迫上道,不佞遂发黄山、白岳之兴,冥寥游且始于此矣。……以此月十二日发官奴城,旬日可抵大鄣,把臂入林矣。詹奴还,先此奉报。"

十二月,赴歙县,入白榆社。除夕,返里。

> 《白榆集》文卷一二《报汪伯玉司马》:"书到旬日,詹生遂至。……某是用感激,秣马膏车,且不辞犯大雪,走山阴道上,以此月十二日出门,从西陵渡,经余杭悬雷山下,取道三天子都,计下旬可得与明公相见。一再宿高斋,拜肇林道场罢,便当走白岳,朝玉虚师,相留新安一月,逼除还四明。王正之月为老母寿,元夕后不妨再作黄山游,寻轩辕、容成旧迹。言之愉快,临发先此奉报。幸驱山头白云,迓我行李。"

> 《白榆集》文卷一三《报汪伯玉司马》:"岁晏浪游入新安,辱长者以国士见收,寥廓相许,知己之感,可泐金石矣。逼除,还里门,奉椒

觞北堂逡巡。"

《栖真馆集》卷一八《与王敬美太常》："前岁为汪伯玉司马招入白榆社,使者敦迫再三,嘉平月暂入新都,作十日留。逼除,返海上。"

《白榆集》文卷一三《与龙君善司理》："岁暮还家园,老母和愉,妻孥欢喜,椒觞花炬,亲朋来集。"

在歙县(今属安徽),与方于鲁结交。后为其作传、诗序。屠隆返里,于鲁赠以制墨,有诗送别。

方于鲁《方氏墨谱》卷首屠隆《方建元传》："不佞闻建元名垂十年,顷应汪司马、龙使君白榆社招,一抵新都,即与建元把臂入林,洋洋洒洒,益逾昔闻。"

《方建元集》卷首屠隆《方于鲁传》。

方于鲁《方建元集》卷首屠隆《方建元〈佳日楼诗〉序》。

方于鲁《方建元集》卷一七律《屠公长卿还越游天台,赋此送之》。

《白榆集》文卷一四《报元美先生》："困时以方生墨三舠,货之旧识贵介子,易子母钱,遍历数家,不售,竟返。"

方于鲁,初名大澈,后以字行,改字建元,歙县人。从道昆学诗,以制墨名。有《方氏墨谱》、《方建元集》。传见《方建元集》卷首屠隆《方于鲁传》、李维桢《大泌山房集》卷八七《方外史墓志铭》。

在歙县,与僧钦义结交。

《白榆集》文卷五《为义公三山游记》："秣陵长干寺沙门钦义高逸弘通。……余客新都,与义公晤于汪伯玉司马太函,一见语合。"

彭辂来书相慰。

彭辂《冲溪先生集》卷一〇《与屠长卿仪部》："曩读《由拳集》,便知海内有屠君长卿,犹然汉长卿也。不佞虽老且鄙,亦欲缪结殷勤,第不愿骤以干牍,从叟贵游间,刺漫灭不肯投也。今足下以逸见废,废何足为名达亏损?平浪风波,白日惨淡。媒姆环立,龋齿蛾眉。猥云文士无行,则请直批其颊可耳。所羡者,豾虎当前,谭笑自若。左手握麈尾,右手著《离骚》。众鸟飞尽,孤云去间。遥想风襟,殊胜摘

（谪）仙夜郎时也。此便足（是）千古乾坤许大不朽事业，岂笔吏稍稍建竖如萧曹者，得而独擅之哉？东海狂生，日事巴人，语自娱。辄以一二上，足下有意其人乎？幸不惜以照乘报之。"

书作于屠隆罢官返里后，具体时间不详，姑系于此。

彭辂，字子殷，号冲溪，嘉兴人（今属浙江）。嘉靖二十六年丁未（1547）进士，历官江西照磨、新淦知县、应天府教授、南京国子监博士、南京刑部主事等。见《光绪嘉兴府志》卷四五《选举二》、彭辂《冲溪先生集》卷二二《冲溪野叟生圹志》。

万历十四年丙戌（1586）　44 岁

汪道昆谋刻《白榆集》。

《白榆集》文卷一三《与汪伯玉司马》："岁晏浪游入新安……王正月，海国桃李大放。……覆瓿之业，已累先生为叙而传之。……望先生痛加斧钺，无事姑息。……敢布腹心，维先生照察。"

《白榆集》文卷一四《与汪伯玉司马》："往辱先生许为某刻《白榆集》，如已命工，则卒成之。如犹未也，幸遂已其事。何急而为人谋覆瓿之具？"

汪道昆《太函集》卷一四〇《书牍·屠纬真》："《白榆集》羡长七月遣使赍来，则与缮书人王凤川俱，业已录，将竟梓人。亦吴人也。梓二卷毕，岁寒且归。献岁之春，乃可毕事。"

与书龙膺，请其为《白榆集》作序。

《白榆集》文卷一三《与龙君善司理》："岁暮还家园，……承司马公留近草，许为序而传之，足下亦何可无一言宠灵不佞？维大雅留神。卿家丈人陈玉叔先生委作《草堂杂咏》，足下命作《栖云馆百泉诗》，俱成，书两纸奉去。独《新安游纪》未就，以未及登黄、白两山。诚内惭，难于命管，容徐图之。相见当有以报也。"

僧钦义来游普陀三山，为其作记。

《白榆集》文卷五《为义公三山游记》："无何，余还甬东，而义公渡

江来朝普陀,访余紫烟阁。剧谈名理,间及艺文。……万历丙戌春,
义公东渡罗刹,走会稽,由甬江出鳌柱峰下,泛海朝普陀观音大士,一
苇在大海,水浮天无岸,海上诸山,远近历历。……义公游三山,足表
信心,且明无住是非。……余故为之笔而记之。"

送邹迪光任湖广提学副使,有诗。

　　《栖真馆集》卷三《杜衡篇,赠邹彦吉督学入楚》:"梁溪故人邹彦
吉,意气磊砢复巀嶪。……与余一见臭味同,白日青松相肇结。要余
卜居学梁鸿,许身自比皋伯通。临流但约闲垂钓,寄庑悬知不赁春。
……去年治兵樵李间,东方千骑诸侯长。……君今别我云入楚,相知
日远怀酸辛。此行足称游汗漫,南纪滔滔走江汉。……临风若念黄
冠客,好向芳洲采杜衡。"

　　邹迪光本年任湖广提学副使。王世贞《弇州续稿》卷五二《邹彦
吉玄〈岳游稿〉序》:"余昔癸酉之夏,由京口抵武昌泉,以一青雀受江
山之胜,颇寓之诗。……盖癸酉之去丙戌改岁者十有三矣,而余之戚
执邹学宪彦吉始继焉。"

　　王世贞万历元年癸酉(1573)为湖广提学副使,与邹彦吉为中表。
王世贞《弇州续稿》卷五一《邹黄州〈鹡鹕集〉序》:"邹黄州者,吾中表
彦吉氏也。自尚书工部郎出守黄。"

　　邹迪光,字彦吉,号愚谷,无锡(今属江苏)人。万历二年(1574)
进士,授工部主事,累官湖广提学副使。罢官后,卜筑锡山下,极园亭
歌舞之胜。有《郁仪楼集》、《调象庵稿》、《石语斋集》、《始青阁稿》、
《文府滑稽》等。传见《光绪无锡金匮县志》卷二二《文苑》。

两次与书邢侗,告知自己返家后的生活情况。遣族孙屠震往山东,访邢
侗,希望邢侗实现捐资买田的诺言。又与书济南知府李伯春和同年、新城知
县张元鼎,请他们予以照顾和帮助。

　　详情见《屠隆与邢侗》一节。

秋,诣吴兴,与董份、董嗣成等游,各有诗。

　　《栖真馆集》卷一八《与董宗伯》:"偶为赴汪司马西湖之约,暂诣

虎林,承伯念折简相招,私心喜忭,登龙御李,机缘在兹。然犹惧袜线征材,不为宗工所录。乃承一见,深知弘奖,大逾分涯。虽张司空之赏陆平原、司马子微之识李供奉,殆无以过。"

《栖真馆集》卷一八《再与王百谷》:"董伯念以旧日同舍之好,遣信使相招者三,不得已,强为一行。"

《栖真馆集》卷一八《与王恒叔年丈》:"属董伯念客部遣使招游吴兴山水,业坚辞之。信使三往返,最后遣其所善友人云间彭钦之亲至虎林相迓。钦之不佞门下士。……渠怂恿甚力。不得已,强为一行。"

董嗣成《青棠集》卷五《同屠纬真、彭钦之诸君夜集,分得长字》:"三年高卧白云乡,几泛山阴雪夜航。鸥鹭群飞邻水国,夫容(芙蓉)秋老对寒塘。九天风雨龙光合,两袖烟霞鹤驭长。篱下黄花应带尔,喜看把酒又重阳。"

董嗣成《青棠集》卷七《九日,诸君集小阁,分得林字。时长卿已将别去,凄怆之致,情见乎词》:"百尺崇台壮,三秋极望深。"

董嗣成《青棠集》卷一《古意寄赠屠纬真》。

《栖真馆集》卷三《赠董宗伯歌》、卷五《九日,燕董大宗伯白鹤园,赋赠五言近体三十韵》、卷七《集董宗伯东第,得明字》、《夜宿董伯念玄览斋》、《九日,登董客部平野阁,得齐字》等均此时作。

董份《董学士泌园集》卷六《屠纬真仪部枉过,适予伏枕,因贻雅什,依韵奉和》。

董份(1510—1595),字用均,号浔阳山人、泌园,嘉靖二十年(1541)进士,选庶吉士,授编修,官至礼部尚书兼翰林学士。有《泌园集》。传详申时行《赐闲堂集》卷二九《董公合葬墓志铭》。

秋,王士性来访,未遇。

《栖真馆集》卷一八《与王恒叔年丈》:"计仁兄于今秋未必便来,何图遂失迓车从也。不佞弟止家僮三人,弟携以出,舍中止留三尺侏儒老儒守门。仁兄冒雨抵敝庐,坐移日。大儿年七岁,次儿六岁,未尝见客，不闻揖拜应对之礼。门内亦无期功亲属子弟，能进名汁，供脱粟，使仁兄凄然出门去。数百里远来之意云何？弟妇言其状，弟为之邑郁不宁者累日。检箧笥，得仁兄手书二通、诗艸、诗箧各一。语语带雪窦、鳌峰云气。恍如奉颜色，更益凄其。"

宁波知府蔡贵易迁官贵州，为作德政碑记，有诗送别。

《栖真馆集》卷二〇《宁波郡侯温陵蔡公德政碑记》："我郡侯蔡公领郡五年于兹，其御群下也，如衡之平物，丝忽不爽。……今公迁贵竹宪大夫，行矣。……于是，谋劖石以识公治行，以告后来。谓不佞之子也，文以笔札属焉。……公名某，字道生，戊辰进士。闽之同安人。"

《栖真馆集》卷二《送蔡使君观察贵竹歌》："使君领郡东海侧，五见扶桑浪花白。……海上行舟毂忽漫，黔中拥绣幢宵宵。……秋来折尽初衰柳，百叟不辨路东西。……怜君迢递西南去，渐听罗施国里歌。"

蔡贵易，字道生，福建同安人，隆庆二年（1568）进士，万历十年（1582）任宁波知府。郡城东临大江，修浮梁、舣舟利民。后守张文奇复修之。郡民立祠江边合祀。见《雍正宁波府志》卷一八《名宦》。据《雍正宁波府志》卷一六《秩官上》，其继任者长洲人张文奇，万历十五年（1587）任。又据《乾隆长洲县志》卷二〇《科目》，张文奇，字日观，万历五年（1577）进士，后官广西副使。

万历十五年丁亥(1587)　45岁

顾绍芳作《屠生行》诗。

顾绍芳《宝庵集》卷三《屠生行》："昨我趋承明，坐席未及温。屠生被蜚语，罢官出国门。三年不踏长安道，至今溳洞黄尘昏。……咄哉屠生勿复言，归与自夺天公权。生不见祢、李，同时富贵者，几多名姓没荒烟。"

从万历十三年（1585）离京至本年，前后三年。

为姜应麟母作墓志铭,有诗相赠。

《栖真馆集》卷二八《明故诰封王氏宜人墓志铭》:"无何,不佞坐流言免官归。而太符改谏垣,疏请皇上建储忤旨,左迁云中尉,暂还里第,与不佞相见欢甚。一日,修币再拜,以其母宜人王氏志铭见属。不佞与太符生平投分,若母吾母,义不可辞。……宜人卒于万历丁丑正月二十九日,距生嘉靖癸未七月十三日,享年五十有五。"

《栖真馆集》卷八《姜太符给谏以言事左迁云中尉,暂还里中却赠》。

有传言云屠隆、冯梦祯交恶,二人书信往返,申言友情依旧,世人郢书燕说。

《栖真馆集》卷一三《与冯开之》:"足下亦复绁时议邪?……人来言足下顷者益归恬愉,此学道得力处。……不佞与足下交义不浅矣,向者绸缪缱绻,虽云钟情太厚,亦以室迩,人便其势则然。今弟屏居绝岛,川途阻修,踪迹应疏,始欲如醴,今欲如水。割爱遣情,此亦一端。吾两人千秋之义,定当不渝。世人不察,误以为耳余不终,萧、朱末也。世人肉眼,往往如此。大丈夫内信此心,无动浮言。弟家居,三旬九食,捉衿肘见矣,而处之怡然。……田叔人北,便致八行。风便幸答数语。八月初或出门,得与足下倾挹。不悉。"

《快雪堂集》卷四二《报屠长卿》:"去秋别足下,忽已历岁。比时方营葬事,疏节故人,亦知足下能察弟情素,不加督过也。……吾于足下,境界虽隔,精神实亲。弟或者偶然疏节,足下或者偶然漫骂,此如日月薄蚀,列星失行,何足为异?而世人郢书燕说,从而附会之。吠声贮空,直达帝里。大可捧腹。割爱遣情之说,足下亦投杼矣。物腐虫生,何怪世人?足下家居,三旬九食,捉衿肘见,弟知其然。……弟今已得一丘于西溪,去武林三十里,当勉营三径,拾橡栗而食之,不复入城市,见达官面孔矣。中秋湖上月,专待故人,幸果此约。"

《快雪堂集》卷四二《报曾于健》:"近得一丘于西溪,去武林三十里,车马所不到。……弟今年已满四十。"钱谦益《初学集》卷五一《南京国子监祭酒冯公墓志铭》:"公卒于万历乙巳廿二日,享年五十有八。""万历乙巳"是万历三十三年(1605),逆计之,则其生年是嘉靖二十七年戊申(1548),至本年,四十岁。

与书张佳胤,诗附寄之。

《栖真馆集》卷一三《与张肖甫司马》:"道民将母东还,……自出都门,绝不通一字。长安诸故人属先生方在笔枢,以故三年寥落,片楮不将。及杖履西行,便可通讯,而鸟道阻修,鱼书难寄。惭负知己,私恨如何? ……数千里瞻驰,神越铜梁、剑阁。小诗题扇,聊致相思。"

《栖真馆集》卷七《寄张肖甫司马》。

《冥寥子游》成。

见《"成而尚秘"之书是〈金瓶梅〉吗》一节。

七月,得道诀于道士李海鸥。

《栖真馆集》卷一《赠金虚中先生,有序》:"余七月授衡岳道诀于李海鸥。海鸥得之金先生,行之有效。然知有金先生,不敢师李君。"

《栖真馆集》卷三《赠李海鸥先生歌,有序》:"豫章李海鸥先生得闻衡岳王、薛二真人大道于金先生,李先生以余好道有年,挈正诀以相授。余行之,果有奇效。"

作诗挽莫是龙卒。

《栖真馆集》卷七《挽莫廷韩》。

冯梦祯《快雪堂集》卷四七《快雪堂日记》:"(丁亥)八月初三,卧中闻雨滴。得莫廷韩六月书,笔工。某斋至。廷韩以七月初旬弃人间矣。"

八九月间,遇道士聂道亨,同栖吴山通玄观一月。

《栖真馆集》卷一四《与黄畸人秘书》:"不佞弟八月渡落刹江,栖真学道,与烟霞人坐卧三茅紫阳之下者一月。"

《栖真馆集》卷二○《灌木园记》:"吾师聂道亨先生七龄访道,家散万金,以凤植灵根,得遇圣师传玉液、金液、大道,今齿不卑矣,而玄发丹容,望而知其为天际真人。岁丁亥九月,与隆遇于海上,一见握手,挈为同调。某亦北面委心焉。遂相与疏奏上清,歃血立誓,授与道诀,兼惠服食大药。某受而行之,之立竿见影,万劫至幸矣。"

《栖真馆集》卷一四《与陆司寇》:"秋九月,尝抵武林,遇证道主。"

《栖真馆集》卷一《赠金虚中先生,有序》:"九月,抵虎林,业拜授聂师,所传于张三丰祖师金液还丹大道。无何,复遇金先生,更授余道诀。余又拜而授之。……金先生所传,较之李君加详焉。金先生真吾师也。于其别去,赠之以诗。"

《栖真馆集》卷一四《与汪伯玉司马书》:"仆顷以吊沈君典墓出门,道遇真师,一语投机。在虎林追从一月,师乃别去。"

《栖真馆集》卷一四《与王恒叔》:"客岁以九月出门,如宛陵,哭沈君典墓。虎林偶方外至人,一见收录,授以道诀,饵以上药,同栖隐通玄道院者一月,导师别去。"

十月,赴宣城,吊沈懋学。从杭州到吴兴(今浙江湖州),遇石楚阳。

《栖真馆集》卷一四《与丁元甫明府》:"八月,抵虎林偶遇方外异人,同栖吴山通玄观,讲究度世大道,掩关一月,始从吴兴走桐汭,吊亡友沈君典宛陵。"

《栖真馆集》卷三一《祭沈君典墓文》:"呜呼,君典墓宿艸矣。……五年而遇一宛陵老僧小白华山下,偶于及君典之死。……千里远来,哭君墓下。"

《栖真馆集》卷一三《与聂尊师》:"某自别尊师,留武林,又复旬日,然后西行至湖州,遇故人石户部楚阳,留连两日,即走四安矣。……偶与石户部谈及神丹之事,石君以痾疾缠身,欣然欲就尊师,求却疾延年。恳某数字,为之先容。"

《栖真馆集》卷一三《与石楚阳户部》:"一夕清言,颇尽千秋。……仆此行以得遇足下,虚往实归,与登白岳并胜。……仆从授师真大道后,已易字建初矣。"

《栖真馆集》卷一四《与冯开之》:"与开之同北面师之,授其金丹玉液大道,栖通玄一月,乃别开之,走宣城,吊亡友沈君典太史,又止一月。"

在宣城一月,与吕胤昌(字玉绳)、梅鼎祚(字禹金)、徐翁仍等交往,有诗多首。

《栖真馆集》卷一五《与吕玉绳》:"追维宛上与玉绳周旋,把酒谢公楼,烟雨冥濛,河山回合,飞瀑溅人衣,冷风飘人语。群公隐囊纱帽,道人白氎黄绦,搔首踟蹰,上下千古,欲空六幕。昏黑下山,而设榻精舍,一灯荧荧,绣佛为邻,伊蒲作供,架缥祕检,鼎焫异香。主人易轻纱,蹑文履,肤神霍清,玉山朗映,微言名理。……夜分就寝,则天空籁寂,雨声潇潇在池篠间。晓起推窗,独鸟窥门,群麏饮涧,白云晶晶冒前岭。主人则呼奴携天池佳茗,焚扶南好香,复共清言移晷。数日裴徊,神骨萧爽,如在阆风瑶水上。"

《栖真馆集》卷一四《与丁元甫明府》:"宛陵遇吕玉绳法曹、梅禹金文学及二三郡县大夫,尽暌布衣,开尊下榻,遂被留一月。"

《栖真馆集》卷一四《与汪伯玉司马书》:"仆顷以吊沈君典墓出门,道遇真师,一语投机。在虎林追从一月,师乃别去。而仆始西征,留吴兴者三日,留桐汭者六日。今甫抵宛陵,顾念不佞受先生在交游中为最深,而仲淹令弟一病奄奄,殊可怜悯。家师之道与其神丹,必可起之。"

《栖真馆集》卷一四《与黄畸人秘书》:"始趋宛陵哭故友沈太史墓,得与吕法曹玉绳把臂定交。"

《栖真馆集》卷一四《与梅禹金》:"宛上一行,独喜得与足下周旋,酬十年心愿。留连一月,半醉君家,平原款洽,似乎倍之。"

《栖真馆集》卷一九《答徐华阳中丞》:"仆前岁曾走宛陵,哭沈君典墓。承翁仍公子招燕,申款注眷蔼然。抠衣登闻风阁西望,真人紫气,飘渺郁葱。恨不此时同醉敬亭秋色,大呼李白、陵阳、子明也。翁仍轩轩霞举,大是俊物。"

《栖真馆集》卷一《夜坐吕玉绳使君衙丝》:"时维孟冬月,讯飚何肃肃。"

《栖真馆集》卷二《赠吕玉绳使君，时余吊沈君典墓，过宣城》、《宣城哭沈君典歌》、《过宣城哭沈君典太史，投赠梅禹金》、《仙人好楼居，为梅禹金》、卷四《徐仍翁芳壶阁》、卷六《徐仍翁阆风阁》、卷七《宛陵廖府君招燕山堂二首》、《赠陈宣城明府》、《吕玉绳司理招登文昌阁》、《吕玉绳衙丝》、《吕使君浣花亭晚眺》、《集徐仍翁天均馆，同叶虞叔》、《廖使君邀登叠嶂楼》、《宛陵冬月，梅孺子孝廉邀同叶虞叔、梅禹金、巨卿泰、符木华、张仲率携酒登郡城四首》、《登敬亭，怀李怀白》、卷九《浣花亭四首，为吕玉绳赋》等均此行作。

王士性来游普陀，屠隆因至宣城，未能同游。

王士性（恒叔）《五岳游草》卷四："补陀者，东海岛屿孤绝处。……余友屠长卿住海上，初欲拉与俱往，而长卿方作客宛陵。余乃独与陈生乘艨艟，至定海而渡。"

从宣城返杭州，汪道昆、丁应泰遣使来迎。十二月，赴休宁，盘桓二十余日，除夕前一日抵家。返家前，传言屠隆单瓢只履，随方外人远入武当。

《栖真馆集》卷一四《与丁元甫明府》："急欲一登白岳，清斋素服，朝玉虚师相，然后下与元甫把臂，谭玄信宿而去。晤汪伯玉司马，复修白榆社盟。方欲别敬亭，问天都山路，乃闻江使者行部贵治，薄书期会，鞅掌可言。吕法曹辈亦以此相留，故复迁延数日。计使车行日，仆杖屡到门矣。敬先遣奴子以八行相闻，幸为道民属玉虚观主，焚香治茗，以迟野客。向者足下书中愿为仆作白岳主人，请了此一段公案。"

《栖真馆集》卷一四《与王恒叔》："乃西抵宛上，而沈公子士范方入楚，赴丁右武之约。弟待之一月不至，且收旧道还虎林。时汪伯玉、丁休宁使使来迎，了白岳之缘，勉尔赴之。复盘桓海阳者二十日，急促东下装。岁暮矣，道路业传弟随方外人远入武当，只履单瓢，不复返。母妻闻之，日相对唏嘘。逼除抵家，如从天降，喜可知已。"

《栖真馆集》卷一四《与黄白仲》："无何，汪伯玉、丁休宁有专使逆之,使招不谷了白岳旧约,为使者敦迫,遂负囊以去。亦以人来言,足下迎仆不遇,且西晤仆三天子都。仆是以决计西行。及留海阳一月。"

《栖真馆集》卷一四《与冯开之》:"归而以汪司马以使者来,辱暂过之,又被留一月。及买东还溪舠,迫除矣,以是不得过访先生靖庐。"

《栖真馆集》卷一五《与吕玉绳》:"残腊别足下,除夕前一日始抵家。老母、荆妻倚闾良切,私计不佞从方外人于云山烟水间,必且携单瓢只履,入五岳采真不复返,自为挥手谢时人,计得矣,如一家八口何?盖归入门,如从云中堕,不啻丁家令威三千年归来,而犹及家人无恙,喜可知已。"

据《道光休宁县志》卷七《职官》,丁应泰,号衡岳,湖广江夏人。万历十一年癸未(1583)进士,同年任休宁知县,后升给事中。其继任者祝世禄,万历十七年(1589)任。

沈有则,字士范,沈懋学伯子。万历三十一年癸卯(1603)举于乡,三十八年庚戌(1610)进士,官行人。四十年壬子(1612),奉命使楚,兼奉母南归。至东平,母疾作不起。有则屡泣,七日夜不绝声。继其母卒于道,年五十三岁。有《紫烟阁文集》。传见《光绪宣城县志》卷一八《文苑》。

《栖真馆集》卷三《将登白岳朝玉虚师相,简丁明府元甫》、卷七《登白岳八首,呈丁元父使君、汪伯玉司马》、《海阳答程巨源文学,时余已促装东还》、卷二三《白岳谒玄帝疏文》均此行作。

白岳,在黄山。海阳,休宁的古称。

得刘凤来书。

《刘子威集》卷五〇《与屠长卿》:"昨于所往来者询公行藏,知方散迹丘阿,寄通物外,时情反覆,隘途颠挤,都不经怀。公之旷夷恬远,诚不能测。……传公所作《寥游篇》,则又惊慨。"

本书具体作年不详,《寥游篇》成于是年,姑系本年。

万历十六年戊子（1588）　46 岁

正月,潘之恒（字景升）来游,为其《游四明山记》作序,有诗多首。之恒北上,与书王士性、秦君阳,为之绍介。

> 《栖真馆集》卷一〇《〈游四明山记〉叙》:"岁戊子王正,余甫自至敬亭、白岳,而友人新都潘子景升适来客海上,与汪长文、闻仲连拥褐荷笠,犯大雪而游四明,邀道民于俱。余谢不往。盖景升之寥廓在山水,而余近日之课业在蒲团。……景升兹游,有记文,甚巨丽,……余读之飒爽。……余故为叙而传之。"

> 《栖真馆集》卷七《咏绿萼梅,同潘景升赋》、《花朝前一夕,同景升踏月》、《送景升游四明山》、《咏红梅,与景升同赋》、《送潘景升太学北上》等诗此时作。

> 《栖真馆集》卷一四《与王恒叔》:"新都潘景升太学,从四明北上,便布此笺。景升为汪伯玉司马门人,……自喜慕足下当代文衡道宗,欲以执鞭从事,幸开颜以纳之。"

> 《栖真馆集》卷一四《与秦君阳》:"去年春,仁兄复北矣,旅食京华,若何？……老母今年九十,幸尔安康。两豚儿初授书,能诵唐诗百首。……新安潘景升太学者,知名士也。兹从四明入都,弟时时向渠道足下千秋高义,向风景慕,幸与之交,才华风调,来映人知,足下一见心赏。"

二月十五日,为母祝寿。得王士性书。

> 《栖真馆集》卷八《二月花朝,得王恒叔书,兼惠酒卮、筇杖,寿家母太夫人九十。是日,余适为母氏举寿筵》。

二月底,得王稚登书,知王士性守岁苏州。

> 《栖真馆集》卷一四《与王恒叔》:"客岁以九月出门,……二月晦,吴门王百谷使者来,始知足下挈室而北,守岁金阊。……念足下为人弋出,天下事方赖公等,幸善自图之。"

春,与书王世贞,拟今春赴南京访世贞。请张时彻季子张孺愿传书,并有诗送之。

《栖真馆集》卷一五《与王元美司马》："东山累招，遂出矣。……去秋，道民得遇方外异人，……去年走宛陵，哭沈君典墓。……拟今春如娄上，访先生，以顷所闻，与相印可，而前茅且出矣。……敬修尺书，道此缕缕。遥望金陵，一衣带水，怅矣神飞。张东沙大司马季子孺愿，丽藻翩翩，佳公子也。向风慕义，愿为执鞭。幸先生物色之，不悉。"

《栖真馆集》卷七《春日送张孺愿游南都》。

与书陆与绳，告知生计艰难，请其施援手。

《栖真馆集》卷一四《与陆司寇》："秋九月尝抵武林，遇证道主。……弟家仅有谷数十钟，诸兄、诸姊及诸子姓、中表，家柮腹而人待晡，日相聚一室，共啖此脱粟。脱粟有限，人饥无穷。一老姊以病暂归，归卧数日，即数日馁矣。急以馎米饷之。而生平故旧穷交，复时时相向。道民义不忍独饱，誓与众生分苦恼。……去年聂翁云，日下丹房未就，秋以为期。而饥殍满路，道里颇艰，故不敢轻出遣使，往候仙翁。…………入夏恐未免绝粮，当告急足下。足下困有余白粲，幸不惜运西江之水。"

与书田艺蘅。

《栖真馆集》卷一四《与田子艺》："前年仆尝应新都汪伯玉司马白榆社之招，时先生业已去新都矣。去年与方外导师栖迟通玄观一月，开之无一日不追随。抵掌间，恒齿及先生。会方高卧山中，而仆亦禁足蒲团上，乃不得班荆把臂，一快平生。……野夫不能为供帐，奈何？崖略具答，未悉惊抱。"

田艺蘅，字子艺，钱塘（今浙江杭州）人。以贡为徽州训导，博学善属文。有《大明同文集》、《田子艺集》、《留青日札》、《煮泉小品》、《老子指玄》等。传见《康熙钱塘县志》卷二二、钱谦益《列朝诗集小传》丁集中、《明史》卷二八七。

与书虞淳熙。

《栖真馆集》卷一五《与虞长孺》:"去岁别足下,之宛陵,……赴汪司马白岳之招,逼除始返里社。"

与书滕伯轮,请其暂缓征收赋税,赈济百姓。

《栖真馆集》卷一五《与滕开府》:"去年春潦,继以秋多飓风,……今年自正月至今,天道阴晦,白日匿光,淫雨为灾,连绵四月,菜麦尽皆萎死,海错亦复不登。石谷价至六钱有奇,斗米价至一钱有奇。……顷者郡县有司,慈悲哀愍,业暂已缓,若不仰控明台,奉有停缓之令,则有司莫敢专主,而百姓日就化离,后将不知竟作何状矣。某等为此俯竭愚悃,仰干台听,伏乞悬大明以照蔀屋,散阳春以布穷檐,明示有司,停征缓比。即中间钱粮,有势不容已者,亦乞酌量缓急,委曲调停,而又求大发赈济,全活此邦,则明台之仁闻烨然,功德无量矣。"

滕伯轮(1526—1589),字载道,建安(今属福建)人。嘉靖四十一年(1562)进士,授番禺令,仕至浙江巡抚。传见胡应麟《少室山房类稿》卷八七《中丞滕先生传》、卷九二《滕公墓志铭》。

与书梅鼎祚,请其为友人薛西华谋一教职。梅鼎祚回书,婉拒。

《栖真馆集》卷一五《与梅禹金》:"道民客宛上,……抵家则在除夕前一日。……入春以来,淫雨连绵,四月不解,菜麦萎死,米谷踊贵。……敝友薛西华者,博雅多艺能。向尝与足下言之,以贫故,远游,欲得贵地一片冷清毡,以糊其口,径投足下。足下方今人伦之望,幸为寒畯留念。海内慕义无穷矣。牵率致此笺,不悉惶抱。"

梅鼎祚《鹿裘石室集》卷六《书牍·答屠长卿》:"扇头佳篇,奉以出入。……西华丈青毡之计,来非其时。敝郡侵甚,救死不皇,弦颂解散,且值仆病暑因循,而吕使君亦捷关避事,不能肃客,良有厚颜。沈示范遨游未返,五郎一病几殆,犹望霍然。其它如故,附慰拳拳。是后西上有便,愿言相忆。"

四月二十六日,冯梦祯得屠隆书。

冯梦祯《快雪堂集》卷四八《快雪堂日记》:"(戊子四月)二十六日,晴,……得屠长卿书。"

作《荒政纪念碑文》。

《栖真馆集》卷二〇《荒政纪念碑文》："万历十五年丁亥秋七月，飓风娄（屡）作，积雨海溢伤禾稼。今年戊子春，淫雨连绵，麦苗尽萎，岁遂大饥。……时姑苏张公适来守明州，惕然曰：'民饥至此，吾守土者之责也。……'于是，躬先简朴，禁一切宴飨、服食、器乐、华侈，而省刑缓征，……四月，雨止。……于是，属不佞某为文纪其颠末，勒之贞珉，以告后之来牧兹土者考焉。"

作书答李衷纯。

《栖真馆集》卷一七《答李玄白》："虎林一别，五更食新矣。……仆天性快速，束发读书，过目而已。下笔为文，一挥满纸，不能深思苦索。即令深思苦索，亦只与一挥等尔。以故自知不慧之文，流霞落英，过眼光景，欣赏一时，必非名山不朽之业也。"

与书颜鲸，为其绍介龙德孚。

《栖真馆集》卷一八《与颜应雷侍御》："龙伯贞先生……与不肖还往二年，……乃以荐之门下。"

据《雍正宁波府志》卷一六《秩官上》，龙德孚（字伯贞）万历十四年（1586）始任宁波同知，其继任者晋江人黄钟会，万历二十年（1592）任。

颜鲸（1514—1591），字应雷，号冲宇，慈溪（今属浙江）人。嘉靖三十五年（1556）进士，擢御史，出按河南，改畿辅学政，以劾都督朱希孝忤旨，谪安仁典史。隆庆中，累迁山东参议，改行太仆卿，忤高拱落职。万历中以湖广副使致仕。有《易学义林》。传见邹元标《邹子愿学集》卷六《冲宇颜先生铭》、《国朝献征录》卷八八郭正域撰《颜先生传》、《明史》卷二八〇亦有传。

夏，为袁福徵画像作赞。

《栖真馆集》卷二七《袁履善先生像赞，有叙》："履善先生，古埋照人也。……不慧去岁遇异人虎林，与先生同爱还丹，结劫外千秋万岁，约至委矣。戊子夏日，先生过访余四明，出小像见示。风骨泠泠，居然大赤。清微桐柏，小有中品。于是，为之叙而赞之。"

作诗挽张佳胤卒，并与书其子，附寄挽诗。

《栖真馆集》卷七《挽张肖甫大司马》。

《栖真馆集》卷一九《与张长公》："往岁别尊公檀州，见其体气甚王，神明不衰。既解戎务归，遂林栖怡老息机，当益寿考，不料大星告霣，哲人云亡，……属同年王太初给事以转官入蜀，急撰挽歌一首，手裁八行，走使天台，托寄左右。幸寄不佞哀辞，燔之尊公柩前。九京有知，庶几鉴我惊愫。临书驰结，涕泗被面。"

张佳胤卒于本年闰六月十六日。张佳胤《居来集》卷六五刘黄裳《明光禄大夫太子太保兵部尚书赠少保居来张公行状》："公生嘉靖六年丁亥七月五日，卒万历十六年戊子闰六月十六日，享年六十有二。"

张佳胤《居来集》卷六五王世贞《光禄大夫太子太保兵部尚书赠少保居来张公墓志铭》："太子太保兵部尚书铜梁公之乞归也，实在万历丁亥云。……明年戊子，公卒。"

谈迁《国榷》(不分卷)："(万历十六年闰六月)丁酉，前太子太保兵部尚书张佳胤卒。"

十二月三日，与诸子姓为母上寿。此月前后，汪道昆、汪仲淹、潘之恒等有钱物为贺。画师丁南羽为作《佛母图》，汪道昆为《佛母图》作序。王稚登作《蟠桃篇》，屠隆有答谢诗二首。

《栖真馆集》卷一一《上寿母太夫人九十叙》："吾母太夫人今年春秋九十高矣。……某东归之五年，是为太夫人九十。……嘉平月三之日，为太夫人生朝。诸子姓聚族而谋，称觞堂下，而以某忝窃能言之科，属某为一言，奉以上寿。"

《栖真馆集》卷八《王百谷赋蟠桃篇，寄寿老母，答谢二首》。

王稚登《南有堂诗》卷三《蟠桃篇，寿长卿母屠太夫人》。

《栖真馆集》卷一八《与王伯谷》："客传《蟠桃篇》，半岁始得奉读。如霄汉金茎，奏之家慈，泠然愉畅。"

汪道昆《太函集》卷二五《〈佛母图〉小序》："潘景升客长卿所归，

述母详。母九龄而康,岁杪则初度也。"

《栖真馆集》卷一七《答汪伯玉司马》:"老母九十生辰,幸藉真人弘庇,神明无恙。称觞之日,风日熙明。为人子者,愉快可言。伏承先生记念,属丁南羽绘《佛母图》,亲纂鸿序,以当云谣。……先生之明贶厚矣,复加以筐筐嘉币、栴檀、名香。币以制母服,香以供如来。南向九顿,敬谢明德。嘉平月三之日,乃母生朝。是日也,偶有方外三道者,不约而同来访不慧。王余(佘)峰至自云间,谢百渊至自京口,王复阳至自东瓯。"

《栖真馆集》卷一七《答潘景升》:"仲冬月,老母感肺病,危甚。某日夕向佛天抟颡,幸藉慈佑,母病痊安。嘉平三之日生朝,老母强健若少壮,遍见亲族。为人子愉快可言。远承足下记念,遣使修辞,重以明贶。其自老亲而下,咸拜恩私。丁南羽绘《佛母图》,笔法遒洁,色夺龙眠老居士。太函翁序,精严简丽,盖代之文。……使者犯雨雪,易岁时劳苦,何当。逾(愈)感主人情深。杨伯翼得寒疾京邸,几殆。归及西陵,呕血数升,神理未续。仆所延方外王翁者,明马师皇术,荐以起之。奈此君性僻多嗔,尚未可保万全。……足下何时东游?握手未期,临书怅结。丁南羽,清真佳人。仆客海阳所朝夕,独此君耳。"

《栖真馆集》卷一七《答汪仲淹》:"去岁岁暮促还,不及再与足下握别言,念足下道体厄然。……无从得足下音耗者岁余。逼除,潘使至,捧足下手书,语意神秀,书法遒劲。始知足下虽病,神气犹然不大愈。……老母九十生朝,承足下记念,佳币瑶篇,登拜郑重。母子感戢,非言所宣。……潘使还,崖略不谢。不悉。"

作书答方于鲁,云将其所赠墨散及亲故,收到其《墨谱》和贺寿之作。方于鲁得书,有诗。

《栖真馆集》卷一七《答方建元》:"足下以墨宝数十勃饷不慧,不慧持归。未及一月,散及海上亲故遂尽。自是海上无一家不有方氏墨者。……承惠《墨谱》,搜罗古今名相,精丽神秀,当是天壤间一种奇刻。……又承为老母作寿章,敢不九顿以谢。……来书有东游访道民之约,……日夕望之,临书驰结。"

方于鲁《方建元集》卷三七律《得屠长卿书,却寄》:"难后无家念倒悬,一械惊得故交传。云中薛荔歌山鬼,海上云霞列羽仙。赤水遗珠投草莽,沧州奇服佩兰荃。丹崖翠壁千重色,曾记题诗对岳莲。"

方于鲁《方建元集》卷四七律《东海叶虞部来游白岳,访余山中,赠言为别,兼寄怀屠纬真》末二句:"曾访故人东渡越,三年回首忆贤豪。"

方于鲁《方建元集》续集师心草《漫兴》:"海内文章屠长卿,长门彩笔故纵横。黄金买赋能欺世,遂使人间起盗名。"

上二诗不详作年,一并附录于此。

与书王世贞,拟明春访世贞。明春,世贞答书,请其为世懋之逝作悼念诗文。

《栖真馆集》卷一四《与元美仙伯》:"去年得先生手书,具贷金为寄,以养小人之母,陈义甚高矣。……顷以过宣城,吊沈君典墓,……某留宛一月矣,岁复行暮,且从新安一晤汪司马而去。明春或当访先生山中,不悉衷语。"

王世贞《弇州续稿》卷二〇〇《书牍·屠长卿》:"屡得足下书及雄篇佳篹之贶,不能一一作答。及岁杪,始闻太夫人九十大庆,欲草小序或长歌奉贺,而忽忽为俗缘所夺。因至今悆如调饥。今幸有朱定国茂才便,而尚未暇命笔,敢布不腆之币,以当台莱之祝,幸赐存焉。……仆已再上疏乞休,俟得请,谨奉候于五湖烟水间也。……亡弟竟遂不起,足下能不惜片言,慰其身后乎?……春气甚融,为尊人为道,自爱。不宣。"

王世贞《弇州续稿》卷二五《哭敬美弟二十四首》。

万历十七年己丑(1589) 47 岁

正月,冯梦祯来书,云当补寄寿礼。

冯梦祯《快雪堂集》卷三五《与屠长卿》:"正月九日,某叩首长卿道兄足下:谢生回,得足下报,为慰。伯母九十大庆,弟尚未及致一觞祝,殊非通家子侄之谊。终期岁内补之,但不能毕何月也。"

冯梦祯《快雪堂集》卷三九《与屠长卿》:"别足下则三年,不得足下问则半岁矣。……伯母九十,此人间希有之庆,弟尚未申一言为祝,罪莫大焉。终当补奉,不敢失也。"

与书王世贞,言王衡科场复试事,随寄哭世懋诗六首。

《栖真馆集》卷一九《与王元美司马》:"辰玉公子天藻秀逸,盖代之才,于一第何有? 而好事者哎哎不休。……闻辰玉弃南宫试,飘然径归,终是雅士不俗。……敬美少讲摄生之学,何遽弃宾客。读《挽歌》二十首,沉痛凄惋,一字一泪。某亦作《哭敬美诗》六首,录上览教。"

谈迁《国榷》(不分卷):"(万历十七年正月)庚午,礼部主客司主事高桂言去年顺天考官黄洪宪关节:第四名郑国望稿只五篇,……屠大壮大率不通,……而榜首王衡为辅臣锡爵子,素号多才,而人之疑信相半。乞同覆试,庶大臣之心迹明矣。有旨:下部科查明,不必覆试。……二月戊寅朔,礼部覆试王衡等八人。左都御史吴时来、左副都御史詹仰庇等、科道陈与郊、姜璧等品定王衡等七人文理平通,屠大壮亦通,并准会试。高桂以轻率夺俸五月。往例,文理亦通,除名。"

代宁波知府张文奇作祭滕伯轮文。

《栖真馆集》卷三一《祭大中丞滕公文,代郡大夫作》。

胡应麟《少室山房集》卷八七《中丞滕先生传》:"己丑春,先生督材官,防汛海上。渡钱塘,疾大作。……先生犹畴咨民事,刺刺不休,时暮春望后十日也。越五日,集诸藩臬诸司拱手逝,片语不及私事。"

据《雍正宁波府志》卷十六《秩官上》,长洲(今江苏苏州人)张文奇万历十五年(1587)任宁波知府,其继任者歙县(今属安徽)人程文万历十九年(1591)任。

去年末今年初,宁波推官龙德孚、总兵侯志高等请屠隆编《普陀山志》。与书侯志高,商讨《普陀山志》的内容与编排。作序、记和诗。并与书冯梦祯、陆与绳、沈一贯等,作诗。自己代三人作诗多首,丰越人有次韵八首。

《普陀山志》卷四屠隆《〈补陀山志〉序》:"开府侯大将军乃谋之兵使者刘公、郡大夫龙公,纂修《补陀志》,……爰尊今上奉圣母命,颁赐藏经制敕及御制序文,冠诸简端,而图绘山海岩洞、殿宇形胜,次弟(第)哀集古今名贤制作,汇为一书,复属道民删定。乃为稍削旧诗之俚谬,增入时贤之合作者若干篇,复以道民所自为记颂韵语附焉。……万历己丑春,弢光居士屠隆和南撰。"

《栖真馆集》卷一七《与侯大将军》:"震旦国中三大佛道场,以东海补陀为第一。……久缺一志,山灵笑人。君侯奋起握筦,雄章丽藻照山川,真称盛事。独逢掖诸诗既失音韵,复伤俚俗。志成且传播海内,悬之通都,不敢姑息,贻大方笑,以为明公羞。敬用抹摋,罪我惟命。仍购求诸名家新作增入,颇足览观。……中间前后稍有颠错,乃为诠次上下,惣分为六卷,以不佞序为篇首总序,卷首须刻《补陀落伽山志》卷一、二、三、四、五、六,总题曰志,旧本乃曰传,非也。诸所诠次,幸命掌记逐一细加检阅,登录复梓,勿再纰漏。敬以诸公新作,别录一本奉上。惟以次增入,承尊委不敢不悉。其区区鄙见,所不及,俟高明再订。不宣。"

《栖真馆集》卷一九《再答冯开之》:"人有九十母实难,足下何得无一言为小人之母寿?元美、百谷并以长歌驰青鸟之使,足下交情,宁在此二君后?……侯开府属不佞校定《补陀志》成,附上览政。大道场书不宜草草,恨不得善知识为之秉笔,急欲借名贤为重,率尔代撰一诗,自知浅薄,点浼方家。倘有鸿章,可速寄来,以入剞劂。足下年来日苦贫,至不能为长卿受室乎?"

《栖真馆集》卷一九《与陆与绳司寇》:"老母九十,辱长者捐月俸见饷。今春,无漏瓶上人金陵还,又承远寓尺素,仰见先生拳拳念山民至情。……近者侯将军属某修《补陀洛伽山志》,念先生佛门白眉,人天眼白,志中何可无长者一言? 而道里寥远,一时不能购求,乃妄为代撰四诗,敬录上览政。"

《栖真馆集》卷一六《与沈肩(吾)少宰》:"侯将军修《补陀志》,……龙伯贞郡丞白之侯公,属道民为稍刊定。……欲购求本州四三大善知识,各出制作,以镇压名山,阐扬慈教。明公文苑喆匠,道门宗师,幸首锡佳篇,以倡同社。不慧不自揆度,妄有谬缀,敢涸览观,并帝印可。道民以不德取讥柝社翁,文人之口,几满吴门、白下矣。以此不复敢见乃公。然名山神界,何可少此人笔札? 乞先生转为索之,何如?"

《栖真馆集》卷二〇《补陀洛伽记》。

《栖真馆集》卷四《补陀罗伽山作,代作》(五律,二首)、卷六《补陀洛伽山作,代作》(五绝,四首)、卷八《补陀洛伽山,代作》(七律,一首)、《补陀洛伽山八首》(七律)。

丰越人《丰正元集》卷三《补陀山,次屠纬真韵八首》(七律)。

作诗挽从侄屠大年卒。

《栖真馆集》卷七《挽从侄月鹿居士》:"月鹿居士,讳大年,先太宰襄惠公长孙也。……后经年不出,遂与人世间绝矣。寿八十六蜕化。余虽不能窥其所得何如,然知其必非凡品也。"

屠大年卒于本年五月初三日。《甬上屠氏宗谱》卷八《世略》:"生弘治十七年甲子十一月初一日未时,……卒万历十七年己丑五月初三日午时,享年八十有六。"

屠大年,字国尚,号月鹿。由官生入太学,官鸿胪寺署丞。传见《甬上屠氏宗谱》卷八《世略》。

作《重修宁波卫记》。

《栖真馆集》卷二〇《重修宁波卫记》:"万历丁亥秋七月,飓风从海上来,拔木发屋,卫署倾圮。……卫侯万君邦孚视卫事,乃竟兹役。经始于万历戊子年某月,落成于己丑年某月。……张公乃属卫侯征文不佞记之。"

与书汪道昆,随寄《普陀志》。汪道昆回书,云有诗后寄。

　　《栖真馆集》卷一九《与汪伯玉司马》:"隆不奉瑶华之音半岁矣。
……老母九十一,更神王体疆。……彭歙县有弟尊古,出不肖门下。
向入新都,畏太守贱客,并彭君不敢通闻。颇讶山民不为通状。"

　　汪道昆《太函集》卷一〇四《书牍·屠纬真》:"张龙阳见客,得足
下数十百言,精进之功,锓锓将入圣域,由信心直心深。心且深,无所
住心矣。上之太夫人,康宁舒泰,其适可知。……彭令君诚心直道,
然简略自任,无能结客欢。龙阳留滞招提,竟以垂橐去。……承示
《补陀志》,不佞与家弟各有诗。他日附录,不次。"

夏,得邹梦龙去秋书,为其父作传。

　　《栖真馆集》卷二一《邹先生传》:"不佞之出都门,孚如执手曰:
'……先布衣之行,有足传者。愿托吾子,实图不朽之。'不佞敬诺之。
六年,以懒故,未就也。顷孚如以二千里薄蹄相促,乃为之命墨卿,宵
貌先生义行。"

　　《栖真馆集》卷一九《答邹孚如》:"己丑夏,始得足下戊子秋云梦
书,至自广陵,开械急读,书中寄将玉罗、古研,并化为乌有。……承
委作尊公传,向以懒,未勾当。书到,即检之故庋中,原发志铭稿居然
无恙,遂为握笔,艸成寄览,幸赐窜削。"

为贺鼎昭《救荒八议》作序。

　　《栖真馆集》卷一〇《贺鼎昭〈救荒议〉序》:"吴、越间连岁饥疫,浮
尸积骸,盈川溢坻,为时小阳九。鼎昭窃窃焉忧之。以在闾阎久,洞
晓物情,熟詧机宜,建为《救荒八议》,酌量擘画,言言中窍。……去岁
亦尝集《荒政》三十条以告司牧。余备众方,鼎昭撮要术。余愿肉食
之良亟为采择,勿以其藿也。"

　　屠隆去年作《荒政考》,收入《鸿苞》卷六。

为沈九畴父作寿序。

　　《栖真馆集》卷一二《寿沈影泉封公八十序》:"影泉公者,长孺尊
人。……万历十六年某月,是为影泉公八十。大司马东沙翁仲子、高

州守孺觉新与长孺有连,十七年,高州至自入觐,将登公堂,修觞酌之
礼,而征言于道民。道民与诸沈尝有文社之盟,而事影泉公为丈人
行。于是,不辞而为之言。"

《栖真馆集》卷七《送张孺觉太守之高州,时以入觐,便道过里》。

夏,作《祷雨记》。

《栖真馆集》卷二〇《祷雨记》:"万历十七年己丑夏,明州旱,蚤稼
焦枯,晚稼未莳。插民大恐,有司忧劳。五月廿四日,郡守姑苏张侯、
邑令豫章徐侯各率僚属结坛雩祷。六月初一日,徐侯亲诣天井山,请
龙。行至冷水窝山上,云雾四合,雷雨交作。……敢告司牧,以此
楷模。"

为知县徐廷绶祷雨作叙文。

《栖真馆集》卷一二《赠邑大夫徐侯祷雨叙》:"豫章徐侯出宰我
明,今岁己丑夏,复旱。侯与郡大夫力走群望,召方士结坛设法祷雩,
不应。侯乃遍叩四郊龙湫,屏驺去盖,穷陟天井山绝巅。夜分,披荆
榛,犯雾露,向五井抟颡达曙,龙神效灵下山,而黑云四合,雨师前导。
……又亟以灾闻于当道,议蠲赈焉。又开药局以疗民疫疠,全活无
算。……以不佞颇娴古文辞,且辱知侯深,乃属不佞谡一言以进。不
佞既为侯记祷雨,而复以乡父老请,不可已,儳而握颖若是。"

据《康熙鄞县志》卷八《治化考·职官》,徐廷绶,字公绍,江西上
饶人,进士,万历十六年(1588)任鄞县知县。其继任者无锡人华士
标,字英甫,进士,万历十八年(1590)任。

《雍正宁波府志》卷一六《秩官上》云徐廷绶与华士标任鄞县知县
均在万历十八年(1590),应误。

秋,与帅机交往,各有诗。

《栖真馆集》卷三《答赠帅惟审》、卷八《席上再赠帅惟审》。

帅机《阳秋馆集》卷二〇《与屠长卿论交一首,感慨之怀,说得痛
快,全篇合体》:"白露凉风淡素秋,纷纷除目下皇州。我独沦飘营斥
滷,荒烟哀籁乱乡愁。蓬躯足迹遍天下,晚游勾越更潇洒。越中文物

更富研,怜余迟暮才情寡。……入君芳园酌君酒,郎月清风疏户牖。兴来逸荡欲凌霄,万事置之同刍狗,得君一言投分堪不朽。"

帅机《阳秋馆集》卷二〇《仲秋十四日,同年友邵比部邀饮。在坐者屠长卿仪部,奉谢一首》。

帅机《阳秋馆集》卷二〇《奉赠屠长卿一首,并以为别》:"东海有奇士,仙籍谪寰中。……詟余习傲吏,东游访鸿蒙。片石能歆庾,一言遂握髎。……已欣谐班尹,无奈判西东。不如水土审,岂及形影同? 终当合双剑,尚期比八公。"

帅机《阳秋馆集》卷二〇附屠隆《会赠帅惟审先生一首》:"豫章帅卿古淳朴,心如抱甓文般俚。嗜书实有玄晏僻,万事不理耽唔咿。……帅君挥毫吊萧统,六朝秀句纷陆离。近解郡章领醮政,单车适来东海湄。睨越无人空两眼,独云长卿差可儿。雨深泥泞过穷巷,把臂一笑和埙篪。道民入道才复尽,投璠报桃良足嗤。吾今宝吾环中秘,艺坛让汝建军麾。"

帅机《阳秋馆集》卷二〇附屠隆《席上再赠帅惟审先生》。

《阳秋馆集》按序编排,卷二〇诗作于本年。

帅机(1537—1595),字惟审,号谦斋,临川(今属江西)人。隆庆二年(1568)进士,历官汝宁教授、太学正、南膳部郎、思南知府、河南学政,谪分醮于越,量移彰德同知。有《阳秋馆集》。传见《阳秋馆集》卷一《帅惟审先生履历》。

十月末,在嘉兴,作诗挽沈自邠(字茂仁)卒。

《栖真馆集》卷八《挽沈茂仁太史》。

冯梦祯《快雪堂集》卷四九《快雪堂日记》:"(己丑十月二十八日),项墨林招陪屠长卿。……(二十九日)夜同屠长卿、陈伯符、金伯韶宿王江泾。(三十日),大西北风。先行诣吊沈茂仁,哭之。……道遇屠长卿,约晤郡城。长卿以余先行,意殊怏怏。乘顺风,薄暮至武塘。"

王江泾、武塘,均在今浙江嘉兴境内。

冬,在嘉兴。与龙德孚连舟至此,分别,有诗。

　　《栖真馆集》卷八《雨中与龙伯贞连舟之槜李》、《槜李别龙伯贞,
凄然有怀作》、《金伯佑公子携酒邀陪龙伯贞大夫登烟雨楼》同时作。

傅光宅朝普陀,访屠隆,不遇。至嘉兴,相会,有诗。

　　《栖真馆集》卷八《傅伯俊侍御自太原引疾归,辄东航海,朝补陀
还,访余句甬,余适游兰亭,不遇,却寄二首》、《就李喜遇傅伯俊。伯
俊访余四明,不遇而还。至就李相见,抱病伏枕》同时作。

访沈思孝(字纯父),有诗。

　　《栖真馆集》卷八《冬夜,与沈纯父话旧》、《冬日,访沈纯父郊居》
同时作。

与冯梦祯、金伯韶、陈伯苻夜游,有诗。

　　《栖真馆集》卷八《冯开之、金伯韶载酒邀同陈伯苻夜泛得花字》、
《赠金伯韶同年》同时作。

与李衷纯、冯梦祯等游天宁山房,有诗。

　　《栖真馆集》卷八《李玄白携酒邀同冯开之、贺伯暗、张文若、项民
逸酌天宁山房》。

与项元淇、元汴兄弟,项元淇、项道民父子交往,有诗。

　　《栖真馆集》卷八《访项民逸太学赋赠》、《项墨林招同沈纯父、冯
开之诸君夜集》、《项文学兄弟邀集斋头作》同时作。

　　项元汴,字子京,号墨林山人,秀水(今属浙江嘉兴)人。博物嗜
古,精绘事,以收藏书画名重一时。见沈季友《槜李诗系》卷一三。

　　项元淇,字子瞻,号少岳,秀水(今属浙江嘉兴)人。性狷介,工诗
善书,与弟元汴并名一时。嘉靖中,以赀为上林监。有《少岳山人
集》。见沈季友《槜李诗系》卷一三。

　　项道民,字民逸,元淇季子。有《春晖堂诗》。见沈季友《槜李诗
系》卷一五。

与陈懿典等人游真如寺,有诗。

　　《栖真馆集》卷八《长至日,就李陈孝廉孟常邀同云间彭钦之、徐

孟孺、郁孟野集真如寺》、《赠陈孟常孝廉》、陈懿典《陈学士集》卷三六《酬屠长卿仍次韵》同时作。

陈懿典，字孟常，号如刚，浙江秀水人。万历二十年壬辰（1592）进士，选庶吉士，授编修。博洽今古，与修实录。崇祯中，晋詹事府少詹。有《吏隐斋集》、《论孟贯义》、《左陛纪略》、《圣政》、《圣学》、《陈学士先生初集》等。传详《康熙秀水县志》卷五《名宦》。

《栖真馆集》卷四《冬夜同郁孟野、李玄白、项民逸宿真如寺二首》、《马心易同年携酒真如寺》、卷八《邹彦吉使君邀同冯开之、马心易燕集真如寺》、《留别邹彦吉使君》、《赠邹彦吉使君》等同时作。

冬，至苏州，在王稚登半偈庵，与众人会，有诗。

《栖真馆集》卷八《己丑冬日，同新都罗伯符、宛陵梅孺子、七闽朱子命、盐官刘令彝集王百谷半偈庵》。

《栖真馆集》卷四《冬日，同韩承志、管登之、钱公父、吴元卿过开元寺访湛公》、《赠韩澧州承志》、卷八《吴江舟中别沈孟嘉》、《吴门逢梅孺子》、《王百谷斋头赠刘令彝。令彝，余故同年刘敬修弟》、《冬日，管登之邀同钱功甫泛舟石湖，登胥台，入治乐寺谈禅作》等同时作。

在苏州，欲会朱长春，不遇。后不期而遇，各有诗。

《栖真馆集》卷八《吴门寻朱太复不遇，明日置酒相招，伤离道故，凄然兴怀，赋赠》。

朱长春《朱太复集》诗卷一九《阻冰，邂逅屠仪部长卿、陈永嘉公衡，因为小酌，招李计部叔玄集吴园三十韵》、诗卷一六《阊门赠屠长卿》同时作。

朱长春《朱太复集》诗卷五还有《仪部屠纬真隆》诗，不详作年。

朱长春，字太复（一作大复），号海瀛，乌程（今属浙江湖州）人。万历十一年（1583）进士，官舒城、常熟、阳信知县。升刑部主事，因力诋枢臣石星，忤旨，削籍为民。归隐城南溪湾，闭户著述。光宗朝，诏起直言，擢兵部郎中。卒赠光禄寺少卿。有《管子榷》、《朱太复文集》。传见《列朝诗集小传》丁集下、《光绪乌程县志》卷一五《人物四》。

在苏州,为冰所阻,断炊十日,向李开藻乞米,有诗。

> 《栖真馆集》卷三《阻冻金阊,从李叔玄乞米歌》:"黄冠道人独萧
> 瑟,孤舟十日断火烟。"

> 《栖真馆集》卷四《金阊阻冻》。

> 李开藻,字叔玄,一作叔铉、叔元,永春(今属福建)人。万历十一
> 年(1583)进士,授户部主事,遣榷浒墅关(在今苏州市)。又按浙江盐
> 屯,擢云南提学使,迁山西按察司佥事。后历四川、江西提学副使等。
> 有《性余堂草》、《酌言》等。传见《乾隆永春州志》卷二四《列传》、《民
> 国永春县志》卷一八《列传中》。

万历十八年庚寅(1590)　48岁

帅机西归,有诗赠别。又有怀屠隆诗。

> 帅机《阳秋馆集》卷二一《报屠长卿先生赠别》:"东海茫茫混太
> 清,异人挺出应星精。……君生东国似鸿蒙,余亦西归难久驻。恋恋
> 离筵愁溪钟,依依南浦不忍去。"

> 《阳秋馆集》卷二一诗作于本年。本卷第一首为《庚寅元旦试笔
> 一首》。

> 帅机《阳秋馆集》卷一一《怀长卿、伯贞》:"去年中秋驻海涯,兔园
> 赏会结良知。清风满园频招饮,彩笔盈编各解颐。别去能无张敏梦,
> 幽居未有贡公綦。于今章甫宜资越,恨望伊人在水湄。"

十二月二十五日,冯梦祯得屠隆书。

> 冯梦祯《快雪堂集》卷五〇《快雪堂日记》:"(庚寅十二月)二十五
> 日,得屠长卿书。"

万历十九年辛卯(1591)　49岁

九月,在慈溪。与德孚等人登管山,宴清道观,各有诗。观云,有记。

> 《天启慈溪县志》卷一四屠隆《卿云记》:"郡丞武陵龙公伯贞以修

城之役入慈邑,邑之士大夫请复城西大宝山。公许之,与令吴郡黄君
宗甫及士民谋金同,不佞隆适以他事至邑,与闻其议。万历辛卯九月
二十六日,议方成,是日,伯贞携不佞及邑缙绅陈大参观甫、冯方伯汝
迪、张太守尚通泛舟江上,登管山,觞余清道观。清道观者,祠东岳
神。……伯贞率不佞肃拜岳神毕,从东冈步入后山,裴徊瞩眺。伯贞
指点大宝山离立诸山中,云木竦秀,尝作金银气,郁葱氤氲,故得名。
为一邑最胜。……卿云起西北,白气一带曳练冒城堞,……五彩绚
烂,丹者如色初染,黄者如金在镕。或如紫绮,或如绛绡,或如绀珠,
或如翠羽。……不佞狂叫曰:'大奇! 大奇!'时参知三公尚在山下,
伯贞使人急呼,三公至而同观,咸相与叹诧不已。……邑之士大夫谓
盛事不可不传,以不佞实目睹嘉美,属不佞次第记之。"

《天启慈溪县志》卷一六龙德孚《同冯修吾方伯、长卿仪部至观
中,剪除障翳,赋此》。

《天启慈溪县志》卷一六屠隆《清道观》。

万历二十年壬辰(1592)　50 岁

五十岁生日,余寅作诗、沈一贯作序文相贺。

余寅《农丈人诗集》卷四《赠屠纬真五旬生日,纬真好道,故有霞
宫之云》。

沈一贯《喙鸣集》文卷三《屠长卿仪曹五十序》:"汪长文、张孺愿
十余辈,雅与长卿为文字饮,来征余曰:'为我序长卿。'长卿今五十,
余无以辞,戏应曰:'此必长卿自序而可。曩长卿寿太夫人八十自序,
必里中人无能获长卿心者。余安能貌长卿? 虽然,为我谓长卿曰:士
得所以不朽者,一日万年。长卿能更活五十,则有延三万六千万年
也。是其取于造化也。抑大侈矣。长卿自爱。'"

沈一贯《喙鸣集》诗卷六有《屠长卿饮二公江上预陪小赋》、卷一
三有《寄长卿》诗,不详作年,并附于此。

万历二十一年癸巳(1593)　51 岁

与张世伟邂逅于王士骐所。

> 张世伟《自广斋集》卷一五《屠仪部》:"二十五六,解(邂)近娄东王闿伯座上。王先言余名,因贽业焉,即《袁文学诔》、《释讽》诸篇。不知何渠逊心若此。过晤馆次,所偕左右之者武君,惓惓向余道,不啻已过锡山。后锡山顾君者,顾余石头城,谓屠先生逢人说项,不意苏城复出此异才。此时余时艺名已腾南国,但不知屠先生骤一见人古文词,惓惓不去口,实如是也。"

七月十六日,为屠本畯《离骚草木疏补》作序。

> 屠本畯《离骚草木疏补》卷首屠隆《〈离骚草木疏补〉序》:"家田叔工文综古,雅好离骚。既叶骚韵,更补吴氏草木疏。其考古也博,其收采也约,其标名也显,其核实也精。……盖田叔高洁耿介,方之屈子,遇不同而心同也。不佞遭谗被播,颇类灵均,而轻外坦中,无复愁郁愤懑。顷实好二氏,而不好《离骚》。即好《离骚》,独有《远游》篇尔。……乃知屈子胸中何不有,而何止郁郁称骚也?万历癸巳七月既望。"末有"屠氏纬真"、"屠隆印章"、"兰省郎"三阴文印钤。

万历二十二年甲午(1594)　52 岁

邢侗来书,告知收到屠隆为其父所作祝寿诗文及碑传文字等,并告知两人都在被征修国史之列。

> 详情见《屠隆与邢侗》一节。

万历二十三年乙未(1595)　53 岁

为陈禹谟《经言枝指》作序。

> 邵松年《海虞文征》卷三屠隆《陈锡玄〈经言枝指〉序》:"海虞陈锡玄氏,博学工文,思通淹纬,尤注意经学,上下数千年间,旁搜远采,亡所不综。……顾今代昌明孔孟之道,而鼓吹羽翼之,有锡玄在,余复何为?士所当为天壤间所不尽者,何限?锡玄退,然自命其言曰《枝

指》。夫无用之用,为用也大矣。如必高其举趾,曰:吾必有用。则岂深于经者哉?管公明不言乎:善易者,不言易。"

陈禹谟《经言枝指》刻于本年,序当本年作。邵松年《海虞文征》卷三陈禹谟《叙〈经言枝指〉》:"我国朝以明经分科抡士,而概论之四籍。……每得一,则当四籍者,辄丹铅而标识之,汇而成编,命曰《经言枝指》。尝持诣白下,猗园焦太史深见赏识,且曰:'盍板而行诸?'余曰:'不该不遍,此余未卒业之书也。愿有待焉。'既庋之者又数年。乙未,罢公车,则悉出庋中藏理之,益入者不啻十之七。乃属剞劂氏。享帚缄石,诚不自嗤其陋也。"

陈禹谟(1548—1618),字锡玄,常熟(今属江苏)人。万历举人,官至四川按察司佥事。有《经籍异同》、《经言枝指》、《别本四书名物考》、《广滑稽》等。传见钱谦益《牧斋初学集》卷五六《陈君墓志铭》。

万历二十四年丙申(1596)　54岁

与书管志道。

管志道《问辨牍》元集《答屠仪部赤水丈书》附屠隆来书:"母年九十有八,奉三宝五十余年,西资颇辨矣。独不孝晚节坎壈,败名辱亲,生事死敛,多所疏阙。罪且通天,抱痛无地矣。不孝近奉长素,三岁于兹。皈命三宝,翘勤六时。冀以上报亲恩,下超生死。此外一切世念尽矣。"

母卒,朱赓作祭文悼之。

《朱文懿公文集》卷一二《祭屠母太孺人文》:"余于长卿,略其春华而采其秋实,故于长卿之有母,而知其成之者远;于母之有长卿,而知其寿之者永也。敬洁椒浆,佐以些词,长卿其踊而致之母前,其歆之乎否?"

梅鼎祚与书汤显祖,云自己在为汤显祖集作序前,先看一下屠隆序,以免重复。

梅鼎祚《鹿裘石室集》卷九《书牍·答汤义仍》:"遥拜大集之命,

'惟审(帅机)可为定吾文者.'将无太绳削,足惜。兄何言患其多也?当今此事,不得不以推兄。长卿诙朗鸿肆,诚有之。至若精融奇博,恐尚隔数尘。弟大悔少作,近稍窥见一斑。……承属为序,不敢以羔绅嫌。然须一阅屠、帅序,宜于此外别起一意。……帅郎竟无禄,……当为铭以报。……疏且召还忠直,仁兄不复以平昌老矣。惠我兼金,顿损令君浃日之奉。愧荷,愧荷。"

　　书作于万历二十三年七月帅机卒后,二十五年汤显祖离遂昌前。姑系是年。

万历二十五年丁酉(1597)　55岁

德清来书。

　　《憨山老人梦游集》卷七《与屠赤水》:"蒙恩谴炎海,于丙申春仲抵戍所。时值其地连遭三灾,真同火宅。日坐尸陁林中,披阅《楞伽》,于无生之旨,脱然自信。……笔之成帙,名曰《观楞伽记》,今已脱稿。……时与丁右武聚首五羊,每谈明德,必出手书,光明焕发,恍若入窑(瑶)林而视满月,清凉悦怿,不言可知。因知居士长斋绣佛,与德园居士伯仲结之卤湖之上,切究此事,喜得莲师为证盟,贫道遥空合掌,赞叹不已。……读《普陀志》,护法真情,字字皆从光明藏中流出。贫道三复,不觉感激填心也。"

　　书中云《观楞伽记》"今已脱稿",《观楞伽记》脱稿时间在本年。《憨山老人梦游集》卷四〇《自叙年谱》:"(万历)二十三年乙未,……蒙圣恩矜察,坐以私创寺院,遣戍雷州。予以是年三月下狱。……二十四年丙申,予年五十一。……三月十日,抵雷州。……四月一日,即开手注《楞伽》。……豫章丁大参右武以诬谪广海,至,素相慕,遂莫逆。二十五年丁酉,……夏四月,《楞伽笔记》成。"

　　德清(1546—1623),俗姓蔡,字澄印,全椒(今属安徽)人。十二岁出家,万历中,在五台山为李太后主持祈储道场,李太后为造寺于崂山。后坐"私造寺院"戍雷阳,遇赦归。人称憨山大师。有《憨山老人梦游集》、《楞伽笔记》等。传见《憨山老人梦游集》卷三九、四〇《自叙年谱》、钱谦益《列朝诗集小传》闰集。

《憨山老人梦游集》卷三六有《寄屠赤水居士》诗一首,不详作年,并附于此。

万历二十六年戊戌(1598) 56 岁

重过颍上,颍上父老倾城相迎。作《重过颍上二首》、《重开颍水碑记》。

详情见《屠隆两任知县的治绩》一节。

《昙花记》、《彩毫记》并完成于本年。九月,作《昙花记自序》。

详情见《〈昙花记〉、〈彩毫记〉的作年》一节。

陈懿典来书,欲让屠隆将《鸿苞》寄其一读。

陈懿典《陈学士集》卷三二《与屠赤水》:"昔年萧寺得聆大海,且蒙佳什。虽缅怀明德,而荏苒至今,不获题尺素,起居劳结可知。……当今文苑牛耳,弇山、新安相继谢世,代兴擅霸,紧惟门下不可当吾世,而失诸侯也。向读《栖真馆集》,想非手所诠次,更愿大出近著,布之通都。《鸿苞》所得,当更精进。不识便邮中,可一见识否?"

此书作年不详,姑系于此。

万历二十七年己亥(1599) 57 岁

五月,为吴中行《赐余堂集》作序。

吴中行《赐余堂集》卷首屠隆《〈赐余堂集〉序》:"余读晋陵吴太史子道《赐余堂集》,风格跌宕,不失和平;气韵清疏,时含庄雅。应制大什,若元老贵臣,冠裳珮玉,自然端严。其它酬应诸篇,如妃主命妇,炫服艳装,都无冶态。进良规则,永鉴荃宰。谭性命则缕析天人,是寓功德于立言,以经济为文字者也,而有本焉。……嗟乎,先生不佞知己也。先生令子采于、世于征不佞序先生集,二子乞言地上,而余将酬恩地下。……万历己亥夏五月,东海友人屠隆纬真父纂并书。"

万历二十八年庚子(1600)　58岁

屠隆期过访龙膺,龙膺有诗。

> 龙膺《纶漍诗集》卷二《旧京篇,期屠纬真仪部过访,时庚子春仲》:"六朝佳丽地,二月艳阳天。长干花似语,广陌柳如烟。……桃根画楫思王郎,素鲤遥传四明客。……山泽重君名,莺花迟帝城。操觚才比张衡丽,挥麈神如卫玠清。久已声华动南国,可无词赋到东京。"

> 龙膺《纶漍诗集》卷三有《屠纬真期以七夕访予武林,后三日始至,时予将有泽官之役,赠别四首》,不详作年,姑附于此。

游南京,会祝世禄。

> 《鸿苞》卷四一《冥报》:"庚子,余游白门,无功邀余晚饭署中,谭其事甚悉。"

> 祝世禄(1539—1610),字延之,号无功,德兴(今属江西)人。万历十七年(1589)进士,考选南科给事,历尚宝司卿。从耿定向游,为其高弟。有《祝子小言》、《环碧斋集》等。传见《民国德兴县志》卷八《人物志·名宦》。

八月,为帅机《两都赋》作序。

> 帅机《阳秋馆集》卷首屠隆《〈两都赋〉序》:"帅贡士廷镆以其父比部郎机《两都赋》见示,隆伏读之,巨丽哉!……比部尝以此赋进呈天子,天子览之啧啧,不啻汉武帝之嗟赏凌云也。馆阁诸公咸报书弘奖,名山之业,乌能舍游?隆自是可焚其笔砚矣。万历庚子秋八月,前进士仪部郎东海屠隆长卿氏颒沐拜撰。"

万历二十九年辛丑(1601)　59岁

获交于茅坤。茅坤病,以聂道亨所予丹与茅坤子茅维(字孝若),茅坤不服,卒。为其作行状。

> 茅坤《茅鹿门先生文集》卷三五屠隆《明河南按察司副使奉敕备兵大名道鹿门茅公行状》:"吴兴鹿门先生,执海内文章牛耳,意不可

一世，独奖借余。余生也晚，犹及因先生仲子荐卿、季子孝若，而一再
望见先生眉宇。岁辛丑，先生春秋登九十，诸子大治酒，征歌为寿。
海内公卿士庶，雷动云集，日吹笙击鲜觞客。客竞为诗歌文章，颂公
休美。自春历夏秋，无虚日。至冬，一疾捐馆。海内吊客视向庆者更
倍。余窃自附南州生携磨镜具来，修束刍于公，而荐卿、孝若遂以状
属焉。余德公知，何敢辞？……年九十，视听不衰。既从诸子请，举
寿觞，四方来庆者，履舄云集，公一一与之周旋，无倦容。至仲冬而
病，季子维闻余有聂仙翁丹，驰急足来索。余畀之十丸以进，公推弗
肯服，曰：'乃翁九十，犹从方士刀圭求活耶？'以壬戌日卒于正寝。
……国缙辈择于癸卯年正月廿六日，奉公枢偕孺人合葬于武康之上
柏山，将求吾师大学士山阴朱公志铭，而属隆草状。隆老，学荒才尽，
何足备师采择，则有仲氏之行实在。赐进士出身前礼部仪制司主事
四明屠隆顿首撰。"

万历三十年壬寅（1602）　60 岁

春，费元禄来书，请为其集作序。以回书代序，又为其母作墓志铭。

　　费元禄《甲秀园集》卷三七《尺牍·屠纬真先生》："不肖自束发
时，则雅知东海有屠纬真先生。至读《由拳》、《栖真》二集，慨然想见
其人，磊落骯髒，豪放不羁，博学有仙才。赋敌相如，文窥司马，诗坐
沈宋，雁行所交，……于是，熏沐拜使，退就北面之私，特奉一函，以通
门下之执役者。附致起居，并以杂刻数种、鄙诗二律请教，幸先生进
而命之，毋弃蕉萃，毋吝评骘，使不肖得开瞆聩而闻大道，则自今向往
之年，皆荷先生之造也。"

　　费元禄《甲秀园集》卷首屠隆《读〈晁采馆集〉》："顷使者复持书到
门，则仆业已登山阴舴艋艎中，急发八行，启械读佳集。……足下自
序云：'世有子云，乃知子云。'见开之序，似不尽知学卿。仆愿为足下
子云，可乎？不佞过山阴，吊朱大宗伯夫人，为越中故人留。且数日，
书至。足下须急渡钱唐，胥命越王台下。赵景真不惮数千里寻嵇叔

夜，足下岂畏一江衣带，而坐失千秋良晤？跂而望之。手题此笺，即以弁大集，无烦更作序。即更作，亦何以复加？诸留面悉。"

费元禄《甲秀园集》卷二四附屠隆《诰封夫人费母杨氏墓志铭》："豫章后来之秀，有费生元禄，唐衢太仆先生子也。年少抱奇才，文章诗赋，并追先喆。登于正始，急道民甚。数寄瑶华，信使相望于道。春初以诸刻见视，余读之，朱弦疏越，泠泠赏音。遂为之序。……夫人顷捐馆舍，元禄缄辞走币，征铭道民。余既辱在知己，义何敢辞？……卒年五十有五。……夫人生嘉靖戊申十一月十五日戌时，卒万历壬寅正月十九日寅时。"

费元禄，字无学，一字学卿，铅山（今属江西）人。生于万历三年乙亥（1575），诸生，建屋于晁采湖上，有《晁采馆清课》、《甲秀园集》。小传见《列朝诗集小传》丁集中。

为汪廷讷（号坐隐）作赋。

《坐隐先生订谱全集》屠隆《坐隐先生赋，为昌朝词盟》："万历壬寅冬，东海屠隆纬真甫顿首拜撰。"

万历三十一年癸卯（1603）　61岁

为周应治辑《广广文选》作序。

周应治辑《广广文选》卷首屠隆《〈广广文选〉序》："余友周君衡氏，复身作蠹鱼，穷年万卷之中；足跨神骏，极目四游之外；搜罗放失，陋胥臣之多闻；寻讨遗亡，蔑郑侨之博物；广其选者，已惊山海之可加，令选者咋舌；广其广者，益叹天壤之何限，俾广者摇魂。方闻广广之名，未悉云云之旨，谓欲寻而乌有，即苦搜，能几何？及览周氏之巨编，始信前人之未备。……万历癸卯春暮，东海屠隆纬真父纂。"

七月，为程君房《墨苑》作序。

程君房《程氏墨苑》诗文卷二屠隆《程君房〈墨苑〉序》："今海内称高雅，好事家必首三天子都矣。……自程君房出，以隃糜之美闻海内，而新都墨遂进奉大内，流布寰区，至海外岛国夷王皆争购之。其制作精良,实有神授。……余客晋安,而友人洪汝含为君房索余一叙。余喜附君房青云而不朽,是以立为缀数语。……万历癸卯秋七月,东海屠隆纬真甫纂并书。"

程大约,字幼博,号篠野,别字君房。歙县人,以制墨名,有《程氏墨苑》。传见《程氏墨苑》诗文卷一《墨苑姓氏爵里》、沈德符《万历野获编》卷二六《新安制墨》、姜绍书《韵石斋笔谈》卷下《墨考》。

秋,游闽。费元禄随行,有诗。中秋,社集乌石邻霄台。

费元禄《甲秀园集》卷二五《屠仪部纬真先生诔,有序》:"某向获侍九曲灵槎,叨御三山彩仗,雌黄逾浃,奖借无涯。……维昔之岁,仙辒入闽。公实命我,轺车载巾。徜徉九曲,洽数夕晨。碧岩无雾,绿水不尘。垂当告别,恻焉者心。"

费元禄《甲秀园集》卷二二《同屠纬真先生泛舟九曲》、卷二三《游水帘洞,有怀纬真先生》此时作。

赵世显《芝园稿》卷二二《中秋社集乌石邻霄台二首》、卷二三《喜屠纬真至自四明。纬真久事玄修,志图翀举,赋此赠之》此时作。

为万达甫卒作诔文。

万达甫《皆非集》卷上屠隆《万纯初先生诔,并序》:"纯初先生,鹿园先生仲子也。……先生与余道义素交,烟霞宿契。一朝长谢,五内含悲,情见乎辞,乃作诔曰:……道弟屠隆顿首。"

万达甫卒于本年九月。《皆非集》卷首附李志《万公行状》:"至漏尽,东方明,而公逝矣。是为万历癸卯年九月二十二日卯时,距生嘉靖辛卯年十二月二十二日子时,享年七十有三。"

万达甫(1531—1603),字仲章,号纯初,鄞县人。官指挥佥事、福建都闽等。有《皆非集》。传见《皆非集》卷首附李志《万公行状》、焦竑《万纯初传》、《康熙鄞县志》卷一六。

《皆非集》卷下有《赠屠长卿》、《赠屠长卿仙史》,不详作年,并附于此。

万历三十二年甲辰（1604）　62岁

费元禄与书汤显祖，书中盛赞屠隆"一代之名家、文章之巨丽"。

> 费元禄《甲秀园集》卷三七《尺牍·汤若士先生》："某三十之年忽焉已至，……纬真先生崛起东海，其才力可以驰驱秦汉，横绝六朝，连篇累牍，顷刻千言。虽患才多，诚卓然一代之名家、文章之巨丽也。纬真而后，兼总诗文，树千古词林赤帜者，则先生真其人已。"

> 本年，费元禄三十岁。

万历三十三年乙巳（1605）　63岁

八月二十五日，卒。沈一贯、庄学曾、叶太叔均有诗哭之。

> 沈一贯《喙鸣集》诗卷一三《哭屠长卿》："氤氲兰省尚闻香，去谒莲台礼法王。施却珠玑胸万斛，流为璎珞泪千行。潮声夜静呼灵呗，山色秋雄发定光。远讦及门花正落，计程应已到金方。"

> 《甬上耆旧诗》卷二七庄学曾《哭屠长卿先生》："歧路交情阔，浮生此痛深。西园旧山沼，今日罢登临。妆阁连秋叶，歌台莽夕阴。但闻钟磬发，凄绝为沾襟。"

> 庄学曾，字仲肩，以举人授东光训导，历乐安知县、顺天知事。有《遵时堂集》。见《甬上耆旧诗》卷二七。

> 《甬上耆旧诗》卷二一云叶太叔"至长卿殁后，先生乃为诗，哭其墓。"

> 《康熙鄞县志》卷一七云叶太叔"初与屠仪部隆同学，隆既贵，遂不往返。及隆没，为诗哭之。"

> 叶太叔，字郑朗，鄞人，诸生。见《康熙鄞县志》卷一七。

费元禄有诗哭之，又有诔文悼之。

> 费元禄《甲秀园集》卷一四《哭越中两先生诗，有序》："乙巳冬十月，闻屠纬真先生之讣，不胜山阳之痛。未及遣吊，而开之先生之讣又至矣。夫两先生文心道气，标暎一代。名位年岁，差相等埒。岂皆紫府中人，上帝不欲久留之人间耶？无涯之精，结为大年。两先生固自不

朽,而余俱极辱国士之知。感典刑之渐远,叹风流之顿尽,痛惜之深言何能喻?因各挽以二律,异日尚当裹只鸡絮酒,凭两先生之墓而哭之。

越国书来涕泗零,南天一夜落箕星。文章总揽江南秀,神彩终归岱岳灵。庚子日斜悲鹏赋,春秋人去哭麟经。平生丽藻镌金石,谁勒空山墓下铭?

自许凌霞不死年,忽惊优钵事空传。玉山吹断三山月,丹灶烧残五岳烟。黄土人间埋蜕骨,白榆天上宴神仙。往来只在清虚府,空拟招魂楚些篇。右屠纬真先生。”

费元禄《甲秀园集》卷三五《屠仪部纬真先生诔,有序》:“万历乙巳某月某日,故仪部郎屠纬真先生卒于甬东之里第,春秋六十有几。……方将从先生讨经国之业,究无生之旨,而丹砂不灵,白日遄驾,向之所期,今遂已矣。忽闻讣音,潸然陨涕。国丧词流,士乏程德。夫以凄怆之旨,匪诔曷彰?敢竭鄙怀,以累明哲。素车不逮,憬迷执绋之阡;颒鲤奚从,枉托通波之水。爱讯耆旧,聊述生平。词曰……尚图昒昧,桓笛牙琴。乃有斯戚,昊天弗钦。我丧我范,胡则永任。呜呼哀哉,志不竟才,位不满德。身殁名存,实由著述。列藉(籍)兰台,扬芬石室。子孙骏发,生荣死弊。呜呼哀哉。”

黄居中闻屠隆讣,梦中赋挽诗,足成之。

黄居中《千顷斋初集》卷六《闻屠纬真之讣,梦中赋挽诗,得海上神山不可求之句,为续成之》。

黄居中,字明立,晋江(今属福建)人。万历乙酉(1585)举人,自上海教谕迁南京国子监丞。有《千顷斋集》。见朱彝尊《静志居诗话》卷一五。

王士骐约张世伟作奠文,与王联名遣吊。张世伟逡巡未果,十分有愧。

张世伟《自广斋集》卷一五《屠仪部》:“忽得道山信,冏伯再三约余撰一奠章,附王联名遣吊,逡巡未果,愧之。”

梅鼎祚与书佘翘(字聿云),告知其屠隆去世的消息。

梅鼎祚《鹿裘石室集》卷一一《书牍·答佘聿云》:“昨冬余君房书

来,剧论文事,而质仆以牛耳之尸将何所属。未几,乃君房即世。比百谷以纬真之耗来书,谓词人之厄,信在龙蛇乎? 手教复依然及之,既同臭味,正宜均此嘅噫耳。"

叶 宪 祖 二 题

叶宪祖剧作的现实精神

叶宪祖(1566—1641)是晚明剧坛上著名戏曲家,一生著有传奇七种,现仅存《鸾锟记》一种。杂剧二十四种,现存《四艳记》等十二种。长期以来,对叶宪祖及其剧作存在着完全否定的倾向,一是认为他是"团圆迷"的代表作家,"专以改古之悲剧而后快"。[①] 二是认为其剧作"不仅没有什么反封建反礼教的意义,反而宣传了形形色色的封建阶级思想"。[②] 果真如此吗? 本文认为,叶氏剧作既具有反叛礼教的意义,也有一定的现实批判精神。这种进步倾向正是从以"团圆"结尾的作品中表现出来的,应给予恰当而切实的肯定。

一

在古代,有些哲人及统治者对妇女的地位和价值从没给予过公正的评价,孔子"唯女子与小人难养"和刘备"兄弟如手足,妻子如衣服。衣服破,而

[①] 邵曾祺:《试论古典戏曲中的悲剧》,《中国古典悲剧喜剧论集》,上海文艺出版社1985年版,第13—14页。

[②] 张庚、郭汉城:《中国戏曲通史》(中),中国戏剧出版社1981年版,第73页。

尚有更换,使手足若废,安能再续乎"是人所共知的名言。① 亚里士多德说:
"丈夫像一个国君一样统治着妻子,像一个皇帝一样统治着孩子。"②直到19、
20 世纪,叔本华还说:"妇女终身都只是些孩子。"③尼采认为,男人应该把女
人看作"占有的对象,应该关锁起来的私有物"。他还叮嘱人们去找女人时,
"别忘了带上你的鞭子"。④可见对妇女歧视的根深蒂固。因此,妇女地位的
高低,成为检验社会文明程度和人的解放程度的标准。同理,妇女观的进步
与否也就成为衡量古代作家进步与否的标志。曹雪芹及其《红楼梦》之所以
享有盛誉,就在于他用十年心血写出了"千红一窟(哭)"、"万艳同杯(悲)"的
人生悲剧,表现了对妇女命运的极大同情和深切关注。在礼教森严的明代,
叶宪祖以热情洋溢的笔调,精心刻画了一批要求个性自由、保持人格尊严的
女性形象。她们既不是相国小姐,也不是知府千金,而是一些生活在社会最
底层的不幸妇女:寡妇、妓女、侍妾、女冠、孤女等。叶氏把满腔同情倾注在
这些小人物身上,肯定她们的价值,赋予她们最美好的东西:姣丽的外貌、善
良的心灵、高尚的情操、不屈不挠的品质。她们虽有许多不幸,但从没有失
去对美好生活的向往和追求,一旦看准目标,就勇敢行动。不达目的,决不
罢休。如《鸾鎞记》中的鱼玄机,为了使赵文姝与未婚夫杜羔早成连理,不惜
牺牲自己的青春和幸福,顶替赵文姝到李亿补阙家为妾。这种崇高的牺牲
精神表现在一弱女子身上,实在令人钦佩。鱼玄机出家为冠后,对生活仍满
怀信心,对爱情寄予无限希望。她与温庭筠相互仰慕,写诗唱和,一往情深。
经过努力,终于结为伉俪,有了人间的美满归宿,"得成比目不辞死,愿作鸳
鸯不羡仙"。鱼玄机由闺门少女、守寡侍妾到远离人寰的道姑,过的都是人
性压抑、人格扭曲的生活,直到与温庭筠结合,才体会到人间的欢乐。作者
通过鱼玄机的经历,表现了对扼杀人性的封建道德和宗教的否定,对世俗生
活的赞扬和对女性人格、价值的肯定。《夭桃纨扇》中,秀才石千之与妓女任
夭桃"两意相投幸有缘"。花前盟誓,白头偕老。石千之不是把任夭桃当妓

---

　　① 《论语·阳货篇》第十七,杨伯峻《〈论语〉译注》,中华书局 1980 年版,第 191 页。罗贯中:
《三国志通俗演义》,上海古籍出版社 1980 年版,第 142 页。

　　②③④　瓦西列夫:《情爱论》,三联书店 1984 年版,第 45—54 页。

女、玩物，而是把她当平等的"人"来对待，在相互尊重的基础上，倾心相爱。这是尊重女性人格的表现。叶宪祖不仅肯定妇女的地位、价值，还极力称颂女性的才智。他笔下的女主人公个个聪明伶俐，多才多艺，诗词歌赋，样样精通。《鸾𫛸记》中《闺咏》一出，赵文姝与鱼玄机的一段对话，可以说是对妇女才学的直接颂扬：

> 赵文姝：妹子，我二人如此诗才，若去应举，那女状元怕轮不到锦江拾翠的黄姑。
>
> 鱼玄机：正是。若使天下词坛姐姐主盟，小妹佐之，那些做歪诗的措大，怕不剥了面皮。

在《品诗》出，入道后的鱼玄机把前来献诗求爱的人鄙薄得一钱不值。这是很有意义的。在封建时代，统治阶级提倡"女子无才便是德"，明代的《温氏母训》云："妇女只许粗识柴米鱼百字，多识字，无益而有害也。""今人养女，多不教读书识字，亦防微杜渐之意。"即使读书识字，也只是"教以正道，令知道理，如《孝经》、《列女传》、《女训》、《女诫》之类，不可不熟读讲明，使其心上开朗，亦阃教之不可少也"。① 目的是把她们培养成"三从四德"的奴才。叶氏剧作中的女性可不管这些，她们写诗作文，评判男子才学高下，投诗相赠，互吐衷肠。她们对男子一统天下的科场十分神往，一代才女鱼玄机就为自己是女人而不能逞才科场深以为憾。可以说，这是作者间接地为男权统治下的妇女的地位鸣不平，吐怨气，表现了对妇女命运的关怀和价值的重视。这与李贽所说的"谓人有男女则可，谓见有男女岂可乎？谓见有长短则可，谓男子之见尽长，女子之见尽短，又岂可乎"的观点如出一辙，②其进步性是显而易见的。

---

① 转引自徐扶明：《元明清戏曲探索》，浙江古籍出版社1986年版，第265—266页。
② 李贽：《答以女人学道为见短书》，《焚书》卷二，《四库禁毁书丛刊·集部》第140册，第211页。

二

在封建社会,男婚女嫁首先考虑的是经济因素。对统治者来说,婚姻还是"一种政治的行为,是一种借新的联姻来扩大自己势力的机会"。① 门当户对的婚姻观,就是封建社会婚姻中经济和政治利益的反映。在这种婚姻观的支配下,"婚姻的缔结都是由父母包办,当事人则安心顺从"。② 因此,在漫长的封建社会,追求婚姻自主成为青年男女与封建道德冲突的焦点,歌颂爱情也成了中国古典文学的永恒主题。叶氏如实地写出了青年男女追求爱情的欢乐与忧愁、思考与行动。他们敢于冲破礼教的束缚,不要父母之命、媒妁之言,而是把有情有义放在首位。如《素梅玉蟾》中的素梅,与穷书生风来仪情愫互通,大胆幽会,为无赖宝尚文、宝尚武冲散。风来仪为舅父所迫,进城赴试。临行前考虑的是"同心未结,是我姻缘薄劣;况曾亲厮会,怎生撇下些",而素梅则被舅母接到冯家。两人音信阻隔,不能相会。后来,双方各有所配,皆不遂愿,一心思念对方。当素梅了解到所嫁之人正是风来仪时,还不十分相信,派侍女探看的确,才放下心来。《鸾𫛭记》中,赵文姝与杜羔、鱼玄机与温庭筠的结合,也是把情放在首位。婚前,鱼玄机慨叹的是:"易求无价宝,难得有情郎。"杜羔进退两难的是"小生功名之念虽切,儿女之情更长"。《丹桂钿盒》中的徐丹桂失侣新寡,权次卿是个"断弦而未娶"的鳏夫。两人相见后,都感到"情之一字,好缠害人也"。权次卿并不因丹桂是寡妇就轻视她,反而爱得更加真挚热烈。他假冒徐母远侄,到徐家认亲。治愈了徐母疾病,获得她的好感。加之权次卿又有与丹桂的婚约凭证——紫金钿盒。这样顺理成章,鳏夫娶上寡妇,"假侄今成真婿"。叶氏在《开场·折桂歌》中说:"司马文君史传奇,于今重见缀新词。一段姻缘钿盒里,千秋几个有情痴。"他还有一个专写司马相如与卓文君故事的杂剧《琴心雅调》。这说明他对寡妇再嫁是肯定的。不要小看了这样的肯定,因为在今天看来再平常不

---

①　恩格斯:《家庭、私有制和国家的起源》,《马克思恩格斯全集》第 21 卷,人民出版社 1965 年版,第 91—92 页。

②　同上,第 90 页。

过的事情，往往也凝聚着前人不断抗争的艰辛。因为明代是一个礼教泛滥的朝代，人们的一言一行必须纳入礼教的规范之中，"非礼勿视，非礼勿言，非礼勿动"，①稍有越轨，即被视为大逆不道。思想先驱李贽就因"敢倡乱道，惑世诬民"的罪名被捕入狱而死。不仅如此，统治者还不断炮制出一些精神枷锁，禁锢人们的心灵。如朱元璋即位之初，就颁行诏令："凡民间寡妇，三十以前夫亡守志者，五十以后不改节者，旌表门闾，除免本家差役。"②后来的皇帝还不断命人辑刊《四书大全》《五经大全》，作为官方道德教科书，"在家从父，既嫁从夫，夫死从子"，"好马不配二鞍，好女不嫁二男"的礼教训言像瘟役一样弥漫着当时的社会，夫死守节、从一而终成为每个妇女应尽的义务。正是在统治者提倡贞女烈妇炽盛的年代，叶宪祖在剧作中表达了与此相反的观点，肯定寡妇再嫁，对节烈观表示轻视和冷漠，这是需要勇气和胆识的。这与李贽肯定卓文君改嫁司马相如的言论"徒失佳偶，空负良缘，不如早自抉择，忍小耻而就大计"的精神是一致的。③ 与寡妇再嫁题材相似的作品《寒衣记》也特别值得一提。金定和翠翠从小青梅竹马，同窗习文，私订终身。成婚后，夫妻和乐，恩爱无比。但好景不长，动荡的时局造成了他们的分离。为求与丈夫团聚，翠翠委曲求全——"强从李氏（李将军）"。金定辞家遍访，历时七年，毫不气馁，得知翠翠下落后，并不因妻子委身他人而恋情稍减，寻找各种途径与妻子见面。他谎称翠翠之兄，在衣服中夹诗送给翠翠。翠翠也回诗相赠，表达两人始终不渝的爱情。最后，金定将李将军的不法之事上告徐达，使李将军治罪，夫妻团聚。叶氏将《剪灯新话》中《翠翠传》里两人抑郁而死的悲剧结局改为团圆结尾，既表达了作者愿天下有情人最终团聚的善良愿望，也说明当时的人正在逐渐淡化贞节观念。贞节正慢慢让位于爱情，爱情的光芒可驱除不贞不节的阴影。即使女子失身，丈夫也恩爱如故。淡化贞节观的影响也是对贞节观的一种背离和反叛。

　　"人生来是要有伴侣的。如果夺走他的伴侣，把他隔离起来，那他的思

---

① 《论语·颜渊篇》第十二，《〈论语〉译注》，第123页。
② 《明会典》卷二二，卷七八，《文渊阁四库全书·史部》第617册，第258页，第751—752页。
③ 李贽：《司马相如传论》，《藏书》卷二九，《续修四库全书·史部》第302册，第325页。

想就会失去常态,性格就被扭曲,千百种可笑的激情就会在他心头升起。"①
封建统治者正是通过"天理"来灭绝"人欲",造成古代中国妇女毁容、自残、
性格变态等一幕幕惨绝人寰的悲剧。《儒林外史》中王玉辉鼓励女儿殉夫,
并大叫"死得好! 死得好!"就可说明礼教对人的心灵的毒害何等之深。叶
氏在剧作中艺术地说明"天理"的不近人情,"人欲"的合情合理。如《碧莲绣
符》中的陈碧莲,本系秦侍中之妾。秦侍中死后,秦夫人行使家长权力,"也
不打她骂她,只要禁她孤零上眠床,空自熏香,待梳头不许临镜,逢月朗不许
登楼,遇花开怎容穿径,还须着意关防",从精神上加以折磨。碧莲不堪忍受
这种令人窒息的生活,为了获得人的幸福和权利,奋起抗争。端午佳节,她
不顾"闭房独坐"的禁令,游园赏春,萌动了求一可意之人的心愿。遭到秦夫
人的严厉训斥,并派专人拘管,监视她的一举一动,收束其心。可是,人的天
性是禁止不住的,你越是用外力强行禁止,它越是通过各种渠道爆发出来。
碧莲与章斌一见钟情,朝思暮想,不能见面。于是,章斌化名自荐到秦家做
记室,深得秦公子的信任。他通过秦公子向夫人施加压力,允许他娶碧莲为
妻。具有讽刺意味的是,秦夫人拼命压制陈碧莲作为人的正当要求,死不同
意她与章斌结合,但最后还是抵挡不住人性的攻势,不得不同意他们的要
求。这是情欲对禁欲的胜利,爱情对礼教的胜利,说明人的天性不可抗拒。

　　"爱情是人类精神的一种最深沉的冲动。"确实,叶氏爱情剧大多为才子
佳人戏,他们结合的方式,用现代眼光来看,是有局限性的。但不能据此否
定叶氏爱情剧的价值。因为叶氏剧作同样写出了青年男女精神上的"最深
沉的冲动",写出了这种"看不见的强劲电弧一样在男女之间产生的那种精
神和肉体的强烈的倾慕之情"。② 在封建社会,青年男女极少有相互接触的
机会,他们的青春热情被长期压抑在心中,对爱情的渴望使他们成日情思昏
昏,在自己心中构筑理想恋人的模式。一旦有了偶然相遇的机会,便使他们
积压的感情找到了突破口,一见钟情,私订终身。这种爱情是特定时代的产

---

①　《情爱论》,第 8 页。
②　同上,第 6 页。

物,但它毕竟是两厢情愿——爱的结果。叶氏剧作栩栩如生地刻画了青年男女由一见钟情而结成婚姻的过程。吕天成评《四艳记》就说:"词调俊雅,姿态横生,密约幽会,宛宛如见。"①祁彪佳论《寒衣记》:"传儿女离怨之情,深情以浅调写之,故能宛宛逼肖。"②他笔下的男女双方通过一见而看到了彼此的外貌、风度举止,有的还通过谈话、赠诗、幽会,了解对方的人品、才学和性格,从而产生了相互的钟情。这种钟情不是外人强制的结果,而是男女双方的主动追求。他们的行为完全受自己的意志支配,选择的标准摆脱了门第家世、金钱地位等社会功利的目的,双方强调的是心灵的契合,感情的相融,以所爱者的互爱为前提,表现了新的价值取向和道德观念的崛起,与包办婚姻相比,不能不说是一个很大的进步,其所具有的反礼教的价值也是不能低估的。与《情邮记》、《燕子笺》、《怜香伴》、《奈何天》等美化一夫多妻制、描写风流文人淫佚生活内容相比,格调要高得多,意义也要大得多。

三

叶氏在剧作中不仅塑造了一批聪慧、俊美、痴情、大胆追求爱情幸福的青年女性形象,还塑造了两个刚直不阿、叱咤风云、性格鲜明的英雄豪杰形象——荆轲和灌夫。

燕赵多慷慨悲歌之士。《易水寒》就是一出描写荆轲刺秦王故事的燕赵悲歌。该剧基本上以《史记》为依据,但对荆轲形象进行了重塑和再造。《易水寒》以第三折《壮别》为戏胆,前勾秦王征燕,荆轲出山,后连刺秦壮举,在广阔的历史背景和褒燕反秦的总体倾向中塑造荆轲形象。

荆轲重义气,讲然诺,集勇、智、侠于一身。在未遇太子丹之前,他只知饮酒作乐,"喜来时唱几曲短长歌,闷来时洒几点英雄泪"。秦军逼近燕国,田光向太子丹推荐轲,荆轲极力推辞,考虑的是个人的安危:"俺不比囊中脱颖锥,……只图向春风弄锦弦,趁韶年倒玉杯,那晓得帝王忧、军国计。"作者

---

① 吕天成:《曲品》,《中国古典戏曲论著集成》第 6 册,中国戏剧出版社 1959 年版,第 234 页。

② 祁彪佳:《剧品》,《中国古典戏曲论著集成》第 6 册,第 156 页。

没有把荆轲神化,而是把他写成一个有血有肉的普通人。在生死存亡的关头,荆轲留恋生而抛弃死。这就很有真实感。造成荆轲最初不愿受命,后来又毅然赴秦的原因,既有太子丹的以诚相待,田光、樊于期的以死相激,又有他的"士为知己者死",以义、侠行世的思想因素的影响。第三折《壮别》,在浓郁的悲剧气氛中,突出表现荆轲大义凛然、义无反顾与众人别泪相向、风景惨然的巨大反差,衬托出荆轲的一身虎胆、视死如归的伟岸正气,戏剧效果十分强烈。太子丹、高渐离设宴饯别,一面是"无情易水下西风","坐客相看泪如雨",生离死别的阴影笼罩在众人的心头;一面是高渐离击筑而歌,荆轲和而歌,在羽声慷慨中,荆轲情傲河山,谈笑风生,早已把生死置之度外,"博清名万古留,觑一命似蜉蝣",悲壮感人。荆轲在秦宫经历了一场扣人心弦的惊险搏斗,不辱使命,终于完成了刺秦任务。对于第四折,作者将荆轲刺秦失败改为生擒秦王,尽归六国之地,历来为人所诟,这也确为不容忽视的败笔。但我们不能因局部的失误而否定整体,也不必斤斤计较于作者是否完全遵循史实。因为历史剧并不等于历史。它虽以一定的历史事实作根据,但必须有作家浓烈的激情和鲜明的倾向,作家借历史题材来作为现实世界和自己心态的载体。大凡以历史为题材的作品,都有一种反历史的倾向。指出其失误是必要的,但不能据此全盘否定,而应仔细探究作者这样写的真实意图,理解作品的真正意蕴。叶氏写出荆轲抗暴扶弱、威慑秦宫、压倒一切的神威,终于干出一番轰轰烈烈的事业,洋溢着不甘屈辱的浩然正气和正义必胜的乐观情绪,歌颂荆轲、田光、樊于期等人"人生留得丹青在,纵死犹闻侠骨香"的献身精神和生命价值,这与明末东林党人杨涟、黄尊素等人为正义而不惜牺牲生命的品格是一致的。《易水寒》虽然改变结局,但并没有改变事件本身的悲剧力量。聪明的观众或读者关注的更多的往往是悲剧发生的过程,而非仅仅是结局而已。古往今来,赞赏这部作品的大有人在。祁彪佳《剧品》将此剧列入雅品,谓"荆卿挟一匕首入不测之强秦,即事败身死,犹足为千古快事。桐柏与死者生之,败者成之,荆卿今日得知己矣"。①青木正儿也极为欣赏这个剧本："此曲事既壮烈沉痛,曲调亦相称。彼之杂剧中,此为余所最爱者。"②

叶氏不仅写出了英雄人物一往无敌的豪迈气势,而且以沉雄悲壮的笔调,写出他们的坎坷遭遇。如果说《易水寒》塑造了一个功成名就的英雄形象的话(按照叶氏的意愿如此),那么,《骂座记》则塑造了一个失败英雄灌夫的形象。

《骂座记》的题材来自《史记》的《魏其武安侯列传》。剧本第一折写骂座起因,第二折写骂座,第三折写廷辩,第四折写复仇,完整再现了灌夫生为英雄、死为鬼雄的过程。通过这个过程,暴露了封建统治的黑暗,着力表现灌夫嫉恶如仇、正直仗义的性格和不屈不挠的反抗精神。冲突始于丞相田蚡新近得势,位高权重。窦婴的宾客都弃窦投田。只有灌夫一如既往,与窦婴保持交情。在田蚡的家宴上,灌夫有感于世态炎凉,使酒骂座,痛斥了以田蚡为首的贵族官僚飞扬跋扈和谄媚小人的趋炎附势,被诬以骂座不敬的罪名论死。窦婴为救灌夫,四处奔走,直到上诉皇帝,也未能救出灌夫。同一切优秀悲剧一样,《骂座记》所以能吸引读者,也是以悲剧人物灌夫的不幸遭遇、斗争意志和高尚品德来感动读者,赢得读者同情的。对一般人来说,死,标志着个体生命的结束,一切未了之事,只能依靠活着的人才能继续干下去。而灌夫却不是这样,他死后的鬼魂以超人的神力,缠住田蚡,直到讨还血债,他的行动才告结束。复仇是他屈死后的必然行为。鬼魂复仇在现实生活中显然是不可能有的事情。但作为复仇者灌夫的鬼魂,表现了英雄人物死而不已的韧性斗争精神,其斗争结局使沉冤得伸,大快人心。

作者歌颂灌夫和窦婴的这种生死之交,描绘出"世情逐冷暖,人面看高低"的世人俗情眼浅的丑态,是有现实意义的。明代的士大夫不讲节气是有名的。他们对待故交至友很少遵守信义,见利忘义、卖身求荣是常有的事。如沈璟在《埋剑记》的开场中就说:"达道彝伦,终古常新。友朋中无几何存。

---

① 祁彪佳:《剧品》,《中国古典戏曲论著集成》第 6 册,第 157 页。

② 青木正儿:《中国近世戏曲史》(上),作家出版社 1958 年版,第 223 页。

朝同兰蕙,暮变荆榛,又陡成波翻作雨、覆为云。所以先贤著绝交文,畏人间轻薄纷纷。"据说康海的《中山狼》杂剧就是为讥刺李梦阳的忘恩负义而作。叶氏在生活中可能也有所感受,不满这种现状,才这样极力歌颂灌、窦的刎颈之交,使那些不讲节操、没有骨气的士大夫在灌、窦面前无地自容,相形见绌。《骂座记》的现实意义不仅在此,它通过灌、窦的不幸遭遇,说明在封建社会里,正直之士的不遇于时,正如文人的怀才不遇一样,也是一个普遍现象,是封建制度的必然产物。它还把批判的矛头直接指向明末官场的腐败和黑暗,反映了明代政治斗争的险恶。第三折《廷辩》,当窦婴对皇帝给灌夫的判决前后相背表示大惑不解时,宫中女官的回答是:"你们外面官儿,那晓得宫中事体来?……他手足自相遮,旁人怎间别?"窦婴还要据理力争,也不过是"枉费唇舌"而已。因为即使窦、灌再有道理,"怎当他坐椒房亲姐姐,宫深路绝,想不得宫深路绝"。这并不是无足轻重之笔,大有深意在此。剧作把封建社会神圣不可侵犯的皇帝写得是非不分、任人摆布、糊糊涂涂,说明在万民仰视的皇帝那儿,也没有公正可言。这个社会黑暗到了极点。皇帝的昏聩是造成灌夫屈死的终极原因。这在明代显然是有所指的。有明一代,统治者昏庸腐朽,有的终年深居宫中,不理朝政,致使宦官大权独揽,朝政日非。嘉靖以前,有过王振、刘瑾专权的历史。隆庆、万历间的改革家张居正就是利用宦官冯保才取得首辅职位的。天启年间的魏忠贤更是恶贯满盈,罄竹难书。他与皇帝乳母客氏勾结,控制厂、卫,陷害忠良。他先是害死正直太监王安,再以莫须有的罪名将杨涟、左光斗、魏大中、黄尊素等六人逮捕,严刑追逼。他还大搞株连,杜撰出一个《东林点将录》来,血腥镇压正直官僚和士大夫。我们虽不能判断《骂座记》的具体写作年代和所指何事,但断定其中寄托了作者对朝政腐败、当道权贵为虎作伥的极大愤慨和对清明政治的殷切期望,当不是无知妄说。祁彪佳早就看出了这一点:"灌仲孺(夫)感愤不平之语,槲园居士以纯雅之词发之,其婉刺处有更甚于快骂者。此槲园得意笔也。"①另外,从叶氏的生平行事来看,他也有这样的思想基础。

①　祁彪佳:《剧品》,《中国古典戏曲论著集成》第6册,第157页。

叶宪祖具有强烈的正义感和参政意识,他能在阉党横行、大肆迫害东林党人的时候,将女儿嫁给黄尊素的儿子黄宗羲。而黄尊素是东林党的重要人物,又被阉党杀害。这门亲事自然触怒了权臣,影响了叶氏的升迁,他也在所不惜。① 叶氏还能与魏阉及其干儿义子作斗争,"逆阉建祠长安街,宪祖笑谓同官曰:'此天子走辟雍道也,土偶岂能起立乎?'逆阉闻之大怒,'吾乃为郎所谐。'削籍。"②叶氏自己不畏强暴,不惧淫威,与逆阉坚决斗争的行为也是《骂座记》以古刺今,具有强烈现实批判精神的有力证据。叶宪祖也是最早开始批判科举制度的作家之一。由于他目睹和经历了明代科场的黑暗——历"公车之苦"二十余年,因此,他借《鸾鎞记》中杜羔、贾岛、温庭筠之口,对科举的不公进行了无情地揭露。关于这方面的内容,已有文章论述,本文就不必多费笔墨了。③

叶宪祖剧作的结构特征

叶宪祖一生经历了嘉靖、隆庆、万历、泰昌、天启、崇祯六朝,是晚明剧坛上的重要戏曲家。叶氏杂剧形式多样,有独幕剧,也有一本四折的北杂剧,但大多数是一本四折或一本八折加开场的南杂剧,其剧作形式对传统多有突破。下面谈谈叶宪祖剧作的结构特征。

戏剧结构是作家安排情节、处理冲突、组织人物关系的艺术,一向为剧作家所重视。李渔把它比为"如造物之赋形"、"工师之建宅":"当其精血初凝、胞胎未就,先为制定全形,使点血而具五官百骸之势","基址初平,间架未立,先筹何处建厅,何方开户,栋需何木,梁用何材,必俟成局了然,始可运斤挥斧"。他认为当时有些剧作不能上演,原因就在于"结构全部规模之未

---

① 《康熙绍兴府志》卷五〇,见赵景深、张增元《方志著录元明清曲家传略》,中华书局 1987 年版,第 123—124 页。

② 《康熙浙江通志》卷三七,同上,第 124 页。

③ 魏奕祉:《叶宪祖〈鸾鎞记〉论考》,《中国古代戏剧论集》,中国展望出版社 1986 年版。

善也"。① 叶氏自然也深知结构的重要,因而他十分注意结构的巧妙独特,情节的生动曲折。

在中国古典戏剧中,有些剧作常用某一物件作为人物悲欢离合的见证和解决矛盾冲突的关键因素,这个物件通常被称为"戏胆"或"主题道具"。清代孔尚任的《桃花扇》运用这一手法达到了炉火纯青的地步,他说:"剧名《桃花扇》,则桃花扇譬则珠也,作《桃花扇》之笔譬则龙也,穿云入雾,或正或侧,而龙睛龙爪,总不离乎珠。"②一柄桃花扇,既是侯方域、李香君爱情的表记,又是南明王朝兴亡的见证。"离合之情"与"兴亡之感",就通过桃花扇有机地贯穿在一起,形成了《桃花扇》宏伟庞大的结构,为后世评论家称道不已。早于孔尚任的叶宪祖在创作中也广泛运用这一技巧,青木正儿就发现叶宪祖把"以物件维系姻缘"的方法推到了顶峰。确实如此。《鸾鎞记》《团花凤》《夭桃纨扇》《碧莲绣符》《丹桂钿盒》《素梅玉蟾》等作均以一种物件——鸾鎞、凤钗、纨扇、绣符、钿盒、玉蟾等物作为成亲的枢纽,它既是男女主人公爱情的信物,也是他们结合的必要条件。只因有了这些物件,剧情才能以喜剧的形式收场。以祁彪佳称之为"关目更妙"的《团花凤》为例:秀才白受之与符似仙相恋,但符明嫌白家贫,将女许配一富豪子。似仙不从,托邻居湛婆把一支团花凤钗送与白受之,以表私奔之意。湛婆私吞凤钗,其甥骆喜假冒白受之,趁夜诱出似仙。似仙发觉受骗,呼人求救。骆喜遂将似仙推入井中逃走。似仙为留媪所救,发现头上戴的另一支凤钗掉在井中。留媪托劳得月寻之。得月之友莫弄凤见财起心,夺凤钗且将得月毙于井中。符明失女告官,郡守以凤钗为物证,微服私访,顺藤摸瓜,查出杀人凶手和似仙的下落,惩办恶人,似仙与白受之终得结合。在剧中,凤钗既是结构故事的贯穿物,又是解决矛盾的一把钥匙,绝非可有可无之物。青木正儿就认为《团花凤》"盖其最活用物品而成功者","此剧做作处最为显著,而手段巧妙"。③

---

①　李渔:《闲情偶寄》卷一,《中国古典戏曲论著集成》第7册,中国戏剧出版社1959年版,第10页。

②　孔尚任:《〈桃花扇〉凡例》,《桃花扇》卷首,人民文学出版社1961年版,第10页。

③　青木正儿:《中国近世戏曲史》(上),作家出版社1958年版,第223页。

《鸾锦记》运用这一手法也很典型。剧作中的几个主要人物如温庭筠、鱼玄机等在历史上实有其人。温庭筠是晚唐诗词名家,与李商隐齐名,时称"温李"。鱼玄机则为晚唐著名女诗人,后因笞杀女童绿翘而下狱被杀。作者既在一定程度上遵循史实,又大胆改变鱼玄机的悲剧结局,让她与温庭筠结合,并虚构出杜羔与赵文姝一对情人。通过一双鸾锦,把他们组合在一起,敷衍成一篇缠绵悱恻、意趣盎然的爱情故事。作者在"副末开场"中说:"看一对鸾锦分合,总关多少情踪。"鸾锦最初是杜羔和赵文姝的婚约凭证,由于杜羔父母早逝,未及完姻。令狐绹强聘赵文姝为李亿补阙之妾,鱼玄机挺身而出,顶替赵文姝到李家为妾。赵文姝将一支鸾锦赠与鱼玄机,以作纪念。此后,鱼玄机入观为道,杜羔与赵文姝结合。赵文姝把另一支鸾锦送给杜羔,作为夫妻分别的念物。接下去,由鸾锦引出的情节在温庭筠和鱼玄机之间展开。温庭筠、鱼玄机二人相互仰慕,鱼玄机酬答温庭筠诗并附上鸾锦一支,作为私订终身的信物。温庭筠被杜羔说破心思后,出示鱼玄机所赠之鸾锦,说明两人的关系。于是,杜羔将两支鸾锦合成一对,请赵文姝执鸾锦到鱼玄机处,晓以亲情义理,劝其还俗。最后,温、鱼成婚。一剧之中,鸾锦几经波折,辗转四人之手,其所包含的内涵也一变再变:由杜羔与赵文姝的婚约聘物到鱼玄机与赵文姝友情的见证,再到杜羔与赵文姝夫妻间的念物,最后成为温庭筠和鱼玄机爱情的信物。这种联结方法,摆脱了一人一事的结构方式,一物多能,既联络人物,贯串情节,又勾连了晚唐社会生活的方方面面,反映了士子们科场跋涉的艰辛和官场的腐朽污浊,颇具匠心。

人们常把故事情节并称,或把情节结构连用,可见情节在故事、情节、结构三者中是至关重要的一环。中国古代剧作家大都非常注重戏剧冲突的激烈尖锐性,矛盾的复杂多变性,高潮的迭起及其连贯性。这样的作品,剧作耐读,演出好看。叶宪祖剧作的故事内容虽不十分复杂,但情节并不单一,冲突并不平淡,而是咫尺之幅尽显龙腾蛟舞之妙。

例如《骂座记》这部戏,第一折写骂座起因,第二折写骂座,第三折写廷辩,第四折写复仇。四折层层递进,互为因果,前后联贯,紧凑集中,完整地再现了灌夫生为英雄、死为鬼雄的过程。戏剧冲突始于丞相田蚡得势,位高权重,窦婴家的宾客纷纷弃窦投田,只有灌夫一如既往,与窦婴保持交情。在田家宴上,灌夫有感于世态炎凉,使酒骂座,痛斥了以田蚡为首的贵族官僚的飞扬跋扈和谄媚小人的趋炎附势,被诬以"骂座不敬"的罪名论死。窦婴为救灌夫,四处奔走,直至上诉皇帝,也未能救出灌夫。灌夫死后,鬼魂缠住仇人田蚡,讨还血债,复仇雪恨。《廷辩》一折,没有外在的动作,只不过是人物之间的"斗嘴",争辩谁是谁非。要把这种对白写得生动曲折,显然是一个难题。但作者却出奇制胜,先让舆论和皇帝同情灌夫,判定灌夫无罪,给读者和观众以灌夫有救的印象。而结果却又大出人们意料,皇帝仍将灌夫治罪,使人惊讶不已。这既见出作者批判的深度,说明皇帝的昏愦是灌夫屈死的最终原因,也可见作者延宕情节的技巧,欲擒故纵,欲抑先扬,避免了情节的板滞,别开生面。

叶氏爱情剧描写青年男女由相识、恋爱到结合的过程,也不是一马平川,风和日丽,而是山重水复,波澜曲折。像《鸾鎞记》的情节就起伏有致,高潮迭起。剧情由杜羔、赵文姝的婚事开始却不直写二人婚姻,而宕开一笔,转写赵文姝与鱼玄机的友情,为鱼玄机代赵为妾作铺垫。继而写令狐绹强聘赵文姝,鱼玄机舍身相救,形成戏剧冲突的第一个高潮。接着交代赵、杜毕姻和鱼氏入道、令狐绹强行纳妾的情节遂告一段落。转而开始温庭筠、杜羔、贾岛三人应试的情节,由于温庭筠拒绝为令狐绹之子代笔并以诗讥刺小人胡谈,三人落第,大咒科举的不公,形成第二个冲突高潮。此后则主要写温庭筠、鱼玄机的爱情纠葛,中间插进贾岛还俗的情节。最后,众人会聚京师,杜羔、温庭筠、贾岛科场得意,温、鱼成婚,杜、赵团聚,一切矛盾冲突到这里得到圆满解决,以喜剧结局。这种情节方式看似断断续续,缺乏紧凑、连贯感,但实际的效果是似断实连,环环相扣,循序推进,自然发展。就像雾中看远山一样,朦朦胧胧,若隐若现,给人的艺术想象十分幽远。青木正儿说:"事情分三面,关目虽稍嫌散漫,登场人物不多,布置整顿,中间点出贾岛,破情节之平弱而收效果,亦可谓一佳构之作也。"[①]

---

① 青木正儿:《中国近世戏曲史》(上),第 223 页。

浙图藏曲选《歌林拾翠》考述

　　以《歌林拾翠》为简名的戏曲选本有二。一为奎璧斋、宝圣楼、郑元美等书林覆刻本,书名全题为《新镌乐府清音歌林拾翠》,凡二集,不分卷,四册。选录元明传奇散出,计初集十六种,二集十四种。台湾学生书局《善本戏曲丛刊》二集影印了此书,研究者很容易见到。

　　第二种《歌林拾翠》不太为研究者所知。现今几种主要戏曲工具书如《中国大百科全书·戏曲曲艺卷》、《中国曲学大辞典》等都未提及它,也未见戏曲研究著作和论文介绍过它。唯《中国古籍善本书目·集部卷》著录其藏馆,全国只有国家图书馆和浙江图书馆藏有此书。

　　浙江图书馆藏《歌林拾翠》全题为《精绘出像点评新镌汇选昆调歌林拾翠》,又题为《新镌歌林拾翠》,六卷,六册。其中第二册缺第三十四至三十七页,第六册缺第七至九页。它选录了三十多位曲家(包括无名氏)的四十七种传奇中的九十多出戏。选编者在每部剧前未标作者姓名,笔者根据祁彪佳《远山堂曲品》、姚燮《今乐考证》、庄一拂《古典戏曲存目汇考》、郭英德《明清传奇综录》、李修生主编《古本戏曲剧目提要》、齐森华等主编《中国曲学大辞典》的著录和现存剧本,在每部剧前标上作者。按时代大致先后,列表如下:

作　者	剧名	出　　名	在《歌林拾翠》中的卷数
施　惠	幽闺	野逢、拜月	卷六
高　明	琵琶	糟糠、描容、扫松	卷六

作　者	剧名	出　　名	在《歌林拾翠》中的卷数
徐　霖	绣襦	剔目	卷六
沈　采	千金	点将	卷六
陆　采	明珠	窥窗、煎茶	卷六
张凤翼	红拂	私奔、重符、奇逢、听琴	卷六
	灌园	私会	卷六
无名氏	三国	单刀	卷六
史　槃	双缘舫	投纱、惊噩、争婚	卷四
梅鼎祚	长命缕	证缕	卷五
	玉合	邂逅、义炉	卷六
汤显祖	还魂	惊梦、寻梦、幽媾	卷一
	南柯	粲诱	卷二
	紫钗	遗钗	卷四
徐复祚	红梨花	密诱	卷五
许自昌	水浒	野合、捉张	卷五
	灵犀佩	情钟	卷五
孙仁孺	东郭	出哇、乞墦	卷五
范文若	梦花酣	扰卧、宵遁	卷三
	鸳鸯棒	堕（坠）莲	卷二
	花筵赚	狂约、乞花、闺绽	卷三
沈自晋	望湖亭	拒色、不乱	卷三
沈　嵊	绾春园	贻诗、再贻诗、疑配	卷二
王　异	弄珠楼	露盟、受绐	卷五
王光鲁	想当然	假试、后梅遇	卷四
陈玉蟾	凤求凰	琴挑、传幽、当炉	卷五
张　琦	金钿盒	觅媒、诡遇	卷三

作　者	剧名	出　　名	在《歌林拾翠》中的卷数
吴　炳	西园	双遘、呼魂	卷一
	疗妒羹	题曲、假醋、弥庆	卷一
	绿牡丹	私评、帘试	卷三
	画中人	离魂、再画	卷四
	情邮	半和、补和、追车、惊遣	卷二
孟称舜	鸳鸯冢	断袖、絮鞋	卷一
冯延年	南楼梦	春郊、订盟	卷二
仲　仁	绿华轩	默契、砥节、情感	卷二
徐元晖	青雀舫	酿酒、巧遇	卷四
袁于令	西楼	误缄、错梦	卷五
	珍珠衫	哭花、歆动	卷四
马佶人	荷花荡	重盟	卷五
	梅花楼	露意、慰琬	卷三
王　翃	词苑春秋	红雨(语)、晤别、悲喜	卷一
	红情言	舟匿、秋吟、院邅、荐玉	卷三
郭　濬	百宝箱	寄箱、沉箱	卷四
紫虹道人	百花舫	窥宴、花遘、云浓、欢疑	卷四
无名氏	桐叶	咏心	卷一
无名氏	幽梦园	惭嚣、讹赚	卷二
无名氏	名山志	湖宴、诉衷	卷二

　　该书无刊刻时间和书坊标识。扉页有竹轩主人题识，正文前有总目、友鸟主人何约的序，每卷有分目。每卷首页题：粲花主人选辑，西湖漫史点评。查杨廷福、杨同甫《明人室名别称字号索引》、《清人室名别称字号索引》，①明清两代，把"粲花主人"作为别号的只有吴炳。吴炳（1595—1468），原名寿

---

　　①　杨廷福、杨同甫：《明人室名别称字号索引》，上海古籍出版社 2002 年版。杨廷福、杨同甫：《清人室名别称字号索引》，上海古籍出版社 1988 年版。

元,字可先,号石渠,别署粲花主人、粲花楼主人,江苏宜兴人。万历四十七年(1619)进士,授蒲圻(今属湖北)知县,历官刑部、工部主事、员外郎、郎中、福州知府、两浙盐运司运判、吉安知府、江西提学副使、礼部右侍郎兼东阁大学士等。有传奇五种,合称《粲花别墅五种》,又名《石渠五种曲》。《明史》卷二七九有传。罗斯宁先生《吴炳和他的剧作》一文对其生平与剧作的考证及评价颇详。① 洪业等《八十九种明代传记综合引得》、陈乃乾《室名别号索引》、《古今人物别名索引》、台湾"中央"图书馆《明人传记资料索引》、杨廷福、杨同甫《明人室名别称字号索引》、《清人室名别称字号索引》等书中没有"竹轩主人"、"友鸟主人何约"、"西湖漫史"的记载,②他们的生平事迹难以考出。

　　浙江图书馆索书号直接标明选辑者是吴炳。吴炳真是《歌林拾翠》的选辑者吗?《嘉庆增修宜兴县旧志》卷八说吴炳"著有《说易》一卷、乐府五种及《绝命诗》一百首"。③《光绪宜荆县志》卷九记载吴炳有"《说易》一卷、《绝命诗》一卷、《雅俗稽言》、《督学吴公祀名宦录》、乐府五种"。④ 均没有《歌林拾翠》。崇祯元年(1628),吴炳任福州知府时,因得罪权臣熊文灿,被迫以病辞归。崇祯九年(1636),吴炳四十二岁,被重新起用,任两浙盐运司运判、吉安知府。崇祯十四年(1641),任江西提学副使。鼎革后,流寓广东。南明永历时,任吏部、礼部尚书等职。顺治四年(1647)十二月,为清兵所俘。次年一月,绝食而死。⑤《歌林拾翠》中所选剧作,年代最晚、可考者,是孟称舜的《鸳鸯冢》。《鸳鸯冢》,即《娇红记》,一名《节义鸳鸯冢》。有崇祯间陈洪绶评点本《节义鸳鸯冢娇红记》,《古本戏曲丛刊》二集据以影印。作者友人马权奇《〈鸳鸯冢〉题词》云:"今春里居,子塞以《鸳鸯冢》词掷余,曰:'子不解填词,

　　① 罗斯宁:《吴炳和他的剧作》,《论古代戏曲诗歌小说》,中山大学出版社1985年版,第99—134页。

　　② 洪业:《八十九种明代传记综合引得》,中华书局1987年版。陈乃乾:《室名别号索引》,中华书局1982年版。陈乃乾:《古今人物别名索引》,上海书店1982年版。台湾"中央"图书馆:《明人传记资料索引》,台湾文史哲出版社1978年版。

　　③⑤ 《嘉庆增修宜兴县旧志》卷八,《中国地方志集成·江苏府县志辑》第39册,江苏古籍出版社1996年版,第268页。

　　④ 《光绪宜荆县志》卷九,转引自赵景深、张增元《方志著录元明清曲家传略》,中华书局1987年版,第164页。

姑以文字观之可也。'余曰:'唯唯,否否。'……崇祯戊寅五月雨中,友弟马权
奇题于读书台。"①"崇祯戊寅"是崇祯十一年(1639)。其次是王翃(1603—
1653)的《红情言》。《红情言》是王翃据史槃《唾红记》改编而成,有《古本戏
曲丛刊》三集影印清初刻本。其《自叙》云:"会稽史氏作《唾红》传奇,情事兼
美,盛为演者传习。甲戌春日,偶得之于友人斋头,然词甚潦草,不堪寓目,
余窃叹其不工。……抽思三月而始告成,余不忍去其原传,因题之曰《红情
言》云。"②"甲戌"是崇祯七年(1634)。因此,此书的选编应在崇祯十一年
(1639)后。从吴炳晚年经历来看,不太可能有时间和心情来做这一选歌度
曲的工作。竹轩主人题识云:"褉曲选本,流传甚繁,本坊博搜古今名剧,细
加评选,腔介从新。较之坊行旧本,按拍争奇,赏音者鉴之。竹轩主人谨
识。"友鸟主人何约的序有缺页,其存在的部分云:"……明唱选自大陵,清歌
征乎宋腾。霓裳羽衣,徽留唐室;凤么绿水,韵寄魏廷。不独让古人放怀娱
目也。余雅爱辞咏,艳牒胦篇,未尝去侧间。或浮觞对月为一阕歌,夜雨寒
灯为一阕歌,愁㴖愤兴(为)一阕歌,娱怀赏情为一阕歌,良朋在前、相逢不再
为一阕歌。寻律被盲,征歌无倦,月要日会,积而成帙。采元和之近体,追柏
梁之雅什;发钧天之遗韵,奏宫悬之丽曲。自谓绝节高唱,有异乎庸听老
(者)矣。世有同志,推作者之至隐,寄胜情于耳目,则《拾翠》一编,即谓希踪
三百,岂有憾哉?友鸟主人何约书并撰。"从竹轩主人题识、友鸟主人何约序
的文意和语气来看,竹轩主人当为书坊主,友鸟主人何约当为选辑者。题
"粲花主人选辑",应为书贾伪托。

《歌林拾翠》所选剧作,除施惠《幽闺记》、高明《琵琶记》、徐霖《绣襦记》、
沈采《千金记》、陆采《明珠记》等为元末明初至嘉靖年间的作品外,大部分是
晚明曲家之作,有少量曲家如孟称舜、徐元晖、袁于令、马佶人、王翃、紫虹道
人等清初还在世。因此,姚燮《今乐考证》将徐元晖《青雀舫》、袁于令《西楼
记》、《珍珠衫》、马佶人《荷花荡》、《梅花楼》、王翃《词苑春秋》、《红情言》、紫

---

① 马权奇:《〈鸳鸯冢〉题词》,《节义鸳鸯冢娇红记》卷首,《古本戏曲丛刊》二集,商务印书馆
1955 年版。
② 王翃:《〈红情言〉自叙》,《红情言》卷首,《古本戏曲丛刊》三集,商务印书馆 1957 年版。

虹道人《百花舫》著录为"国朝院本"。《歌林拾翠》所选,反映了这些剧作在当时剧场的演出情况。所选剧作大部分有全本流传,没有全本流传而有赖此本所选而传的有:史槃《双缘舫》三出、冯延年《南楼梦》二出、仲仁《绿华轩》三出、徐元晖《青雀舫》二出、袁于令《珍珠衫》二出、马佶人《梅花楼》二出、王翊《词苑春秋》三出、郭濬《百宝箱》二出、紫虹道人《百花舫》四出、无名氏《桐叶》一出、《幽梦园》二出、《名山志》二出。除郭濬《百宝箱》二出、无名氏《幽梦园》二出在姚燮《复庄今乐府选》没有外,其它各出在《今乐府选》中均有收录。长期以来,研究者们一直以为《今乐府选》中的这些剧目是明清孤本,如周妙中先生《江南访曲录要》、《江南访曲录要(二)》、徐永明博士《姚燮与〈复庄今乐府选〉》均持此观点。① 现在,随着《歌林拾翠》的发现,这一观点要加以改变是必然的。事实上,《歌林拾翠》中的这些剧作散出,正是姚燮《今乐府选》同名剧作散出的来源之一。《歌林拾翠》是姚燮故物。在《歌林拾翠》总目后第一页插图右下角有"复庄"印钤一方。"复庄"是姚燮(1805—1864)的号。姚燮去世后,其著述和藏书散落四方。其中,浙江图书馆收藏其曲本最多。详情参见周妙中先生《江南访曲录要》、《江南访曲录要(二)》、洪克夷先生《姚燮评传》、徐永明博士《姚燮与〈复庄今乐府选〉》,② 不赘述。《歌林拾翠》当是和姚燮所藏的一些全本剧作、《今乐府选》等一起,被收藏到浙江图书馆的。它"沉睡"了这么多年后,终于被笔者"发现",真曲学界一大幸事也。

　　必须说明的是,《歌林拾翠》有而《今乐府选》没有的郭濬《百宝箱》二出、无名氏《幽梦园》二出,有两种可能。一是《今乐府选》本来就没有选录这两种剧作的散出,二是选了,却散佚了。因为《今乐府选》共一百九十二册,浙江图书馆藏一百十册,宁波天一阁藏五十六册,国家图书馆藏二册,还有二十四册下落不明。③ 究竟如何,难以确考。

---

　　① 周妙中:《江南访曲录要》,《文史》第 2 辑,中华书局,1963 年。周妙中:《江南访曲录要(二)》,《文史》第 12 辑,中华书局,1981 年。徐永明:《姚燮与〈复庄今乐府选〉》,《文学遗产》,2001 年第 6 期。

　　② 洪克夷:《姚燮评传》,浙江古籍出版社 1987 年版。

　　③ 周妙中:《江南访曲录要(二)》。

王光鲁《想当然》传奇和徐士俊 《春波影》杂剧的作年

一

　　《想当然》传奇，本事出自《国色天香》中的《刘生觅莲记》，写会稽刘一春与碧莲一见钟情，后历经曲折、终于结合的爱情故事。现存明崇祯间刻本，《古本戏曲丛刊》初集据之影印。二卷，三十八出。祁彪佳《远山堂曲品》著录，题卢楠作。清初周亮工《因树屋书影》云："予门人邗江王汉恭光鲁所作《想当然》，犹有元人体裁。……《想当然》托卢次楩之名以行，实出汉恭手。"①《远山堂曲品》亦云："相传为卢次楩所作，谭友夏批评。然观其词气，是近时人笔。即批评亦未属谭。"②所论甚是。崇祯刻本《想当然》卷首有托名卢次楩的序，末署："嘉靖丙子秋中，款思居士漫笔。"嘉靖朝无丙子年，崇祯丙子为崇祯九年（1636），郭英德先生据此认为："剧或作于是年。"③这一推断有误。实际上，《想当然》传奇的作年远在崇祯九年之前，当在万历末年至天启年间。

　　卓发之《报徐野君》一书提到了《想当然》传奇，由此可以考知该剧的大

---

　　① 周亮工：《因树屋书影》卷一，《续修四库全书·子部》第 1134 册，上海古籍出版社 2002 年版，第 295 页。

　　② 祁彪佳：《远山堂曲品》，《中国古典戏曲论著集成》第 6 册，中国戏剧出版社 1959 年版，第 14 页。

　　③ 郭英德：《明清传奇综录》，河北教育出版社 1997 年版，第 450 页。

致作年。书云：

> 数年不握手，天石来，始得一闻近履。……拙作不可以告人，仁兄
> 爱我，但作《想当然》传奇一看可耳。近有《祇园十六题》，在寒氏舍侄
> 处。或仁兄神游此中，便可为拈数首。或尽作辋川绝句，或作各体，俱
> 随意定。须有以寄示，为慰天涯知己。只此可当觌面相呈耶？①

卓发之，一名能儒，字左车，号莲旬、无量，钱塘（今浙江杭州市）人。卓
人月父。有《漉篱集》。传见周亮工《尺牍新钞》卷四及《漉篱集》卷一二《莲
旬先生传》。②

徐士俊（1602—?），原名翔，字三友，号野君，仁和（今浙江杭州）人。卒
时年过八十。有《雁楼集》和杂剧《春波影》、《洛冰丝》二种。传见《光绪唐栖
志》卷一二。③

《祇园十六题》，在《漉篱集》卷五，原名《祇园嫘史，有序》。序云："石头
城清凉山之畔，竹径数转，别有人间。乃结篱为园，园贮一山，类襄阳袖石，
峦壑毕具。其中众花满林，可供尘刹，疑是西土盛华之祇。因处处志之，得
十有六则，以表莲宗运想诸境。"④

卓发之筑祇园、作《祇园十六题》在哪一年呢？

考发之行踪，万历四十一年癸丑（1613）至四十二年甲寅（1614），在白门

---

　　①　卓发之：《报徐野君》，《漉篱集》卷二二，《四库禁毁书丛刊·集部》第 107 册，北京出版社
1997 年版，第 661 页。

　　②　周亮工：《尺牍新钞》卷四，《丛书集成初编》第 2976 册，商务印书馆 1936 年版，第 87 页。
《尺牍新钞》将发之号莲旬作"莲旬"，误。卓发之：《莲旬先生传》，《漉篱集》卷一二，《四库禁毁书丛
刊·集部》第 107 册，第 528 页。

　　③　王同：《光绪唐栖志》卷一二，《清代稿本百种汇刊》第 38 种，第 667—674 页，台湾文海出版
社有限公司，无出版时间。

　　④　卓发之：《祇园十六题》，《漉篱集》卷五，《四库禁毁书丛刊·集部》第 107 册，第 397 页。

（今江苏南京）。① 再入白门，在天启三年癸亥（1623）。② 发之在天启三年癸亥（1623）、四年甲子（1624）僦居桃叶渡，③天启七年丁卯（1627）定居清凉山麓，筑祴园。④ 发之在《报徐野君》书中请徐士俊作和诗，因此，《祴园十六题》作于天启七年或稍后。《报徐野君》的作年亦在《祴园十六题》作后不久。发之在书中提到了《想当然》传奇，说明天启七年前后，该剧已经流传较广，为人所熟知。如果是一部不为人知的新作，发之就不会在书中当作熟典来运用了，也不能达到通信双方心领神会的作用。

据吕天成《〈曲品〉自叙》，《曲品》初稿写成于万历三十年（1602），万历三十八年（1610）又加以改定。《曲品》没有著录《想当然》传奇。除清华大学藏杨志鸿钞本吕天成《曲品》自叙末署"万历癸丑清明日"外，其它各本如中华书局图书馆藏清初钞本、北京大学图书馆藏清河本、暖红室刻本、吴梅校本、曲苑本、《中国古典戏曲论著集成》本均作"庚戌嘉平日"。⑤ "万历癸丑"是万

---

① 卓发之《甲寅元日》云："前年元日客燕京，……去年元日曲江头，……今年元日清凉山，……"（《漉篱集》卷二，《四库禁毁书丛刊·集部》第 107 册，第 337 页）甲寅是万历四十二年（1614），"前年"是万历四十年壬子（1612），"去年"是万历四十一年癸丑（1613）。曲江是扬州之曲江（来集之《樵书》卷一〇："浙江、曲江"条："枚叔《七发》：观涛于广陵之曲江，今扬州也。"《四库存目丛书·子部》459 册，第 459 页）发之万历四十一年癸丑元日在扬州，随后，他就到了南京。《再过云宿庵，有序》云："癸丑，入白门，同唐宜之、傅远度读书庵中。"（《漉篱集》卷三，《四库禁毁书丛刊·集部》第 107 册，第 361 页）因此，发之万历四十一年（1613）至四十二年（1614）在南京。

② 卓发之《送别叶曾城先生，有序》："癸亥之秋，余再入白门。"《漉篱集》卷四，《四库禁毁书丛刊·集部》第 107 册，第 389 页。《偕隐歌，有序》："癸亥，再入白门。"《漉篱集》卷三，《四库禁毁书丛刊·集部》第 107 册，第 351 页。癸亥是天启三年（1623）。

③ 卓发之《桃叶渡种花记》云："癸亥之冬，余流寓桃叶渡头。"《漉篱集》卷一六，《四库禁毁书丛刊·集部》第 107 册，第 566 页。《桃叶渡僦居，甲子除夕》，《漉篱集》卷六，《四库禁毁书丛刊·集部》第 107 册，第 418 页。"甲子"是天启四年（1624）。

④ 卓发之《祭冥漠君文》："余于天启七年之冬，自桃叶渡徙居乌龙潭、虎踞关之间，其地为清凉台之麓。"《漉篱集》卷二〇，《四库禁毁书丛刊·集部》第 107 册，第 604 页。《莲旬先生传》："山中结茅以盛众华曰祴园，筑庵以望钟阜曰螺髻。"《漉篱集》卷一二，《四库禁毁书丛刊·集部》第 107 册，第 528 页。

⑤ 吕天成《〈曲品〉自叙》："壬寅岁，曾著《曲品》，然惟于各传奇下著评语，意不尽，亦多未当，寻弃去。十余年来，予颇为此道所误，深悔之。谢绝词曲，技不复痒。今年春，与吾友方诸生剧谈词学，穷工极变，予兴复不浅，遂趣逸撰《曲律》。……予归检旧稿犹在，遂更定之。仿钟嵘《诗品》、庚肩吾《书品》、谢赫《画品》例，各著论评，析为上下二卷。……万历癸丑清明日，东海郁蓝生书于山阴檫木园之烟鬟阁。"吴书荫校注《曲品》，中华书局 1994 年版，第 1—2 页。"壬寅岁"是万历三十年。

历四十一年(1613)，"庚戌"是万历三十八年(1610)。不论《曲品》最终完成
时间是在万历三十八年，还是万历四十一年，都可说明，在吕天成作《曲品》
这段时间及其以前，《想当然》传奇还没有完成。如果已经完成了的话，吕天
成不会不在《曲品》中著录。因为吕天成为作《曲品》，搜罗曲作还是相当完
备的。他自言："每入市，见新传奇，便挟之以归，笥渐满。初欲建一曲藏，上
自先辈才人之结撰，下逮腐儒老优之攒簇，悉搜共贮，作江海大观。"虽然后
来他感觉作品太多了，搜罗有所取舍："既而谓多不胜收，彼攒簇者，收之污
吾笥，于是多删掷，稍稍散失矣。"①但《想当然》传奇显然不属于令吕天成感
到"污吾笥"、应"删掷"的"攒簇者"之作。它的出现，得到了文人士大夫的肯
定，也适合场上演出。《远山堂曲品》云："刘一春事，本之《觅莲传》。此于离
合关目，亦未尽恰，但时出俊爽，才情迸露。"②茧室主人《成书杂记》评："先生
兹本，取事未尝奇，而回峰过峡，引水归源，恣意横皱，欢肠袒舌。更妙在
嵌空着步，缠绵幽曲，必欲节节尽情，台上案头，共珍名作。"③周亮工《因树屋
书影》云："其曲分视之则小令，合视之则大套。插入宾白则成剧，离宾白亦
成正曲，不似今人全赖宾白为敷衍也。"④《玄雪谱》选有《梅遇》、《妆语》、《意
约》、《后梅遇》四出，浙图藏《歌林拾翠》选有《假试》、《后梅遇》二出。

　　有没有可能是吕天成见闻有限，《想当然》传奇已成，而《曲品》失收呢？
据吴书荫先生研究，"吕氏的曲藏丰富，所著录的许多作者，或为其乡里，或
为其父辈之同好，或是他本人的亲友，引证的材料也都翔实可靠。"⑤《曲品》
所著录的九十多位曲家，绝大部分是浙江、江苏、江西、安徽籍，吕天成是浙
江绍兴府余姚县人，如果说受到条件限制，《曲品》有可能失收北方和西南等
偏远地方曲家的作品，而不太可能失收近在邗江(今江苏扬州)的王光鲁的

---

　　①　吴书荫校注《曲品》，第1页。

　　②　祁彪佳：《远山堂曲品》，《中国古典戏曲论著集成》第6册，中国戏剧出版社1959年版，
第14页。

　　③　茧室主人：《成书杂记》，转引自郭英德《明清传奇综录》，第451页。

　　④　周亮工：《因树屋书影》卷一，《续修四库全书·子部》第1134册，上海古籍出版社2002年
版，第295页。

　　⑤　吴书荫：《吕天成和他的作品考》，吴书荫校注《曲品》，第433—434页。

作品。因此，最有可能的是，在吕天成作《曲品》之前和作《曲品》的十余年中，《想当然》传奇还没有完成。

祁彪佳作《远山堂曲品》在天启六年(1626)至崇祯四年(1631)之间。据赵素文博士《祁氏两品的撰述过程和完成时间》的考证，天启六年，祁彪佳在福建兴化任推官时，有了撰《远山堂曲品》、《远山堂剧品》的念头，到崇祯四年，《曲品》、《剧品》已经完稿。①《远山堂曲品》已经著录了《想当然》传奇，这样，郭英德先生根据托名卢次楗序末署的时间来推断该剧作于崇祯九年(1636)，显然不符合事实。

从吕天成《曲品》未著录《想当然》传奇到《远山堂曲品》著录，这段时间正是《想当然》传奇的创作时间。加之卓发之《报徐野君》书中提到《想当然》传奇，是目前所能见到的最早记载该剧的文献，因此，我们有理由相信，在万历三十八年后到天启六年之前的十五六年中，是《想当然》传奇创作的大致时间。

二

在《漉篱集》中，卓发之还有一通《报徐野君》书。书中提到了《小青》杂剧的写作与刊刻情况：

> 弟方鬻宅买山，结一小筑，为投老之计。雨侯来，接手教，得悉近履。……《小青》剧方图卒业，乃闻已付剞氏。何不却寄一集耶？何时复得白门一叙，念之怅然。②

《小青》杂剧，全名《小青娘情死春波影》。剧写扬州名妓冯小青嫁与杭州冯子虚为妾，为大妇所不容，最后抑郁而死。今存《盛明杂剧》本、明末《雁楼集》本。

书中云"鬻宅买山，结一小筑"，亦即上文所说卓发之买地清凉山麓，筑

---

① 赵素文:《祁氏两品的撰述过程和完成时间》,《祁彪佳研究》第三章第二节(未刊),2003 年 5 月,浙江大学人文学院中文系博士学位论文。

② 卓发之:《报徐野君》,《漉篱集》卷二二,《四库禁毁书丛刊·集部》第 107 册,第 661 页。

祓园事。因此,此书亦应作于天启七年或稍后。书云"《小青》剧方图卒业,乃闻已付剞氏",说明徐士俊刚刚完成《春波影》杂剧不久,就已经付刻了。因此,《春波影》杂剧的作年,当在天启七年之前。

徐士俊与卓人月是至交。两人定交在天启五年乙丑(1625),①从此,唱和之作颇多,并合辑《古今词统》。徐士俊作《春波影》杂剧,就是由于卓人月的鼓动。卓人月七古《题〈春波影〉杂剧,有序》云:

> 余既和小青诗十首矣,友人徐野君遂拟元人体,填词四出。因小青有读《牡丹亭》诗,而临川集中又载娄江女子读《牡丹亭》而死,遂并为点染,作临川一重冤案。且谓余曰:"《小青传》中所谓三易照者,今已无存,此剧不知可当第几图?"余笑而作诗答之。②

徐士俊《〈春波影〉自序》亦云:

> 读《小青传》,谅庸奴妒妇不堪朝夕作缘者,郁郁以死,岂顾问哉?余仿佛其人,大约是杜兰香一辈。友人卓珂月谓余曰:"何不倩君三寸青镂,传诸不朽,千载下小青即属君矣。"余唯唯,遂刻绛蜡五分,移宫换羽,悉如传中云云。以示天下伤心处,不独杜陵花荒园一梦。剧成,题以《春波影》,盖取集中"瘦影自临春水照,卿须怜我我怜君"之句也。③

由上述两文知,《春波影》杂剧的创作,必定在徐士俊与卓人月定交之后。

对《春波影》杂剧的创作时间说得最直接的是王晫《题〈春波影〉》一诗的附记。诗云:"歌扇风流镂管传,西湖端可达临川。著书已老香名在,好置菟裘莺燕边。"诗末附记云:"《春波影》作于天启乙丑,刻于崇祯戊辰。据传填词,略无增饰。乃后来作者纷纷,如《疗妒羹》、《风流院》、《情生文》诸本,将

---

① 徐士俊《祭卓珂月文》:"与兄定交,乙丑之年。"《雁楼集》卷二四,康熙刻本。
② 卓人月:《题〈春波影〉杂剧,有序》,《蕊渊集》卷四,崇祯十年(1637)刻本。
③ 徐士俊:《〈春波影〉自序》,《雁楼集》卷一五。

小青强生配合,得无唐突西施耶? 因记。"①"天启乙丑"即天启五年(1625),
《春波影》杂剧作于本年徐士俊与卓人月相识、定交之后。李修生先生主编
《古本戏曲剧目提要》说"该剧约作于万历后期",②误。"崇祯戊辰"即崇祯元
年(1628),本年《春波影》已刻成。但不知此刻本存佚情况如何。

《春波影》杂剧写成、流传后,祁彪佳《远山堂剧品》随即著录其中,并评
曰:"此等轻逸之笔,落纸当有风雨声。小青得此,足为不死。填词若野君,
再于韵律著意,则骎骎直追元人而上矣。"③

---

① 王晫:《题〈春波影〉》,《雁楼集》卷二五《春波影》后。
② 李修生主编:《古本戏曲剧目提要》,文化艺术出版社 1997 年版,第 220 页。
③ 祁彪佳:《远山堂剧品》,《中国古典戏曲论著集成》第 6 册,中国戏剧出版社 1959 年版,第
170 页。

卓人月家世与生平补考

　　晚明曲家卓人月，字珂月，别号蕊渊，仁和（今浙江杭州）人，著有杂剧《花舫缘》（今存《盛明杂剧》本）、传奇《新西厢》（已佚，存自序）和《蕊渊集》十二卷、《蟾台集》四卷等，又与徐士俊合辑《古今词统》十六卷。关于其生平，邓长风先生《卓人月：一个文学奇才的生平及其与小青传之关系》（下面简称邓文）做过比较详细的探讨，①且涉及到了其后人的零星情况。本文根据邓先生没有见到的材料，对其家世和生平，做一些补充，并对邓文中的误漏加以订正。

一

　　卓人月的远祖是建文时殉难之臣卓敬的从弟卓敦。

　　卓敬（？—1402），字惟恭，浙江瑞安人。洪武二十一年（1388）进士，授户科给事中，遇事敢言，历官户部侍郎。建文初，密疏言燕王雄才大略，宜徙封南昌，以利控制。建文不纳。成祖即位，被执。成祖惜其才，遣人劝降，不屈被杀。成祖叹曰："国家养士三十年，惟得一卓敬。"直到万历初，才用御史屠叔方言，表墓建祠。传详《明史》卷一四一。②

　　卓敬遇难时，卓敦由瑞安逃往奉化，再逃山阴，最后到仁和，赘塘栖（一

---

　　①　邓长风：《卓人月：一个文学奇才的生平及其与小青传之关系》，《明清戏曲家考略》，上海古籍出版社 1994 年版。
　　②　《明史》卷一四一，中华书局 1974 年版，第 4024 页。

作唐西)宋氏,改名宋哲,子孙遂为仁和人。直到卓明卿时才复卓姓。卓敦被后人称为四承事公。①

敦生璞,璞生鉴,鉴生澄,澄生俊,俊生贤。卓贤,字思齐,号见斋。贤业贾,卒年七十八。是为人月曾祖父。②

卓贤妻朱氏,名顺秀,字葆贞,生子明卿。年未五十而卒。是为人月曾祖母。③ 卓贤贰室生文卿、彦卿、达卿、显卿、顺卿。④

卓文卿,字章甫,号心华,嘉靖四十年辛酉(1561)举人,四年后病逝。⑤

卓明卿,字澂甫,号月波。万历中由国子生官光禄寺署正,卒年六十。有《卓氏藻林》、《卓光禄集》、《卓征甫诗续集》、《唐诗类苑》、《北游稿》等。万历六年戊寅(1578),访王世贞,受之延誉,声名雀起。⑥ 万历十一年癸未(1583),参加西湖中秋之会,识戚继光、汪道昆。⑦ 万历十四年丙戌(1586)八月二十五日,明卿主南屏净慈之会。与会者有汪道昆及其弟道贯、屠隆、潘

———————————

① 卓发之:《家传一》,《漉篱集》卷一二,《四库禁毁书丛刊·集部》第 107 册,北京出版社 2000 年版,第 514—519 页。

② 王世懋:《见斋卓君传》,《王奉常集》卷一六,《四库存目丛书·集部》第 133 册,齐鲁书社 1997 年版,第 372—373 页。

③ 王世懋:《卓母朱孺人传》,《王奉常集》卷一五,《四库存目丛书·集部》第 113 册,第 360—361 页。

④ 王世懋:《见斋卓君传》,《王奉常集》卷一六,《四库存目丛书·集部》第 133 册,第 373 页。

⑤ 卓发之:《家传一》,《漉篱集》卷一二,《四库禁毁书丛刊·集部》第 107 册,第 517 页。《康熙仁和县志》卷一○:"嘉靖四十年辛酉科:宋文卿,亚魁,由府学。"《中国地方志集成·浙江府县志辑》第 5 册,上海书店 1993 年版,第 201 页。王同:《光绪唐栖志》卷八《选举》、卷一一《人物四》,《清代稿本百种汇刊》第 38 种,第 488 页,第 627 页,台湾文海出版社,无出版时间。

⑥ 冯梦祯《卓澂甫传》:"岁戊寅,始谒弇州先生。先生亟扬之。"《快雪堂集》卷九,《四库存目丛书·集部》第 164 册,齐鲁书社 1997 年版,第 177 页。王世贞《〈卓光禄诗选〉序》:"今年三月,光禄过我弇园。美风神,善谈笑。予固以仲氏,故异之。……万历戊寅秋八月,琅琊王世贞元美甫撰。"《文渊阁四库全书·集部》第 1282 册,台湾商务印书馆 1986 年版,第 693 页。

⑦ 汪道昆《卓澂甫传》:"昔在西湖,戚元敬为秋社宰,不佞为客。四坐若而人皆名家,澂甫与焉。闻者以为高会。"时在万历十一年(1583)。《太函集》卷三六,《续修四库全书·集部》第 1347 册,上海古籍出版社 2002 年版,第 226 页。

景升、徐茂吴等，将近二十人，征歌度曲，饮酒赋诗。闻者以为高会。① 王世贞、汪道昆、冯梦祯均有《卓澂甫传》。② 王世贞、汪道昆并为其《唐诗类苑》作序，王世贞为作《〈卓光禄诗选〉序》、王世懋为作《〈卓征甫诗集〉序》、李维桢为作《〈卓征甫诗续集〉序》。③

明卿有四子：尔康、尔昌、尔臧、尔寿。④ 文卿无嗣，明卿以尔康嗣其后。⑤

尔康，字去病。是为人月堂伯父。生于隆庆四年庚午(1570)，卒于崇祯十七年甲申(1644)十一月，年七十五岁。万历四十年(1612)中举，历祥符教谕、南京刑部主事、工部员外郎、常州检校、大同推官。卢象升为总督，建白兵事，稍自发舒，量移两淮分司运判。岁大祲，涕泣为淮人请赈，语切直，多

---

① 汪道昆《卓澂甫传》："越三年，澂甫为秋社宰，不侫为客。四坐若而人皆名家，其愉快胜之。闻者益以为高会。"《太函集》卷三六，《续修四库全书·集部》第 1347 册，第 226 页。汪道昆《南屏社记》："秋八月朏，观广陵涛。……请更以九日为期，绍介先之，申之以卓光禄澂父。……澂父曰善。今兹之会，取数滋多，司马俨然临之，兄弟父子具在。自四明至者，则屠长卿、汪长文、杨伯翼；自吴门至者，则曹子念、毛豹孙；自华亭至者，则曹叔重、陆君策，皆从长卿。自京口至者，则邹汝翼、茅平仲，皆从司马。自天台至者，则蔡立夫；自金陵至者，则李季常。乃若潘景升则前驱，徐茂吴、李含之、杨思说、愈叔懋暨不侫，明卿则东道主也。"《太函集》卷七六，《续修四库全书·集部》第 1347 册，第 634—635 页。汪道昆：《丙戌仲秋二十五日，同诸君子集净慈寺西阁，时卓澂甫光禄帐具，征名姬佐酒者十二人，即席分体赋诗，余为首倡》，《太函集》卷一一八，《续修四库全书·集部》第 1348 册，第 430 页。王世贞：《卓澂父光禄邀同汪司马及仲季诸社友，大会西湖南屏，选妓征声，分韵赋诗，伯玉以高字韵见寄，俾余同作，得二首》，《弇州续稿》卷一七，《文渊阁四库全书·集部》第 1282 册，台湾商务印书馆 1986 年版，第 224 页。卓明卿《南屏社序》末署："万历丙戌秋仲廿五日。"《卓光禄集》卷三，《四库存目丛书·集部》第 158 册，第 158 页。

② 王世贞：《卓澂甫传》，《弇州续稿》卷七四，《文渊阁四库全书·集部》第 1283 册，第 86—88 页。汪道昆：《卓澂甫传》，《太函集》卷三六，《续修四库全书·集部》第 1347 册，第 224—226 页。冯梦祯：《卓澂甫传》，《快雪堂集》卷九，《四库存目丛书·集部》第 164 册，齐鲁书社 1997 年版，第 176—178 页。王世贞：《〈唐诗类苑〉序》，《弇州续稿》卷五三，《文渊阁四库全书·集部》第 1282 册，第 693 页。汪道昆：《〈唐诗类苑〉序》，《太函集》卷二三，《续修四库全书·集部》第 1347 册，第 77 页。

③ 王世贞：《〈卓光禄诗选〉序》，《弇州续稿》卷四一，《文渊阁四库全书·集部》第 1282 册，第 540 页。王世懋：《〈卓澂甫诗集〉序》，《王奉常集》卷六，《四库存目丛书·集部》第 133 册，第 275 页。李维桢：《〈卓征甫诗续集〉序》，《大泌山房集》卷二四，《四库存目丛书·集部》第 151 册，第 26—27 页。

④ 冯梦祯《卓澂甫传》："子尔康、尔昌、尔臧、尔寿。"《快雪堂集》卷九，《四库存目丛书·集部》第 164 册，第 178 页。

⑤ 汪道昆《卓澂甫传》："伯兄不嗣，命长子尔康嗣。"《太函集》卷三六，《续修四库全书·集部》第 1347 册，第 226 页。

忌讳。因此罢归。有《易说》五十卷、《诗学》四十卷、《春秋辨义》四十卷、《卓去病全集》二十卷。子三人：人向、人伊、人皋。① 钱谦益为《卓去病全集》作序。②

人皋，字有枚，生有异禀，尔康比之于枚少孺，因名曰人皋。七岁出就塾师，使读《论语》。有枚置司马光《资治通鉴》于《论语》下，时窃观。师以此奇之。负经世才，有文名。③ 北大图书馆藏有康熙六年刻《卓有枚文选》四册，无卷数。④

卓据初，名显卿，字襄野，号寓庸，别号入斋，是为卓人月祖父。⑤

祖母沈广音，仁和人，生于隆庆四年（1570）庚午。十七岁嫁人月祖父，万历四十四年丙辰（1616）卒，年四十七岁。⑥

人月母洪厓，生于万历十二年甲申（1584），从万历四十二年（1614）甲寅得疯疾，一直未好。⑦

---

① 钱谦益：《卓去病先生墓志铭》，《有学集》卷三二，《四库禁毁丛刊·集部》第116册，北京出版社2000年版，第168－169页。
《康熙仁和县志》卷一八《儒林》，《中国地方志集成·浙江府县志辑》第5册，上海书店1993年版，第367页。
② 钱谦益：《〈卓去病全集〉序》，《有学集》卷一八，《四库禁毁丛刊·集部》第116册，第2－3页。
③ 王晫：《今世说》卷五《品藻》，《丛书集成初编》第2825册，商务印书馆1935年版，第59页。
④ 柯愈春：《清人诗文集总目提要》，北京古籍出版社2002年版，第116页。
⑤ 卓发之《往生记》："余母仁和沈姓，讳广音，生有夙慧，十七岁归余父襄野公。值余父早孤，大母贾孀居，余母独持门户，才识过人。"《漉篱集》卷一六，《四库禁毁书丛刊·集部》第107册，第572页。王同：《唐栖志》卷一一《人物四》，《清代稿本百种汇刊》第38册，第643页。
⑥ 卓发之《往生记》："岁丙辰（万历四十四年，1616），遘疾。……先是，戊戌（万历二十六，1598），余母病剧，梦堕黑暗中，……大士言：'汝今岁疾，寻愈。当持地藏名字，爰授策，得数四十有七。'至是十有余年，与余母年适合。"《漉篱集》卷一六，《四库禁毁书丛刊·集部》第107册，第572－573页。《丙辰为慈母告佛疏》，《漉篱集》卷一二，《四库禁毁书丛刊·集部》第107册，第543－544页。
⑦ 卓人月《腊月二十四日，寿母篇》："余母降生于甲申，……不知母病其何因，未病何状并不真。母归之岁在甲寅，儿尚龆龀未负薪。于今杪冬母五旬，病与不病年适均。"《蕊渊集》卷四。卓发之《丙子十月十五日，告大儿文》："甲寅（万历四十二年，1614）岁，汝母以念汝成疾。归而荒迷惑乱，不复知有人世尔。时汝已有母而无母矣。"《漉篱集》卷二〇，《四库禁毁书丛刊·集部》第107册，第614页。卓发之《莲旬先生传》："妇洪厓，痼疾二十余年，不能起。"《漉篱集》卷一二，《四库禁毁书丛刊·集部》第107册，第528页。

　　人月父卓发之，一名能儒，字左车，号莲旬、无量。生于万历十五年丁亥(1587)。① 万历四十一癸丑(1613)，与唐宜之、傅远度读书南京云宿庵，汤显祖誉之为"秣陵三珠树"。② 从天启三年癸亥(1623)起，发之寓居南京。③ 先是在桃叶渡僦居，④天启七年丁卯(1627)冬，在清凉山下筑祇园，园中结螺髻庵，⑤一边奉佛念经，一边读书应举，有时也举行诗社，吟诗作文。从万历四十年壬子(1612)起，七试而未中。⑥ 其卒年，邓文笼统地说"应在 1637 年以后。"⑦准确时间是在崇祯年十一戊寅(1638)八月十五日。⑧ 有《漉篱集》。

---

　　① 卓发之《五十乞言诗，有序》："居士初不欲住人间，……崇祯丙子八月十八日识。"《漉篱集》卷二，《四库禁毁书丛刊·集部》第 107 册，第 349 页。《题大儿书扇》："丙子八月十八日，余五十初度。"《漉篱集》卷五，《四库禁毁书丛刊·集部》第 107 册，第 558—559 页。发之崇祯九年丙子(1636)五十岁，逆计之，则其生年为万历十五年丁亥(1587)。

　　② 卓发之《再过云宿庵，有序》："癸丑(万历四十一)，初入白门，同唐宜之、傅远度读书庵中，转盼二十年矣。"《漉篱集》卷三，《四库禁毁书丛刊·集部》第 107 册，第 361 页。汤显祖《与门人朱尔玉》："闻尔玉益贫，贫不失为尔玉也。唐宜之、傅远度、卓左车，是秣陵三珠树。尔玉时往来否？……"《汤显祖全集》诗文卷四八，第 1490 页。尔玉，名玺，南丰士子。

　　③ 卓发之《送别叶曾城先生，有序》："癸亥(天启三年，1623)之秋，余再入白门。"《漉篱集》卷四，《四库禁毁书丛刊·集部》第 107 册，第 389 页。《偕隐歌，有序》："癸亥，再入白门。"《漉篱集》卷三，《四库禁毁书丛刊·集部》第 107 册，第 351 页。

　　④ 卓发之：《桃叶渡僦居，甲子除夕》，《漉篱集》卷六，《四库禁毁书丛刊·集部》第 107 册，第 418 页。《桃叶渡种花记》："癸亥之冬，余流寓桃叶渡头。"《漉篱集》卷一六，《四库禁毁书丛刊·集部》第 107 册，第 566 页。

　　⑤ 卓发之《祭冥漠君文》："余于天启七年之冬，自桃叶渡徙居乌龙潭、虎踞关之间，其地为清凉台之麓。"《漉篱集》卷二〇，《四库禁毁书丛刊·集部》第 107 册，第 604 页。《莲旬先生传》："山中结茅以盛众华曰祇园，筑庵以望钟阜曰螺髻。"《漉篱集》卷一二，《四库禁毁书丛刊·集部》第 107 册，第 528 页。据此，发之筑祇园，结螺髻庵均在本年，而邓文却说"他之居祇园，至少应在乙丑前一、二年"。（《明清戏曲家考略》，第 233 页）乙丑是天启五年(1625)，此时祇园还没建，邓说误。邓文还说发之《祇园螺史》作年"时在乙丑(1625)前后"（《明清戏曲家考略》，第 232 页)，亦不确，应是在天启七年(1627)之后。

　　⑥ 卓发之《丙子十月十五日，告大儿文》："余自壬子(万历四十年，1612)后，凡七试，仅于癸酉(崇祯六年，1633)一获首荐，而卒以奇厄。"《漉篱集》卷二〇，《四库禁毁书丛刊·集部》第 107 册，第 616 页。

　　⑦ 邓长风：《明清戏曲家考略》，第 227 页。

　　⑧ 卓发之《毗庐阁薤发偈》："戊寅八月初十日，淮阴毗庐阁前薤发偈。"《漉篱遗集》，《四库禁毁书丛刊·集部》第 107 册，第 728 页。罗瑕公《莲旬西归公案》："(戊寅)八月十五日巳刻，莲旬忽有字及。……以手向西一指而殁。"《漉篱遗集》附，《四库禁毁书丛刊·集部》第 107 册，第 729 页。

二

邓文考证人月生于万历三十四年（1606）丙午，发之《丙子十月十五日，告大儿文》说"忆汝生于丙午，"证明邓文考证不差。发之虔诚信佛，对人月影响很大。以至于他的名和字都带有浓重的佛教色彩。发之少时向长耳和尚乞子而生人月，因此，人月小字长耳。人月之名，来自《华严经》中有称颂如来"永作人中月"之语，诸佛中也有号人月者。"及见观经，言净业正因，应当谛观世尊眉间毫，相其毫白如珂月，"遂字之曰珂月。十五岁时，开始文学创作。十六岁时，受到南屏"孙凤林、洪亨久两公祖"的赏识。从天启元年辛酉（1621）至崇祯九年丙子（1636），人月凡六试，仅于崇祯八年乙亥（1635）拔贡场中，一获首荐，余皆不利。①

邓文说卓辛彝、寒氏是人月的弟弟，②准确而言，应是人月从弟。发之《答寒氏侄》其一云："天涯骨肉，自以聚首为欢，况才华意气，水乳相合，如我小阮耶？"③其二云："每念寒氏，辄为泪落。以叔氏之奇穷，随处伤感，无所不至。又重闻吾侄奇穷，同病之怜，更觉深痛耳。"④《漉篱集》卷一五《题寒氏诗》云："吾小阮寒氏，少负凤根，……与吾儿唱和诸诗，无一点尘气。"⑤小阮，晋阮籍、阮咸同是"竹林七贤"之一，因称阮咸为小阮。后又用作侄子的代称。《漉篱集》卷首除列出批阅氏籍李维桢、冯梦祯、顾宪成、高攀龙、汤显祖等一百三十七人外，还注明"子人月、人目、侄回、彝较刻"。⑥卓回，字方水，号休园，诸生。明卿孙。有《东皋集》。⑦卓彝，字辛彝，号静岩，又字朗斋，号密严，明崇祯十二年己卯（1639）举人，清顺治四年丁亥（1647）进士，官左春

---

① 卓发之：《丙子，为大儿告佛疏》，《漉篱集》卷一四，《四库禁毁书丛刊·集部》第 107 册，第 544 页。

② 邓文说《雁楼集》卷六诗中"提到卓辛彝太史，可见珂月之弟后来曾做过官。……寒氏，是珂月的另一个弟弟。"《明清戏曲家考略》，第 236 页。

③ 卓发之：《答寒氏侄》，《漉篱集》卷二三，《四库禁毁书丛刊·集部》第 107 册，第 683－684 页。

④ 同上书，第 684 页。

⑤ 卓发之：《题寒氏诗》，《漉篱集》卷一五，《四库禁毁书丛刊·集部》第 107 册，第 555 页。

⑥ 《漉篱集》卷首，《四库禁毁书丛刊·集部》第 107 册，第 295－296 页。

⑦ 王同：《光绪唐栖志》卷一二《人物·耆旧五》，《清代稿本百种汇刊》第 38 种，第 699 页。

坊左庶子兼秘书院侍读。有《瀛洲草》、《密严》。卓彝为宋文炎孙。① 人月有弟人华、人目、人象、人芬、人悉、人觉。其中，人华为人月同母弟，余为异母弟，发之妾高霞所生。②

人月的卒年，邓文考证为崇祯九年丙子(1636)九月二十八日，③年月均对，而日期有一天之误。发之《人间可哀集序》："崇祯九年秋九月庚午，卓人月卒。"④《丙子为大儿告佛疏》："伏以长男人月以九月廿九日卒。"⑤人月从发病到去世只在一月之内。八月廿二日，从南京返杭。归后，病疟。九月二十三日，与父修书一封，告之得病且有南游意。邮人廿七日始发，"迨廿九，才三日耳。何以遽剧而遽死耶？"⑥

人月卒后，其亲朋十分悲痛，有诗文悼念之。除邓文提及徐士俊的《祭卓珂月文》、《哭卓珂月》七绝六首之外，卓发之有《哭亡儿人月》七律十首、《丙子十月十五日，告大儿文》、《丙子，为大儿告佛疏》，⑦闽人曾异撰说要在崇祯十一年戊寅(1638)上门悼念，⑧其后又为其《蕊渊》、《蟾台》二集作叙。

---

① 王同：《光绪唐栖志》卷八《选举》、卷一二《人物·耆旧五》，《清代稿本百种汇刊》第 38 种，第 496 页，第 706 页。宋文炎，原名政卿，字孚名，号太素，例授鸿庐寺鸣赞。见王同《光绪唐栖志》卷一〇《人物·义行》(《清代稿本百种汇刊》第 38 种，第 548 页)。卓禺，初名起蛟，字肖声，号海幢，卒年六十八。有《鬒云轩遗稿》。卓彝父。见吴伟业《卓海幢墓表》(《吴梅村全集》卷五〇，上海古籍出版社 1990 年版，第 1026－1028 页)、王同《光绪唐栖志》卷一一《人物·耆贤》(《清代稿本百种汇刊》第 38 种，第 641 页)。

② 卓发之《亡姬智华传》："因置姬为调护字二子人月、人华。如是十年，迨子若妇岿然成立，病者终不可起，乃掉臂出门，遁迹清凉山中。时眷属惟姬能奉箕帚。……命其子曰人目，……人象，……人芬，……人悉，……人觉，……姬姓高氏，名霞，字霞秀，真州人。……而称智华。生于万历戊戌(二十六年，1598)腊月二十四日，十八归我，四十即世。"《漉篱集》卷一二，《四库禁毁书丛刊·集部》第 107 册，第 524 页。

③ 邓长风：《明清戏曲家考略》，第 230 页。

④ 卓发之：《人间可哀集序》，《漉篱集》卷一一，《四库禁毁书丛刊·集部》第 107 册，第 500 页。

⑤ 卓发之：《丙子，为大儿告佛疏》，《漉篱集》卷一四，《四库禁毁书丛刊·集部》第 107 册，第 544 页。

⑥ 卓发之：《丙子十月十五日，告大儿文》，《漉篱集》卷二〇，《四库禁毁书丛刊·集部》第 107 册，第 614 页。

⑦ 卓发之：《哭亡儿人月》七律十首，《漉篱集》卷四，《四库禁毁书丛刊·集部》第 107 册，第 394－395页。

⑧ 曾异撰：《将往吴兴哭潘昭度师，门士王无择同行，亦将过亡友卓珂月之门而问之》，《纺授堂二集》卷五，《四库禁毁书丛刊·集部》第 163 册，第 502－503 页。

叙文对卓人月的遭遇表示了极大的同情,对其《蕊渊》、《蟾台》二集给予了很高的评价,认为二集和屈原《离骚》、韩非《说难》、司马迁《史记》一样,是"穷愁著书"的不朽之作。① 顺治二年乙酉(1645),丹阳贺裳在虎丘遇人月子,读其遗集,也写下了《吊卓珂月文》。②

发之《与长孙大丙书》谈到了人月的著述情况。"其已刻诗、古文、杂著"有《怀烟堂集》一册、《中兴颂》一册、《虞美人》一册、《四十二章诗》一册、《相于阁初集》一册、《花舫缘》一册、《词统》一册,"其已刻时文"有《蕊渊百义》一册、《然疑草》一册、《创调》一册、《小品》一册、《涛山草》一册、《蕊书》一册、《试草》一册、《硃卷》一册、《卓子谭经》一册,"所选时文"有《无可奈何集》一册、《桐风集》一册、《丁戊春秋》一册、《秋眉》一册、《蕊书》一册,还有《乙亥试录》一册、《齿录》一册和《卓氏世家》、《女才子集》二种。这不是人月著述的全部,发之也说可能有遗漏者。③ 人月现存《蕊渊集》十二卷,依次是:赋、古

---

① 曾异撰《卓珂月〈蕊渊〉、〈蟾台〉二集叙》:"余与卓子珂月,皆为时义而不易售者也。夫为时义,则时义耳,为不易售之时义,则学为易售之时义耳。嘐嘐然而诗歌、而古文辞奚为? 且夫今天下之人才,帖括养成之人才也。今日之国家,亦帖括撑持之国家也。……其立言著书者,乃其不穷于穷,而行乐于牢愁之乡者也。故夫屈子之书,怨极矣,不极怨则不极乐;吃腐之书,愤极矣,不极愤则不极乐。使此数子者,而不为《离骚》、不为《说难》、不为《史记》,则其穷亦无所之。……著书立言者,此古人极苦而极乐之事,今人泥穷愁著书之说,而但见古人之苦,然则今人事事为古人所欺,读是集者,勿为卓子所欺焉可也。"《纺授堂文集》卷一,《四库禁毁书丛刊·集部》第163册,第502—503页。
　　新城黄端伯曾为人月《蕊渊百义》作序,作序时间不详。《卓珂月〈蕊渊百义〉序》云:"武林卓珂月,奇慧绝伦,而视听所包,更有以增益其灵智。自邃古之初,以逮国朝之盛,无不究其原委,而详言之。制策似董仲舒,笺表似陆贽,而文章似韩愈、欧阳修。斯诚一代人杰也。余阅其闱中之牍,光焰赫然。诠理既精,而议事尤确。古人所称有体有用之儒,非耶? 盖珂月游心寥廓,而又有飞耳长目以佐之,其以斯道独雄千古也,无怪乎。"《瑶光阁集》卷六,《四库存目丛书·集部》第193册,齐鲁书社1997年版,第217页。黄端伯,字元功,号海岸道人,江西新城人。崇祯元年(1628)进士,历宁波、杭州推官。以忧去,服阕,弃家为僧。朝旨勘问,复蓄发。福王时,授礼部郎中。清军渡江,被执不屈死。有《易疏》、《瑶光阁集》等。传见《明史》卷二七五。
　　② 贺裳《吊卓珂月文》:"余友武林卓珂月,才而早殀。比予闻其凶问,已再期矣。后七年,遇其子于虎丘,出遗集相示。怆然悲哀,徒怀磨镜之忱,莫伸挂剑之志。因为文,于月夜登山顶朗吟以吊之,想魂气无不之也。率尔为怀,不复检韵。"《蜕疣集》(不分卷),《四库未收书辑刊》第7辑第22册,北京出版社2000年版,第28页。贺裳,字黄公,江南丹阳(今属江苏)人。康熙初监生,工古文与词。有《红牙词》、《皱水轩词筌》、《载酒园诗话》、《檗斋集》等(小传见《明代千遗民诗咏》三编卷五、《中国历代人名大辞典》第1811页)。
　　③ 卓发之:《与长孙大丙书》,《漉篱集》卷二三,《四库禁毁书丛刊·集部》第107册,第688页。

乐府、五言古诗、七言古诗、五言律诗、七言律诗、五言排律、六言排律、七言排律、五言绝句、七言绝句、诗余。目录末附记："杂著（嗣刻）：锦囊逸句、花舫缘。"《蟾台集》四卷，依次为：卷一，文序，卷二，文序、诗序、词曲序、杂序，卷三、题跋、传、记、说、檄、疏、寿文，卷四、论、祭文、墓碑、铭、赞、颂、致语、启、书牍等。目录后有杂著、制艺，注明"嗣刻"。① 发之所说人月的著述，二集很多未收入。可以说，卓人月现存著述是他所有著述中的一部分。由发之所列人月著述不完全目录，相信散佚的更多。在卓人月短短三十一年的人生经历中，有这么多的著述，确实是一个文学奇才。

　　邓文比较详细地讨论了《小青传》的版本、小青其人及其诗词的真伪，认为小青实有其人，其诗词也是小青所作，非卓人月、徐士俊捉刀。结论可靠，令人信服。卓人月《蕊渊集》卷一一有《吊小青韵（和小青韵）》七绝十首，无独有偶，发之也有《和小青韵》七绝二首。诗在《漉篱集》卷六，《和小青韵，有序》云：

　　　　丁卯仲秋之廿日，文青女史送别钟小天于云抱阿。小天倩王闳卿为文青写一小影，抱之而归。赵若曾为点树石，拟共为韵语纪之。偶文青讽小青绝句云："何处飞来集画栏，朱朱翠翠似青鸾。而今几个怜文采，也向西风斗羽翰。"予辈谓小青以春女抱秋士之感，女史字同小青，又小字鸾哥，性好柔翰，不喜与俗士为伍，因同贺可上、陈士业、吴默置、周安期、吴见末依小青韵，即席赋赠女史，亦应声倚席而和。

　　　　睡思将酣尚倚阑，一庭秀色集青鸾。肯令汉殿穿针夜，独自传言拂翠翰。

　　　　荒庭秋色到危阑，影落寒波似镜鸾。羞与花枝斗颜色，却依弱柳弄霜翰。②

　　丁卯是天启七年（1627）。从序与诗来看，发之及其朋友都认为小青实有其人，其诗词也是小青所作。如果真是卓人月和徐士俊捉刀，作为卓人月

　　① 《蕊渊集》、《蟾台集》，清初卓天寅、卓长庚刻本，南京图书馆藏。
　　② 卓发之：《和小青韵，有序》，《漉篱集》卷六，《四库禁毁书丛刊·集部》第107册，第427—428页。

之父和徐士俊之友的发之不会不知道,是不会如此郑重其事来和小青韵的。

三

人月子天寅,字火传,号亮庵。顺治十一年(1654)副贡。有《传经堂集》。顺治二年乙酉(1645),福王称帝。马士英当国,卖官鬻爵,贿赂公行。天寅上书,请诛马士英,天下称快。家有传经堂、月波楼、杜若舟,藏书数万卷。四方士至,读书其中。造清流寺于塘西,建升元观于计筹山,以客四方高僧、海内羽流。卒年七十余。天寅有子允域、允基,皆以文名。①

允基,字次厚,号履斋,康熙十七年副贡。有《履斋诗钞》一卷。②

天寅、允基父子与顺治、康熙年间许多著名文人皆有交往。沈谦有《慰卓火传》,③朱彝尊有《传经堂记》,④徐学乾有《卓氏〈传经堂集〉序》,⑤毛奇龄有《题〈传经堂诗〉》,⑥孔尚任有《送卓火传归隐计酬山》、《传经堂诗,为卓火传、次厚父子赠》,⑦吴绮有《送卓火传归隐计筹山升元观序》、[满庭芳·题卓火传传经堂]、《卓次厚〈江上草〉小序》,⑧胡其毅有《题传经堂,赠卓火传》。⑨

---

① 陈鼎:《卓亮庵传》,《留溪外传》卷八,《四库存目丛书·史部》第 122 册,齐鲁书社 1997 年版,第 573—574 页。

② 柯愈春:《清人诗文集总目提要》,第 378 页。

③ 沈谦:《慰卓火传》,《东江集钞》卷七,《四库存目丛书·集部》第 195 册,第 247 页。

④ 朱彝尊:《传经堂记》,《曝书亭集》卷六六,《四部丛刊·集部》第 280 册,1989 年上海书店据 1926 年商务印书馆影印版,第 7—9 页。

⑤ 徐学乾:《卓氏〈传经堂集〉序》,《憺园集》卷二〇,《续修四库全书·集部》第 1412 册,第 564—565 页。

⑥ 毛奇龄:《题〈传经堂诗〉》,《西河集》卷一五四,《文渊阁四库全书·集部》第 1321 册,第 592 页。

⑦ 孔尚任:《送卓火传归隐计酬山》,《孔尚任诗文集》卷二《戊辰存稿》,第 115 页。《传经堂诗为卓火传、次厚父子赠》,《孔尚任诗文集》卷二《戊辰存稿》,第 111 页。

⑧ 吴绮:《送卓火传归隐计筹山升元观序》,《林蕙堂全集》卷七,《文渊阁四库全书·集部》第 1314 册,第 342—343 页。[满庭芳·题卓火传传经堂],《林蕙堂全集》卷二五,《文渊阁四库全书·集部》第 1314 册,第 729 页。《卓次厚〈江上草〉小序》,《林蕙堂全集》卷四,《文渊阁四库全书·集部》第 1314 册,第 279—230 页。吴绮(1619—1694),字园次,号丰南、听翁、红豆词人,江都(今江苏扬州)人。顺治十一年(1654)拔贡生,荐授秘书院中书舍人。康熙时,官至湖州知府。有《林蕙堂全集》、《艺香词》等。传详《清史列传》卷七一。

⑨ 胡其毅:《题传经堂,赠卓火传》,《明遗民诗》卷一三,中华书局 1961 年版,第 548 页。胡其毅,字致果,号静夫,江宁(今江苏南京市)人。有《静拙斋稿》。小传见《明遗民诗》卷一三,第 514 页。

　　邓先生也涉及到了清初作家卓尔堪的情况。他说:"卓天寅的从子鹿墟,名尔堪。……卓尔堪的籍贯作江都,则他的祖父,可能是卓人月的兄弟中迁往江都之一人。"①说卓尔堪是天寅的从子,没错。说卓尔堪的祖父是卓人月的兄弟中迁往江都中的一人则有误。实际上,卓尔堪的远祖也是卓敬。卓敬子孙遣戍辽阳,遂为辽阳人。尔堪七世祖卓礼以军功授广宁卫指挥使。礼生何,何生文通,皆袭指挥。文通生汝立。汝立为尔堪曾祖。汝立以明经授蓝田令,有异政。致仕徙居江都(今江苏扬州),生天章,是为尔堪祖父。天章官摄真定总兵,迁广德参将。天章生炳,炳为尔堪父。炳妻王氏,生四子,尔堪为长。炳卒于官,家中落,卓家徙居钱塘。②

　　卓尔堪,字子任,号鹿墟、宝香山人。工诗,辑《胜国逸民诗》(《明遗民诗》),有《近青堂集》。康熙十四年乙卯(1675),从李之芳平定耿精忠之乱,为右军前锋,居士卒先。时年未二十。③ 康熙二十八年己巳(1689),孔尚任作《〈近青堂诗〉序》,称其"年未四十"。④ 后壮游四方,有豪侠名。与朱彝尊、杜濬、孔尚任、曹寅等有交往。

　　朱彝尊有《赠卓处士尔堪》一首。诗云:"忠贞公后族蝉联,一代遗民藉尔传。辛苦辽阳存过所,篝灯重话革除年。"⑤《近青堂诗》有《九日,同吴园次、杜茶村、孙豹人、汪扶晨、吴绮园、家火传伯平山堂登高》。⑥ 杜濬(1611—1687),原名绍先,字于皇,号茶村、西止,晚好半翁,黄冈(今属湖北)人。崇

---

　　① 邓长风:《关于明清戏曲家考略的若干补正》,《明清戏曲家考略续编》,上海古籍出版社1997年版,第223页。
　　② 陈鼎:《卓节妇传》,《留溪外传》卷一一,《四库存目丛书·史部》第122册,第647页。尔堪弟名尔城、尔培、尔增。《近青堂诗》有《寄弟尔城、尔培、尔增》,《明遗民诗》第709页。《明遗民诗》卷七也有卓汝立的简介:"卓汝立,先曾祖,字心斋,广宁籍,瑞安人。忠贞公六世孙。贡士,官蓝田令。时县大饥,公请赈救,荒民赖全活。后隐居江都。"中华书局1961年版,第255页。
　　③ 李桓《国朝耆献类征初编》卷三二七,光绪庚寅(1890)湘阴李氏刻本。
　　④ 孔尚任:《〈近青堂诗〉序》,《孔尚任诗文集》卷六,第474—475页。文作于康熙二十八年己巳(1689),文题下有"己巳"二小字。《孔尚任诗文集》,汪蔚林编,中华书局1962年版。
　　⑤ 朱彝尊:《赠卓处士尔堪》,《曝书亭集》卷二一,《四部丛刊·集部》第278册,1989年,上海书店据1926年商务印书馆影印,第12页。
　　⑥ 卓尔堪:《九日,同吴园次、杜茶村、孙豹人、汪扶晨、吴绮园、家火传伯平山堂登高》,《明遗民诗》,第706页。

祯十二年己卯（1639）乡试副榜，避乱流转于南京、扬州，居南京达四十年。有《变雅堂文集》。传见《变雅堂遗集》附录方望溪《杜茶村先生墓碣》、李桓《国朝耆献类征初编》卷四七五。① 康熙二十五年丙寅（1686），孔尚任到淮扬一带疏浚河道。② 第二年，卓尔堪与之相识。在此后的三年中，他们结下了深厚的友情。他们把酒论诗，相互酬唱。两人在探讨诗艺上，已经离不开对方了。用孔尚任自己的话说就是："予交子任三年，虽风雨寒暑，未尝不聚。其聚也，必论诗，论诗必合。予凡成一诗，不见子任来，即如饥之待食；子任成一诗，亦必匆匆示我，如背痒之不能忍也。"③康熙二十六年丁卯（1687），孔尚任有二诗谈到二人的诗酒唱和，《答卓子任》书信三通，④康熙二十七戊辰年（1688）则有七首，《答卓子任》二通，⑤康熙二十八年己巳（1689）有八首，《答卓子任》三通。⑥《近青堂诗》有三首诗谈到与孔尚任在一起的活动。⑦孔尚任不仅对尔堪赞誉有加，而且还向朋友加以推荐。康熙二十八年己巳（1689），尔堪将游南京，孔尚任写信给朋友王安节，要他"宜说项同人，令人

---

① 方望溪：《杜茶村先生墓碣》，《变雅堂遗集》附录，《续修四库全书·集部》第1394册，第166－167页。李桓：《国朝耆献类征初编》卷四七五，光绪庚寅（1890）湘阴李氏刻本。

② 孔尚任：《〈长留集〉序》："丙寅秋，奉使淮扬，以河议龃龉，羁留四载，得与吴、越之士商榷风雅。"《孔尚任诗文集》卷六，第491页。

③ 孔尚任：《〈近青堂诗〉序》，《孔尚任诗文集》卷六，第474－475页。

④ 孔尚任：《停帆邗上，春江社友王学臣、望文、卓子任……集祕园，即席分赋》、《天宁邸署招蒋玉源……卓子任……拥炉看雪分韵》，《孔尚任诗文集》卷二《丁卯存稿》。《答卓子任》，《孔尚任诗文集》卷七《丙寅、丁卯存稿》。

⑤ 孔尚任：《卓子任至署馆论诗，时盆兰初放》、《月夜晓莺堂同……卓子任……分韵》、《夏至过樵岚家，喜遇……卓子任夜饮，看萱刻烛三律》、《载酒过法海寺平楼，偕……卓子任……消夏竟日，分韵》、《题卓子任秋山小像》、《卓子任馈盘中果妆花朵》、《晓莺堂东斋同……卓子任……探梅小饮，分赋》，《孔尚任诗文集》卷二《戊辰存稿》。《答卓子任》，《孔尚任诗文集》卷七《戊辰存稿》。

⑥ 《杏园春雨，同……卓子任……分赋》、《送卓子任之武林》、《天宁寺后同……卓子任……看竹林》、《答卓子任赠别之作》、《午日，卓子任赠龙尾砚、葡榼瓶》、《酬卓子任见惠桃丝杖》、《吴园次太守招同……卓子任……禅智寺登高》、《卢歇庵……卓子任……钱别留宿舟中》，《孔尚任诗文集》卷二《己巳存稿》。《答卓子任》，《孔尚任诗文集》卷七《己巳存稿》。

⑦ 《送东塘国博》，《明遗民诗》，第688页。《东塘国博招同……红桥修禊》，《明遗民诗》，第706页。《同东塘国博……家兄子升送吕旂山北上》，《明遗民诗》，第708页。

人识之"。① 尔堪对孔尚任佩服得五体投地,甚至想拜其为师,执弟子礼,为孔尚任婉拒。②

曹寅是曹雪芹的祖父,也是位风雅之士。其《楝亭诗钞》卷六有五首、卷七一首、《楝亭别集》卷三一首、卷四四首诗提到与尔堪的交往。③

江都卓家还有一件大事在清初十分轰动,值得在这里一提。顺治二年乙酉(1645),清军攻陷扬州,人月伯母、指挥卓焕妻钱氏投水死,从死者长幼七人。当时很多文人写诗悼念,如黄宗羲、贾开宗、黄遵、陈廷会、孟朂、李柏、沈兰先、柴绍炳等均有诗纪之,④陈鼎有《卓烈妇传》为之表彰。⑤

---

①　孔尚任《与王安节》云:"敝友卓子任,为邗上第一名流,诗古文妙绝千古,且交游声气半天下。兹以采风览胜,税驾白门。足下兄弟,必当识之。且宜说项同人,令人人识之。仆从不轻许人,见子任,当以仆言为可信耳。"《孔尚任诗文集》卷七《己巳存稿》,第 571 页。

②　孔尚任《与卓子任》:"仆碌碌湖海,身为俗吏,虽有二三及门之士,大抵皆由政事起见,从事于文学者已少,况道德乎? 数年来,采风抢舞,不惜长跪请教者,无非欲于文学中得一两人,渐而商及道德,以同人于圣贤之途。此区区愚衷,亦尝吐露于足下者。而足下年富才长,有为有守,其于风雅一道,已窥其堂奥矣。而道德向上之事,或未及深讲。倘肯携手同行,仆不惜狂瞽之见,以共相发明,必求有益于身心,有益于经济,而不但为辞章训诂之儒,则仆之深愿。所谓相长者以兄事,仆亦何敢辞? 若尊札所云,欲执贽及门,而以先生相称,不亦过乎?"《孔尚任诗文集》卷七《己巳存稿》,第 571 页。

③　曹寅:《楝亭诗钞》卷六《期卓子任及诸同人不至》、《鹿墟贻瓶中海棠》、《鹿墟、冶堂夜归,不及送,题扇却寄》、《月夜和卓鹿墟见怀韵》、《晚酌,同……鹿墟……拈得七韵》、卷七《期卓子任不至》、《楝亭别集》卷三《又题鹿墟小照》、卷四《西轩同人将别,……兼简鹿墟……四首》,《四库存目丛书·集部》第 257 册,齐鲁书社 1997 年版。

④　黄宗羲:《卓烈妇,并序》,《明遗民诗》卷一,第 46 页。贾开宗:《卓烈妇》,《明遗民诗》卷一,第 47 页。黄遵:《卓烈妇》:"乙酉夏四月围扬州,广宁指挥卓焕妻钱,先一日死之,从死者长幼七人。"《明遗民诗》卷七,第 285 页。陈廷会:《挽前指挥卓焕妻殉节钱宜人》,《明遗民诗》卷七,第 291 页。孟朂:《前指挥卓焕妻钱氏,乙酉扬州郡城陷,投水死。从死者长幼七人,感而赋之》,《明遗民诗》卷九,第 366 页。李柏:《卓烈妇》,《明遗民诗》卷一一,第 445 页。沈兰先:《卓烈妇》,《明遗民诗》卷一二,第 493 页。柴绍炳:《卓烈妇》,《明遗民诗》卷一四,第 604 页。

⑤　陈鼎:《卓烈妇传》,《留溪外传》卷一三,《四库存目丛书·史部》第 122 册,第 704 页。

钱塘曲家范性华

　　范性华有曲作见于杜濬《范性华杂剧题词》一文。文云:"吾友钱唐范性华,自燕邸数千里寓书,属余题其谱田生、鲍姬事传奇四出,并寄示其自为题词。盛称鲍十一娘之侠,为女中所仅见。"①杜濬(1611—1687),原名绍先,字于皇,号茶村、西止,晚好半翁,黄冈(今属湖北)人。崇祯十二年己卯(1639)乡试副榜,避乱流转于南京、扬州,居南京达四十年。有《变雅堂文集》。传见《变雅堂遗集》附录方苞《杜茶村先生墓碣》。② 陆萼庭先生《曲目拾遗》引录了杜濬上述一段话,③但也仅此而已,未对范性华的生平作更深入的考证。笔者在阅读清人诗文集时,接触到几则有关范性华的材料,现将其公布出来,以使人们对范性华有比较多的了解。

　　杜濬《变雅堂遗集》文集卷六有一篇《陈小怜传》,记载了范性华与歌妓陈小怜的交往情况:

　　　　陈小怜,郯城女子也。年十四,遭兵乱失所,落狭斜。有贵公子昵之,购以千金,贮之别室,作小妻,相好者弥年。大妇知之,恚甚,磨砺白刃,欲得而甘心焉。公子不得已,召媒议遣居。间者以为奇货,遂将小

　　---------------

　　① 杜濬:《范性华杂剧题词》,《变雅堂遗集》文集卷三,《续修四库全书·集部》第1394册,上海古籍出版社2002年版,第27页。《杂剧题词》,《变雅堂文集》(不分卷),《四库禁毁书丛刊·集部》第72册,北京出版社1997年版,第405页。

　　② 方苞:《杜茶村先生墓碣》,《变雅堂遗集》附录,《续修四库全书·集部》第1394册,第166—167页。

　　③ 陆萼庭:《清代戏曲家丛考》,学林出版社1995年版,第345页。

怜入燕中,住西河沿。西河沿,亦狭斜也。小怜姿慧不凡,遂倾动都人
士,声价翔贵。虽达官富人,有华筵上客,欲得小怜一佐酒,必先致意通
殷勤,为期旬日之后,然后得其一至。时燕聚四方之士,座中往往多年
少美姿容者,结束楚楚,媚态百出。自谓必得当于小怜,小怜弗睬也。
而钱唐知名士范性华者,老成人也,馆于燕。一日,以赴某公宴,邂小
怜。虽颇异其姿,然平淡遇之耳。范时年五十余,人地固自轩轩,顾貌
已苍然,意不在佻达。而小怜一见,独为之心醉,注目视范。自入座以
至酒阑,目不他视。凡范起,则视其起;范步,则视其步;范复就座,则视
其就座。往则目送,旋则目迎。已,或时起数步之外,必回头视范,如恐
失之。小怜固素谨,忽如此,举座咸诧异。范反为之局踏不自得,笑而
左右顾。而小怜自如也。将别,则详问范姓字。归而朝夕诵之。有潘
生者,往来于其家,又素识范,谓小怜曰:"尔念范君如此,盍往访之?"小
怜正色曰:"吾既已心许范君终身矣,若猝往,是奔也。姑少待范君相
迎,斯可矣。"潘以其言白范,范犹恐其难致,试走伻探之。值小怜是日
有巨公之约,肩舆在门矣。立改其所向,语其妪曰:"某公之约,一惟汝
多方辞绝之。我赴范君召,不顾矣。"小怜至范所,语次谓范君曰:"知我
日者席间注目视君之故乎?"范曰:"初不知。"小怜曰:"吾见君之酷似吾
故夫也,吾不能舍君矣。"是时小怜年始十七,范唉曰:"以子之姿慧,从
良固甚善。然当择年相若者,吾岂若偶耶?"小怜应曰:"君误矣! 三十
年以内所生之人,岂有可与论吾心者哉?"范大奇其言,叩之。知尝读
书,粗通《朱子纲目》。范初无意,至是固已心动矣。因留连旬朔,相与
定盟,然后去。而小怜所与一时宦,方与范相忌,闻之雅不能平,辄计致
小怜曲室中,出而扃其户以困之。小怜顾室中有槃几长丈余,遂泚笔于
几上,书"范性华"三字几千百,满之。时宦归而睹几上字,色变不能言。
燕中尝作盛会,广召宾友及狎客、妓女,皆与酒酣。客为觞政,下令人各
引满,既醮,自言其心上人为某。不实者有如酒。次第至小怜,或戏之
曰:"尔心上人多矣,莫适言谁也。"小怜谌曰:"是何言? 一人而已。"起
持巨觥,命满酌,一饮绝沥,覆觞,大呼曰:"范性华。"举座相顾,以为此

子无所引避矣,其笃挚至于此。然久之无成事,范于是仰天叹曰:"醇政独非丈夫乎?何遂力不能举一女子而忍负之也?且小怜与吾约者,极不难耳。督过愆期,至于舌敝金台之下。识范性华者多矣,而将伯之助寂然,又安事交游为?"乃为诗自伤云:"只愁世少黄衫客,李益终为薄幸人。"信乎其为薄幸人矣!小怜以河清难俟,竟为有势者强劫以去,犹留书与范云:"非妾负君,妾终不负君也。"噫!是可悲矣。先是,小怜每数日不晤范,辄废眠食。及范至,则又庄语相勉以大义,且曰:"出处一不慎,则君之词翰俱可惜矣。"闻者以为此非巷中人语。又力劝范迎其室人来燕中,曰:"小怜异日得事君子,固甘为之副。"范用其言,既而得与室人病诀,厚为之殡,祭吊成礼。小怜一言之力也。范尤感之云。①

这是一篇脍炙人口的传记。不仅杜濬《变雅堂遗集》文集卷六、《变雅堂文集》(不分卷)收录此文,张潮《虞初新志》卷四也录有该文。三种版本的《陈小怜传》后都有徐无赞语曰:"昔晋羊皇后丑诋故夫,以媚刘聪。其死也,化为千百亿男子。滔滔者,皆是也。陈小怜何人,独不以故夫为讳?而吾友范性华以似其故夫见许,岂羊皇后之教反不行于女子乎?噫!是为立传。"《变雅堂文集》(不分卷)所收《陈小怜传》后,有二人评语。一是周在浚评曰:"作此等传,最忌小说气。今人极好,亦不过《虞初志》耳。即于一《汤琵琶传》、朝宗《马伶传》,亦来后人之讥。茶村以大手笔游戏为此,使入班固《列女传》,亦应出一头地。他人何敢望其项背耶?小怜奇人,必有奇文以传,不可为不幸矣。梨庄周在浚识。"一是署名雪客的评语:"传班史所有也,赞迁史所无也。今日古文,固推先生为第一人。雪客又评。"《虞初新志》卷四所收同文后,张潮(字山来)自评曰:"层次转折,无不入妙。尤妙在故夫一语,一见不复再见,是文之有品者。"

陈小怜以范性华貌类故夫,因而对其一见钟情,且用情专一,但最终还

---

① 杜濬:《陈小怜传》,《变雅堂遗集》文集卷六,《续修四库全书·集部》第1394册,第62—63页。《变雅堂文集》(不分卷),《四库禁毁书丛刊·集部》第72册,第389—390页。张潮:《虞初新志》卷四,《续修四库全书·集部》第1783册,上海古籍出版社2002年版,第218—219页。

是被有势者强劫而去。有情人难成眷属,令人叹惋。

除杜濬《陈小怜传》外,当时对范性华与陈小怜交往情况进行描述的还有董以宁的《吁嗟行,赠杭州范性华》诗。董以宁(1629—1670),字文友,号宛哉,武进(今属江苏常州)人。诸生。与陈维崧、邹祗谟、黄永号毗陵四子。工诗词文章,精研历法、乐律之学。晚年聚徒讲学,长于《易》、《春秋》。有《董文友全集》。传见《清史列传》卷七〇。诗云:

> 吁嗟乎,妇人醇酒非得已,英雄寄托良有以。范生磊落天下才,谈经说剑生风雷。譬如昂昂千里骥,追风欲上昭王台。生前不得燕市价,纵使黄金换骨亦可哀。悲歌落拓风尘里,北窗琵琶双脚企。调高终见和人稀,漫向秦楼觅知己。相逢有女擅倾城,一顾偏能识长卿。鹑衣笑对银华镜,松柏同心早结成。著书何必咸阳市,要路何须许与史。千秋万岁亦区区,琅琊只合为情死。君不见,陆续槛车诣洛阳(谓丽京),城门校尉索范滂(谓文白)。又不见,吴生一官不称意,悲歌行路亦自伤(谓锦雯)。由来盛名不可负,崎岖阨塞固其常。何如俯仰玉台侧,鬖鬖之须美人抒。有时滥醉作狂歌,蒯缑高弹和锦瑟。近得武陵音信无,君今不往胡为乎? 直待功成始泛湖,君家少伯非良图。①

康熙五年丙午(1666),范性华游晋中,陈祚明有诗相送。陈祚明(1623—1674),字允倩,钱塘(今浙江杭州)人。家贫,在京卖文以活。有《稽留山人集》、《采菽堂古诗评选》等。传见孙治《孙宇台集》卷一五《亡友陈祚明传》、《康熙钱塘县志》卷二二《人物·文苑》。诗云:"飘零何遽入长安,朔雪王生啮指寒。奏曲将心挑赵女,论文抵掌傲朝官。井陉更绕关山月,幕府无嗟行路难。几日真能携德曜,富春江上把鱼竿。"②

在范性华北游时,张竞光曾有诗相送。张竞光,字觉庵,杭州人。年五

① 董以宁:《吁嗟行,赠杭州范性华》,《正谊堂诗集》七古二,《四库未收书辑刊》第7辑第24册,北京出版社2000年版,第576—577页。
② 陈祚明:《送范性华之晋中》,《稽留山人集》卷一二,《四库存目丛书·集部》第233册,齐鲁书社1997年版,第576页。诗编年,每卷首下署时间。卷一一(乙巳)、卷一二(丙午)、卷一三(丁未),分别是康熙四年、五年、六年。

十始学诗。有《宠寿堂诗集》。小传见《四库全书总目提要·〈宠寿堂诗集〉提要》、《民国杭州府志》卷一四五《文苑二》。①《送范性华北上,讳醇政,钱唐人》云:

> 送子历城阒,惆怅怨别离。飘摇去乡邑,此行亦何为?携手结心曲,含酸将告谁?抚今萦旧想,遗思在昔时。伊昔遘不造,屯蹇方独持。被服愧不暖,萧瑟恒苦饥。容与守以贞,驰情综书诗。文雅既窈窕,笔札纵横飞。为且奋六翮,惊飚声正悲。常恐沉泥沙,踯躅且徘徊。良马伏槽枥,潜龙媚幽姿。审时何豁达,束身遂兼兹。人生志四方,岂曰中顾私?慷慨怀往路,樽酒叙离思。促别各言迈,晤对安可知?愿言自宠珍,无为泣路歧。②

康熙二十四年乙丑(1685),范性华请查慎行为陈小怜小影题诗。查慎行题云:"小像沉香手自熏,前期如梦却疑真。五湖忍负闲风月,为少扁舟共载人。"③范性华还与陆进、徐敩等人有交往。陆进,字荩思,余杭(今浙江杭州)人。贡生,官温州府学训导。有《巢青阁集》。小传见《嘉庆余杭县志》卷二七《文艺传》、《民国杭州府志》卷九四《文苑》。其《春日,卢景韩、潘次耕、范性华、胡天仿、越辰六过京邸小饮》诗云:"旅况凄凉易,良朋聚会难。酒从燕

---

① 《四库全书总目提要·〈宠寿堂诗集〉提要》,《宠寿堂诗集》卷末附,《四库存目丛书·集部》第 238 册,齐鲁书社 1997 年版,第 747 页。《民国杭州府志》卷一四五,《中国地方志集成·浙江府县志辑》第 3 册,上海书店 1993 年版,第 463 页。

② 张竞光:《送范性华北上,讳醇政,钱唐人》,《宠寿堂诗集》卷七,《四库存目丛书·集部》第 238 册,第 519 页。同书同卷有二诗附有范性华评语,并附于此。《赠王子箕三首》其二:"范性华曰:有意在笔先之妙。"《献诗》:"范性华曰:以父德拟叔,不惟拟以其伦。孝友之怀,洋溢楮上。记曰:情深而文明也。"

③ 查慎行:《范性华征君属题〈陈怜小影〉》,《敬业堂诗集》卷六《假馆集》(起乙丑正月,尽一年),《文渊阁四库全书·集部》第 1326 册,台湾商务印书馆 1986 年版,第 90 页。"陈怜"当脱一"小"字,乙丑是康熙二十四年(1685)。查慎行(1650—1728),初名嗣琏,字夏重,号查田,改字悔余,晚号初白老人,海宁(今属浙江)人。黄宗羲弟子。康熙三十二年(1693)举人,四十二年(1703)以献诗赐进士出身,授编修。后归里。雍正间,受弟嗣庭狱株连,旋得释归,后即卒。自朱彝尊去世后,为东南诗坛领袖。有《他山诗钞》、《敬业堂集》等。传见方苞《望溪先生文集》卷一〇《翰林院编修查君墓志铭》、全祖望《鲒埼亭集外编》卷七《翰林院编修初白查先生墓表》、《清史列传》卷七一、《清史稿》卷四八四。

市饮,剑向凤城看。坐久春情乱,谈深夜气寒。莫言归路远,明月满河干。"①
徐敩,字湘阴,通州(今属江苏)人。有《迎芳阁集》。余不详。其《留赠范性
华》云:"梅绽寒轻二月天,平山堂外正流连。那堪暮雨萧萧里,酒散旗亭客
上船。"②

　　从范性华与杜濬、董以宁、张竞光、查慎行、陆进、陈祚明等人的交往和
《陈小怜传》云范性华与陈小怜初识时,已五十多岁,而康熙二十四年乙丑
(1685),范性华又请查慎行为陈小怜小影题诗等情况来看,范性华名醇政,
明末清初人。他的生活,不会延续到康熙朝后,是一个没有功名、一生困顿
的文人。

---

　　①　陆进:《春日,卢景韩、潘次耕、范性华、胡天仿、越辰六过京邸小饮》,《巢青阁集》卷五,《四库
未收书辑刊》第8辑第20册,北京出版社2000年版,第189页。
　　②　徐敩:《留赠范性华》,清王豫、阮亨辑《淮海英灵续集》庚集卷二,《续修四库全书·集部》第
1682册,上海古籍出版社2002年版,第381页。徐敩字、籍贯见该诗题下介绍。同诗在邓汉仪《诗
观》二集卷一三题作《范性华迟余不至,舟发却寄》。同卷作者简介云:"徐敩湘阴,江南通州人。《迎
芳阁集》。"《四库存目丛书·补编》第40册,第289页。

沈 谦 二 题

清代至少有六沈谦

就笔者所接触到的文献,清代至少有六沈谦。但彭作桢《古今同姓名大辞典》,张㧑之、沈起炜、刘德重主编《中国历代人名大辞典》无同名者。① 下面按照时代大致先后,对他们做一简单介绍,以使学人不致把多人混为一人。

沈谦(1620—1670),字去矜,号东江子,仁和(今浙江杭州)人。明诸生,"西泠十子"之一。入清,以医为业。有《东江集钞》、《杂说》等。传详《东江集钞》卷末附应㧑谦《东江沈公传》、毛先舒《沈去矜墓志铭》、沈圣昭《先府君行状》。

沈谦,字去争,长洲(今江苏苏州)人。雍正七年己酉(1729)举人,官内阁中书。② 以父忧归,引疾不出。师事何焯(义门),为文千言立就,书学严真

---

① 彭作桢:《古今同姓名大辞典》,上海书店 1983 年据北京好望书店 1936 年版影印版。张㧑之、沈起炜、刘德重主编:《中国历代人名大辞典》,上海古籍出版社 1999 年版。

② 《乾隆长洲县志》卷二〇《科目》:"(举人)雍正七年己酉科:沈谦去争,内阁中书。"《中国地方志集成·江苏府县志辑》第 13 册,江苏古籍出版社 1991 年版,第 232 页。

卿,有盛名。卒年七十七岁。① 沈谦有《学海蠡测》一卷。同里戴延年乾隆四十九年甲辰(1784)的跋语云是书"虽卷帙无多,可补何氏读书记之阙。而于亭林顾氏驳正数条,尤为精审"。② 同郡杨复吉乾隆五十六年辛亥(1791)的跋语亦云:"中皆辨证之文,致为精审。其《春秋传》数条,尤为创获。"③台湾新文丰出版公司出版的《丛书集成续编》第 23 册收录了此书。

沈谦,字冲隅,号凫村,慈溪(今属浙江)人。廪生。有《浮生闻见录》一卷、《狼籍在诗文初编》二卷、《乐府新编》(一作《左传乐府》)、《律纲骈语》等。④

沈谦,字履吉,余杭(今浙江杭州)人。诸生。阮元编《两浙辌轩录》卷一三、《嘉庆余杭县志》卷二七《文艺传》有其简介,并录其《无题》诗一首。诗云:"秦箫吹凤彩云边,鄂被空熏怨独眠。琐闼斜风窥玉女,柏台清露湿铜仙。春生黄蘗长含苦,雾隔芙蓉不见怜。徒费东阿才八斗,更随流盼属芝田。"⑤

沈谦,字望庵,余姚(今属浙江)人。诸生。陶元藻《全浙诗话》卷五○引

---

① 《同治苏州府志》卷八九《人物十六》:"沈谦,字去争,幼师事何义门。雍正己酉举人,考取内阁中书。深为大学士鄂文端公所许。以父忧归,遂里居养母,引疾不出。年七十有七卒。谦为文千言立就,辞旨婉丽,近张匠门。书学颜鲁公,尤负盛名于时。"《中国地方志集成·江苏府县志辑》第 9 册,江苏古籍出版社 1991 年版,第 328 页。

② 戴延年跋语全文为:"先生为义门入室弟子,昔家大人曾执经于门墙者。年幼承庭训,即窃闻先生绪论,迨后饥趋奔走二十余年,欲访其遗书不可得。今夏,自粤旋里。因晤先生次孙待斋于切问斋中。时震泽杨进士慧楼有《昭代丛书》之续,待斋亟出是编,介予质之。虽卷帙无多,可补何氏读书记之阙。而于亭林顾氏驳正数条,尤为精审。校录一过,并识数语。以见慧楼之笃志好古,与待斋之不忘先泽如此。乾隆甲辰夏日,长洲戴延年敬跋。"《〈学海蠡测〉跋》卷末,《昭代丛书》巳集卷二二,《丛书集成续编》第 23 册,台湾新文丰出版公司 1989 年版,第 441 页。

③ 杨复吉《〈学海蠡测〉跋》全文为:"右吴门沈去争中翰《学海蠡测》手稿,友人戴子药砑所携示。中皆辨证之文,致为精审。其《春秋传》数条,尤为创获。原本系随笔札记,文躐脱误,俱所不免。余因为校正诠次,颇觉改观。举质药砑,或不相河汉也。辛亥仲冬,同郡杨复吉识。"《〈学海蠡测〉跋》卷末,《昭代丛书》巳集卷二二,《丛书集成续编》第 23 册,第 441 页。

④ 《光绪慈溪县志》卷四八《艺文三·国朝一》,《中国地方志集成·浙江府县志辑》第 36 册,上海书店 1993 年版,第 53-54 页。

⑤ 阮元:《两浙辌轩录》卷一三,《续修四库全书·集部》第 1683 册,上海古籍出版社 2002 年版,第 475 页。《嘉庆余杭县志》卷二七《文艺传》,《中国地方志集成·浙江府县志辑》第 5 册,上海书店 1993 年版,第 970-971 页。

《炙砚琐谈》云："余姚沈茂才望庵谦,诗才沉博绝丽,每遇快闻奇事,辄洒洒数千百言,令人惊叹欲绝。近体诗间喜作白、陆语,如云:'一春易作还家梦,二顷难谋负郭田。'觉醺醺有味也。"①

沈谦,号萧山青士,萧山(今浙江杭州)人。②　道光二年壬午(1822),改名锡庚。③《民国萧山县志稿》未有其点滴记载。④　有《〈红楼梦〉赋》一卷,二十篇。这二十篇篇名是:贾宝玉梦游太虚境赋、滴翠亭扑蝶赋、葬花赋、海棠结社赋、栊翠庵品茶赋、秋夜制风雨词赋、庐雪亭赏雪赋、雪里折红梅赋、病补孔雀裘赋、邢岫烟典衣赋、醉眠芍药茵赋、怡红院开夜宴赋、见土物思乡赋、中秋夜品笛桂花阴赋、凹晶馆月夜联句赋、四美钓鱼赋、潇湘馆听琴赋、焚稿断痴情赋、月夜感幽魂赋、稻香村课子赋。《〈红楼梦〉赋》卷首有道光二年壬午(1822)的自序和山阴何镛光绪二年(1876)的序。自序云:"《〈红楼梦〉赋》二十首,嘉庆己巳年作。时则孩儿绷倒,纲官贡归;退鹡不飞,缩龙谁掇?破衫如叶,枯管如花。冯骥之歌,弹有三叠;董父之布,坠欲再登。遂乃依砚为田,迁书就榻。屋梁落月,山顶望云。感友朋之萍逢,负妻子之鹤望。钟仪君子,犹操土音;庄舄鄙人,不忘乡语。荒凉徒仵,块独寡偕。悁结弥深,郁伊未释。爰假《红楼梦》,阅之以消长日。……于焉沁愁入纸,择雅阄题。乡写温柔,文成游戏。仿冬郎之体,沈秋士之悲。颦效西施,记同北里。浑忘绮懺,聊慰蓬栖。未尝不坦然自怡、悠然自解也。……道光壬午中秋前十日,青士沈谦自叙于京寓之留香书垫,改名锡庚。"⑤由序知,《〈红楼梦〉赋》二十首,完成于嘉庆十四年己巳(1809)。阅读《红楼梦》和作《〈红楼梦〉赋》是其遣愁解闷的主要手段。此时距程伟元和高鹗将《石头记》前八十回和后四十回合成《红楼梦》以木活字排印出来的乾隆五十六年(1791),仅二十一年。

---

①　陶元藻:《全浙诗话》卷五〇,《续修四库全书·集部》第 1703 册,上海古籍出版社 2002 年版,第 710 页。

②　《〈红楼梦〉赋》下署"萧山青士沈谦著"。《丛书集成续编》第 199 册,台湾新文丰出版公司 1989 年版,第 472 页。

③　《〈红楼梦〉赋叙》:"道光壬午(二年,1822)中秋前十日,青士沈谦自叙于京寓之留香书垫,改名锡庚。"《〈红楼梦〉赋》卷首,《丛书集成续编》第 199 册,第 471 页。

④　《民国萧山县志稿》,《中国地方志集成·浙江府县志辑》第 11 册,上海书店 1993 年版。

⑤　《〈红楼梦〉赋叙》,《〈红楼梦〉赋》卷首,原收入《香艳丛书》,《丛书集成续编》第 199 册,第 471 页。

这一方面说明《红楼梦》问世后，对士人的影响迅速，另一方面，也说明沈谦对《红楼梦》的痴迷与喜爱。何镛的序则说明光绪二年(1876)是《〈红楼梦〉赋》的再次刊印。①

　　除正文外，有的赋后面还有沈谦及其友人的后记和跋语。这些后记和跋语有助于我们了解沈谦创作这些赋的过程和感受。如在《秋夜制风雨词赋》有朱襄嘉庆十四年己巳(1809)九月的一则后记："昨宵秋雨滴阶，孤灯如豆，同青士共坐西窗下，共语旅况。寒蛩落叶，枨触愁怀，因谓君宜赋《秋窗风雨夜》矣。次日即手携此赋出示。读之幽香冷艳，真教我一想一泪零。己巳九月二日，素园朱襄附笔。"②后记说明沈谦作《秋夜制风雨词赋》是在朱襄的催促下而作，而朱襄读过《秋夜制风雨词赋》后，深有感触，"一想一泪零"。同文后有沈谦嘉庆二十四年己卯(1819)七月的一段自记："检初稿，得故人之评跋数语。奈十年来，一领青衫，而灯影虫声，犹是天涯作客。素园已于甲戌(嘉庆十九年，1814)捐馆，归葬西湖之滨矣。重抚手迹，倍觉黯然。己卯七月九日自记。"③在《焚稿断痴情赋》后，有道光元年(1821)七月的自记："砥斋孝廉，余旧居停也。三千小令，四十大曲，无不成诵在胸。初见时，即向余索观赋稿。此篇其所最击节者。今孝廉已归道山，而六转货郎儿便成识语。钟期千古，当为之破绝琴弦。辛巳七月五日自记。"④

　　上述六沈谦，除长洲沈谦为江苏人外，其余均为浙江人。可以想见，如果阅读面更广，清代名沈谦者当会更多。此六人中，以仁和沈谦成就最高，最为有名，其次是长洲沈谦。其余四人声名不显，但毕竟在文献中有了他们的一点记载，尤其是萧山沈谦的《〈红楼梦〉赋》，是研究《红楼梦》影响与传播的重要资料，应该引起《红楼梦》研究者的高度重视。

---

　　①　《〈红楼梦〉赋叙》："除是虫鱼，不解相思红豆；倘非木石，都知写恨乌丝。……而乃人口之脍炙未遍，贼氛之煽灼旋来。简汗方枯，不见标题之迹；璧完犹在，亦关文字之缘。爰付手民，重为寿世。凡诸欣赏，没笑痴人。光绪二年太岁在柔兆困敦清和上瀚，山阴何镛桂申氏书于申江旅次。"《〈红楼梦〉赋》卷首，《丛书集成续编》第 199 册，第 471 页。

　　②　《〈红楼梦〉赋》，《丛书集成续编》第 199 册，第 473—474 页。

　　③　同上书，第 474 页。

　　④　同上书，第 477 页。

研雪子《翻西厢》非沈谦《翻西厢》

　　王实甫《西厢记》问世后,产生了广泛的社会影响。它不仅是各地戏班、各曲种必演的经典剧目,也是文人翻改、续作的首选之作。明清两代,翻改、续作《西厢记》的作品不下十余种。据《重订曲海总目》、《今乐考证》等曲目、现存剧本及有关序跋可知,崔时佩、李晔、陆采各有《南西厢记》、无名氏有《东厢记》(《群音类选》选《湖上相逢》、《传情惹恨》、《春鸿请宴》、《月夜听琴》、《云雨偷期》、《致祭感梦》诸出,《月露音》选《偷期》出)、黄粹吾有《续西厢升仙记》、卓人月有《新西厢》、查继佐有《续西厢》、周公鲁有《翻西厢》、沈谦有《美唐风》(亦名《翻西厢》)、研雪子有《翻西厢》、周圣怀有《真西厢》、陈莘衡有《正西厢》、石庞有《后西厢》、周杲有《竟西厢》、杨国宾、汤世潆各有《东厢记》等。这些剧作,有的有存本传世,有的已佚。有的是同名异剧,有的是同剧异名,有的多家剧名相同。因此,要完全弄清楚这些改编、续作的内容与关系比较困难。在此,笔者拟探讨研雪子、沈谦《翻西厢》的基本情况,以确定研雪子是否是沈谦、研雪子《翻西厢》是否就是沈谦《翻西厢》。

　　《笠阁批评旧戏目》、《曲海目》、《今乐考证》均载研雪子有传奇二种:《翻西厢》、《卖相思》。《卖相思》未见传本,《翻西厢》有《古本戏曲丛刊》三集影印《识闲堂第一种〈翻西厢〉》,署"古吴研雪子编"、"燕都傻道人评"。二卷,三十三出。①

　　沈谦亦有《翻西厢》。沈谦《东江别集》卷四有[中吕·集伯揆、商霖,是日演予新剧〈翻西厢〉]套曲,《东江集钞》卷六有《〈美唐风〉传奇自序》。序云:"元稹《会真记》一书,伪托张生,自述其丑。……后金董解元始因《会真》创弹词《西厢记》,而元人王实甫又填以北曲,明季李日华、陆天池翻为南曲,歌馆剧场,时时演作。浪儿佚妇,侈为美谈。……顷因多暇,反其事而演之。

_____

　　①　《识闲堂第一种〈翻西厢〉》,《古本戏曲丛刊》三集,商务印书馆 1957 年影印。

……因唐《教坊记》有曲名《美唐风》,遂以此名传奇云。"①由此可知,沈谦改编《西厢记》之作,本名《美唐风》,别名《翻西厢》。

研雪子与沈谦有什么关系?研雪子是否是沈谦的号?研雪子的《翻西厢》是否与沈谦的《翻西厢》(即《美唐风》)是同一部作品?

最早把研雪子《翻西厢》和沈谦联系在一起的是朱希祖先生。1927年3月,他为研雪子《翻西厢》写跋语,在引述了沈谦[中吕·集伯揆、商霖,是日演予新剧〈翻西厢〉]套曲中的话后,说:"似此本《翻西厢》即为谦所撰。惟谦为仁和临平人,祖籍湖州武康,不可为古吴。岂别有一《翻西厢》耶?"②跋语是或然之词,并不十分肯定。但后来的多数研究者却不加深究,认为两者可以划等号。如叶德均先生《戏曲小说丛考》卷上《读曲小记》六《〈翻西厢〉乃沈谦作》,云:"《翻西厢》应是沈谦所作,研雪子是他的别号。"③庄一拂先生《古典戏曲存目汇考》云:"《戏曲丛刊》(笔者注:即《古本戏曲丛刊》)所收《翻西厢》(笔者注:研雪子《翻西厢》),应是沈氏之作。"④嗣后出版的著作如李昌集先生《中国古代散曲史》、李修生先生主编《古本戏曲剧目提要》、齐森华等先生主编《中国曲学大辞典》等均以研雪子为沈谦,研雪子《翻西厢》就是沈谦《翻西厢》。⑤ 当然,也有持怀疑态度的。郭英德先生《明清传奇综录》云:"今存刻本署古吴研雪子,而沈谦系浙江仁和人,籍贯与之不符。"又根据研雪子《翻西厢》第一出[标概][蝶恋花]词中的"醉墨眠书今渐老,无计消愁,独爱翻新调"三句话,云:"沈谦生于明泰昌元年(1620),至崇祯十六年方二十三岁,不应称老",推断研雪子《翻西厢》非沈谦《翻西厢》。⑥ 由于证据不直

① 《〈美唐风〉传奇自序》,《东江集钞》卷六,《四库存目丛书·集部》第195册,齐鲁书社1997年版,第235页。

② 朱希祖跋语末署:"十六年三月朱希祖跋。"《识闲堂第一种〈翻西厢〉》卷末附。

③ 叶德均:《戏曲小说丛考》,中华书局1979年版,第439页。

④ 庄一拂:《古典戏曲存目汇考》,上海古籍出版社1982年版,第1211页。

⑤ 李昌集:《中国古代散曲史》,华东师范大学出版社1991年版,第714页。李修生主编:《古本戏曲剧目提要》,文化艺术出版社1997年版,第472-473页。齐森华等主编:《中国曲学大辞典》,浙江教育出版社1997年版,第145页。

⑥ 郭英德:《明清传奇综录》,河北教育出版社1997年版,第496-497页。

接,说服力不是很强,①没有引起研究者的足够重视,认同者稀。其实,郭英德先生的怀疑是有道理的,研雪子《翻西厢》与沈谦《翻西厢》(即《美唐风》)确实不是一部作品。试作考述如下。

沈谦号东江子,研雪子不是沈谦的号。应㧑谦《东江沈公传》、毛先舒《沈去矜墓志铭》、沈圣昭《先府君行状》等文中均没有提到沈谦号研雪子,沈谦的《东江集钞》、《东江别集》及其友人陆圻《威凤堂集》、毛先舒《毛驰黄集》、《潠书》、《思古堂集》、《东苑文钞》、《东苑诗钞》、《小匡文钞》、孙治《孙宇台集》、张丹《张秦亭诗集》、柴绍炳《省轩文钞》、《省轩诗钞》、丁澎《扶荔堂诗稿》、《扶荔堂文选》、洪昇《啸月楼集》、《稗畦集》、诸匡鼎《说诗堂集》、《橘苑文钞》、《橘苑诗钞》等也没有提到沈谦号研雪子。当然,上述传文、沈谦及其友人的著作没有提到沈谦号研雪子,并不能完全排除沈谦有号研雪子的可能性。而下面一则资料则可确切证明研雪子非沈谦的号、研雪子《翻西厢》非沈谦《翻西厢》。

沈谦《与李东琪书》云:

> 迩者风雅道衰,榛芜塞目。守谱者窘文,逞词者违法。文法两妙,而安顿当行者,幔亭一人而已。惜乎年耄,未见替人。足下挟怀蛟绣虎之才,降格从事,宜其建标拔帜,震耀一时,令昭之后,词林屈指,无怪仆之气索于遥闻也。……日下方撰《美唐风》一词,用反崔、张之案,以维世风。此虽小技,已不欲空作。②

李东琪是沈谦友人李式玉。李式玉(1622—1683),字东琪,号鱼川,钱塘(今浙江杭州)人。有《鱼川初集》、《鱼川二集》、《巴余集》、《虎林杂事》和

---

① 朱希祖跋语和郭英德《明清传奇综录》均从沈谦籍贯浙江仁和(今杭州市)与"古吴"不符来怀疑沈谦是研雪子。其实,杭州也属"古吴"之内。柳永[望海潮]词"东南形胜,三吴都会,钱塘自古繁华"即是明证。朱希祖跋语还认为沈谦祖籍湖州武康,也不属"古吴",亦不确。《水经注·浙(渐)江水》:"永建中,阳羡周嘉上疏,以县远赴会至难,求得分置。遂以浙江西为吴,以东为会稽。汉高帝十二年,一吴也。后分为三,世号三吴。吴兴、吴郡、会稽其一焉。"(《王氏合校水经注》卷四〇,《四部备要·史部》第 309 册,台湾中华书局 1981 年版,第 12—13 页)。吴郡是今江苏苏州一带,会稽是今浙江绍兴一带,吴兴郡是今浙江湖州一带,在浙江西。因此,湖州武康也属"古吴"。

② 《与李东琪书》,《东江集钞》卷七,《四库存目丛书·集部》第 195 册,第 243—244 页。

传奇《女董永》、《香雪楼》、《白团扇》等。传见毛际可《安序堂文钞》卷一五《东琪李君墓志铭》、《国朝杭郡诗辑》卷六。

书中明言"日下方撰《美唐风》一词",现在的关键是,我们要弄清书中所说的"日下"的大致时间。沈谦集中,除《〈美唐风〉传奇自序》、《与李东琪书》、[中吕·集伯揆、商霖,是日演予新剧〈翻西厢〉]三文(曲)提到《翻西厢》外,其余诗文均没有涉及《翻西厢》的只言片语,沈谦友人集中也没有这方面的点滴材料。因此,要直接得知沈谦创作《翻西厢》的时间,十分困难。但如果我们弄清了《与李东琪书》的写作时间,沈谦创作《翻西厢》的时间也就迎刃而解了。

书中又言"文法两妙,而安顿当行者,幔亭一人而已。惜乎年耄,未见替人"。"幔亭"即袁于令。袁于令,字令昭,号箨庵、幔亭,吴县(今属江苏)人。后降清,官至荆州知府。以忤监司罢官。有《金锁记》、《长生乐》、《瑞玉记》、《西楼记》等传奇。传见《吴门袁氏家谱》卷六、《民国吴县志》卷七九。孟森《〈西楼记〉传奇考》、李复波《袁于令的生平及其作品》对其生平与作品考证颇详,[①]可参阅。

沈谦与书李式玉时,袁于令已经"年耄"。《礼记》卷一《曲礼上》:"八十、九十曰耄。"[②]桓宽《盐铁论》卷五《孝养第二十五》:"八十曰耋,七十曰耄。"[③]后亦以年耄泛指年老。据陆萼庭先生考证,袁于令卒于康熙十一年壬子(1672),终年八十一岁。[④] 其八十岁是康熙十年辛亥(1671),而康熙九年庚戌(1620)二月,沈谦已去世。[⑤] 沈谦所云袁于令"年耄"之年,显然不是指康熙十年辛亥(1671)袁于令八十岁之年,而是指袁于令七十岁之年。按陆萼庭先生考证袁于令的卒年逆推,袁于令七十岁之年是顺治十八年辛丑

①　孟森:《〈西楼记〉传奇考》,《心史丛刊》二集,商务印书馆1917年版。李复波:《袁于令的生平及其作品》,《文史》第27辑。

②　《礼记》卷一,《四部备要·经部》第7册,台湾中华书局1981年版,第3页。

③　桓宽:《盐铁论》卷五,《四部备要·子部》第358册,台湾中华书局1981年版,第12页。

④　陆萼庭:《谈袁于令》,《清代戏曲家丛考》,学林出版社1995年版,第2页。

⑤　应撝谦《东江沈公传》:"于康熙庚戌二月卒。"《东江集钞》卷末附,《四库存目丛书·集部》第195册,第274页。沈圣昭《先府君行状》:"卒于康熙庚戌岁二月十三日子时,享年仅五十有一。"《东江集钞》卷末附,《四库存目丛书·集部》第195册,第278页。

（1661）。康熙刊本《南音三籁》袁于令序末署："康熙戊申仲春,书于白门园寓,七十七龄老人籜庵袁于令识。"①康熙戊申是康熙七年（1668）,袁于令七十七岁,逆计之,则其七十岁之年亦是顺治十八年辛丑（1661）,与按陆萼庭先生考证结论逆推合。

沈谦在世时,袁于令曾两次来游西湖,与众人欢聚。一在顺治十五年戊戌（1658）,一在顺治十八年辛丑（1661）。毛先舒《赠袁籜庵七十序》："吴门袁籜庵先生,今年寿齐七十。始先生戊戌来西湖,余与一再会面,即别去。末（未）由展谈宴然,先生颇亦有以赏余。今年复来,余携酒过其寓,酌先生醑。"②"戊戌"即顺治十五年（1658）,"今年"即顺治十八年辛丑（1661）,袁于令七十岁之年。孙治《赠袁籜庵序》亦云："先生往来吴中,常依违湖上。客有好事者,集数十宾客为好会。余适在坐,先生与余一见如旧相识,异哉!余何以得此于先生也?今年,先生来湖上,谓余曰:'老夫七十,子何以为余寿?'余曰:'余无以为先生寿,余知先生之为东方先生也。……先生神识天授,必有以知之矣,幸先生有以教我,勿复秘也。'"③袁于令来游西湖,沈谦曾与其相会。《与袁令昭先生论〈曲谱〉书》云："湖楼主聚,得闻巨论。辟若发矇,但恨日薄崦嵫,匆匆遽别,勿能挥戈而再中也。……呜呼! 六合虽旷,知音实难。仆尝以声律至微,不遇至人,将终身不能复晓,今词坛硕果,惟先生在,敢不具陈所疑,以求剖析哉?"④《东江集钞》卷四《题袁令昭先生虹桥新曲,兼呈王阮亭使君》、卷五《赠朱素月,兼呈袁令昭先生》、《东江别集》卷三[西河·同袁令昭先生集湖上]、东江别集》卷五北套曲[和袁令昭先生赠朱素月]等均是二人往来唱和之作。沈谦云袁于令"年耄",应该不会有错。既然这样,沈谦作《与李东琪书》时间,当在顺治十八年辛丑（1661）或其稍后。

---

① 袁于令:《〈南音三籁〉序》,《南音三籁》,台湾学生书局 1987 年版,第 898 页。
② 毛先舒:《赠袁籜庵七十序》,《潠书》卷一,《四库存目丛书·集部》第 210 册,齐鲁书社 1997 年版,第 621 页。
③ 孙治:《赠袁籜庵序》,《孙宇台集》卷八,《四库禁毁书丛刊·集部》第 148 册,北京出版社 1997 年版,第 729—730 页。
④ 《与袁令昭先生论〈曲谱〉书》,《东江集钞》卷七,《四库存目丛书·集部》第 195 册,第 249 页。

沈谦作《与李东琪书》时，正在撰《美唐风》传奇。揣其文意与语气，作《与李东琪书》时，传奇尚未最后完成。因此，沈谦作《美唐风》（《翻西厢》）传奇的时间，也当在顺治十八年辛丑（1661）或其稍后。

《古本戏曲丛刊》三集影印《识闲堂第一种〈翻西厢〉》卷首有研雪子《〈翻西厢〉本意》，末署："癸未花朝研雪子识。"由于研究者们认为研雪子《翻西厢》与沈谦有联系，都以为癸未年是崇祯十六年（1643），剧亦作于本年。该刊本是明末刊本。① 实际上，此癸未年有可能是崇祯十六年（1643），也有可能不是。如果我们排除研雪子《翻西厢》与沈谦有联系，《识闲堂第一种〈翻西厢〉》除研雪子《〈翻西厢〉本意》末署时间标识外，从剧本本身和刊刻方面，找不到任何迹象说该刊本就是明末刊本。在三种著录研雪子《翻西厢》的曲目中，《笠阁批评旧戏目》成书最早，附刻在乾隆二十七年壬午（1762）笠阁渔翁《笺注牡丹亭》中。② 黄文旸《曲海目》其次，成书于乾隆四十七年（1782）。③《今乐考证》最后，其编纂的准确起始时间不详，大约和姚燮编纂《今乐府选》相先后，亦在咸丰元年辛亥（1851）前后不久。④ 从乾隆二十七年壬午（1762）往前推至崇祯年间，癸未年有二：一是崇祯十六年（1643），二是康熙四十二年（1703）。而《曲海目》、《重订曲海总目》均著录研雪子两种传

① 李修生主编：《古本戏曲剧目提要》，第 473 页。叶德均：《戏曲小说丛考》，第 439 页。庄一拂：《古典戏曲存目汇考》，第 1211 页。

② 《笠阁批评旧戏目提要》，《中国古典戏曲论著集成》第 7 册，中国戏剧出版社 1959 年版，第 303 页。

③ 黄文旸《〈曲海目〉序》："乾隆辛丑（乾隆四十六年，1781）春，奉旨修改古今词曲，予受盐使者聘，得与改修之列，兼总校苏州织造，进呈词曲，因得尽阅古今传奇。阅一年，事竣。追忆其盛，拟将古今作者，各撮其关目大概，勒成《曲海》一书。先定总目一卷，以纪其人之姓名。然寓感慨于歌场者，多自隐其名，而妄肆褒讥于声律者，又多伪托名流以欺世。且其时代先后，尤难考核。即此总目之成，亦非易事矣。"李斗《扬州画舫录》卷五，《续修四库全书·史部》第 733 册，上海古籍出版社 2002 年版，第 627 页。

④ 洪克夷：《姚燮评传》，浙江古籍出版社 1987 年版，第 101—113 页，第 179 页。

奇为"国朝(清朝)传奇"、《今乐考证》也著录为"国朝院本",①直接把癸未年说成是崇祯十六年(1643),《翻西厢》作于此年,《识闲堂第一种〈翻西厢〉》是明末刊本,根据不是很足,似嫌武断。由上述材料,合理的解释,研雪子应是明末清初人,《翻西厢》的完成,可能在崇祯十六年癸未(1643),也可能在康熙四十二年癸未(1703)。但有一点可以肯定,不管是哪一年完成,都与沈谦作《翻西厢》的时间不相吻合。因此,两者不是同一部作品。

后人把研雪子《翻西厢》与沈谦《翻西厢》混而为一,一方面是由于资料匮乏,研究者们没有注意沈谦《与李东琪书》中的有用信息,致有此误。另一方面,是由于两人均不满意王实甫《西厢记》歌颂张生、崔莺莺背离礼教、追求自由爱情的行为,有意作翻案之剧。研雪子《〈翻西厢〉本意》在考证了张珙为元稹托名、元稹作《会真记》乃"乞姻不遂,而故为此诬谤之"后,阐述其作《翻西厢》的目的:"予考其迹如此,推其理又如此,故历序当年诬谤始末,作《翻西厢》,为崔、郑洗垢,为世道持风化焉。"②因此,该剧以郑恒为生,张生为丑。写崔相国之女莺莺许配郑恒,郑恒听说姑母崔夫人扶棺东归,知寇起山西,恐孤孀无依,恳求父修书河东节度使杜确,自己携书助崔夫人归里。由于孙飞虎叛乱,被阻蒲州。张君瑞为莺莺姨兄,求婚被拒,怀恨在心。勾通孙飞虎,兵围蒲救寺,欲抢人抢物。杜确击退孙飞虎。张君瑞阴谋不成,便撰《会真记》,说自己在红娘牵线下,与莺莺在园中私会,诬崔母治家不严。并广为散发,败坏莺莺名节。郑恒父见《会真记》,信以为真,修书崔夫人退婚。杜确剿灭孙飞虎,活捉张君瑞。真相大白,莺莺与郑恒终结连理。由《〈美唐风〉传奇自序》、[中吕·集伯揆、商霖,是日演予新剧〈翻西厢〉]等,可以知道沈谦作《翻西厢》的主旨。《〈美唐风〉传奇自序》云:"顷因多暇,反其事而演之。冀以移风救敝,稍存古意。然《西厢》之入人伦,浃肌髓,恐非一舌所可

---

① 《曲海目·国朝传奇》:"《翻西厢》,《卖相思》二种,研雪子作。"李斗:《扬州画舫录》卷五,《续修四库全书·史部》第733册,第631页。《重订曲海总目·国朝传奇》:"研雪子:《翻西厢》,《卖相思》。"《中国古典戏曲论著集成》第7册,中国戏剧出版社1959年版,第359页。《今乐考证》著录八《国朝院本》:"研雪子二种:《翻西厢》,《卖相思》。"《中国古典戏曲论著集成》第10册,中国戏剧出版社1959年版,第264—265页。

② 研雪子:《〈翻西厢〉本意》,《识闲堂第一种〈翻西厢〉》卷首,《古本戏曲丛刊》三集。

救,且有大笑其迂阔者。然予鉴于往事,为世教忧。以词陷之,即以词振之。果能反世于古,士廉而女贞,使蟋蟀枺杜之什交奏于耳,不亦美乎?"①[中吕·集伯揆、商霖,是日演予新剧〈翻西厢〉]中[满庭芳]曲云:"似这等愁脂怨粉,却也要存些风化,切不可玷辱家门。到这里非非是是难欺混,但平心子(仔)细评论。敲象板歌声漫紧,褪罗衣舞态偏新。吾虽钝,饱看尽人间戏文,年大来实是怕销魂。"[耍孩儿]曲云:"俺将这《西厢》业案平反,尽费几许移花斗笱。止不过痛惜那双文根究出微之漏网元因,则要盖世间女子防沾露,普天下男儿尽闭门,休再说闲愁闷。扫过了迎风白昼,回避了待月黄昏。"②简单而言,沈谦作《翻西厢》的主旨,就是"移风救敝"、"存些风化",与研雪子"为世道持风化"同。沈谦《翻西厢》未存,我们无法了解其具体情节,因其为翻案之作,且透过沈谦上述两文,知其情节应与研雪子《翻西厢》大同小异。由于两剧剧名相同,从创作目的、思想内容到情节等方面,有诸多相似,人们很容易想当然地把两剧当作一剧。这一错误已经延续很长时间了。相信自此以后,研究者不会再把两者混为一谈了。

　　有研究者认为研雪子即秦之鉴。齐森华等先生主编《中国曲学大辞典》云:"研雪子即秦之鉴"、"今存崇祯本题古吴研雪子,当为秦之鉴"。③ 郭英德先生《明清传奇综录》亦云:"研雪子或即秦之鉴。"④综合《康熙常州府志》卷一六《选举一》、卷一七《选举二》、卷二四《人物》、《光绪武进阳湖县志》卷一

---

①　《〈美唐风〉传奇自序》,《东江集钞》卷六,《四库存目丛书·集部》第195册,第235页。

②　[中吕·集伯揆、商霖,是日演予新剧〈翻西厢〉],《东江别集》卷四,《四库存目丛书·集部》第195册,第312—313页。

③　齐森华等主编:《中国曲学大辞典》,第412页,第413页。《中国曲学大辞典》既云"研雪子即秦之鉴"、"今存崇祯本题古吴研雪子,当为秦之鉴",又在第145页"沈谦"条下云:"《翻西厢》、《卖相思》、《对玉环》、《胭脂婿》四种,仅《翻西厢》传世,有明末刊本。"同页"秦之鉴"条下亦载其有《翻西厢》、《卖相思》传奇二种,并云研雪子"或以为系沈谦之别署"。自相矛盾,莫衷一是。多人编书,所在多有。又如同书第153页"周公鲁"条下载其《锦西厢》"剧佚",又在第354页"《锦西厢》"条下云:"周公鲁作。今存抄本,共二十六出,收入《古本戏曲丛刊》五集。"错误明显。此类情况较多,不一一列举。

④　郭英德:《明清传奇综录》,第496页。

九《选举》等知，①秦之鉴，字尚明，武进（今属江苏常州）人。崇祯十五年壬午（1642）举人，十六年癸未（1643）进士，官仁和（今浙江杭州）知县，数月而归。住马迹山，隐居读书、教授生徒。有欲荐之者，佯狂乃止。后游嵩山，至仪封（今属河南）卒。或许其任官仁和时间太短，《康熙仁和县志》、《民国杭州府志》未见秦之鉴的任何记载。② 由于《笠阁批评旧戏目》、《曲海目》、《今乐考证》载研雪子有《翻西厢》、《卖相思》传奇，《嘉庆丹徒县志》卷三二亦记载秦之鉴有《翻西厢》、《卖相思》二种传奇，③因此，研雪子是秦之鉴的可能性比较大。但是，其中也有问题，单凭"武进、丹徒两地古代均属'古吴'"，④还不能直接证明研雪子就是秦之鉴号或别署，也没法证明《识闲堂第一种〈翻西厢〉》就是秦之鉴的《翻西厢》。因为有关《西厢记》的续作、改作多剧同名、一剧异名的情况实在太复杂。如《传奇汇考标目》载明周公鲁（字公望）有《翻西厢》，而《曲海总目提要》卷一一载其名为《锦西厢》，并注明"此剧一名《翻西厢》"。又特别说明："清周杲撰有《竟西厢》，亦一名《锦西厢》。"⑤《古本戏曲丛刊》五集影印法国巴黎国家图书馆藏《环翠山房十五种曲》抄本所收《锦西厢传奇》又未署撰者，这就很难判断此《锦西厢传奇》究竟是周杲（字坦纶，号果庵）《竟西厢》，还是周公鲁《锦西厢》。同理，焉知不会存在研雪子、秦之鉴各有《翻西厢》之作的情况呢？《识闲堂第一种〈翻西厢〉》卷首研雪子《〈翻西厢〉本意》末署时间是"癸未花朝"，如果此"癸未"是崇祯十六年（1643），由《康熙常州府志》卷一六《选举一》、卷一七《选举二》、《光绪武进阳湖县志》卷

---

① 《康熙常州府志》卷一六《选举一》，《中国地方志集成·江苏府县志辑》第 36 册，江苏古籍出版社 1991 年版，第 340 页。《康熙常州府志》卷一七《选举二》，《中国地方志集成·江苏府县志辑》第 36 册，第 363 页。《康熙常州府志》卷二四《人物》，《中国地方志集成·江苏府县志辑》第 36 册，第 557 页。《光绪武进阳湖县志》卷一九《选举》，《中国地方志集成·江苏府县志辑》第 37 册，江苏古籍出版社 1991 年版，第 463 页，第 469 页。

② 《康熙仁和县志》，《中国地方志集成·浙江府县志辑》第 4 册，上海书店 1993 年版。《民国杭州府志》，《中国地方志集成·浙江府县志辑》第 1—3 册，上海书店 1993 年版。

③ 《嘉庆丹徒县志》卷三二，参见赵景深、张增元编《方志著录元明清曲家传略》，中华书局 1987 年版，第 159 页。

④ 郭英德：《明清传奇综录》，第 496 页。

⑤ 《曲海总目提要》卷一一，《笔记小说大观》第 25 编第 10 册，台湾新兴书局有限公司 1979 年版，第 507 页。

一九《选举》知,秦之鉴是崇祯十五年壬午(1642)举人,十六年癸未(1643)进士。又据《题名碑录》,秦之鉴为第三甲第二百六十六名。① 花朝是农历二月十五日。旧俗以为此日为百花生日,故有此称。宋吴自牧《梦粱录》卷一《二月望》:"仲春十五日为花朝节。浙间风俗,以为春序正中,百花争放之时,最堪游赏。"② 一说花朝是二月十二日。清顾禄《清嘉录》卷二《百花生日》:"(二月)十二日为百花生日,闺中女郎剪五色彩缯黏花枝上,谓之赏红。虎丘花神庙击牲献乐,以祝仙诞,谓之花朝。"③ 据《明史》卷七〇《选举二》,会试的三场考试分别在二月初九、十二、十五日举行。④ 会试之后还有三月十五日的殿试(亦称廷试)。⑤ 如果研雪子是秦之鉴,他怎么可能在会试之日写《〈翻西厢〉本意》?这确实是令人不解的地方。但只要我们明了本年的会试、殿试时间与正常年份不同,这个疑惑也就烟消云散了。由于外有建州政权的大兵压境,内有张献忠、李自成的农民起义,崇祯十六年的会试、殿试未在二月、三月举行,而是延至八月、九月举行。⑥ 这样,秦之鉴崇祯十六年花朝作《〈翻西厢〉本意》,在时间上就不是问题了。

何焯《晴江阁集》卷二十九有《〈翻西厢〉传奇题词》一文。文云:

> 人情之邪,世道之污也。欲救世道者,不得不先正人情。……元微之搆婚未遂,作《会真记》污崔氏。王实甫、关汉卿演为《西厢》传奇,俾

---

① 朱保炯、谢霈霖:《明清进士题名碑录索引》,上海古籍出版社 1980 年版,第 2623 页。

② 吴自牧:《梦粱录》卷一,《文渊阁四库全书·史部》第 590 册,台湾商务印书馆 1986 年版,第 20 页。

③ 顾禄:《清嘉录》卷二,《续修四库全书·子部》第 1262 册,上海古籍出版社 2002 年版,第 727 页。

④ 《明史》卷七〇《选举二》:"子、午、卯、酉年乡试,辰、戌、丑、未年会试。乡试以八月,会试以二月。皆以初九日为第一场,又三日为第二场,又三日为第三场。"中华书局 1974 年版,第 1693 页。

⑤ 余继登《皇明典故纪闻》卷一五:"旧制:殿试在三月初一日,状元率进士上表谢恩在初六日。成化八年,以悼恭太子发引,改殿试于十五日。至今因之。"《续修四库全书·史部》第 428 册,上海古籍出版社 2002 年版,第 214 页。

⑥ 王崇简《青箱堂文集》卷末附《年谱》:"癸未,四十二岁。春,读书慈因寺。会试移于八月。……八月,会试中式,第一百四十五名。……殿试,三甲,二百八十二名。"《四库存目丛书·集部》第 203 册,齐鲁书社 1997 年版,第 554 页。

《明实录·崇祯实录》卷十六:"(崇祯十六年九月)丙午,赐进士杨廷鉴等四百人及第,出身有差。"台湾"中央"研究院历史语言研究所 1962 年校印,第 88 册,第 15 页。

《明史》卷二十四《庄烈帝二》:"(崇祯十六年九月)辛亥,赐杨廷鉴等进士及第,出身有差。"第 333 页。

磊落之郑太常、贞白之崔夫人,一污于微之之记,再污于实甫、汉卿之传奇,三污于优人之点饰耳。而目之者徒悦其音调靡丽,关节流艳,递相夸诞,是导天下后世人情,可不以正应,而纷纷日昵于邪。秦生深有恶焉,思以救之。因读徐贯所撰《郑崔合葬志铭》,作《翻西厢》传奇,非独为太常、夫人洗千古之污,且令天下后世知崔不字张字郑,亦犹屯二不字三四字五也。各相守正,应以闲其邪。则此书反不正之人情归于正,其有裨世道也非小。余故乐为之题。①

何絜,字雍南,丹徒(今属江苏)人。诸生,以诗古文辞名。有《晴江阁集》。小传见《明遗民诗》卷十、《光绪丹徒县志》卷三十三《文苑》、《晚晴簃诗汇》卷三十三。

文中明言"秦生"作《翻西厢》传奇,在相关曲目记载和现存《西厢记》的续作或翻案之作中,秦姓作者只有秦之鉴,且《嘉庆丹徒县志》卷三十二明确记载秦之鉴有《翻西厢》、《卖相思》。常州(武进在明清两代,属常州府)也好,丹徒也好,均属"古吴"。两地相邻。因此,《〈翻西厢〉传奇题词》文中"秦生"应即秦之鉴。研雪子当是秦之鉴号。研雪子作《翻西厢》的目的是"为崔、郑洗垢,为世道持风化焉。"②《〈翻西厢〉传奇题词》亦云作者是"欲救世道"、"为太常、夫人洗千古之污"、《翻西厢》"有裨世道",可谓深得其心。两人均生活在明末清初之际,有无直接交往,不得而知。

何絜《晴江阁集》卷首有署"康熙丙辰(十五年,1676)七月望日"王岩的序、署"康熙十七年,岁次戊午春三月"程世英的序,说明康熙十五年丙辰(1676)《晴江阁集》基本编成,其中收录了《〈翻西厢〉传奇题词》。《翻西厢》早于此年完成,研雪子《〈翻西厢〉本意》末署的"癸未"是崇祯十六年(1643)无疑。

---

① 何絜《〈翻西厢〉传奇题词》,《晴江阁集》卷二十九,《四库未收书辑刊》第7辑第30册,北京出版社2000年版,第246—247页。

② 《〈翻西厢〉本意》,《识闲堂第一种〈翻西厢〉》卷首。

沈 谦 年 谱

　　沈谦(1620—1670),字去矜,号东江,仁和(今浙江杭州)临平镇人。明末诸生。入清,不仕,业医。著有《东江集钞》、《东江别集》、《词韵》、《临平记》诸书和传奇六种。与陆圻、毛先舒、柴绍炳、丁澎、陈廷会、虞黄昊、孙治、吴百朋、张丹等合称"西陵十子"。沈谦诗先学温(庭筠)、李(商隐),陆圻将陈子龙诗授谦,谦遂弃温、李之绮靡而学陈诗,"寻汉魏之规矩,蹈初盛之风致"(陆圻《〈东江集钞〉序》)。朱彝尊评曰:"西泠十子多以格调自高,去矜兼采组于六朝,故特温丽。"(《静志居诗话》卷二二)陈田云:"去矜乐府,安雅中节,五律高朗,七律雄丽,洵是才人之隽。"(《明诗纪事》辛签卷二八)如五律《人日即事》有杜甫哀悯之音:"去国又人日,风光殊可怜。江鸿回冻雪,沙竹淡春烟。世事交游浅,乡关战伐偏。病余聊骋望,无那惜华年。"《山居》又有陶渊明《归园田居》之意:"昨辞郡邑游,归就田园居。早获既已毕,比舍停役车。天泽幸不偏,大小各有储。苍茫十月交,霜寒林大疏。墟烟暮暧暧,落日照我闾。床头酒应熟,唤妇罗前除。弹我匣中琴,读我枕上书。亦知为农乐,富贵复何如?"七律《九日言怀》有杜甫《登高》的情怀,又有自己的故国之思:"九月九日意不惬,杖藜扶病登高台。盈樽绿酒此时醉,旧国黄花何处开?金管玉萧激霜霰,铜驼铁凤生莓苔。望乡不见远天尽,萧瑟江山归去来。"《旅夜》表达了对时世的忧虑和身世的哀怜:"旅馆凄凄清夜徂,半生流落愧妻孥。可怜战伐多新鬼,何处乾坤著腐儒?砧杵万家明月苦,旌旗千嶂野云孤。帛书漫托南云逝,未信衡阳雁有无?"沈谦诗的内容和特点大多类此。当然，还有一些应酬往来的诗，就不一一举例了。

在诗、词、曲三体中，沈谦最为人所称的是词。陈廷焯《云韶集》、沈雄《古今词话·词话》下卷均云沈谦"填词称最"。《东江集钞》卷九《填词杂说》提出了不少很好的主张。如"词不在大小浅深，贵在移情"、"白描不可近俗，修饰不得太文。生香真色，在离即之间"、"立意贵新，设色贵雅。搆局贵变，言情贵含蓄。如骄马弄衔而欲行，粲女窥帘而未出"、"填词结句，或以动荡见奇，或以迷离称隽。着一实语，败矣"、"词要不亢不卑、不触不悖，蓦然而来，悠然而逝"、"小令要言短意长，忌尖弱；中调要骨肉停匀，忌平板；长调要操纵自如，忌粗率。能于豪爽中着一二精致语，绵婉中着一二激厉语，尤见错综"等，虽似是老生常谈，但确实是填词的不二法门，应是沈谦的经验之语。批评沈谦词的人认为沈谦"只以香奁见长，去宋、元已远"（陈廷焯《云韶集》），"沈去矜谦好尽好排，取法未高。故不尽倚声三昧。长调意不副情，笔不副气，且时时阑入元曲"（谢章铤《赌棋山庄词话》卷八），"沈谦以曲家手眼填词，与明人的不同只是俗而见其雅。清初词界未脱尽明词习气者甚多，东江即为其一例"（严迪昌《清词史》，江苏古籍出版社 1990 年版，第 23 页），以"香奁见长"既是词体写情叙事的特长，也是沈谦词的主要内容。因为入清后，沈谦绝口不谈时事，题材上，只能以闺情为主。由于元散曲已有类词化的倾向，明人词又是词曲相溷而趋俚俗，沈谦既是词家，又是曲家，"以曲家手眼填词"，词中有曲的痕迹，在所难免。沈谦闺情词善于在客观景物的描写中融入主观情感，景语皆情语。以［清平乐·春闷］为例：

> 雪消水溢，岸柳金芽出。漠漠暗尘萦宝瑟，坐转一窗红日。
> 博山香袅烟丝，闲愁闲闷谁知？欲解罗衣去睡，黄莺又上花枝。

上片以白日景色写白日愁情。首二句写春回大地、万物复苏的美景。第三句写室内萧条、寂寥、毫无生气的景象，衬托思妇孤独寂寞、百无聊赖的心情。以室外欢乐之景与室内愁苦之形对照，更见出思妇心情惨淡、愁肠百结。下片以夜晚之事写夜晚愁情。以博山香炉的烟丝，象征思妇相思的无穷无尽，只有她独自承受相思之苦，无人理解。结句，以黄莺的叫声打断了思妇欲睡的念头，反衬其痛苦之深。苏轼［水龙吟·次韵章质夫杨花词］：
"梦随风万里，寻郎去处，又还被、莺呼起。"毕竟睡了觉，且有梦，此词写无法
入睡，更谈不上有梦了，可见其痛苦更甚，无法排遣。全词想象奇异，情景交
融，是沈谦词中的上乘之作。又如［东风无力·南楼春望］：

> 翠密红疏，节候乍过寒食，燕冲泥、莺睨树，东风无力。正斜阳，楼
> 上独凭阑，万里春愁直。　　情思恹恹，纵写遍新诗，难寄归鸿双翼。
> 玉簪恩、金钿约，竟无消息。但蒙天卷地、是杨花，不辨江南北。

此词为游子思妇之作。上片写登楼远望，春风拂面，春愁萦怀。"'直'字最
奇"（谢章铤《赌棋山庄词话》卷八），将无形之愁，贯之以形，似乎看得出游子
与思妇之间紧紧相连的愁丝。又有专一纯情之意，游子对思妇全身心的爱
恋与思念如现。下片将春愁展开，极写游子对思妇的思念。闷闷不乐、愁眉
难展，即使写遍新诗，也是音讯隔绝、鸿雁难达。"玉簪恩"三句，写愁苦之极
后的暗自猜测，表达出更加难以忍耐的忧虑与愁思。结句，以漫天飞舞的杨
花模糊了视野，寓示愁绪的无边无尽，又与首句的春景相照应。此词注重炼
字炼句，活用名词中佳句。"翠密红疏"就是仿李清照"绿肥红瘦"，但两者又
有不同。李清照词是近观之感，沈谦词是远望之情。"冲"、"睨"、"直"、"竟"
等，将主观情感置于客观景物之中，字字传情，生动细腻，寓意丰富。其它如
［清平乐·罗带］、［浣溪沙］"绣领垂髻不解愁"、［苏幕遮·立春］、［苏幕遮·
闺病］、［鹊桥仙·早梅］、［月笼沙·九日，题南楼壁间］二首、［满江红·咏
柳］、［满江红·灯］、［喜迁莺·寄俞季悝］、［一萼红·春情］等都是此类
好词。

　　沈谦散曲现存小令七十五首，套数二十套，是清代散曲作品最多的曲家
之一。其散曲亦以闺情为主，曲风流丽。以两首小令为例：

　　［北双调·月上海棠·幽情］
　　偷寻小径花阴暗，倦倚枕门月影衔。只道那人来，却是竹梢风撼。
谁兜揽，累我提心吊胆。
　　［黄莺儿·雨夜有怀］

　　窗暗雨儿催,伴孤灯、敛恨眉,起来眠了眠还起。伶仃都为你,挑唆
待怨谁? 近来谙尽愁滋味。枕频推,更长可厌,侥幸已鸡鸣。

前一首写女主人公等待与情人幽会时,提心吊胆、忐忑不安的心情,后一首
写女主人公怀念情人、彻夜难眠的情景。两曲刻画等待与相思的画面,逼真
如现。语言既不晦涩雕饰,又不鄙俚质实,是典型的流丽之曲。

　　沈谦有传奇六种,但无一存者。有研究者认为《古本戏曲丛刊》三集影
印研雪子《识闲堂第一种〈翻西厢〉》即沈谦《翻西厢》(《美唐风》),误。参见
《沈谦二题》之《研雪子〈翻西厢〉非沈谦〈翻西厢〉》一节。

　　刘辉先生有《清代曲家沈谦》(《戏曲研究》第6辑)一文,对沈谦的生平与
戏曲理论有所论述。但稍嫌简略,亦有错漏。因此,笔者不揣简陋,爰作《沈
谦年谱》。

　　沈谦,字去矜,号东江。

　　　　《东江集钞》卷首祝文襄《〈东江集钞〉序》:"沈子名谦,字去矜,杭
　　州人。居近临平湖,古东江也,称东江子云。"

　　　　《东江集钞》卷末附毛先舒《沈去矜墓志铭》:"去矜,讳谦。"

　　　　《东江集钞》卷末附沈圣昭《先府君行状》:"先考讳谦,字去矜,东
　　江则其号也。……复于屋东偏,自葺数椽,题曰东江草堂,因号
　　东江。"

　　仁和临平镇人。

　　　　《东江集钞》卷末附应㧑谦《东江沈公传》:"沈谦,字去矜,仁和临
　　平镇人。"

　　　　《东江集钞》卷首陆圻《〈东江集钞〉序》:"沈子所居临平,即古东
　　江地,与娄、淞并称。"

　　　　《东江集钞》卷首毛先舒《〈东江集钞〉序》:"去矜家临平湖。"

　　　　《东江集钞》卷末附毛先舒《沈去矜墓志铭》:"临平镇在杭州东五
　　十里,其地有鲖山、黄犊、东湖诸名胜。风土清旷而浑朴,往往工文持
　　高节之士出焉。如唐丘丹、宋沈友直皆是也。余友沈去矜,家临平,

高士也。"

祖先为湖州武康人。十五世祖沈友直(1263—1364),字汝正,迁仁和。宋亡,隐居不仕。人称贞白先生。高启为作传,谥完贞。

《东江集钞》卷末附毛先舒《沈去矜墓志铭》:"其先为湖州武康人。"

《东江集钞》卷末附沈圣昭《先府君行状》:"世籍湖州武康县。溯源为建昌侯裔。谱牒散亡,不能考悉。宋末有汝正公者,迁仁和。宋亡,高隐不仕。学者称为贞白先生。史官高季迪启为作传。"

《临平记》卷二:"甲辰(元至正二十四年),故宋贞白先生临平沈友直卒(《临平沈氏族谱》:字汝正)。生宋景定甲子。仁慈孝友,天性自然。入元不仕,享年百有二岁。谥贞白。洪武四年,史官高启为作传志。谥曰完贞。"

《临平记》卷二:"谦曰:贞白公为予第十五代祖。况高启称安仁乡,而植节若此,洵吾宗之望,吾里之贤。更读史官之谥传,真见荣金玉,义且典型矣。"

高启《凫藻集》未收此传文。

三传为沈密,字谨之。举贤良,除四明(今浙江宁波)提举。

《东江集钞》卷末附沈圣昭《先府君行状》:"三传为谨之公,举贤良,除四明提举。"

《临平记》卷二:"(元顺帝至元)五年,临平沈密由贤良授四明市舶司提举(《临平沈氏族谱》:字谨之)。"

四传为沈之杰,字奇英。洪武初迁临平桂芳桥侧,因世居此。

《东江集钞》卷末附毛先舒《沈去矜墓志铭》:"十二世祖奇英,居临平。"

《东江集钞》卷末附沈圣昭《先府君行状》:"四传为奇英公,洪武初始迁临平,因世居焉。"

《临平记》卷三:"沈之杰迁居临平(《临平沈氏族谱》:字奇英)。元末赘于临平韩杲女,生一子,曰道安。遂家临平之桂芳桥侧。"

《临平记》卷三:"谦曰:余作《临平沈氏族谱》,以奇英公为第一代,重始迁之祖也。作《临平先朝事记》,而以奇英公终者,明余得作记之由也。余得奇英而生临平,得余而记,追源溯本,是役固当记矣。"

六传为竹轩,官光禄丞,迁九江府同知。十一传为复春。复春为谦曾祖。

《东江集钞》卷末附毛先舒《沈去矜墓志铭》:"始六传为竹轩公,官九江府。"

《东江集钞》卷末附沈圣昭《先府君行状》:"六传为竹轩公,以儒术显。官光禄丞,迁九江府同知。十一传为复春公。"

祖父怡春,耽画善诗,有《嘉远堂集》,藏于家。

《东江集钞》卷末附沈圣昭《先府君行状》:"(复春公)生三子,长曰怡春公。耽画善诗,有《嘉远堂集》,藏于家。即先君之王父也。"

父士逸,字逸真,号献亭。万历末为游洋将军,罢官,后以医名家。

《东江集钞》卷末附毛先舒《沈去矜墓志铭》:"十三传为逸真先生,讳士逸,去矜尊公也。尝为游洋将军,后以医名家。"

孙治《孙宇台集》卷二〇《沈逸真先生诔》:"先生字逸真,仁和临平里人也。少有高情,不事生产。习阳庆之方言,抽金匮之要旨。道足济人,义惟养母。盖先生之志也。性好山水。叠石为山,溯流为池,莳草植木。有终焉之志。"

《东江集钞》卷末附沈圣昭《先府君行状》:"公生三子,长献亭公。万历末为游洋将军,已,罢官,遂以医名吴越间。"

《东江集钞》卷三《叙哀诗》八首其二:"于赫我先考,少龄振高策。抱剑从军征,一呼多俘馘。功高未蒙赏,幕府坐相索。尘网非所营,飘然爱山泽。……"

柴绍炳《柴省轩文钞》卷九有《沈翁传》。

母范氏。

《东江集钞》卷末附毛先舒《沈去矜墓志铭》:"母范夫人。"

叔父体仁。

　　《东江集钞》卷六《赠陶君序》："予年十八九,时从叔父体仁公
　　学书。"

兄三人:伟、英、诚。伟、英早逝。谦为士逸第四子。

　　《东江集钞》卷末附沈圣昭《先府君行状》:"公生四子。长讳伟,
　　次讳英,俱早世。又次讳诚,先君乃公之第四子也。"

　　吴振棫《国朝杭郡诗续辑》卷三:"沈诚,字羽阶,仁和人。"

　　同卷收录其《植梧桐晚娱楼前》、《同人宴集章庆堂》二诗。

子七人:圣旭、圣昭、圣时、圣旦、圣曜、圣历、圣晖。圣昭耽画善书,精于
医,为张丹弟子。有《兰皋集》。

　　《东江集钞》卷末附毛先舒《沈去矜墓志铭》:"子七:圣旭、圣昭、
　　圣时、圣旦、圣曜、圣历、圣晖。"

　　《东江集钞》卷末附沈圣昭《先府君行状》:"先君生孤等七人。长
　　圣旭,夭。次圣昭,娶陈氏。次圣时,娶鲍氏。圣旦,殇。圣曜,娶张
　　氏。圣历,娶陈氏。圣晖,未聘。"

　　《东江集钞》卷末附应㧑谦《东江沈公传》:"子长圣旭,次昭、次
　　时、次旦、次曜、次历、次晖。"

　　《国朝杭郡诗续辑》卷二:"沈圣旭,字辅升,仁和人。谦子。……
　　圣旭先东江卒。"

　　同卷收录其《桐扣山》一诗。

　　《国朝杭郡诗续辑》卷二:"沈圣昭,字宏宣,仁和人。谦子,有《兰
　　皋集》。宏宣少时耽画,善书。又以其书法潦草之意,移而画竹。故
　　时人谓宏宣多技。毛稚黄亦有'生子当如沈宏宣'语。为张丹著籍弟
　　子。《秦亭集》有《沈郎行》。其诗曰:'临平沈郎能著书,高斋桂树色
　　有余。穷年卖药临平市,门外常停长者车。'宏宣祖若父皆以奇才坚
　　操而隐于医,擩染之久,故亦熟于《素难》诸书也。"

　　同卷收录其《秋夜》、《早春湖心亭眺望》、《寄沈德隅》三诗。

孙五人:广闻、广大、广泰、广文、广宁。孙女二。

《东江集钞》卷末附毛先舒《沈去矜墓志铭》："孙五。"

《东江集钞》卷末附沈圣昭《先府君行状》："孙五。广闻,圣昭出。广大、广泰,圣时出。广文,圣曜出。广宁,圣历出。女孙二,圣昭出。"

明万历四十八年庚申(1620)　1岁

正月十九日,出生。与毛先舒同年生,长其九月。

《东江集钞》卷末附沈圣昭《先府君行状》："先君生于万历庚申岁正月十九日子时。"

《东江集钞》卷末附毛先舒《沈去矜墓志铭》："去矜与余同齿,而生先余九月。"

《东江集钞》卷首毛先舒《〈东江集钞〉序》："东江沈谦去矜,与余年相若。"

毛奇龄《西河集》卷九九《毛稚黄墓志铭》："君生于泰昌元年十月十五日寅时。"

泰昌元年:万历四十八年七月,神宗卒。八月,光宗常洛即位。九月卒,在位一月。"熹宗即位,从廷臣议,改万历四十八年八月后为泰昌元年。"见《明史》卷二一《本纪》第二十一《光宗》。

天启五年乙丑(1625)　6岁

能辨四声。入乡塾,读书认真,与群儿异。

《东江集钞》卷末附应㧑谦《东江沈公传》："幼颖异,六岁能辨四声。入乡塾,群儿喧诵,君独端坐默然。诘朝责课,则朗朗无遗。师甚异之。"

《东江集钞》卷末附沈圣昭《先府君行状》："生而颖异,六岁能辨四声。先王父奇爱之。甫就外傅,群儿皆号诵,先君则默然端坐。及诘朝,背读无遗。时艺动若宿构,旁及诗赋古文词。每揽古人行事,便浩然有兴起之志。"

《东江集钞》卷末附毛先舒《沈去矜墓志铭》:"去矜少颖异,六岁能辨四声。"

王晫《今世说》卷一:"少颖慧,六岁能辨四声。"

《康熙仁和县志》卷一八《文苑》:"少颖慧,六岁能辨四声。"

天启七年丁卯(1627) 8岁

族祖沈明寰倡义修临平桂芳桥。

《临平记》卷二:"天启丁卯,余族祖明寰公倡义修之。时余幼,人亦不议及此。一仍前制。今大功既成,岂敢轻论乎?"

据同卷文,沈明寰倡义修者为临平桂芳桥。

崇祯元年戊辰(1628) 9岁

能为诗,喜温庭筠、李商隐两家。作时艺,涉笔便佳。

《东江集钞》卷七《答毛稚黄论填词书》:"仆九岁学诗。"

《东江集钞》卷首陆圻《〈东江集钞〉序》:"沈子去矜九岁能为诗,度官中商,投颂合雅。其天性然也。乃其风气间,喜温、李两家。"

《东江集钞》卷末附应㧑谦《东江沈公传》:"九岁作时艺,涉笔便佳。"

崇祯二年己巳(1629) 10岁

读书灵晖馆中,前后十年。

《东江集钞》卷六《灵晖馆梧桐记》:"独醒居之东有馆曰灵晖者,其上重楼复轩。……予年十岁,读书其中。先君惧明损目也,乃手植梧桐,使摇绿布阴,以葆予光。……乃予发箧下帏,朝夕吟讽,卧起必以桐影上下为期。俄花而子,岁密月繁,与年俱长,凡十三年,相对如友。"

崇祯三年庚午(1630) 11岁

兄沈一先集苏字勒石于泉上。

《临平记》卷四："谦曰：东坡真迹，旧藏于安隐寺中，为临平墨宝。夫何为白氏所得，不知所终矣。余先兄道传讳一先者，博物好古，悲其失真，乃于崇祯三年集苏字成诗，勒石于泉上，自跋以道意焉。游者每为称快。后十年化去。余每览碑，辄为堕泪。阿兄风流顿尽矣。"

据同卷文，沈一先集苏字所题诗是苏轼《题平安泉》。

安隐寺在临平山南。见《康熙仁和县志》卷二四《寺观》。

崇祯十年丁丑(1637)　18岁

从叔父体仁学书法，与陶逸怀为莫逆交。

《东江集钞》卷六《赠陶君序》："予年十八九，时从叔父体仁公学书。坐客有逸怀陶君，称莫逆交。"

章庆堂落成。

《东江集钞》卷六《章庆堂宴集记》："堂落成之六年，岁在壬午。"

壬午是崇祯十五年(1642)，见下文。

崇祯十一年戊寅(1638)　19岁

春，师祝文襄。

《东江集钞》卷首祝文襄《〈东江集钞〉序》："吾始见沈子，年才十九龄耳，为戊寅之春。"

《临平记》卷首祝锦川《〈临平记〉序》："予自戊寅首春，应献廷沈公之招，命其幼子谦从予游。朝岚夕月，瀹茗论文者四易寒暑。游屐所至，竟日忘归。愧予潦倒不文，无能一振山川之色。"

《东江集钞》卷七《与祝同山世兄》："慎庵先生天才敏妙，凡作为诗文，倚马立成，都不自爱。仆从游最久，屡劝存稿。先生终不欲存。……"

祝锦川、祝文襄，一为名，一为字。海宁(今属浙江)人。《东江集钞》卷六《章庆堂宴集记》："予师祝慎庵先生至自海宁。"慎庵，当为祝锦川另一字或号。《民国海宁州志稿》中没有祝锦川的记载。

娶妻徐氏。

《东江集钞》卷八《祭亡儿圣旭文》："吾年十九娶汝母。"

《东江集钞》卷六《先妻徐氏遗容记》："先妻徐氏遭乱寝疾十余年。……妾自崇祯戊寅得侍巾栉,积有数年。"

崇祯十二年己卯(1639)　20岁

往清平山,访毛先舒,有诗相赠,两人结交。

《东江集钞》卷首毛先舒《〈东江集钞〉序》："当卯、辰之间,两人俱弱冠。予时并卧清平山中,去矜就访余,且赠以诗。予望而遽,霍然起,谢曰:'读子诗已疗我醒之疾而亲其人,且饮我以瑶浆之凉,子殆示吾天壤。而吾之即发于踵,子不从人间来邪?'"

毛先舒《思古堂集》卷二《与沈圣昭书》："尊君婷婷矫矫,孤踪自遁,与不佞三十年友好。"

清平山,《嘉靖仁和县志》卷二《山川》："清平山,在吴山南,凤凰山北。"

父开章庆堂,延文学之士,饮酒赋诗。陆圻馆于沈氏,谦与众人相周旋。时毛先舒卧病,不得与,然心向往之。

《东江集钞》卷末附毛先舒《沈去矜墓志铭》："忆己卯、庚辰之间,流贼蹒蜀、豫,转入三晋,时遣重臣将兵出,率挫衄遁逃。西北势已危,而大江以南蜚蝗从北来蔽天,米一石值六七缗钱。饥馑连数岁,道殣如麻。士大夫方扼腕慷慨,指陈时事,联络风声,互相推与,怀古人揽辔登车之思焉。是时,逸真先生亦开章庆之堂,多延文学士,与去矜为周旋。陆景宣为东南士类冠冕,馆于沈氏,与诸公赋诗悲歌,饮酒连日达夜。余时卧病,不得与,然心向而驰。盖意气犹壮也。"

王晫《今世说》卷三："陆丽京持己端洁,尝教授临平沈氏,有伎为主人所索,就匿陆帐中。陆危坐读书,就帐外书'瓜田李下'四字。去矜披帷见之,颇相钦叹。"

陆圻（1614—?），字丽京、景宣，浙江钱塘人。明贡生，少与弟培、堦齐名，人称"三陆"。入清，弃举子业，业医。工诗，为"西泠十子"之首。康熙初，因庄氏《明史》案牵连下狱，寻得释。后为僧，不知所终。有《威凤堂集》。传见全祖望《鲒埼亭集》卷二六《陆丽京先生事略》、《清史列传》卷七〇。

毛先舒（1620—1688），初名骙，字驰黄，后改字稚黄，仁和人。十八岁著《白榆堂诗》，陈子龙见而奇赏之，因师子龙。复著有《歊景楼诗》，子龙为之序。又从刘宗周讲学，文不一格，而必本经学。与毛奇龄、毛际可齐名，时人谓之："浙中三毛，文中三豪。"有《潠书》、《思古堂集》、《东苑文钞》、《东苑诗钞》、《小匡文钞》、《南曲入声客问》、《词韵》、《南曲韵》等多种。传见毛奇龄《西河集》卷九九《毛稚黄墓志铭》、毛际可《会侯文钞》卷一〇《家稚黄五兄传》、《清史列传》卷七〇。

《东江集钞》卷二《阻雨，寄柴虎臣、毛稚黄、虞景明》、《郡中苦雨，寄稚黄》、《答毛稚黄》、《平远楼歌，赠稚黄》、卷三《晚晴怀陆景宣、吴景雯》、卷四《怀景宣，客太仓》、《岁暮，景宣再过，中夜有作》、卷四《冬日，同柴虎臣、毛稚黄登吴山望江》、《初夏，寄毛稚黄、丁飞涛》、《雪霁，寄稚黄》、《晚同毛稚黄游景星观》、卷五《夜坐忆稚黄》、《春暮，寄毛稚黄》、《送毛稚黄之御儿》、《东江别集》卷二［月中柳·湖上春行，同毛稚黄作］、卷三［同毛稚黄湖心亭眺望］等均是与诸人唱酬之作，具体时间难考，并附于此。

崇祯十三年庚辰（1640）　21 岁

子圣旭生。

《东江集钞》卷八《祭亡儿圣旭文》："二十一，生汝。"

崇祯十四年辛巳（1641）　22 岁

孙治馆于临平赵氏，读书之暇，亦与谦、陆圻等饮酒赋诗。

孙治《孙宇台集》卷四〇《辛巳、壬午间，余下帏于临平赵氏元开家,而景宣亦下帷于去矜氏。读书之暇日,与诸子饮酒赋诗。尝憩安平泉闲游。或效柏梁之体,或仿皮、陆之制。亦一时之快也……》。

王晫《今世说》卷七:"孙宇台既精易课,兼善潜虚。尝与陆丽京同在临平沈去矜座,陆举之字问孙云:'今日当得几客?'孙应声云:'之文十一也。'已而果验。"

孙治(1619—1683),字宇台,仁和(今浙江杭州)人。诸生,有《孙宇台集》。传见毛际可《会侯文钞》卷一〇《西陵五君子传》、《清史列传》卷七〇。

《东江集钞》卷三《宿湖南舟中,同孙宇台》、《答宇台迟去矜不至之作》、卷五《定香僧舍是孙宇台读书处》、孙治《孙宇台集》卷三六《九日,同沈去矜临平湖,怀丽京诸子》、卷三八《题沈献庭先生园亭,兼示去矜》、《酬去矜十六韵》等为二人唱酬之作,具体时间难考,并附于此。

陆圻以陈子龙诗授谦,谦遂弃温、李之绮靡而学陈诗。

《东江集钞》卷首陆圻《〈东江集钞〉序》:"崇祯辛巳,予以华亭陈给事诗授之。沈子特喜。于是,去温、李之绮靡而效给事所为。即沈子诗益工。寻汉魏之规矩,蹈初盛之风致。内竭忠孝,外通讽谕,洵诗人之奥区也。"

"陈给事"即陈子龙。陈子龙(1608—1647),字人中,更字卧子,号大樽,松江华亭(今属上海)人。崇祯十年(1637)进士,选绍兴推官,以定乱功,擢兵科给事中。命甫下而京师陷,乃事福王于南京。以时事不可为,乞终养去。南都失,遁为僧。寻以受鲁王部院职衔,结太湖兵欲举事,事露被擒,乘间投水死,年仅四十。谥忠裕。有《诗问略》、《白云草庐居》、《湘真阁》诸稿,又辑有《皇明经世文编》。传见《陈忠裕公集》附《陈忠裕公自述年谱》、《明史》卷二七七。

崇祯十五年壬午(1642) 23 岁

补诸生。

《东江集钞》卷末附应㧑谦《东江沈公传》："崇祯壬午，补县
学生。"

《东江集钞》卷末附沈圣昭《先府君行状》："笃志好学，篝灯诵书。
或鸡鸣始罢。坐卧南楼垂二十年。崇祯壬午，补诸生。"

与陆圻、祝文襄（慎庵）、孙治、陆彦龙等十人大宴章庆堂，饮酒、赋诗、听
曲。从父命将众人所为之诗辑为一集，以备观览。

《东江集钞》卷六《章庆堂宴集记》："堂落成之六年，岁在壬午，予
师祝慎庵先生至自海宁，黄平立至自檇李，骧武、景宣二陆子、宇台孙
子至自郡城，南邻郎季千俱翩然来集也。家君以群贤萃止，遂张歌舞
之筵。予兄弟持觞劝客，酬酢燕笑，极为愉快。时维秋暮，玉露既零，
金花特盛。一堂之内，焕若春阳。已而白月东升，列炬如昼。帘幙低
垂，表里应彻。有吴伶宝郎者，能为凄断之音。佐以丝竹，愁惨靡曼。
闻者啜泣。清歌未终，而鸡已三号矣。景宣曰：'兹会偶尔，然皆一时
之彦。南北东西，又讵得长聚？诸公能无一言，以志其盛？'宾主十
人，先为柏梁体一篇，继各赋七言律诗一首。而祝先生为之序，尊齿
也。明日，家君命予总录，都为一集，藏之箧笥，备观览焉。……又数
日，骧武以会葬张西铭先生之娄东，景宣之御儿，予师及孙子、黄子亦
各散去。追溯快游，已为陈迹。而金石之声，尚殷殷不匮也。足悟文
章之可贵，历千载如是也。又何以聚散为欢戚耶？"

陆彦龙，字骧武，仁和人。诸生。卒年三十六。有《爇余稿》、《征
君集》等。传见柴绍炳《柴省轩文钞》卷九《陆骧武征君传》、孙治《孙
宇台集》卷一五《亡友陆彦龙、赵明镳、胡介合传》。

《国朝杭郡诗续辑》卷三："郎驹，字季千，原名世英，钱唐诸生。"

同卷收录其《章庆堂宴集，同祝天孙、陆骧武、丽京》。

笃学，好为诗古文。声名藉藉，来访者多。骨性刚挺，与人语，辩议如电
闪霆激，摧屈一坐。

《康熙仁和县志》卷一八《文苑》："长益笃学，尤好为诗古文。虽
僻处杭之东隅，而声藉藉。吴越齐楚之士过鼓村，车辙恒满。去矜弱

不胜衣,而骨性刚挺。平时与人语,气才属,及发辩议,则电闪霆激,摧屈一坐。其为文章,雅淡秀郁,错以绮丽。"

　　王晫《今世说》卷六:"沈去矜形弱不胜衣,而骨性刚挺。平时与人语,气才属,及发辩议,则电闪霆激,摧屈一坐。"

　　所述事件、人物与交往时间不详,姑系于此。

　　王晫(1636—?),原名棐,号木庵、丹麓、松溪子,仁和人。诸生。博学多才,四方人士过杭者,必往访问。有《遂生集》、《霞举堂集》、《墙东草堂词》、《今世说》等。传见《清史列传》卷七〇、《民国杭州府志》卷一四五。

崇祯十六年癸未(1643)　24岁

三月,开始作《临平记》。

　　《临平记》卷一:"谦撰此书,经始于崇祯癸未三月。"

访毛先舒于会城(杭州),邀先舒在危急时,居谦家东乡。后谦家火灾,未果。

　　《东江集钞》卷首毛先舒《〈东江集钞〉序》:"去矜家临平湖,余在会城。与酬对日少。一日过,把余臂曰:'时殆矣,予家东乡,有园林池台之胜,足可游陟;藏书百卷,可自娱;种鱼卖药,可以养生;俗朴而信,可以为城。予且治十亩之桑,聊与子逝。行有缓急,其毋忘予所云东乡焉?'予曰:'诺。'未几,临平盗特起,纵火焚略。比屋之庐荡然。凡事不可豫料类如此。"

　　谦家火灾在本年,见下文。

与书祝渊,赞其上疏救刘宗周之举。祝渊归,与之晤于西湖,有诗纪之。

　　《东江集钞》卷七《答祝开美》:"刘中丞亦众人遇足下耳,而救之者,实以为国。虽蒙严谴,望若登仙。"

　　《东江集钞》卷四《祝开美孝廉疏救刘念台中丞归,晤予湖上》。

　　祝渊(1611—1645),字开美,号月隐,海宁(今属浙江)人。崇祯六年(1633)举人,会试入都,适都御史刘宗周削籍,渊未识宗周,抗疏争之,逮下诏狱。寻被释,遂师事宗周。杭州失守,投环卒,年三十五。有《祝子遗书》。传见《祝子遗书》卷五谈迁《孝廉祝开美传》、陈确《祝子开美传》、卷六吴蕃《开美祝子遗事》、《明史》卷二五五、《乾隆绍兴府志》卷六三《人物志·寓贤》、《民国海宁州志稿》卷一二《典籍四》。

刘宗周(1548—1645),字起东,号念台,晚更号克念子,浙江山阴人。万历二十九年(1601)进士,历官礼部主事、右通政、顺天府尹、工部侍郎、左都御史等。杭州失守,绝食卒。宗周学以诚意为主、慎独为功,学者称念台先生、蕺山先生。有《周易古文钞》、《圣学宗要》、《道统录》、《阳明传言录》、《文集》等。传见毛奇龄《西河集》卷七六《刘先生传》、《明史》卷二五五。

祝渊上疏救刘宗周,先是夺其礼部试。本年十月,又下诏狱。因此,沈谦与书及与其相会,均应在本年春至十月之间。

《祝子遗书》卷一《请留宪臣疏》末附:"崇祯十五年十二月初八日,具奏。本月初十日,圣旨:祝渊未隶仕籍,何得妄谈朝政,任臆狂肆?着从重议处。这本如何封进通政司也?着回话,将来该部知道。十六年月日,部覆奉旨,祝渊任臆狂肆,必有主使之人,着锦衣卫拿送镇抚司究问。具奏该司官亦属藐狥,姑不究。该部知道。"

《祝子遗书》卷五谈迁《孝廉祝开美传》:"崇祯壬午,御史大夫山阴刘先生直谏矼,上怒,祸且不测,中外舌怵。吾宁祝开美赴公车,闻之振袂而起,伏阙上书。……上不怿,下礼部夺其试。而开美固未尝识先生也。先生策骞出都门,放舟潞河,始追及,长跽请益,事践履之学。……明年十月,部覆上有旨,诘主使之人,遂征下北军狱。"

《祝子遗书》卷五陈确《祝子开美传》:"癸未春,随计北上,值周宜兴(延儒)柄国,山阴刘念台先生掌院事,好直言,正身率,属周甚不便,因事击去之。举朝畏周,无一人敢启口言者。开美独具疏力争,指切当事,无所讳。明旨切责,下部议,夺南宫试。于是开美始执贽刘先生。……时宜兴已败,天子方怒党人,复遣骑逮开美。开美时病甚,闻信即慷慨就道。……甲申正月,入诏狱即讯,榜掠备至,举对无失辞。二月,迁刑牢。……三月,李贼犯京师,声息甚恶。诸义士欲为请于天子出之,开美以诗易未卒业,谢弗愿也。然诸义士卒以是月十八日奉诏出开美。"

《祝子遗书》卷六吴蕃《开美祝子遗事》:"春明之试,计不当与。祝子亦慨然有志于为己之学,因从刘先生南还。"

冬,与父居后宅。灵晖馆出租为酒楼,为火所焚。

《东江集钞》卷六《灵晖馆梧桐记》:"癸未冬,予侍先君居后宅,束装之日,予依依焉。……抚枕开书,益思是物。寻以此馆赁为酒楼。佣保不慎,炭炽汤沃焉。会大风,遂拔。桐高四丈有奇,大七围。其仆也,损檐坏墙。家童奔告,予为流涕。坐客胡子曰:'草木之生,有荣必萎,子胡悲也?'予曰:'往而不复者时也,覆难培者势也,离而思合者情也。'"

火灾,两兄所居之地南园焚掠几尽,谦割己宅之半与兄居,父深嘉之。

《东江集钞》卷末附沈圣昭《先府君行状》:"明年,家难起,南园焚掠几尽。即两伯所居之地也。先君割宅之半畀兄居焉。先王父深嘉之。"

《东江集钞》卷末附应㧑谦《东江沈公传》:"父以年老,分宅居三子。会遭家难,两兄南园焚掠几尽。独不及君居。君即割宅,畀之千金之资。不以己析稍有吝色。"

王晫《今世说》卷一:"东乡盗起,焚其堂。堂本分居,属两兄。既烬,去矜既割己斋居之。久之,两兄欲徙去,去矜念兄贫苦,僦屋,固留以让兄。"

《清史列传》卷七〇:"东乡盗起,焚其堂。堂故属兄,既烬,割己宅居之。兄欲徙,谦念兄贫苦,僦屋。居留以让兄。人以此益重之。"

《民国杭州府志》卷一四五:"两兄居被盗,谦割己斋居兄,久即已让,而自僦屋。"

崇祯十七年甲申(1644)　25 岁

四月,与友人游临平山细砺洞、白龙祠、临平山上塔。

《临平记》卷一:"谦闻洞中题名久矣,向未见。甲申四月八日,里
人例有祈年之举。谦同友人往探,因得见其真迹。字在洞中东北壁,
唯翼字最大。下两行分书之,微有丹漆。乃里人郭伯翼所润色,今则
剥落殆尽。其笔势遒劲,如颜真卿格,真奇迹也。"

据同卷文,洞为临平山巅细砺洞。

《临平记》卷二:"甲申四月,余同沈耳金治臣侄至碑所,洗剔摩
挲,廑得八十余字。其建碑年月,今亦无存。然细观碑尾,隐隐有宫
眷字。疑出自理宗御赐,未可知也。"

据同卷文,祠为临平山白龙祠,有白龙祠碑记。

《临平记》卷四:"相传塔毁于元末,至今吾乡旧宅阶砌多是塔砖。
想亦宋人也。甲申四月,余访旧至塔基,得断砖一方于宿莽中。上有
阳文吴甲二字。此盖陶人之姓名,惜无年月可考矣。"

据同卷所引苏轼《过临平次韵》,塔为临平山上塔。苏轼《过临平
次韵》:"余杭门外叶飞秋,尚记居人挽去舟。一别临平山上塔,五年
云梦泽南州。凄凉楚些缘君发,邂逅秦淮为子留。寄谢西湖旧风月,
故应时许梦中游。"

夏,临平大旱,临平湖涸绝。里人徐誉星、徐似车倡义开浚临平湖,谦劝
其效苏轼疏浚西湖法,以泥筑堤,并作《临平湖考》。后疏浚临平湖之事
未果。

《临平记》卷三:"崇祯十七年夏,临平大旱,湖水涸绝。里人扬州
太守誉星、夷陵别驾似车二徐公欲倡义开浚,而难于贮泥。予劝其效
东坡浚西湖法,用以筑堤,诚为两便。迨所蓄既深,渐次兴复四闸及
东江故道,诚盛举也。因著《临平湖考》,以劝其成。后以遭时多难,
不克竟其功云。"

《东江集钞》卷八《临平湖考》:"因扬州太守誉星、西陵别驾袭祥
二徐公倡为义举,将乘旱涸,浚筑湖堤,渐次修复四闸,由东江桥故道

达于运河。亮非一人一日之力所得而办,盖有望于同里之高明者,甚且也。谦乃喜而为《临平湖考》,以从臾其成。并史志诗文有关于是湖者,俱附录于左。"

天下大乱,众客散去。谦托迹方技,以医为业,绝口不谈世务。日与毛先舒、张丹登南楼,饮酒赋诗,凭吊千古。时称为南楼三子。陆圻亦时会南楼。

《东江集钞》卷末附毛先舒《沈去矜墓志铭》:"越四年,天下乱,客皆散去。于是,去矜遂自托迹方技,绝口不谈世务。日与知己者,余与张祖望登南楼抒啸高吟。楼东眺海,西望皋亭。群峰苍然,大河南流。酹酒临风,凭吊千古。时称为南楼三子。景宣故亦南楼客也。"

《东江集钞》卷末附沈圣昭《先府君行状》:"嗣后家计益落,风鹤屡惊。先君乃托迹方技,寄情翰墨,绝口不谈世务,亦无欣慕仕进意。"

《东江集钞》卷七《答丁飞涛书》:"仆伏处岩穴,樵木为徒,卖药种鱼,聊以自活。"

《东江集钞》卷末附应㧑谦《东江沈公传》:"后家计零落,终肆力诗古文,口不谈世务,亦不求仕进。"

《东江集钞》卷七《答应嗣寅书》:"仆亦黾勉家学,业未逊于群医,皆屋而不行,终日坎壈,此无他术,勿如也。"

《东江集钞》卷末附应㧑谦《东江沈公传》:"顺治间,嗣先人为岐黄业。"

王晫《今世说》卷七:"毛稚黄小姬瘵势渐,欲肉骨,沈去矜以一刀圭愈之。毛大惊叹曰:'曾闻敌二竖过于五丁东阳,顾影腰带几何,竟具神力乃尔。'"

《东江集钞》卷首毛先舒《〈东江集钞〉序》:"今去矜且修复故庐,读书养鱼,兼通灵素之术自活。语无不验。"

《东江集钞》卷七《与张祖望》:"南楼之盟,足下与稚黄不皆夙夜相聚哉?雪风较猎,花月征歌。骧首论心,通宵秉烛。时虽小创,意气尚豪。一时翕然,称为三家。比于西园竹林之盛。"

南楼,出自刘义庆《世说新语》中庾亮与僚属登南楼歌咏嬉戏之典。《世说新语》卷下之上《容止》第十四:"庾太尉在武昌,秋夜气佳景清,使吏殷浩、王胡之之徒登南楼,理咏音,调始遒,闻函道中有屐声甚厉。定,是庾公。俄而率左右十许人步来,诸贤欲起避之。公徐云:'诸君少住,老子于此处兴复不浅。'因便据胡床,与诸人咏谑。竟坐,甚得任乐。后王逸少下与丞相言及此事,丞相曰:'元规尔时风范,不得不小颓。'右军答曰:'惟丘壑独存。'"后以南楼代指吟咏欢娱的场所。

庄一拂先生《古典戏曲存目汇考》:"明亡后,曾起义兵,事败,隐于家。"

李修生先生主编《古本戏曲剧目提要》:"明亡后,曾兴义军,反清复明。失败后,在家隐居。"

齐森华等先生主编《中国曲学大辞典》:"明亡,聚义兵抗清,事败,隐迹方技。"不详何据。

《东江集钞》卷四《喜毛稚黄过寻,即席有作》、张丹《张秦亭诗集》卷七《雨中与毛稚黄、沈去矜南楼夜眺》此时作。

毛先舒《毛驰黄集》卷二《南楼三子唱和歌》题下自注:"楼杂沈去矜宅,时招张子祖望与余属咏其中。"

毛先舒《毛驰黄集》卷四《答沈去矜》:"南楼华月共徘徊,乱后池亭长绿苔"云云,则乱后重游旧地之作。

《东江集钞》卷末附应㧑谦《东江沈公传》:"每凭南楼长啸,与毛稚黄、张祖望赋诗为乐。"

南楼三子,又称钱唐(塘)三子。张丹《张秦亭诗集》卷五《钱唐三子歌》叙此年相会和三人个性志趣云:"钱唐东流众星奔,倾沙陷石泻孤村。潮声直撼临平湖,湖上高楼动云根。中有三子烧烛拜,冬雷夏雪盟弗败。云是张姓及沈毛,晤言不知日月迈。意气俱干青云端,管鲍相交乌足怪。予也耻为一日长,家无担储多慨慷。樽前直起乞槟榔，血中自好披鹤氅。望海偏踞秦亭高，把竿欲溯严濑广。须鬓三尺空老大，中夜悲歌萝薜幌。秦宫玉虎游人间，汉苑铜驼埋草莽。沈子此时同戚戚，援琴奋袖弹霹雳。寂寂古井哀王粲，荒荒野鸡舞祖逖（乱后沈有《古井诗》，予有《闻鸡歌》）。予舞且止子哀多，桐木挝鼓如鸣鼍。白鹤飞出皮破碎，大呼风急鼎湖波。卖药但令种红杏，作书不妨笼白鹅。秋思别作吹蓬曲，春伤还唱伯劳歌。座中毛子感相泣，斗酒不醉葛巾湿。少年诗赋动公卿，傲气轩轩但长揖。避世已同梅市隐，出游未羞皂囊涩。几时还制屈子衣，几时还呼桃叶楫。如君说诗解人颐，如君弈棋群贤集。胡床坐听张镜谈，茅宇欲傍云祯葺。毛子欲移居傍去矜处。嗟嗟兰蕙自同根，蛟龙自同蛰。沈子、毛子自奇才，予也得倚玉树立。天地物情多变化，莫忘乘车还戴笠。"

张丹《张秦亭诗集》卷五《沈郎行，与门人圣昭》回忆此时交往情形云："忆昔汝父南园日，芍药花香蝴蝶出。一时宾客俱风流，把酒与我坐稠密。帘下轻吹弄玉箫，灯前再鼓赵女瑟。高谈沉醉忘却归，东池月赏光满室。此时欢乐乘夜游，题诗更唱晚娱楼。掉头长吟千百句，春风吹过芳兰洲。朝来挥手且别去，满目烽烟不知处。"

王嗣槐《桂山堂文选》卷七《张秦亭先生传》："与其友陆丽京、柴虎臣、陈际叔、孙宇台、吴锦雯、毛驰黄、丁飞涛、虞景明、沈去矜为诗唱和，世传《西陵十子诗选》，秦亭其一也。"

张丹（1619—?），原名纲孙，字祖望，号秦亭，又号竹隐君。卒年六十九岁。有《秦亭诗集》。传见王嗣槐《桂山堂文选》卷七《张秦亭先生传》、《清史列传》卷七〇。

毛先舒《毛驰黄集》卷一《秋夜，祖望过，同宿，忆昔南楼唱和，赋呈去矜》、卷三《秋雨南楼，同郎季千、张祖望、沈去矜令侄叔义夜集，分韵》、《夜集去矜宅，即席分赋得杯》均此时作。

《张秦亭集》卷五《怀沈谦去矜南楼》、卷九《春日，同沈四谦去衿过安隐寺》、卷一〇《秋日，访丁习仲先生，次沈去衿韵》、《东江集钞》卷一《园有椅》（"序曰：《园有椅》，赠友张子纲孙也。"）、卷二《夏夕同郎季千宿张祖望寓舍纳凉,有作》、《为张祖望与伎往返》、卷三《同张氏兄弟登临平山》、《夜寄张祖望寓舍》、《酬张祖望、毛稚黄月夜见怀之作》、《闻张祖望馆吴景雯宅,有寄》、《寒甚,饮张氏园》、卷四《答张祖望醉中见赠》、《挹芝堂夜集,同张祖望暨诸子侄赋》、《送张祖望之娄东》、《怀祖望客乌镇》、《月夜草堂即事,寄张祖望》、《东江别集》卷一[小重山·饮张祖望从野堂]、卷二[岁寒三友·夜雨留别张祖望、毛稚黄]等此时前后与诸人唱酬之作,并附于此。

《张秦亭集》卷二有《赠友诗七章》,分别为孙治宇台、柴绍炳虎臣、吴百朋雯、陈廷会际叔、沈谦去衿、毛先舒稚黄、虞黄昊景明等七人作,亦并附于此。

吴百朋来就谦父治病,孙治得视其病。

孙治《孙宇台集》卷二四《亡友吴锦雯行状》:"甲申,君病,余适馆于临平。君就沈翁献亭医药,余得视君病。"

吴百朋,字锦雯,号朴斋、石霜,钱塘(今浙江杭州)人。崇祯十五年(1642)举人,入清,为苏州、肇庆推官,改令南和。有异政,病殁于官。有《朴安集》。传见孙治《孙宇台集》卷二四《亡友吴锦雯行状》、《清史列传》卷七〇。

十二月,《临平记》完成,同里郭绍孔助之。祝文襄至临平,谦以《临平记》与之阅览。

《临平记》卷一:"告成于甲申十二月。岁凡再阅,稿凡三更。其间或困于疾厄,或疲于乱离。墨突孔席,几无一息之暇。每当兵火仓卒中,辄恐此稿散失,乃于愁病之余,竣勉厥事。故凡考订论议,卒多未备焉。"

《临平记》卷一:"谦曰:负才之子,诡而撰为海荒聊渺之书,吊诡无稽,使人惊怖,而闻见或反蔽于乡里,亦可叹矣。谦生于临平,春秋二十有五。舆图边塞诸书,咸刘(浏)览焉。及出门瞻顾,而巷道径庭,亦有不辨其源委者。每每自失。因择采旧文,研几古志。编年纪事,辑为《临平》一书。自汉至元,凡百有六则,窃附论焉。亦反约之意也。然井灶拘虚,夏虫笃时,负才之子,必有起而笑者。听之矣。"

《临平记》卷一:"吾里郭太学绍孔,家有书仓。人称学海。年且七十矣,与谦为忘年友。凡记中事迹,间赖访求。书成而志之,固不欲贪其功,尤不忍没其才也。"

《临平记》卷首祝锦川《〈临平记〉序》:"甲申冬月,以事至临平,谦且疏古事古诗,称《临平记》。其书自汉至元,凡四卷。曰事记二,附记一,诗一。蒐剔甚难,辩论亦博。准之陈风信古之意,良有取焉。予故戏之曰:'男子始生,以弧矢射四方,否则,研京炼都,昌大其文。何乃局于万(方)域,考核不出里巷?'对曰:'谦闻之先生矣,修齐本于诚正,不亦引而近之乎?'予无以应。嗣后,舟车南北,会晤甚希。"

清顺治二年乙酉(1645)　26 岁

鼎革后,尤致力于古文词。与蒋平阶善。与陆圻、毛先舒、柴绍炳、丁澎、陈廷会、虞黄昊、孙治、吴百朋、张丹等合称"西陵十子"。又谓之西泠派。毛先舒评谦诗"如秦川织女,巧弄机杼,心手既调,花鸟欲活"。

《东江集钞》卷首蒋平阶序:"世变后,尤致力于古文词。厥有'西陵十子',与余特善,沈子去矜,则其一也。"

蒋平阶,原名阶,字大鸿。沈季友《槜李诗系》:"初名雯阶,字斧山,华亭人,为嘉善诸生。游陈子龙之门,后避地居嘉兴。久之,徙越中,卒。"

朱彝尊《静志居诗话》卷二二:"蒋雯阶,字驭闳,后更名平阶,字大鸿。华亭人,为嘉善诸生。"

蒋平阶小传又见《乾隆绍兴府志》卷六三《人物志·寓贤》。

《东江集钞》卷末附沈圣昭《先府君行状》:"又合陆丽京、吴锦雯、柴虎臣、陈际叔、孙宇台、丁飞涛、虞景明七先生为'西陵十子'焉。"

"西陵十子",亦作"西泠十子"。毛奇龄《西河集》卷九《毛稚黄墓志铭》:"维时临安诸君,则有所谓'西泠十子'者,实以稚黄为项领云。"

陈康祺《郎潜纪闻》卷一四："康熙间,陆圻景宣、毛先舒稚黄、吴百朋锦雯、陈廷会际叔、张纲孙祖望、孙治宇台、沈谦去矜、丁澎飞涛、虞黄昊景明、柴绍炳虎臣,称西泠十子。所作诗文,淹通藻密,符采烂然。世谓之西泠派。稚黄尝作诗评云:'陆景宣如濯龙甲第,宛洛康馗流水,游龙轩盖联映;柴虎臣如连云夏屋,无论榱栋,即欂櫨支撑,都无细干;吴锦雯如浅草平原,朔儿试马,展巧作剧,便有驰突塞垣之气;陈际叔如孟公入座,宕迈绝伦;孙宇台如春江一消,波路壮阔;张祖望如郦生谒军门,外取唐突见奇,而中具简练;沈去矜如秦川织女,巧弄机杼,心手既调,花鸟欲活;丁飞涛如黼帐初寒,银筝未阕,月光通曙,与灯竞辉;虞景明如丛篁解苞,新莲含粉。'虎臣见之,谓先舒曰:'君诗如伶伦调管,气至音成。比竹之能,而欲近天籁。'康祺按:毛、陆诸子,政是一时词赋之才。稚黄评诗,仍不出采组雕绘家数。然今日之杭州,则湖山无恙,雅道寂如。如西林(泠)一社,不可谓非风流韵事也。"

柴绍炳,字虎臣,仁和人。明亡,弃诸生,隐居。康熙八年(1669),诏举山林隐逸之士,力辞不就。卒年五十五岁。有《考古类编》、《古韵通》、《省过记年录》、《家诚明理论》、《省轩文钞》、《省轩诗钞》、《白石轩杂稿》等。传见毛奇龄《西河集》卷一一三《柴征君墓状》、《省轩文钞》卷一周清原《崇祀理学名儒柴省轩先生传》、《清史列传》卷七〇。

丁澎(1622—1686以后),字飞涛,号药园,仁和人。顺治十二年(1655)进士,官礼部郎中。有《扶荔堂诗稿》、《扶荔堂文选》等。传见张潮《虞初新志》卷四林璐《丁药园外传》、《清史稿》卷四八四、《清史列传》卷七〇。

陈廷会(1618—1679),字际叔,号瞻云,钱塘人。明诸生,入清不仕。将卒,遗命以"故处士"署墓。工诗文,有《瞻云诗稿》。传见孙治《孙治宇台集》卷一五《亡友柴、汪、陈、沈四先生合传》、《清史列传》卷七〇。

　　虞黄昊,字景明,一字景铭,浙江石汀人。康熙五年(1666)举人,官教谕。传见《国朝耆献类征初编》卷四二四、《清史列传》卷七〇。

　　《东江集钞》卷四有《吴景雯席上送刘望之还宣城》。

　　沈谦与丁澎弟景鸿也有交往。《东江集钞》卷四有《同吴景雯饮丁弋云宅,看桂花,时飞涛留婺州》。不详作年,姑附于此。

　　丁景鸿,字弋云,号鹫峰,仁和人。丁澎弟。顺治五年(1648)举人,工草书,善画山水。尝与契友结诗画社于两峰三竺间,有"鹫山十六子"之目。传见《康熙仁和县志》卷一八、《民国杭州府志》卷一四五。

泛舟苏常,见百姓流离,凄然有感,赋诗四十余首,写成长卷,末缀跋语。

　　梁绍壬《两般秋雨庵随笔》卷二《沈去矜卷子》:"丙戌至京,寓土地庙下斜街全浙会馆,塘栖姚镜生孝廉亦寓焉。一日,出卷子属题,则西泠十子沈去矜先生谦手书诗卷也。先生于顺治乙酉泛舟苏常,时南都新破,百姓流离。目击情形,凄然有感。取是年所作之诗,写成长卷,计古今体诗四十余篇,末缀小跋。字画苍劲,诗格浑成,允为名迹。是卷藏塘栖金氏,姚君部试,托其携入都中,遍征题咏。展卷,名公巨卿,山人墨客,诗词歌赋,无美不臻。余为填南北曲一套。"

　　梁绍壬(1792—?),字应来,号晋竹,钱塘(今浙江杭州市)人。道光元年(1821)举人,官内阁中书、广东盐大使等。有《两般秋雨庵诗》、《两般秋雨庵词》、《两般秋雨庵随笔》等。传见《国朝杭郡诗续辑》卷四〇。

　　杨钟羲《雪桥诗话》则云此事在顺治七年庚寅(1650)。

　　杨钟羲《雪桥诗话》三集卷一:"沈去矜,自号东江渔父,有《东江集》。其避乱舟中,手书诗卷自跋云:'庚寅四月二十三日四鼓,过寒山,晓月映塔,流尸触船。披衣起视,悲怆欲绝。天明,因录本年所作五言律诗四十四首,聊以当哭。余体不书。'海宁朱霞举水曹题诗二首,有'骚人经板荡,雪涕走关河'及'投竿子陵节,蹈海鲁连心'之句。"

　　杨钟羲(1865—1940),原名钟广,先世居辽阳,汉军正黄旗人。

光绪十五年(1889)进士,选庶吉士,授编修。有《雪桥诗话》等。传见《雪桥诗话初集》卷首《雪桥自订年谱》。参阅邓长风《近三百年人物年谱知见录疑误举隅——兼谈杨钟羲其人其书其事》一文(《明清戏曲家考略三编》,上海古籍出版社,1999年版)。

杨钟羲晚于梁绍壬,且梁绍壬亲见沈谦手书诗卷,叙其传承颇详。因此,以梁绍壬说法为准。

子圣旭六岁,如成人,不与群儿戏。

《东江集钞》卷八《祭亡儿圣旭文》:"六岁,遭家难。转徙流离,汝如成人,常有忧色,不与群儿戏。"

顺治三年丙戌(1646)　27岁

作《行路难》诗,共十八首。

《东江集钞》卷一《行路难》其十八:"世事有凶吉,穷达无他术。古人三十称壮年,我今二十已加七。"

读陆彦龙集,有诗。孙治亦有哭彦龙诗。

《东江集钞》卷三《读〈陆骧武遗集〉》:"别君才九载,此夕对遗编。"

孙治《孙宇台集》卷三八《哭骧武四首》。

陆彦龙约卒于本年,其遗集的编刊在本年及其后。谦读陆彦龙遗集亦当在本年及其后。姑将《读〈陆骧武遗集〉》系于本年。

柴绍炳《柴省轩文钞》卷九《陆骧武征君传》:"会两都告变,北兵且渡江,一日十数警。望风夺气,度此乡无可为者,于是,搤腕流涕,启其家大人,挟策如新安郡。适故人史金声特起弄军,骧武乃从口画便宜。缘与用事者抵牾,大计不就。当是时,唐邸称制,乃间道去闽。士大夫咸重骧武名,交章荐之。诏特征令所在有司身劝为之驾,刻日诣行在所。骧武上戡乱六策,其语皆切时弊可用。既报闻,令解褐授职禁苑。骧武以己本儒生,宿负才望,耻用口舌得官,乃自陈愿就制科。未几,省试报罢。闽事亦偾,乘舆不可问,郡县悉鸟兽窜。骧武遁迹入武夷山中,为人穷索,屡阽于危。又比岁兵燹,道梗闽浙,息耗断绝。其父汝锡公坐无妄,被收,发愤病卒。而骧武初不获讣,逾岁始闻。闻之日,惊号暴仆。已,仰天椎心,呕血盈斗。仓足立就道,见屋而奔,重跰还里。比抵舍,望见灵筵,以颡搏地,曰:'龙不孝,违离膝下,不自意大人之坐累至此极也。'因号恸扶服叩头母夫人前,握手二弟,于邑劳苦,俱相乡失声,左右者莫能仰视。顷之,力疾营葬事,毁瘁万状,血膈寖剧,末(未)由进勺饮。盖闻讣逾月而还里治丧,治丧又逾月而疾革以死。……春秋则三十有六耳。……乃六七君子刊定遗著,如《燹余稿》暨《征君集》,凡若干卷行世。"

"唐邸称制"指朱聿键建立隆武政权。朱聿键(1603—1646),朱元璋九世孙。崇祯五年(1632),袭封唐王,国南阳。以倡议勤王,得罪,锢高墙。福王立,被赦出。郑鸿逵等奉八闽,称监国,遂立于福州,号隆武。以苏观生、黄道周为大学士。时李自成死,其众降于聿键。一时增兵十余万。聿键发福州,驻延平,拟出师江西。清军克延平,聿键走至汀州,被执死。见《明季五蕃实录》卷三、卷四《唐蕃实录》、邵廷采《东南纪事》卷一《唐王聿键》。

"闽事亦偾"指隆武政权的败亡和聿键之死。江日升《台湾外记》:"隆武帝后死于汀州府堂,乃顺治三年八月二十八日。"

一说隆武帝后不知所终。邵廷采《东南纪事》卷一《唐王聿键》:"大清兵平行入关,至建宁,守臣黄大鹏、郑为虹死之。八月廿一日,王发延平。御营皆散,犹载书十车以从。至顺昌,闻大清兵已及剑津,仓皇乘马奔,从者何吾驺、郭维精、朱继祚、黄鸣俊。吾驺寻去,维精奔赣州,王入汀州界,不知所之。曾后被执,自投九龙滩。八闽皆下。"

顺治四年丁亥(1647) 28岁

与张丹等人朝夕吟咏。

张丹《张秦亭诗集》卷首《〈从野堂诗〉自序》:"二十九岁时,与友

人陆大丽京、柴二虎臣、孙大宇台、沈四去矜、毛五稚黄、丁七飞涛朝
夕吟咏,因有'西陵十子'之选。"

《〈从野堂诗〉自序》云:"曩壬午仲夏,先子读书家园相鸟居室。
予侍立。……时年二十四。"崇祯十五年壬午,张丹二十四岁,则其生
年为万历四十七年己未,本年二十九岁。

王晫《今世说》卷七:"沈去矜家临平东乡,尝谓张祖望曰:'居山
食贫,亦能不改其乐。恨无黔娄之妇、颖士之奴。'"

《清史列传》卷七〇:"隐于临平东乡。尝谓其友张丹曰:'居山食
贫,亦不能不改其乐。所憾无黔娄之妇、颖士之奴。'声名藉藉,户外
车辙恒满耳。"

顺治五年戊子(1648)　29 岁

二月十五日,四子圣旦出生。

《东江集钞》卷八《第四子圣旦墓志铭》:"予娶徐氏,凡六举丈夫
子,圣旦其第四子也。……圣旦生于顺治戊子二月十五日丑时。
……旦小字阿成。"

与毛先舒会。秋季前,《词苑手镜》成。年底前,《沈氏词韵》亦成。陆圻
评价颇高。

毛先舒《潠书》卷七《与去矜书二首》其二:"相聚财一日耳,言别
何遽,殊怏怏。《词苑手镜》一书,必行必传。然鄙意,只名词学,几书
为雅。《南曲正韵》,仆书已是论定。但《正韵》外,尚当参以《中原》及
足下《词韵》耳。……曲谱亦须指陈要者,无用过苛。……窃谓立法
不可太略,亦不可太烦。太烦反是一蔽,且使后人生驳议,将并废全
书矣。……秋来准望见过。"

毛先舒《韵学通旨·自序》:"戊子岁杪,先舒撰《唐人韵四声表》
及《南曲正韵》既成,适同郡柴子虎臣撰《柴氏古韵通》,沈子去矜撰
《沈氏词韵》,钱雍明先生撰《中原十九韵说》,其书皆综次精核,可以
为词家之宗法。"

王晫《今世说》卷四:"西陵诸名士风雅都长,虎臣、稚黄、去矜尤精韵学,虎臣作《古韵通》,去矜作《东江词韵》,稚黄作《南曲正韵》。丽京叹曰:'恨孙恊、周德清曾无先觉。'"

陈维崧《迦陵文集》卷三《毛驰黄〈韵学通旨〉序》:"钱塘先舒毛氏撰《韵学通旨》一卷,汇说古今声韵之沿革通关,既取柴氏绍炳、沈氏谦与所撰诸韵,而荟撮之。"

《四库全书总目提要·〈韵学通旨〉提要》:"是编与柴绍炳《古韵通》、沈谦《词韵》同时而出。三人本相友善,故兼举二家之说。其得失离合亦略相等。"

蒋景祁编《瑶华集》卷首《刻〈瑶华集〉述》云:"词韵比诗韵稍通,宋人填写,太无纪律。……沈去矜谦《韵略》折中,最当。后之作者,宁严毋宽。虽不能上守休文,亦不应颓唐自放也。"

谋刻《临平记》。秋,师祝文襄为作序。

《临平记》卷首祝锦川《〈临平记〉序》:"今年以祝其母氏,复来谦家。里中诸公方谋剞劂此书,金以弁言见属。予遂乐而述其始末,以见谦淹雅之才及诸公好义之笃。东江文献赖以弗亡,苟充其用,当未知其止,而乃以割鸡薄之,亦予之失言也已。顺治戊子新秋,盐官友祝文襄锦川氏撰。"

顺治七年庚寅(1650)　31 岁

八月,父病。旦夕祈祷,以口吮痰。衣不解带者五月。十二月,父卒。毁瘠呕血,有《叙哀诗》八首。孙治亦有诔文。

《东江集钞》卷末附沈圣昭《先府君行状》:"庚寅八月,先王父患疟疾。先君旦夕祈祷,愿以身代。每痰嗽郁塞,辄以口吮之,衣不弛带者五月。至十二月二十一日,王父没,先君毁瘠过礼至呕血。"

《东江集钞》卷八《祭亡儿圣旭文》:"十一岁,汝祖卒。"

《东江集钞》卷末附应㧑谦《东江沈公传》:"父疾,旦夕祈祷,衣不弛带。居二丧,毁瘠呕血。"

王晫《今世说》卷一:"沈去矜为人孝友,父殁,毁瘠呕血。"

《清史列传》卷七〇:"性孝友。父殁,毁瘠呕血。"

《民国杭州府志》卷一四五:"性孝友。父殁,毁瘠呕血。"

《东江集钞》卷二《叙哀诗》八首其三:"……今胡早厌世,寿命何逼迫。杖履戢一棺,幽明永垂隔。幸兹令德存,长布金与石。"

孙治《孙宇台集》卷二〇《沈逸真先生诔》:"余与先生少子谦交好,因得盘桓其所为晚娱云丘之室。……不幸春秋六十有八,以寝疾卒。……概其生平,昭之素旐,乃为诔。"

开始手辑《东江集钞》。此后,凡五易稿而始成。

《东江集钞》卷末附沈圣昭跋:"《东江集钞》者,先大人手辑之书也。自庚寅而后,凡五易稿。大率艰于梓,即严于选。故兹刻,仅什一耳。"

毛先舒有诗相寄。

毛先舒《毛驰黄集》卷三《寄沈去矜》:"六七年前经把臂。"殆指崇祯十六年(1643)把臂相约事。

毛先舒辑《西陵十子诗选》刊行,柴绍炳为作序。序评谦诗"少多艳情,瑕瑜不掩。近乃一变,已,体制骞卓"。

毛先舒《思古堂集》卷三《〈万里志〉序》:"庚、辛间,余辈有西陵十子之选。"

柴绍炳《省轩文钞》卷六《〈西陵十子诗选〉序》:"我郡英彦如林,竞扬菁藻。曩仆与景宣将举西陵文选之役,拟网罗群制,勒成一编。遭乱忽忽,兹事不果。……因念岁月逡巡,事会难必,相知定文,宜属何等。于是,毛子驰黄悯焉叹兴,要仆暨诸子先以次第唱酬有韵之言,斟酌论次,录而布诸。期于割弃少作,力追渊雅。……去矜少多艳情,瑕瑜不掩。近乃一变,已,体制骞卓。"

顺治八年辛卯(1651) 32 岁

作书答毛先舒,论填词之旨。

《东江集钞》卷七《答毛稚黄论填词书》："昨省览赐书，论列填词之旨，一何其辨而博也。但仆九岁学诗，今且三十有二……"

毛先舒《与沈去矜论填词书》在《毛驰黄集》卷五。

顺治九年壬辰（1652）　33 岁

元日，作诗示子圣昭。

《东江集钞》卷三《壬辰元日，示圣昭》。

五月，师祝文襄为《东江集钞》作序。

《东江集钞》卷首祝文襄《〈东江集钞〉序》："吾始见沈子，……为戊寅之春。今逾十有五年。其学弥进，其心愈卑。岂所谓博而思约者耶？……顺治壬辰夏五月，盐官友人祝文襄撰。"

夏，与师祝文襄同登盐官（在今浙江海宁）佛塔。此后，祝文襄远游，有书寄谦。

《东江集钞》卷七《与祝同山世兄》："及壬辰之夏，与仆登盐官浮图，凭空眺远，始以功名不立为恨，渐次收拾散文，布之通邑。而征车在道，而北游燕赵，寓书于仆云，有著述将成。大编仆未之见。"

四子圣旦五岁，能辨四声，见者咸叹异。

《东江集钞》卷八《第四子圣旦墓志铭》："在诸子中独敏异。五岁能辨四声，从馆师学。师或故谬其因，旦辄曰：'此平也，此上、去、入也。'未尝少误，见者咸叹异之。"

顺治十二年乙未（1655）　36 岁

毛先舒为《东江集钞》作序。

《东江集钞》卷首毛先舒《〈东江集钞〉序》："今去矜《东江集钞》成，要予序之。复赠诗曰：'古人不我顾，来哲方益道。齐名昔所叹，相视疑千秋。'……顺治乙未春日，同学弟钱塘毛先舒稚黄并题。"

母卒。

《东江集钞》卷末附沈圣昭《先府君行状》："乙未，王母又没。哀毁如丧王父。"

《东江集钞》卷八《祭亡儿圣旭文》:"十六岁,祖母卒。家室破碎,接遘两丧,拮据之苦可知矣。"

回书丁澎。丁澎谋刻西陵文选,谦将诗数十首、文一帙寄之。

《东江集钞》卷七《答丁飞涛书》:"少不好学,长无所成。二三君子不知其不可也,而谬厕仆于西陵之列,布其不腆之词,传于都邑。何翅尘沙映玉,款段追龙。非以见奇,适足彰陋。顷辱相存,如见颜色。且知足下与越国唐君共谋文选,近追陈、李,远继昭明。乃复葑菲不遗,下征鄙作。辞之方命,应则抱惭。且仆自降割之后,衰绖在躬,楮墨久废,实无一字可副知己之望。岂亦痛深才尽,非止气索于大巫也。旧诗数十首、小文一帙,附尘大教。如其不堪,可竟置之。然人文大聚,妒口之媒;卉木之华,蓓蕾为盛。苟其烂漫,将不风而四落矣。鄙意尚主晦藏,足下以为然乎否邪?"

书云"仆自降割之后,衰绖在躬",书当作于谦二亲丧后。具体作年不详,姑系于此。

夏,避兵湖上。四子圣旦病,七月十二日卒。明年,葬。谦为作墓志铭,又有《西山厝旦儿之枢》诗。

《东江集钞》卷八《第四子圣旦墓志铭》:"今夏避兵湖上,旦或惊窜走风雨中,竟以滞下死。死之前五日,告其母曰:'某日时,儿当去。幸以数珠挂吾颈,欲往拜佛。'父母俱恸哭,旦笑曰:'大人,宁有百年寿耶?'口诵《金刚》四句偈,称佛号不辍。虽惫甚,必合掌端严,略无戚容。至期,果死。才八岁。……卒于乙未七月十二日辰时。明年某月,葬分金坞祖兆路东。旁有二冢,乃其亡伯及祖妾陈氏也。盖旦死时,欲祔先墓。故从其请,复系之铭。"

《东江集钞》卷五《西山厝旦儿之枢》。

师祝文襄卒,有挽诗。祝文襄侄子祝同山谋刻遗文,谦与书祝同山,愿"竭对勘之力,捐镂刻之资",并将己处的若干诗文先录送之。

《东江集钞》卷七《与祝同山世兄》:"又三年,而先生下世矣。言之黯然。今足下以犹子之谊较刻遗文,诚哉盛举!仆为门下士,敢不竭对勘之力,捐镂刻之资?幸足下勿中废也。……仆处旧存若干,谨先录送,容再搜讨,以附益之。"

《东江集钞》卷五《奉挽祝慎庵先生》。

《东江集钞》卷四有《秋日,得祝慎庵先生山东书》,不详作年,并附于此。

顺治十三年丙申(1656)　37 岁

闰六月初七日,作[玲珑四犯]词。

《东江别集》卷三[玲珑四犯·闰六月初七日作]。

据陈垣《二十史朔闰表》(中华书局,1962 年 7 月),谦在世时,闰六月者,只有本年。因系于此。

顺治十四年丁酉(1657)　38 岁

冬末,毛先舒来访,夜饮吟诗。

毛先舒《潠书》卷六《寄沈去矜书》:"仆自前岁冬末,与足下为夜饮,吟诗至霜白不止,以为清快。"

书作于顺治十六年,见下文。

毛先舒《东苑诗钞》之《冬夜过去矜宅》当为记此次相会而作。诗云:"为访戴逵宅,东湖住寒车。霜清凋竹树,蜡(腊)近动梅花。纵饮高歌发,邀欢屡舞斜。起看庭月白,城上乱啼鸦。"

顺治十五年戊戌(1658)　39 岁

春,有诗寄赠毛先舒。

《东江集钞》卷四《雪霁,寄稚黄》:"去岁严冬汝出城,草堂烧烛待鸡鸣。祇应览胜频呼醉,无那相逢又送行。日照檐花犹冻雪,风暄江路已闻莺。《蕊云》新制能携赠,共赏东湖烂漫晴。"

诗云"去岁严冬汝出城",即指去年冬末的毛先舒来访。

《蕊云集》为毛先舒乐府体艳诗集。毛先舒《蕊云集》卷首《〈蕊云集〉又引》：“古织锦词云：‘蕊乱云盘相间深，此意欲传传不得。’余何意？当复何传？第笔涩舌蹇，思藏不能竟吐，窃比于女工纂组，怀制斐然而杼与手乖，间错盘乱。余放笔之后，不复能自解矣。遂题之曰《蕊云集》云。”

夏夜，与妻迟月于竹林。

《东江集钞》卷五《夏夕竹林，忆去年与亡妇迟月于此》。

谦妻卒于明年，诗亦作于明年。见下文。

与袁于令会于西湖。有诗、词、曲诸作唱和。稍后，与其书，论曲谱。

《东江集钞》卷七《与袁令昭先生论〈曲谱〉书》：“湖楼主聚，得闻巨论。辟若发幪，但恨日薄崦嵫，匆匆遽别，勿能挥戈而再中也。所谕官谱一事，仆退而细思。先生尚有不发之秘，……吴江著仆，亦未尝言之。……仆尝作《谱曲便稽》一书，备列时人所常用者，似不可不补入也。至先生新谱，欲以套数为主，其不入套者，俱为小令，附见于后。仆意配合则成套数，单行则为小令。不当别为两途。……仆新翻花犯诸引曲，俱蒙采收，附大著以传，何幸如之！”

《东江集钞》卷五《赠朱素月，兼呈袁令昭先生》。

《东江别集》卷三［西河·同袁令昭先生集湖上］：“春事晚，落红一夜，吹散蜻蜓、蛱蝶。漫踌躇，东君意懒。柳烟深锁玉楼空，画船犹把歌按。……”

《东江别集》卷五北套曲《和袁令昭先生赠朱素月》［玉交枝］：“垂怜多谢，我名儿呼为素月。无端误落莺花社，好些时受了轻亵，歌君妙词缘早结，相逢莫负良宵者。誓从今做袁家侍妾，誓从今做袁家侍妾。”

袁于令，字令昭，号箨庵，吴县（今属江苏）人。后降清，官至荆州知府。以忤监司罢官。有《金锁》、《长生乐》、《瑞玉》、《西楼记》等传奇。传见《吴门袁氏家谱》卷六、《民国吴县志》卷七九。孟森《〈西楼记〉传奇考》（《心史丛刊》二集，商务印书馆，1917 年）、李复波《袁于令的生平及其作品》(《文史》第 27 辑) 对其生平与作品考证颇详,可参阅。

　　袁于令曾在本年、顺治十八年(1661)两次来西湖。毛先舒《㲲书》卷一《赠袁箨庵七十序》:"吴门袁箨庵先生,今年寿齐七十。始先生戊戌来西湖,余与一再会面,即别去。末(未)由展谈宴然,先生颇亦有以赏余。今年复来,余携酒过其寓,酌先生酣。"孙治《孙宇台集》卷八《赠袁箨庵序》亦云:"先生往来吴中,常依违湖上。客有好事者,集数十宾客为好会。余适在坐,先生与余一见如旧相识,异哉!余何以得此于先生也?今年先生来湖上,谓余曰:'老夫七十,子何以为余寿?'余曰:'余无以为先生寿,余知先生之为东方先生也。……先生神识天授,必有以知之矣,幸先生有以教我,勿复秘也。'"

　　康熙刊本《南音三籁》袁于令序末署:"康熙戊申仲春,书于白门园寓,七十七龄老人箨庵袁于令识。"

　　康熙戊申是康熙七年(1668),袁于令七十七岁,则其七十岁之年是顺治十八年(1661)。唯不知谦与袁于令的西湖之会究竟是在本年,还是在顺治十八年(1661)。姑系于本年。

　　《东江集钞》卷四还有《题袁令昭先生虹桥新曲,兼呈王阮亭使君》,不详作年,亦附于此。

　　洪昇《啸月楼集》卷七有《遥赠朱素月校书,戏简袁令昭先生三首》。

子圣旭娶妻姚氏。

　　《东江集钞》卷八《祭亡儿圣旭文》:"十九岁,汝娶御儿姚氏。"

　　御儿,在今浙江桐乡县南。

顺治十六年己亥(1659)　40 岁

　　二月十六日,请画士为妻子画像。二十九日,妻卒。后置侧室江氏,梦妻,有诗。洪昇为作悼亡诗四首。

　　《东江集钞》卷六《先妻徐氏遗容记》:"妻于己亥二月十六日写

照,二十九日死。画士清河张璘也。"

《东江集钞》卷八《祭亡儿圣旭文》:"明年二月,汝母又以瘵死。"

《东江集钞》卷末附沈圣昭《先府君行状》:"后五年,先母徐氏亡。先君心益苦。顾诸儿幼弱,欲娶继室,恐虐前子,因置侧室江氏。"

《东江集钞》卷二《梦亡妇作》。

洪昇《啸月楼集》卷七《为沈去矜先生悼亡四首》其二:"脉脉凭栏泪未休,夜深珠斗挂西楼。无情最是填桥鹊,只见年年度女牛。"

洪昇(1645—1704),字昉思,号稗畦,又号稗村、南屏樵者,钱塘(今浙江杭州)人。二十四岁为国子监生,后因在国丧期间演《长生殿》,为言者所劾,被革去国子监生。工诗词曲作,有《啸月楼集》、《稗畦集》、《昉思词》、杂剧《四婵娟》、传奇《长生殿》等。传见《康熙钱塘县志》卷二一、《乾隆杭州府志》卷九四。章培恒先生《洪昇年谱》(上海古籍出版社,1979 年)、台湾曾永义先生《清洪昉思先生昇年谱》(台湾商务印书馆,1981 年)可参阅。

毛先舒来书,劝其勿续娶,纳妾即可。

毛先舒《潠书》卷六《寄沈去矜书》:"……尔后别去行二年,札书少通。然思之至今,犹如坐东湖草堂,白光射衣,酒气在襟也。闰三月尽,家兄自临平来,感足下谊甚高,并传贤嫂病逝已数月,闻之殊惊。嫂,贤媛也。且逸真先生既亡,太夫人随逝,足下持服财尽,而嫂氏继之,亦酷苦矣。遗儿六人,长者虽昏,未练世务。知足下必以群小儿子为忧。仆虽相好,何以慰之耶? 然有一事,可效忠于足下。本欲赴唁以悉,而俗务牵绊,又恐缓则何及? 故寓书相明。足下既丧耦,悼亡滋感。近闻有为足下谋续昏者,仆窃以此甚当斟酌之也。续昏事最不幸,亦最难。……续昏为正室,必求处子。年不过二十里外,与前子媳年略相等,后入晚姑,又年少相埒子,又非所素抚情,多龃龉,致必然也,一也。群小儿甫离母褓,骄稚之情未脱,骤以晚母之分加之,未必便驯,而晚母年少恃分,又不能姑息婉转,如亲母情分,情义又不洽,二也。足下今年四十,体弱不胜衣,又以苦吟加瘦,亡嫂静嘉,已中年,持家务辛苦儿女,故足下得高枕书室,宝啬神明耳。今续昏便事与前违,乍改弦更张之,须一日而三摩挲之,倘复庋之,便复辜负,虽欲养疴高卧,绝远房帏,岂可得哉? ……足下长子已娶妇,已降胙矣。虑幼妇者,更求一二老妇调维之,非无主耳。群儿大者十四五,小亦数岁,慈父兼母,冢嫂如娘。或如前云老妇者,亦得兼管诸儿,则群幼无母而有母,何如令虎牧羊、教猫乳鼠耶? ……总而蔽之,谓足下莫如勿复续昏为是。"

刘辉先生《清代曲家沈谦》(《戏曲研究》第 6 辑)云:"先舒曾劝其续娶,未果。"误。

夏,忆妻,有诗。

《东江集钞》卷五《夏夕竹林,忆去年与亡妇迟月于此》。

劝毛先舒勿改字稚黄,不从。柴绍炳亦有文对改字之利弊进行评说。

《东江集钞》卷八《止毛稚黄改字说》:"今毛子历仕而强,载驰载驱,经营四方,倜傥权奇,腾踏飞黄,乃欲啼门索食,争梨与栗,效黄口之号嘎邪? 况驰黄之称满天下,而一朝易之,称谓既淆,沿革莫辨,将以昔年之美,因易字而顿亡,政恐马牛犹或可应,而泾渭于焉不分,岂不重为毛子惜哉?"

柴绍炳《省轩文钞》卷四《毛、沈改字说》:"毛子驰黄近更字稚黄,友人沈去矜作论止之。以为驰黄之得名久,易之,人鲜知之。又稚与穉同近蒙昏,且自矜也,于义无取焉。毛子答之曰:'予易驰为稚,非无故。'又曰:'名不可久居。'因劝去矜改字以避之。此二说各是所见,然不无小偏也。……余愿当公而进曰:'请稚黄图其新,去矜仍其旧也。'"

四十岁为强仕之年。《礼记》卷一《曲礼上》:"四十曰强,而仕。"孔颖达疏:"强有二义:一则四十不惑,是智虑强;二则气力强也。"后因以为四十岁的代称。

顺治十七年庚子(1660) 41 岁

彭孙遹评谦词"泥犁中皆若人,故无俗物"。

《东江集钞》卷九:"彭金粟在广陵,见予小词、董文友《蓉渡集》,笑谓邹程邨曰:'泥犁中皆若人,故无俗物。夫韩偓、秦观、黄庭坚及杨慎辈,皆有郑声,既不足以害诸公之品。悠悠冥报,有则共之。'"

王晫《今世说》卷八:"彭羡门在广陵,见沈去矜、董文友词,笑谓邹程邨曰:'泥犁中皆若人,故无俗物。'"

《四库全书总目提要·〈东江集钞〉提要》:"此盖指宋僧法秀戒黄庭坚小词海淫,当入泥犁狱事。……其放诞可见矣。"

泥犁,亦作泥黎、泥梨,梵语,意译为地狱。《翻译名义集·地狱篇》:"地狱,此方名,梵称泥犁。"《云笈七籤》卷一〇引《老君太上虚无自然本起经》:"五道者,神入泥黎。泥黎者,地狱名也。"

彭孙遹(1631—1700),字骏孙,号羡门,金粟山人,海盐(今属浙江)人。顺治十六年(1659)进士,官中书舍人。康熙十八年(1679),应博学鸿儒试,列第一等第一名,授编修,累官至吏部侍郎兼翰林院学士。为《明史》总裁,以才学富赡、词采清华,有名于时。与王士祯齐名,号彭、王。有《南集》、《延露词》、《松桂堂集》等。传见《光绪海盐县志》卷一六《人物传》、《清史稿》卷四八四《文苑一》。

董以宁(1629—1670),字文友,号宛斋,武进(今属江苏常州)人。诸生。与陈维崧、邹祗谟、黄永号毗陵四子。工诗词文章,精研历法、乐律之学。晚年聚徒讲学,长于《易》、《春秋》。有《董文友全集》。传见《清史列传》卷七〇。

邹祗谟,字訏士,号程村,武进(今属江苏常州)人。顺治十五年(1658)进士,与陈维崧、黄永、董以宁号毗陵四子。有《远志斋集》。传见《清史列传》卷七〇。

彭孙遹评谦词的具体时间不详,其去年中进士,评谦词成为名言,当在其中进士之后,姑系于此。

《东江别集》卷二有[行香子·赋恨,次彭金粟韵]、[惜秋华·秋思,次彭金粟韵]、卷三有[念奴娇·用彭羡门韵,留别毛玉斯],亦不详作年,并附于此。

邹祗谟、王士祯辑《倚声初集》，收入沈谦词九首，并附评语。《沈氏词韵略》亦收入该书中。

邹祗谟、王士祯辑《倚声初集》卷八："[醉花阴·睡起]，去矜诸词，率从屯田、待制两家浸淫而出，言情浓至，不欲多留余秘。意得处直欲居秦、黄之垒。"

卷一〇："[踏莎行·恨情]，纵然、端正二语，是元十一所谓无力慵移腕，多娇爱敛躬，非双文辈不能当此。赵令畤咏会真词云端丽妖娆，亦是此解。"

卷一一："[临江仙·幽会，用李后主韵]，以拟南唐，真有色飞魂绝之妙。"

卷一三："[青玉案·写恨]，阮亭云：抱柱立时，绕廊行处，照见敲遍阑干之况。[粉蝶儿·自恨，和毛泽民韵]，比东堂原韵直称神似。"

卷一五："[满江红·书恨，用张安国韵]，如清真忆待月轩词，痴将秦粉，偷换韩香，意中有多少踌躇在。"

卷一七："[念奴娇·春情，用李易安韵]，阮亭云：仆少和易安此词，见去矜作，不免如张子布之柟榴枕矣。"

卷一八："[花心动·怨词，用谢无逸韵]，阮亭云：此首尤妙。然须知此等不可无一，不可有二。"

卷一八："[西河·感旧，用周美成韵]，阮亭云：刻意摹柳七，几不复有孙优之辨。"

《沈氏词韵略》收在《倚声初集》卷四。"《沈氏词韵略》，杭州沈谦去矜著，毛先舒括略并注。"

同卷还有毛先舒《〈词韵〉序》："去矜手辑《词韵》一编，旁罗曲证，尤极精推。谓近古无词韵，周德清所编，曲韵也。故以入声作平上去者，约什二三。而支思单用，唐宋诸词家，概无是例。谢天瑞暨胡文焕所录韵，虽稍取正韵附益之，而终乖古奏。索宋元旧本，又渺不可得。于是，博考旧词，裁成独断，使古近胪列作者，知趋众著为令，且同画一焉。十九韵虽详据古词，不无缘起。要其县度一端，定全韵之离合，而无或为。岂非凿空寻源，足以振发骈襟者哉？……去矜此书，不徒开绝学于将来，且上订数百年之谬矣。然卒读之际，间有抵牾。予为附注数条，比于贾、孔疏经之例焉。"

后有毛先舒《词韵说》二则、《声韵丛说》三则。

《倚声初集》辑成于本年冬。

《倚声初集》卷首王士禛序："《词统》一编，稍撮诸家之胜，然亦详于隆、万，略于启、祯，邹子与余盖尝叹之，因网罗五十年来荐绅隐逸、宫闺之制，汇为一书，以续《花间》、《草堂》之后。使夫声音之道，不至湮没而无传，而犹尼父歌弦之意也。书成，邹子命曰《倚声》，陆游有言：'唐自大中后，诗家日趣浅薄，会有倚声作词者，颇摆落故态，适与六朝跌宕意气，差近厥义。'盖取诸此后之作者，将由声音之微，以近求夫六义之正变。览斯集也，可以兴矣。是为序。时顺治庚子季冬，题于广陵之羼提阁。"

《倚声初集》卷首邹祗谟序："丽农子（邹祗谟号）与渔洋山人纂《倚声集》成，……乃书是言以为序。时顺治庚子长至后五日，书于广陵之东城精舍。"

十二月二十四日，作《先妻徐氏遗容记》。

《东江集钞》卷六《先妻徐氏遗容记》："庚子十二月二十四日，沈谦记。"

除夜，作套曲[中吕·除夜悼亡]，悼亡妻。

[中吕·除夜悼亡][粉蝶儿]："风散庭梅，助人愁雪云低坠。叹年光又早除夕。莫青樽，燃绛烛，魂消心碎。没揣底泣下沾衣，猛回头去年今日。"

[迎仙客]："谁想花旋老，月无辉，风雨送春春去急。向只道惯淹煎一回儿，真不起赤紧底凤拆鸾离，好些时冷落鸳鸯被。"

顺治十八年辛丑(1661)　42岁

与书李式玉。《美唐风》（即《翻西厢》）作于是年或其稍后，并作序。

《东江集钞》卷七《与李东琪书》："迩者风雅道衰，榛芜塞目。守谱者窘文，逞词者违法。文法两妙，而安顿当行者，幔亭一人而已。惜乎年耄，未见替人。足下挟怀蛟绣虎之才，降格从事，宜其建标拔帜，震耀一时，令昭之后，词林屈指，无怪仆之气索于遥闻也。……日下方撰《美唐风》一词，用反崔、张之案，以维世风。此虽小技，已不欲空作。"

李式玉（1622—1683），字东琪，号鱼川，钱塘人。有《鱼川初集》、《鱼川二集》、《巴余集》、《虎林杂事》和传奇《女董永》、《香雪楼》、《白团扇》等。传见毛际可《安序堂文钞》卷一五《东琪李君墓志铭》、《国朝杭郡诗辑》卷六。

《〈美唐风〉传奇自序》见《东江集钞》卷六。

此中详情，参见《研雪子〈翻西厢〉非沈谦〈翻西厢〉》一文。

康熙元年壬寅（1662）　43 岁

八月，作《灵晖馆梧桐记》。

《东江集钞》卷六《灵晖馆梧桐记》："予于是木也，见其艺植，见其长大，见其崩摧，才三十年耳。而先君之亡，又十有三年。桐之初生，予角未总，今头白齿豁，老将至矣，能不悲哉？于是，鼓琴为桐摧之歌曰：疾雷隆隆兮天雨风，凤凰不来兮梧桐摧，援琴放歌兮泪滂沱。俄弦绝而不能音也，胡子援他琴，复为之乱曰：君若有心兮持作琴，轸玉徽金兮怀好音。是不可无记，其年壬寅，月丁未也。"

康熙二年癸卯（1663）　44 岁

二月十九日，游佛日寺。

《东江集钞》卷六《游佛日寺记》："余向与云涛法师期为黄鹤之游，癸卯二月十九日，谋之家兄、舍侄辈，将践其约，同出西关，取径至安隐。云涛闻予入山，甚喜，遂偕行至新桥。……又三里许，至石鼓亭。……此即晋张华识石鼓处，今名桐叩。……时已过午，……已，至净慧寺。……洵东南古刹也。宋杨无为诗云:'佛日山前水,行人甘露杯。须知源脉远,直是四明来。'……"

佛日寺、黄鹤山均在仁和县境内。

佛日寺在黄鹤山北。见《康熙仁和县志》卷二四《寺观》。

黄鹤山在皋亭山东北。见《康熙仁和县志》卷三《山川》。

康熙三年甲辰(1664) 45 岁

子圣旭卒,有诗哭之。

《东江集钞》卷八《祭亡儿圣旭文》:"汝年二十有五而死。"

《东江集钞》卷五《哭圣旭》。

与书吴百朋。时百朋官肇庆司理。

《东江集钞》卷七《寄吴锦雯》:"足下之佐肇庆,非厌清贫,当为端溪一片石耳。与昔人句漏之请,同其高躅也。他日东还,仆将分公郁林之余。岭南毒热,不能更为茂陵刘郎也。一笑。"

吴百朋从本年至康熙六年官广东肇庆司理,康熙七年戊申归,八年己酉,官南和知县。孙治《孙宇台集》卷二《北征赋》:"友人吴锦雯为南和令,订余偕行。己酉三月,发武林。夏五,抵邑。慕叔皮之制,以写行路愁幽之思,遂有是篇。"孙治《孙宇台集》卷二四《亡友吴锦雯行状》:"甲辰,再任广东肇庆司理。……丁未,裁缺。君闻而喜曰:'父老悬车,不归何待?'求抚军王具题。王抚军业已许之,而不意病死。不果。戊申,遄归,又具控于浙之开府蒋公。蒙许题疏,会蒋公又捐馆舍。又不果。藩司以南和凭限相促,不得已,捧部檄之官。盖五月二日莅任也。"文云:"再任广东肇庆司理",非指两任广东肇庆司理,而是指两任司理。百朋此前任苏州司理。谦与吴百朋书,应在百朋官肇庆司理任内,究竟在哪一年,难考,姑系于本年。

《东江集钞》卷五还有《送朱公是之广东兼呈景宣、锦雯二首》,亦作于百朋官肇庆司理任内,并附于此。

张丹带来王士禛书,谦回书,并将和其[沁园春]词附寄士禛,既表相思,兼以请益。

《东江集钞》卷七《与王阮亭》:"仆偃伏江左,蓬蒿满门,亦知济南有阮亭先生者,才大德隆,震悚一世,皆以为于鳞、稼轩再来。爱而不见,可胜反侧。岂意佐郡维扬,仅一江之限也?祖望南还,持足下书至,兼之名集种种。文气岸特,时辈罕俦。因知足下与辛、李二君,亦偶同其地耳。而诗词品目,宁遽逊之?仆不觉有怃然积薪之叹矣。[沁园]再奏,不足步追雅篇,聊寄相思,兼以请益。冰坚雪甚,欲渡无梁。未审何时得瞻榘范,续红桥之胜游也?"

《东江别集》卷三[沁园春·寄赠王扬州阮亭,即用其偶兴韵](二首)。

王士祯(1634—1711),字子真、贻上,号阮亭、渔阳山人,山东新城人。顺治十五年(1658)进士,授扬州府推官,康熙间历礼部主事、翰林院侍讲,官至刑部尚书。倡神韵说,领诗坛近五十年。有《阮亭诗钞》、《带经堂集》、《渔阳山人菁华录》、《池北偶谈》等。传见宋荦《西陂类稿》卷三〇《资政大夫刑部尚书王公士祯暨配张宜人墓志铭》。

王士祯顺治十五年中进士,十六年任扬州府推官,十七年三月至任。康熙三年十月,内迁礼部主事。本年三月,与诸人修禊红桥,张丹与焉。因此,张丹带王士祯书与沈谦,必在此事之后。宋荦《西陂类稿》卷三〇《资政大夫刑部尚书王公士祯暨配张宜人墓志铭》:"戊戌,殿试二甲。谒选得扬州推官。……官扬五年,内擢礼部主客司主事。"惠栋《〈渔洋山人自撰年谱〉注补》卷上:"顺治十六年己亥,二十六岁。谒选得江南扬州府推官。……顺治十七年庚子,二十七岁。赴扬州,匡庐公就养偕行。三月到官。……康熙三年甲辰,三十一岁。在扬州。春,与林古度茂之、杜濬于皇、张纲孙祖望、孙枝蔚豹人诸名士修禊红桥,有《冶春诗》。诸君皆和。……十月,山人内迁礼部主客司主事。"

与书洪昇。

《东江别集》卷七《与洪昉思》:"晓登第一峰,见越中诸山,俱为雪浪所拥。加以薄雾瀜霽,仅露一眉。沙上驼畜人马及截流之舟,亦如镜中尘、杯中芥耳。顷之,旭日升空,大江皆赤。浮金耀璧,不足喻之。氛雾潜消,胸怀一爽。想足下此时玉楼未起,尚托春醒,焉知耳目之外,有如此气象耶?"

章培恒先生《洪昇年谱》云本年"七月,与黄兰次成婚。……昉思自幼年以迄成婚前后,生活皆甚优裕",并以此书为证(第63页)。今从其说,将此书作年系于本年。

《东江集钞》卷三《讯洪昉思卧疾》、卷四《月华寺同洪昉思作》、卷五《寒夜戏赠昉思》均是谦与洪昇交往之作,不详作年,并附于此。

作[菩萨蛮],和王士禛《题青溪遗事册子》。

《东江别集》卷一[菩萨蛮·戏和王阮亭使君题青溪遗事册子]。

陈维崧《湖海楼诗集》卷一亦有《为阮亭题青溪遗事画册》(七首)。

诗按年编排,此诗在甲辰年下。谦此词亦当作于本年。

孙默征谦词刻于扬州,作[探春慢]词寄之。

《东江别集》卷三[探春慢·孙无言征刻予词,遥有此寄],末注云:"无言尝刻邹程村、彭羡门、王阮亭三家诗余。"

孙默(1613—1678),字无言,号桴菴,休宁(今属安徽)人。工诗,客居扬州。以布衣终身。有《笛松阁集》。传见汪懋麟《百尺梧桐阁集》卷五《孙处士墓志铭》。

孙默刻邹祗谟、彭孙通、王士禛三家词在去年。陈维崧《湖海楼诗集》卷一《送孙无言由吴阊之海盐,访彭十骏孙》,题下注:"时无言刻程村、骏孙、阮亭三家词。特过海盐,索骏孙小令。"诗编年,诗前注时间"癸卯"。王士禛《渔洋诗话》卷上:"康熙癸卯,……孙无言默欲渡江往海盐访彭十羡门。人问有何急事,答曰:'将索其《延露词》,与阮亭《衍波》、程村邹祗谟《丽农词》合刻之。'陈其年维崧赠以诗云。"

征刻谦词在刻邹祗谟、彭孙通、王士禛三家词之后,姑将此事与作［探春慢］词系于本年。

沈氏词选成，有词寄邹祗谟。邹氏赴江西，有词送行。后又有词怀之。

　　《东江别集》卷一［万峰攒翠·沈氏词选成，寄常州邹程村］，末注云："无言尝刻邹程村、彭羡门、王阮亭三家诗余。"

　　《东江别集》卷二［氐州第一·送邹程村之江西］："万古钱唐波浪涌，雪滔滔日夜东注。别酒淋漓，孤舟摇漾。残照低云，满路执手，方凄恻、人说潮平可渡。野鸭鸣沙，林蝉噪柳，更听柔橹。　　十载相思能一晤，有无限幽情难诉。流水空弹，凌云初就，怕蛾眉嫉妒。豫章城，星子县，堪纵目，襟吴带楚。倘遇秋鸿寄书来，水天朝暮。"

　　《东江别集》卷二［玉女剔银灯·夜阅倚声集，怀邹程村］，末注云："程村时客江西。"

　　此三事和词作的具体时间不详，要亦当在《倚声集》辑成、孙默刻邹祗谟、彭孙遹、王士禛三家词之后，姑系本年。

康熙四年乙巳（1665）　46岁

八月一日，率子侄贺毛先舒父毛应镐八十寿辰。

　　毛先舒《潠书》卷六《与沈去矜书三首》其一："忆前岁八月朔，张乐设饮，荷足下翩然率子侄来过，登堂执敬，传致先君。先君亦蘧然笑谓：'有何德，敢邀大君子宠光如此。'未几疾深，卧起床蓐，至去腊而长逝。悲夫！"

　　书作于康熙六年（1667）。

　　毛先舒《潠书》卷七《先考继斋公行略》："公八十大庆，同郡诸君子合辞为公征文章者四十四人，得古文、诗歌三百余篇。一时称盛事。……公生于万历丙戌（十四，1586）八月一日巳时，卒于康熙丙午十二月十八日戌时。"

　　据此文，毛应镐（1586—1666），字叔成，号继斋。业贾。

康熙五年丙午（1666）　47岁

往杭州访洪昇，洪昇盛称俞士彪［荆州亭］词。

《东江集钞》卷七《与俞士彪》:"昨在南屏,昉思盛称足下[荆州亭]词'街鼓一声声,却似打人心里'。"

章培恒先生《洪昇年谱》将《与俞士彪》所述与洪昇交往事系于本年,可从。南屏,南屏山,在杭州西南。

俞士彪,字季琭。见其与陆进所辑《西陵词选》署名。

又,《国朝杭郡诗辑》卷一四:"俞珮,字季琭,号潜庄,钱塘人,官江西崇仁县丞。有《潜庄诗钞》。"

又,王昶《国朝词综》卷一三:"俞士彪,一名珮,字季琭,钱唐人,官崇仁县县丞。有《玉蕤词钞》二卷。"

康熙六年丁未(1667) 48 岁

毛先舒来书,述心疾愈剧、家境愈艰、欲走石鼓湖、斥卖田荡的境况。

毛先舒《潠书》卷六《与沈去矜书三首》其一:"……心疾愈剧,踟蹰堂阶东西,忽忽外有声入耳者,非催科即索负也。无言可支,无方可避,此皆仆平生未历境也。足下亦曾尝之耶?念欲走石鼓湖,斥卖田荡,稍支日月。河路暵干,颇艰舟楫。又恐米价方平,瘠田少售,且徒费足下作一夕东道主人,为此迟迟,未欲便东。"

作[满江红]词,次洪昇韵。

《东江别集》卷二[满江红·读沈丰垣新词,次昉思韵]:"落魄谁怜,才几日、鬓中堆雪。则除是、猧儿能见,鹦哥能说。过眼花随流水去,断肠人向西风别。助凄凉枕上玉箫声,灯明灭。　　情已尽,犹啼血。言不尽,空存舌。似残莺宛转,冷泉幽咽。梦醒忽惊时序改,愁来不信乾坤阔。再休将醉墨写相思,生绡裂。"

《东白堂词选》卷一○洪昇[满江红·送沈通声之吴门]。

章培恒先生《洪昇年谱》将此唱和之词系于本年,可从。

《东城杂记》卷下《沈柳亭》:"沈丰垣,字通声,号柳亭,仁和人。学于临平沈去矜,最工为词。……著有《兰思词》。"

杨钟羲《雪桥诗话三集》卷四:"谭复堂谓沈通声倚声柔丽,探源淮海、方回,所谓层台缓步,高谢风尘,有竟体芳兰之妙。通声,仁和诸生,学于沈去矜。有《兰思词》。"

读洪昇赠毛玉斯曲作,作小令[那吒令]。

《东江别集》卷四[那吒令·读洪昉思赠毛玉斯曲,戏作]:"赛东家妙曲,有毛家玉斯。胜东阳好诗,羡洪家昉思。理东江钓丝,拚醺醺醉死。只图他食有鱼,管什么碑无字。醒来啊月上花枝。"

《啸月楼集》卷二《与毛玉斯》:"去年临歧将揽辔,毛生相送忽垂泪。……忆与君游才几时,倾盖一语成心知。浊酒对倾浑不厌,奇文互赏直忘疲。"章培恒先生《洪昇年谱》云洪昇"与玉斯游当自本年始"。(第83页)且将此二作系于本年,可从。

毛玉斯生平暂无考。

《东江集钞》卷三有《赠毛玉斯》、《东江别集》卷三有[念奴娇·用彭羡门韵留别毛玉斯曲],作年不详,并附于此。

除夕,作[月笼纱]词。

《东江别集》卷二[月笼纱·除夕]下阕:"莫恨无情岁月,何妨痼疾烟霞。醉乡高枕即为家。四十八年堪一笑,蚁阵蜂衙。"

康熙七年戊申(1668) 49岁

有词、诗寄洪昇。

《东江别集》卷二[空亭日暮(新翻曲,意难忘,用仄韵)·寄洪昉思,时客蓟门]:"空亭日暮,记声断骊歌,摇鞭欲去。沙草半连云,雪花时带雨。梦难凭,期漫许,但相看无语。才转眼,散发披襟,江南酷暑。

我有离情怎诉?想望月庐沟,也思旧侣。斫地为谁哀,谈天何自苦。妙文传,芳信阻。正金台吊古。愁多少,骏骨如山,寒烟宿莽。"

章培恒先生《洪昇年谱》:"昉思入京始于何年,本集无明确记载。"据其考证,当在本年春初(第87—88页)。今从其说,将此词之作系于本年。

《东江集钞》卷四《寄洪昉思》:"相忆高楼对朔风,金台裘马正豪雄。歌传北里千门沸,尘起东华十丈红。远水暮寒垂断柳,乱山晴雪望归鸿。不须荐达寻杨意,赋就凌云尔最工。"

章培恒先生《洪昇年谱》:"昉思明年秋末已返杭,诗当为本年冬作。"(第96页)今从其说。

康熙八年己酉(1669)　50岁

正月十九日,生日,潘云赤以曲寿谦,依韵答之。

《东江别集》卷三[东湖月·己酉生日,潘生云赤以自度曲寿余,览次有感,依韵答]。

《国朝杭郡诗续辑》卷三:"潘云赤,字夏珠,仁和人。有《月轩诗集》、《桐鱼新扣词》。"

同卷收录其《题鲍芝山别业》、《集东江草堂,送沈会宁北上,因忆春时曾于此别叔义云》、《景星观即事》三诗。

三月,往杭州探望毛先舒病。

《东江集钞》卷末附毛先舒《沈去矜墓志铭》:"先舒自己酉春病剧,困甚。三月十四日,锦雯之官南和,宴友生为别。虎臣过邀余偕往,不能行。去矜时买舟入会城视余。"

有诗寄诸匡鼎,兼怀洪昇。诸匡鼎病中得诗,赋答。

《东江集钞》卷四《寄诸虎男,兼怀昉思》:"西湖携手即天涯,慧日峰前浪滚沙。别后青萍逢打鸭,到时黄柳不胜鸦。闲心阅世头先白,醉眼看春日未斜。苦忆樽前人万里,可无消息问京华。"

诸匡鼎《橘苑诗钞》卷四《病中得沈去衿寄赠新诗,赋答》。

章培恒先生《洪昇年谱》:"昉思明年秋末返杭,诗至迟为本年春间作。姑系于此。"(第101页)可从。

诸匡鼎,字虎男,号橘叟、镇石旅人。钱塘(今浙江杭州)人。监生。卒年七十五岁。有《说诗堂集》、《橘苑文钞》、《橘苑诗钞》、《且看斋尺牍》、《茗柯词》、《楚游日纪》、《橘谱》、《今文短篇》、《今文长篇》等。传见诸匡鼎《说诗堂集》卷首章士玕《钱唐诸虎男先生传》、《康熙钱塘县志》卷二二《人物·文苑》、《国朝杭郡诗辑》卷一〇。

作[丹凤吟]词，答洪昇梦访之作。

《东江别集》卷三[丹凤吟·答洪昉思梦访之作]："别后相思一样，目断城云，魂消江树。玉帘深锁，愁似乱莺狂絮。沉沉落照，半明还暗。野烧回春，寒山催暮。梦里何曾怕险？滚雾翻风，为我连夜飞度。　　也有镇常相见，见时不免含嫉妒。道我眉儿翠，又身轻过汉，腰细如楚。那知憔悴，不复再行多露。关黑枫青，君自爱，更休将愁诉。但须纵酒，看石榴半吐。"

章培恒先生《洪昇年谱》："细味词意，昉思是时必客居远方，故有'何曾怕险'、'滚雾翻风'、'连夜飞度'等语，当作于客燕之时。又，沈谦上年有寄昉思[空亭日暮]词，作于酷暑。词中屡述别时情景，似为别后第一次寄赠昉思之作。故此词当作于[空亭日暮]后。词中既有'石榴半吐'等语，自为本年春夏间所作。"（第101页）可从。

与徐汾、张砥中、吴允哲等交往，有诗纪之。

《东江集钞》卷四《寄徐武令、张砥中、俞璈伯、洪昉思兄弟》："郡楼初望酒初醨，忆得招携有数君。……"

《东江集钞》卷二《同虎男宿台柱馆舍，赋此留别》。

洪昇《啸月楼集》卷三《夜集广岩寺，同沈去矜先生、吴允哲、沈通声作》。

《国朝杭郡诗辑》卷六："徐汾，字武令。仁和诸生。有《万卷楼集》。……口吃，不能言，喜著书。苦无由得钱易楮翰，常于破几上起草，束麻濡煤作字。"

《国朝杭郡诗三辑》卷二："吴钦，字允哲，仁和诸生。有《叩壶集》。允哲于康熙壬申始为邑诸生，年五十七矣。馆于临平最久，故多与沈东江及宏宣唱酬之作。早年有《白云楼》传奇行世。"

《白云楼》应为《白雪楼》之误。《东江集钞》卷四《送吴允哲之苏州，吴有〈白雪楼〉剧》。

《东江集钞》卷七《与张台柱》："足下从吾游最后，而质性警敏，可以有成。年来车辙马迹，尝在千里之外。吾谓远游固能开豁胸襟，然颇悖于百工居肆之训。或云：龙门之文、少陵之诗，游而益奇。然必有二公之学，则可耳。否则，登陟应酬，反致失时旷业，下帷自励，宜以董子为师也。"

《清波小志》卷下："张砥中台柱，钱唐人。家住白莲州侧。少时能大言，力能挽三百钧弓。临文绝不苦思，而稿已脱手。尤工填词，著有《洗铅词》数百首。语多香艳，而亦有沉着老练支出。师事沈东江谦，与洪稗畦齐名。甲寅从军，授招抚教谕职衔。（福建）总督姚忧庵雅推重之，旋以不检被斥。中年游侠江淮，踪迹靡定。后入婺州太守幕，挟其家人而窜。逻者捕得之，置狱中年余，撰《万人敌》、《八宝刀》乐府数种。中丞金公鋐怜其才，将释之，乃婺州使君忽为家奴所弑，复牵张入案。未几，遇恩赦，得放还。适金中丞被论，张念旧德，号聚都人士，投词督抚，恳其疏留。会冤家官于都门者，闻张漏网，遂属法司行文浙省，凡罪囚内似可援赦而情有可恶者，仍行正法。一日，张正在友人所小饮，收者至，缳首于钱唐门外。临刑赋[满江红]一阕，有'一失足时无可悔，再回头处如何是'之句。盖狂而无行，临死自悔，殆无及矣。"

与徐汾、张砥中、吴允哲等人的交往，始于何年，难以确考，姑系于此。

与书同年诸子。

《东江集钞》卷七《报同年诸子》："无德可羞，有形必坏。孔子五十而知天命，今欲礼佛饭僧，以求永延，可谓不知命矣。一言之嘉，一行之善，常留天地间。不朽者，只此耳。苟其碌碌生百年，何益乎？彭祖妻四十九、子五十四，便当哭泣过日。可知人生不幸，乃有期颐。不必如范文子之祈死，亦何至学秦王、汉武之欣慕长生也。"

书中云"今欲礼佛饭僧，以求永延，可谓不知命矣"，知谦作此书时，已达知命之年。故将此书之作系于本年。

为毛先舒选定词集《鸾情集选》，以先舒词中有三"瘦"字，谦戏称其为"毛三瘦"。

毛先舒《〈鸾情集选〉自题》:"余年十余尝学为填词,积之成帙,临平沈子去矜为余选定。汰多登少,曰:'此可存也。'后偶有所作,又稍补入,因名之曰《鸾情集选》。取王子安'鸾情邈云汉'之句。"

《鸾情集选》,收入《思古堂十四种书》中。结集之年已难确考,当在先舒改字之后,沈谦去世前。姑系本年。集中附有沈谦评语五则。[临江仙·写意]后毛先舒自注云:"沈去矜尝举余词'不信我真如影瘦'、'鹤背山腰同一瘦'、'书来墨淡知伊瘦',因嘲余曰:'昔子野称张三影,君今可谓毛三瘦矣。'"

毛先舒以《晚唱》与谦。谦赏叹,欲拟作数十篇合刻之。先寄《柳烟》、《塘上》二首。明年,谦卒,未果。

《晚唱》卷末毛先舒自跋:"余始作《晚唱》,录成一帙,以示余友临平沈去矜谦。去矜赏叹,且云:'当拟此体数十篇,与足下合刻之。'已寄来《柳烟》、《塘上》二曲,浓丽淡宕,语语惊魂,令我伧父欲自匿。乃未几,而去矜溘焉矣。开箧见书,泪为沾臆,因附刻二诗于卷之末。"

十一月三日,妻忌辰奠后,预感将不久于人世,对子圣昭言,明年此时"当与汝母共飨此"。是夜,患脚气、伤寒,一月乃愈。

《东江集钞》卷末附应㧑谦《东江沈公传》:"先一年,遇其内忌,谓诸子曰:'汝母先我十年而去,来岁今日,当与汝母共飨矣。'诸子皆惊,莫测其故。"

《东江集钞》卷末附沈圣昭《先府君行状》:"然生死来去,先君若预知焉。是岁十一月三日,先母忌辰奠后,对圣昭曰:'汝母先我十年而去,来岁今日,吾当与汝母共飨此矣。'圣昭闻之错愕,莫测其故。是夜即患脚气、伤寒,药治弥月乃愈。"

康熙九年庚戌(1670)　51 岁

二月十三日,卒。享年五十一岁。卒前,梦中得词二首,命子圣昭书之。请应㧑谦作传,毛先舒作墓志铭。并以文集的编刊为念。洪昇、陆进、沈丰垣、张砥中宿东江草堂,哭悼之。洪昇有诗二首纪之。

《东江集钞》卷末附应撝谦《东江沈公传》:"于康熙庚戌二月卒。……临卒,呼子昭曰:'吾将逝矣,汝辈能善承其后,虽斋志以殁,不死于妇人女子之手。使吾端坐而正命焉。'遂起,摄衣冠,言讫而逝。……其友应撝谦尝至临平卖筮,君命二子受业。将卒,命其子昭曰:'汝师知我,盍请为传。'"

《东江集钞》卷末附毛先舒《沈去矜墓志铭》:"属纩时,语圣昭以传属应嗣寅为之,而托先舒铭墓。……乃明年(按:本年)正月虎臣死,二月十三日,去矜讣来。是月,锦雯卒于官。三月,凶问亦至。余以宛转床蓐之身,不及周时而三哭故人。"

《东江集钞》卷末附沈圣昭《先府君行状》:"卒于康熙庚戌岁二月十三日子时,享年仅五十有一。……孰知病踝中有鬼,终以此殁耶?未卒前数日,得梦中词二首,命圣昭书之。皆言神仙脱化之事。临殁无愁苦状,呼圣昭属曰:'吾病殆不起,汝辈能善承其后,吾无憾矣。吾素履,惟汝师应、毛两先生相知为悉,传志汝其求之,两先生当无却也。吾虽斋志以殁,不可死于妇人之手。使吾端坐而正命焉。'遂起,摄衣冠而逝。"

《东江集钞》卷末附沈圣昭跋:"每忆易篑之言,则凄然泣下。以为大块劳我以生,逸我以死,修短任运而已。况平生志节盖棺论定,差足自慰。盖古之不朽者二,惟文与子耳。今吾文与子俱有之,而不能必其不朽者,其任在子。圣昭悲咽不自胜,亟应曰:'唯儿当殚心力以图之,勿深虑也。'"

《东江集钞》卷末附应撝谦《东江沈公传》:"尝寓书其友毛先舒曰:文集必须手自较定。若谓多子孙,门下士可以托之使传,全不知一字未安,枯髯欲断之苦。"

《康熙仁和县志》卷一八《文苑》:"卒年五十一。"

洪昇《啸月楼集》卷七《同陆荩思、沈逷声、张砥中宿东江草堂,哭沈去矜先生二首》:"恸哭西州泪不干,一堂寥落白衣冠。愁鸱啼杀空山夜,月黑枫青鬼火寒。""忽然梦醒草堂中,唧唧蛩吟四壁空。我向缤帷呼欲出,寒灯一焰闪西风。"

应㧑谦,字嗣寅,仁和人。"㧑谦天性孝友,动必中礼。资悟明敏,为诸生,试辄前矛(茅)。食饩,读五经、四子、先贤性理诸书,欣然有得。单(殚)思研虑,辨惑析疑,有合于圣贤而后已。其学以躬行实践为先,肆力礼乐、刑政、农田、水利、选举、学校以及师旅、赋役之事,无不讲求一事必考其源,一端必竟其委。其所以教人,一如胡安定之教弟子。乙酉后,不应制举,教授自给。修脯外,不妄受人一钱。……有博学鸿儒之举,兵部侍郎项景襄以㧑谦应诏,力辞不赴。以癸亥七月病卒。"见《康熙仁和县志》卷一八《儒林》。"癸亥"是康熙二十二年(1683)。应㧑谦传又见《清史稿》卷四八〇《儒林一》。

《民国杭州府志》卷九四《文苑》:"陆进,字荩思,余杭贡生,温州府学训导。诗古风以汉魏为法,近体以初盛唐为宗。尤特严于雅俗二字。即西泠十子而起者,未能或之先也。"《嘉庆余杭县志》卷二七《文艺传》亦有其小传。陆进有《巢青阁集》。

康熙十一年壬子(1672)

应㧑谦为谦作传。

> 《东江集钞》卷末附应㧑谦《东江沈公传》:"后二年,昭泣请,遂以传之。"

子圣昭为父刊定遗集。毛先舒与圣昭书,评谦"赋在西东汉魏人之间,诗古隽沉秀,亦复无不具。略方之古人,二曹、江、鲍、摩诘、飞卿,不但不愧之而已。文章清且密,尺牍尤居上流。余体往往并臻工妙"。并谈遗集的刊刻体例。遗集刻成,张丹有诗贺之。毛先舒为沈谦作墓志铭。

> 《东江集钞》卷末附沈圣昭跋:"《东江集钞》者,先大人手辑之书也。自庚寅以后凡五易稿。……唯甲辰后之诗文未附者。圣昭与潘子赤云稍为商定补之。……余小子年已及壮,而知昧六七,同于靖节之儿,贻谋虽善,其所为绳武者,竟何如也?更复贫窭,淹逾岁月,始较遗编。……勉成此书,布之通邑,稍尽人子分内之一端耳。"

　　毛先舒《思古堂集》卷二《与沈圣昭书》:"别六载矣,虽时通问讯,感叹乃兴。尊君去矜公书损数册,大废纸,且兼之刷印装潢,为赀甚多。不佞徽当一再,惭荷,惭荷。尊君赋在西东汉魏人之间,诗古隽沉秀,亦复无不具。略方之古人,二曹、江、鲍、摩诘、飞卿,不但不愧之而已。文章清且密,尺牍尤居上流。余体往往并臻工妙。尊君婷婷矫矫,孤踪自退,与不佞三十年友好,又辱弘宣在门,每怀昔游,渺如山河,取而诵之,恍忽对面吴山秋气,甚佳哉!况苍翠满户牖,西风飒来,木叶纷脱,遥见翔雁,一一望钱唐江沙面而落,越岫层复,烟彩百状。于斯时也,引满独酌,且酌且吟,往往狂呼绝倒而笑。已,涕泪纵横集,又不复知其所从来。曹子桓云:'既痛逝者,亦行自念文章付后人,大是险事。'幸不致饱虫鼠,盖醯酱,或以之售利,即什袭大佳耳。求得馨绝为流传,慰地下魂魄,千百中罕一二三。尝语儿子:'生子当如沈弘宣!汝曹当思齐。'既又叹我才德不及尊君十倍,又安感期儿子必得如弘宣兄弟者乎?然亦望之自努力。倪冲之为父刻遗书,竟不惜竭厥心力。书传,其父子俱传。又可以风不佞名字缀《东江集》,幸且数见尊君千古,我亦千古,弘宣兄弟亦千古矣。……刻例尚有相商处,别条悉送来。弘宣或可更斟酌之否?良晤乎何时?东望邑邑,悲来填膺,殆不可云。"

　　《东江集钞》卷末附毛先舒《沈去矜墓志铭》:"卒将葬,子圣昭来乞余铭。余虽病卧,弗敢却。……去矜尝云:著作须手定自刻,庶保乖远。若以俟子孙,恐故纸觚不足当二分直也。枯心落须,辛苦大极,已作北邙土,安能复知身后名邪?语罢,太息。今圣昭与诸弟竭力为亡父刻平生遗书,真可谓孝子也。已,敬谓铭曰……"

　　张丹《张秦亭诗集》卷八《喜沈圣昭刻其父去矜遗集》。

康熙十八年己未(1679)

　　查培继编《词学全书》成,收入仲恒《词韵》。仲恒《词韵》是在沈氏《词韵》基础上订定而成。《词学全书》中《古今词论》一卷,收入谦论词语多条。

查培继编《词学全书》仲恒《词韵》卷首："沈遹声曰：自有词以来，韵书漫无所宗。仆因丁子欧冶，得交于仲子雪亭。雪亭著作累千百，时出其诗词与仆商榷。一日，袖沈氏《词韵》示仆，曰：'是编为词家津筏，奈缮本既多讹误，刊书又复鲁鱼亥豕，参错遗漏。余细心考较，三阅月而成书。'仆笑曰：'子有是编，岂宜独秘？'雪亭曰：'是辑原为奚囊之用，非欲公之海内也？'雪亭谓：'韵书向以音声为序次，如一东必自东冻蛛联贯而下，采用者苦于翻阅。余臆为次第以作词，所常用者列于前，偶用者次之，难用者又次之。以此问世，或者狃于成法，反以舛错见讥。'仆曰：'否，否！书以适用为贵。前此去矜先生既取诗韵而分之合之，吴薗次、赵千门两先生之刻，复有删有改，已不遵休文原韵。剪其繁芜，而另为编辑，子之序次，又何碍焉？'"

《词韵》下署："钱塘雪亭仲恒道久编次。"

王昶《国朝词综》卷一三："仲恒，字道久，仁和人。"

《词学全书》之仲恒《词韵》卷首："陆葇思曰：予友沈子去矜著《词韵》一书，未及梓而没。余谓此书实词学功臣。……去矜博考古词，参之音律，以正当世误用曲韵之病。……要之，去矜韵不可易，雪亭起而订定之，《词韵》其完书矣。"

《词学全书》中《古今词论》一卷收入谦论词多条。

《词学全书》编成于本年。《词学全书》卷首《〈词学全书〉序》："时康熙十八年岁次己未长至日，查培继题于如圃草堂。"

康熙二十六年丁卯(1687)

蒋景祁编《瑶华集》成，收入谦词四十一首。并附录《沈氏词韵略》。

蒋景祁编《瑶华集》卷末附二："《沈氏词韵略》，杭州沈谦去矜著。"

《沈氏词韵略》后附："毛奇龄曰：词本无韵，故宋人不制韵，任意取押。虽与诗韵相通，不远。然要是无限度者。予友沈子去矜创为《韵略》，而家稚黄取刻之。虽有功于词甚明，然反失古意。"

《沈氏词韵略》后附蒋景祁云:"西河洞晓音律,为词学宗师。其推驳宋韵,严辨出入,至精且晰。然以去矜之书为不必作,则又矫枉过其正矣。……去矜之论从乎宽,西河之意严,而其论愈失之宽。读者勿以词害意,而一奉休文之韵为宗,则两家之说可息矣。附笔于此,以俟高明论定焉。阳羡后学蒋景祁。"

《瑶华集》选词多于沈谦的有:陈维崧一百四十八首、朱彝尊一百十一首、蒋景祁八十九首、史惟圆四十五首、曹溶四十三首。

蒋景祁编《瑶华集》卷首《刻〈瑶华集〉述》:"调名原本前人,后起屡有更易,大约因名人绝唱,取异标新。……今具遵旧谱,不录新名,亦复古之意也。惟丁仪部澎、沈处士谦,自工度曲,其按谱有出前人之外者,则概从本集所命。然皆联珠合璧,纂述为多,何嫌于作。"

《瑶华集》编成于本年。《瑶华集》卷首顾景星《〈瑶华集〉序后》署本年:"康熙丁卯三月,玉山人顾景星书。"《瑶华集》卷首宋荦《〈瑶华集〉序》则署去年:"康熙二十五年秋八月上浣,雪苑宋荦撰。"编成当在本年。

著有《东江集》、《词韵》、《南曲谱》、《古今词选》、《临平记》、《安隐寺志》、《沈氏族谱》诸书和传奇六种、杂剧一种。

《东江集钞》卷末附沈圣昭《先府君行状》:"性耽著述,暮年弥甚。每当郁郁,托诸咏歌。下帷端坐,手一编。家人有所请,若勿闻也。自天人性命、经史之学,以及诸子百家、阴阳医卜之书,无不该览。……所著《东江集》,凡诗赋二十一卷、文六卷、词曲十二卷外,复有传奇六、《词韵》、《南曲谱》、《古今词选》、《临平记》、《安隐寺志》、《沈氏族谱》诸书。"

《东江集钞》卷末附毛先舒《沈去矜墓志铭》:"所著《东江集钞》、《词韵》、《词谱》、《南曲谱》、《古今词选》、《临平记》、《沈氏族谱》、传奇,凡若干卷。"

《康熙仁和县志》卷一八《文苑》:"所著《东江集钞》、《词韵》、《词谱》、《南曲谱》、《古今词选》、《临平记》凡若干卷。"

　　《东江集钞》卷末附应㧑谦《东江沈公传》:"所著《东江集》,有诗赋二十一卷、文十卷、词学十二卷,共四十三卷,行于世。又有《词韵》、《词谱》、《南曲谱》、《古今词选》、《沈氏族谱》诸书,未梓。《临平记》已梓,版毁及半,未行。"

　　《清史列传》卷七〇:"著有《东江草堂集》。"

　　《东江集钞》卷六《〈注生延嗣经〉序》:"谦尝撰《沈氏族谱》。"

　　《东江集钞》卷七《与钱圣月书》:"顷足下致书润法师,且为仆撰《〈安隐志〉序》,知足下尚在。"

　　《东江集钞》卷七《与袁令昭先生论〈曲谱〉书》:"仆尝作《谱曲便稽》一书,备列时人所常用者,似不可不补入也。"

　　《东江集钞》卷六《〈杜氏族谱〉序》:"沈子撰《安隐寺志》十卷,而法系诸师传则寺僧云涛润法师之笔也。"

　　《东江集钞》卷六《〈美唐风〉传奇自序》。

　　《东江集钞》卷七《与李东琪书》云:"仆学诗无成,卑而学词,昧昧犹之诗也。布于旗亭者,有《胭脂婿》、《对玉环》等曲。吴伶不知音律,取其学浅,便入齿牙,多习而演之。足下岂未见之耶?"

　　《东江集钞》卷四《以所撰〈兴福宫〉剧本授吴伶,因寄伯揆、商霖》。

　　《清吟阁书目》:《庄生鼓盆》杂剧。

　　邓之诚《清诗纪事初编》卷二:"其全集二十一卷,文十卷,词四十二卷。选刻者仅三之一。余具散佚。"其中"词四十二卷",不知何所据。

　　现存《东江集钞》九卷、《东江别集》五卷、《临平记》四卷、《沈氏词韵略》,余全佚。

　　《东江集钞》诗五卷,文三卷,杂说一卷(共一百二十九则,其中东江子杂说,九十七则,填词杂说三十二则),《东江别集》五卷,其中词三卷,曲二卷。

　　王晫辑、张潮校《檀几丛书》卷一六收入《东江子》一卷,二十五则

（《丛书集成续编》第 25 册，台湾新文丰出版公司，1989 年 7 月）。

《临平记》，四卷。光绪甲申（1884）春仲钱塘丁氏刊，《丛书集成续编》第 232 册收入（台湾新文丰出版公司，1989 年 7 月）。

邹祇谟、王士祯辑《倚声初集》卷四、蒋景祁编《瑶华集》附录《沈氏词韵略》。

李渔三题

李渔的人品及其商人气质

在中国古代文人中,因人品而屡受非议的,李渔是其中之一。与他同时的袁于令就说:"李渔性龌龊,善逢迎,游缙绅间,喜作词曲小说,极淫亵。常挟小妓三四人,遇贵游子弟,便令隔帘度曲,或使之捧觞行酒,并纵谈房中,诱赚重价。其行甚秽,真士林所不齿者。予曾一遇,后遂避之。"[①]袁枚也说:"李笠翁词曲尖新,人多轻之。"[②]类似的批评还很多。解放后,人们在有限肯定其戏曲理论时,对他的作品和品行的评价基本上是一仍其旧,没有多大改变。对于这些批评,要作具体分析。尤其在今天,有重新认识这些评价的必要。

一

必须看到,李渔的所作所为不完全是由他的个人品质决定的。干谒当道、"游缙绅间"是古代文人立身扬名、青云直上的方法之一。狂傲的李白也

---

①　王灏:《娜如山房说尤》卷下,《四库未收书辑刊》第 10 辑第 11 册,北京出版社 2000 年版,第 220 页。

②　袁枚:《随园诗话》,人民文学出版社 1982 年版,第 311 页。

曾卑下求人，写过《上韩荆州书》，"愿委身国士"，"敢效微躯"。白居易初至京师，以诗谒著作郎顾况，才得以声名大振。唐代"行卷"、"温卷"成风，更是科场攸关，名利所系。这种方式延续到明末清初，形成一种普遍的社会风气，"稍能书画诗文者，下则厕食客之班，上则饰隐君之号。借士大夫以为利，士大夫亦借以为名"。① 如《续金瓶梅》作者丁耀亢年轻时就不远"数千里去江南游董其昌门"，②著名曲家尤侗闻知"朱驾部凤台好客"，"数至其家，极流连觞咏之欢"。③ 在这种风气之下，李渔负笈远行，"游缙绅间"，就好理解了。不过，李渔出游的目的不是为仕宦，而是为生计所逼，为艺术所驱。鼎革之变结束了他"尊前有酒年方好，眉上无愁昼始长"的日子，④开始了整日叹穷叫苦、为衣食发愁的生活。我们并不否认封建时代有不少关心民生疾苦、为民请命的清官廉吏，但对大多数人来说，"千里做官只为财"，"三代为官，穿衣吃饭"。做官成了他们挣钱养家的方便法门。《儒林外史》中举人王惠一到知府任上，就问捞钱的路子："地方人情，可有什么出产？词讼里可也略有些什么通融？"就是绝妙的例证。李渔"自耻作吏"，⑤又"无半亩之田，而有数十口之家"，⑥无以为生，只好把一家的衣食寄托在自己的周游"列国"上："一人徂东，则东向以待；一人徂西，则西向以待。今来北，则皆北面待哺矣。"⑦在移家南京的二十多年中，他"负笈四方，三分天下几遍其二"。⑧ 这种终年奔波、到处抽丰的生活颇为艰辛："渔终年托钵，所遇皆穷，唯西秦一游差强人意，八闽次之。外此则皆往吸秋风，归餐明月而已。"⑨个中甘苦，唯他自己体会最深。仰人鼻息，并非李渔所愿，从其[多丽·过严子陵钓台]词对隐居不仕的严子陵的敬慕和小说《连城璧》第一回中对莫渔翁自食其力，不愿随官沾光的赞赏，可以清楚地看出他的这一心迹。但民以食为天，人只

① 《赵宦光蝶草提要》，《四库全书总目》卷一八○，中华书局1965年版，第1626页。
② 赵景深、张增元：《方志著录元明清曲家传略》，中华书局1987年版，第194页。
③ 同上书，第199页。
④ 李渔：《丁卯元日试笔》，《李渔全集》第二卷，浙江古籍出版社1991年版，第149页。
⑤ 郭传芳：《〈慎鸾交〉序》，《慎鸾交》卷首，《李渔全集》第五卷，第419页。
⑥⑦ 《复柯岸初掌科》，《李渔全集》第一卷，第204页。
⑧ 《上都门故人述旧状书》，《李渔全集》第一卷，第224页。
⑨ 《与龚芝麓大宗伯》，《李渔全集》第一卷，第163页。

有在满足生存需要之后,才有荣誉、理想等方面的要求。李渔是一个现实主义者,他不会像伯夷、叔齐那样饿死在首阳山,而是依靠自己的才学,奔走权贵之门,以求达官显宦的施舍。这在当时也没有什么不妥。稍早于李渔的思想家李贽就经常写信给朋友,要求得到"半俸"的援助或者以"三品之禄,助我一年"。有的朋友周济他前后达二十年。李贽不仅自己接受馈赠,还凭借自己的声望,为朋友代筹资金。他的朋友、著名学者焦竑"家徒四壁",焦竑父亲八十寿辰,朋辈称觞聚会,有的竟不远千里而来。李贽就是这次盛会的襄助者,他写信与会之人"舟中多带柴米"。这种依靠自己才名来接受别人金钱周济的生活方式,从心理学的角度而言,是基于授、受者之间具有共同的思想。这种思想的依据乃是认为世间任何事物都是息息相关的,一个人或事物所以具有特性或功能,全靠和其他人或事物发生关系。因此,人的生活就不能不是相互合作和共同享有了。① 你借我名,我得你利,相互利用,心安理得。另一方面,李渔的东奔西走在很大程度上是为了戏剧创作和演出活动。《答顾赤方》说:"弟客楚江半载,得金甚少,得句颇多。"②明白说出创作上的收获多于金钱所得。李渔游历平阳时,亲眼看到伶人搬演他的剧作《凰求凤》。演员王再来,就是李渔在游历陕西时,发现了她的表演姿质,不断训练、培养出来的。③ 定居杭州期间,他与毛先舒、丁澎、柴绍炳、孙治、沈谦等"西泠十子"过从甚密。在南京时,他与当时著名文士杜濬、余怀、尤侗、吴伟业等往来密切。他们一起饮酒赋诗,观戏论文。李渔的大部分剧作和小说都作于居杭和南京时期。杜濬为《连城璧》、《十二楼》作序、作评,余怀、尤侗为《闲情偶寄》作序,就是他们切磋艺理的明证。很难想象,如果没有这些游历和交往,没有由此积累的丰富的社会经验和艺术经验,李渔能够写成集大成之作《闲情偶寄》和他的小说、戏曲作品。

---

① 黄仁宇:《李贽——自相冲突的哲学家》,《万历十五年》,中华书局 1982 年版,第 210－211 页。
② 《答顾赤方》,《李渔全集》第一卷,第 210 页。
③ 《乔复生、王再来二姬合传》,《李渔全集》第一卷,第 95－101 页。

二

由于礼教的束缚,中国古代文人极少有和谐幸福的家庭生活。张敞画眉、"是几时孟光接了梁鸿案"的事十分少见。夫妻之间不得欢洽,文人只好寄情于秦楼楚馆。而那些歌妓又大都精通琴棋书画,善解人意。她们与文人歌诗唱和,杯酒交欢,敷演了一个又一个悲欢离合的故事,促成了中国古代言情文学的繁盛。远的不说,单唐宋以还,文人与妓女有过往者不胜枚举。李商隐之无题诗、温庭筠之艳情词、柳耆卿之赠别词,多是流连狭邪的结果。即使欧阳修也有过"月上柳梢头,人约黄昏后"的密约幽会,辛弃疾在壮志未酬、知音难觅时也想"倩何人,唤取红巾翠袖,揾英雄泪"? 关汉卿则公开宣称,即使是落牙、歪嘴、瘸腿、折手,也要攀章台柳,除非死了,"那其间才不向烟花路儿上走"。不管他们因何原因,对歌妓的态度、真正感情如何,最低限度而言,他们与妓女有过接触却是无可讳言的事实。因为在古人看来,文人狎妓,只要不过分耽溺其中,并非恶行,而是一种风流雅事。至如明清之际的"秦淮八艳"各有得主,便是这一习俗的登峰造极。李渔的挟妓度曲,既是文人狎妓传统的再现,也是明清之交蓄妓习乐风气的产物。当时,豪门贵族和地主官商蓄养戏班风行一时。万历年间,宰相申时行家设有家庭戏班,著名伶人周铁墩就是其门人出身。① 张岱"累世通显,服食豪侈,畜梨园数部,日聚诸名士度曲征歌,诙谐杂进之"。② 阮大铖的戏班在南京"为冠",经常演出他的剧作。尤侗也"家有梨园",《钧天乐》写成后,"归则授使演焉"。③ 作为剧作家和理论家的李渔,当然应该拥有自己的戏班,这些"姬"正是他家庭戏班的演员。如果没有家庭戏班,剧作的上演就成问题。即使上演,也不如人意。孔尚任就为《小忽雷》的演出颇费周折:"倩一班佳子弟,选一座好台池,……还借你香唇齿,吟出他苦心机。"《燕台杂兴》三十首之一写《小忽雷》初次上演的情况:"南部烟花劫后灰,曲终人散老相催。昆山弦

---

① 参见周贻白《中国戏曲发展史纲要》,上海古籍出版社 1984 年版,第 329 页。
② 赵景深、张增元:《方志著录元明清曲家传略》,第 147 页。
③ 尤侗:《自记》,《钧天乐》卷首,《续修四库全书·集部》第 1775 册,第 578 页。

索姑苏口,绝调谁传《小忽雷》?"作者自注云:"予《小忽雷》填词成,长安传看,欲付梨园,竟无解音。后得影云部,始演之。"①可见,选择合适的戏班也是剧作家必须考虑的问题。李渔也为不能"自选优伶"而惋惜不已。② 有了戏班,其次就是演出地点的选择了。在古代没有专门剧院的情况下,演出的地点不外乎村野(或庙会)和达官贵人的家中。村野演出,观者皆为平民百姓,自家衣食尚且不周,哪有余力济人? 在官宦之家演出,他们既能欣赏剧作家的文才,所给报酬又较丰厚,李渔何乐而不为哉? 同是蓄妓习乐,就在于申时行、张岱、阮大铖、尤侗等人不是大地主,就是大官僚,他们不为生计发愁,他们以此自娱,有时也娱人。这种行为对官僚士绅而言,本来是所在多有,毫不足怪。而李渔则把它当作一种谋生的手段,不加掩饰,毫无忌惮地追逐带班演出的商业性——趋利。在一个耻于言利的社会,这种行为无异公开向社会挑战。他的声名愈大,挑战性愈强,正统人士就愈不能容忍。对他大肆攻击,自然是情理中的事了。

三

李渔以一介布衣,穿梭于贵卿显宦之间,靠的是自己的才学:"童时以五经受知学使者,补博士弟子员。少壮擅诗、古文、词、杂著,有'才子'称。……作诗文甚敏捷,求之可立待以去。而率意构思,不必尽准于古。"③真正使他扬名的是他的戏曲、小说。"湖上笠翁先生声霏北玉,名重南金,海内文人无不奉为宗匠,鸡林词客孰不视为指南。"④"当途贵游与四方名硕,咸以得交笠翁为快。"⑤盛名之下,必然遭人嫉妒和非议。不可否认,李渔有些行为确实放佚佻达,授人以柄。但有些确实是莫须有的罪名。即使没有"纵谈房中术,诱赚重价"的事,也会无风起浪,毁名损誉。如他的《奈何天》传奇写奇丑无学的阙里侯连娶三妻,皆不与之同居。后来因做善事而获美名,神灵使

①　孔尚任、顾彩:《小忽雷》,王毅校注,中州古籍出版社1986年版,第8页,第12页。
②　李渔:《闲情偶寄》,浙江古籍出版社1985年版,第144页。
③　赵景深、张增元:《方志著录元明清曲家传略》,第183—184页。
④　包璿:《李先生〈一家言全集〉叙》,《李渔全集》第一卷,第3页。
⑤　黄鹤山农:《〈玉搔头〉序》,《玉搔头》卷首,《李渔全集》第五卷,第215页。

他改变形象,遂夫妻和好。有人据此说李渔丑化衍圣公,后来阙里侯由丑变美,是受了衍圣公的重贿。① 这完全是想当然的结果。李渔在小说《无声戏》第一回和《连城璧》第五回中写的是同样的故事,阙里侯没有改变形象,他的妻妾照样幡然悔悟,与他安然共处。若说因受贿而改变阙里侯的形象,则应剧作、小说一改都改。从创作时间来看,《无声戏》第一回"丑郎君怕娇偏得艳",下注云:"此回有传奇即出"。《连城璧》把此回移作第五回,把单行回目改为双行:"美妇同遭花烛冤,村郎偏享温柔福。"去掉注语,显然《奈何天》作于二者之间,有可改的时机。岂有单改剧本而不改小说之理? 既受人钱,又怎不遵人之求? 如此看来,所谓受贿云云,自然是望文生义、无中生有了。李渔是怕因文字贻病,他反复声明:"生平所著传奇,皆属寓言。其事绝无所指,恐观者不谅,谬谓寓讥刺其中,故作此词以自誓"。誓词曰:"……稍有一毫所指,甘为三世之喑。即漏显诛,难逃阴罚。"②后来,李渔作《闲情偶寄》重申此誓,再次表示对"好事之家"对号入座的不满。③ 想必李渔生前就耳闻目睹了不少对他不利的街谈巷议,并给他的生活带来了不愉快,否则,就没必要如此再三指天划日,赌咒发誓,表明心迹了。因文字而遭误解、攻击,乃至罹祸的事史不绝书,时至今日,由此而对簿公堂的事时有发生,何况三百多年前的李渔,受到攻评,似是理所当然了。再说,那些攻击李渔最厉害的人,往往不是品行端庄之人,袁枚的为人"与笠翁亦不过五十步百步之分耳"。④袁于令更是个节行有亏、品德不良之辈:"为人贪污无耻,年逾七旬,强作少年态,喜谈闺阃事。每对客,淫词秽语,冲口而发,令人掩耳。"⑤他与沈同和为争夺妓女穆素徽,被"褫革衣衿",怀恨在心,作《西楼记》传奇影射情敌。清军一到苏州,他就赍表迎降,心甘情愿地做了大清的顺民。这样一个登徒子和贰臣,对李渔的批评,不能成为我们今天评价李渔的依据,则是显而易见的了。

---

① 《花朝生笔记》,转引自蒋瑞藻《小说考证》,上海古籍出版社 1984 年版,第 167—168 页。

② 《曲部誓词》,《李渔全集》第一卷,第 130 页。

③ 《闲情偶寄》,第 6 页。

④ 《纳川丛话》,转引自《小说考证》,第 468 页。

⑤ 董含:《口舌报》,《三冈识略》卷七,《四库未收书辑刊》第 4 辑第 29 册,第 719—720 页。

四

其实李渔的"游缙绅间",挟妓过游,隔帘度曲,"或使其捧觞行酒",甚至"纵谈房中",作所谓"极淫亵"的词曲小说,这些行为本身在封建社会是司空见惯之举,并不值得卫道者们大动干戈,令他们反感的在于这些行动背后的目的——趋利,即袁于令所说的"诱赚重价"。在中国古代,儒家传统规定文人要修齐治平,以义行世,遏制物欲。"君子谋道不谋食"、"君子忧道不忧贫",道德成为人们生活的第一要旨和人生目的,经济利益的要求退居无足轻重的地位。只有"小人"才追求物质利益和生活享受,而且"小人"唯"小利"而不求大义。李渔以一士人不去立德立功立言,而是以自己的才学,换取金钱,这就大大有悖于正统道德为文人规定的人生目标。这种对传统道德和人生价值的背离,是资本主义萌芽的结果。李渔所处的明末清初,中国的资本主义已经萌芽,金钱在社会上的作用越来越大,科场和官场已被金钱侵蚀:"由来将相出金钱,丢去文章览缙绅。……虽然天子重英豪,莫把文章教尔曹。诗赋万般皆下品,算来唯有赚钱高。"①虽是愤激之语,但也说明了金钱的作用和在人们心目中的地位。此时,确实出现这样一种倾向:学而优则官不再是文人生活的唯一目的,"弃儒就贾"者大有人在。② 如果说杜濬、魏禧、屈大均等人的不仕是出于民族气节的话,那么,冒辟疆的既拒明朝授官,又不赴清廷荐举,则纯是不愿以做官为谋生手段,做官羁役己身,不如居家著述,山林泉下,悠闲自在。 只要能挣钱养家,即使为传统士大夫所不耻的"贱业"(如商业、演艺等),此时的文人也愿涉足其间。李渔就是中国历史上较早从事商业活动的文人,说他是文化商人,再恰当没有了。只有这样认定,今人对李渔作品、人品诸如"庸俗"、"商人气息浓厚"的评价才有比较合理的解释。说他是一个文化商人,首先,因为他出生在一个具有浓厚商业气氛的家庭。李渔原籍浙江兰溪,生于江苏如皋。兰溪人善经商,商于如皋

---

① 尤侗:《钧天乐》第四出《场规》,《续修四库全书·集部》第 1775 册,第 583 页。

② 余英时:《中国近世宗教伦理与商人精神》,《士与中国文化》,上海人民出版社 1987 年版,第 525 页—540 页。

者,自昔称盛。① 李渔的父亲李如松、伯父李如椿还是"冠带医生"。② 营医虽不同于行商坐贾,但也属于一种经营活动,而且医药也属于一种特殊商品。李渔父辈的经营活动还很成功,"家素饶,其园亭罗绮甲邑内"。③ 李渔幼时就生活在这样的家庭环境中。耳濡目染,受到一些商务上的熏陶,是十分自然的。其次,李渔对商人很有好感,他认为商人有许多优良品质。《连城璧》第六回写秦世良与秦世芳经商在外,结为兄弟。因一时疏忽,世芳误把世良的银子拿去做本,连连赢利。回家后,发现不是自己的本钱,连本带利还给世良。世良只取本钱,对利钱毫不眼红。《十二楼》中《萃雅楼》写金仲雨、刘敏叔、权汝修三个文人经营书铺、香铺和花铺,经营有道,"收贩的时节有三不买(低货不买、假货不买、来历不明之货不买),出脱的时节有三不卖(太贱不卖、太贵不卖、买主信不过不卖)",讲究信誉,生意兴隆。权汝修还忍辱负重,为铲除权奸严世蕃立下大功。在一个抑商轻商的社会,李渔如此歌颂商人,赋予他们良好的品德,不能说不带有自己明显的感情倾向。第三,李渔以卖文为生——"卖赋以糊其口"。④ 李渔不仅写书,而且自开书铺,刻书卖书。他的书肆芥子园出的书画,远近闻名,至今还有不断翻印出版者。为了使自己的书有比较好的销路,李渔尽量选取娱乐性较强的题材进行创作,他把小说、戏曲的娱乐功能放在首位:"传奇原为消愁设,费尽杖头歌一阕。何事将钱买哭声,反令变喜成悲咽?唯我填词不卖愁,一夫不笑是吾忧。举世尽成弥勒佛,度人秃笔始堪投。"⑤ 由于通俗易懂,娱乐性强,他的作品很受欢迎,流传很广,"此曲(《风筝误》)浪播人间,几二十载。其刻本无地无之"。⑥ 李渔写作效率很高,往往一部作品还没写完,就被书商、伶人抢去刊行、排演,"每成一剧,才落毫端,即为坊人攫去。下半犹未脱稿,上半业

---

① 戴不凡:《戴不凡戏剧研究论文集》,浙江人民出版社 1982 年版,第 137 页。

② 萧欣桥:《〈李笠翁小说十五种〉前言》,《李笠翁小说十五种》,浙江人民出版社 1983 年版,第 1 页。

③④ 黄鹤山农:《〈玉搔头〉序》,《玉搔头》卷首,《李渔全集》第五卷,第 215 页。

⑤ 《风筝误》第三十出《释疑》,《李渔全集》第四卷,第 203 页。

⑥ 《答陈蕊仙》,《李渔全集》第一卷,第 176 页。

已灾梨（刊行）。非止灾梨，彼伶之捷足者，又复灾其肺肠，灾其唇舌（演出）"。① "此剧上半已完，可先付之优孟。自今日始，又为下场头矣。月杪必竣，竣后即行"。② 可见李渔作品的商业价值，谁先获其使用权，谁就会拥有较多的读者或观众，经济上的收入也相当可观。因此，书商和伶人相互竞争，各逞其强。更有甚者，少数不法书商见有利可图，大量盗印李渔作品，"翻刻湖上笠翁之书者，六合以内，不知凡几"，③ 严重侵害了他的权益。李渔十分恼火，只好请当地官员出面制止："弟之移家秣陵也，只因拙刻作祟，翻版者多，故违安土重迁之戒，以作移民就食之图。不意新刻甫出，吴门贪贾即萌觊觎之心。幸弟风闻最早，力恳苏松道孙公出示禁止，始寝其谋。乃吴门之议才熄，而家报倏至，谓杭人翻刻已竣，指日有新书出贸矣。弟以他事滞金昌，不获亲往问罪，只命小婿谒当事，求正厥辜。虽蒙稍惩贪恶，现在追版，尚未知后局何如。"④ 尽管作品畅销一时，以至洛阳纸贵，但李渔并没有得到多少好处，相反，他经常叫穷，抱怨文价太低："即有可卖之文，然今日买文之家，有能奉金百斤以买《长门》一赋，如陈皇后之于司马相如者乎？子必曰无之。然则卖文之钱，亦可指屈而数计矣。"⑤ 为了获取较好的经济效益，除在内容上有所选择，做到老少咸宜外，李渔还不失时机地宣传自己的作品："如读湖上笠翁之书，虽令高才，颇饶别致。"⑥ "是集所载，皆极新极异之事，然无一不轨于正道，其可告无罪于世者此耳。""不佞半世操觚，不让他人一字。……至于剿窠袭臼，嚼前人唾余，而谓舌花新发者，则不特自信其无，而海内名贤亦尽知其不属有也。"⑦ "使数十年来无一湖上笠翁，不知为世人减几许谈锋，增多少瞌睡？"⑧ 李渔还自制笺简销售，随时推销自己书铺的商品："海内名贤欲得者，倩人向金陵购之。……售笺之地即售书之地，凡予生平

---

① 《闲情偶寄》，第 47 页。
② 《与某公》，《李渔全集》第一卷，第 174 页。
③ 《闲情偶寄》，第 210 页。
④ 《与赵声伯文学》，《李渔全集》第一卷，第 167—168 页。
⑤ 《与都门故人述旧状》，《李渔全集》第一卷，第 224 页。
⑥ 《闲情偶寄》，第 144 页。
⑦ 《闲情偶寄》，第 4 页。
⑧ 《与陈学山少宰》，《李渔全集》第一卷，第 164 页。

著作,皆萃于此。有嗜痂之癖者,贸此以去,如偕笠翁而归。……金陵书铺廊坊间有'芥子园名笺'五字者,即其处也。"①这种毫不掩饰的表白,在古代文人中,极其少见。在一个倡导以谦逊为美德的社会,这些"广告",无异于自我炫耀,自吹自擂。然而在现代商品社会,这正是一个商人应该具备的素质。自誉促进产品推销,自信有助事业成功。一个商人如果不善于调节人际关系,上下其手,左右逢源,见利就上,见风险就退,那么,他的经营活动注定要失败。李渔身上正具有这些素质,因而被人攻击为"善逢迎"。

李渔的不幸,在于他没有走当时大多数文人的既定道路——读书、做官、发财,而是过早地走上了以名望、才学换取钱财的新路。在以"文不言利,士不理财"为荣的传统社会,幻想"以文致富",似乎过于天真了。虽然他艰难跋涉,苦苦挣扎,但由于当时的社会没有给他提供从商的环境和理论依据,他始终在"义"、"利"之间摇摆,在文人与商人之间徘徊。他的经营活动也不成功。然而他的探索,却是有意义的。尤其在今天,会给我们很多启示。

李渔戏曲理论的自觉意识

对于李渔,无论人们如何不欣赏他的为人,但对他在戏曲理论上所取得的杰出成就却无法否认。他的戏曲理论达到了当时能够达到的最高水平,其全面性、系统性、权威性是显而易见的(其中当然也有不足)。即使在今天,也具指导意义。李渔之所以能够登上中国古典戏曲理论的高峰,一方面是由于中国戏曲发展的必然结果,另一方面,是李渔一生长期从事戏曲编、导、演实践活动的结晶。还有一个重要原因,是李渔作为一个成熟的戏曲理论家自觉的理论意识使然。对于前两者,人们早有认识,勿须多说,对后者却注意不够。然而,恰恰是后者,是促成李渔建立理论体系的关键因素。因

---

① 《闲情偶寄》,第210页。

为客观条件和戏曲实践固然重要，但作为一个理论家，如果没有理论的自觉意识，没有建立体系的主观要求和愿望，不知道自己在"做什么"和"怎么做"以及做出来的"东西"的价值和意义，他是无论如何建立不起一套全面系统、客观科学的理论体系的。本文就是从清醒的文体意识和强烈的理论要求两方面来论述李渔戏曲理论的自觉意识的。

清醒的文体意识

戏曲是什么？它与其他文体的区别何在？要回答这些问题首先必须解决戏曲的地位和价值问题。然而戏曲从诞生之日起，就一直受到正统人士的歧视和挞伐，视之为"小道"、"末技"。因此，曲论家首当其冲必须向这种传统势力开刀，向世人昭示戏曲独特的价值和作用。早在明代中叶，王世贞就从音乐的角度阐述了戏曲与宋词、唐诗、古乐府、赋骚、《诗经》的渊源传承关系，以此来抬高戏曲的地位。① 号称"异端之尤"的李贽则从文艺发展的观点，批判了正统派对戏曲、小说的轻视，肯定《西厢记》、《水浒传》"皆古今至文，不可得而时势先后论也"。② 汤显祖也阐述了戏曲巨大的社会作用："可以合君臣之节，可以浃父子之恩，可以增长幼之睦，可以动夫妇之欢，可以发宾友之仪，可以释怨毒之结，可以已愁愤之疾，可以浑庸鄙之好。……人有此声，家有此道，疫疠不作，天下和平。岂非以人情之大窦，为名教之至乐也哉？"③至明末清初的金圣叹，一方面极力推崇《西厢记》的艺术成就，一方面针对卫道者对《西厢记》是"淫书"的诬蔑，极力为其辩护。金圣叹说，爱情是"人之恒情恒理"，"细思此一事何日无之，何地无之？不成天地中间有此一事，便废却天地耶"？他把《西厢记》与《诗经》相提并论，认为"《西厢记》所写

---

① 王世贞《曲藻》云："三百篇亡而后有骚、赋，骚、赋难入乐而后有古乐府，古乐府不入俗而后以唐绝句为乐府，绝句少宛转而后有词，词不快北耳而后有北曲，北曲不谐南耳而后有南曲。"《中国古典戏曲论著集成》第 4 册，中国戏剧出版社 1959 年版，第 27 页。

② 李贽：《童心说》，《焚书》卷三，《四库禁毁书丛刊·集部》第 140 册，第 242 页。

③ 汤显祖：《宜黄县戏神清源师庙记》，徐朔方校笺《汤显祖全集》卷三四，北京古籍出版社 1999 年版，第 1188 页。

事,便全是《国风》所写事","非此一事,则文不能妙也"。① 经过他的评点,扩大了《西厢记》的广泛影响。李渔紧步这些理论家的后尘,高扬戏曲的作用和价值,为提高戏曲的社会地位呐喊助威。李渔从历史和现实两方面来分析戏曲的作用。从戏曲发展的历史来看,戏曲能助人、助国成名,前者他以高则诚、王实甫、汤显祖为例:"使两人不撰《琵琶》、《西厢》,则沿至今日,谁复知其姓字?"②"使若士不草《还魂》,则当日之若士已虽有而若无,况后代乎? 是若士之传,《还魂》传之也。"以戏曲助国立名的,他以元代为例:历史上,元代"政刑礼乐一无可宗","使非崇尚词曲,得《琵琶》、《西厢》以及《元人百种》诸书传于后代,则当日之元亦与五代、金、辽同其泯灭,焉能附三朝骥尾而挂学士文人之齿颊哉?"由此,李渔得出结论:"由是观之,填词非末技,乃与史传诗文同源而异派者也。"这样,就把戏曲提高到与"史传诗文"并列的地位,摆平它在文学家族中的位置。从现实作用而言,李渔认为戏曲具有两种功能,一是教化:"窃怪传奇一书,昔人以代木铎。因愚夫愚妇识字者少,劝使为善,诫使勿恶。其道无由,故设此种文字,借优人说法与大众齐听,谓善者如此收场,不善者如此结果,使人知所趋避,是药人寿世之方,救苦弭灾之具也。"一是娱乐:"传奇原为消愁设,费尽杖头歌一阕。何事将钱买哭声,反令变喜成悲咽? 惟我填词不卖愁,一夫不笑是吾忧。举世尽成弥勒佛,度人秃笔始堪投。"③正是由于它有这两种作用,就使得戏曲成为老少咸宜、雅俗共赏的一种文学样式,具有"与天地相终始"的永恒价值,不能轻易否定它的存在。通过李渔和前辈理论家的呼吁,戏曲终于堂而皇之地走进了文学的殿堂,使戏曲的发展走上了广阔的道路。

戏曲是一门高度综合的艺术形式,它集编、导、演于一体,熔歌、舞、白于一炉,既讲究剧本的文采,更强调剧场的演出效果。近人王国维就说:"必合

---

① 金圣叹:《第六才子书〈西厢记〉》,《金圣叹评点才子全集》第 2 册,光明日报出版社 1997 年版,第 10 页。

② 李渔:《闲情偶寄》,浙江古籍出版社 1985 年版,第 1 页。本篇所引李渔原文皆出于此,以下恕不一一注明页码。

③ 李渔:《风筝误》第三十出《释疑》,《李渔全集》第四卷,第 203 页。

言语、动作、歌唱以演一故事,而后戏剧之意义始全。"①鲁迅先生也十分看重演出效果:"我只有一个私见,以为剧本虽有放在书桌上和演在舞台上的两种,但究以以后一种为好。"②英国当代理论家玛乔丽·包尔顿甚至称剧本是"走动的文学"。她在《戏剧剖析》中开宗明义说:"剧本和其他形式之间,存在着巨大的区别。剧本并不真正是专供阅读的文学作品,真的剧本是立体的,它是在我们眼前走动的和说话的文学。"有的人说剧本是"不完全的"文学作品,只有通过演出,才能使这一文体最后完成。③ 李渔以前的曲论家,由于缺乏清醒的戏曲文体意识,使得他们的理论呈现明显的不足。如《录鬼簿》是记作家作品的著作,"使已死未死之鬼,作不死之鬼"。④《青楼集》是关于演员生活的记录。《中原音韵》是为了能使"韵共守自然之音,字能通天下之语,字畅语俊,韵促音调"而编就的一部韵书。⑤ 芝庵《唱论》和魏良辅《曲律》则是对演唱方法、技巧的研究,吕天成《曲品》"上卷品作旧传奇者及作新传奇者,下卷品各传奇"。⑥ 而金圣叹评《西厢记》"乃文人把玩之《西厢》,非优人搬弄之《西厢》也"。虽然他们在各自的研究领域取得了不少成就,并丰富了中国古典戏曲理论宝库,但单就每部著作而言,还是不够全面深刻,达不到理论的深度和高度。李渔克服了他们的不足,始终从整体上认识把握戏曲的文体特征,强调它的演出职能。对于什么是戏曲,李渔的回答是:"设此种文字(传奇),借优人说法,与大众齐听。"他明白道出戏曲的三个方面:剧本(此种文字)、演出(优人说法)、观众效果(大众齐听)。而这三方面是一个整体,一个剧本只有通过演员在舞台上演出,达到与"大众齐听"的目的,才算完整意义上的戏曲。因此,李渔的戏曲理论,不仅有剧本论、导演论、演出论,还有剧场论、观众论,凡是前人忽略的内容诸如服装、道具、化妆、演出

① 王国维:《宋元戏曲史》第四章《宋之乐曲》,东方出版社1996年版,第33页。
② 鲁迅:《致窦隐夫》,《鲁迅书信集》下卷,人民文学出版社1976年版,第655页。
③ 参见陈瘦竹《读剧一得》《戏剧理论文集》,中国戏剧出版社1988年版,第307—308页。
④ 钟嗣成:《〈录鬼簿〉序》,《中国古典戏曲论著集成》第2册,第101页。
⑤ 周德清:《〈中原音韵〉序》,《中原音韵》,《中国古典戏曲论著集成》第1册,第175页。
⑥ 吕天成:《〈曲品〉序》,《中国古典戏曲论著集成》第6册,第207页。

时间、地点的选择、演员的挑选和培养等均有论及,是十分全面的理论总结。① 李渔反复强调:"填词之设,专为登场。……词曲佳而搬演不得其人,歌童好而教率不得其法,皆是暴殄天物。"他评汤显祖《牡丹亭》中的《惊梦》、《寻梦》:"只可作文字观,不可作传奇观。"是从汤剧过于文采而不适于舞台演出而立论的,这说明他对演出的重视。如何才能创作出读演俱佳的作品,李渔的经验是"投入",即"设身处地"——"常有观刻本极其透彻,奏之场上便觉糊涂者,岂一人之耳目有聪明、聋愦之分乎? 因作者只顾挥毫,并未设身处地。既以口代优人,复以耳当听者,心口相维,询其好说不好说,中听不中听,此其所以判然之故也。笠翁手则握笔,口却登场,全以身代梨园,复以神魂四绕。考其关目,试其声音,否则搁笔。以其所以观听咸宜也。"李渔的剧本确实做到了"观听咸宜",即使在今天,《风筝误》中的《惊丑》、《婚闹》、《逼婚》、《诧美》等出,仍在昆曲、京剧和其他地方戏的舞台上演出,受到观众的喜爱。

李渔明确的文体意识还表现在他充分认识到了戏曲文本(剧本)与他种体裁文本在形式上的区别。首先,他认识到曲文与诗文语言风格的不同:"曲文之词采,与诗文之词采非但不同,且要判然相反。何也? 诗文之词采贵典雅而贱粗俗,宜蕴藉而忌分明。词曲不然,话则本之街谈巷议,事则取其事说明言。"混淆二者的区别,就不是好剧本:"凡读传奇而有令人费解,或初阅不见其佳,深思而后得其意之所在者,便非绝妙好词。"李渔还从读者接受的角度,揭示出诗文与曲文语言风格不同的原因:"传奇不比文章,文章做与读书人看,故不怪其深。戏文做与读书人与不读书同看,又与不读书之妇人小儿同看,故贵浅不贵深。"其次,李渔从篇幅的长短来探讨词与曲的不同:"诗余最短,每篇不过数十字,作者虽多,入选者不多,弃短取长,是以但见其美。曲文最长,每折必须数曲,每部必须数十折,非八斗长才,不能始终如一。"为了克服剧本因体制长而出现的诸如头绪纷乱、前紧后松的毛病,必然遵循"结构第一"原则,"先为制定全形","俟成局了然",才能疾书于后,否

---

① 参见叶长海《中国戏剧学史稿》,上海文艺出版社 1986 年版,第 390—408 页。

则,就会似"断线之珠","无梁之屋",漏洞百出。第三,李渔从音律上区别戏曲与他种文体之不同。"今置散体不论,而论其分股、限字与调声叶律者"。分股即八股文。八股文虽"先破后承,始开终结,内分八股,股股相对",但"其股法句法,长短由人,未尝限之以数,虽严而不谓之严也"。限字即四六文,四六文虽"语有一定之字,字有一定之声,对必同心,意难合掌",但"止限以数,未定以位;止限以声,未拘以格。上四下六可,上六下四亦未尝不可。仄平平仄可,平仄仄平亦未尝不可。虽肃而实未尝肃也"。调声叶律则指近体诗。近体诗虽音律要求严格,但起句五言,则句句五言。起句七言,则句句七言。起句用某韵,则以下俱用某韵。起句第二字用平声,则下句第二字定用仄声,第三、第四又复颠倒用之,有成法可守。而曲文则要复杂、严格得多:"句之长短,字之多寡,声之平上去入,韵之清浊阴阳,皆有一定不移之格。长者短一线不能,少者增一字不得。又复忽长忽短,时少时多,令人把握不定。当平者平,用一仄字不得;当阴者阴,换一阳字不能。调得平仄成文,又虑阴阳反复;分得阴阳清楚,又与声韵乖张。"因此,要写好它十分不易。正因为李渔多方面地认识了戏曲的独特性和综合性,他才能超越古人,形成他的戏曲理论体系。

强烈的理论要求

在李渔之前,刘勰有感于前人和同时代人论文"各照隅隙,鲜观衢路","未能振叶以寻根,观澜而索源。不述先哲之诰,无益后生之虑",因而博览群书,潜心著述,完成体大思精的文学理论巨著《文心雕龙》。他的立论原则是:"有同乎旧谈者,非雷同也,势自不可异也。有异乎前论者,非苟异也,理自不可同也。同之与异,不屑古今,擘肌分理,唯务折衷。"①同刘勰一样,李渔十分重视理论,深知理论原则的重要性,有建立理论体系的强烈愿望。而当时正是理论匮乏的时候,戏曲家无法可依:"近日雅慕此道,刻欲追踪元人、配飨若士者尽多,而究竟作者寥寥,未闻绝唱。其故维何?只因词曲一

---

① 刘勰:《文心雕龙·序志》,赵仲邑:《〈文心雕龙〉译注》,漓江出版社1982年版,第401—411页。

道,但有前书堪读,并无成法可宗。暗室无灯,有眼皆同瞽目,无怪乎觅途不得,问津无人,半途而废者居多,差毫厘谬千里者,亦复不少也。"这里,李渔指出了理论的重要性,尽管当时爱好戏曲、创作戏曲的人很多,但真正有成就的作者不多,佳作很少("作者寥寥,未闻绝唱"),其原因就是没有正确的理论指导("无成法可宗"),找不到创作的方向和标准,犹如"暗室无灯","问津无人",因此,使得创作出现各种各样的偏差,影响了戏曲的健康发展。而戏曲创作应该有理论总结、有规律可循:"天地之间,有一种文字,即有一种文字之法脉准绳。"但就目前而言,戏曲的法脉准绳"非但略而不详,亦且置之不道"。为什么呢? 李渔分析原因有三:一是创作规律难以把握:"此理甚难,非可言传,只堪意会。想入云霄之际,作者神魂飞越,如在梦中。非不欲传,不能传也。若是,则诚异诚难,诚为不可道也。"二是由戏曲创作的特殊性决定的:"填词之理,变幻不常。言当如是,又有不当如是者。如填生旦之词,贵于庄雅;制净丑曲,务带诙谐,此理之常也。乃忽遇风流放佚之生旦,反觉庄雅为非;作迂腐不情之净丑,转以诙谐为忌。诸如此类者,悉难胶柱。恐以一定之陈言,误泥古拘方之作者,是以宁为阙疑,不生蛇足。"三是人们的私心作怪:"从来名士以诗赋见重者十之九,以词曲相传者犹不及什一,盖千百人一见者也。凡有能此者,皆悉剖腹藏珠,务求自秘。谓此法无人授我,我岂独肯传人?"对于这三条原因,李渔都有驳议。第一,李渔承认,创作中确实有只可意会、不可言传的灵感现象存在,但不能"精者难言"就连"粗者亦置弗道",即不能因特殊现象而否定一般规律。第二,文无定法,不仅戏曲如此,"帖括、诗文皆如是"。既然文法、诗法可谈,戏曲之法亦可谈,关键是对法的态度,谈法而不为法所囿,"岂有执死法为文而能见赏于人、相传于后者乎?"第三,李渔对当时剧作家的自私心理进行了分析。一般人害怕后来居上,"自为后羿而教无数逢蒙,环执干戈而害我",把戏曲创作经验视为私有物,秘而不传。对此,李渔尤为不满:"文章者,天下之公器,非我之所能私;是非者,千古之定评,岂人之所能倒? 不若出我所有,公之于人,收天下后世之名贤悉为同调,胜我者我师之,仍不失为起予之高足;类我者我友之,亦不愧为攻玉之他山。"自己"持此为心,遂不觉以生平底里,和盘托出,并前人已传之书,亦为取长补短,别出瑕瑜"。其目的是"使人知所从违而不为诵读所误"。这里,李渔道出了自己理论的两个来源:一是自己长期从事戏曲编、演实践经验的总结——"生平底里,和盘托出",一是继承发展了前人理论——"并前人已传之书","取长补短,别出瑕瑜",加上明确的目的性,使得笠翁曲论成为中国古代曲论的高峰之作。李渔也承认自己的理论有不周密、不严谨的地方,"但恐我所言者,自以为是而未必果是;人所趋者,我以为非而未必尽非",但只要自己出以公心,站在客观公正的立场建立原则,也就"可谢千秋之罚"了。在这种思想指导下,笠翁曲论就具有强烈的现实针对性和指导意义。针对"填词首重音律"的传统,李渔提出"结构第一"的全新观点;针对当时剧坛"只求热闹,不论根由;但要出奇,不顾文理"、"牛鬼蛇神之剧充斥宇内"的现象,李渔提出"戒荒唐"、"说人情物理"的传奇原则;针对文采派绮丽骈化的倾向,李渔提出"贵显浅"、"于浅中见才"的评价标准;针对曲作家"止重填词,视宾白为末着"的倾向,李渔提出宾白"当与曲文等视"的观点;针对戏场科诨"动及淫邪之事"的恶习,李渔提"戒淫邪"、"忌俗恶",科诨要"重关系"、"贵自然"的原则和方法;针对演员"口唱而心不唱,口中有曲而面上、身上无曲"的演唱现象,李渔提出"解明曲意"、"唱时以精神贯穿其中,务求酷肖"的演唱规范,等等。为了达到有效地指导实践的目的,李渔反复说明这些原则的价值,谆谆告诫作者、演员要遵循这些原则,几乎每一原则的提出,李渔都要不厌其烦地说明的自己的"婆心尔尔"以及这一原则的实际作用。现举几例,以见一斑:

> 戒讽刺:现身说法,盖为此耳。
>
> 立主脑:此语未经提破,故犯者孔多。从今而后,吾知鲜矣!
>
> 脱窠白:窠白不脱,难语填词。凡我同心,急宜参酌!
>
> 审虚实:虚不似虚,实不成实。词家之丑态也,切忌犯之!
>
> 戒浮泛:吾欲填词家舍景言情,非责人以难,正欲其舍难而就易耳!
>
> 音律第三:此等情弊,予不忽为拈出,则《南西厢》之流毒,当至何年何代而已乎?
>
> 慎用上声:非笠翁为千古痴人,不分一毫人我,不留一点渣滓者,孰

肯尽出家私底蕴，以博慷慨好义之虚名乎？

少填入韵：入声韵脚宜北不宜南之论，盖为初学者设。久于此道而得三昧者，则左之右之，无不宜之矣！

这些话，似乎不够谦虚，有自我夸耀的味道，但从另一方面来看，它表现了一个理论家的高度使命感和责任感。有了理论还不行，还必须付诸实施，引导作家、演员遵守这些规则，使创作和表演走上健康和良性发展的轨道。否则，就如同虚设，发挥不了理论指导实践的作用，这也就违背了李渔建立理论、"使人知所违从"的初衷。这些告诫，像一个有经验的老水手，在熟练地导引迷失方向的航船稳稳入港。也像一个循循善诱的老师，在给初入和已入戏曲之道的学生传授创作与表演的初级课程与高级课程。"现身说法"，诲人良多。

《十二楼》的"新生命"

"说到清朝的短篇小说，除了笠翁外，真是没有第二人了。"①李渔除《笠翁十种曲》、《闲情偶寄》名噪海内外，他的两个短篇小说集《连城璧》、《十二楼》也享有盛誉，尤以《十二楼》艺术价值更高。早在 19 世纪，就引起外国学人的浓厚兴趣，不断有英、法、德等文字的节译本问世。② 因为"笠翁小说，是篇篇有他的新生命"。③ 所谓"新生命"，就是一种新的风格，一种新的表现方法。求新，是李渔的一贯追求，"文字莫不贵新"，"不新可以不作"。④《十二楼》的"新生命"，主要表现在三个方面：一、十二楼的寓意与象征性；二、议论的新奇与个性化；三，结构的巧妙与叙述方式的变化。下面试详加申述。

---

①③ 孙楷第：《李笠翁与〈十二楼〉》，人民文学出版社 1986 年版《十二楼》附录，第 310 页，第 292 页。下文中所引《十二楼》原文，尽出此本，恕不一一注出页码。

② 文骁：《〈十二楼〉校点后记》，同上，第 315 页－316 页。

④ 李渔：《窥词管见》，《李渔全集》第二卷，浙江古籍出版社 1991 年版，第 509 页。

一、十二楼的寓意与象征性

象征,作为一种艺术手法,深受作家的青睐。像"南方的岸"、"北方的河"、"远方的树"、"迷人的海"等词所代表的就不仅仅是一种自然景观,而是在其中寄寓了一种理想、一种情感、一种精神。由于早期话本的目的是"导愚"、"适俗",①加之文人的较少介入,因而这一手法迟迟没有出现。当话本小说逐渐脱离说书人之口而变成读者阅读的文本,完成由文人搜集整理到独立创作的过渡后,象征手法才在小说中破土而出。《十二楼》是运用这一手法较为成功的一部小说。

《十二楼》共十二篇,每篇以楼命名。各篇长短不一,长的多达六回,短的只有一回,其他则二三四回不等。《十二楼》总的寓意是为善如登楼:"觉道人将以是编偕一世人结欢喜缘,相与携手徐步而登此十二楼也,使人忽忽忘为善之难而贺登天之易。"②每篇的"楼"又有具体的寓意和象征,有的暗示小说的情节和人物的命运,有的表现作者追求的人生境界,有的表达一种思想和愿望,等等。如《十卺楼》叙浙江秀才姚戬盖了三间大楼,有人大书"十卺楼"三字于匾额。这样,"十卺楼"就成了情节发展和姚戬命运的预言。后来姚戬果然结婚十次才如愿以偿。《归正楼》也是对人物命运和结局的一种昭示。大盗贝喜一生行骗,后遇妓苏一娘,为她购买宅楼,改建为尼庵。宅楼原有旧匾"归止楼"。不想搬家之日,"归止楼"成了"归正楼",原来是燕子衔泥垒的一笔。贝喜因有所感:"'正'字与'邪'字相反,邪念不改,正道难归。莫非神道有灵,见我做了一桩善事,要索性劝我回头,故此加上一画,要我改邪归正的意思么?"于是,出家为道,并以"归正"为号。后来,又设计劝募,修筑殿堂,潜心修炼,终成正果。"但凡走过邪路的人,归到正经路上,更比自幼学好的不同,叫做大悟之后,永不再迷,那里还肯做那不端正的事?""归正"就是人物的最终结局和小说的命意所在。《三与楼》则表达了一种人

---

①　冯梦龙:《〈醒世恒言〉序》,《醒世恒言》卷首,福建人民出版社 1981 年版,第 1 页。

②　杜濬:《〈十二楼〉序》,《十二楼》卷首,第 1 页。

生境界和生活态度。小说中的虞素臣,绝意功名,寄情诗酒,一生只喜构造园亭,终年乐此不疲。而富翁唐玉川唯好置地买田,专等虞素臣房做成后变卖。数年后,虞素臣因逋欠过多,无力偿还,只好将园亭贱卖给唐玉川,只留一座三层小楼自家居住,题曰"三与楼"。"三与楼"代表人生追求的三个层次。第一层曰"与人为徒",象征实实在在的现实人生。第二层曰"与古为徒",表现了对历史往古的追思与学习的意愿。第三层曰"与天为徒",反映了对未来的向往与追求,企盼超凡脱俗、精神飞升的愿望。这三个层次的结合("三与")就是李渔理想的人生境界。《闻过楼》写顾呆叟与朋友相处,"不肯讲一句肤言,极喜尽忠告之道"。几次场屋失利后,就到城外结庐而居。殷太史把他当作自己的诤友,临别之际,两人坐在一间楼上,"赠他许多药石之言,没有一字一句不切着自家的病痛",因此题其楼曰"闻过楼"。后来殷太史想方设法让顾呆叟出山,礼请不行,只好"恶劝"。并在半城半村之间,盖了几间茅屋,让他居住。自己也买了一间民房,与他比邻而居。并把"闻过楼"的匾额钉在上面,"求他朝夕相规,不时劝诫"。"闻过楼"的寓意,李渔说得十分明白:"这一部小说的楼名,俱从本人起见。独此一楼,不属顾而属殷,议之者以为旁出,殊不知作者原有深心。当今之世,如顾呆叟之恬淡寡营,与朋友交而能以切磋自效者,虽然不多,一百个之中,或者还有一两个。至于处富贵而不骄,闻忠言而善纳,始终为友,不以疏远易其情,贫老变其志者,百千万亿之中,正好寻不出这一位。只因作书之旨,不在主而在客,所以命名之义不属顾而属殷。要使观者味此,知非言过之难,而闻过之难也。"

　　在所有象征中,《合影楼》中的"墙"与"合影楼"的象征意义最典型,最堪玩味。"合影楼"具有身心合一的意象,象征幸福美满的爱情婚姻。"墙"具有困难、障碍的意象,象征横亘在青年男女中间的封建礼教、传统道德和自己的心理障碍。小说写出了由筑"墙"到倒"墙"、再到"合影"的过程。屠珍生与管玉娟自小青梅竹马,同居外祖父家。管提举是个道学先生,屠观察是个风流才子。双方家长的不和成了挡在珍生、玉娟中间的一道无形的墙,阻碍了他们情感的交流。起先两家还住在一个院里,岳父死后,管提举担心"风情"的影响,把一宅分为两院,凡是分界处,都砌了高墙。后园中有两座水阁,中间隔着水池。管提举还不放心,硬是在水底下立了石柱,水面上架了石板,也砌起一堵墙垣,使两家儿女连面都不能见。但高墙只能阻隔青年男女见面,并不能阻止他们心灵的沟通。珍生、玉娟同在水阁上纳凉,在水面上认出了对方的影子,因而隔墙细语,对影谈情,诗词唱和,流水荷叶成了他们的传书使者。珍生相思成疾。屠观察托好友路公向管家求亲,遭到拒绝。路公想以自己女儿锦云代嫁珍生,珍生不愿意,病势反而加重。路公退婚,锦云又不从,路公只好瞒着管提举,将锦云、玉娟同嫁珍生,遂了三人心愿。最后,路公向管提举说明原委,管提举只好接受事实。自此,两家推倒墙壁,将水阁做了洞房,题曰"合影楼"。可见,墙再高,再牢固,也阻挡不住"情"的力量,"情"可摧毁一切有形的墙、无形的墙。这种象征意义并不是想当然。在本篇入话中,李渔虽然告诫人们要防微杜渐,"非但不可露形,亦且不可露影",但他也承认,"圣人也是有情有欲的人",人与生俱来的情欲是无法抗拒的,"防不胜防",尤其是"到那男子、妇人动了念头之后,莫道家法无所施,官威不能摄,就使玉皇大帝下了诛夷之诏,阎罗天子出了缉获的牌,山川草木尽作刀兵,日月星辰皆为矢石,他总是拼了一死,定要去遂心了愿。觉得此愿不了,就活上几千岁,然后飞升,究竟是个鳏寡神仙。此心一遂,就死了一万年不得转世,也还是个风流鬼魅。到了这怨生慕死的地步,你说还有什么法则可以防御得他"?"任你铜墙铁壁,也禁他不住,私奔的私奔出去,窃负的窃负将来"。可见他是不以在男女之间筑起一道高墙为然的。最好的办法是顺其自然:"不如日在可欲之中,与此辈习处,则是司空见惯浑闲事矣。"①推倒有形的墙,消除心灵上的墙,达到"合影楼",即追求到了美满幸福的婚姻。这个结局使我们想到了《西厢记》与《罗密欧与朱丽叶》。《西厢记》中,张生和莺莺寄居的普救寺中有一堵墙,《罗密欧与朱丽叶》中,凯普莱特家花园外也有一堵墙。为了达到爱情的彼岸,两剧的主人公越墙而过,跳墙幽会。但由于他们面对的墙没有完全消除,他们就不可能获得最终的幸福。罗密欧和朱丽叶生前不能结合,只好死后合葬。张生和莺莺虽然最后

---

① 李渔:《闲情偶寄》,浙江古籍出版社 1985 年版,第 310 页。

喜结良缘,但被弃的阴影并没从莺莺的心上完全消除,长亭送别时,她反复叮嘱张生"见了那异乡花草,再休似此处栖迟",就是这种心理的反映。而《合影楼》的男女主人公则幸运得多,他们不仅推倒了有形的墙,而且完全消除了心灵的墙垣——两家和好如初,追求到了身心合一的美满结局。这当然是李渔浪漫主义和乐观主义精神的表现。杜濬十分欣赏这种写法:"读此终篇,叹文章之妙,复叹造化之妙。""不但相思害得稀奇,团圆做得热闹,即捏臂之关目,比传书递柬者更好看十倍也。"(回末评)

二、议论的新奇与个性化

议论,是小说的一种常用手段。中国古代作家特别爱在小说中发议论。有些理论家认为过多的议论打断了情节的发展,冲淡了形象的力量,影响了读者阅读的创造性,应把它从小说中清除出去。这种观点似乎过于偏激。问题不在于要不要议论,而是如何议论。① 妙趣横生的议论,令人兴趣斐然。充满哲理的议论,引人深思,发人深省。恰到好处的议论,能使作品主题升华,加深读者对作品的理解。议论是小说的一个有机组成部分。如果完全不要议论,中国古典小说将会没有丝毫"传统特色"。提高议论本身的艺术性和与作品整体的有机统一性,创造自然生动、有效且有趣的议论,就成为一些有创新意识的小说家的一种自觉追求。与前人相比,李渔小说中的议论不仅多,而且具有鲜明的个性色彩。追求与众不同,新奇、诙谐、生动,文采四溢,为李渔议论的显著特色。在内容上,李渔小说中的议论大致有如下三类:

一是暗示情节、评价人物和交代小说的素材来源。李渔一生"惟好著书",②是个很有经验的作家,深谙读者的阅读心理,每在情节发展的关键时刻即来几句简短的议论,如《夏宜楼》第二回回末、《拂云楼》第三回回末、第四回回末等。这些议论插入的方式与长篇章回小说相似,但它毕竟有李渔

---

① [美]布斯:《小说修辞学》,华明等译,北京大学出版社1987年版,第189—228页。

② 《闲情偶寄》,第322页。

"个人声音"在内,具有交代情节、设置悬念、刺激读者阅读兴趣的作用,比千篇一律的"欲知后事如何,且听下回分解"的套话无疑要新颖、生动得多。《奉先楼》记明末池州东流县舒秀才存孤事,篇末作者特别交代:"这场义举,是鼎革以来第一件可传之事,但恨将军的姓名廉访未确,不敢擅书,仅以'将军'二字概之而已。"作者还交代《合影楼》出自《胡氏笔谈》,《鹤归楼》取材于《段氏家乘》中的《鹤归楼记》。交代材料来源的目的,意在说明故事的真实性,"并不是荒唐之说","只说这一十二座亭台,都是空中楼阁也"。《拂云楼》写侍女能红如何用计,帮助裴七郎娶到韦小姐,自己也嫁给裴七郎为妾的故事。对于韦小姐、能红,李渔评道:"据能红说起来,依旧是尊崇小姐,把她当作本官,自己只当是胥役,向前替她摆了个头踏。殊不知尊崇里面,却失了大大的便宜。世有务虚名而不顾实害者,皆当以韦小姐为前车。""世固有操、莽之才而行伊、周之事者,但观其晚节何如耳。"这样的评价,对认识人物的行为动机和性格特征还是大有裨益的。

二是介绍自己生活经历和人生经验的议论。由于种种原因,李渔以前和同时的有些小说家总是力图抹去作家个人在小说中的痕迹,有的小说甚至连作者和成书年代都无法断定,给后人阅读和研究带来了极大的困难,也成为学术界聚讼不休的话题。在这方面,李渔为我们提供了诸多方便之处。如《闻过楼》的入话纯为自叙,由"予生半百之年,也曾在深山之中做过十年宰相,所以极谙乡居之乐",可以推知《十二楼》的写作时间和作者为避乱乡居十年的经历。本篇入话还收入了自己《山斋十便》诗中的八首,《夏宜楼》中也收入了六首《采莲歌》,说明是"不肖儿时所作",《三与楼》中收入了《卖楼徙居旧宅》与《卖楼》两首诗。这几篇中的议论为研究李渔生平和作品编年提供了第一手材料,具有很高的史料价值。李渔"生忧患之中,处落魄之境,自幼至长,自长至老,总无一刻舒眉",①这种痛苦的经历使得他对人生体验更深,更能品味出生活的苦辣酸甜,形成自己的人生哲学。《鹤归楼》就是他的人生哲学的集中反映。小说写北宋政和年间,段玉初与郁子昌同娶官

----

① 《闲情偶寄》,第 42 页－43 页。

尚宝女。二女皆是国色。段玉初性体安恬，与妻以惜福安穷相勉励。郁子昌风流多情，夫妻恩爱，誓不相离。当时，宋金对峙，边廷多事，朝廷派段、郁二人出使金国。临别前，郁子昌与妻缠绵悱恻，情深意切。段玉初冷言冷语，讽其再嫁，并题所居之楼曰"鹤归楼"，以示不望生还之意。至金后，二人俱被羁留，备受折磨。段玉初淡然处之，以苦为乐。郁子昌思念妻子，痛苦难熬。数年后，二人放还。郁子昌须发皆白，其妻已憔悴而死。段玉初健旺如初，其妻貌丰色丽，不减当年。夫妻二人重拜花堂，再归锦幕，不胜新婚之乐。在入话部分，作者引了一首古风后说道："骨肉分离，是人间最惨的事，有何好处，倒以'乐'字加之？要晓得'别离'二字，虽不足乐，但从别离之下，又深入一层，想到那别无可别、离不能离的苦处，就觉得天涯海角，胜似同堂；枕冷衾寒，反为清福。第十八层地狱之人，羡慕十七层的受用；就像三十二天的活佛，想望着三十三天，总是一种道理。"这种议论与《闲情偶寄》中所说的"我以为贫，更有贫于我者；我以为贱，更有贱于我者。……以此居心，则苦海尽成乐地"的"退一步法"是完全一致的。① 这些议论所表现的思想价值虽然不是很高，但他反映了李渔的人生经验和价值观，是研究李渔思想、人格的有力证据。再说，面对强权统治，社会的不公，世道的黑暗，除少数义士能杀身成仁、舍生取义外，广大芸芸众生也只能依靠"退一步法"来活命存身。这是李渔活法的现实基础和存在价值。

三是体现李渔"新思想"的议论。李渔有不少具有浓厚说教意味的议论，这与他把小说当作劝善惩恶的工具是密不可分的。但他的有些议论并不完全符合正统儒家的学说，有的偏离了封建礼教和传统道德的轨道，如对寡妇再嫁和青年男女自主择婚的肯定，就是与封建统治者宣扬的门当户对、"三从四德"、"从一而终"的道德观格格不入的。《夺锦楼》虽写的是一出滑稽喜剧，但它的议论却发人深思。此议论基本上背离了传统道德的原则，既嘲讽了世人的嫌贫爱富，又肯定了"势利心肠"的合理性，给人以耳目一新之感，充分体现了李渔机智、诙谐的论辩特征，难怪有人把他与李贽并提，列为

---

① 《闲情偶寄》，第 286 页。

"名教罪人"。① 李渔深知"近日人情喜读闲书，畏听庄论"，一本正经的说教是不能达到"导人以正"的目的的，必须旁引曲譬，舍经从权，"以通俗语言，鼓吹经传；以入情啼笑，接引顽痴"。② 因此，他的一些含有劝诫意味的议论写得新奇生动，十分耐读。如《归正楼》入话就用排比的句式、多重比喻反复说明恶人回头向善的道理：

> 上达之人，就如登山陟岭一般，步步求高，时时怕坠，这片勇往之心自不可少。至于下流之人，当初偶然失足，堕在罪巷之中，也要及早回头，想个自新之计，切不可以流水为心，高山作戒，说我的身子业已做了不肖之人，就像三峡的流泉，匡庐的瀑布流出洞来，料想回不转去，索性等它流入深渊，卑污到底。……为善好似天晴，作恶就如下雨。譬如终日晴朗，见了明星朗月，不见一毫可喜；及至苦雨连朝，落得人心厌倦，忽然见了日色，就与祥云瑞霭一般，人人快乐，个个欢欣，何曾怪它出得稍迟、把太阳推下海去？所以善人为善，倒不觉得稀奇，因他一向如此，只当是久晴的日色，虽然可喜，也还喜得平常。恶人为善，分外觉得奇特。因他一向不然，忽地如此，竟是极阴之后，陡遇太阳，不但可亲，又还亲得炎热。故此恶人回头，更为上帝所宠，得福容易。就像投诚纳款的盗贼，见面就要授官，比不得无罪之人，要求上进，不到选举之年，不能够飞黄腾踏也。……善人回头就是恶，恶人回头就是善。东西南北，各是一方。走路的人不必定要自东至西、由南抵北，方才叫做回头，只须掉过脸来，就不是从前之路了。

这样的议论，是以浅近的比喻，通俗的语言，将深刻的道理讲解得深入浅出，透彻精辟，很能反映李渔议论的风格。杜濬评曰："正文之妙自不待言，即冒头中无限烟波，已令人心醉目饱。山水之喻奇矣，又复继以阴晴；阴

---

① 马先登《勿待轩杂志》云："李笠翁所著《闲情偶寄》一书，自居处饮食及男女日用纤悉不遗，要皆故作清绮语，导人陶侈之事，无一足取。谓其人亦李贽、屠隆之类，为名教罪人，当明正两观之诛者也。"转引自黄保真等著《中国文学理论史》（四），北京出版社1987年版，第689页。

② 杜濬：《十二楼·序》，《十二楼》卷首，第1页。

晴之譬妙矣,又复继以投诚纳款。以投诚纳款喻回头,可谓穷幽极奥,无复遗蕴矣。乃又有行路一段,取譬更精。无想不造峰巅,无语不臻堂奥,我不知笠翁一副心胸,何故玲珑至此!"(回末评)

此外,《拂云楼》中对"梅香"作为丫环通称的解释,《十卺楼》中对梁鸿、孟光举案齐眉的新论,《夏宜楼》中把荷花比作"花之美人"的妙喻,等等,都能自出机杼,妙趣横生,让人体会出李渔式"奇谈怪论"的幽默与诙谐。尤其是关于荷花的议论,更像是一篇赞美荷花的散文,有极高的欣赏价值。

三、结构的巧妙与叙述方式的变化

李渔是个结构故事的高手。他非常重视结构,在《闲情偶寄》中,提出了"结构第一"的观点,认为戏曲结构有如"工师之建宅"、"造物之赋形",①必须有整体感、连贯性,要求针线细密,时防漏孔。他的小说也符合这种理论主张。即使是由一连串巧合组成的故事也滴水不漏,合情合理。《生我楼》写宋朝末年,湖广竹山县财主尹小楼三四岁的儿子与几个小孩出去玩,晚上没有回来,当时虎灾为患,"人口猪羊时常有失脱",夫妻二人痛不欲生,寻了多时,没有找着。小楼欲立子继嗣,又怕他只图产业,不用真心待己。因此,忽发奇想,要卖身为父。于是,破衣破帽,身插草标,沿路乞讨,以待买主。至松江华亭县,青年姚继见其可怜,用身上仅有的十两银子,买为养父,尽心奉养。时元兵进攻,二人急归。船至汉口,姚继上岸,到旧主曹家求婚,不想家中已空无一人。船家一刻不等,开船而行。当时,乱兵将抢来的妇女装在口袋中出售。姚继买得一白发老妇,只好以母事之。老妇告诉他,同难中有个袖藏玉尺的少女,可买来为妻。姚继买回一看,少女正是自己心上人曹家之女。玉尺就是他们的信物。三人买船回郧阳,恰遇尹小楼,原来老妇就是他的妻子。更巧的是,姚继正是当年他们失踪的儿子。原来他并没有落入虎口,而是流落他方了。一家人经过颠沛流离,最后终于团圆。这件事确实"奇到极处,巧到至处了"。因此,后世有人批评它缺乏生活的真实,是向壁

---

① 《闲情偶寄》,第4页。

虚构的产物,而李渔则认为这样的巧合是有生活基础的,因为"从来鼎革之世,有一番乱离,就有一番会合。乱离是桩苦事,反有因此得福,不是逢所未逢,就是遇所欲遇者。造物之巧于作缘,往往如此","造物之巧,百倍于人"。作家不过就事敷衍,稍作点染,没有违背写"人情物理"的原则。杜濬也如此认为:"觉世稗官所作,事事在情理之中,独有买人为父一节,颇觉怪诞。观者至此,都谓捉出破绽来,将施责备之论矣。乃至看到原属父子,天性使然一语,又觉得甚是平常,并不曾跳出情理之外。可见人作好文字,与做好人、行好事一般,常有初使人惊、次招人怪,乃至群疑毕集、怨讟将兴之际,忽然见出他好处来,始知做好人、行好事者,原有一片苦心,令人称颂不已。悟此,即知作文之法。悟此,即知读书之法。"(回末评)

《夏宜楼》的悬念设置、照应埋伏也很见机巧。乡绅詹笔峰家有一座高楼,绿树掩映,三面环水,水中荷花灿烂,十分适宜避夏,因此题曰"夏宜楼"。其女娴娴寝居其中,以教女仆课读打发长夏。一天,趁娴娴休息时,几个女仆跳进池塘,洗澡戏耍。娴娴闻知,将她们狠狠责打了一番。谁想不多几日,瞿佶派人来提亲。詹公答以秋闱放榜后再议。娴娴已心属瞿佶。秋闱后,瞿佶果中,但就是不来议亲。娴娴因此愁出病来。过了几天,瞿佶又派媒人来提亲,并说他知道娴娴相思成疾和责打女仆的事,这不仅令娴娴大吃一惊,也使读者迷惑不解,他是如何知道这一切的? 第二回开始就解开这个疑团,原来是一只望远镜帮了他的忙。接下来就用倒叙手法,详细介绍望远镜的来历、用途以及瞿佶登楼偶见娴娴责打女仆、病重的情景,再顺叙瞿佶看到娴娴写诗、自己和诗并设计使詹公答应婚事的情节。小说中女仆水中嬉戏、娴娴责打这一场面曾多次出现:首先是正面描写众女仆"不先不后,一齐解带宽裳,做了个临潼胜会",娴娴责打。接着,媒婆向娴娴复述这一场面,并说是瞿佶亲眼所见。第二回,交代瞿佶在寺院楼顶用望远镜登高望远,津津有味欣赏这一场面的经过。直至二人结婚后,瞿佶和那些女仆背后调情时,又一次提到这个场面,说明瞿佶当初自己刻意求亲,正是因为见到这个场面,"不是单爱牡丹,置水面荷花于不问也"。它像现代电影中的镜头重复,强烈刺激着人的感官,给人的印象非常深刻。韩南认为这个场面,"既是小说情节提纲挈领的部分,也是李渔精致的色情描写的一个突出表现。"①
它也说明这样一种现象,随着文人的不断介入,作家主体意识的觉醒,话本
小说越来越多地注入了作家的个性因素。作家的个性特征越明显,作品就
越具有独特的风格。同一场面的反复叙述,在古典小说中十分少见,这也正
是李渔的个性因素——强烈的创新意识的体现。

这种创新意识还表现在叙述方法的运用上。有的研究者认为,中国古
典小说大都是采用一贯到底的叙述方法,虽然在某些文言小说中有少量倒
装叙述,但这只是一种偶然行为,不是自觉的创新。而这种叙述方法在白话
章回小说中更为少见。② 这种认识大体正确,但又不完全是事实。《十二楼》
中,就多次运用倒装叙述,前举《夏宜楼》就是一例。不仅如此,他还在同一
篇中,交叉使用多种叙述方法,以增强故事的吸引力。如《归正楼》先从贝喜
骗术高超,把一个清平世界弄得鬼怕神愁,但他急流勇退,改邪归正这一结
果说起,然后倒叙贝喜走上行骗之路的过程和一次次行骗的细节,中间插贝
喜救助妓女苏一娘的情节,再接着顺叙二人归依佛道,终成正果的结局,最
后补叙出贝喜设计让富商仕客修庙宇的经过。整篇小说叙述方法转换得丝
丝入扣,十分自然,很见功力。《闻过楼》中,顾呆叟自山居后,连遇三次横
祸,先是被派苦差、接遭匪劫、后又牵连盗案,使人惊疑不已。直到最后才补
叙出这一切都是殷太史为请他出山而设的计谋。这样的补叙,避免了情节
的板滞,使寻常的情节因叙述方法的不同,而变得摇曳多姿,十分好看。

---

① ［美］韩南:《中国古代白话小说史》,尹慧珉译,浙江古籍出版社1989年版,第181页。
② 陈平原:《中国小说叙事模式的转变》,上海人民出版社1988年版,第38—42页。

《续琵琶》的作者高宗元

　　姚燮《今乐考证》著录高宗元有《续琵琶》、《新增南西厢》、《增改玉簪》传奇三种,并云:"宗元,字伯扬,山阴人。一字求诲居士。"①邓长风先生《二十九位清代戏曲家的生平材料》之《高宗元》一节,根据《国朝杭郡诗三辑》卷一六、胡敬《崇雅堂诗钞》卷五《挽高翁伯扬,并引》一诗对其生平有所考证。②此前研究者一直以为高宗元"生平不详"、"生卒年不详",③由于有了邓文,使我们对高宗元有了一些了解。但邓长风先生没有读到沈赤然的《五砚斋诗文钞》及其他材料,④所以,他对高宗元家世、生平的考证是不全面的,对其生卒年的判断是错误的。

　　沈赤然(1745—1816),初名玉辉,字韫山,号梅村,仁和(今浙江杭州市)人。乾隆三十三年(1768)举人,官南宫、丰润知县。罢归后闭门著书,与吴锡麒、章学诚相切磋。工诗古文。有《五砚斋诗文钞》、《〈公羊〉、〈谷梁〉异同合评》、《寒夜丛谈》、《寄傲轩随笔》等。传见《清史列传》卷七二。《五砚斋文钞》卷一一有《候选州同知高君愚亭传》一文。文云:

---

　　① 姚燮:《今乐考证》,《中国古典戏曲论著集成》第10册,中国戏剧出版社1959年版,第292页。
　　② 邓长风:《二十九位清代戏曲家的生平材料》,《明清戏曲家考略三编》,上海古籍出版社1999年版,第319—321页。
　　③ 庄一拂:《古典戏曲存目汇考》,上海古籍出版社1982年版,第1360页。齐森华:《中国曲学大辞典》,浙江教育出版社1997年版,第172页。
　　④ 邓长风《二十九位清代戏曲家的生平材料》:"他的《五砚斋诗钞》、《文钞》今存,他为高宗元所撰传想必即在《文钞》内。倘获一读,或可考知高宗元的确切生年,以及更多生平行状。"《明清戏曲家考略三编》,第320页。

君姓高氏，讳宗元，字伯扬，别号愚亭。世为山阴后梅里人。考梅溪公，始迁居杭之仁和。生三子，君为长。天性孤峭，于诸书多所涉猎，独不喜举子业。与人交，亦凿枘，罕有合者。以家世所业在吴门，故客苏州日多。好饮酒，然不能德。将往往触冒人，人以此咸厌之。年四十，梦亡父持杖击之，曰："年尔许，尚沉酗若此耶？"遽惊悟，自是不复沾涓滴。孤峭之性，亦渐变和平，惟以施予贫乏为事。尝夜行，见巷门有雉经者，探其胸，尚温。急负之归，灌以薑汁，遂甦。询之，曰："吾某家仆也，因征租，途次失番银八枚，归无以自白，故引决耳。"君恻然，如所失之数，与之去。明日，同寓者知之，骇曰："君所为诚善。苟不活，奈何？"君惟一笑而已。乾隆丁未，江南岁歉乏食，苏州尤甚。是时，山东、河南二省皆有截漕之请。君遂上书藩司李公，亦求入奏，词意款备。李公韪其言而壮之。事虽不行，吴中人咸称其义。已而，君年益高，君愿益大。尝见京师、江南及本省嘉兴皆有普济堂，泽被桑梓，而杭州独无，遽倡捐买隙地十余亩于武林门内桐井巷，随投牒抚军吉公庆，乞谕劝鹾商等建盖屋宇，以栖止无告者。公领之，寻升任两广去，事遂寝。君扼腕曰："此岂儒衣冠者所能办哉？"乃潜削发，走京师，乞其友吴祭酒锡麒为募疏，遍谒诸贵人，陈说恳切。朱文正公珪笑谓曰："此固儒者事也。盍反初服，当为徐图之。"居数月寂然。会两弟又东、广镛闻之，恐以是得罪，急遣所亲数辈入都，促君还。君亦念重为两弟忧，竟反初服。归里，亦悁然不乐。未几，阮公元来抚浙。君复投牒如前。公高其义，方与盐院延藩司刘筹画所出。君以为跂足可待也，乃弃前购地，复捐赀，买旧宅基十亩于中正桥大街，以次建碑亭、门堂、轩室、厨湢若干间，规模粗备。阮公亲至阅视者再，手书"孝义可风"四字以旌君。并捐银四千两，助堂中经费。明年，岁大祲，即堂中为粥，活饿者。不数月，银垂尽。阮公亦以忧去。逾二岁，复任。未久，又内召。故迄无成功。嘉庆十四年，今抚军蒋公攸铦莅浙，君复陈建堂始末。公虽以为然，而费巨不可猝办。会十五年秋，有户部郎中叶道传独输银五千两，朱嘉猷、金泰、吴懿善、顾沄共输银五千两，而鹾商等又请于引上酌加，每岁输银六千两。于是，堂事始什成八九。君闻之，喜曰："不意十余载之尽精厉气，乃竟不负乎？"抚军以首倡自君，一以堂事委之。辞不获命，竟以劳致疾，卒时辛未七月四日也。年七十有三。初，君考存时，每以宗祠未建为憾。殁后若干年，君独任其责，自购地至毕务，凡用钱五百余万。既复竭所有营普济堂，故殁之日无余财。生平工词曲，有《江天雪》、《续琵琶》等传奇，皆脍炙人口。配洪氏，早卒。一妾，无子，亦遣去。以仲弟长子国学生凤仪、季弟长子候选理问凤翔为嗣，凤仪先亡。孙三人：师巽、师复、师济。①

从上文我们可以知道高宗元的如下信息：

一、高宗元，字伯扬，别号愚亭。候选州同知。

二、世为山阴（今浙江绍兴）后梅里人。父梅溪始迁居仁和。据沈赤然《高士桢传》，"梅溪"名士桢，字廷三。业贾。卒年七十五岁。"从其乡人之服贾者，业于杭。……始卜居杭之泥孩儿巷，留其弟守坟墓里中"。②

三、高宗元兄弟三人。宗元为长。仲弟高观海（1740—1810），字又东，号秋厓。诸生。传见吴锡麒《有正味斋骈体文续集》卷七《高秋厓墓志铭》、沈赤然《五砚斋文钞》卷一〇《候选训导例封文林郎高君观海传》。季弟高宗文，字广镛，号竹涧。至少活了七十多岁。③　三兄弟中，只有高观海习举子业，其余二人均业贾。④　由于家世所业在吴门，所以高宗元在苏州的时间居多。

四、高宗元卒于辛未七月四日。辛未是嘉庆十六年（1811），卒时七十三

①　沈赤然：《候选州同知高君愚亭传》，《五砚斋文钞》卷一一，《续修四库全书·集部》第1465册，上海古籍出版社2002年版，第713页。

②　沈赤然：《高士桢传》，《五砚斋文钞》卷三，《续修四库全书·集部》第1465册，第659页。《高凤诏传》："凤诏先世皆家山阴，大父士桢始迁于杭。"《五砚斋文钞》卷四，《续修四库全书·集部》第1465册，第661页。

③　沈赤然：《高竹涧宗文七十寿序》，《五砚斋文钞》卷一一，《续修四库全书·集部》第1465册，第711页。

④　沈赤然《候选训导例封文林郎高君观海传》："考梅溪公始卜迁杭州，生三子。长伯扬，季广镛，君其仲也。伯扬、广镛皆世其父业，君独习儒。"《五砚斋文钞》卷一〇，《续修四库全书·集部》第1465册，第703页。

岁,则其生年是乾隆四年己未(1739)。邓长风先生推测高宗元生于乾隆十五年庚午(1750),卒于嘉庆十五年庚午(1810),①显误。卒后,胡敬作有《挽高翁伯扬》诗。胡敬,字以庄,号书农,仁和(今浙江杭州)人。嘉庆十年(1805)进士,累官侍讲学士。诗文兼美。有《崇雅堂诗文集》。见《清史列传》卷七三、《民国杭州府志》卷一四五《文苑二》。胡敬是高宗元侄婿。②《挽高翁伯扬,并引》在《崇雅堂诗钞》卷五。③

五、高宗元妻洪氏早卒,以观海子凤仪、宗文子凤翔为嗣,孙师巽、师复、师济三人。凤仪卒于嘉庆五年庚申(1800)。④

六、高宗元四十岁之前,好酒无德,人人厌恶。四十岁时,梦见亡父的一顿棒喝,幡然醒悟。从此,改恶向善,散财济贫。传文主要记叙了高宗元的三件义举。一是救活因征租失银的某家仆人,二是在乾隆五十二年丁未(1787),岁歉乏食时,宗元以白衣之身上书有司,请减少苏州漕粮。三是倡议、捐建杭州普济堂,救济孤苦无依和无以为生者。普济堂之建,历经多年,颇费周折。宗元先在武林门内桐井巷买地十余亩,为能顺利化缘,他削发为僧,远走京师,请国子监祭酒吴锡麒写疏文,遍谒当道贵人,请予支持。吴锡麒(1746—1818),字圣征、谷人,钱塘(今浙江杭州市)人。乾隆四十年(1775)进士,授翰林院编修,累官国子监祭酒。以亲老乞养归,主讲真州(今江苏仪征)、扬州(今江苏扬州)、松江(今上海市)等地书院。有《有正味斋全集》及传奇《渔家傲》(佚)等。传见《清史稿》卷四八五。《募建杭州普济堂疏》在《有正味斋骈体文》卷一九。宗元接受朱珪的建议和家人的劝戒,还俗,又在

_____

① 邓长风:《明清戏曲家考略三编》,第 320—321 页。

② 《国朝杭郡诗三辑》卷一六:"胡书农学士,其侄婿也。"

③ 胡敬:《挽高翁伯扬,并引》,《崇雅堂诗钞》卷五,《续修四库全书·集部》第 1494 册,上海古籍出版社 2002 年版,第 178—179 页。

④ 吴锡麒《高秋厓墓志铭》:"乙卯,余官都下。值令子凤诏计偕北土,以君命来从余游。……竟毕于再登,归志已坚,余留之不得也,岂知孝廉之船未反,修文之召遽来? 行至练市而殁。……明年,配章孺人卒。越二年,长子凤仪又亡。"《有正味斋骈体文续集》卷七,《续修四库全书·集部》第 1469 册,上海古籍出版社 2002 年版,第 174 页。沈赤然《高孺人六十寿序》:"孺人为太学生衡昭公淑女,作配吾友秋崖兄冢嗣、国学生凤仪。……嘉庆五年,所天捐背。"《五砚斋文钞》卷一一,《续修四库全书·集部》第 1465 册,第 711 页。

中正桥大街买宅基十亩,建成若干间,但因工程颇大,耗资颇巨,还没最后完工。大祲之年,即在堂中施粥赈贫,活人无数。浙江巡抚阮元手书"孝义可风"四字以旌表之。① 宗元之卒,也是因建普济堂,积劳成疾所致。除此之外,作为人子之责,宗元还完成了父亲的遗愿,修高氏宗谱,建高氏宗祠,事载沈赤然《五砚斋文钞》卷九《越州高氏宗谱序》、《高氏宗祠碑记》二文中。

七、宗元"生平工词曲,有《江天雪》、《续琵琶》等传奇,皆脍炙人口"。值得注意的是,除《续琵琶》和姚燮《今乐考证》著录的《新增南西厢》、《增改玉簪》外,宗元还有《江天雪》传奇。这样,宗元共有四部传奇。《曲海总目提要》卷一七有《江天雪》,云:"明代人所作,不知谁手。"②剧写越州崔君瑞娶同里郑月娘为妻,任官后,又诓娶工部尚书苏琇之女。月娘寻夫至吴门,崔君瑞诬月娘为盗金出亡之婢,令人押归越州。严冬,月娘走雪,不胜苦楚。适遇其兄郑廷玉于平望江天驿。时廷玉任高官,派人押解崔君瑞至,责其薄幸。崔君瑞愧悔谢罪,月娘始恕之。宗元《江天雪》题材是否与此传奇相同,不详。其是否尚存人间,亦不详。

《续琵琶》今存,藏北京大学图书馆。此书乃郑振铎故物。梁廷枏《曲话》卷四云:"近日高伯扬作《续琵琶记》,空虚结撰,出奇无穷,一雪中郎之冤。吴谷人先生为之序。……曲中大致,包括无余矣。"③吴锡麒《高伯扬〈续琵琶记〉乐府序》在《有正味斋骈体文》卷八。文云:

> 堕琼泣于欢区、动酒悲于绮席者,其惟高则诚《琵琶记》院本乎? 或新婚而赋别,或垂老而歌离,艰难巧妇之炊,宛转麻衣之泪。翳桑之宦,

① 阮元(1764—1849),字伯元,号芸台,仪真(今属江苏)人。乾隆五十四年(1789)进士,授编修。道光间,官至体仁阁大学士,加太傅。卒谥文达。生平著述甚富,工书。校刊《十三经注疏》等,汇刻《学海堂经解》等,著有《揅经室集》等。传见《续碑传集》卷三刘毓崧《阮文达公传》、李元度《阮文达公传事略》、《清史列传》卷三六、《清史稿》卷三六四。阮元于嘉庆十二年(1807)被任命为浙江巡抚,十三年(1808)到任。《清史稿》卷三六四:"(嘉庆)十一年,诏起元福建巡抚,以病辞。十二年,服阕(阙),署户部侍郎,赴河南按事。授兵部侍郎,复命为浙江巡抚,暂署河南巡抚。十三年,乃至浙,诏责其防海弥诊。"海南新闻出版中心1995年版,第2428页。

② 《曲海总目提要》卷一七,《笔记小说大观》第25编第9册,台湾新兴书局有限公司1979年版,第820页。

③ 梁廷枏:《曲话》卷四,《中国古典戏曲论著集成》第8册,中国戏剧出版社1959年版,第284页。

有愧乎三年风树之悲，难偿于五鼎；酸从心起，哀逐弦生，游子天涯，难为怀抱矣。然以中郎论之，生而笃孝，召庐墓之祥；殁感名流，画陈留之像。家门清白，三世同居。王廷对扬七事，交警史所称善。人国之纪也。徒以心存慷慨，世际屯邅；莫试经纶，已丁祸乱。殉一身于焦爨，辱爱女于穹庐。闻者唏嘘，言之咽塞。而乃因缘丑相，附会子虚。复高堂罹殍馑之灾，弱妇有仳离之叹。天无此酷，彼独何辜？在作者得无以愁苦之音易工、欢娱之词难好，故增凄异，以耸听闻乎？是何诬古人之甚也。吾友伯扬，借一家之衣钵，拓千古之心胸，夸饰胜缘，揆张盛事，如织女之酬郭令，如青洪之赠欧明。遂使银鹿坐儿、金龟得婿、科名草长、旌节花开，但争春梦之长，不厌夏云之幻。至于鼋淫贾祸、狙诈蒙诛，又所谓作善，降之百祥，作不善，降之百殃者，足以垂鉴于后来，岂徒取快于今日而已哉？夫福极之应，洪范特详；惩劝之严，风诗备著。然而经生绪论，不如里巷之常谈也；学士讴吟，不及优俳之唱演也。人生行乐，君子达观，等竿木之随身，并风花而过眼。读是编者，赏其奇致，悟彼寓言，亦如孔融座中、虎贲对面。赵家庄上，夕照开场，匪改弦而更张，聊破涕而为笑也已。①

沈赤然亦有评价《续琵琶》的文字，但此文《五砚斋文钞》未收入。《今乐考证》引述了以下数句："高伯扬《续琵琶》，《迷局》以下六折，奇诡百出，科诨媒嫚，诚难免喧宾夺主之讥。然狙诈如拐儿辈，亦不可以无报，作者特稔其恶，而行其诛于鬼神，使奸邪知惧，以补前记所未及。"②

元关汉卿有杂剧《萱草堂玉簪记》，明高濂有传奇《玉簪记》。《改增玉簪》自序云："《玉簪记》，元末人编也。其精华在《琴挑》、《问病》、《偷诗》、《秋江》等出，然词虽秀逸，诨嫌短少，兹每出增发其科，又加《疹病》、《药诨》二出，足其诙谐。且《秋江》后段［越调·小桃红］等曲，词佳而声音急重，今改

① 吴锡麒：《高伯扬〈续琵琶记〉乐府序》，《有正味斋骈体文》卷八，《续修四库全书·集部》第1468册，上海古籍出版社2002年版，第666页。
② 《今乐考证》，《中国古典戏曲论著集成》第10册，第292页。

为［十二红］，听之稍似悠婉也。"①

　　高宗元还有词集。词集初名《灵石樵歌》，三卷。今存钞本，自序作于乾隆四十九年甲辰（1784）。嘉庆元年丙辰（1796）左右，宗元将《灵石樵歌》后所作词和《灵石樵歌》合编在一起，并重加订正，集名《愚亭词》，请吴锡麒作序。《愚亭词》卷数和存佚不详。吴锡麒《高伯扬〈愚亭词〉序》在《有正味斋骈体文》卷八。②

────────────

　　①　《今乐考证》，《中国古典戏曲论著集成》第 10 册，第 292 页。

　　②　吴锡麒《高伯扬〈愚亭词〉序》："往余弱冠时，与胡兄竹城交，得读其友高君伯扬所著《灵石樵歌》，见其音律谐和，情味清丽，已知山水之性通之窈寐之间，禽鸟之情喻之见闻之表。故能不假雕琢，独露幽微，如闻天籁于空中，似奏琴声于海上。所谓求之无状，得之自然者欤？既而与伯扬相遇于西湖之滨，解带松风，垫巾竹雨。……今又三十余年矣，……因合囊作，重加订正，索序于余。……当此江月初白，林钟远生，正非天机清妙者，不足以语此。"《有正味斋骈体文》卷八，《续修四库全书·集部》第 1468 册，第 662－663 页。吴锡麒"弱冠时"是乾隆三十年乙酉（1765），"今又三十余年"是嘉庆元年丙辰（1796）左右。关于吴锡麒生卒年，请参阅下文《吴锡麒年谱》。

吴 锡 麒 年 谱

　　吴锡麒(1746—1818),字谷人,一字圣征,钱塘(今浙江杭州)人。乾隆四十年进士,授编修,累迁祭酒,以亲老乞养归。主讲真州(今江苏仪征)、扬州(今江苏扬州)、松江(今上海市)等地书院。锡麒工应制诗、骈体文,词、曲亦自成一家。其《有正味斋集》有诗二十四卷、骈体文三十二卷、词十卷、曲二卷。还有《渔家傲》传奇(佚)。王昶《蒲褐山房诗话》、李元度《国朝先正事略》卷四二、《清史稿》卷四八五等均认为锡麒是浙中诗派中继朱彝尊、查慎行、杭世骏、厉鹗之后的代表性人物。法式善为《有正味斋诗集》作序,云其"名重中外,诗文集凡数镌版,贾人藉渔利致富。高丽使至,出金饼购《有正味斋诗集》,厂肆为一空"。全椒吴鼒辑《八家四六》,锡麒为其中重要一家(李昌集先生《中国古代散曲史》在引录《清史稿》时,云锡麒"著有《正山房集》、《全椒吴鼒》",误。华东师范大学出版社1991年版,第744页)。迄今为止,未见有全面系统研究吴锡麒文学成就与地位的文章或专书,而史籍如《国朝诗人征略初编》、《国朝耆献类征初编》、李元度《国朝先正事略》、《清史列传》、《清史稿》、《民国杭州府志》等对锡麒生平的记载又相当简略,笔者广泛搜集有关吴锡麒的生平材料,亦未发现有其行状、传记、墓志铭、墓碑等文。为了使研究者更准确地认识吴锡麒的文学成就与地位,了解乾隆、嘉庆年间文人的交往情况和文学现状,笔者依据锡麒和同时代人诗文集、笔记、地方志、史籍等材料,爰作《吴锡麒年谱》焉。

吴锡麒,字谷人,一字圣征,钱塘(今浙江杭州)人。

> 吴振棫《国朝杭郡诗续辑》卷一九:"吴锡麒,字圣征,号谷人,钱唐(塘)人。"

> 李元度《国朝先正事略》卷四二:"谷人,名锡麒,字圣征。"

> 《清史稿》卷四八五:"吴锡麒,字谷人,钱塘人。"

> 《民国杭州府志》卷一四六《文苑三》:"吴锡麒,字圣征,钱塘人。"

祖籍湖州乌程(今属浙江),居西陵村。后迁钱塘,至锡麒时,已百余载。

> 《有正味斋诗集》卷一《宝石山楼始存稿》《湖州展谒祖墓,信宿旧庐,感赋三首》。

> 《有正味斋诗集》卷五《翰苑集》《〈荒庄感旧图〉歌,并序》:"余家本住吴兴里,近徙钱塘百年矣。一船风雨过西陵,年年麦饭棠梨里(余家祖居乌程,有庄在西陵村。岁时扫墓,每宿于此)。"

> 《有正味斋诗集》卷七《暂假集》《湖州西林村祖居感赋二首》其一:"侨籍钱塘百载过。"

> 《有正味斋诗集》卷一六《东皋草堂集》《六十生日自述七首》其二:"我家先人宅,门对苕溪清。桑竹所蔽路,人多荷锄行。自徙钱塘来,百载居屡更。"

高祖息山、曾祖秋园。

> 《有正味斋诗续集》卷七《韩江酬唱集三》《哭张船山三首》其一:"高曾有契逮诸孙(余高祖息山公在文端公幕中,后曾祖秋园公亦与君曾祖诗游辽东,交谊至今五世,不可谓不久矣)。"

妻杨氏,长锡麒一岁。后封恭人。

> 《有正味斋诗集》卷一六《东皋草堂集》《六十生日自述七首》其二:"我妇更长余,六十今过一。"

> 《有正味斋诗续集》卷四《萍聚集四》《哭亡室杨恭人二十四首》。

有弟二人。仲弟锡麟,字洛书,号箬村,少锡麒十岁。善画山水,亦工诗。季弟不详。

> 《国朝杭郡诗续辑》卷二二:"吴锡麟,字洛书,号箬村,钱唐人,锡

麒弟。……善画山水，笔情墨趣，潇洒天真，气味极清古。亦工篆刻。以几案才出佐人幕。未及下寿而殁。无子，以兄子清鹏为嗣，赠如其官。"小传还云："箬村与兄谷人祭酒分咏新年杂事，如《门神》云：'问尔侯门立，能知深几重？'《暖锅》云：'例从员外置，偏觉热中多。'《金团》云：'须知黄白意，原以稻粱看。'并有寄托，耐人寻味。"

同卷录其《七里泷晚渡》、《芦鸟船》、《桃花岭》、《晓渡瓯江，望江心寺》诗四首。

《民国杭州府志》卷一四六《文苑三》："弟锡麟，字洛书，亦工诗。出语多有寄托，耐人寻味。"

《有正味斋诗集》卷二《严江集》《同景笠人大本暨舍弟锡麟登临江亭作》。

《有正味斋诗续集》卷六《韩江酬唱集二》《哭仲弟锡麟四首》。

《有正味斋诗集》卷一〇《重梦集上》《扬州送仲弟归》。

《有正味斋诗集》卷一六《东皋草堂集》《六十生日自述七首》其六："嗟予弟行役，东西路何遥。荆树本同根，乃各荣枝条。忆当就傅日，其习诗书教。功成在积累，意得忘矜骄。有时出心兵，欲与古者鏖。学成斫轮手，苦代他人庖。关山多雨雪，江湖滞风涛。昨得仲氏书，申纸词滔滔。念我年六十，自叹亦二毛。落木思粪本，鸟倦当归巢。会当约予季，同结秦亭茅。寿亲无算爵，进我长生瓢。殷勤荐此论，此论吾久操。愿谋田可种，愿谋山可樵。薜萝纷在眼，行就山灵招。"

《有正味斋诗集》卷三《翕羽斋集》《舍弟锡麟将有山西之役，感今追昔，怆然于怀，成排律一百六十韵》："十年徒齿长。"

有子多人、一女。其中清皋、清鹏名声颇著。

清皋，字小谷，嘉庆十八年举人。历官中书、侍读、抚州知府等。

清鹏，字西谷，嘉庆二十二年一甲三名进士。授编修，擢顺天府丞。归寓扬州，主讲安定书院。有《笏庵诗》。过继锡麟为嗣。

两人为孪生兄弟。其余儿子情况不详。

《国朝杭郡诗续辑》卷一九吴锡麒《九儿清鹏,余季生少子也。幼继仲弟为嗣。……》

《民国杭州府志》卷一四六《文苑三》:"子清皋,字小谷,嘉庆十八年举人。官中书,充军机章京。升侍读,考御史第一。未及补,以先所得京察,外擢抚州知府。仁宗召见曰:'汝师傅吴谷人子耶?汝学问,乃不得进士也?'至抚州,革厘金旧弊,商民便之。……调南昌,摄赣宁道盐法道,卓异。"

梅曾亮《柏枧山房文集》卷一五《朝议大夫南昌府知府吴君墓志铭》(庚戌):"君钱塘吴氏,讳清皋,字小谷。考讳锡麒,国子监祭酒。妣杨恭人,生君兄弟七人,君次六。"

《民国杭州府志》卷一四六《文苑三》:"清鹏,字西谷,嘉庆二十二年一甲三名进士。授编修,入谏垣。擢顺天府丞,以清素著闻。归寓扬州,继祭酒后主安定书院,诸兄眷属多往依之。一门唱和,乐备天伦。湘阴左文襄出其门下。《笏庵诗集》中有《送左生下第还长沙》之作。"

"湘阴左文襄"即左中棠。《送左生下第还长沙》在《笏庵诗》卷八,诗题《送左生中棠下第还长沙》。

吴清鹏《笏庵诗》卷一《述怀七首》其六:"空惊水边影(八兄与余季生,貌绝似,照影辄如见兄)。"

梅曾亮文云"生君兄弟七人",吴清鹏诗云"八兄",则已行九。两者有出入。不知是梅曾亮未将锡麒已故之子计算在内,还是清鹏将同宗兄弟一并计算,锡麒之子的数量未能确考。

《有正味斋诗续集》卷四《萍聚集四》《哭亡室杨恭人二十四首》其十一:"惊心一曲母将雏(戊戌夏,挈一女四子来京)。"

《清史列传》卷七二有清皋、清鹏小传。

有孙七人。

《有正味斋诗集》卷一六《东皋草堂集》《六十生日自述七首》其七:"诸孙已六七,乱发垂蓬松。"

乾隆十一年丙寅(1746) 1岁

七月,出生。

《有正味斋诗集》卷一六《东皋草堂集》《六十生日自述七首》其三:"结交喜洪厓(谓稚存),与我同年纪。"

洪亮吉(1746—1809),字君直、稚存,号北江,阳湖(今属江苏)人。乾隆五十五年(1790)进士,授编修。嘉庆四年(1799),上书军机王大臣言事,极论时弊,免死戍伊犁。次年,释还。自号更生居士,居家十年卒。有《春秋左传诂》、《卷施阁集》、《更生斋集》等。传见吴锡麒《有正味斋骈体文续集》卷六《翰林院编修洪君墓表》、秦瀛《小岘山人续文集》卷二《原任翰林院编修洪君墓表》、法式善《存素堂文续集》卷二《洪稚存先生行状》、《清史稿》卷三五六。

洪亮吉生于本年九月。《有正味斋骈体文续集》卷六《翰林院编修洪君墓表》:"君生于乾隆十一年九月初三日。……余与君生既同岁,举亦同年。"

吴锡麒有诗明言生于本年。《有正味斋诗集》卷一六《东皋草堂集》《甲子元日》:"我生丙寅今甲子,六十年差二龄耳。"

《有正味斋诗续集》卷三《萍聚集三》《山舟先生以〈浙江前丁卯乡试题名录诗〉见示,乃应周坚白介之属也,邀余继作》:"我生丙寅溯丁卯,堕地已后六十年。"

吴锡麒有词言其生于秋季。《有正味斋词集》卷八[贺新凉·五十生日有感]:"秋风正拟寻归计。"

吴嵩《吴学士文集》卷三《吴谷人先生七十寿序》明言锡麒生于七月:"兹值七月之吉,刚举七秩之觞。"

乾隆十六年辛未(1751) 6岁

祖父教锡麒识字,就外傅。

《有正味斋诗集》卷一六《东皋草堂集》《六十生日自述七首》其

二:"辛苦我祖父,专以笔代耕。教我识字始,以迄于长成。长成拙生计,妄想希荣名。"

《有正味斋诗续集》卷八《韩江酬唱集四》《七十自述八首》其二:"六龄就外傅。"

启蒙师为卢集成。《有正味斋诗集》卷三《翕羽斋集》《舍弟锡麟将有山西之役,感今追昔,怆然于怀,成排律一百六十韵》:"十年徒齿长,一席共蒙求。就傅钦卢植(予与弟同事卢集成先生)。"

乾隆十八年癸酉(1753)　8岁

赴乌程祭祖墓。

《有正味斋诗集》卷七《暂假集》《抵舍后作》:"颇忆总角日,展墓于苕溪。百里溯烟水,数椽见茅茨。自我高曾前,耕读恒于斯。松楸去不远,孙子犹来栖。殷勤鸡黍约,举动相提携。东邻看打稻,西舍闻鸣机。所托在畎亩,厥习安途泥。是时身尚孩,健若黄炉驰。风雨荷蓑笠,宁知病夏畦?多收十斛麦,此愿未是痴。"

乌程,今属浙江湖州。

与高观海结交。

《有正味斋骈体文续集》卷七《高秋厓墓志铭》:"昔我与君,在髫契结。游必同队,谈即造膝。"

《有正味斋骈体文》卷二四《高凤诏传》:"余总角时,交于高兄秋厓。既同井间,得数晨夕。"

高观海(1740—1810),字又东,号秋厓,杭州人。诸生。见《有正味斋骈体文续集》卷七《高秋厓墓志铭》、沈赤然《五砚斋文钞》卷一〇《候选训导例封文林郎高君观海传》。

少劣顽,好与群儿戏逐。

《有正味斋诗集》卷一六《东皋草堂集》《六十生日自述七首》其三:"我少劣且顽,好逐群儿戏。"

乾隆二十二年丁丑（1757）　12岁

大歉，家贫，母以钗质钱为炊。

> 《有正味斋诗集》卷一六《东皋草堂集》《六十生日自述七首》其二："贫家生计拙，我小百不知。我祖父于役，谓仗我母支。食茶心独苦，辗转寒暑时。迫我十二三，略能往事思。其年丁大歉，道路多流离。呼僮糴官米，去去日渐移。空铛煮白水，难作巧妇炊。上惧高堂嗔，下恐儿女饥。一钗质百钱，粗得饱饼餐。忍饿独无言，泪下垂如縻。此景儿所见，此情人其悲。岂期有今日，虽贫或胜之。"

乾隆二十五年庚辰（1760）　15岁

知词章。

> 《有正味斋诗续集》卷八《韩江酬唱集四》《七十自述八首》其二："十五知词章。"

读书刻苦，早起晚睡，至老亦然。

> 《国朝杭郡诗续辑》卷一九："读书多手录，夜至三鼓辄起，从事笔墨，五鼓稍卧息，天明则又起，至晚年且然。真以缣素为性命者。"

冬，泊舟南浔。

> 《有正味斋诗集》卷一《宝石山楼始存稿》《南浔舟中，同问渠叔作》："清风桥口三年梦。"小字注云："庚辰冬，曾泊此。"
>
> 南浔，在今浙江湖州东南。

乾隆二十八年癸未（1763）　18岁

与高观海晨夕相与，习摩诗文。又与沈赤然、蔡鹏、胡应煌、屠国用、潘世鼎、朱应登、章坤等人为诗友。

> 《有正味斋骈体文续集》卷七《高秋厓墓志铭》："年二十四，以山阴籍补博士弟子员。时余甫习编摩，有资绳染，遵孟母广被之教，缔程生倾盖之交，与之晨夕相于（与），风雨无辍。"
>
> 同文又云："以庚午八月八日示疾，于明日泊然而化，时年七十有

一也。"庚午是嘉庆十五年,逆计之,则其生于乾隆五年庚申(1740),本年二十四岁。

沈赤然《五砚斋文钞》卷一〇《候选训导例封文林郎高君观海传》:"其砚席之交,惟与余及蔡君鹏、胡君应煌、屠君国用、潘君世鼎、吴君锡麒、章君坤等六七人为深友,互相切靡,期于远到。"

沈赤然《五砚斋文钞》卷四《蔡鹏传》:"时与鹏为深友者,余之外,则有胡应煌、高观海、屠国用、潘世鼎、吴锡麒、朱应登数君子,更相过从,风雨不辍。时出其所为诗文,鹏咸为评论之,各如其瑕瑜。"

据文,蔡鹏,字乘南、柳堂,杭州人。

沈赤然(1745—1816),初名玉辉,字韫山,号梅村,仁和人。乾隆三十三年(1768)举人,官直隶丰润知县。罢归后闭门著书,与吴锡麒、章学诚相切磋。工诗古文。有《五砚斋诗文钞》、《〈公羊〉、〈谷梁〉异同合评》、《寒夜丛谈》、《寄傲轩随笔》等。传见《清史列传》卷七二。

潘世鼎(1745—1809),字禹湘,号亚江,仁和人。嘉庆七年壬戌(1802)岁贡生。传见沈赤然《五砚斋文钞》卷一〇《候选训导岁贡生潘君世鼎传》、《国朝杭郡诗续辑》卷三〇。

胡应煌,字竹城,杭州人。余不详。《有正味斋诗集》卷一《宝石山楼始存稿》有《城西曲,赠胡竹城应煌》、卷五《翰苑集上》有《哭胡竹城》。

沈赤然《五砚斋文钞》卷四《祭胡竹城文》:"君既疾革,召三五故人,属以身后事。于予独不及,但曰:'吾知梅村贫。'已而又曰:'梅村果北行,当与吾俱依谷人于京师。'予知其非计,而又不敢遽违其意,姑应之。明日,君果寝前说。"《五砚斋文钞》卷三有《与胡竹城书》、《再与胡竹城书》,并附于此。

乾隆三十年乙酉(1765)　20岁

春,与黄模、姚春漪、项朝荣、黄玉阶等人同集于倪嘉树有真意斋。

《有正味斋骈体文》卷五《〈桐华馆诗存〉序》:"忆乙酉春,余始与黄兄相圃晤于倪嘉树丈有真意斋。同集者苏展亭表叔、周亦庵、姚春漪、黄玉阶,皆一时名士也。添制灯之赋,张说饼之筵。月浪生兰,酒波卷白。忘年之契,不惜于下交;如旧之欢,遂成于一面。当是时,余年甫及冠也。"

黄模,字相圃,钱塘人。嘉庆五年(1800)拔贡。"少与舒绍言、吴锡麒、姚思勤、项朝荣、吴锡麟称城西六子。"传见《民国杭州府志》卷一四六《文苑三》。

《国朝杭郡诗续辑》卷三五:"项朝荣,字聚芬,号莲峰,仁和人。嘉庆戊辰岁贡,有《琴台小稿》。莲峰少工诗,与黄相圃、吴谷人、姚青漪相角逐,同为《新春杂咏》,颇称于时。能悬臂作小楷,运笔如飞。手钞所读书,终卷无讹脱者。性褊急,于俗所寡谐,实则坦易无他肠也。"

小传又见《民国杭州府志》卷一五〇《艺术二》。

《民国杭州府志》卷一四六《文苑三》:"姚思勤,字春漪,仁和人。乾隆五十四年举人,勤于著述。尝以唐人律赋自元明失传,与吴锡麒、黄模、黄基为琴台夏课,抽妍骋秘,侔色揣称。至今言律赋学者,推黄、吴、姚三家。"

从胡应煌处得读高宗元《灵石樵歌》,后与其相会于西湖之滨。

《有正味斋骈体文》卷八《高伯扬〈愚亭词〉序》:"往余弱冠时,与胡兄竹城交,得读其友高君伯扬所著《灵石樵歌》,见其音律谐和,情味清丽,已知山水之性通之痟瘵之间,禽鸟之情喻之见闻之表。故能不假雕琢,独露幽微,如闻天籁于空中,似奏琴声于海上。所谓求之无状,得之自然者欤?既而与伯扬相遇于西湖之滨,解带松风,垫巾竹雨。"

高宗元(1739—1811),字伯扬,号愚亭,仁和人。有《续琵琶》、《江天雪》传奇、《愚亭词》等。传见沈赤然《五砚斋文钞》卷一一《候选州同知高君愚亭传》。

乾隆三十二年丁亥(1767)　22岁

与沈赤然等七人结文社。

沈赤然《五砚斋诗钞》卷一五《寄吴谷人五十韵》:"结社丁年始。"

有自注云:"乾隆丁亥,始与谷人结文社,同砚席者凡七辈。"

乾隆三十三年戊子(1768) 23岁

善饮酒。新年,招朋痛饮,并以酒置门外,招路人饮。

> 《国朝杭郡诗续辑》卷一九:"《胡氏先友记》载:祭酒洪量无偶,方为诸生时,居山儿巷,值献岁,列酒瓮无算,招朋痛饮竟昼夜,而酒未罄,乃异至门外。人过其门,以巨觥沃之,能饮者去而复来,不能者至委顿乞免。其高旷类如此。"

> 锡麒为诸生时间不详,姑系本年。

与表弟倪小迁等为诗会,作《橘枝词》。

> 《有正味斋诗集》卷一一《重梦集下》《哭倪小迁表弟》:"一样新霜凉意味,橘枝酬倡少年时(记戊子与小迁约为诗会,有橘枝词酬唱之作)。"

乾隆三十四年己丑(1769) 24岁

赴严州。

> 沈赤然《五砚斋诗钞》卷一五《寄吴谷人五十韵》:"南浮建德胪。"自注云:"己丑余北上,谷人亦有严州之行。"

> 严州府,据《光绪严州府志》卷三《封域》,清代严州府辖建德、淳安、遂安、寿昌、桐庐、分水六县。府治在今浙江建德县东北梅城镇。

乾隆三十五年庚寅(1770) 25岁

春,与弟锡麟再赴严江,有诗。

> 《有正味斋诗集》卷二《严江集》《庚寅春,再赴严江,同舍弟锡麟舟中作》:"听风兼听水,三度上江船。"

> 《有正味斋诗续集》卷六《韩江酬唱集二》《鲥鱼二首》其一:"严滩惯见乘潮上(谓己丑、庚寅余客严江事)。"

> 严江,当是指严陵濑附近的钱塘江,此代指建德。

乾隆三十六年辛卯（1771）　26 岁

问诗于杭世骏、吴颖芳。

　　《有正味斋骈体文》卷五《〈同岑诗选〉序》："曩余问诗于董甫杭先生、西林吴先生，并皆标举清深，敷陈丽密，准诸前古，以诏后来。"

　　杭世骏（1696—1772），字大宗，号董甫，仁和人。雍正举人，乾隆元年（1736）召试鸿博，授编修，改御史。乾隆八年（1743），因对策言"满汉畛域不可太分"罢官。晚年主讲粤秀及扬州安定两书院，好奖掖后进。有《礼例》、《石经考异》、《榕城诗话》、《道古堂诗文集》等。传见杭世骏《道古堂文集》卷首应澧《墓志铭》、洪亮吉《更生斋集》文甲卷四《书杭检讨遗事》、《清史列传》卷七一。

　　吴颖芳（1702—1781），字西林，号临江乡人、树虚，仁和人。少时赴试，为差役所诃，自此弃科举。与厉鹗为友，致力于诗。有《吹豳录》、《说文理董》、《音韵讨论》、《临江乡人集》等。传见王昶《春融堂集》卷六五《吴西林先生小传》、《清史列传》卷七一。

　　锡麒问诗于杭世骏、吴颖芳的具体时间不详，要当在二人卒前，且锡麒未中进士之前。杭世骏卒于明年，吴颖芳卒于乾隆四十六年（1781）。杭世骏《道古堂文集》卷首应澧《墓志铭》："以乾隆三十七年七月庚辰考终里舍，寿七十有八。"

　　王昶《春融堂集》卷六五《吴西林先生小传》："卒于乾隆四十六年辛丑二月二十七日，距生于康熙四十一年二月二日，年八十。"因此，将锡麒问诗于杭世骏、吴颖芳姑系于本年。

　　《有正味斋诗集》卷三《翕雨斋集》有《艮山野望，同杭董甫先生世骏、倪丈嘉树一蘗、何春渚琪、黄相圃、姚春漪、黄玉阶、倪小迂、孙竹虚锡分韵》、《正月七日，同黄相圃、岫云上人过昭庆僧舍，与家西林先生颖芳茶话》，不详作年，并附于此。

　　何琪，字东甫，号春渚，钱塘人。布衣。有《小山居稿》四卷。传见《国朝杭郡诗续辑》卷一五、《民国杭州府志》卷一四六《文苑三》。

八月，应举，不第。仍至严江，同好赋诗送别，有诗寄答。游七里滩，访严陵祠。《渔家傲》传奇或作于本年。

《有正味斋诗集》卷二《严江集》《秋闱报罢,仍至严江,诸同好赋诗送别舟中,感怀寄答四首》。

《清史稿》卷一〇八《选举志三》:"顺治元年,定以子、午、卯、酉年乡试,辰、戌、丑、未年会试。乡试以八月,会试以二月。均初九日首场,十二日二场,十五日三场。……乾隆间,改会试三月,殿试四月。遂为永制。"

《有正味斋骈体文》卷八《〈渔家傲〉乐府自序》:"余游富春之渚,经七里之滩。万竹光中,斜阳晒网;一波折处,细雨施罛。缅怀高寄之踪,指点归耕之处。径路或迷于黄叶,人家全在乎翠微。弄水相思,寻烟欲问。台高百尺,其钓维何? 祠阅千秋,伊人宛在。只觉风流之足慕,敢辞水调之难工? 恣我楮毫,被之弦索。演逸民之列传,写渔父之家风。人将读之而解颐,吾亦因之而寄傲也。"

《有正味斋诗集》卷二《严江集》《雨中过七里泷作歌》、《雪中经子陵钓台》、《钓台谒严子陵祠》等诗均是锡麒三次赴严江时所作,究竟是哪一次,不详,并附于此。

严陵祠,在今浙江桐庐县西南富春山。富春山,一名严陵山,在今浙江桐庐县西。

七里泷即七里滩,亦名严陵濑。在今浙江桐庐县西南富春山下,钱塘江上。顾野王《舆地志》曰:"七里濑在东阳江下,与严陵濑相接,有严山。桐庐县南有严子陵渔钓处,今山边有石,上平,可坐十人,临水,名为严陵钓坛也。"

《录鬼簿》著录宫天挺、张国宾均有《严子陵垂钓七里滩》,《元刊杂剧三十种》收有此剧,未署作者,题目、正名作:"刘文叔醉隐三家店,严子陵垂钓七里滩。"《古本戏曲丛刊》四集据以影印。《词林摘艳》癸集录有《七里滩》杂剧[斗鹌鹑]套曲,题宫大用(天挺字)作。[斗鹌鹑]套曲与元刊本全然相符。因此,现存《严子陵垂钓七里滩》为宫天挺作,张国宾同名剧作佚。剧写东汉严光辞召不仕事。严光

（前37—后43），一名遵，字子陵，东汉会稽余姚（今属浙江）人。少有高名，与刘秀同学。及秀即帝位，变姓名隐居。聘至京师，与光武帝相处如昔。光武欲其出仕，答以"士故有志，何至相逼乎？"除谏议大夫，不就，归耕于富春山。传见《后汉书》卷八三。锡麒去、今两年客严江，乾隆四十年中进士后再没到此。《〈渔家傲〉乐府自序》云："演逸民之列传，写渔父之家风。人将读之而解颐，吾亦因之而寄傲也。""因之而寄傲"，只有还没走上仕途，才可如此而言。如果中了进士、当了官，无论如何是无法"寄傲"的。《渔家傲》传奇可能作于本年或稍后，是锡麒应举不第后的或愤激、或故作旷达的情感反映。剧不存。梁廷柟《曲话》卷三评曰："吴谷人先生词学，近时人不多觏。病除凡响，壁垒一新。集中南北曲数套，妙墨淋漓，几欲与元人争席。所作《渔家傲》乐府，词坛艺苑，交口称之。"

乾隆三十七年壬辰（1772）　27岁

正月十四日，与沈赤然、舒绍言等人于杭州城南观梅。

　　沈赤然《五砚斋诗钞》卷二《正月十四日，同吴谷人锡麒、舒古廉绍言城南观梅，用秦太虚韵》（壬辰）。

　　此首上一首为《观灯行，同舒古廉、吴谷人作》。诗编年，此诗作于本年。

　　沈赤然《五砚斋诗钞》卷一八《感逝九首》（癸亥）其八："舒绍言，字懋功，号古廉，仁和人。余文社友也。老于诸生，妻子相继殁，从其宗人某游燕齐间。连试北闱，复不售。憔悴京华，竟无归志。近传闻已悬解矣，不知果否？"

春，从严江归，得姚春漪游吴门留别之作，赋[玉漏迟]寄之。

　　《有正味斋词集》卷一[玉漏迟·壬辰春，余归自严江，得姚春漪游吴门留别之作，怅然于怀，赋此寄之]。

三月，与黄玉阶游西湖，坐跨虹桥上，感其诗句有凄婉之音。

　　《有正味斋词集》卷一[梦横塘·春暮，同舒古廉、黄相圃、姚春漪泛舟湖上,时飞絮掠波,散漫如雪。因忆壬辰三月,与黄玉阶坐跨虹桥上,东风甚紧,柳花渡湖而来。玉阶得句云:'一年春事又杨花。'余味其意,似甚有凄婉者。明年,玉阶竟以病死。殆诗谶与? 此游今昔虽异,风景宛然。旧感新情,悲吟成调]。

岁试,以《焦桐人听赋》受知于王杰。

　　《有正味斋诗集》卷一六《东皋草堂集》《哭座主大学士王文端公四首》其四:"余生焦爨在,尘外感知音(余壬辰岁试,以《焦桐人听赋》受知)。"

　　王杰(1725—1805),字伟人,号惺园,别号畏堂、葆醇,陕西韩城人。乾隆二十六年(1761)进士第一,授修撰,官至东阁大学士、军机大臣。嘉庆八年(1803),以衰病乞休。历事两朝,以刚正忠直著称。卒谥文端。有《葆醇阁集》、《惺园易说》等。传见《清史列传》卷二六、《清史稿》三四〇。

乾隆三十八年癸巳(1773)　28岁

正月十三日,与黄模等人游祥符寺。

　　《有正味斋诗集》卷三《翕羽斋集》《癸巳正月十三日,黄相圃招同人游祥符寺,用东坡九曲观灯诗韵》。

　　祥符寺,在杭州城西。《有正味斋骈体文》卷二二《重修祥符寺碑》:"杭州城西祥符寺者,乃梁大同元年邑人鲍侃所舍宅,初名发心院,唐改为龙兴寺,至宋始改名太平祥符寺者也。"

乾隆三十九年甲午(1774)　29岁

清明,与沈赤然同作[扫花游]词。

　　《有正味斋词集》卷一[扫花游·甲午清明,同沈梅村赤然作]。

中举,与孙烛溪为同年。

　　《有正味斋骈体文》卷一〇《孙烛溪同年〈碧山栖图〉序》:"烛溪与余为甲午同年友。"

《民国杭州府志》卷一一二《选举六》:"(举人,乾隆三十九年甲午),吴锡麒,乙未进士。"

据同卷,同年中举孙姓者,一为孙咸凝,钱塘人。一为孙传曾,仁和人,官内阁中书。又据杨廷福、杨同甫《清人室名别称字号索引》,烛溪为孙传曾的字或号(上海古籍出版社1988年版,第707页)。

祖父卒。

《有正味斋诗集》卷一六《东皋草堂集》《六十生日自述七首》其二:"我祖盖棺日,我方赋鹿鸣。"

鹿鸣,鹿鸣宴,亦作鹿鸣筵。科举时代,乡举考试后,州县长官宴请得中举子,或放榜次日,宴主考执事人员及新举子,歌《诗·小雅·鹿鸣》,作魁星舞,故名。

乾隆四十年乙未(1775)　30岁

正月,与沈赤然同行赴京应会试。至兖州,分道而行。沿途各有诗词。

沈赤然《五砚斋文钞》卷一《吴谷人〈燕台行笈诗〉序》:"乾隆乙未正月,余与谷人随计北征。舟尾列酒甏十余,约每日不赋诗不得饮涓滴。余旋病目,畏风,日不能饮,亦不能吟。谷人持杯满饮。停桡,落日纵步城野。凡有见闻,辄以诗记之。酒后耳热,则捉筋扣舷,为余朗诵数过。余扶枕听之,欣然忘其目之痛也。至宿迁,舟不能进,起陆车行。时目亦小愈,而谷人以有事任城,从兖州分道去。"

《有正味斋词集》卷一[翠楼吟·乙未正月十四日,姑苏道中作]、《有正味斋诗集》卷四《解褐集》《练湖》、《舟泊丹徒,同沈梅村游通元观,登挹江楼作》、《渡扬子江》、《高邮》、《淮阴钓台》、《良乡》等此行作。

沈赤然《五砚斋诗钞》卷二《晓渡大江,同吴谷人作》(乙未)亦此行作。

与王友亮交识。

《有正味斋诗续集》卷一《萍聚集一》《王竹屿别驾凤生补官来浙,

以所刊尊人蓉亭太仆双佩轩遗集见贻,后附令兄香圃麟牛补梅书屋遗诗。展读之余,悲吾友之不复见,而又幸其有子之克家也。因成诗五十韵,述余与蓉亭两人之踪迹以付之》:"呜呼三十载,幸托绸缪情。往来踪迹熟,语语皆平生。忆昔岁乙未,计偕集神京。顾视此客异,流盼腾元精。寒斋同一瓮,暗里酸咸并。得失亦偶耳,谅不区区争。……"

王友亮(1742—1797),字景南,号蓉亭,婺源(今属江西)人。初由举人官内阁中书、军机章京,乾隆五十六年(1791)进士,官至通政司副使。工诗文,诗与袁枚相近。有《蓉亭文集》《双佩斋集》《金陵杂咏》等。传见《清史列传》卷七二。

中进士。榜发,有诗。授庶吉士。与汪辉祖、李廷敬、吴绍灿等为同年。

《清史稿》卷一三《高宗本纪四》:"(乾隆四十年四月)壬寅,赐吴锡龄等一百五十八人进士及第出身有差。"

据《题名碑录》,锡麒为第二甲第二十九名。

《有正味斋诗续集》卷八《韩江酬唱集四》《七十自述八首》其二:"三十入承明,委身事圣皇。"

《有正味斋诗集》卷三《解褐集》《春榜放后作》。

沈赤然《五砚斋文钞》卷一《吴谷人〈燕台行笈诗〉序》:"抵都门,匆匆入锁闱。榜发,谷人登第,授庶吉士。"

沈赤然《五砚斋诗钞》卷一五《寄吴谷人五十韵》:"呼盆独得卢(自注:甲午、乙未,谷人连战皆捷,授庶常)……清美淹年月(自注:谷人为编修二十年)。"

《有正味斋骈体文》卷九《汪龙庄〈秋灯校字图〉序》:"汪君龙庄,余乙未同年生也。"

《有正味斋骈体文续集》卷八《汪龙庄同年诔》:"乙未与余同榜进士。"

《有正味斋骈体文续集》卷八《李味庄同年诔》:"乙未成进士,锡麒与同榜焉。"

《有正味斋骈体文》卷二四《家苏泉编修传》:"余与君为乙未同榜士。犹忆官京师时,出为联骑之游,归定只鸡之局。流连酒德,跌宕琴歌,何其乐也。"

《有正味斋骈体文》卷二〇《曹慕堂先生〈紫云山房诗集〉跋》:"余乙未成进士。"

汪辉祖(1731—1807),字焕曾,号龙庄、归庐,萧山(今属浙江)人。乾隆四十年(1775)进士,官宁远知县。有《元史本证》、《归庐晚稿》等。传见阮元《揅经室集》二集卷三《循吏汪辉祖传》。

李廷敬,字景叔,号宁甫、味庄,沧州(今属河北)人。乾隆四十年(1775)进士。据《有正味斋骈体文续集》卷八《李味庄同年诔》。

吴绍灿,字澄垫、苏泉,歙县(今属安徽)人,寄籍扬州(今属江苏)。乾隆四十年(1775)进士,官内阁中书、编修。编有《金薤集》等。见《有正味斋骈体文》卷二四《家苏泉编修传》。

五月四日,进乾清宫,馆选庶吉士。

《有正味斋诗集》卷四《解褐集》《五月四日,乾清宫引见馆选,恭纪》:"御苑先期回凤辇(时驾在北苑,以引见新进士,先一日还宫)。"

《清史稿》卷一〇八《选举志三》:"凡用庶吉士曰馆选。"

五月十九日,入武英殿分校。

《有正味斋诗集》卷四《解褐集》《十九日,被命入武英殿分校,恭纪》:"五月薰风拂御除,校雠身喜傍宸居。青毡旧是臣家物,善本今窥秘府书。自愧冷荧光有限,敢矜落叶扫无余。花间每听传清漏,赐食銮坡正午初。"

为张埙《荒庄感旧图》题诗。

《有正味斋诗集》卷五《翰苑集上》《〈荒庄感旧图〉歌,并序》:"明嘉靖中,张庄僖公劾严嵩父子,伊王典横,为一代名臣。暮年,其弟侍郎公为筑室菱湖,极一时裙屐丝竹之盛。世所称四雨庄是也。今已为禾黍之区。舍人埙为侍郎公六世孙,绘图以纪之,而属余赋其事。"

张埙《竹叶庵文集》卷九《凤凰池上集五(乙未正月迄六月)》《自

题〈荒庄感旧图〉二首》。后附翁方纲《〈荒庄感旧图〉歌》。

张埙,字商言,号瘦铜,吴县(今江苏苏州)人。乾隆三十四年(1769)进士,官内阁中书。工诗、书法,少与蒋士铨齐名,以清峭胜。有《竹叶庵文集》。参见邓长风《张埙和他的竹叶庵文集》(《明清戏曲家考略》,上海古籍出版社1994年版,第332—364页)。

九月十五日,于城南道院看菊花,有诗。

《有正味斋诗集》卷四《解褐集》《同张瘦铜舍人埙城南道院看菊二首》。

张埙《竹叶庵文集》卷一〇《凤凰池上集六(乙未七月迄十月)》《九月十五日,雨中吴谷人庶常期城南道院赏菊,以迎医不果往,寄一诗与看花诸君》、《讷斿、谷人同饮记珠轩,讷斿送菊花》。

锡麒诗云与张埙同看菊花,张埙则云未至,存疑。

秋,与沈赤然等人集会,有诗。

沈赤然《五砚斋诗钞》卷二《秋蝉,同吴谷人、卫纳斿德威、梁松垞彦衡、汤古树垣分韵》(乙未)。此诗为本卷倒数第二首。

沈赤然离京,有诗留别。

沈赤然《五砚斋诗钞》卷三《燕台留别诗》八首(乙未),第二首《吴谷人》:"孤馆凄清听暮砧,刀环新梦已秋深。烟云落日生寒意,铃铎西风碎客心。炉火漫夸能炼汞,绣床无那误拈针。同来却不同归去,鹤自翀霄鸟恋林。"

《燕台留别诗》前一首是《九日,都门黑窑厂登高》,因此,沈赤然离京应在此后。

沈赤然《五砚斋诗钞》卷首《自编年谱》:"(乾隆)四十年乙未,三十一岁。会试,为考官误断文句见黜。"

沈赤然《五砚斋文钞》卷一《吴谷人〈燕台行笈诗〉序》:"抵都门,匆匆入锁闱。榜发,……而余又报罢。青衫破帽,跨蹇卫出都。"

闰十月,乞假南归,夜宿茌平旅店,作[月华清]词。

《有正味斋词集》卷一[月华清·闰十月,乞假南归,夜宿茌平旅店。月冷灯孤,清寒特甚。怅然,为赋此解]。

茌平,今属山东。

据陈垣《二十史朔闰表》(中华书局 1962 年版)、中国人民大学清
史研究室编《清代中西历表(1573—1840)》(中国人民大学出版社
1982 年版),本年闰十月。

乾隆四十一年丙申(1776) 31 岁

正月,张埙有诗寄锡麒。

张埙《竹叶庵文集》卷一一《凤凰池上集七(乙未十一月迄丙申正
月)》《杂咏京师新年诸戏,效浙中六家新年诗体,邀同人和之,寄吴谷
人庶常,令连写卷后十首》。

前二首为《新正九日,焚香玩月二首》、《上灯夜作》。

与陈玉池结交。

《有正味斋骈体文》卷四《陈宝所给谏〈学福斋遗诗〉序》:"余丙申
始与陈兄玉池交。当花一辰,踏莎双屐;游赏既洽,吟咏相闻。见其
听雨孔怀,遇风申献,信美刘家之笔,弥思伯氏之壎。时令兄宝所先
生秉职兰台,抗声乌府,风因柏奏,稿就焦焚。余固心仪之,而未见其
颜色也。"

请沈赤然为《燕台行笈诗》作序,赤然如其请。

沈赤然《五砚斋文钞》卷一《吴谷人〈燕台行笈诗〉序》:"明年,谷
人乞假归省,出其自计偕至锦还所为诗若干卷,标之曰《燕台行笈诗
存》,属余序。余既卒读,慨然曰:'君诗词雅而意高,即出不足乡关,
已杰然争雄于武林坛坫间矣。今又越江河,瞻太山,览皇居之壮,入
著作之庭。所与游者,又皆当时名卿大夫。相与切劘而讲习之,其造
诣,固亦更进若此矣。……即使向者目不病,道不分,一觞一咏,靡不
与谷人共之,亦乌足与谷人相伯仲哉?'因书其卷首而归之。"

游扬州,与金兆燕结交。

金兆燕《棕亭古文钞》卷首吴锡麒序:"余丙申游扬州,始得交棕

亭先生。时扬州物力殷饶，先生以广文一官，开设坛坫，号召名士，问字之酒，束修之羊，资用咸给。每风月佳夕，联舫于红桥白塔间。击钵分笺，互相角胜。独先生逞其速藻，落笔如飞。余蹩躠追之，不能及也。"

《有正味斋诗集》卷四《解褐集》《同金棕亭教授兆燕、家并山山长珏过秋雨庵，与竹溪上人茶话》。

金兆燕，字棕亭、钟越，全椒（今属安徽）人。乾隆三十一年（1766）进士，官国子监博士，改扬州府教授。工诗词曲，有《棕亭诗钞》、《棕亭古文钞》及《旗亭记》传奇等。传见《清史列传》卷七一、《国朝耆献类征初编》卷一四六。

游石门，与张花农结交。

《有正味斋骈体文》卷四《张花农〈床山堂诗集〉序》："忆丙申冬，与余有石门之役。乌篷五尺，浅水一条；柏绽如梅，舻鸣似雁。君乃笼浑脱之帽，裹蒙茸之裘，枯蚌点灯，缺盆种火，极写有声之画，微拈欲断之髭。朝霜正明，罢盥而流唱；夕月既落，呵冻而擘笺。川途不长，吟趣弥永。古人云：'有来斯应，每不能已者。'其斯之谓欤？"

《有正味斋诗集》卷四《解褐集》《石门》。

石门，在今浙江桐乡县西石门镇。

张花农，名宝镕。余不详。《有正味斋诗集》卷七《暂假集》有《忆张花农宝镕》。

乾隆四十二年丁酉(1777)　32岁

正月十八日，与沈赤然等饮高观海宅，有诗。

《有正味斋诗集》卷四《解褐集》《正月十八日，饮高秋厓观海宅，时积雨初晴，同胡竹城、金篆庐成栋、沈梅村、潘亚江世鼎、朱西厓应登分韵》。

沈赤然《五砚斋诗钞》卷三《正月十八日，积雨初霁，高秋崖观海招饮席上，同胡竹成、金篆庐、吴谷人、潘亚江世鼎、朱西崖应登作》

（丁酉）。

秋，假满还京，有诗四首。

> 《有正味斋诗集》卷四《解褐集》《假满还京作四首》其二："藤萝虚
> 皓月，松菊老荒园。"

> 《有正味斋骈体文》卷四《陈宝所给谏〈学福斋遗诗〉序》："明年丁
> 酉，余假满还京。"

秋，与陈宝所、施学濂等人游草桥。

> 《有正味斋诗集》卷一一《重梦集下》《八月十四日，查小山有坼招
> 同人载酒出右安门，至草桥，饮于丁氏野圃八首》其三："不见题诗白
> 石仙，旧游重到一酸然。垂杨似我荒寒甚，阅历西风二十年。"末句有
> 注云："记丁酉秋，与宝所、藕堂、南雷同为草桥之游，今二十年矣。"

> 《有正味斋骈体文》卷四《陈宝所给谏〈学福斋遗诗〉序》："明年丁
> 酉，余假满还京。出谷求声，迎墙通谒。遂同只鸡之局，颇霁神羊之
> 威。往往水叶搴荷，山苗选菊，门敲破寺，路觅危桥。违车马之嚣尘，
> 荐江湖之奇响。客醉方剧，吾琴欲言。借烟华以写凉，杂云气而流
> 藻。今集中所载《万泉寺》、《草桥》诸诗是也。"

> 施学濂，字藕堂，钱塘人。乾隆三十一年（1766）进士，官至兵科
> 给事中。传见《民国杭州府志》卷一四六《文苑三》。

> 查有坼，字小山，浙江海宁人。官刑部郎中、实录馆分校。见《有
> 正味斋骈体文》卷二三《中宪大夫刑部郎中查公墓志铭》。

秋，金兆燕有诗寄锡麒。

> 金兆燕《棕亭诗钞》卷一三有《寄吴谷人》后四句："露泣岩花沾晓
> 泪，烟屯宫柳锁春眉。长门尚较天涯近，休咏班姬箧扇诗。"

> 其后有《丁酉除夕》、《戊戌元旦》二诗。

乾隆四十三年戊戌（1778）　33 岁

与沈赤然、金兆燕等人游法源寺。

> 沈赤然《五砚斋诗钞》卷四《同陈给谏鸿宝、施侍御学濂、吴编修

谷人、金博士兆燕、潘孝廉铨游法源寺，分韵得从字》（戊戌）。

金兆燕此时官国子博士。

金兆燕《棕亭古文钞》卷首吴锡麒序："及余还朝，先生亦补国子博士。既同官日下，又衡宇相望，常常见之。顾长安居大不易，米盐琐屑，意兴似稍减于曩时。然招之以诗，则诸事可废。……故诗名尤振于京师。"

沈赤然以会试来京。《五砚斋诗钞》卷首《自编年谱》："（乾隆）四十三年戊戌，三十四岁，会试下第。"

夏，妻携一女四子来京。

《有正味斋诗续集》卷四《萍聚集四》《哭亡室杨恭人二十四首》其十一："重烦老父念羁孤，特遣租船到直沽。听说黄河风浪恶，惊心一曲母将雏（自注：戊戌夏，挈一女四子来京。闻渡河时适逢风浪，漕艘有遭溺者）。"

沈赤然与书锡麒，谈其再次落第后的感受，劝锡麒在纂修《辽史》时，"慎之重之"。为了身体健康，不要饮酒。

沈赤然《五砚斋文钞》卷三《与吴谷人书》："吾自下第后，傫然而南。月涉星行，风尘阴暍，凡二十九日，得达乡里。翘首闾门，便有惭色。归对妻孥，默无一语。姻亲密迩，间有款关至者，虽强为慰勉，而神不偕来。此中情态，非局外者所得喻也。……夫人北上，谅抵都门。儿女团圞，笑言一室，知不复以远宦为苦。……顷闻充《辽史》纂修，足展所长。古今作者，史才为难。慎之重之，毋为后人笑也。又闻比患足疾，与酒为仇，此或者天之所以仁爱足下也。倘不复思饮，便当永绝。北风方厉，凡百珍重。不尽胸臆，临缄惘然。"

书云"夫人北上，谅抵都门"，此书应作于本年夏或稍后。

与罗聘结交。

《有正味斋诗集》卷一三《韩江集》《哭罗两峰三首》其一："论交二十载，南北合还分。"

罗聘（1733—1799），字遁夫，号两峰，歙县（今属安徽）人。山人，善画。有《正信录》。传见《有正味斋骈体文》卷二三《罗两峰墓志铭》。

　　罗聘卒于嘉庆四年(1799),逆计之,锡麒与其结交当在本年。《有正味斋骈体文》卷二三《罗两峰墓志铭》:"殁于嘉庆四年七月初三日子时。"

与法式善结交。

　　《有正味斋诗集》卷首法式善《〈有正味斋诗集〉叙》:"三十年为一世,余交谷人先生为一世矣。……嘉庆十三年四月二十五日,同馆侍生法式善序。"

　　由嘉庆十三年逆推,至少在本年,锡麒与法式善结交。

　　法式善(1752—1813),原名运昌,字开文,号时帆,蒙古正黄旗人,乌尔济氏。乾隆四十五年(1780)进士,授检讨,官至侍读。有《陶庐杂录》、《清秘述闻》、《槐厅载笔》、《存素堂集》等。传见《清史列传》卷七二、《清史稿》卷四八五。

授编修,有诗。

　　《有正味斋诗集》卷五《翰苑集上》《散馆,蒙恩授职编修,恭纪》。

　　《清史稿》卷一〇八《选举志三》:"凡用庶吉士曰馆选。……三年考试散馆,优者留翰林为编修、检讨,次者改给事中、御史、主事、中书、推官、知县教职。"

乾隆四十四年己亥(1779)　34岁

二月二十六日,与英廉、蒋士铨、余集等人聚会赋诗。

　　蒋士铨《忠雅堂文集》卷二五《二月二十六日,英竹井院长招同嵇拙修、钱箨石两先生、施耦堂侍御、余秋室、吴谷人两编修集檀乐草堂海棠花下作,三首》。《忠雅堂文集》诗编年,此诗前九首《二月上丁,太学分献礼成,恭纪三首,己亥》,后第十四首为《湛若洗砚池拓本,庚子》。

　　英廉(1714—1783),字计六,号梦堂,本姓冯,汉军镶黄旗人。雍正十年(1732)举人,由笔帖式授内务府主事。乾隆间,擢永定河道,以误工革职。寻起用,累迁内务府大臣、户部侍郎。乾隆四十五年(1780),特授汉大学士,寻署直隶总督。以病乞罢,卒谥文肃。有《梦堂诗稿》。传见《清史稿》卷三二〇、张维屏《国朝诗人征略初编》卷二六。又据杨廷福、杨同甫编《清人室名别称字号索引》,英廉又号竹井老人(上海古籍出版社1988年版,第177页)。

嵇璜(1711—1794),字尚左、黼廷,晚号拙修,无锡(今属江苏)人。雍正八年(1730)进士,乾隆间历南河、东河河道总督。晚年加太子太保,为上书房总师傅。卒谥文恭。传见袁枚《小仓山房文集》卷三二《太子太师文渊阁大学士锡山嵇文恭公墓志铭》、《清史稿》卷三一〇。

蒋士铨(1725—1785),字心余、苕生,号清容、藏园,江西铅山人。乾隆二十二年(1757)进士,官编修。归后主讲蕺山、崇文、安定三书院。工诗古文,精戏曲。诗与袁枚、赵翼称江右三大家,曲合称《藏园九种曲》。有《忠雅堂全集》。传见洪亮吉《卷施阁集》文乙集卷三《翰林院编修记名御史铅山蒋先生碑文》、《国朝耆献类征初编》卷一二九、《清史列传》卷七二、《清史稿》卷四八五。

余集(1738—1823),字容裳,号秋室,仁和人。乾隆三十一年(1766)进士,候选知县。旋与邵晋涵、戴震等五人被荐入翰林院,人称"五征君"。累迁侍读学士。归后主讲大梁书院。工画,有《秋室诗钞》、《梁园归櫂录》等。传见《清史列传》卷七二、《清史稿》卷五〇四。

钱载(1708—1793),字坤一,号箨石,秀水(今属浙江嘉兴)人。乾隆十七年(1752)进士,授编修,官至礼部左侍郎。工诗与书画,有《箨石斋诗文集》。传见《碑传集》卷三六朱修度《礼部侍郎秀水钱公载传》。

袁枚《小仓山房诗集》卷三五(乙卯)《哭钱箨石先生,有序》:"先生名载,字坤一,嘉兴人。乾隆丙辰与余同举鸿博,召试宝和殿。壬申,入翰林,官至礼部侍郎。得风痹之疾,年八十七而薨。"

乾隆四十五年庚子(1780)　35 岁

元日早朝,金兆燕有诗次锡麒韵。

> 金兆燕《棕亭诗钞》卷一四《庚子元日,雪中早朝,次吴谷人编修韵》。

三月三日,与翁方纲、蒋士铨等人聚会赋诗。

> 翁方纲《复初斋诗集》卷二一《秘阁集七》(庚子二月至八月)《三月三日,同心余、鱼门、瘦同、枫亭、谷人、仲则集载轩寓斋,分咏瓶中海棠,得集字》。

> 翁方纲(1733—1818),字正三,号覃溪,大兴(今属北京)人。乾隆十七年(1752)进士,授编修。历广东、江西、山东学政,官至内阁学士。好奖掖后进,精通金石、谱录、书画、词章之学,书法尤冠绝一时。诗宗江西派,论诗主肌理。有《粤东金石略》、《苏米斋兰亭考》、《小石帆亭著录》、《复初斋诗文集》等。传见《清史列传》卷六八、《清史稿》卷四八五。

春,沈赤然来京会试,馆于锡麒宅。

> 沈赤然《五砚斋文钞》卷二《更生道人自序》:"庚子春闱,程先生晋芳为考官,得予文,击节。呈之主司,主司以额足辞。先生力争之不获,至捧卷泣下云。予素简傲,先后居京师积三四年,虽乡先生及同年之已达者,不轻投一刺。故虽耳先生名,初无半面交。及出闱,先生遍访予。予时馆吴编修锡麒寓斋。竟辱先顾,因感其知己之深,遂执贽焉。"

秋,金兆燕为锡麒《竹西歌吹》作跋。

> 金兆燕《棕亭古文钞》卷九《吴谷人〈竹西歌吹〉跋》:"余游宦扬州二十余年,往来朋笺,大率以长短句为酬,然不自收拾,随手散去。下里巴人,虽数千人和之,不足贵也。谷人太史《竹西歌吹》一帙,半是昔年赓唱之作。长安秋雨,寂寞苔床,欹枕读之,觉酒酽香浓,忽忽如前日事。潞汶至江淮,仅匝月耳。回首欢场,固非竹林之寺、桃花之源,不可再到者。逝将布袜青鞋,放浪于西桥烟雨之际。想李汉老玉

堂清梦,顶犹在疏篱茅屋间也。庚子秋日,书于都门邸舍。"

为翁方纲《苏端明游迹图》题诗四首。

> 《有正味斋诗集》卷五《翰苑集上》《覃溪学士图〈苏端明游迹〉四
> 帧,索题四首》。

> 张埙《竹叶庵文集》卷一七《秘阁集二(庚子八月迄辛丑闰五月)》
> 《覃溪图〈苏端明游迹〉四帧,乞题四首》。

十二月十九日,集翁方纲苏斋,为《李委江上吹笛图》题诗。

> 《有正味斋诗集》卷五《翰苑集上》《十二月十九日,东坡先生生
> 日,覃溪学士招同人置酒苏斋,宋芝山同年葆醇画〈李委江上吹笛
> 图〉,各题一诗》。

> 张埙《竹叶庵文集》卷一七《秘阁集二(庚子八月迄辛丑闰五月)》
> 《十二月十九日,东坡先生生日,覃溪招集同人置酒苏斋,宋生画〈李
> 委江上吹笛图〉,题其卷上,得飞字》。

> 蒋士铨《忠雅堂文集》卷二五《十二月十九日,东坡生日,翁学士
> 招集苏斋,瞻拜遗像,分得南字》。

> 此诗前二首为《湛若洗砚池拓本,庚子》,后一首为《晤李约庵作
> 二首,辛丑》。

五子痘殇。

> 《有正味斋诗续集》卷四《萍聚集四》《哭亡室杨恭人二十四首》其
> 十二:"娇儿旅邸痡苍黄,无药无医付痘殇。此亦谢郎行第五,一棺草
> 草瘗斜阳(自注:庚子,五儿被痘殇,瘗于园)。"

乾隆四十六年辛丑(1781) 36岁

正月五日,与施学濂等人集,有诗。

> 《有正味斋诗集》卷五《翰苑集上》《正月五日,耦堂侍御留同张鄂
> 楼彤小饮宝石斋,顾纬田比部震继至,同用耦堂男字韵》。

为《钟馗嫁妹图》题诗。

> 《有正味斋诗集》卷五《翰苑集上》《张瘦铜、钱秀才画〈钟馗嫁妹

图〉》。

张埙《竹叶庵文集》卷一七《秘阁集二（庚子八月迄辛丑闰五月）》《午日，观钱秀才画〈钟馗嫁妹图〉》。前面已有《新年四日，谢赐石榴福橘》等诗。

作《杜文贞公遗像》。

《有正味斋诗集》卷五《翰苑集上》《杜文贞公遗像》。

张埙《竹叶庵文集》卷一七《秘阁集二（庚子八月迄辛丑闰五月）》《杜文贞公遗像》。

闰五月五日，与翁方纲、蒋士铨等人集程晋芳宅。

张埙《竹叶庵文集》卷一七《秘阁集二（庚子八月迄辛丑闰五月）》《闰五月五日，程鱼门校理招同翁覃溪洗马、蒋心余、吴谷人编修、曹习庵中允、吴竹桥礼部小集三长物斋，得重字》。

赵怀玉《亦有生斋集》诗卷一一《哀张三舍人埙》："春明旧会频伤逝（岁辛丑，同人有诗酒之会。心余、鱼门两前辈相继徂谢，及君而三矣）。"（屠维作噩）

屠维作噩是乾隆五十四年己酉。

程晋芳（1718—1784），初名廷锽，字鱼门，号蕺园，安徽歙县人。乾隆二十七年（1762）召试，授内阁中书，三十六年（1771）成进士，官吏部主事，改编修。有《诸经答问》、《勉行堂集》等。传见袁枚《小仓山房文集》卷二六《翰林院编修程君鱼门墓志铭》、《清史稿》卷四八五。

和张埙《积雨》诗十二韵。

《有正味斋诗集》卷五《翰苑集上》《和瘦铜积雨十二韵》。

张埙《竹叶庵文集》卷一八《秘阁集三（辛丑六月迄十二月）》《积雨，偶书数句，无甚佳思，与钱秀才遣闷》。

作题文天祥遗像诗。

《有正味斋诗集》卷五《翰苑集上》《宋文丞相遗像二十韵，有天启元年五月周忠介公题名》。

张埙《竹叶庵文集》卷一八《秘阁集三（辛丑六月迄十二月）》《宋文丞相遗像二十韵,有天启元年五月周忠介公题名》。

赵怀玉《亦有生斋集》诗卷七《文信国公遗像二十韵,后有题名云:天启元年五月,长洲后学周顺昌盥手敬题。凡十七字》（重光赤奋若）。

任礼部会试分校。与屈砚林结交。

《有正味斋词续集》卷一〔百字谣·题〈屈弢园梦草图〉。盖为其兄砚林仪部作也。砚林为辛丑庶常,时余被命分校,故相知甚深。……〕。

春,沈赤然来京会试,落第。沈赤然在京候选任官,有诗寄锡麒。

夏,沈赤然次女字锡麒第四子。

沈赤然《五砚斋诗钞》卷五《试吏畿辅,寄吴谷人编修》（辛丑）。

沈赤然《五砚斋诗钞》卷首《自编年谱》:"（乾隆）四十六年辛丑,三十七岁。试文复为考官误断文句,见遗。会榜后,拣选天下举人之堪为吏者,因得随牒圻辅。《瘁瞿集》诗四卷始此。是夏,次女字杭城乙未进士国子监祭酒吴锡麒第四子。"

《有正味斋诗集》卷七《暂假集》《南宫访沈梅村,酒间话旧四十韵》:"中郎女待笄（君女许字余第四子）。"

十月,移居蒲褐山房,有诗。

《有正味斋诗集》卷六《翰苑集下》《辛丑十月,移居蒲褐山房,即赵天羽给谏寄园故址》。

《有正味斋诗集》卷六《翰苑集下》《移居以来,同人多以诗酒相招,醉后成篇,仍用前韵》。

《有正味斋诗集》卷六《翰苑集下》《施耦堂侍御和余移居寄园诗二首,雪中枉存,出以见示,仍叠前韵奉报》。

翁方纲《复初斋诗集》卷二四《枝轩集》（辛丑闰五月至壬寅三月）《心余、谷人、瘦同同日移居三首》其二:"寄园因寄定何缘,村号三家二十年（赵氏寄园旧址,庚辰、辛巳间,予与诸桐屿、王述庵比邻居此,时有三家村之目）。……柳巷试招张侍讲,还来画壁忆兰泉（谷人新居即张涵斋侍讲旧居,其先王述庵居之。谷人斋名梦烟舫）。"

此诗后有《元日,切庵送水仙花赋谢,以下壬寅》,因此,翁方纲诗作于本年。

《有正味斋骈体文》卷九《〈箬村弟萍迹图〉序》又云:"壬寅之岁,余僦居寄园。"当以本年十月为准,壬寅移居,或为年久,误记。

十二月十九日,与人集翁方纲苏斋,拜苏轼像,赋诗。

《有正味斋诗集》卷六《翰苑集下》《东坡先生生日,覃溪学士招同人谒公像于苏斋,用小坡〈斜川集〉中大人生日韵五首》。

《有正味斋诗续集》卷八《韩江酬唱集四》《十二月十九日,东坡先生生日,同人设祀于桃花庵,分体赋诗,余得七古》:"琼楼玉宇照崔嵬（辛丑在覃溪先生苏斋,时同人摧公像,咸集于此）。"

张埙《竹叶庵文集》卷一八《秘阁集三（辛丑六月迄十二月）》《东坡先生生日,覃溪招同人置酒苏斋,瞻拜遗像,〈斜川集〉有大人生日诗,当是在儋州所作,用其韵赋诗五首》。

赵怀玉《亦有生斋集》诗卷七《辛丑十二月,同人集翁洗马方纲苏斋,是日为东坡生日,用〈斜川集〉大人生日韵五首》（重光赤奋若）。

重光赤奋若即辛丑。

作《汉长母相忘瓦歌,为张瘦铜赋》。

《有正味斋诗集》卷五《翰苑集上》《汉长母相忘瓦歌,为张瘦铜赋》。

赵怀玉《亦有生斋集》诗卷七《长母相忘汉瓦歌,为张舍人埙赋》（重光赤奋若）。

作《长椿寺渗金多宝塔歌》。

《有正味斋诗集》卷五《翰苑集上》《长椿寺渗金多宝塔歌》。

赵怀玉《亦有生斋集》诗卷七《长椿寺渗金多宝塔歌》（重光赤奋若）。

乾隆四十七年壬寅(1782)　37 岁

夏,弟锡麟来京相视。秋,妻子南归,有诗送别。

　　《有正味斋诗集》卷七《暂假集》《舟过嘉兴,方筠亭同年林留宿郡斋,与舍弟锡麟夜话,述五百言》:"忆子壬寅夏,视余于京都。梧桐新月间,为写移居图。谓将数晨夕,乃复托妻孥。峨峨粮艘发,一母将众雏。子也送归去,我留形影孤。"

　　《有正味斋诗集》卷六《翰苑集下》《遣妻子南归志别六十韵》:"移家刚昨岁,僦宅卜幽隅。……齐树哀蝉罢,淮流落叶俱。"

乾隆四十八年癸卯(1783)　38 岁

春,与友人集翁方纲苏斋,拜苏轼像,赋诗。

　　翁方纲《复初斋诗集》卷二六《秘阁直庐集下》(癸卯正月至八月)《颜衡斋学博于泰兴季氏购得明万历己未朱兰嵎侍郎为张钟山学使临李龙眠〈东坡笠屐图〉,属未谷跋其后,以赠方纲。今春,〈苏诗补注〉新刻成,而适得是图,谨于苏斋预举今年腊月十九之集,邀鱼门、瘦同、衡斋、谷人、芝山、仲子拜像赋诗》。

　　张埙《竹叶庵文集》卷二○《乞假集上(壬寅五月迄癸卯七月)》《覃溪刻〈苏诗补注〉成,以诗志喜,属为和韵》。

作《题〈王文简公载书图〉四首》。

　　《有正味斋诗集》卷六《翰苑集下》《题〈王文简公载书图〉四首》。

　　张埙《竹叶庵文集》卷二一《乞假集下(癸卯八月迄十二月)》《题〈王文简公载书图〉五首》。

　　王士禛(1634—1711),字子真、贻上,号阮亭、渔阳山人,山东新城人。顺治十五年(1658)进士,授扬州府推官,康熙间历礼部主事、翰林院侍讲,官至刑部尚书。倡神韵说,领诗坛近五十年。有《阮亭诗钞》、《带经堂集》、《渔阳山人菁华录》、《池北偶谈》等。卒谥文简。传见宋荦《西陂类稿》卷三○《资政大夫刑部尚书王公士禛暨配张宜人墓志铭》。

桂馥以醉乡侯旧铜印赠锡麒,赋诗答谢。翁方纲亦有诗。

《有正味斋诗集》卷六《翰苑集下》《桂未谷司讯自济南以所得醉
乡侯旧铜印寄赠,赋此奉谢》。

翁方纲《复初斋诗集》卷二六《秘阁直庐集下》(癸卯正月至八月)
《未谷得醉乡侯旧铜印寄予云,以赠谷人。予因约鱼门、瘦同先为诗
调之二首》。

桂馥(1733—1802),字冬卉,号未谷,曲阜(今属山东)人。乾隆
五十五年(1790)进士,官永平知县,卒于官。生平治《说文》四十年,
有《晚学集》、《未谷诗集》等。传见《碑传集》卷一○九蒋祥墀《桂君馥
传》、《清史稿》卷四八一。

八月,乾隆诣盛京谒祖陵,有赋纪之。

《有正味斋骈体文》卷一《盛驾四诣盛京,恭谒祖陵赋,并序》:"皇
上御极之四十有八年秋八月,车驾自滦阳启途,诣兴京,恭谒祖陵,礼
也。……"

十二月七日,胡德琳、王尚珏招集寓斋,有诗。

《有正味斋诗集》卷六《翰苑集下》《腊月七日,胡书巢太守德琳、
王若农少府尚珏招集寓斋,分韵得宵字》。

作《题黄仲则遗诗后》。

《有正味斋诗集》卷六《翰苑集下》《题黄仲则遗诗后》。

黄景仁(1749—1783),字仲则、汉镛,江苏武进人。诸生,与洪亮
吉知交。工诗,有《两当轩集》。传见王昶《春融堂集》卷五八《黄仲则
墓志铭》、《清史稿》卷四八五。

王昶《春融堂集》卷五八《黄仲则墓志铭》:"仲则生乾隆庚午某月
某日,卒于癸卯五月某日,年三十有五。"

乾隆四十九年甲辰(1784) 39岁

再任会试分校。

《有正味斋诗集》卷六《翰苑集下》《礼闱分校,即事五首》其一:

"江南春共诏书来(时皇上南巡,典试之命由江南至)。"

题洪范《艺梅种竹图》,送程晋芳(鱼门)卜居江宁。

　　《有正味斋诗集》卷六《翰苑集下》《题洪上舍范画〈艺梅种竹图〉,送程鱼门编修卜居江宁二首》。

　　张埙《竹叶庵文集》卷二二《赐研斋集上(甲辰正月迄五月)》《题洪上舍范画〈种梅艺竹图〉,送程鱼门编修卜居江宁,次韵二首》。

题宋葆醇《艺梅种竹第二图》,再送程晋芳。

　　《有正味斋诗集》卷六《翰苑集下》《宋芝山孝廉画〈艺梅种竹第二图〉,再送鱼门二首》。

　　张埙《竹叶庵文集》卷二二《赐研斋集上(甲辰正月迄五月)》《宋孝廉葆醇画〈种梅艺竹弟(第)二图〉,再送鱼门,末章兼讯袁子才翰林二首》。

　　赵怀玉《亦有生斋集》诗卷七《辛丑岁,余乞假归里,同人用辛字韵送别。今前辈程编修晋芳还南,将卜居白下,即用此韵奉送,兼讯袁丈枚》(阏逢执徐)。

　　宋葆淳(1748—?),字帅初,号芝山,山西安邑人。乾隆四十八年(1783)举人,官隰州学正。以诗画名,亦工篆刻。客死于浙,年七十余。传见《清画家诗史》《墨香居画识》。

与翁方纲、张埙同赋诗,祝蒋士铨六十寿。

　　翁方纲《复初斋诗集》卷三六《晋观稿三》(甲辰十一月至乙巳五月)《寄祝心余六十寿二首,同瘦同、谷人同赋》。

翁方纲有诗寄锡麒。

　　翁方纲《复初斋诗集》卷三六《晋观稿三》(甲辰十一月至乙巳五月)《瘦同检视心余旧作,次韵题后,兼呈谷人》。

与王若农、翁方纲、张埙等人集接叶亭。

　　翁方纲《复初斋诗集》卷三六《晋观稿三》(甲辰十一月至乙巳五月)《雪中,王若农招同芝田、谷人、瘦同集接叶亭,得初字,即送若农之官桂林》。

冬,作[消息]词寄故乡知好。

《有正味斋词集》卷二[消息·甲辰冬杪,余将乞假南归,赋寄故乡知好]。

闻程晋芳卒,赋诗志痛。

《有正味斋诗集》卷六《翰苑集下》《鱼门将由陕西而南,病卒于秋帆中丞署中,赋诗志痛三首》。

张埙《竹叶庵文集》卷二三《赐研斋集中(甲辰六月迄十二月)》《闻鱼门以病留洛阳,未至关中》。

袁枚《小仓山房诗集》卷三〇《闻鱼门编修乞假赴陕,卒于秋帆中丞署内。余生平至好也,赋诗至恸》。

毕沅(1730—1797),字秋帆,号灵岩山人,江苏镇洋人。乾隆二十五年(1760)一甲一名进士,授修撰,官至湖广总督。有《灵岩山人诗文集》等。传见洪亮吉《更生斋集》文甲卷四《书毕宫保遗事》、《清史列传》卷三〇、《清史稿》卷三三二。

程晋芳卒于本年六月二十一日。袁枚《小仓山房文集》卷二六《翰林院编修程君鱼门墓志铭》:"乾隆甲辰秋,鱼门之丧归自秦中。……乞假赴陕,将谋之中丞毕公,为归老计。时酷暑,索逋者呼噪随之。君已衰老,乘舁栈车行烈日中,顿撼失食饮节。又闻西陲兵起,氛甚恶,不能无悸,遂病,至中丞署中一月死。年六十七。"

此文亦见程晋芳《勉行堂诗集》卷首。

程晋芳《勉行堂诗集》卷首翁方纲《程君墓志铭》:"生于康熙五十七年十月二十四日,卒于乾隆四十九年六月二十一日,享年六十有七。"

作《宋孝宗书纨扇真迹》。

《有正味斋诗集》卷六《翰苑集下》《宋孝宗书纨扇真迹》。

张埙《竹叶庵文集》卷二三《赐研斋集中(甲辰六月迄十二月)》《宋孝宗书纨扇真迹》。

作诗悼施学濂卒。

《有正味斋诗集》卷六《翰苑集下》《哭施耦堂给谏二首》。

张埙《竹叶庵文集》卷二三《赐研斋集中（甲辰六月迄十二月）》《施耦堂给谏同年以咏燕诗索和，留之箧中两年，未报也。顷悲器逝，其子尚幼，检得此卷，和其乳燕韵二首，以偿夙诺，以当挽歌》。

乾隆五十年乙巳（1785）　40岁

翁方纲有诗送锡麒。

翁方纲《复初斋诗集》卷三六《晋观稿三》（甲辰十一月至乙巳五月）《送谷人假归杭州二首》其二："秦云将蓟树，好在写知音（谷人将以秋初入关）。"此诗前有《元日，太和殿侍班，以下乙巳》诗。

乞假归省，迂道南宫，往访沈赤然，有诗词纪之。沈赤然亦有诗。

《有正味斋诗集》卷七《暂假集》《南宫访沈梅村，酒间话旧四十韵》。

《有正味斋词集》卷二〔八归·沈梅村令南宫，余迂道往访。天寒命酒，追述余两人少年事，因出归田约示余。西溪数椽，栖映梅竹烟山之契。渺渺兮余怀也，赋此为异日证〕。

沈赤然《五砚斋诗钞》卷六《吴谷人编修乞假归省，迂道过南宫衙斋，衔杯话旧，追念里门，交游零落，不胜怃然，成六绝句》（乙巳）。

南宫，今属河北。沈赤然自乾隆四十八年至五十一年冬任南宫知县。沈赤然《五砚斋诗钞》卷首《自编年谱》："（乾隆）四十八年癸卯，三十九岁。正月，权知顺德府平乡县事。五月，又权知大名府南乐县事。十月，奏补南宫县知县。……五十一年丙午，四十二岁，辑《扫眉录》五卷。是冬，改知丰润县。"

沈赤然《题〈吴谷人赤脚骑牛图〉》亦作于本年。《五砚斋诗钞》卷六《题〈吴谷人赤脚骑牛图〉》末句注云："谷人近梦赤脚骑牛行野外，遂作此图。"（乙巳）

回途经过宿迁、秦邮、扬州、毗陵、无锡、苏州、石湖、南湖、石门等地，均有诗。

《有正味斋诗集》卷七《暂假集》《宿迁见桃花盛开二首》、《上巳日，过秦邮作》、《扬州春游绝句二首》、《渡江》、《过毗陵，访赵味辛舍人，偕游坡公舣舟亭，并访洗砚池遗迹，得诗二首》、《无锡舟中望慧山》、《姑苏晚泊》、《虎邱三首》、《舟晚望石湖诸山》、《泛舟入南湖，行支港中，颇极幽趣》、《石门舟中》等均此行作。

暮春，过扬州，作［满江红］词。

《有正味斋词集》卷八［满江红·乙巳暮春，重过扬州作］。

暮春，抵家有诗。

《有正味斋诗集》卷七《暂假集》《抵舍后作》："昨歌游子吟，今喜游子归。漏巷满芳草，蝴蝶团团飞。莺花过三月，似昔离乡时。但看门前柳，长大今几围？……"

六月，往嘉兴，同年方林留宿郡斋，与弟锡麟夜话，有诗。与人游幻居庵，寺僧出观《华严墨海》，并请题诗，作长歌纪之。

《有正味斋诗集》卷七《暂假集》《舟过嘉兴，方筠亭同年林留宿郡斋，与舍弟锡麟夜话，述五百言》。

《有正味斋诗集》卷七《暂假集》《幻居庵观〈华严墨海〉歌，并序》："幻居庵在嘉兴城东，中峰和尚道场也。所藏大方广佛华严经，乃明末青镇宝阁僧道琳祖芳乞苏松嘉湖四郡名流所书。……书成，函于阁，题曰《华严墨海》，后归于幻居庵。……乾隆乙巳六月，余寓嘉兴郡斋，曹种梅秉钧、家少陉吹邀余过游，寺僧出观。……因请题诗，乃作长歌纪之。"

夏，项墉招集半舫，与胡莼塘交识。

《有正味斋骈体文》卷四《胡莼塘〈古欢堂存稿〉序》："忆乙巳夏，余始识莼塘于项秋子半舫。时久旱渴雨，群情望云。俄焉而清风生，飒然而飞澍。集浮白之觯，亦卷凉波；眠绿之琴，自调流水。热恼既释，咏歌相酬。得挹胜衿，如助爽气。今集中所载《半舫喜雨》是也。自是以后，良会遂多。情味逾亲，谈谐交作。东阁烧灯之夕，西堂捉醉之辰。据桐树而分题，就荷花而洗句。当头月色，与诗并寒；过耳潮声,著纸犹湿。弦匏引韵,毫素示心。虽半载之周旋,胜三生之契合焉。"

　　《有正味斋诗集》卷七《暂假集》《项秋子墉招集半舫,喜雨,分韵得迎字》。

　　项墉,字金门,号秋子,钱塘人。贡生,候选同知。有《春及草堂诗集》。传见《国朝杭郡诗续辑》卷二五、《民国杭州府志》卷一四六《文苑三》。

立秋日(农历七月初),在嘉兴,游东塔寺,有诗。

　　《有正味斋诗集》卷七《暂假集》《立秋日在嘉兴,泛舟游东塔寺。寺为朱买臣故宅,其墓在焉。住僧出观元雪庵和尚书八大人觉经墨迹,遂饭于松月堂。午后微雨,掉舟入南湖,登烟雨楼,与诸同年宴集,得诗五首》。

十月初,项墉、何琪、魏成宪、奚冈等人集寿花轩,为锡麒还京师饯行。

　　《有正味斋诗集》卷七《暂假集》《立冬前一日,项秋子招同胡蒪塘涛、何春渚、奚铁生冈、孙半峰晋宁、曹云巢光黼、项莲峰、魏春松成宪集寿花轩,饯余还京师,即席分韵》。

　　奚冈《冬花庵烬余稿》卷首吴锡麒序:"余忆乙巳假归,尝与君会于项秋子寿花轩。会必有诗。今已无复存者,其逸去不知凡几。"此文吴锡麒集未收入。

　　奚冈,字铁生,钱塘(今浙江杭州)人。布衣,卒年五十八岁。有《冬花庵烬余稿》。传见《民国杭州府志》卷一四六《文苑三》。

　　立冬日,在农历十月初。

十月中,过吴淞。

　　《有正味斋诗集》卷七《暂假集》《吴淞道中二首》:"重到吴淞路,清霜十月中。"

乾隆五十一年丙午(1786)　41岁

　　汪辉祖谒选来京,以所编《双节堂诗文》示锡麒,中收有锡麒之作。又以

《秋灯校字图》示锡麒,请其为序。锡麒如其请。辉祖之官宁远,锡麒有诗相送。

> 《有正味斋骈体文续集》卷八《汪龙庄同年诔》:"迨丙午始以谒选北上,乃得重联旧袂,兼示新编。……盖所编《双节堂诗文》哀已千家,填几三篋,余亦得殿贻通之什,奏泛柏之章焉。既而授湖南永州府宁远县知县。"
>
> 《有正味斋骈体文》卷九《汪龙庄〈秋灯校字图〉序》:"丙午岁,谒选北来,相逢日下。花交旧袂,酒畅新欢。坐间以《秋灯校字图》示余,……索我谰言,资君狂噱。"
>
> 《有正味斋诗集》卷八《泥爪集》《送汪龙庄同年辉祖之官宁远》。
>
> 宁远,今属湖南。

十一月,观半村老人《兰亭模本》,有诗纪之。

> 《有正味斋诗集》卷八《泥爪集》《半村老人兰亭模本,并序》:"老人姓陈,名王谟,字朗行,号半村,钱塘诸生。与先大父为僚婿。所居东园,饶水木之趣。工书法,逼近晋人。余幼时多仿写之。今老人下世且数载矣,令子熙台、表叔煮与余同居长安,出示此卷,并索余作。展视一过,不禁泫然。时丙午十一月朔越四日。"

乾隆五十二年丁未(1787)　42岁

为沈赤然《五砚斋杂志》作序。

> 《有正味斋骈体文》卷七《沈梅村〈五砚斋杂志〉序》。
>
> 序未署作年,然《五砚斋杂志》完成于本年,序当亦作于本年。沈赤然《五砚斋诗钞》卷首《自编年谱》:"(乾隆)五十二年丁未,四十三岁,著《五砚斋杂志》六卷。"

十月至年底,往热河校书。

> 《有正味斋诗集》卷八《泥爪集》《奉命热河校书,呈诸同人地(地,疑为二之误)首》其二:"击镫高吟敕勒歌,敝裘十月渡滦河。"
>
> 热河,热河副都统,辖有今河北北部及辽宁、内蒙古部分地区,驻

承德府(今河北承德市)。

《有正味斋诗集》卷八《泥爪集》《晚宿清河》、《再宿清河旅舍，次壁间韵》、《白河洞》、《南天门》、《古北外迤南一带群山秀峙，松栝特盛》、《喀喇河屯对月》、《自马圈子至常山峪》、《广仁岭》、《滦河大雪，约潘毅堂舍人有为、宋芝山广文同作》、《寓斋感怀》、《出塞篇》、《同芝山步磐钟峰下》、《热河杂咏十六首》、《同芝山饮郭参军宅》、《晚次喀喇河屯》、《黄土梁》、《青石梁》、《晚过白河洞》、《雪后望塞上诸山》、《过牛栏山下作二首》、《校书归，戏柬毅堂》等诗均此行作。

与书沈赤然，谈欲弃骈体而"致力于秦汉八家之文"，沈赤然回书，评其骈体文特点，诫其学古文应"先意而后法，先法而后言。纯而不杂，敛而不驰"，以期卓然成家。

沈赤然《五砚斋文钞》卷五有《答吴谷人论文书》："比示论文一书，知足下稍厌骈体，幡然致力于秦汉八家之文，窥见作者渊深旨趣，诚仆之所大望于足下者。至云欲得仆文以为之程，无乃效颦于嫫母、师揆正于拙工，非唯无所得也，适足令旁观者之轩渠不止耳。仆从事于文三十年矣，言不足以载道，名不足以成家。……虽然，仆亦有所不为者三焉。一曰故为艰涩、以托于故奥，二曰摭拾浮艳以破坏法度，三曰刻意规枨以失吾本真。故仆之为文，词达即已矣，不鄙俚、不失体裁即已矣。……足下之于骈体，非徒工而已也，借古语以申今情，化填塞以为圆转。清风流霞，时出纸上。亦可云前无古人，后无来者矣。乃责仆以不早规其溺惑，是欲食熊掌者必弃其鱼，闻琴瑟者必毁其笙管，可乎？……骈体之病在于华靡要实，自东京开之，苟能沿流溯源，由六季而魏，由魏而东西两京，雕饰既刬，气体自纯，虽先秦可几也，况下此者乎？今足下既舍此而就彼矣，则当尽弃去故步，如乘车者不得更载舟楫，载舟楫者不得更乘车。先意而后法，先法而后言。纯而不杂，敛而不驰。于卓然成家也，亦易易矣。近时为古文词者，唯同年友山阴章君学诚，择精语详，神明于法。海内作者，罕有其比。足下以雅洁之才，骎骎乎每变愈上，则于之扬镳而方驾者，舍足下其谁？仆虽不文，幸得追蹑其后，狂奔尽气，屡踬不休，虽邈不相及，其亦庶几有尺寸之进乎？率意裁答，不尽欲言。"

书云"仆从事于文三十年"，沈赤然自十三岁始学为诗文，至本年三十。《五砚斋诗钞》卷首《自编年谱》："（乾隆）二十二年丁丑，十三岁，始学为诗文。……五十二年丁未，四十三岁。"

《有正味斋骈体文》卷一七有《答沈梅村书》，与此书内容没有联系，亦不详作年，并附于此。

乾隆五十三年戊申（1788）　43 岁

为法式善诗题诗、点定，法式善有诗纪之。

法式善《存素堂诗初集录存》卷一（戊申）《吴谷人锡麒编修题诗拙作后次韵》、《冬夜，展阅吴谷人点定拙集书后》。

除夕，作[送入我门来]词。

《有正味斋词集》卷八[送入我门来·戊申除夕]。

乾隆五十四年己酉（1789）　44 岁

二月三日，与沈赤然出游观花，沈赤然有诗。

沈赤然《五砚斋诗钞》卷八《二月三日，同吴编修谷人、赵大理承杰、杨孝廉文驹、崔少尹镇、周秀才琴德出西便门，游钓台观花，席地小酌》（己酉）。

为陈名世作墓志铭。

《有正味斋骈体文》卷二三《国子监生陈君墓志铭》："君生于乾隆十年五月初六日，殁于乾隆五十四年十一月十三日。……子二，曰藻，曰彝。将以某年某月葬于某原，乞其师蒋君元龙来请余铭。"

据文，陈名世，字兴武，号荔村、饴村，桐乡（今属浙江）人。国子监生。

馆阿桂家，教其孙那彦成。阮元亦来请益。和珅慕其名，欲招至门下，不往，结怨。以诗中有"照破万家寒"句，由是斥落其卷。

杨钟羲《雪桥诗话初集》卷一〇:"吴圣征祭酒诗规渔洋,词学樊谢。己酉、庚戌间,馆章佳文成公第中。韶九尚书实从受业,工诗成书,长短句亦承其指授。瑶花独坐,紫藤花下,月色低迷,清光自来,赋此遣兴云。"

李岳瑞《春冰室野乘》:"吴谷人祭酒《垂老诗稿》未刻入《有正味斋全集》。其子清鹏装为长卷,阮文达跋其后云:'乾隆末,先生馆阿文成家。余时在京师,先生时有教益,为之泣下。人不知也。'数语颇回隐,似有不可语者。世颇传文达进身由和珅,祭酒教益之言,殆为和氏发乎? 和相贵盛时,慕祭酒名,欲招至门下,卒谢不往。和甚恨之。祭酒某科考差入他大臣手,已入选矣。和重加披阅,见诗中有'照破万家寒'语,大言曰:'此卷有破家语,可进呈乎?'遽撤其卷,祭酒遂终身不得一差。"

《有正味斋诗续集》卷六《韩江酬唱集二》《寄福嘉轩将军二首》其二:"燕市同曾号酒人,比邻不厌往来亲(时余馆阿文成公家,与君居最近)。"

昭梿《啸亭杂录》:"尝馆阿文成公宅,教今绎堂尚书,师范严肃。其他权要,杜绝往来。"

阿桂(1717—1797),字广庭,号云岩,章佳氏,阿克敦子,满洲正白旗人。荫授大理寺丞。乾隆三年(1738)举人,授兵部主事,官至武英殿大学士。在乾隆朝最为重臣,在内历任吏、礼、兵、工各部尚书,在外任将军、总督。卒谥文成。传见王昶《春融堂集》卷六二《太子太保武英殿大学士一等诚谋英勇公谥文成阿公行状》、《清史列传》卷七六、《清史稿》卷三一八。

那彦成(1763—1833),章佳氏,字韶九、东甫,号绎堂,满州正白旗人。阿桂孙。乾隆五十四年(1789)进士,授编修,历官军机大臣、两广总督、直隶、陕甘总督等。工诗能书,卒谥文毅。传见《清史列传》卷三三、《清史稿》卷三六七。

阮元(1764—1849),字伯元,号芸台,仪真(今属江苏)人。乾隆五十四年(1789)进士,授编修。道光间,官至体仁阁大学士,加太傅。卒谥文达。生平著述甚富,工书。校刊《十三经注疏》等,汇刻《学海堂经解》等,著有《揅经室集》等。传见《续碑传集》卷三刘毓崧《阮文达公传》、李元度《阮文达公传事略》、《清史列传》卷三六、《清史稿》卷三六四。

和珅(1750—1796),钮祜禄氏,字致斋,满洲正红旗人。乾隆三十四年(1769)袭世职,授侍卫。四十一年(1776),即在军机大臣上行走,兼内务府大臣。从此柄政二十余年,历兼理藩院及户、兵等部尚书。累官文华殿大学士,封一等公。弄权纳贿,植党营私。重臣如首辅阿桂,知其奸恶而无如之何。仁宗即位,隐忍不发。乾隆卒后,即诏布罪状二十款,责令自尽,没收家产。传见《清史列传》卷三五、《清史稿》卷三一九。

徐珂《清稗类钞·考试类》:"大小考试皆用五言八韵诗,即试帖也。……祭酒吴锡麒于诸作外,复工此体。然道光庚戌考差,题为《林表明霁色,得寒字》。吴颈联下句云:'照破万家寒。'时阅卷者为大学士和珅,忽大惊曰:'此卷有破家二字,断不可取。'吴卷由是斥落。""道光庚戌"当为乾隆庚戌之误。道光庚戌是道光三十年(1850),锡麒已去世三十多年。乾隆庚戌是乾隆五十五年(1790),和珅于乾隆四十一年在军机大臣上行走,此后位高权重,在时间上有机会来来批阅锡麒试帖诗而报复之。

乾隆五十五年庚戌(1790)　45 岁

春,任会试同考官。

《有正味斋骈体文》卷七《〈砚史〉序》:"画山,余庚戌礼闱所得士也。"

《有正味斋骈体文续集》卷六《保洁斋传》:"其子麟,余庚戌礼闱分校得士也。"

《有正味斋诗续集》卷三《萍聚集三》《哭郭晓泉淳二首》其二:"忆

我岁庚戌,礼闱与校文。青钱竞奇赏,万选乃得君。"

八月,乞假还里。

《有正味斋诗集》卷八《泥爪集》《八月杪,乞假南还,别诸同好》。

沈赤然《五砚斋诗钞》卷一一《吴谷人以庚戌八月乞假旋里,……》。

访高观海,见其子高凤诏、高攀桂。

《有正味斋骈体文》卷二四《高凤诏传》:"迨余庚戌假还,访旧造门,与其弟攀桂出见子衿之选,并隽其黉声父书之传,不愆于庭对。余顾秋崖而羡之,谓皆兰筋已成、一蹴千里者也。"

乾隆五十六年辛亥(1791)　46岁

主讲真州书院。陈师竹以《春草堂诗》示锡麒,请其为序。锡麒如其请。与尤荫交识。

《有正味斋骈体文》卷三《陈师竹〈春草堂诗〉序》:"仪真扬子旧邑、广陵附庸。……辛亥之岁,余来主讲于斯。……时有陈君师竹,习长桑之术,读黄帝之书,每相过从,尤资谈谑。尝出其《春草堂诗》见示。……余既哀其遇,复赏其诗,允缀小文,弁诸集首。"

《有正味斋骈体文》卷六《尤水村〈塞上〉、〈黄山〉二集序》:"余自辛亥真州主讲,始得与先生交。"

尤荫(1732—1812),字贡夫,一作贡父,号水村、半湾诗老、半人,仪真(今江苏仪征)人。善画,曾客礼亲王邸,授昭梿以画法。有《出塞集》、《黄山集》等。传见昭梿《啸亭续录》、《清画家诗史》。

沈赤然侨居保定,有诗相寄。

沈赤然《五砚斋诗钞》卷一〇《自庚戌冬谢病,迄今已五月矣。侨居保定,归期屡愆。每念先人幽陇未卜,辄泫然终日。率成七首,用陶公〈咏贫士〉韵,寄潘松心明府、吴谷人编修》(辛亥)。

沈赤然《五砚斋诗钞》卷首《自编年谱》:"(乾隆)五十六年辛亥,四十七岁,自保定挈眷还南,买宅新市,去坟墓,非本志也。"

乾隆五十七年壬子(1792)　47岁

往新市,访沈赤然,约同游西溪,赤然有诗。

> 沈赤然《五砚斋诗钞》卷一一《吴谷人以庚戌八月乞假旋里,余亦于是月引疾,滞淫保阳,至辛亥八月始获理棹还浙。时谷人已主讲真州,余又侨居新市,欲一晤不可得。顷辱过访,谈饮竟日,复订西溪之约,慨然有作》(壬子)。

> 新市,沈赤然《五砚斋诗钞》卷一五《寄吴谷人五十韵》:"不料异杭湖(自注:余侨居德清之新市镇)。"

> 西溪,在今杭州市西。

吴鼒得读《有正味斋集》,大为钦佩。

> 吴鼒《吴学士文集》卷四《〈有正味斋续集〉题辞》:"吴师谷人先生《有正味斋集》既出,修辞者以为北斗南车,后进英髦,咸资准的。先生各体文皆工,而于骈体致力尤深。近代能者,或夸才力之大,或极摭拾之富。险语僻典,欲以踔跞百代,睥睨一世。不知其虚骄易尽之气,为有学之士所大噱也。先生不矜奇,不恃博,词必择于经史,体必准乎古初。乾隆壬子,余在里门,从友人处借读,以为得未曾有。"

> 吴鼒(1755—1821),字及之、山尊,号抑庵,全椒(今属安徽)人。嘉庆四年(1799)进士,官侍讲学士。以母老告归,主讲扬州书院。工骈文。有《吴学士诗集》、《百萼红词》等。传见《清史稿》卷四八五。

乾隆五十八年癸丑(1793)　48岁

与曾燠秋禊之会。

> 《有正味斋骈体文》卷二〇《石琢堂修撰〈重集兰亭字〉题词》:"忆癸丑上巳,余居真州。……转运曾公,举秋禊之会,招诸名流,牵率以往,兰草未歇,竹枝自修,密吟转清,疏酌弥永。引睇崇乎千载,巡袊洽于一时。虽事异古今,而往来若续;虽候殊温肃,而俯仰并欣。因仿兰亭诗体,赋四言、五言各一章,今刻于邗上《题襟集》者是也。"

> 王芑孙《剔甫未定稿》卷六《题襟馆记》:"自宾谷出为两淮转运

使,而天下称诗之士皆至于扬州。……廨西有隙地数弓,前转运使置之不问。君至,辟除溉扫,筑精舍焉,命之曰题襟馆。……君既作题襟馆,又合其主客倡酬之诗,刻之曰《题襟集》。于是,题襟馆之名播天下。"

洪亮吉《更生斋集》文乙卷三《题襟馆记》:"题襟馆者,宾谷先生榷署中退食之地,亦公宴之所。……自癸丑以来,十年于兹。"

《有正味斋骈体文》卷五《〈题襟馆消寒联句诗〉序》:"题襟馆者,都转曾公与客赋诗之所也。"

秋禊,古人于农历七月十四日在水滨举行的祓出不祥的祭祀活动。

石韫玉(1756—1837),字执如,号琢堂,吴县(今属江苏)人。乾隆五十五年(1790)一甲一名进士,授修撰,官至山东按察使。有《独学庐诗文集》等。传见《清史列传》卷七二。

秋,与项秬圆相识会饮。

《有正味斋骈体文》卷一二《项秬圆七十寿序》:"忆癸丑秋,与秬圆会于寿花轩。凉灯既张,绿酒方湛。款名花而展谑,伫华月而侑欢。疏髯欲仙,洪量善饮。蝉联之语,时法铿锵;鹤立之姿,自成淡古。飘飘乎有风尘外意,朗朗然如蓬莱中人。知其守真养和,数德扶善,有以保固精神,登进寿考也。"

七月七日,曾燠招吴嵩梁等人集康山草堂,为锡麒饯行。

《有正味斋诗集》卷九《白沙江上集》《七月七日,曾宾谷都转燠招同徐朗斋嵩、詹石琴、陈理堂燮、胡香海森、家退庵煊、兰雪嵩梁集康山草堂,饯余还京师,用其赠别原韵》。

吴嵩梁《香苏山馆诗集》古体诗钞卷二《七月七日,宾谷运使招集康山草堂,时吴谷人锡麒编修将入都,徐闻斋嵩之武昌,余由金陵归里,题留客图后,兼示同饯诸君》)。

吴嵩梁(1766—1834),字子山,号兰雪,江西东乡人。嘉庆五年(1800)举人,由内阁中书官贵州黔西州知州。工诗,有《香苏山馆诗集》等。传见《清史列传》卷七二、《清史稿》卷四八五。

冬,假满,还京。沈赤然闻讯,有诗相送。行前,沈赤然、高观海在西湖饯行。

  《有正味斋诗集》卷一〇《重梦集上》《沈梅村自新市来送余北上,兼赠以诗,舟中赋此奉答》。

  《有正味斋骈体文》卷三《陈师竹〈春草堂诗〉序》:"会癸丑假满,遂还京师。"

  沈赤然《五砚斋诗钞》卷一五《寄吴谷人五十韵》:"不料异杭湖(余侨居德清之新市镇)……北辙又趋驺(癸丑冬,谷人仍入都供职)。"

  沈赤然《五砚斋诗钞》卷一二《闻吴谷人将复入都供职,因念西溪之约竟成虚语,不能无怅怅耳,诗以送之》(癸丑)。

  沈赤然《五砚斋诗钞》卷一二《谷人既成装,候良辰即发。余亦至湖上,寓昭庆寺,辱开樽湖舫,并招蔡柳堂、高秋崖、潘亚江、顾春波、朱柳塘诸君欢叙竟日,因念老将至矣,两人踪迹忽又相违,终不能无憾于前约云》(癸丑)。

  昭庆寺,今不存,遗址在今杭州市西湖边青少年宫。

与铁保、法式善、余集等人聚会,观南唐官砚。

  法式善《存素堂诗初集录存》卷四《冶亭侍郎招同翁覃溪先生、平宽夫恕官詹、余秋室集中允、吴谷人编修、文芝岩洗马集石经堂,观欧阳公所藏南唐官砚》(癸丑)。

  铁保(1752—1824),字冶亭、梅庵,满州正黄旗人,栋鄂氏。乾隆三十七年(1772)进士,授吏部主事,历郎中、侍讲学士、礼部郎中等官。嘉庆时官至两江总督,因故革职。再起后,迁吏部尚书。道光初,以三品卿衔休致。工书法,精医学。有《惟清斋全集》。传见《清史列传》卷三二、《清史稿》卷三五三。

为法式善《同馆赋钞》作序。

  《有正味斋骈体文》卷七《法时帆〈同馆赋钞〉序》:"自乾隆乙丑讫

于癸丑,二十二科中冠,以御试诸艺合成二十四卷,题曰《同馆赋钞》。
……兹编用昭全美,上以鸣圣代休和之盛,下以示艺林则效之程。文
采克彪,典章斯在。踵玉堂之清话,补翰苑之新书。匪徒宏我汉京,
抑将第诸周颂也已。"

乾隆五十九年甲寅(1794)　49岁

正月十日,王友亮招饮,张问陶有诗相赠。

张问陶《船山诗草》卷一一《正月十日,王荔亭给谏筵上赠吴谷人
锡麒前辈》(甲寅)。

张问陶(1764—1814),字仲冶,号船山、药庵退守、老船、蜀山老
猿,四川遂宁人。乾隆五十五年(1790)进士,授检讨,改御史,再改吏
部郎中,出知山东莱州府。以忤上官,称病去职。卒于苏州。诗称一
代名家,亦工画。有《船山诗草》。传见《清史稿》卷四八五。

二月十五日,与众人集陶然亭,送王昶归里。

《有正味斋诗集》卷一〇《重梦集上》《花朝日,集陶然亭公饯王兰
泉司寇归里二首》。

赵怀玉《亦有生斋集》诗卷一三《送王少司寇昶致仕南归》(阏逢
摄提格)。

王昶(1724—1806),字德甫,号述庵、兰泉,青浦(今属上海)人。
乾隆十九年(1754)进士,授内阁中书,官至刑部右侍郎。辞官后主讲
娄东、敷文两书院。工诗古文辞,通经学。有《春融堂集》、《金石萃
编》、《湖海诗传》、《湖海文传》、《明词综》等。传见王昶《春融堂集》卷
末附严荣编《述庵先生年谱》、秦瀛《小岘山人诗文集》文集卷五《刑部
侍郎兰泉王公墓志铭》、《清史列传》卷二六。

王昶《春融堂集》卷二二《存养斋集》(甲寅、乙卯、丙辰、丁巳)《翁
学士振三、吴侍讲谷人诸君饯别,并以诗卷赠行》。后附锡麒诗二首,
与上引《有正味斋诗集》卷一〇诗不同,《有正味斋诗集》失收。

花朝日,二月十五日。

三月六日，王友亮招锡麒、张问陶、罗聘、法式善、赵怀玉等人泛舟通惠河，作记。

　　《有正味斋骈体文》卷一三《大通桥春泛记》："大通桥跨通惠河之上。……时甲寅清明后一日。"

　　赵怀玉《亦有生斋集》诗卷一三《清明后一日，王给谏友亮招同人泛舟通惠河即事》（阏逢摄提格）。

　　张问陶《船山诗草》卷一一《三月六日，王蓂亭给谏招同罗两峰山人、吴谷人编修、法梧门祭酒、董观桥吏部、徐后山、赵味辛两舍人、童春厓孝廉、缪梅溪公子载酒游二闸，遇雨，醉后作歌，即题罗两峰所作〈大通春泛图〉后》（甲寅）。

　　赵怀玉（1747—1823），字忆孙，号辛味、收庵，武进（今属江苏常州）人。乾隆四十五年（1780）举人，官山东青州府海防同知，署登州知府。主通州、石港讲习，工古文，诗与同里孙星衍、洪亮吉、黄景仁齐名。有《亦有生斋集》。传见《清史列传》卷七二、《清史稿》卷四八五。

七月五日，招王友亮、张问陶等人聚饮寄园。

　　张问陶《船山诗草》卷一一《七月五日，谷人前辈招同蓂亭给谏小饮寄园花下》（甲寅）。

九月九日，叶兆楏招锡麒、张问陶、赵怀玉小集。

　　张问陶《船山诗草补遗》卷四《甲寅重九，叶云柯吉士兆楏招同吴谷人前辈、赵味辛舍人小集，分韵得墨字》。

为尤荫《塞上》、《黄山》二集作序。

　　《有正味斋骈体文》卷六《尤水村〈塞上〉、〈黄山〉二集序》："小别三年，重逢一榻。益之足疾，弥感鬓丝。乃出此二编，索余为序。……聊从所请，先弁其端。"

移居，张问陶有诗纪之。

　　张问陶《船山诗草》卷一一《贺谷人前辈移居，与刘澄斋、冯鱼山、赵味辛、何兰士分体，得七律》（甲寅）。

　　此次移居，当是移至有正味斋。

作诗哭稽璜卒,又作祭文悼之。

　　《有正味斋诗集》卷一〇《重梦集上》《哭座主大学士稽文恭公二首》。

　　《有正味斋骈体文》卷二四《公祭座主稽相国文》。

　　赵怀玉《亦有生斋集》诗卷一三《宫师大学士稽公挽词》(阏逢摄提格)。

　　袁枚《小仓山房文集》卷三二《太子太师文渊阁大学士锡山稽文恭公墓志铭》:"乾隆五十九年七月十七日,文渊阁大学士稽公薨于位。"

为张道渥入蜀题《剑阁图》送别。

　　《有正味斋诗集》卷一〇《重梦集上》《张水屋道渥之简州别驾任,两峰为画〈剑阁图〉赠别,余题此诗》。

　　赵怀玉《亦有生斋集》诗卷一三《题〈剑阁图〉,送张判官道渥入蜀》(阏逢摄提格)。

作《题李墨庄鼎元〈登岱图〉》。

　　《有正味斋诗集》卷一〇《重梦集上》《题李墨庄鼎元〈登岱图〉》。

　　赵怀玉《亦有生斋集》诗卷一三《题李舍人鼎元〈登岱图〉》(阏逢摄提格)。

　　李鼎元,字味堂、和叔,号墨庄,四川罗江人。乾隆四十三年(1778)进士,改庶吉士,授编修,官宗人府主事。有《师竹斋集》。小传见王昶《湖海诗传》卷四五。

为王杰七十寿辰作序文。

　　《有正味斋骈体文》卷一一《韩城相国七十寿序》。

　　《清史稿》三百四十:"(嘉庆)九年,杰与妻程并年八十。"嘉庆九年,王杰八十岁,逆计之,则本年七十岁。

乾隆六十年乙卯(1795)　50岁

元日,有诗。

　　王芑孙《渊雅堂编年诗稿》卷一二《岁暮自述二首》(甲寅)后附锡

麒《元日试笔,用铁夫岁暮自述诗韵》其一:"五十年华客里身,梅花谁寄一枝春?"

《有正味斋诗集》未收此诗。

王芑孙(1755—1818),字念夫,号铁夫、惕甫,长洲(今江苏苏州)人。乾隆五十三年(1788)在天津召试成举人,官华亭教谕五年,主讲扬州乐仪书院。有《惕甫未定稿》、《渊雅堂全集》等。传见秦瀛《小岘山人续文集》补编《王惕甫墓志铭》、《清史列传》卷七二。

正月,高凤诏来京应试,居锡麒宅,并向其问学。

《有正味斋骈体文》卷二四《高凤诏传》:"甲寅,凤诏举于乡。明年正月北来,时余已还京师,遂同庐旅。破窗风紧,冷飔油灯。危檐雪深,冻深瓦砚。声伊伊而课夕,笔飒飒而飞晨。学如鸡跖之贪,射必虱心之贯。每一艺就,辄质于余。见其杼轴群言,蓄畲古训。银手如断,文已有然。玉汝于成,吾滋愧矣。无何,礼闱报罢。"

《有正味斋骈体文续集》卷七《高秋厓墓志铭》:"乙卯岁,余官都下,值令子凤诏计偕北土,以君命来从余游。余喜其秀出班行,学有经术,谓君隐德所积,后起有人。……竟毕于再登,归志已坚,余留之不得也。岂知孝廉之船未返,修文之照遽来。行至练市而殁。其季子攀桂恸兄之亡,触暑往哭,亦得病不起。明年,配章孺人卒。越二年,长子凤仪又亡。"

二月十六日,徐寿征招锡麒、张问陶、王友亮等人小饮。

张问陶《船山诗草补遗》卷四《二月十六日,徐寿征招同蔚亭给事、谷人编修小饮,筵上戏作》。

张问陶《船山诗草补遗》诗编年,此诗前后之作均为本年,此诗亦当作于本年。

闰二月十五日,邀张问陶等人游陶然亭,遇雪不果,集有正味斋赋诗。

张问陶《船山诗草补遗》卷四《闰花朝,谷人前辈约同王香圃麟生、倪米楼稻孙、吴香竺瑛游陶然亭,遇雪不果,集有正味斋,分韵得今字》。

　　吴文照,原名焕,字香竺,浙江石门人。乾隆五十三年(1788)举人,官广东惠州同知。有《在山草堂诗集》。参见钱仲联先生主编《清诗纪事·乾隆朝卷》第6667页(江苏古籍出版社,1989年版)。

　　焕、瑛,同音异写。

闰二月二十八日,孙星衍邀锡麒、张问陶、王芑孙集樱桃传舍,有诗。

　　《有正味斋诗集》卷一一《重梦集下》《闰二月廿八日,孙渊如比部招同毛海客大瀛、张亥白问安、船山昆季、王铁夫芑孙、徐心田明理、徐朗斋嵩集樱桃传舍,船山即席为图,并题诗其上,余次其韵》。

　　王芑孙《渊雅堂编年诗稿》卷一二《闰二月廿八日,孙渊如刑部星衍招同毛海客大令大瀛、吴谷人编修锡麒、张亥白孝廉问安、张船山检讨问陶、徐朗斋孝廉崧、徐心田上舍明理小饮寓斋。寓旧为歌者陈郎所居,渊如因用汉瓦文'樱桃传舍'四字颜其室。船山、朗斋即席为图,同人作诗题后,予亦次韵。是日有雨》(乙卯)。

　　王芑孙此诗后附锡麒诗。

　　孙星衍(1753—1818),字伯渊、渊如,号季逑,阳湖(今属江苏)人。乾隆五十二年(1787)一甲第二名进士,授编修,以骂和珅,改刑部主事,官至山东督粮道。少工词章,后深究经史文字之学,辑刊《平津馆丛书》、《岱南阁丛书》等,有《尚书今古文注疏》、《孙渊如全集》等。传见阮元《揅经室集》二集卷三《山东粮道渊如孙君传》。

　　徐铼庆,原名嵩,号朗斋,江苏金匮人。乾隆五十一年(1786)举人,官湖北蕲州知州。有《玉山阁集》。小传见王昶《湖海诗传》卷四八。

为孙星衍《仓史造字图》题诗。

　　《有正味斋诗集》卷一〇《重梦集上》《〈仓史造字图〉,孙渊如比部星衍属题》。

　　王芑孙《渊雅堂编年诗稿》卷一二《孙渊如刑部属题〈仓颉造字图〉》(乙卯)。

会试发榜前,邀张问陶集有正味斋看花。

张问陶《船山诗草补遗》卷四《乙卯会试榜前,谷人前辈约同亥白兄、吴退庵暄、蒲快亭忭、徐闻斋嵩、徐寿征明理集有正味斋看芍药,分得蒸韵》。

三月十七日,邵晋涵邀锡麒、孙星衍、赵怀玉、汪端光等人集双藤簃看花。

张问陶《船山诗草补遗》卷四《三月十七日,邵二云侍读招同吴谷人编修、孙渊如刑部、赵味辛中书、汪剑潭助教集双藤簃看花》。

邵晋涵(1743—1796),字与桐,号二云、南江,余姚(今属浙江)人。乾隆三十六年(1771)进士,授编修,入四库馆分任编校。官至侍讲学士。有《南都事略》、《尔雅正义》、《南江文钞》等。传见邵晋涵《南江文钞》卷首章学诚《邵与桐别传》、王昶《春融堂集》卷六〇《翰林院侍讲学士充国史馆提调官邵君墓表》。

汪端光,初名龙光,字剑潭,又字硐昪,号睦丛,仪征(今属江苏)人。乾隆三十六年(1771)举人,官广西镇安知府。工诗词,善书法。有《沙江集》、《晚霞集》、《才退集》等。见《扬州画舫录》、《梧门诗话》。

三月,为袁枚八十寿辰作序。

《有正味斋骈体文》卷一一《袁简斋前辈八十寿序》:"今年三月,为先生八十寿辰。"

袁枚(1716—1797),字子才,号简斋,晚号随园老人,钱塘人。乾隆四年(1739)进士,官溧水、江宁知县。有政绩,四十岁即告归。于江宁小仓山下筑随园,吟咏其中。诗主性灵。有《小仓山房集》、《随园诗话》、《子不语》等。传见《国朝耆献类征初编》卷二三四、《清史稿》卷四八五。

张问陶《船山诗草》卷一一亦有《甲寅十一月,寄贺袁简斋先生。乙卯三月二十日八十寿》。

袁枚《小仓山房诗集》卷三六《八十自寿》(乙卯)。

春夏之际,与张问陶饮酒赋诗。

张问陶《船山诗草》卷一二《乙卯春夏,与谷人前辈饮酒诗》(乙卯)。

张问陶《船山诗草补遗》卷四《乙卯春夏，与谷人前辈饮酒诗》。

各二首，共四首。题同而诗不同。

五月八日，与查有圻、张问陶、王友亮等人游金园。

张问陶《船山诗草》卷一二《五月八日，兰圃、小山兄弟招同葑亭给谏、谷人编修及徐石溪孝廉携酒游金园，徐名丽生》（乙卯）。

夏，王芑孙辑《试帖诗课合存》，录锡麒试帖诗八十首，序称其"天娭自解，一洗万古，真力弥满，先射命中洞人题膆。横生侧附，众妙包孕"。

王芑孙《愓甫未定稿》卷二《〈试帖诗课合存〉序》："乾隆癸丑之岁，予为咸安宫教习。下礼部试，将自免以去。诸故人劝而留之，灵石二何君砚农、兰士相与割宅，居予烂面胡同。退日过从，论文讲艺，甚乐也。其年冬，稍邀旁近诸君作诗课，学为八韵赋得之体。十日一会，会则各出其诗以相质。及明年四月而止。明年十月，复举是课，迫今年三月而止。其始不过三五比邻，家厨脱粟，咄嗟具饭，迭为宾主。其后客来益多，会益盛，而诗亦益胜。每课，予与兰士皆录其本存之。积日既久，得诗弥富。今年夏，兰士扈跸热河，予与砚农、介夫录稿付梓。诸君继之，公私拘缀，卒卒无余日，匠亦懈事，及今甫得九卷。而予以官学岁满，当出为华亭教官，不可复留矣，辄遂以其书印行，而各为之序。诸君子系官于朝，退而居业相观摩，其增进未可量。文酒游从之乐，亦未有已也。而予当舍此而去，予则何以为情乎？微独予胥疏江湖之上，将欲携是编以自慰其索居。即以诸君子之得予而乐，亦必且失予而思。异日有抚卷而睠然惜其人、悲其遇者，其不在于是编也夫？

《有正味斋试帖》一卷，凡八十首，钱唐吴锡麒谷人撰。谷人于同课中年辈最先，故卷在第一。谷人尝自裒所著为《有正味斋集》行于世，世多推其骈体之文，而予所尤服膺者，乃其八韵诗也。谷人他诗靡不工，然生峭之音、新旧之色、超逸之解，以南宋金元与汉魏六朝共炉而冶，虽脱化几变，尤足以知其为西泠前辈流风。独于八韵诗，则天娭自解，一洗万古，真力弥满，先射命中洞人题膆。横生侧附，众妙孕包。时而见若异军苍头，时而见若时花好女，时而见若佩玉长裾，时而见若仙巾鹤氅。倐忽异状，不名一能。予方瞑眩颠踔，惊犹鬼神，而又乌乎测之哉？"

七月五日，招王友亮、张问陶等人集有正味斋，饮酒赋诗。

　　张问陶《船山诗草》卷一二《七月五日，葑亭给事、谷人编修招集有正味斋，酒半得雨，口占一律》（乙卯）。

七月，五十生日有感，作［贺新凉］词。

　　《有正味斋词集》卷八［贺新凉·五十生日有感］。

八月十四日，与张问陶、王友亮、查有圻等人出游，有诗。

　　张问陶《船山诗草》卷一二《中秋前一日，与葑亭给事、谷人、琴柯编修、兰圃、小山昆季及亥白兄载酒出南西门，饮于草桥之东卖花翁丁氏花圃》（乙卯）、《与葑亭给事、谷人编修、小山比部饮酒作》（乙卯）。

　　《有正味斋诗集》卷一一《重梦集下》《八月十四日，查小山有圻招同人载酒出右安门，至草桥，饮于丁氏野圃八首》其三："不见题诗白石仙，旧游重到一酸然。垂杨似我荒寒甚，阅历西风二十年。"末句有注云："记丁酉秋，与宝所、藕堂、南雷同为草桥之游，今二十年矣。"

　　张问安，字亥白，四川遂宁人。问陶兄。乾隆五十三年（1788）举人，有《亥白诗草》。传见《清史稿》卷四八五。

为吴越钱忠懿王金涂塔拓本题诗。

　　《有正味斋诗集》卷一一《重梦集下》《吴越钱忠懿王金涂塔拓本，覃溪前辈属题三十二韵》："文经秀水暮，问年仍乙卯（塔为显德乙卯造，至今年乙卯，盖七千五百八四甲子矣）。"

九月九日，与王友亮、张问陶、查有圻等人出游。

　　张问陶《船山诗草补遗》卷四《乙卯重阳，与王葑亭给事、吴谷人赞善、关鹤舟上舍、查兰圃小山昆仲及亥白兄重游草桥丁氏花圃，以"菊花须插满头归"，分韵得满字》。

　　《有正味斋诗集》卷一一《重梦集下》《九日，同葑亭、兰圃、亥白、船山、小山暨关鹤丹甥世勋重集丁氏野圃,以菊花须插满头归,分韵得插字》。

张问陶《船山诗草补遗》卷四《偶过有正味斋,与谷人前辈饮菊花酒,兼读近作》亦当作于九月。

吴鼒从锡麒游,读未刻稿四十首,谓之"合汉魏六朝唐人为一炉冶之,胎息既深,神采自王,众妙毕具,层见叠出"。

吴鼒《吴学士文集》卷四《〈有正味斋续集〉题辞》:"乙卯,在都门,始从先生游。一日,饮法司成时帆所。既罢,同车至澄怀园。折荷行酒,谈艺达旦。又得读未刻稿四十首。合汉魏六朝唐人为一炉冶之,胎息既深,神采自王,众妙毕具,层见叠出。视向所见,如羊角风转而益上,所谓为之不已,直到古人,愈常愈高,去天三尺者也。先生尝欲裒唐人文为一集,谓四杰、燕许、宣公、玉溪生之外,作者如林,创辟门径,津梁后学不少。"

九月二十三日,桂馥招锡麒、张问陶、吴鼒等人集咏篁轩看菊。

张问陶《船山诗草补遗》卷四《九月二十三日,桂未谷馥同年招同吴谷人赞善、吴山尊孝廉、胡城东唐、吴子华文桂上舍、宋芝山学正集陈肖生嵩咏篁轩看菊,芝山即景作图,邀同人分韵题诗,得门字》。

十月九日,赵怀玉招锡麒、罗聘、桂馥、叶绍楏、张问陶、伊秉绶等人集敦经悦史堂,续重阳之会,有诗。

张问陶《船山诗草补遗》卷四《十月九日,赵味辛舍人招同两峰山人、二云、谷人、墨庄、凫塘诸前辈、未谷、介兹同年、希甫舍人、春柳、墨卿比部、琴柯编修集敦经悦史之堂,举续重阳之会,分韵得满字》。

赵怀玉《亦有生斋集》诗卷一四《十月九日,招同罗山人聘、桂大令馥、邵侍读晋涵、吴赞善锡麒、周有声、李鼎元两舍人、李骥元、叶绍楏两编修、熊方受、张问陶两检讨、魏成宪、伊秉绶两比部集敦经悦史之堂,举展重阳会。时王给事友亮不至,以"尘世难逢开口笑,菊花须插满头归"分韵得世字》(旃蒙单阏)。

李鼎元《师竹斋集》卷九《十月九日,赵舍人怀玉举续重阳会,招同邵侍读晋涵、吴中允锡麒、叶编修绍楏、张检讨问陶、熊检讨方受、王给谏友亮、魏秋部成宪、伊秋部秉绶、周舍人有声、桂明府馥、罗山人聘、家弟编修骥元,以"人世难逢开口笑,菊花须插满头归"分韵,得花字》(乙卯)。

李鼎元《师竹斋集》卷九《吴谷人前辈招集有正味斋,初举消寒会,出水村图索题,分得六言律一首》《同人集有正味斋,醉后分韵得明字》(乙卯)。

旃蒙单阏即乙卯年。

伊秉绶(1754—1815),字组似,号墨卿,福建宁化人。伊朝栋子。乾隆五十四年(1789)进士,官刑部主事。嘉庆初,出任广东惠州知府,后任扬州知府。历署河库道、盐运使。以父丧离职,遂不再出。工诗古文,究心理学,尤精书法。有《留春草堂诗》《坊表录》《修齐正论》等。传见唐仲冕《陶山文录》卷八《前扬州府知府伊君墓志铭》、《清史稿》卷四七八。

十月二十四日夜,与赵怀玉等人集有正味斋。

赵怀玉《亦有生斋集》诗卷一四《十月二十四日夜,集有正味斋。客散复留,分韵得逢字》(旃蒙单阏)。

冬,授侍读,旋擢左右春坊庶子。

《有正味斋诗集》卷一四《槐市集》《八月二十四日,疏请养母,得旨予归,纪恩二首》其一:"一年稠叠荷深恩(去冬蒙恩补授侍读,旋擢左右春坊庶子)。"

"去冬"指今冬,诗作于明年。

十二月二十六日,赵怀玉招锡麒、张问陶、吴蒿等人集亦有生斋。

张问陶《船山诗草》卷一二《乙卯十二月二十六日立春,味辛舍人招同谷人赞善、墨庄舍人、延更编修、山尊孝廉、肖生居士小集敦经悦史之堂,分韵得浩字》(乙卯)。

赵怀玉《亦有生斋集》诗卷一四《立春日,招吴赞善锡麒、李舍人鼎元、张问陶、王、苏两翰林、吴孝廉蒿、陈上舍崧集亦有生斋,分得看字》（ 族蒙单阙 ）。

敦经悦史堂、亦有生斋当均为赵怀玉居所名。

作《题元人〈水村图〉二首》，赵怀玉、桂馥亦有题诗。

《有正味斋诗集》卷一一《重梦集下》《题元人〈水村图〉二首》。

赵怀玉《亦有生斋集》诗卷一四《为吴赞善锡麒题元人〈水村图〉》（ 族蒙单阙 ）。

桂馥《未谷诗集》卷三《吴谷人赞善席上分题元人〈水村图〉》。

十二月二十九日，张问陶招集怀人书屋祭诗。

《有正味斋诗集》卷一一《重梦集下》《除夕前一日，船山招集怀人书屋祭诗二首》其二：“馨香只在斋盐里，五十年来一故吾。”

嘉庆元年丙辰（1796）　51 岁

正月初一，作《圣道执中记》进呈。

《有正味斋骈体文》卷一三《圣道执中记，进呈作》：“岁在柔兆执徐，实伊耆有事于文祖之载。……太上皇帝崇绍乾图，环周甲篆，阐皇王之大法，修授受之上仪，月正元日，礼成。……宴则千叟迭开，堂则三多并庆。春秋极于亿万，似续逮乎来昆，岂不懿哉？岂不懿哉？”

《清史稿》卷一五《高宗本纪六》：“嘉庆元年正月戊申朔，举行授受大典，立皇太子为皇帝。尊上为太上皇帝，军国重务仍奏闻。”

正月初一夜，吴瑛招锡麒、张问陶等人集严荣寓斋。

张问陶《船山诗草》卷一三《元夜，吴香竺同年瑛招同吴谷人前辈昆仲、胡梁园枚舍人及亥白兄集严少峰荣吉士寓斋，分韵得入字》（ 丙辰 ）。

正月四日，与乾隆千叟宴。赏物有端砚一方，作记。

《有正味斋骈体文》卷一三《赐砚记》：“嘉庆元年正月四日，太上皇帝举千叟宴于宁寿官之皇极殿。……凡入宴者八千人。予假光禄寺卿伊公朝栋与焉。宴毕，赏赉珍物，不可胜纪。内端砚一方，腴割鲜云，嫩裁软玉。赤墀拜赐，米黻即以纳怀；青琐承荣，秦观因而制记。用镌款识，以表殊隆礼也。"

正月十八日，招张问陶集等人集有正味斋。

张问陶《船山诗草》卷一三《正月十八日，谷人赞善招同亥白兄陪顾亭王丈及东林、香圃昆仲集有正味斋，分韵得啼字》（丙辰）。

二月，入直上书房，居澄怀园。

《有正味斋骈体文》卷二〇《六月二十三日，〈澄怀园观荷诗〉题词》："澄怀园本索相国别墅，后入于官。……后稍葺，为一内廷翰林公寓。丙辰二月，被命入直，直尚书房，遂来园居。"

为陈梅垞《三香吟馆诗钞》作序。

《有正味斋骈体文》卷三《陈梅垞同年〈三香吟馆诗钞〉序》："今年春，余与同直内廷。……尝以所著《三香吟馆诗钞》见示，凡三百余首。无不秀情超拔，逸韵敲铿。揆厥由来，请从而语。"

五月，升国子监祭酒。

《有正味斋诗集》卷一四《槐市集》《八月二十四日，疏请养母，得旨予归，纪恩二首》其一："一年稠叠荷深恩（去冬蒙恩补授侍读，旋擢左右春坊庶子，今年五月，特升国子监祭酒）。"

五月，送王芑孙任华亭教谕，有序。

《有正味斋骈体文》卷一一《送王惕甫之华亭教谕序》："吾友王君惕甫经术专家，文章名世。……于乙卯冬选授江南华亭教谕，明年礼闱报罢，将出都门，黄甲看人，青毡还我。人皆惜地之不足以展其才，而吾谓天之未尝不隆其遇也。"

石韫玉《独学庐二稿》文卷中《送王惕甫之华亭校官序》："嘉庆建元之岁，某自楚旋都。其五月，吾友王君惕甫将之华亭校官之任，都门士大夫争为诗歌，以祖其行。……岁不我与，正谊明道，藏其器以俟时，终为国家有用之身，斯可矣。区区聚散升沉之说，均不足道也。"

赵怀玉《亦有生斋集》诗卷一四《送王广文芑孙之官华亭》（柔兆执徐）。

五月二十日,胡稷招锡麒、张问陶、吴蒿等人雨集赋诗。

　　张问陶《船山诗草补遗》卷四《五月廿日,胡梦湘稷户部招同吴谷人祭酒、吴山尊编修、戴金溪刑部、郭厚庵明经野及亥白兄雨集赋,分龙、行》。

　　戴敦元(1768—1834),字金溪,开化(今属浙江)人。乾隆五十八年(1793)进士,由刑部主事累迁尚书。卒谥简恪。传见《国朝耆献类征初编》卷一〇八、《清史稿》卷三七四。

与成哲亲王永瑆交往密切,永瑆为锡麒作画。夏,为锡麒书斋题名"小清凉界"。

　　《民国杭州府志》卷一四六《文苑三》:"嘉庆元年,入直上书房,为皇曾孙师傅,与成哲亲王尤莫逆。一帖一画,必预题跋。礼遇之盛,同于大学士刘墉。尝于澄怀园消夏,成邸为书斋榜曰:'小清凉界。'"

　　吴清鹏《笏庵诗》卷一四《成哲亲王画山水册》:"成哲亦嗜画,曾见兰竹枝。先子执书房,王手为写之(王在书房时,偶以小纸画兰竹。先子意爱之,王为题句署款以赠。他实未之见也)。又贻小圆印,娟娟仙云姿(王有赠先子小印,作伴云字。款有皇十一子四字,亦篆书。盖王自篆而使人刻者)。"

　　永瑆(1752—1823),乾隆十一子。乾隆五十四年(1789)封成亲王,嘉庆四年,一度在军机处行走,总理户部三库,旋以与定制不合罢。工书法,书迹合刻为《诒晋斋帖》。有《诒晋斋集》。卒谥哲。传见《清史稿》卷二八一。

六月二十三日,集法式善诗龛。夜,与刘大观、吴蒿等人于澄怀园观荷题诗。

　　《有正味斋骈体文》卷二〇《六月二十三日,〈澄怀园观荷诗〉题词》:"夏五月,驾幸热河,入直诸臣皆赐休沐。余以城中无寓,仍留园居。……会法时帆祭酒式善招集诗龛,饮兴方浓,斜阳已促,余以重闱之隔,仓卒抽身,而刘松岚刺使大观、家山尊孝廉、张问陶闻藕花之盛,与偕出西直门。……又十五里,抵园。……相传是日荷花生日也。……金杯低酹，常祝开时。未几，残月生林，冷蜑号砌，始各就寝。明日，同以诗纪之，而余复为题其端，将以补草木之春秋，验醉乡之日日去尔。"

《有正味斋诗集》卷一一《重梦集下》《澄怀园消夏杂诗十首》当作于本年。

诗龛，法式善居所名。法式善《存素堂文集》卷四《诗龛图记》："余尤癖嗜诗，遂榜所居曰诗龛。"《清史稿》卷四八五："所居后载北门，明李东阳西涯旧址也。构诗龛及梧门书屋，法书名画盈栋几，得海流名流咏赠，即投诗龛中。主盟坛坫三十年，论者谓接迹西涯无愧色。"

《有正味斋骈体文》卷一四《诗龛记》。

刘大观，字松岚，山东邱县人。拔贡，历官山西河东道，署布政使。有《玉磬山房集》。参见钱仲联先生主编《清诗纪事·乾隆朝卷》第 7075 页。

赵怀玉两游澄怀园，不果，有诗。

赵怀玉《亦有生斋集》诗卷一四《吴侍读锡麒招游澄怀园，为雨所阻，走笔索和》（柔兆执徐）。

赵怀玉《亦有生斋集》诗卷一五《同叶编修绍楏访吴侍读锡麒于澄怀园，不值，过何氏酒楼小饮，用山谷题息轩登快阁二首韵》（柔兆执徐）。

柔兆执徐即丙辰年。

七月七日，与桂馥、法式善、赵怀玉、洪亮吉、伊秉绶、张问陶等人于澄怀园宴集观荷，各有诗。

《有正味斋骈体文》卷二〇《七夕，〈澄怀园宴集诗〉题词》："七月七日，桂未谷馥、法时帆、赵未辛怀玉、洪二存亮吉、伊墨卿秉绶、张船山问陶、何兰士道生来园观荷。值雨大作，赋高轩之过，泛泛若舟；识公子之来，翩翩如鹭。……于是，据石选句，临流作书。……后数日，汇所为诗，装潢成轴，余重为题之。俾未谷携之滇中，以慰他日相思之念云。"

《有正味斋诗续集》卷八《韩江酬唱集四》《平山堂观荷作》:"澄怀馆里老辈多,时约胜侣寻花过(余丙辰蒙恩入上书房,赐居澄怀园。地多荷花,是年七夕,洪稚存、张船山诸君同来饮此)。"

法式善《存素堂诗初集录存》卷六《七月七日,吴谷人前辈招同桂未谷、洪稚存、赵未辛、伊墨卿秉绶、张船山、何兰士集澄怀园清凉界,时未谷将之永昌》(丙辰)。

桂馥《未谷诗集》卷二《七月七日,谷人招集小香南馆,分得露字》。

赵怀玉《亦有生斋集》诗卷一四《七夕,冒雨访吴侍读锡麒于澄怀园之小清流馆,流连永夕,即事成篇》(柔兆执徐)。

张问陶《船山诗草补遗》卷五《七夕,吴谷人侍讲招同法时帆祭酒、赵味辛舍人、桂未谷大令、洪稚存编修、伊墨卿比部、何兰士水部集澄怀园看荷》。

伊秉绶《留春草堂诗钞》卷二《七夕雨中,同洪稚存编修、赵味辛舍人怀玉、张船山检讨宿吴谷人侍读锡麒澄怀园直庐三首》。

何道生(1766—1806),字立之,号兰士、菊人,山西灵石人。乾隆五十二年(1787)进士,历工部主事、员外郎、郎中,迁御史。嘉庆间,历任九江、宁夏知府。工诗画,有《方雪斋集》。传见《小岘山人诗文集》续文集卷二《宁夏府知府兰士何君墓志铭》、《清史列传》卷七二。

伊秉绶招锡麒、赵怀玉、张问陶等人集,为桂馥官永平知县饯行。

桂馥《未谷诗集》卷三《将之官滇南,伊墨卿招同赵味辛、魏春松、张船山、吴谷人、何砚农、兰士兄弟雨中小饮,分得赏字》。

伊秉绶《留春草堂诗钞》卷二《送桂未谷之官滇南》。

张问陶《船山诗草》卷一三《送桂未谷馥之任永平》(丙辰)。

张问陶《船山诗草》卷一三《墨卿比部斋中,与谷人侍读、味辛舍人、春松比部、研农农部、兰士水部饯未谷明府之永平,以玉壶买春、赏雨茅屋分韵得雨字》(丙辰)。

翁方纲《复初斋诗集》卷四九《苏斋小草五》（丙辰四月至十二月）《送未谷任永平令》。

洪亮吉《卷施阁集》诗集卷一七《送桂大令馥之官永平》（乙卯丙辰）。

赵怀玉《亦有生斋集》诗卷一四《送桂大令馥之官永平》（柔兆执徐）。

《有正味斋骈体文》卷一一《送桂未谷出宰永平序》。

永平，在今云南省。

为高凤诏作传。

《有正味斋骈体文续集》卷七《高秋厓墓志铭》："乙卯，余官都下。值令子凤诏计偕北土，以君命来从余游。……竟毕于再登，归志已坚，余留之不得也，岂知孝廉之船未返，修文之召遽来？行至练市而殁。"

《有正味斋骈体文》卷二四《高凤诏传》："以丙辰恩科，会试留京。求秋驾之方，更勤于梦寐；仿夏课之例，益肆于揣摩。……再登而再队，焦桐半死而半生。……归次练市，卒于舟中。年仅三十有六。余闻信悼心，遗书唁友，以为二惠竞爽，又弱一个。……曾不旬月间，而其弟之凶耗又至矣。……鬼伯不仁，天道难信。哀哉！"

高凤诏，字丽江，号心斋，乾隆五十九年甲寅（1794）举人。见《有正味斋骈体文》卷二四《高凤诏传》、沈赤然《五砚斋文钞》卷四《高凤诏传》。

沈赤然《五砚斋文钞》卷四《高凤诏传》："甲寅，登贤书。……入都，馆父执吴太史锡麒寓斋。略一酬应，即键户治举业。就正于太史，太史亦以故人子指示，无所隐。及春闱，报罢。……丙辰再下第，即日与其徒孝廉某脂车而南，途次得热疾。……过练市五里而殁。……年仅三十有六。"

沈赤然《五砚斋诗钞》卷一三《高孝廉凤诏，余友秋崖仲子也。植品好学，登乾隆甲寅贤书，丙辰报罢，仍留都门，键户读书，学业益进。

今春复下第，傔装归省，途次得热疾，……竟致不起，未抵家数舍而
殁。时五月四日也。讣至，诗以哭之》。

其弟攀桂，字倬云，号梦书，诸生。传见沈赤然《五砚斋文钞》卷
四《高攀桂传》。

沈赤然《五砚斋诗钞》卷一三有《哭高茂才攀桂三首》（丙辰）。

为高宗元《愚亭词》作序。

《有正味斋骈体文》卷八《高伯扬〈愚亭词〉序》："……今又三十余
年矣，……因合囊作，重加订正，索序于余。……当此江月初白、林钟
远生，正非天机清妙者，不足以语此。"

八月二十四日，疏请养母，准归，有诗。

《有正味斋诗集》卷一四《槐市集》《八月二十四日，疏请养母，得
旨予归，纪恩二首》。

八月，为罗聘《香叶草堂诗存》作序。

罗聘《香叶草堂诗存》卷首吴锡麒《〈香叶草堂诗〉序》："嘉庆元
年，岁在丙辰秋八月，钱塘愚弟吴锡麒拜撰。"

《有正味斋骈体文》卷三题《罗两峰〈香叶草堂诗〉序》，未署作年。

为阿桂八十寿辰作序文。

《有正味斋骈体文》卷一二《阿广庭相公八十寿序》。

王昶《春融堂集》卷六二《太子太保武英殿大学士一等诚谋英勇
公谥文成阿公行状》："生康熙五十六年八月三日。……（嘉庆元年）
八月，八十生辰，又赐介眉、三锡、匾额及对联、御制诗、如意等物。"

再集法时善诗龛。

秦瀛《小岘山人诗集》卷一三《法时帆侍讲招同吴谷人宫庶、张船
山检讨、赵味辛舍人、汪剑潭司马、姚春木上舍宴集诗龛，船山先有
作，和韵纪事》其一："如何吴庶子，归愿作州民（谷人将假归）。"其二：
"惟愁菊花老（盆菊未残），莫放酒杯寒。"

十一月二十五日，温汝能招锡麒、张问陶、洪亮吉等人小集。

张问陶《船山诗草补遗》卷五《十一月二十五日，温熙堂汝能同年

招同谷人侍读、步容编修、春崖孝廉、稚存同年小集,即席有作》。

温汝能,字希禹,号谦山,广东顺德人。乾隆五十三年(1788)举人,官中书。中岁告归,筑室莲溪上,从事著述。编有《粤东文海》、《诗海》,著有《谦山诗文钞》、《龙山乡志》、《画说》等。传见《国朝耆献类征初编》卷一四七。熙堂,当为其另一字或号。

为法式善《雪窗课读图》题诗。

《有正味斋诗集》卷一一《重梦集》《题时帆祭酒法式善〈雪窗课读图〉》。

洪亮吉《卷施阁集》诗集卷一七《法祭酒〈雪窗课读图〉》(乙卯丙辰)。

诗当作于去、今两年,姑系本年。

十二月二十九日,洪亮吉招同人于卷施阁祀苏轼,锡麒以病未至。后有记。

《有正味斋骈体文》卷一四《小除夕,卷施阁祭诗记》:"卷施阁者,乃洪子稚存之吟屋也。……爰届小除之夕,用酬大好之诗。迎神送神,宫商有自然之应;去日来日,新酒当相代之期。牵率同人,赞襄斯典。礼成三献,寿乞千秋。……则是举也,亦望事之踵古人,而行者不使名先古人而没也,斯为盛尔。"

洪亮吉《卷施阁集》诗集卷一七《小除日,邀同吴侍读锡麒、戴吉士殿泗、赵舍人怀玉、温舍人汝能、方比部体、刘舍人锡五、伊比部秉绶、叶舍人继雯、张检讨问陶、鹏明经蕙交、戴礼部敦元集卷施阁祭诗作》(乙卯丙辰)。

洪亮吉《卷施阁集》诗集卷一七《十二月二十九日,卷施阁招同人祀苏文忠公,即席赋一章,并邀诸人同作》:"狂吟痛饮君休惜,不见劳人鬓已皤(谓吴侍读锡麒时以病未至)。"(乙卯丙辰)

张问陶《船山诗草补遗》卷五《丙辰小除夕,洪稚存编修招同吴谷人侍读、戴东山殿泗吉士、戴金溪敦元礼部、伊墨卿、方茶山两比部、赵味辛、刘澄斋、叶云素、温谦山四舍人及予与田桥祭诗于卷施阁,同人嘱予作贾长江画像祀之,因题长句纪事》。

小除日,除夕前一日,即十二月二十九日。顾禄《清嘉录·小年夜、大年夜》:"或有用除夕前一夕者,谓之小年夜,又曰小除夕。"徐珂《北京指南·礼俗》:"先除夕一日,则谓小除夕。家置酒宴,往来招邀,曰别岁,又曰辞岁。"洪亮吉一诗云锡麒未至,一诗与张问陶诗云招锡麒至,当是招而未至。

嘉庆二年丁巳(1797)　52岁

二月二十九日,集那彦成浸斋。

《有正味斋骈体文》卷一四《浸斋话别记》:"丁巳二月二十九日,门人那绎堂阁学彦成招集于浸斋。……是日集者,戴寿泉尧垣、周谦山垣、金手山学莲。"

金学莲,字子青,号手山,吴县人(今属江苏)。诸生。工诗善书。有《环中集》、《三李堂诗集》。传见《昭代名人尺牍集·小传》卷五。

法式善邀锡麒、赵怀玉、张问陶、秦瀛等人宴集诗龛。

秦瀛《小岘山人诗集》卷一三《法时帆侍讲招同吴谷人宫庶、张船山检讨、赵味辛舍人、汪剑潭司马、姚春木上舍宴集诗龛,船山先有作,和韵纪事》:"如何吴庶子,归愿作州民?(谷人将假归)"

秦瀛(1743—1821),字凌沧、小岘,晚号遂庵,无锡(今属江苏)人。乾隆四十一年(1776)举人,授内阁中书,嘉庆间官至刑部右侍郎。有《小岘山人诗文集》、《淮海公年谱》等。传见《小岘山人诗文集》卷首陈用光《刑部侍郎秦小岘先生墓志铭》、陶澍《刑部侍郎秦小岘先生神道碑》。

姚椿(1777—1853),字春木、子寿,娄县(今属江苏)人。监生。曾主讲荆南、景吴书院,有诗名,工画墨竹。有《通艺阁诗录》、《晚学斋文录》等。传见《清史稿》卷四八六。

乞养将归,有诗、词留别京中知好。又有《澄怀园留别记》。

沈赤然《五砚斋诗钞》卷一五《寄吴谷人五十韵》:"顿慕彩衣忕

（嘉庆丁巳，谷人乞终养归）。"

《有正味斋诗集》卷一二《归帆集》《乞养将归，留别都中知好四首》其一："春风吹草绿，此别黯难禁。十日故人酒，万端游子心。"

《有正味斋词集》卷四[浪淘沙慢·请养得归，买舟欲下。新知旧雨，排日邀留，几匝月始得成行。周草窗云："南陌脂车待发，东门帐饮，正阅其情景。"正复相似。因即用其调，以写余怀，兼酬诸君子见赠之什]。

《有正味斋骈体文》卷一四《澄怀园留别记》："余自侍直内廷，园居者几及一载。春水初生，归帆欲去。既醉长安之日，遂买潞河之船。别果黯然，言之慨矣。"

翁方纲有诗送别。

翁方纲《复初斋诗集》卷五〇《苏斋小草六》（丁巳正月至八月）《〈湖山归养图〉歌，送吴谷人侍读归养杭州》、《题吴谷人所藏董文敏弢印铭手迹续幅三首》其三："合著归装烟舫客，落红春雨梦江南（梦烟舫，谷人斋名也。幅内有山茶、小筑，释宗可珍藏印）。"《谷人、音田皆以花朝前二日南归，适陈肖生亦以是日来辞行索诗，戏为此》。

翁方纲诗云锡麒以花朝前二日南归。花朝前二日是二月十三日，锡麒二月二十九日尚在那彦成浸斋会聚。翁方纲所说当是传闻，但未成行。锡麒离京时间应是在三月，见下文。

众人于陶然亭公饯，各有诗。锡麒作记，洪亮吉、赵怀玉、石韫玉有送别序文。

《有正味斋骈体文》卷一四《陶然亭公饯记》："盖仆自服官之年，即怀归养之志。……是日会者，罗两峰聘、洪稚存亮吉、赵味辛怀玉、查兰圃堂、汪剑潭端光、金云泉孝继、马秋药履泰、方道坤体、伊墨卿秉绶、魏春松成宪、王春波霖、彭蕙支田桥、查小山有圻暨余，凡十四人，各分韵赋诗，两峰复为作《江亭饯别图》。山水当心，烟云脱手。指征夫之前路，导游子之迷津，尤可感已。"

法式善《存素堂诗初集录存》卷六《送吴谷人侍讲南归》（丁巳）。

伊秉绶《留春草堂诗钞》卷二《题〈湖山归养图〉,送吴谷人侍读假归》。

洪亮吉《卷施阁集》诗集卷一八《清明日,同人各携酒至陶然亭,饯吴侍读锡麒,分韵得郭字》。

《船山诗草》卷一三《丙辰以来,二云学士下世,鱼山比部忧归,未谷大令之云南,铁夫教官之华亭,椒畦归昆山,亥白兄回里。比者,谷人侍读亦将乞假归杭州,两峰山人亦将归扬州。酒人云散,一别如雨。慨然有作,忽不自知其言之悲也》(丁巳)。

赵怀玉《亦有生斋集》诗卷一五《题〈湖山归养图〉,送吴侍读锡麒》(疆圉大荒落)。

洪亮吉《卷施阁集》文乙集续编《送翰林院侍读吴谷人先生乞养归里序》:"嘉庆二年三月上巳日,吾友翰林院侍读吴君乞养南归。其同岁生洪亮吉招同志之朋,乘入直之暇,饯之于卷施行馆。"

赵怀玉《亦有生斋集》文卷五《送翰林院侍读吴君归养序》:"嘉庆二年春,翰林侍读钱塘吴君圣征以两尊人春秋高,陈情乞养。既得请,与君游者饯饮无虚日。自藩邸以下及布衣之交,无不赠之诗文,或绘图纪别。……君自乙未通籍,入翰林,久之始进一阶。继而授皇曾孙经,骎骎有日起之势。而遽返初服,人皆为君惜。……两校礼部试,曾未出司文枋。……余交君垂二十年,中间先后南返,契阔者几十载。洎重来京师,旧游大半零落,唯君过从无间。今复远隔,能复怅怅?"

石韫玉《独学庐二稿》文卷上《送吴侍读归养序》:"惟我前辈吴侍读谷人先生,斯文金玉,吾党渊云,……乃一官落拓,廿载委蛇,……于是,坚养志之心,上陈情之表。……芳春维暮,归路且修,怀贤者证以旧闻,惜别者要其后会。窃惟芜陋,幸接居游,聊述大都,以为小引云尔。"

疆圉大荒落即丁巳年。

张问陶《船山诗草补遗》卷六《二十日,洪桐生同年招同吴谷人祭酒、汪剑潭、杨警斋两太守、朱质园吉士游平山堂，即席作》亦当作于本年。

永珵有诗送别，秋，又有诗怀锡麒。

>　　永珵《诒晋斋集》卷六《送谷人先生给假还里（以下丁巳）》。

>　　同卷《秋夜雨，柬诸先生兼怀谷人先生》。

>　　同卷《读李太白诗（以下戊午）》。

三月十日，翁方纲为《有正味斋诗集》作序。

>　　《有正味斋诗集》卷首翁方纲《〈有正味斋诗集〉序》：“嘉庆二年春三月十日，北平同学弟翁方纲。”

三月十五，过张家湾，有诗。

>　　《有正味斋诗集》卷一二《归帆集》《三月十五夜，张家湾对月作》：“悄然明月来寻人，知我已是江湖身。飘萧照出破帆影，窈窕透入垂杨春。”

>　　张家湾，在今北京市通县南张家湾镇。

返里。途中，四月八日，车过山东，游泰山，至十五日结束。作记，有诗多首。

>　　《有正味斋骈体文》卷一五《游泰山记》：“余屡过东齐，睠言灵岳，马首相望，塞修未由。未了之青（情），郁乎梦寐。今春，得请还里，行次德州，有触游心，舍舟而陆，冀缘假道，得识真形。时丁巳四月八日也。晚宿平原二十里铺。九日立夏，宿晏城。十日，抵济南，宿东关。金素中棨来访，时为泰安太守，余所藉为游山主人者。十一日，住济南。十二日，自济南起程，晚宿张夏。逢鲍雅堂户部之钟亦来岱游。……十三日午后，近泰安郡城，始望见泰山，崇高独上，广博难名。……十四日，晴，晨起饭毕，同雅堂乘肩舆入山。……是晚，宿碧霞宫。……余与雅堂酌瓶中越酒，裂纸赋诗，三更始罢。……十五日五鼓，起沐。……午复饭于碧霞宫。饭毕，下山。”

>　　《有正味斋诗集》卷一二《归帆集》《立夏前一日，将游泰山，自德州登车作》、《宿晏城》、《望华不注》、《张夏遇鲍雅堂户部之钟约同岱

游》、《泰安道中望岱》、《自一天门至红门坊》、《寻隐真洞,遂达樱桃园》、《桃花洞》、《从高老桥三里抵水帘洞》、《过歇马岭,小憩壶天阁》、《度步天桥,上二天门》、《虎埠石望猴来峰》、《快活三寻小龙峪、弄月岩诸胜》、《御帐坪》、《五大夫松》、《朝阳洞》、《对松山望两崖松树作歌》、《由新盘口经石壁峪,遂上十八盘》、《登南天门》、《自锁云岩抵莲花峰下作》、《泰山二首》、《出东神门,过大风,过摩云岭》、《下独足盘,观笋城,至凤皇岭》、《游天空山,访黄华洞》、《夕投碧霞宫宿》、《岱顶对月,同雅堂作》、《夜起观月,复成二首》、《日观峰观日出歌》、《由浴日亭上太平顶,观无字碑》、《东岳庙唐摩崖碑》、《望吴峰》、《涤虑溪》、《下南山门还至快活三作三首》、《访王母泉,因至吕公洞》、《岱庙六十韵》、《有正味斋词集》卷四[齐天乐·游岱宿碧霞宫作]诸作均此行作。

六月十日,与王文治、鲍之钟游焦山。作记,有诗多首。

《有正味斋骈体文》卷一六《游焦山记》:"余游泰山归于四月二十八日,自任城解缆,水程多阻,人事复牵。至闰六月八日渡江,次京口驿。九日,王梦楼师偕鲍雅堂户部来邀游焦山。由北固放舟,逆风使帆,折如之字。至江心,雪浪掀舞,素沫溅衣,身若投虚,怳怳无际。尽一时许,始抵山下。……是夕,饮于文殊阁。……十日早起,登东升阁。……抵三诏洞。……视下方僧舍,炊烟渝起,午鸡已鸣,仍循三诏洞,曳杖而返。"

《有正味斋诗集》卷一二《归帆集》《舟至镇江,王梦楼师、鲍雅堂户部约为焦山之游》、《明日自京口驿放船至焦山》、《文殊阁》、《定慧寺访借庵上人清垣茶话》、《焦山玩月歌》、《三诏洞拜焦隐君像》、《登吸江亭》诸作均此行作。

王文治(1730—1802),字禹卿,号梦楼,江苏丹徒人。乾隆二十五年(1760)进士,授编修,擢侍读,官至云南临安知府。工诗、书法。有《梦楼诗集》、《快雨堂题跋》等。传见《清史稿》卷五〇三。

鲍之钟(? —1802),字雅堂、礼凫,号论山,江苏丹徒人。乾隆三十四年(1769)进士,官至户部郎中。在京与洪亮吉、吴锡麒、赵怀玉称诗龛四友。有《论山诗钞》。传见《清史列传》卷七一。

闰六月,阮元邀锡麒、秦瀛等人月夜游西湖湖心亭。明年六月,阮元复邀秦瀛等人游湖心亭。秦瀛有诗寄锡麒。

> 秦瀛《小岘山人诗集》卷一二《嘉庆丁巳闰六月,阮学使芸台侍郎邀余及吴谷人侍讲、陈也园吏部、陈古华太守月夜憩湖上之湖心亭,属石门方兰士为之图。逾年为戊午六月,学使复邀余与古华及刘澄斋舍人游湖心亭。暑雨适至,集饮极欢。始出兰士所作图以示,乃为补题七古一首,并寄谷人、也园》。

> 陈庭庆,字兆同,一字古华,号桂堂,江苏奉贤(今属上海)人。乾隆四十六年(1781)进士,选庶吉士,改户部主事,充山东乡试主考官,晋员外郎,出知湖南辰州府。卒年六十。有《古华诗钞》、《谦受堂诗文集》、《法帖集古录》等。传见《光绪重修奉贤县志》卷一二《人物志三》。

夏,为陈师竹《春草堂诗》作序。

> 《有正味斋骈体文》卷三《陈师竹〈春草堂诗〉序》:"宿诺未偿,又逾三载。停云在望,绮札频来。每感殷殷,辄呼负负。今年夏,恩予休沐,留居赐园。榆柳结阴,芰荷弥望。流连芳酎,怅触旧游,爰书此寄之想。"

七月三日,阮元邀锡麒、秦瀛等人月夜游西湖,锡麒作记。

> 《有正味斋骈体文》卷一四《湖心泛月记》:"丁巳之秋七月三日,阮芸台学使招同秦小岘观察瀛、陈桂堂太守廷庆集于湖上。……乃甲前约定后游,期于月之十有二日,将谋卜夜之欢焉。夫秉烛有述于古人,夜饮无怼于小雅。……是日会者五人,其未与前游者,程也园吏部振甲也。"

为曾燠《游真州西溪诗》作序。

> 《有正味斋骈体文》卷六《〈游真州西溪诗〉序》:"都转曾公,南丰后人。……适因公事,小住真州。其地有西溪者,源出铜冈,名均河。

……使君兴发，地主情多。……感星期之违易，念云约之践难。各赋新诗，留为故事。时嘉庆丁巳七夕后一日也。……见示佳篇，如缀新眺。……加以引伸，请付贞珉。愿为嚆失云尔。"

曾燠(1759—1830)，字庶蕃，号宾谷，南城(今属江西)人。乾隆四十六年(1781)进士，历任户部主事、两淮盐运使、贵州巡抚等。工诗文，有《赏雨茅屋集》，辑有《江西诗征》、《骈体正宗》等。传见《清史列传》卷三三。

王芑孙有诗怀锡麒。

王芑孙《渊雅堂编年诗稿》卷一四《岁暮怀人六十四首》其五《吴谷人侍读锡麒》："一岁三迁忽自告，南望白云买归櫂。归来恰逢太公丧，始信啮指心苍茫。偏亲白发仍须养，渡江授读心悲怅。瘦羊博士君羡之(君赠行序中语)，我今无羊瘦于诗。"(丁巳)

作挽诗悼阿桂卒。

《有正味斋诗集》卷一三《韩江集》《大学士章佳文成公挽诗四首》。

王昶《春融堂集》卷六二《太子太保武英殿大学士一等诚谋英勇公谥文成阿公行状》："(嘉庆)二年八月二十一日薨逝，……享年八十有一。……以嘉庆二年十一月二十日葬于左安门外之杨村坊文勤公墓左。"

嘉庆三年戊午(1798)　53岁

正月，赴扬州主讲安定书院，顺道过访沈赤然。

沈赤然《五砚斋诗钞》卷一四《吴谷人侍读予告归里，顷有扬州之行，羽道过访，谈饮竟日，重申卜居西溪之约，恐终不能遂耳。感赋二首，即以送行》(戊午)。

沈赤然《五砚斋诗钞》卷一五《寄吴谷人五十韵》："辱访水云区(戊午正月，谷人主讲扬州安定书院，顺道过访)。"(戊午)

《有正味斋骈体文》卷四《秦西岩前辈遗集序》又云："余以丁巳

春，来主安定讲习。"锡麒去年春尚在京，此或为误记，或为有意而实未成行。

王芑孙来访。访前，有诗寄锡麒。

王芑孙《渊雅堂编年诗稿》卷一五《将为扬州之游，自嘲，寄曾宾谷运使燠、魏春松太守成宪、吴谷人侍读锡麒》（戊午）。

王芑孙《渊雅堂编年诗稿》卷一五《与谷人夜饮题襟馆，因赠宾谷二首》（戊午）。

王芑孙《渊雅堂编年诗稿》卷一五《与谷人晓饮春松郡斋，因赠春松二首》其二："此饮难为仲孺辞（时谷人有服）。"（戊午）

王芑孙《渊雅堂编年诗稿》卷一五《与宾谷、春松夜饮谷人讲院，因赠谷人一首》（戊午）。

与曾燠、王芑孙、秦瀛、沈琨等游上方寺。

秦瀛《小岘山人诗集》卷一七《曾宾谷招集上方寺，同游者吴谷人祭酒、沈舫西太守、王惕甫博士，用壁间东坡〈送李孝博使岭表〉韵》："杪秋气已肃，疏柳鸣残蝉。"

沈琨（1745—1808），字兼三，号舫西，归安（今属浙江湖州）人。乾隆三十六年辛卯（1771）举人，历官内阁中书、佛山同知、工部主事、员外郎、郎中、陕西监察御史、泰安知府等。有《小筠楼诗文集》。传见《小岘山人诗文集》续文集卷二《山东泰安府知府沈君舫西墓表》。

秦瀛《小岘山人诗集》卷二三有《酬吴谷人，用来韵》，不详作年，并附于此。

为曾燠《赏雨茅屋集》作序。

曾燠《赏雨茅屋集》卷首："宾谷都转处淮扬靡丽之区，而淡于嗜欲，依然寒素，又能拨烦剖剧，游刃有余。公事余闲，时与宾从赋诗为乐。辟题襟馆于署后，周植花木，为唱和之所。……余与君先人文木公为同年生，每忆君弱冠趋庭，天骨秀发，旁唐𫗧爄，已如昆吾之出匣。今忽忽二十余年，乃得于红桥白塔间，重附宾筵，互为酬唱，而君成就之大，已如临风搔首，白发飘萧；俯仰之间，宛如隔世。读君集而叙之,既幸见君之盛,而又惜余之老而将衰也。钱塘吴锡麒撰。"

"今忽忽二十余年",从乾隆四十年至本年二十余年,据以定序作年。

曾燠《赏雨茅屋诗集》卷一二有《夜泊天门山,用太白江上寄元六林宗韵,寄怀吴谷人丈、乐莲裳》,不详作年,并附于此。

六月,秦瀛有诗寄锡麒。

秦瀛《小岘山人诗集》卷一二,去年六月所引诗。

作[春云怨]词慰张木丧女,并志己殇甥女、侄女之痛。

《有正味斋词集》卷四[春云怨·扬州张文棠孝廉木有女曰得珠,游通经书,性闲静。许字同里汪生溥,归有日矣,以中暑卒。嘉庆戊午七夕前四日也。孝廉有诗哭之甚哀。于今年一甥女、一侄女皆以痘殇,柔情怅触,老泪纵横。因述此词以慰孝廉,并志余痛]。

八月,为沈赤然《五砚斋诗钞》作序。

《五砚斋诗钞》卷首吴锡麒《〈五砚斋诗钞〉序》:"余与梅村交三十年矣。……便订西溪之约。……昔梅村宰丰润时,余既为序其诗矣。……嘉庆三年八月,同学姻愚弟吴锡麒拜撰。"

《有正味斋骈体文》卷四同文题《沈梅村〈重订五砚斋诗钞〉序》,未署作年。

为鲍茞香《清娱阁吟稿》作序。

《有正味斋骈体文续集》卷一《鲍茞香〈清娱阁吟稿〉序》:"余与鲍君雅堂同官都下,每当直庐告返,竹之径造,宫程无迫,吟事斯兴。凡有一言之奇,只字之隽,互相嗟赏,欲忘寝食。……后余乞假南还,设讲邗上,始获交于张子舸斋,即雅堂之妹婿也。两姓和好,双心齐袂。……检瑶编于芨篋,搜翰迹于湘纨。辑其遗诗,都为六卷。编彤有待题墨,先赖索我一言。因之三叹。"

王文治《梦楼诗集》卷二四《饮绿山堂,留少林分韵赋诗,而舸斋与其配鲍茞香夫人走笔先成,皆极工妙,再赋一首,兼怀雅堂。茞香,雅堂堂妹也。鲍氏姊妹三人皆能诗》。

洪亮吉《更生斋集》续集诗卷六《愁松寮阁,追悼亡友鲍户部之钟》:"犹存寄妹大雷札,忽读哭兄寒食诗(君令妹蓝香工诗,其《寒食》一律哭兄尤佳)。"

为吴绍灿作传。

《有正味斋骈体文》卷二四《家苏泉编修传》:"竟于嘉庆三年六月初一日戌时中暑暴卒,春秋五十有五。……今年又主讲维扬,得数晨夕。同年之面,不隔于心;知己之言,犹在于耳。不意中年怛化,前事苍茫,能不重秦失之三号、发张翰之一恸哉?"

为严国华作传。

《有正味斋骈体文续集》卷六《严筠轩传》:"君生于乾隆六年五月二十九日,卒于嘉庆三年八月五日,年五十有九。"

据文,严国华,字敏来,号筠轩,吴江(今属江苏)人。官中书舍人等。

为李逢春母孟氏作墓志铭。

《有正味斋骈体文》卷二三《孟恭人墓志铭》:"嘉庆三年,余主讲扬州,值李君逢春来摄郡篆。……不数月,遭母太恭人之丧。……以嘉庆三年九月十日殁于扬州行馆,年七十有七。……将以明年二月扶柩北归,葬于某原。"

为魏成宪妻汤氏作墓表。

《有正味斋骈体文》卷二三《汤恭人墓表》:"恭人姓汤氏,名松,小字松姑。……前刑部郎中今知扬州府事魏君成宪之原配也。……盖至京甫两月而卒,年三十有三。时乾隆丙午闰七月十有四日也。……后十年嘉庆戊午,知府君来任维扬,适余主讲于是,酒间灯下,每话及之。邗水沟荒,如流呜咽。琼花梦断,倍感飘零。深惧闻德不彰,乞余为墓道之表。"

魏成宪,字宝臣,号春松,仁和(今浙江杭州)人。乾隆四十九年进士,历官御史。工诗,有《清爱堂集》。传见《晚晴簃诗汇》卷一〇五、《民国杭州府志》卷一四六《文苑三》。

十月五日，往访沈赤然。

  沈赤然《五砚斋诗钞》卷一五《十月五日，吴谷人枉驷留饮，言冬杪即当赴阙，并话西溪风景。是日范让水在坐，先成七律一章，因次其韵》："游欐频年此日过（去年亦于此日过访）。"（己未）

为洪肇柱作墓志铭。

  《有正味斋骈体文》卷二三《中宪大夫候选道洪君墓志铭》："君未竟之志者，皆夫人克殚之功。后君二十年卒。……以嘉庆三年某月奉枢合葬于某原。"

  据文，洪肇柱，字殿书、蕙圃，歙县（今属安徽）人。卒年三十六岁。

胡敬有诗怀锡麒。

  胡敬《崇雅堂删余诗》《戊午岁暮怀人》其七《吴丈谷人锡麒》："卅载才名动玉堂，莱衣归筑老亲康。著书自恋三余好，投刺（刺）难随七贵忙。骈体江陵推庾信，新词天水数尧章。消魂从古维扬地，写抱应空酒百觞（时先生告假养亲，主讲广陵）。"

  胡敬，字以庄，号书农，仁和人。嘉庆十年（1805）进士，累官侍讲学士。诗文兼美。有《崇雅堂诗文集》。传见《清史列传》卷七三、《民国杭州府志》卷一四五《文苑二》。

吴鼐在诗中提及锡麒"负米出游"，并与锡麒有唱和之作。

  吴鼐《吴学士诗集》卷五《题朱竹垞〈烟雨归耕小影〉，为曹俪生通政作》："秋光又到野葵边，斜日当头米压肩。闻说越中吴祭酒，不曾收得一蓑烟（家谷人先生告归后，又以负米出游矣）。"

  吴鼐去、今两年亦在扬州。吴鼐《吴学士诗集》卷一《西园十一咏，并序》："往者嘉庆丁巳、戊午间，余奉母从南城曾大夫于扬州。大夫为假馆于西园。"

  吴鼐《吴学士文集》卷三《江玉华七十寿序》："往者嘉庆丁巳、戊午，鼐依南城曾先生，居扬州其都转署中。题襟馆之宾客生徒皆识之。"

  吴鼐《吴学士诗集》卷二《醉竹辞，为家谷人师作》、《分龙行，家谷人先生命作》、卷四《女萝，同谷人师赋》等当为本年与锡麒会面时的唱和之作。

吴鼒辑刊《八家四六文钞》，锡麒为八家之一。

　　吴鼒《吴学士文集》卷三《〈八家四六文钞〉序》："鼒卅年游学江湖，受知场屋巨公名德，辱收之者，亦不仅数公。众制分门，元音异器。兹集局于四六一体，道则共贯，艺有独工。所录在此也。此数公者，通儒上材，或修述朴学，传薪贾郑；或喝于乐府，嗣响雅骚。传世行远，不名一技。兹集发于生徒之请，综为骈俪之则，采片石于抵鹊之山，挂只鳞于游龙之渊，所业在此也。"

　　《清史稿》卷四八五："全椒吴鼒尝辑录齐焘、亮吉、锡麒及刘星炜、袁枚、孙星衍、孔广孙、曾燠之文为《八家四六》云。"

　　《八家四六文钞》有嘉庆三年(1798)刻本。

父卒。

　　《有正味斋骈体文》卷五《嵇笠轩〈存春小草〉序》："吾师拙修相国以皋虁益赞之休，辅尧酿舜薰之治。……笠轩上承庭训，凤禀令姿。……自吾师归道山，笠轩以扶榇去，余亦乞养还里，继遭先大夫之丧。吊鹤徒闻，书鱼莫逮。……及余服阕(阙)还朝，复会于都下。"

　　吴嵩梁《香苏山馆诗集》今体诗钞卷三《冯星实、吴谷人两先生皆奉讳家居，而余方为先君治葬武林，相晤，感赋一篇》。

嘉庆四年己未(1799)　54岁

作挽诗悼乾隆卒。

　　《有正味斋诗集》卷一三《韩江集》《大行太上皇帝升遐，恭挽四章》。

　　《清史稿》卷一五《高宗本纪六》："四年正月壬戌崩，寿八十有九。"

张渌卿来访，为其题[摸鱼子]词。

　　《有正味斋骈体文》卷八《张渌卿〈露华词〉序》："曩在扬州，渌卿以词来质余。余为题［摸鱼子］一阕，所谓'付香弦，一声一咽，寻常歌炊全洗'者。至今竹西人能诵之也。……于今三年，迫辛酉秋。"

辛酉是嘉庆六年，逆计之，张渌卿来访，应在本年。

此词《有正味斋词集》、《有正味斋词续集》未见收入。

伊秉绶出守惠州，道过维扬，以诗送之。

《有正味斋诗集》卷一三《韩江集》《伊墨卿刑部秉绶出守惠州，道过维扬，诗以送之》。

赵怀玉《亦有生斋集》诗卷一七《送伊比部秉绶出守惠州》（屠维协洽）。

伊秉绶《留春草堂诗钞》卷二有《雨窗曹长阿林保招同吴谷人侍读、石琢堂修撰韫玉小集适园》、卷六有《西湖行，柬吴谷人祭酒、魏春松、戴金溪两曹长》、卷七有《吴谷人祭酒招饮，谂及庐山之胜，次韵》诸诗，不详作年，并附于此。

阿林保（？—1809），舒穆禄氏，满洲正白旗人。乾隆三十一年（1766）考中笔帖试，嘉庆间任湖南巡抚。卒谥敬敏。传见《国朝耆献类征初编》卷一八七。

为魏成宪《官舫侍膳图》题诗。

《有正味斋诗集》卷一三《韩江集》《题魏春松〈官舫侍膳图〉，并序》："春松于嘉庆元年从诏使谳狱维扬，既竣事，适太公秋浦先生自杭来，得以上寿称觞，为一时乐事。既而王程敦迫，匆促，还京，殊恋恋也。越三年，春松复来典郡，始得迎养太公于署中。晨夕承欢，其乐有甚于曩日者。暇出所画《官舫侍膳图》索题，因为志其遭遇之荣，而春松之当思所以报朝廷之恩，以慰老人之志者，何如耶？既赋是诗，并题数语于首。"

为保洁斋作传。

《有正味斋骈体文续集》卷六《保洁斋传》："以嘉庆己未七月卒于里门，年七十有三。……其子麟，余庚戌礼闱分校得士也。……以余旧史之遗，重以先人为托。……略书梗概，以示后来。"

九月,与秦瀛游西溪。

> 《有正味斋诗集》卷一三《韩江集》《秦小岘廉访瀛招游西溪二首》。

> 《有正味斋骈体文》卷六《〈游西溪诗〉序》:"曩余与沈梅村订西溪之约,拟结庐其间。辟地数弓,买山一角。杂莳梅竹,取适弦匏。盈尺之鱼,供高堂之膳;半畦之菜,备卒岁之储。……嘉庆己未九月晦,秦观察小岘时摄臬篆,喜毕公事,遂同秋寻屏驺从于城隅,具壶觞于舟次,宾朋咸集,鸥鹭皆欢。双桨荡波,一峰迎雨,则秦亭山在焉。……于是,择虚寮,开广牖,烧叶煮酒,就石支庖。良酌既酣,雅咏相继。……闻梅村将由仙潭迁杭,结邻之约,且将怂恿成之。他时香雪一窝,玉鳞万树。柴门有款,妍唱重赓。想诸君子亦乐从吾游也。"

> 秦瀛《小岘山人诗集》卷一二《由交芦荙至秋雪荙,仍取道西溪归,与吴谷人侍讲别》。

十月五日,往访沈赤然。

> 见去年所引文。

以《西溪纪游序》示秦瀛,秦瀛有诗。

> 秦瀛《小岘山人诗集》卷一二《谷人侍讲同年归自扬州,持〈西溪纪游序〉见示,并将还朝,行有日矣,以诗送之》。

罗聘卒,有诗哭之,并为其作墓志铭。

> 《有正味斋骈体文》卷二三《罗两峰墓志铭》:"君生于雍正十一年正月初七日子时,殁于嘉庆四年七月初三日子时,年六十七岁。……以嘉庆四年十一月十二日葬于甘泉县西乡小胡家厂,……而令子允绍等以余为知君之深,独以斯文见托。谨征素履,用表贞珉。"

> 《有正味斋诗集》卷一三《韩江集》《哭罗两峰三首》。

> 《有正味斋骈体文》卷二三《罗两峰墓志铭》:"余亦主讲安定书院,间裁赤牍,用写悁勤。"

冬,与寅东斋交识,为其父寅丙侯诗集作序。

> 《有正味斋骈体文》卷四《寅丙侯前辈诗集序》:"方锡麒之为学官

弟子也,时丙侯先生榷关杭州。商旅有愉,津梁无齘。仁声既洽,政事多闲。于是,扇先人之清芬,标词苑之奇赏。号召人士,论次文章。拂拭一加,争投乎骥足;声价十倍,群慕乎龙门。自揣榛荒,有惭莞献,未敢以后进之礼谒也。……己未冬,令嗣东斋鹾使巡按两淮,值余亦主讲扬州,得邀光接。见其处脂膏而不润,乐丹铅而忘疲。信有裹阶,非关剪饰。乃于公事之暇,驺从枉临,端捧一编,授余而读之,则先生之全集也。披寻妙旨,探讨灵源,然后知先生伦纪之敦,不忘于饮食;性情之治,如协于笙簧。盛世之音和且平,大雅之才丽以则。……因从鹾使之请,谨弁其端。”

冬,将北上还京,与顾光别,为其《橘颂堂诗集》作序。

　　《有正味斋骈体文》卷四《顾涑园先生〈橘颂堂诗集〉序》:“会己未冬,复将北上,过别先生。先生适以诗集付雕,因示锡麒而读之,并属一言弁首。……若锡麒者,从先生之后,骥尾可追;望北斗以南,龙门不远。谨序其端。”

　　顾光(1717—1800),字彦青,号涑园,仁和人。乾隆三年(1738)举人,官清丰、卢龙知县、贵州安顺同知、广州知府等。有《橘颂堂集》。传见秦瀛《小岘山人诗文集》文集卷五《广州府知府顾涑园墓表》。

为章氏七十寿辰作序。

　　《有正味斋骈体文》卷一二《熊母章太宜人七十寿序》:“明年庚申六月,为太宜人七十生辰。树庭以余之将还朝也,预乞一言为介觞之助。”

嘉庆五年庚申(1800)　55 岁

闰四月十二日,汪学金邀锡麒、法式善、鲍雅堂等人会集赋诗。

　　汪学金《静厓诗续稿》卷一《闰夏十二日,邀鲍雅堂、吴谷人、法时帆、郭厚庵过寓小集,分韵得寒字》(己未五月尽庚申八月)。

　　汪学金(1748—1804),字敬箴,号杏江、静厓,太仓(今江苏苏州)

人。乾隆四十六年(1781)进士,授编修。嘉庆中,官至左庶子。有《左福堂文稿》、《静厓诗集》等。传见《清史列传》卷七二、《国朝耆献类征初编》卷一三二。

据陈垣《二十史朔闰表》,本年闰四月。

作套曲贺洪亮吉赦归。

《有正味斋外集》卷二[北双调·喜洪稚存自塞外归]。

去年,洪亮吉上书言事,戍伊犁。本年闰四月,赦归。

《有正味斋骈体文续集》卷六《翰林院编修洪君墓表》:"己未,值皇上亲政之年,正川陕用兵之日,君忡忡葵抱,慊慊刍私,引素食以为羞,伏青蒲而未敢。遂乃上书三府九重,致冒昧于语言,几莫全乎要领。幸赖如天之度,加之不杀之恩,俾得荷戈荷殳,远戍绝漠。经天山之日,已分魂归;度玉门之关,敢期生入?……时因京师久旱,奉命清厘庶狱,且查在新疆年久者,将行宽典,君到戍才及百日,特搘恩旨释回。"

《清史稿》卷三五六《洪亮吉传》:"嘉庆四年,……上书军机王大臣言事,……上怒其语戆,落职下廷臣会鞫,……拟大辟,免死戍伊犁。明年,……释亮吉回籍,……亮吉至戍甫百日而赦还,自号更生居士。"

赵怀玉《亦有生斋集》诗卷一八《洪大亮吉遣戍伊犁,未及一载,有旨赦归,志喜》(上章涒滩)。

洪亮吉《更生斋集》诗集卷二《八月二十七日,请室中始闻遣戍伊犁之命,出狱纪恩二首》。

洪亮吉《更生斋集》诗集卷二《庚申又四月廿七日,特奉恩命释回,感事纪恩四首》。

五月,夏至日,与吴嵩梁、法式善、吴蒮等集会赋诗。

吴嵩梁《香苏山馆诗集》古体诗钞卷四《夏至日,同法梧门侍讲式善、吴谷人祭酒锡麒、谢香泉礼部振定、戴金溪刑部敦元、张船山检讨问陶、杨蓉裳员外芳灿、吴玉松编修云、吴山尊编修鼒、蔡浣霞礼部銮扬、李虎观户部邦燮、谭兰楣礼部光祥、陈石士庶常用光、陈玉方刑部希祖、李春湖学士宗瀚、蒋师退大令知让、胡香海大令森、黄贡生大令郁章、陈云伯孝廉文述、郭厚庵明经塗、姚春木上舍椿集春云书屋,分韵得为字》。

　　吴鼒去年中进士,授编修。姑将此次集会赋诗时间系于本年。

　　同卷《谷人祭酒招集有正味斋,分咏得许道宁〈夏云欲雨图〉》,亦不详作年,姑系于此。

六月三十日,李青琅招锡麒、法式善、鲍之钟、汪学金、顾羿庵等过具园。

　　法式善《〈存素堂诗初集〉录存》卷一〇《六月晦日,李青琅招同吴谷人、鲍雅堂、汪杏江、顾羿庵小集,晚过具园》(庚申)。

　　汪学金《静厓诗续稿》卷一《李青琅招饮,分韵得十字。是日,与雅堂迟至》(己未五月尽庚申八月)。

立秋前二日,与法式善、鲍之钟、汪学金、赵怀玉、张问陶等人集谢振定知耻斋迎秋。

　　法式善《存素堂诗初集录存》卷九《立秋前二日,同鲍雅堂、吴谷人、汪杏江、赵味辛、张船山集谢芗泉知耻斋迎秋》(庚申)。

　　谢振定(1753—1809),字一之,号芗泉,湖南湘乡人。乾隆四十五年(1780)进士,授编修。历官江南道监察御史、兵科给事中。以得罪和珅罢官,和珅败,起授礼部主事,改员外郎。能古文词,有《知耻堂集》。传见秦瀛《小岘山人续文集》卷二《礼部员外郎前监察御史谢君墓志铭》、《清史列传》卷七二、《清史稿》卷三三二。

七夕,汪学金邀锡麒、法式善、张问陶、赵怀玉、鲍雅堂、谢芗泉等人会集赋诗。

　　《有正味斋诗集》卷一四《槐市集》《七月七日,汪静厓庶子学金招集寓斋,同效乐府体,分咏七夕故事,得鹊桥》。

　　汪学金《静厓诗续稿》卷一《七夕,招鲍雅堂、吴谷人、法时帆、谢振定、张船山、赵味辛小集寓斋》(己未五月尽庚申八月)。

　　法式善《存素堂诗初集录存》卷一〇《七夕,汪杏江招同吴谷人、鲍雅堂、谢芗泉、赵味辛、张船山芥室小集，分赋洗车雨》(庚申)。

赵怀玉《亦有生斋集》卷一八《七夕汪庶子学金招饮芥室》、《七夕汪庶子学金席上分赋，得占珠丝》(上章涒滩)。

八月，为法式善《存素堂诗集》作序。

法式善《存素堂诗初集录存》卷一〇《吴谷人前辈勘定拙诗，并许为序》(庚申)。

法式善《存素堂诗初集录存》卷首吴锡麒《〈存素堂诗初集〉序》："吾尝于今之称诗者，得二人焉。一为遂宁张检讨船山，其一则时帆祭酒也。……顾时帆与余交最久，而为诗又甚勤。……尝出其《存素堂集》，属余序之。……嘉庆五年秋八月中浣，同馆弟吴锡麒拜撰。"

《有正味斋骈体文》卷四《法时帆祭酒〈存素堂诗集〉序》未署作年。

九月三日至七日，与韩是升、鲍之钟、赵怀玉、法式善、汪学金、谢振定、顾鹤庆、郭堃、蒋棠、姚椿、孙仲清、盈科上人、吴九成等十四人游西山，各有诗。编集，锡麒作序，又有记。

《有正味斋骈体文》卷一六《游西山记》："西山为神京之右臂，分太行之一支。……会当休沐之余，适筮盍簪之吉。蠲诚戒旦，储跱请行，五日为期，群贤毕至。同游者，韩旭亭封君是升、鲍雅堂户部之钟、赵味辛舍人怀玉、法时帆编修式善、汪静厓庶子学金、谢芗泉礼部振定、顾斆庵明经鹤庆、郭厚庵明经堃、蒋香度明经棠、姚春木公子椿，主人则孙一泉孝廉仲清，道之行者盈科上人，画者吴九成，与余凡十四人。时嘉庆庚申九月三日也。……四日晓起，登延清阁。……五日早霜，……因有戒坛之游。……六日，自奉福寺渡河而东，至黄村，有黄姑寺在焉。……七日，起盥甫毕，……饭罢出门，循山径而南，经桑乾河故道，踏碎石行里许，则已至清凉寺矣。……入慈寿寺。……诸公不能久留，因重订后会而别。"

《有正味斋骈体文》卷六《〈西山纪游诗〉序》："庚申秋九月，同人游西山归。翌日，诸君皆以诗来，将汇而梓之，属余为序。"

《有正味斋诗集》卷一四《槐市集》《九月三日,孙一泉孝廉仲清招同人游西山》、《奉福寺饭毕,遂上罗睺岭》、《暮抵潭柘寺宿》、《姚少师庵》、《由潭柘寺后二里抵龙潭》、《晚坐延清阁,望对面诸山》、《妙严公主礼佛砖三首》、《由师子岩历十八盘,至慧聚寺》、《化阳洞》、《还至戒坛,登千佛阁,望塞上诸山》、《戒坛古松歌》、《度花梨坎,至奉福寺宿》、《历游三山大悲诸刹》、《由香界寺探宝珠洞》、《夜宿龙泉寺》、《山中夜话》、《鲁师山寻秘摩崖》等均此行作。

赵怀玉《亦有生斋集》卷一八《宿龙泉庵,次吴侍读锡麒韵》(上章涒滩)。

法式善《存素堂诗初集录存》卷一〇《龙泉庵孤亭据松泉之上,同人聚饮抵夜。吴谷人侍读有诗,次韵》、《宿龙泉庵,呈同行诸君》、《晓起,吴谷人、汪杏江再和前韵,叠韵报之》(庚申)等亦此行作。

汪学金《静厓诗续稿》卷二《九月初三日,约游西山,会者十三人,发慈悲院》、《行四十里,饭于栗园庄之奉福寺,遂登罗睺岭》、《舆中和味辛韵》、《晚至岫云寺宿,即潭柘》、《小病》、《同人谈龙潭之胜,余因病未往,为述此诗》、《寄题少师庵》、《箧中龙子词》、《妙严公主礼佛砖》、《化阳洞》、《登戒坛千佛阁》、《戒坛古松歌》、《图裕轩、曹慕堂两先生祠,在戒坛》、《下戒坛,至奉佛寺》、《皇姑寺》、《历游三山大悲香界诸刹》、《宝珠洞》、《宿龙泉寺夜话,和谷人韵》、《玩月而寝,次早时帆出示新篇,因和其韵》、《龙泉寺晓起,叠和前韵》、《鲁师山秘摩崖》、《慈寿寺观九莲菩萨像》、《摩诃庵》、《入阜成门口占》(庚申九月尽辛酉四月)等均此行作。

韩是升,字东生,号旭亭、乐余,江苏元和人。贡生。有《听钟楼诗稿》。参见钱仲联主编《清诗纪事·乾隆朝卷》第7217页。

张问陶为锡麒《田居园》题诗。

张问陶《船山诗草》卷一五《〈田居园〉为吴谷人侍读题》(庚申)。

集赵怀玉亦有生斋,有诗。

《有正味斋诗集》卷一四《槐市集》《集亦有生斋,分赋饮中八仙,得李白》。

　　　赵怀玉《亦有生斋集》卷一八《立冬日,同人集亦有生斋,为宵寒第一集》(上章涒滩)。

与张问陶、法式善、赵怀玉、汪学金、谢振定、姚椿等人集鲍之钟斋中,消寒赋诗。

　　　张问陶《船山诗草》卷一五《与鲍雅堂户部、吴谷人、王(汪)静厓两庶子、法时帆侍讲、赵味辛舍人、谢香泉礼部、姚春木上舍分赋饮中八仙,得李适之》(庚申)。

　　　法式善《存素堂诗初集录存》卷一〇《偕吴谷人、汪杏江、谢艻泉、赵味辛、张船山、姚春木于鲍雅堂斋中消寒,分赋饮中八仙,拈得汝阳王琎》(庚申)。

　　　赵怀玉《亦有生斋集》卷一八《销寒第二集鲍郎中之钟席上,分赋饮中八仙得苏晋》(上章涒滩)。

　　　汪学金《静厓诗续稿》卷二《雅堂斋中,分咏饮中八仙得崔宗之》(庚申九月尽辛酉四月)。

食菊花饼,有诗。

　　　《有正味斋诗集》卷一四《槐市集》《食菊花饼,同味辛作》。

　　　赵怀玉《亦有生斋集》卷一八《菊花饼二首》(上章涒滩)。

　　　汪学金《静厓诗续稿》卷二《味辛舍人招饮亦有生斋,作展重阳之会,即席得诗,因和其韵》(庚申九月尽辛酉四月)。

　　　汪学金《静厓诗续稿》卷二《咏菊花饼》(庚申九月尽辛酉四月)。

立冬日,与法式善、张问陶、汪学金、鲍之钟、谢振定、戴敦元等人集赵怀玉亦有生斋,消寒赋诗。

　　　法式善《存素堂诗初集录存》卷一〇《立冬日,赵味辛约同吴谷人、鲍雅堂、汪杏江、谢艻泉、张船山、戴金溪敦元亦有生斋消寒,即席次味辛韵》(庚申)。

胡蕙麓邀游极乐寺,以雪大未至,法式善有诗。

　　　法式善《存素堂诗初集录存》卷一〇《夜间雨雪甚大,晨起,胡蕙麓大令邀游极乐寺,候翁覃溪先生及吴谷人、赵味辛、张船山,皆不至。禅榻话旧,抵暮始归》(庚申)。

极乐寺,在北京在西直门外。汪学金《静厓诗续稿》卷一《时帆招游极乐寺,在西直门外》。

邀法式善、赵怀玉等人集有正味斋消寒。

法式善《存素堂诗初集录存》卷一〇《消寒,集吴谷人庶子有正味斋,题〈葛洪移居图〉》(庚申)。

赵怀玉《亦有生斋集》诗卷一八《销寒第三集,吴庶子锡麒席上咏张问陶所藏方泰交〈葛稚川移家图〉》(上章涒滩)。

与赵怀玉、张问陶、汪学金、鲍之钟、谢振定、姚椿等人集法式善诗龛,消寒赋诗。

法式善《存素堂诗初集录存》卷一〇《吴谷人、汪杏江、鲍雅堂、谢芗泉、赵味辛、张船山、姚春木集诗龛消寒,题〈新篁白石图〉,分用唐宋金元人题图七古诗韵,余拈得元遗山〈题范宽秦川图〉》(庚申)。

十二月,与赵怀玉、熊枚、周兴岱、周厚辕、吴裕德、张问陶等人为消寒之会。

赵怀玉《亦有生斋集》诗卷一八《庚申十二月,与熊侍郎枚、周侍郎兴岱、周侍御厚辕、吴庶子锡麒、吴编修裕德、张检讨问陶为销寒之会,用丁巳冬夜集接叶亭韵》(上章涒滩)。

十二月十九日,集汪学金芥室,赋诗。

《有正味斋诗集》卷一四《槐市集》《十二月十九日,坡公生辰,集汪静厓芥室,同用公集中东坡八首韵》。

赵怀玉《亦有生斋集》诗卷一八《东坡生日,集芥室,销寒之集于是止矣。苏文忠公生日,同人集芥室,用东坡八首韵》(上章涒滩)。

汪学金《静厓诗续稿》卷二《腊月十九日,同人集芥室,为坡仙设供,和集中东坡八首韵,兼寄南中同学诸子》(庚申九月尽辛酉四月)。

为江耕野母金氏六十寿辰作序。

《有正味斋骈体文》卷一二《江母金太安人六十寿序》:"往余主讲

真州,获交于江君耕野。……及庚申冬,余官京师,耕野与其弟令香同托素鳞,远颁绮札,谓将近宜春之酝,开介寿之筵,待染烟毫,用光鞏帨。则以明年正月为安人六十生辰也。……敬酬来旨,聊附去邮。亦愿长发其祥,永锡难老云尔。"

与汪学金、张问陶聚会赏菊。

汪学金《静厓诗续稿》卷二《莲士、少农招同吴谷人侍读、张船山检讨、姚春木上舍集双树轩赏菊,分韵得书字》(庚申九月尽辛酉四月)。

作诗送何道生任九江知府。

《有正味斋诗集》卷一四《槐市集》《送何兰士侍御道生出守九江》。

《小岘山人诗文集》续文集卷二《宁夏府知府兰士何君墓志铭》:"嘉庆二年,擢山东道监察御史。……五年,授江西九江府知府。"

弟锡麟在金华(今属浙江)佐治水灾。

《国朝杭郡诗续辑》卷一九《九儿清鹏,余孪生少子也。……》四首其三:"一世岂无阴德报,九原定许布衣尊(嘉庆庚申,吾弟在金华,佐治水灾,全活至数万计。方伯刘公甚赏重之)。"

嘉庆六年辛酉(1801) 56岁

汪学金拟于正月十九日访锡麒,先以诗寄之。

汪学金《静厓诗续稿》卷二《拟于燕九节过谷人庶子寓,先之以诗》(庚申九月尽辛酉四月)。

燕九节:旧俗以正月十九日为燕九节。刘侗、于奕正《帝京景物略·白云观》:"真人名处机,字通密,金皇统戊辰正月十九日生。……今都人正月十九致浆祠下,游冶纷沓,走马蒲博,谓之燕九节。又曰宴丘。"刘若愚《酌中志·饮食好尚纪略》:"(正月)十九日,名燕九是也。都城之西南,有白云观者,云是胜国时,邱真人成道处。此日僧道辐辏,凡圣溷杂,勋戚内臣,凡号黄白之术者,咸游此访丹诀焉。"

法式善梦与赵怀玉、吴锡麒谈长生术,有诗,赵怀玉和诗。

赵怀玉《亦有生斋集》诗卷一九《伍尧侍讲法式善梦登一山,四面皆水,松竹杂植,猿鹤相闻,与余及吴庶子锡麒谈及长生术于其间,遂赋一诗,觉而录示,因和其韵》(重光作噩)。

重光作噩即辛酉年。

作诗送赵怀玉任官青州。

赵怀玉《亦有生斋集》诗卷一九《将出都门述怀,兼别同志》四首其一:"行先省南陔,再往观东海。"(重光作噩)。

后附锡麒和诗四首,《有正味斋诗集》《续集》未收入。

《有正味斋诗集》卷一四《题赵未辛寻山卜筑图》:"岱顶只防催作诇,未教容易片云还(时未辛将之官青州,故云)。"

青州,今属山东。

翁方纲有诗寄锡麒。

翁方纲《复初斋诗集》卷五五《嵩缘草三》(庚申七月至辛酉二月)《西郊僧舍看花之作,呈味辛、谷人、定轩、梧门》。

此诗前有《予所藏宋拓化度寺碑,……以下辛酉》。

三月,汪学金来会,各有诗。

汪学金《静厓诗续稿》卷二《赵味辛司马以诗赠行,次日会于谷人先生寓斋,因和其韵,并示同席诸君》(庚申九月尽辛酉四月)。

汪学金此诗前一首是《三月十五日,陈乞命下,行有日矣,再和前韵寄家人》(庚申九月尽辛酉四月)、后一首是《出都述怀四首》(庚申九月尽辛酉四月),四月四日已至瓜州。因此,其会于锡麒宅,应在三月。

四月四日,汪学金有诗寄锡麒。

汪学金《静厓诗续稿》卷二《谷人送行诗句云"得归生怕负银鲋",四月初四日至瓜州,始得鲋鱼,戏占一绝寄之》(庚申九月尽辛酉四月)。

张问陶有诗呈锡麒。

> 张问陶《船山诗草》卷一六《题方铁船工部〈兀鹊诗〉,兼呈吴谷人祭酒》(辛酉)。

与法式善等人集有正味斋消暑。

> 法式善《存素堂诗初集录存》卷一二《集吴谷人有正味斋消暑,题吴元瑜〈陶潜夏居图〉》(辛酉)。

与法式善宿翠微山赋诗。

> 法式善《存素堂诗初集录存》卷一六《怀远诗六十四首》,第六首《吴谷人祭酒》:"松下哦诗今几年,月明醉听秋涛圆(前年同宿翠微山,就松月间赋诗)。"(癸亥)

为查世荣作墓志铭。

> 《有正味斋骈体文》卷二三《中宪大夫刑部郎中查公墓志铭》:"遂以刻苦攻读搆疾,于乾隆乙未卒于海丰。……恭人欣然曰:'吾今可以告无愧于地下矣。'以嘉庆辛酉六月疾终京邸,距公之卒已二十六年。子一,有圻。……有圻将以某年某月合葬于某原。龟兆既符,鱼书有逮,而乞余为之铭。"

> 据文,查世荣,号松亭,海宁(今属浙江)人。

秋,张渌卿以书、词寄锡麒。

> 《有正味斋骈体文》卷八《张渌卿〈露华词〉序》:"迨辛酉秋,余于京师以请养将还,适渌卿书来,兼以词寄。"

乞养归里。行前,法式善、张问陶、汪廷珍有诗送别。沈赤然闻讯,亦有诗寄锡麒。

> 法式善《存素堂诗初集录存》卷一二《吴谷人祭酒南归,题顾歿庵〈松柏图〉赠行》(辛酉)。

> 张问陶《船山诗草》卷一六《送吴谷人祭酒南归》(辛酉)。

> 汪廷珍《送吴谷人祭酒乞养南归》。

> 诗见钱仲联先生主编《清诗纪事·乾隆朝卷》第6625页。

> 汪廷珍,字玉粲,号瑟庵,江苏山阳人。乾隆五十四年(1789)进

士,授编修,官至礼部尚书、协办大学士加太子太保,赠太子太师。卒谥文端。有《实事求是斋诗文集》。传见《续碑传集》卷三李元度《汪文端公事略》、《清史稿》卷三六四。

　　沈赤然《五砚斋诗钞》卷一七《闻吴谷人祭酒终养得请,先以诗寄之》(辛酉)。

秋,别何思钧。至扬州,闻其凶耗。后为其作传。

　　《有正味斋骈体文续集》卷六《何双溪检讨传》:"一第与偕,十年以长。鹅鸭无恼,卜连墙之居;鸡黍为欢,订消寒之局。素心晨夕二十余载,自丁巳赋归后,重来京师,星已晨空,雨难旧合。勉辍凄婉,更事招延。虽明侣仅存,而唱酬亦洽,春怀屡抚,秋琴复张。结桂攀萝,互相留恋。会辛酉秋,余复以乞养旋里。君独执袪恋别,荧泪承睫,时盖已病甚矣。犹生之面,先诀于临歧;后死之文,乃要之息壤。及余行四日,而君遂不起。至扬州,始闻凶耗。呜呼!零落山邱,莫已西州之恸;流连谈宴,徒怆南皮之游。岂不哀哉,岂不哀哉!"

　　据文,何思钧,字季甄,号双溪,灵石(今属山西)人。乾隆四十年(1775)进士,选庶吉士,官翰林院编修、检讨。

至高邮,晤赵怀玉。

　　赵怀玉《亦有生斋集》诗卷二〇《高邮道中,始晤吴祭酒锡麒,时祭酒以乞养归里》(重光作噩)。

冬,为《同岑诗选》作序。

　　《有正味斋骈体文》卷四《〈同岑诗选〉序》:"会辛酉冬,余乞养南返。李子西斋枉存,出里中诸君《同岑诗选》见示。……重展是编,送抱推襟,其人宛在。旧雨乎,金玉乎?亦惟莫逆于心而已。"

往访沈赤然。

　　沈赤然《五砚斋诗钞》卷一七《次吴谷人祭酒寒夜过访之作》(辛酉)。

十二月十六日,为汪学金《静厓诗后稿》作序。

　　汪学金《静厓诗后稿》卷首吴锡麒序:"今又得全集而读之,……

所更可喜者,十年一别,双阙一逢。方开话旧之筵,即订归田之约。……闻君且有西湖之游,则玉版酬君,花猪饱我,幸无谓桑下之不三宿也。嘉庆六年十二月既望,钱唐愚弟吴锡麒拜撰。"

《有正味斋骈体文》卷五同文题《汪静厓庶子诗集序》,未署作年。

十二月,往访汪学金。二十九日,以《腊梅诗》示学金,二人联句赋诗。

汪学金《静厓诗续稿》卷三《谷人先生过访,酒后偕诸子趣园观梅,以竹外一枝斜更好分韵,得外字》(辛酉四月尽十二月)。

汪学金《静厓诗续稿》卷三《坡仙生日,并福堂春燔联句,限虞韵》:"天上春先到(谷人),人间岁欲徂。唐花催火速(静厓),……笠屐想髯苏(谷人)。"(辛酉四月尽十二月)

汪学金《静厓诗续稿》卷三《岁暮即事抒怀四首》其二:"蓬山诗史得三人(吴谷人祭酒、洪稚存、孙渊如两旧史先后过访趣园)。"(辛酉四月尽十二月)

汪学金《静厓诗续稿》卷五《坡仙生日,咏腊梅,和集中韵》:"昨岁吟诗吴谷人(旧腊是日,谷人从杭来会,并携腊梅诗见示),今年丸书更寄君。书到西湖梦飞越,乞得一枝伴斋钵。"(壬戌七月尽十二月)

嘉庆七年壬戌(1802) 57岁

春,与万承纪遇吴下,为其《请缨图》题[沁园春]词。

《有正味斋词集》卷八[沁园春・万廉山明府承纪年十五时,曾乞罗两峰为画《请缨图》。今几二十载矣。廉山壬子领乡荐,两上春官不第。入楚从军,颇著奇迹。蛮部平,以议叙得官县令。壬戌春,相遇吴下。酒酣话旧,感慨及之。属为题此]。

《有正味斋诗集》卷一六《东皋草堂集》《寄万廉山承纪》。

万承纪,字廉山、廉三,江西南昌人。乾隆五十七年(1792)副贡,嘉庆间从军苗疆,官至江南海防同知署淮海道。善书画。传见《续碑传集》卷四〇陈文述《万廉山司马传》。

作诗哭鲍之钟卒。

《有正味斋诗集》卷一五《吴船集》《哭鲍雅堂户部二首》。

汪学金《静厓诗续稿》卷四《哭鲍雅堂郎中》(壬戌正月尽六月)。

往访汪学金。

汪学金《静厓诗续稿》卷五《谷人先生由上海来娄,留宿菜根轩,有诗见赠,依韵奉酬》:"纸窗木榻留君处,乐全待报新堂成(先生新居曰乐全堂)。"(壬戌七月尽十二月)

汪学金《静厓诗续稿》卷五《无闲缘室看菊,分十卦韵,同谷人、餐霞、叔温、密庐、葆初、守根及国儿赋》(壬戌七月尽十二月)。

中秋,作[永遇乐]词。

《有正味斋词集》卷五[永遇乐·壬戌中秋,平远山房待月]。

法式善有诗寄怀锡麒。

法式善《存素堂诗初集录存》卷一三《忆西山旧游,书寄韩旭亭、吴谷人、汪杏江、赵味辛、蒋香杜、姚春木》(壬戌)。

法式善《存素堂诗初集录存》卷一五《久不接南中朋旧音耗,寄怀柬旭亭、谷人、竹桥、杏江、稚存、剔甫、小岘、兰雪、香杜、祥伯、春木、手山,兼示味辛、剑潭暨砚农(元烺)、兰士昆仲》(壬戌)。

沈赤然有诗寄锡麒。

沈赤然《五砚斋诗钞》卷一七《闻吴谷人将移居东园巷,率成一律奉寄》(壬戌)。

九月八日,与人访王昶。

王昶《春融堂集》卷二四《卧游轩集》(辛酉、壬戌、癸亥)《九月八日,吴司成谷人、陈太守桂堂、张司成古余(敦仁)枉顾,留饮兰泉书屋,兼示映溽、献之、同人三君》(六首)其二:"祭酒瀛洲彦,声华燕许同。北堂殷爱日(谷人以乞养告归),南国仰高风。碧浪经帏启(时在湖州主讲),红桥酒舫通(往来维扬,多文酒之会)。明年峰泖路,尤喜豁群蒙(明年来主云间书院)。"

后附锡麒和诗五首,《有正味斋诗集》《续集》失收。

附诗后为《汪庶子敬箴复乞假自都回里,有寄》,后第四首为《元旦试笔》。

《国朝杭郡诗续辑》卷一五朱文藻《嘉庆壬戌重阳前一日,松江太守张古余敦仁、同郡人陈太守桂堂廷庆、钱唐吴祭酒谷人锡麒、嘉定钱州判献之坫谈宴于兰泉书室,述庵少寇有诗,命和,因成四律以纪事》其二自注:"古余戊戌客京师时常得会,谷人文字缔交者二十余年,桂堂首辰州多善政,献之工篆隶、嗜金石。"

朱文藻,字映溻,号朗斋,浙江仁和人。诸生。有《碧溪草堂诗文集》。小传见《国朝杭郡诗续辑》卷一五。

冬,集西湖祠上。

《有正味斋诗续集》卷八《韩江酬唱集四》《十二月十九日,东坡先生生日,同人设祀于桃花庵,分体赋诗,余得七古》:"卷起朄云三万丈(壬戌冬,集西湖祠上,值有开湖之试)。"

汪学金有书寄锡麒。

见去年引汪学金《静厓诗续稿》卷五《坡仙生日,咏腊梅,和集中韵》。

为梁肯堂作墓志铭。

梁肯堂《石幢居士吟稿》卷末附吴锡麒《皇清诰授荣禄大夫兵部尚书都察院右都御史漕运总督梁公墓志铭》:"嘉庆六年,前任漕帅梁公以尚书守护裕陵期满,赐还,以疾薨于家。遗书上闻,圣心轸恻,谕祭如礼。孤子如升、箓藏、协吉值余乞养旋里,请铭于余。……公生于康熙五十六年十一月初二日,薨于嘉庆六年八月初二日,寿八十五。……以嘉庆七年十一月初十日启寿藏合葬。……赐进士出身诰授朝议大夫国子监祭酒予告养亲同里年家侍生吴锡麒撰文。"

据文,梁肯堂(1717—1801),字构亭,号春淙、晚香,钱塘(今浙江杭州)人。乾隆二十一年丙子(1756)举顺天乡试,历官栾城、怀来、宝坻知县、苏州、深州、直隶州知州、保定知府、山东、直隶按察使、直隶布政使、河南巡抚、直隶总督、刑部尚书、漕运总督等。

此文《有正味斋骈体文》、《有正味斋骈体文续集》未收入。

嘉庆八年癸亥(1803)　58 岁

法式善有诗怀锡麒。

　　法式善《存素堂诗初集录存》卷一六《怀远诗六十四首》,第六首
《吴谷人祭酒》(癸亥)。引文见前年所引同诗。

为赵怀玉父赵绳男作墓志铭。

　　《有正味斋骈体文》卷二三《奉政大夫刑部郎中赵公墓志铭》:"以
嘉庆八年五月二十二日卒于里第,年八十有一。……余与怀玉同宦
京师,常贫日下。乞米之帖屡敏乎比邻,游山之诗联吟于休沐。会其
分刺东郡,余亦归养西湖。别甫二年,遽闻公之殁。而怀玉遂以奔丧
返矣。……今怀玉等将于某月某日合葬于黄塘乡之何家村,以状来
乞铭。"

　　据文,赵绳男,字来武,号缄斋,武进(今属江苏常州)人。赵怀
玉父。

主讲松江。七月,吴竹桥来访,以《闭户著书图》属题。以病归,未题。
五月后,题〔石湖仙〕。

　　《有正味斋词集》卷四〔石湖仙·不见家竹桥十余年矣,癸亥七
月,得遇于松江讲舍。流连话旧,凄婉特深。因出《闭户著书图》属
题。会余病归,未践前诺。闻竹桥亦以是日得疾,不久化去。余缠绵
床褥五月有余,其不同为天边之鹤者几稀矣。病起怆然,即用白石老
仙自度曲,并次其韵,以题于后〕。

　　吴蔚光,字哲甫,号竹桥,别号湖田外史,江苏昭文人。乾隆四十
五年(1780)进士,官礼部主事。有《素修堂集》。传见《光绪常昭合志
稿》卷二七《人物六·耆旧》。

嘉庆九年甲子(1804)　59 岁

元日,有诗。

　　《有正味斋诗集》卷一六《东皋草堂集》《甲子元日》。

有书寄翁方纲,翁方纲得书,作诗寄锡麒。

翁方纲《复初斋诗集》卷五七《有邻研斋稿下》（癸亥八月至甲子七月）《同日得辛楣、谷人、仲子、手山书，赋江南思二首为寄》其二："正味东南指烟舫，奇才淮海聚维扬（正味、烟舫，皆谷人斋名）。"

此诗前有《留题马兰峪寓斋四首，以下甲子》。

作《杭州重修郭汾阳王庙碑》。

《有正味斋骈体文》卷二二《杭州重修郭汾阳王庙碑》："杭州仁和县西新庄桥有汾阳王庙，不知何时建也。嘉庆甲子，里人重修葺之，属余为记。"

六月一日，为王芑孙《渊雅堂文外集》作序。

王芑孙《渊雅堂文外集》卷首吴锡麒序："吾友中惟铁夫能为有本之文，其于诗词礼乐之旨，抉之甚精。……顾独以骈体文属序于余，殆以余所业在此，或者此中甘苦能深知之，而共喻之欤？……嘉庆九年夏六月朔，钱塘吴锡麒。"

为沈赤然六十寿辰作寿诗。

《有正味斋诗集》卷一六《东皋草堂集》《寿沈梅村六十》。

沈赤然《五砚斋诗钞》卷首《自编年谱》："大清高宗乾隆十年乙丑六月十三日戌时，生于杭州仁和县武林门内打纸巷旧宅。"

为汪勋作墓志铭。

《有正味斋骈体文》卷二三《资政大夫候选道汪君墓志铭》："君生于乾隆三年八月十六日，卒于三十七年八月二十日，得年三十有五。娶张氏。……后君三十年卒，卒年六十有一。……（子）承璧等将以嘉庆九年八月十六日合葬于扬州甘泉善应乡胡家庄之原，来乞余铭。"

据文，汪勋，字硕功，号潄石，歙县（今属安徽）人。

欲为妻六十寿辰作寿诗而未成。

《有正味斋诗集》卷一六《东皋草堂集》《六十生日自述七首》其二："我妇更长余，六十今过一。昨年初度期，正被饥驱出。欲以诗寿之，落纸无一笔。艰难郁万状，累汝不能述。"

嘉庆十年乙丑(1805)　60岁

作诗悼王杰卒。

《有正味斋诗集》卷一六《东皋草堂集》《哭座主大学士王文端公
四首》。

《清史稿》三四〇:"(嘉庆)九年,杰与妻程并年八十,命巡抚方维
甸赍御制诗、额、珍物,于生日就赐其家。杰诣阙谢。明年正月,卒于
京邸。上悼惜,赐金治丧。赠太子太师,祀贤良祠。谥文端。"

春,过吴门,会戴延介于其护经书屋,作[忆旧游]词。

《有正味斋词集》卷四[忆旧游·辛酉除夕,戴竹友延介与钮非石
树玉、陶凫香梁游虎丘山。非石赋诗,竹友、凫香各谱[忆旧游]词一
阕。归而属其友汪汗云梅鼎绘图纪胜。今五年矣,乙丑春,余过吴
门,竹友饮于护经书屋,出此乞题。即用原韵答之]。

戴延介,亦作延祄,字受滋,号竹友,安徽休宁人。官户部郎中,
善书画,有《迎藤花馆词》。传见《清画家诗史》。

作《梅里重修泰伯墓碑》。

《有正味斋骈体文》卷二二《梅里重修泰伯墓碑》:"嘉庆乙丑某
月,重葺治之,将刊贞石,以阐幽光,礼也。"

四月,为铁保《梅庵诗钞》作序。

铁保《惟清斋全集》之《梅庵诗钞》卷首吴锡麒序:"嘉庆十年岁次
乙丑夏四月,钱塘吴锡麒拜撰。"

《有正味斋骈体文续集》卷一同文名《铁梅庵制使诗集序》,未署
时间。

七月,六十生日有诗。沈赤然亦有诗贺寿。

《有正味斋诗集》卷一六《东皋草堂集》《六十生日自述七首》。

沈赤然《五砚斋诗钞》卷一九《寿吴谷人六十,即次去年见赠周甲
诗韵》(乙丑)。

为马朝襄作墓志铭。

《有正味斋骈体文续集》卷七《封奉政大夫马君墓志铭》:"以嘉庆乙丑十月卒,年七十有七。……今永鉴等将以某年某月某日卜葬于某原,而乞余为之铭。"

据文,马朝襄,字邻哉,号鲁严,海宁(今属浙江)人。

为张燕昌继室孙氏作诔文。

《有正味斋骈体文续集》卷八《荐举孝廉方正张君继配孙安人诔》:"嘉庆十年十一月十三日,吾友张君燕昌继配孙安人卒,以行状来属诔于余。……然其词意哀迫,不可以辞。因就其略而润色之,以副其请焉。"

寄诗颜衡斋。

《有正味斋诗续集》卷三《萍聚集三》《寄颜衡斋二首》其二:"垆头邻笛忽飞声,万里催教噩梦惊(谓桂未谷殁于滇中)。"

《碑传集》卷一○九蒋祥墀《桂君馥传》:"以嘉庆十年卒,年七十。"

冬,为奚冈《冬花庵烬余稿》作序。

奚冈《冬花庵烬余稿》卷首吴锡麒序:"呜呼!天之厄诗人者,何其甚哉!厄之以穷,厄之以火,厄之以死丧之戚,终厄之以死。而究之其死也,终不得而死之也。吾盖于吾友铁生而信之矣!……惜当吴回氏之灾,稿亦亡失。今友人汤点山重为葺之,略成三卷。梓成,属序于余。……然即此数百篇内,远致胜情,含蕴无尽。使就山水间一再诵之,其精灵当必有呼之欲出者。然则铁生为不死矣。嘉庆乙丑冬,钱塘吴锡麒。"

嘉庆十一年丙寅(1806)　61岁

立夏前一日,招同赵怀玉、杨瑛昶等人集小清凉界。

《有正味斋诗续集》卷一《萍聚集一》《立夏前一日,雨中招同杨米人瑛昶、赵味辛、蒋秋竹、袁受阶廷樽、汪春田为霖集小清凉界分韵》。

赵怀玉《亦有生斋集》诗卷二二《立夏日,招同杨司马瑛昶、汪观察为霖、蒋广文知节、袁文学廷受集吴祭酒锡麒小清凉界》(柔兆摄提格)。

杨瑛昶(1753—1808),字印遽,号米人,桐城(今属安徽)人。屡应乡试不举,考职吏目,历簿丞、知县、同知,权大名、河间知府。有《衍波亭诗词全集》、《红豆词钞》、《双珠记》传奇等。传见《道光续修桐城县志》卷一六《人物志·文苑》。

柔兆摄提格即丙寅年。

曾燠编《国朝骈体正宗》,选入锡麒文十六篇。

曾燠《国朝骈体正宗》卷六。扉页题:"嘉庆丙寅七月,粤东纬文堂发兑,赏雨茅屋藏板。"

为程振甲母汪氏作诔文。

《有正味斋骈体文续集》卷八《程母汪太淑人诔》:"嘉庆丙寅秋八月,吾友歙县程君振甲以其母汪太淑人来讣于余,且以诔请锡麒。……锡麒丧无能诔,文不工哀,辱在窥客之数,用申拜母之敬。"

作诗、诔文悼李廷敬卒。

《有正味斋骈体文续集》卷八《李味庄同年诔》:"维嘉庆十一年九月初七日,江南松太道同年李君味庄以疾终于位。……仆既乏其才,敢矜斯制,亦以述林宗之行,可无愧辞。论孝若之交,用抒悲绪云尔。"

《有正味斋诗续集》卷一《萍聚集一》《哭李味庄同年三首》、《闻味庄灵柩归葬沧州,余不及从执绋之役,赋诗二章以志哀悼》。

嘉庆十二年丁卯(1807)　62 岁

访沈赤然。

沈赤然《五砚斋诗钞》卷二〇《吴谷人由扬州归省,便帆见访,饮次成四十字》:"牡丹花下别(春仲展墓武林,谷人觞余于牡丹下)。"(丁卯)

为汪母方氏八十寿辰作序。

《有正味斋骈体文续集》卷三《汪母方太夫人八十寿序》："粤维疆圉单阏之岁,月在季春,律中姑洗,为汪母方太夫人八十寿辰。"

为万廷兰作墓志铭。

《有正味斋骈体文续集》卷七《奉直大夫直隶知通州事万公墓志铭》："以嘉庆十二年三月初十日卒于故里,年八十有九。……今承绍等将以某年某月卜葬于某原,礼也。"

据文,万廷兰,字芝堂,号梅皋,江西南昌人。嘉庆七年(1802)进士,选庶吉士,官三山知县、通州知州。

作诔文悼汪辉祖卒。

《有正味斋骈体文续集》卷八《汪龙庄同年诔》："维嘉庆十二年,岁在丁卯三月二十四日,原任湖南宁远县知县汪君龙庄卒于萧山之里居。……敢述哀忱,藉纾情款。论其遗爱,定留朱邑之祠;表之素旗,窃比仲宣之诔。"

阮元《揅经室集》二集卷三《循吏汪辉祖传》："嘉庆十二年,七十有八卒。"

与沈赤然、高观海等人游西湖。

沈赤然《五砚斋诗钞》卷二〇《赴杭寓湖楼,高秋崖伯仲、潘亚江、吴谷人、顾春波、张静山、吴语石夏番开尊湖舫,极友朋游饮之乐,醉为长歌》(丁卯)。

冬,为金兆燕《棕亭古文钞》作序。

金兆燕《棕亭古文钞》卷首吴锡麒序："既而先生以病谢归,垂老而贫,侨居邗上,余以假省还里,顺道过访,犹得一见先生。每话旧游,辄其太息。后余来主讲真州,先生已厌人代,往时吟侣,亦都不可踪迹。至于今又二十年矣。……令子台骏始衷集遗稿付梓,而来乞序于余。呜呼,先生往矣!回念订交之初,余方壮年,意气豪上,只知朋友之聚处为可乐,乃十年之间,既亲见先生之衰,又哭先生之死,自念身世惘然,而悲亦冉冉近之。矧又多历年所精神颓败,发齿日凋,一旦得见故人之诗,觉展读未终,已有不胜其怆恻者,而谓能已于言

哉？……其所以称先生者，正不啻奉教于捉管疾书时，而特惜余之亦
已老也。嘉庆丁卯孟冬，钱塘吴锡麒撰。"

嘉庆十三年戊辰（1808）　63 岁

四月二十五日，法式善为《有正味斋诗集》作序。

　　《有正味斋诗集》卷首法式善《〈有正味斋诗集〉叙》："先生在京
师，续刻诗集，征余序。今养疴江上七八年矣，家贫，课生徒自赡，而
四方乞时文者屡满户外。近寄书云：'拙作久亦覆瓿，徒以区区之心，
不能割舍。合并前作，别有增删。业已付刊，约春夏之交，便可正诸
有道。前承高文弁首，系转指续刻而言。倘得浑括全诗，益之奖借，
尤为铭感。'先生名重中外，诗文集凡数镌版，贾人藉渔利致富。高丽
使至，出金饼购《有正味斋诗集》，厂肆为一空。何藉自刻其集，又何
藉鄙人之叙哉？然少陵不云乎：'老去渐于诗律细？'矜慎之至耳。又
以余闻诗教三十年，亲见掺笔作文章甘苦，有以得其真，出言必能传
信。故不属高才鸿儒而属余焉，果此意耶？先生之集，安得不重刻？
又安得不征余叙哉？附骥以传，谓非余之厚幸也欤？嘉庆十三年四
月二十五日，同馆侍生法式善序。"

四月二十五日，作［洞仙歌］词，为郭麐题《春山霾玉图》。又为《延秋诗
社集》作序。

　　《有正味斋词续集》卷一［洞仙歌·郭频伽属题《春山霾玉图》］：
"频伽自魏塘移家来杭，主于钱唐薛氏。薛有女月璘名娟者，其夫人
素君爱怜特甚，视之若女。女亦以母呼之。会其父卒，频伽将有越
行，月璘遂随其夫人共往。不数月，又闻其母死耗。悲痛，遽卒。时
年才十七也。女慧丽端好，而命薄如此。是可哀已。频伽为买地葬
于葛岭之麓，且为之铭。而属其友孙君蔚堂为图以纪，余题是词。戊
辰四月廿五日。"

　　洪亮吉《更生斋集》续集诗卷八《室女薛月璘铭辞》："薛月璘，名
娟，钱塘人。吾友郭麐之义女也。年十七，未字卒。郭君哀之，为觅

地于葛岭之麓张孝女冢旁葬焉。嘉庆十三年四月念八也。"

郭麐(1767—1831),字祥伯,号频伽、遽庵、复庵,吴江(今属江苏)人。诸生,专力于诗古文。有《灵芬馆集》等。传见《清史稿》卷四八五。

郭麐《灵芬馆词·浮眉楼词》卷一[望湘人·用谷人先生韵]、[柳色黄·西湖秋柳,用谷人先生秋柳词韵]、[迈陂塘·谷人先生题渌卿露华词,末有见及之语,依韵奉酬,并寄都下诸故人]诸作不详作年,并附于此。

《有正味斋骈体文续集》卷一《〈延秋诗社集〉序》:"郭子频伽访余邗上,属余有幽忧之疾,门者辞焉。投牍见贻,俾墨兹首。……余研玩词旨,有会景光。感激情性,发皇耳目。……倡予和汝,续延秋之会,而吟送秋之章,君可自乐于蓬栖,余亦相从于葭水矣。"

为《延秋诗社集》作序具体时间不详,姑附于此。

作[霓裳中序第一],为郑勋题《吴山雅集图》。

《有正味斋词续集》卷一[霓裳中序第一·题郑书常勋《吴山雅集图》]:"图中凡七人。程易畴瑶田,歙人;袁陶轩钧,鄞人;钱晦之大昭,嘉定人;陈仲鱼鳣,海宁人;胡雒君虔,桐城人;邵怀粹志纯,仁和人。书常以鄞人而寓居吴山,盖为之主者。七人皆以嘉庆元年征举孝廉,方正是日,则三年夏六月二十七日,为书常生日也。至今又十年,雒君、怀粹俱以化去。书常出示此卷,为之怃然。因属题此词以志之。"

有诗寄沈赤然,赤然和其诗。

沈赤然《五砚斋诗钞》卷二〇《春杪仍至湖楼,与三五老友谈饮累日。既归,吴谷人以四律见寄。高致深情,直将我上青云里。因次其韵答之,虽皇苓折扬不足继仙韶之响,亦各言其襟抱而已》其三:"一春参术长和药(时谷人方侍太夫人疾)。"(戊辰)

立夏前一日,访沈赤然话旧,有诗,赤然和其诗。

沈赤然《五砚斋诗钞》卷二〇《立夏前一日,谷人过湖楼话旧,先成七律一篇,遂次其韵》。(戊辰)

阮元重来抚浙，有诗。

《有正味斋诗续集》卷二《萍聚集二》《喜云台中丞重来抚浙，赋呈四首》。

《有正味斋诗续集》卷七《韩江酬唱集三》《寿阮云台五十生日五十韵》："去觉春又暖，来如月又圆（公以丁丑（卯）奉讳归，至戊辰，重来抚浙）。"

《清史稿》卷三六四："（嘉庆）十一年，诏起元福建巡抚，以病辞。十二年，服阙，署户部侍郎，赴河南按事。授兵部侍郎，复命为浙江巡抚，暂署河南巡抚。十三年，乃至浙，诏责其防海殄寇。"

嘉庆十四年己巳（1809）　64 岁

作诗悼潘世鼎卒。

《有正味斋诗续集》卷四《萍聚集四》《追悼潘亚江二首》。

沈赤然《五砚斋文钞》卷一〇《候选训导岁贡生潘君世鼎传》："予与君同生乾隆乙丑，周甲之岁，相约不受亲朋庆，因僦湖滣小楼三间居之。……又四年戊辰，又以季女字予幼子。予时以侨寓故，即君家共觞，寒修于丛桂山房。在座者为高秋崖、吴谷人、章静山三君，满浮大嚼，见跋而散。……是年冬杪，君以剧务致劳，重袭鲜食，数月不窥园圃。会予展墓武林，数诣君。君开尊款接，谈笑如平时。……既别甫两月，而凶问至。"

作《邹太夫人赡族记》。

《有正味斋骈体文续集》卷五《邹太夫人赡族记》："己巳春二月，值太夫人六十诞辰，令子论园观察、药庄都转将治具张乐，以谋祝延（筵）。……今太夫人超越凡情，萌祇至行，言贞于在耳，而义惬乎由心。……余故乐为记之。"

为洪亮吉作墓表。

《有正味斋骈体文续集》卷六《翰林院编修洪君墓表》："君生于乾隆十一年九月初三日，殁于嘉庆十四年五月十二日，年六十有四。

……今其孤饴孙等将以某月日卜葬君于武进德泽乡前桥之原,而乞
余表其墓道。"

为陆继辂继母林氏作神诰文。

《有正味斋骈体文续集》卷六《陆母林太孺人神诰》:"太孺人姓林
氏,名桂。……孝廉继辂之继母也。……太夫人生于雍正十三年乙
卯正月二十四日,殁于嘉庆十四年己巳六月二十二日,年七十有五。
……锡麒获交贤子,式仰女宗。……敬告几筵,用伸神诰。"

为鲍甓斋作诔文。

《有正味斋骈体文续集》卷八《鲍甓斋诔》:"以嘉庆十四年二月二
十七日卒,春秋五十有八。夫诔以美终,文以纪实。……爰为诔曰:
……"

据文,鲍启运,字方陶,号甓斋,歙县(今属安徽)人。

嘉庆十五年庚午(1810)　65岁

秋,自扬州返里。为王振纶妻陈氏作传。

《有正味斋骈体文续集》卷六《王尺鱼振纶妻陈孺人传》:"庚午之
秋,余自扬返里。祥琴未鼓,庄缶催击。鲽鱼之目难合,独鹤之桌不
温。每西风摇林,则潸焉欲答;明月入户,则悄然而悲。躬自悼矣,复
何言矣! 乃有王君尺鱼造庐请见,曰:'余固知子哀矣! 子亦稔余知
戚乎?'因出其故妻陈孺人行略见示,且谓:'余妻之亡也,垂十年。有
斋之质,以媲乎季兰;不朽之辞,尚须之彤管。例以刘向列女、华阳女
士,欲藉史笔以表彰之。或亦伤心人向此怀抱乎?'余感其意,为按状
而次第之。……孺人以嘉庆壬戌正月二十一日卒,年三十有九。"

为董作栋作墓志铭。

《有正味斋骈体文续集》卷七《敕授文林郎鲁山县知县董君墓志
铭》:"君生于乾隆三年戊午十月,殁于嘉庆十五年庚午二月。……及
今令子荣纬等将以□年某月某日葬君于某原而乞铭。"

据文,董作栋,字工求、干甫,号书巢,余杭(今属浙江)人。乾隆

四十三年进士,官鲁山知县。

为高观海作墓志铭,并有挽诗悼其卒。

　　《有正味斋骈体文续集》卷七《高秋厓墓志铭》:"以庚午八月八日示疾,于明日泊然而化,时年七十有一也。……今将以某年某月某日葬君于某原,其孙阐等来乞铭。"

　　《有正味斋诗续集》卷四《萍聚集四》《补挽高秋厓二首》。

为张琴溪七十生日作征诗启。

　　《有正味斋骈体文续集》卷四《张琴溪先生七十征诗启》:"粤惟上章敦牂之岁,月当秋仲,辰在寿星,为张琴溪先生七十生日。"

九月九日,有诗。

　　《有正味斋诗续集》卷四《萍聚集》《庚午九日》。

作诗哭妻杨氏卒。

　　《有正味斋诗续集》卷四《萍聚集四》《哭亡室杨恭人二十四首》其一:"相依相傍不辞贫,纵到荣华也苦辛。四十六年成一梦,思君才是可怜人。"

　　妻杨氏卒年不详,《哭亡室杨恭人二十四首》在《庚午九日》后,姑系于此。

嘉庆十六年辛未(1811)　66岁

春,作[北双调·折桂令],题《枫江渔父图》。

　　《有正味斋诗外集》卷一[北双调·折桂令·徐菊庄先生为康熙戊午大科前辈,其《枫江渔父图》题者甚众。中有竹垞翁诗,已刻入《曝书亭集》中,后附折桂令五阕。盖竹翁自为之,故集中不言题其图也。辛未春,徐山民待诏过杭,访余于东皋草堂。出此图属题,则竹翁作具在焉。因即效其体为之,以为继声,则余不敢]。

为屠倬《桃花春水渡江图》作序。

　　《有正味斋骈体文续集》卷二《〈桃花春水渡江图〉序》:"辛未三月,屠琴坞明府有渡江之役,邀夏秀才词仲同行。值桃花盛开,舟中无事，相与临流玩赏，连句赋诗，并绘其景，归而示余。……展玩是图，能无欣羡？"

立夏前二日，与赵怀玉、汪端光、洪梧等游西湖。

赵怀玉《亦有生斋集》诗卷二七《立夏前二日，江户部涟、汪太守端光、蒋广文知节、贵观察征招同吴祭酒锡麒、洪太守梧泛舟湖上，至桃花庵看牡丹，用东坡泛颍韵》（重光协洽）。

洪梧，字桐生，安徽歙县人。乾隆间举人，授中书。乾隆五十五年（1790）进士，由编修官沂州知府。工文词，亦精研经学。见《国朝先正事略》卷三五。

为尤荫八十寿辰作序。

《有正味斋骈体文续集》卷三《尤水村八十寿序》："辛未五月，八十届辰。……壬子、癸丑之交，余以谬主皋比，始得通连墙之问，修相见之仪。"

为陈堦琛作墓志铭。

《有正味斋骈体文续集》卷七《陈韬山墓志铭》："殁时年五十有九。……今其嗣将辛未秋卜葬于本邑邱字阡新茔，而来乞铭。"

据文，陈堦琛，字琅敷、韬山，吴江（今属江苏）人。有《淡如居诗集》、《韫山制义》。

招众人集，送赵怀玉赴关中。

《有正味斋诗续集》卷六《韩江酬唱集二》《味辛将往掌教关中书院，重至扬州话别，用酬其意，再赋二章》。

赵怀玉《亦有生斋集》诗卷二八《吴祭酒锡麒以余有关中之役，招同江涟、洪梧、蒋知节三同年、汪太守端光、贵观察征饯于小香南馆，各有赠句，而无五言古诗，因补是体，用以留别》："邗江风雪后，旅舍苦湫隘。故人隔城南，好客不肯懈。知我有远游，先期烦遣价。爰致盍簪朋，来集开讲廨。……庭方冷絮积，墙已斜月挂。交真潭水深，泪欲歧路洒。去去各珍重，吾将从此迈。"（重光协洽）

为唐仲冕《陶山诗前录》作序。

唐仲冕《陶山诗前录》卷首："嘉庆辛未上巳,同年钱唐吴锡麒撰。"

唐仲冕(1753—1827),字六枳,号陶山,湖南善化人。乾隆五十八年(1793)进士,官江苏荆溪等县知县。道光间,累官陕西布政使。有《岱览》、《陶山集》等。传见《国朝耆献类征初编》卷一九六。

嘉庆十七年壬申(**1812**)　**67** 岁

张问陶阻扬州,有诗寄锡麒。

张问陶《船山诗草》卷一九《阻扬州两日,未访谷人祭酒、剑潭司马、山尊学士,临发却寄》(壬申)。

为伊秉绶《西溪消夏图》作序。

《有正味斋骈体文续集》卷二《伊墨卿〈西溪消夏图〉序》："余之两游西溪也,一介秋深,一迫岁暮。……壬申夏,墨卿太守言首非路,有眷西泠,延伫徘徊,宿宿信信,至七月始来邗上,为陈萍聚之迹。……爰假柔翰,俾留胜事消夏云。"

为孙星衍六十寿辰作序。

《有正味斋骈体文续集》卷三《孙渊如六十寿序》："元默涒滩之岁,月在季秋,吾友孙君渊如六十寿辰。"

孙星衍生于乾隆十八年(1753)九月,本年六十岁。阮元《揅经室集》二集卷三《山东粮道渊如孙君传》："君以嘉庆二十三年正月十二日卒于江宁,距生于乾隆十八年九月初二,得年六十有六。"

自扬州归里,为《松茂柏悦图》作序。

《有正味斋骈体文续集》卷二《〈松茂柏悦图〉序》："嘉庆壬申秋八月,吾里孙昆园观察八十生辰,山舟先生赋诗为祝。其明月,即先生九十寿也,观察因请高君庵迈合写一图,并乞先生以'松茂柏悦'四字颜其首。……是年十月,锡麒自扬归里,敬览□图,欢喜赞叹,而为之叙云。"

为《继莲龛西湖观荷诗画》题跋。

《有正味斋骈体文续集》卷二《〈继莲龛西湖观荷诗画〉跋》："余时未与斯会也。越四年壬申,公以督漕江宁过扬州,属余跋之。"

作诗贺秦瀛七十寿辰。

《有正味斋诗续集》卷五《韩江酬唱集一》《寿秦小岘侍郎七十》。

秦瀛生于乾隆癸亥八年(1843),本年七十岁。

秦瀛《小岘山人诗文集》卷首陈用光《刑部侍郎秦小岘先生墓志铭》："公生于乾隆癸亥正月二十八日,卒于道光辛巳七月初十日。"

嘉庆十八年癸酉(1813) 68岁

作诗寿阮元五十岁生日。

《有正味斋诗续集》卷七《韩江酬唱集三》《寿阮云台漕帅五十生日五十韵》。

《清史稿》卷三六四:"(道光)二十九年卒,年八十有六。优诏赐恤,谥文达。"卒时八十六岁,逆计之,则其生年为乾隆二十九年甲申(1764),本年五十岁。

作《仿铸汉建初铜尺歌》。

《有正味斋诗续集》卷七《韩江酬唱集三》《仿铸汉建初铜尺歌》:"苏斋我别今十霜,金石之契安能忘? ……我诗敢齐子建行,附书亦当宿券偿(先生去年八月十六为八十寿辰,曹俪生尚书即用此题赋诗为祝)。"

《清史稿》卷四八五《翁方纲传》:"(嘉庆)十九年,再宴恩荣,加二品卿,年八十二矣。"则本年八十一岁,去年八十岁,诗作于本年。

为扬州高旻寺僧如鉴塔作铭文。

《有正味斋骈体文续集》卷八《主持扬州高旻寺如鉴大师塔铭》:"师生于乾隆十九年九月,示寂于嘉庆八年八月,世寿五十。……今嘉庆十八年,门人悟成等将为建塔于丹徒岘山之麓,启其龛,颜色如常。……子成识光明于现在。"

三月三日,与石韫玉、张问陶、廖复堂等人集会赋诗。

　　石韫玉《独学庐三稿》诗卷四《癸酉上巳，廖复堂转运招集题襟馆修禊，与吴谷人、洪桐生、江易堂、贵中孚、张船山诸君子分韵，得聊字》。

　　《有正味斋诗续集》卷七《韩江酬唱集三》《哭张船山三首》其一："清夜虚堂共一尊（自注：谓去年三月在扬会合事）。"

　　上巳，汉以前以农历三月上旬巳日为上巳，魏晋以后，定为三月三日，不必取巳日。《后汉书·礼仪志上》："是月上巳，官民皆絜于东流水上，曰洗濯祓除去宿垢趁为大絜。"吴自牧《梦粱录·三月》："三月三日上巳之辰，曲水流觞故事，起于晋时。唐朝赐宴曲江，倾都禊饮踏青，亦是此意。"

作诗寿谷际岐七十岁生日。

　　《有正味斋诗续集》卷七《韩江酬唱集三》《寿谷西阿七十生日二首》其一："君今年七十，我仅二岁虚。"

　　谷际岐（1740—1816），字西阿，云南赵州人。乾隆四十年（1775）进士，授编修，与校《四库全书》。嘉庆初任御史，有直声，官至礼部给事中。传见《碑传集》卷五七陆继辂《郎中谷君际岐遗事述》、《清史稿》卷三五六。

翁方纲有诗寄锡麒。

　　翁方纲《复初斋诗集》卷六六《石画轩草九》（癸酉八月至甲戌五月）《寄答谷人、兰雪，兼示石室、芙初》。

十二月十九日，与人设祀于桃花庵，有诗。

　　《有正味斋诗续集》卷八《韩江酬唱集四》《十二月十九日，东坡先生生日，同人设祀于桃花庵，分体赋诗，余得七古》："人生春梦都如此，笑我归来十年矣。"

作诗贺那彦成平定河南卫县、滑县八卦教起义，吴鼐同作。

　　《有正味斋诗续集》卷七《韩江酬唱集三》《得那东甫制府书，知奉命剿贼，滑城渠寇就擒，凯旋有日，赋寄二首》《卫、滑贼匪尽歼，从征将领蒙恩皆加爵赏，赋此志喜四首，并寄东甫》《闻东甫剿贼后，复命还朝,即赴直隶制使任,再寄四十韵》。

吴鼒《吴学士诗集》卷四《卫、滑荡平,同家谷人先生赋诗志喜,兼寄那绎堂诗四首》。

《清史稿》卷一六《仁宗本纪》:"(嘉庆十八年九月)乙亥,河南睢州河溢。河南滑县八卦教匪李文成纠众谋逆,知县强克捷捕系狱,其党冯克善、牛亮臣陷县城,克捷死之。直隶长垣、山东曹县贼党咸应。……(十月)己酉,那彦成奏各路调兵,再行进剿,上严斥之。……十一月甲子朔,那彦成奏攻克道口贼巢,进围滑城。……戊子,那彦成奏杨芳等攻克司寨山贼寨,歼毙首犯李文成。……(十二月)丙午,那彦成奏攻克滑城,贼渠宋元成等伏诛,生擒牛亮臣等。予那彦成三等男,杨遇春等以次奖叙有差。"

子清皋中举。

梅曾亮《柏枧山房文集》卷一五《朝议大夫南昌府知府吴君墓志铭》(庚戌):"君钱塘吴氏,讳清皋,字小谷。……嘉庆癸酉举人。"

《民国杭州府志》卷一四六《文苑三》:"子清皋,字小谷,嘉庆十八年举人。"

嘉庆十九年甲戌(1814)　69岁

作《归鹤亭记》。

《有正味斋骈体文续集》卷五《归鹤亭记》:"以癸酉腊月二十六日其归也,以明年正月二十六日候毕逋于鸟尾,约出谷于莺初。……落成有日,斯亭蔚然。因以归鹤榜之,而属余为之记。"

五月,奉旨校刊唐人文集。

《有正味斋词续集》卷二[一萼红·余七十岁生日,承诸同人各以此词为赠。余愧不敢当,既述余感,且以答所贻云]。末句注云:"甲戌五月,奉旨以唐人文集发扬州校刊,计明年五月可期蒇事。时总其事者,醵政阿公厚庵。分校者,云南谷西阿际岐、湖南唐陶山仲冕、广东李小松钧简、江西刘金门凤诰、江南孙渊如星衍、洪桐生梧、石琢堂韫玉、汪剑潭端光、江漪堂涟、秦敦夫恩复、贵仲符征、黄阆峰文辉、赵芸浦佩湘、程漱泉寿龄、吴山尊鼒、浙江钱次轩栻、直隶施琴泉杓、浙江莫葆斋晋、陈小孟鸿墀，而锡麒亦预其列焉。自来维扬，宾客之聚，未有盛于此时者矣。"

作诗贺沈赤然七十寿辰。

《有正味斋诗续集》卷七《韩江酬唱集三》《寿沈梅村七十》。

七月，为屠倬诗集作序。

屠倬《是程堂集》卷首吴锡麒序："嘉庆十九年，岁次甲戌秋七月，同里吴锡麒叙。"

《有正味斋骈体文续集》卷一《〈屠孟昭诗集〉序》未署时间。

屠倬《是程堂集》卷六有《吴谷人先生招同秋槎司马、古华太守、秋子别驾、青士孝廉集小香南馆看海棠，即用先生集中城南徐氏宅看牡丹九言体韵》、卷一四有《同廖复堂都转、吴谷人祭酒、洪桐生、汪剑潭两太守、江漪塘农部、吴山尊学士、贵仲符观察、乐莲赏孝廉集桃花庵看牡丹，饯倪竹泉漕使还朝，分韵得朝字》，不详作年，并附于此。

九月十日，作［一萼红］词，贺吴鼒六十岁生日。

《有正味斋词续集》卷二［一萼红·重九后一日，家山尊六十生日，同人集红桥西园，酿饮为寿，赋此侑觞，即用山尊原韵］。

有诗寄阮元。

《有正味斋诗续集》卷八《韩江酬唱集四》《寄阮云台中丞江西》。

《清史稿》卷三六四："（嘉庆）十九年，调江西巡抚。以捕治逆匪胡秉耀，加太子少保，赐花翎。"

有诗寄贺翁方纲赐二品衔，重预恩荣宴。

《有正味斋诗续集》卷八《韩江酬唱集四》《翁覃溪先生蒙赐二品衔，重预恩荣宴，恭纪四首，远寄韩江，即次原韵奉答》。

《清史稿》卷四八五："（嘉庆）十二年，重宴鹿鸣，赐三品衔。十九年，再宴恩荣，加二品卿，年八十二矣。又四年卒。"

嘉庆二十年乙亥（1815）　70岁

七月，七十岁生日，有诗、词自寿。伊秉绶、唐仲冕、吴蔗、王昙等有诗、文贺寿。

《有正味斋诗续集》卷八《韩江酬唱集四》《七十自述八首》。

《有正味斋词续集》卷二［高阳台·七十初度，避人江上，赋此自慰］。

《有正味斋词续集》卷二［一萼红·余七十岁生日，承诸同人各以此词为赠。余愧不敢当，既述余感，且以答所贻云］。

伊秉绶《留春草堂诗钞》卷七《谷人祭酒七十寿二首》。

唐仲冕《陶山诗录》卷一六《寿吴谷人祭酒锡麒同年七十》。

吴蔗《吴学士文集》卷三《吴谷人先生七十寿序》："兹值七月之吉，刚举七秩之觞。青眼照于莲台，黄发明于桂岭。日边朋旧，陈昔款于新诗；门下孙来，祝遐龄于初度。某松心相悦，萍迹犹亲，数两朝之灵光岿然，喜诸郎之凤毛殊有。托通家之谊，群纪久要；诵自寿之诗，杜韩复作。八年德水，傍湖海而饮；和千古名山，共生徒而问。故受文中经术，将相罗房杜之才；记柱下史年，甲子媲聃篯之岁。"

王昙《烟霞万古楼诗选》卷二《谷人先生七十寿》。

王昙（1760—1817），字仲瞿，后改名良士，浙江秀水人。乾隆五十九年（1794）举人，能诗文。有《烟霞万古楼诗选》、《烟霞万古楼文集》和《归农乐》、《回心院》传奇等。传见陈文述《颐道堂文钞》卷八《王仲瞿墓志》、龚自珍《定庵续集》卷四《王仲瞿墓表铭》。

七月二十八日，作［摸鱼子］词贻王柳村。

《有正味斋词续集》卷二［摸鱼子·翠屏洲在瓜洲之东，与金、焦可左右望。而大江若来，会之其间。芦苇丛生，鸥凫弥望。吾友王柳村始家焉。所居有种竹轩、小辋川、曲江亭诸胜，而花木之繁衍、图籍之庋藏，芸台中丞尤喜称之。盖柳村内能尽事母之诚，外能笃士大夫之好，其自得之乐，岂人之所能同其乐哉？余与流连竟日，因书此以贻之。时乙亥七月二十八日］。

阮元读《有正味斋续集》,有诗和寄锡麒。

　　阮元《揅经室集》四集诗卷一〇《读吴谷人锡麒前辈〈有正味斋续集〉,即用见寄原韵和寄》(乙亥)。

吴鼐作《有正味斋续集》题辞。

　　吴鼐《吴学士文集》卷四《〈有正味斋续集〉题辞》:"余钞《八家四六》,以先生初集,海内家有其书,乃专录续集付梓,以贻同好。他日唐一代文汇集出,其腾贵鸡林,更当何如? 好学者可藉以略识先生之渊源矣。"

　　吴鼐题辞《有正味斋续集》具体时间不详,姑系于此。

作《除蜮行》。

　　《国朝杭郡诗续辑》卷一九《除蜮行》:"纪百制使除邪教也。"

　　此诗前有《十二月十三日,大雪病后苦寒,怀人成句》诗,有注云:"以下为《娱老集》,未刊。"下还有十一首诗为《有正味斋诗集》、《有正味斋诗续集》未收。

　　百龄(1748—1816),字子颐,号菊溪,本姓张,汉军正黄旗人。乾隆三十七年(1772)进士,选庶吉士,授编修。历官江苏按察使、两广总督等。卒谥文敏。有《除邪纪略》、《守意龛集》等。传见李元度《国朝先正事略》卷二一《百文敏公事略》、《清史稿》卷三四三。

　　李元度《国朝先正事略》卷二一《百文敏公事略》:"江省有莠民散逆词惑众,侦刺久无踪。公忧甚,上亦且责公。乙亥夏一日,召机干将吏三数人入密室,给契箭一枝,令曰:'某已廉得逆犯主名,可速往某处掩捕。稽缓一时者斩,疏脱一人者斩。'如公教,果获方荣升等首从者百五十人于巢县。械送辕门,谳实抵极法,无漏网者。上重嘉异之,谓实能秉正祛邪,复太子太保,赏还双眼花翎,晋爵三等男。"

秦瀛来访于扬州安定书院。

　　秦瀛《小岘山人诗集》卷二五《访吴谷人于安定书院,适徐雪庐至,谷人留饮,得诗一首》:"广陵城外潇潇雨,昨夜思君隔烟雾。冲泥今日访君斋,尊酒相逢话情愫。白发看君七十强,尔我头颅总非故。

……往事低回若梦寐，八月重来望胥母。座上诗人徐孝廉，肃瑟江关旧词赋。吴兴瘦沈早沉霾，怕踏平山堂下路（伊墨卿守扬州时，曾邀予友沈舫西游平山堂。今舫西久没）。"

"白发看君七十强"，以此定秦瀛来访时间。

舒位赋诗寄赠锡麒，并请锡麒为其集作序。

舒位《瓶水斋诗集》卷一七《祭酒吴谷人先生今主安定讲席，记奉袂春明邸第，已及卅载。两泊淮南，皆未得值。于抵真州后，赋诗摅怀。时方乞先生为拙稿作序，故末篇及之》（旃蒙大渊献）。

舒位（1765—1815），字立人，号铁云，大兴（今属北京）人。生于苏州，乾隆五十三年（1788）举人。屡应会试不第，以处馆、游幕为生。工诗。有《瓶水斋诗集》、杂剧《卓女当垆》、《樊姬拥髻》、《酉阳修月》、《博望访星》（合称《瓶笙馆修箫谱》）等。传见《瓶水斋诗集》卷首石韫玉《舒铁云传》、陈文述《舒铁云传》、陈裴之《舒君行状》、萧抡《舒铁云孝廉墓志铭》等。

嘉庆二十一年丙子(1816)　71岁

往访赵怀玉。

赵怀玉《亦有生斋集》诗卷三二《雨中吴祭酒锡麒自邗上来访，即送还浙》（柔兆困敦）。

柔兆困敦即丙子年。

嘉庆二十二年丁丑(1817)　72岁

正月七日，与吴暮桥等人集，有诗。

《国朝杭郡诗续辑》卷一九《丁丑人日，雪中家暮桥招江漪塘、汪涧昙同集斋中，出观文待诏石湖卷子，约赋长句》。

子清鹏中进士，清皋下第。

《国朝杭郡诗续辑》卷一九《九儿清鹏，余孪生少子也。幼继仲弟为嗣。今年廷试，以第三人及第。刘金门宫保赋诗见贺，次答四首》

其一:"大江风快递胪传,报捷书来两地联(时余馆扬州,闻报书先已赴浙)。"

其四:"游比龙门先借弟,归逢驴背复怜儿(时八儿清皋下第归)。"

《民国杭州府志》卷一四六《文苑三》:"清鹏,字西谷,嘉庆二十二年一甲三名进士。"

翁方纲《复初斋诗集》卷六九《石画轩草十二》(丁丑正月至六月)《今科新进士来谒,吴鉴庵子其濬一甲第一人,吴谷人子清鹏一甲第三人,赋赠二诗,兼呈俪笙阁老、秋农侍郎》其一:"斑管去年题祭酒(去年寄怀谷人,用渔洋斑管题吴祭酒之句),……缄含正味篇应续(向谷人以所著《有正味斋诗集》见示)。"其二:"槐砌金花承胄监(一甲三人于国子监释褐簪花也,谷人时官祭酒)。"

清鹏与曾燠交往密切。二人集中,往来唱和之作不少。曾燠《赏雨茅屋诗集》卷一六《吴小谷、王井叔同赋兰天竹诗,感而酬之》、卷一七《病中讯吴小谷病》、《吴小谷以诗送素心兰,赋此为谢》、卷一八《别鹤吟,手山、小谷诸君继有咏鹤之作,感而赋此》、卷二〇《连宵大雨,晓起简顾南雅、钱衎石、吴兰雪、陈石士、吴小谷、西谷》、《驿柳,和小谷、西谷兄弟》、《仆写〈柳州乞巧图〉,西谷题诗,欲更写〈湖州送穷图〉,请予为记,乃先写一诗示之,兼示小谷》、卷二一《小谷和诗,期许之意甚厚,叠韵酬之》、《读西谷芦花诗,有感于予心者,得五律一首》、卷二二《西谷和诗甚佳,仍次前韵酬之》、《读西谷〈观蚁斗诗〉有感》、《西谷近患腹疾,与仆略同,戏赠以诗》、《西谷以岳庙观刘塑诗见示,辄题数句》、吴清鹏《笏庵诗》卷二(乙酉)《醮使曾宾谷燠先生招饮江氏园》、《送宾谷先生还京二十韵》、《又和留别之作》、《闻宾谷先生系舟北岸,同人复出走送,遂游上方寺》、卷三(戊子)《集宾谷先生寓园》、《宾谷先生出示〈柳州乞巧图〉,并自为文记之》、《次韵宾谷先生连宵大雨,晓起见简之作》、《宾谷先生招同观菊》、卷四(己丑)《次韵宾谷先生游琉璃厂》、《栎社子歌,宾谷先生近号栎社子》、《小春朔日,宾谷先生招同寓宅观菊,有诗,次韵二首》、《次韵宾谷先生西山纪游》、卷五(庚寅)《观蚁斗二十韵》、《九月四日雷雨,夜起呈宾谷先生》、《岳庙观刘塑戏成,此稿辛亥重改,时年六十六》、《和宾谷先生对柳怀人之作》、(辛卯)《哭宾谷先生二首》、卷六(辛卯)《过宾谷先生故宅》等均是二人唱和之作,并附于此。

　　吴嵩梁与清鹏、清皋亦有交往,吴嵩梁《香苏山馆诗集》古体诗钞卷一五有《十月初九日,菊尊再集,次宾谷、芝轩两先生唱和诗韵奉答,兼示南雅、椒堂、小谷、西谷》,不详作年,并附于此。

嘉庆二十三年戊寅(1818)　73 岁

卒。

　　《国朝杭郡诗续辑》卷一九:"卒年七十三。"
　　《民国杭州府志》卷一四六《文苑三》:"年七十三卒。"

道光二十一年辛丑(1841)

梅曾亮为子清鹏诗集作序。

　　梅曾亮《柏枧山房文集》卷六《〈吴笏庵诗集〉序》(辛丑)。

道光二十三年癸卯(1843)

子清皋任抚州知府。

　　梅曾亮《柏枧山房文集》卷一五《朝议大夫南昌府知府吴君墓志铭》(庚戌):"捐中书,充国史馆分校,本衙门撰文。以军机章京议叙内阁侍读,充方略馆纂修。考御史第一,未及补,而以先所得京察,外擢抚州府知府。时道光二十三年也。上召见曰:'汝师傅吴谷人子耶? 汝学问,乃不得进士也?'至抚州,革旧弊曰厘金者,商民便之。东乡民以征粮捍官,君会兵往,将近村,整队以待。告反者日数百辈,曰:'事即起,众且至矣,拘我而释回矣。'或曰:'进击之。'君曰:'彼反行未成,进则速之斗矣。''然则退守县城?'君曰:'彼以虚声恫我,畏我也。坚持之,众必散。'遂以无事调南昌府,摄吉南赣宁道盐法,道事卓异。"

《民国杭州府志》卷一四六《文苑三》:"子清皋……官中书,充军机章京。升侍读,考御史第一。未及补,以先所得京察,外擢抚州知府。仁宗召见曰:'汝师傅吴谷人子耶? 汝学问,乃不得进士也?'至抚州,革厘金旧弊,商民便之。……调南昌,摄赣宁道盐法道,卓异。"

道光二十九年己酉(**1849**)

子清皋卒。

梅曾亮《柏枧山房文集》卷一五《朝议大夫南昌府知府吴君墓志铭》(庚戌):"入都,至江都病,二十九年七月二十一日卒,年六十四。配项氏、韩氏,子槑,江苏候补知州。女二人,适江、适武。以某年月日葬于某乡某原。君与母弟清鹏官顺天府丞者,同年月日时生。其言动状貌,工词翰,官皆至四品,同也。然府丞豪于诗,以高第历职清旷,今益自放于病,极其才。而君遇事精整,慎名法,内苦其心,而必求无枉于人。其寿命与所任之闲剧,亦殊焉。"

《民国杭州府志》卷一四六《文苑三》:"入京,至江都,病卒,年六十四。"

十四位嘉兴曲家生平资料

　　明代嘉兴府辖嘉兴、秀水、嘉善、海盐、崇德、平湖、桐乡七县，①清代除将崇德改石门外，余全同。② 明清两代，嘉兴不仅是浙北富庶繁华之地，也是文化发达之区。戏曲创作与演出十分活跃。笔者在阅读清人沈季友辑《槜李诗系》、沈枫《嘉禾征献录》和地方志时，发现了本地区一些曲家的生平资料，其中有些曲家如王济、卜世臣、张匀、孔继瑛、沈筠等，已有徐朔方先生《晚明曲家年谱》（浙江卷）、赵景深、张增元先生《方志著录元明清曲家传略》、邓长风先生《明清戏曲家考略》、《明清戏曲家考略续编》、《明清戏曲家考略三编》、齐森华先生主编《中国曲学大辞典》等著作论列，不重出。对上述著作未论列，或已论列而可资补充的曲家生平资料，本文按照时代先后，做一介绍。必须说明的是，本文所指曲家，包括那些对乐器精深擅长的人。

　　一、朱朴

　　清沈枫《嘉禾征献录》卷四七记载海盐人朱朴善吹笛。文云：

　　　　朱朴，字元素，号西村，海盐人。能诗，善绘事，同郡彭辂方之沈周。尤好吹笛，每出游，辄以自随。与钟梁、许相卿、徐咸、陈鉴及僧雪、江石门相唱和。相卿有父丧，当求贤达题木主门下。客遍举诸公卿姓名，相卿徐曰："公等所陈官位耳。若以德望，不及西村老布衣。"乃诣朴，跪

---

① 《明史》卷四〇《地理志五》，中华书局1974年版，第1103—1105页。

② 《清史稿》卷六五《地理志十二》，海南国际新闻出版中心1995年版，第726—727页。

请,临葬成礼。年八十六卒。朴生平未尝一日废书,即移棹担簦,亦必手握数卷。有诗二卷。①

二、周履靖

周履靖(1542—1632)有《锦笺记》传奇,吕天成《曲品》著录。现存明万历三十六年(1608)金陵继志斋刻本,《古本戏曲丛刊》二集据之影印。二卷,四十出。亦收入《六十种曲》中。徐朔方先生有《周履靖年谱》,见《晚明曲家年谱》第二卷。② 赵景深、张增元《方志著录元明清曲家传略》引录了《康熙浙江通志》、《康熙嘉兴府志》、《康熙嘉兴县志》、《康熙秀水县志》、《光绪嘉兴县志》中周履靖的一些资料。③ 这些清代的通志、府志、县志中周履靖的记载,又大都来自《万历秀水县志》。

《万历秀水县志》卷六《人物·隐逸》云:

> 周履靖,字逸之,少羸,去经生业,专力为古文词。废箸千金,庋古今典籍。编茆引流,杂植梅竹,读书其中。自号梅颠居士。妻桑氏贞白亦有《香奁》、《唱和》二集传于时。后老,家殖益落。耳食者至为姗笑,意泊如也。益伊吾不少休。所著诗盈百卷,手书金石古篆、隶晋魏行楷及画史称是。吴郡闻人莫不欲结纳于居士,而凤洲、百泉尤为莫逆。子威刘凤为《贫士传》遗之。亦一时博雅隐君子云。④

《四库存目丛书·集部》第119册、第120册影印北京图书馆藏万历刻本《刘子威集》五十二卷,无《贫士传》一文。

《万历秀水县志》卷七《艺文》载录了周履靖的部分著述,如下:

> 《古今歌选》十六卷、《赤凤髓》三卷、《绿绮新声》五卷、《胜情集》三

① 沈枫:《嘉禾征献录》卷四七。书末跋末署:"乾隆七年壬戌八月,男支焯百拜谨跋。"
② 徐朔方:《周履靖年谱》,《晚明曲家年谱》第二卷,浙江古籍出版社1993年版,第291—308页。
③ 赵景深、张增元:《方志著录元明清曲家传略》,中华书局1987年版,第113—114页。
④ 《万历秀水县志》卷六《人物·隐逸》,《中国地方志集成·浙江府县志辑》第31册,江苏古籍出版社1993年版,第627页。

卷、《山谣》二卷、《石刻兰亭图》一卷、《石刻方壶方会》一卷、《石刻大士三十二像》一卷、《石刻二十八祖像》一卷、《历朝酒歌》十二卷、《追和全唐酒咏》六卷、《追和陶靖节诗》四卷、《追和皇明千家诗》五十卷、《闲云稿》四卷、《青莲觞咏》二卷、《香山酒颂》二卷、《茹草编》四卷、《鸳湖倡和》一卷、《唐宋元明酒词》二卷、《野人清啸》二卷、《泛泖吟》一卷、《千片雪》一卷、《寻芳稿》一卷、《追风集》二卷、《骚坛秘语》二卷、《四广千丈文》一卷、《鹤月瑶笙》二卷、《海外三珠》四卷、《燎松吟》一卷。①

周履靖的妻子桑贞白也是一位才女。《万历秀水县志》卷七《艺文》载其有《香奁稿》二卷、《二姬唱和稿》二卷。②《槜李诗系》卷三四录其诗五首。诗前小传云：

> 贞白，字月姝，嘉兴人。隆、万间布衣周履靖继室。纂组之外，留心典籍。先后倡和数百余首，删繁撷精，得十之一二，题曰《月窗诗稿》。茅鹿门序之。闺范淑懿，抚前儿如己出。有一女适程之远。初婚旬日，程以宿疾死。女尽屏服用，哀哭勿休，守制终焉。崇祯间，有司闻其事于朝，立坊旌表。有女若此，宁非母德所致乎？王端淑曰："人谓襄阳诗如清溪白石、疏柳幽蕉清矣，未免于薄。"嗟乎，襄阳之厚，人未知也。读月姝诗，当自得之。③

清刘云份辑《翠楼集》卷二也录其《春绣》诗一首。卷首小传云："桑贞

---

①② 《万历秀水县志》卷七《艺文》，《中国地方志集成·浙江府县志辑》第 31 册，第634—635 页。

③ 沈季友：《槜李诗系》卷三四，《文渊阁四库全书·集部》第 1475 册，台湾商务印书馆 1986 年版，第 809 页。《槜李诗系》编成于康熙三十六年（1697），其史料价值应高于此后的地方志。徐士芬《续槜李诗系序》："吾邑沈南疑明经辑《槜李诗系》四十二卷，……是书成于康熙三十六年。"胡昌基辑《续槜李诗系》卷首，宣统辛亥（1911）五月刻本。沈季友，字客子，号南疑，平湖（今属浙江）人。康熙丁卯（1687）副榜。由正黄旗教习考授知县，未及任而归。杜门著书，卒年四十六岁。有《南疑集》、《槜李诗系》、《柘上遗诗》、《学古道诗集》、《回江集》、《赋格》等。传见《光绪平湖县志》卷一七《人物》，《中国地方志集成·浙江府县志辑》第 20 册，江苏古籍出版社 1993 年版，第 419—420 页。

白,号月窗,嘉禾人。周履靖继室。著《香籢集》一卷,茅鹿门为之序。"①

《四库存目丛书·集部》第105册、第106册影印中央民族大学图书馆藏嘉靖、万历间递刻本茅坤《白华楼藏稿》十一卷、《续稿》十一卷、《吟稿》十卷、华东师大图书馆藏万历十六年刻本《玉芝山房稿》二十二卷、上海图书馆藏万历刻本《耄年录》九卷,没有收茅坤为桑贞白作的序文。《丛书集成初编》第2284册影印周履靖《夷门广牍》之《香奁诗草》,卷首有茅坤《〈香奁诗草〉序》,末署:"万历乙未秋九月二十六日,吴兴八十四翁鹿门茅坤撰。"②

三、金寿明

《檇李诗系》卷一九载金寿明"自撰新剧"。该卷录其诗二首,诗前小传《金贡士寿明》云:"寿明,字公朗,更字曼倩,九成子。天启元年贡士。有才华,耽声伎。不惜金钱以饰歌儿,自撰新剧演之。其名艳称三吴间。有《丽情杂录》。"③

四、卜舜年

《嘉禾征献录》卷四六载卜舜年学曲于梨园张怀仙。文云:

> 卜舜年,字孟硕,本吴江人,寓居秀水。少孤,有异质,年十八赴童子试,知县颜欲章奇其文,拔置第一,遂补诸生。寻游陈继儒之门。继儒尝周其贫乏。性好客。得钱汗漫樽酒,为奇服以骇俗人。人皆以为狂。既,乃学曲于梨园张怀仙,每酒阑,作曼声,倾倒一座。年三十余,学炼形术,致瘵疾死。著《绿晓斋集》。体格聱牙,有东野、长吉风。④

朱彝尊《静志居诗话》卷二〇也有其小传:

> 孟硕家居盛泽,幼赴嘉兴童子试,时安福颜欲章知县事,亟赏其文,拔置第一,遂补诸生,读书东塔寺。寻游陈仲醇之门。负才傲世,恒衣

---

① 刘云份:《翠楼集》卷二,《四库存目丛书·集部》第395册,齐鲁书社1997年版,第162页,第179页。

② 茅坤:《〈香奁诗草〉序》,《香奁诗草》卷首,《丛书集成初编》第2284册,商务印书馆1936年版,第1—6页。

③ 《檇李诗系》卷一九,《文渊阁四库全书·集部》第1475册,第439页。

④ 《嘉禾征献录》卷四六。

茜衣入市,题其门曰:"乡人皆恶,国士无双。"惟与同里张汝培端甫结契,时相和酬。孟硕既失意,坎壈不平,仿屈平《楚辞》作《滔滔草》,假帝诰河伯之文,有曰:"东聊淄汶兮,南络沅湘。黑者错白兮,弱者间强。灾即沦于入坎兮,害乃基于剥床。翘商羊之予舞兮,又安睹仪凤之跄跄。固帝心之信祸兮,亦今俗之好殃。"又闻杜松、刘庭二将丧师,赋长谣千余言,以诟杨镐。平居好结客,客至必留。坐是奇窘。或三日不爨,终不乞米于人也。诗尚崛奇,间有合律者。《黄浦晚度》云:"残照收黄浦,孤舟何处依? 沙昏秋雁落,潮满夜渔归。薄海出川旷,前途庐舍稀。帆轻天路近,直与鹤俱飞。"①

五、冯延年

祁彪佳《远山堂曲品》著录其有《南楼梦》传奇,又名《南楼记》。浙图藏《歌林拾翠》收录其《魂游》、《感泣》、《盟愿》、《春郊》四出,《最娱情》第三册选有前三出。

《槜李诗系》卷二二录其诗一首。其小传云:"延年,字千秋,梦祯孙。寄籍钱塘。中崇祯己卯副榜贡。"②

"崇祯己卯"是崇祯十二年(1639)。

卓尔堪《明遗民诗》卷一五:"冯延年,字千秋,钱塘人。乡试两充副车,崇祯庚辰,特典贡士,得选台省。见时事不可为,归隐秋月庵。为复社耆宿。有《秋月庵稿》。"③

六、王翃

王翃(1603—1653)有《红情言》、《榴巾怨》、《词苑春秋》、《博浪沙》、《纨扇记》,后四种不存,《红情言》有清初刻本,《古本戏曲丛刊》三集据之影印。《词苑春秋》,浙图藏《歌林拾翠》收录其《红雨(语)》、《晤别》、《悲喜》三出。赵景深、张增元《方志著录元明清曲家传略》引录了《康熙嘉兴府志》、《乾隆

---

① 朱彝尊:《静志居诗话》卷二〇,人民文学出版社 1990 年版,第 601—602 页。
② 《槜李诗系》卷二二,《文渊阁四库全书·集部》第 1475 册,第 500 页。
③ 卓尔堪:《明遗民诗》卷一五,中华书局 1961 年版,第 610 页。

江南通志》、《道光梅里志》、《光绪嘉兴县志》中王翃的一些资料,①邓长风先生《四位明末清初戏曲家生平考略》一文对其生平有较为详细的考证。②

《携李诗系》卷二四录其诗十六首。其小传《秋槐老人王翃》云:

> 翃,字介人,嘉兴梅里人。家故业染,日坐阛阓间,一手挟古今书以观,一手数钱,与市贩菜佣相应答。饮少而嗜酒,屏绝庆吊,自处名教外。为诗文高自矜许,好制词曲。作《纨扇记》,忌者诬以诋毁里绅,讼之官。家计日落,然诗日益有名。既遭兵乱,多感愤叹咤,见之篇章。张深之,北方名贤,赁居南湖。每置酒召客,伎乐杂陈。翃辄散发赤足,叫呼号啸,虽严客无所避。人多以拟正平、杜子美目之。游山阴,与陈章侯善。王季重见其诗,嗟赏焉。陈卧子作序,谓有盛唐之风。其旧作曰《春槐堂集》,后作曰《秋槐堂集》,共千余首。壬辰,舟次赣州,被盗皆没于水,深自悔痛惜,每终夜拥被记忆。后如粤,往往自失,复撷拾记闻,作诗二百余首。买舟而北,其稿又为鼠啮,不可缀补。益不乐。四月,泊京口,无疾而卒。友人朱彝尊曾有选抄一帙,其弟王庭梓之以传。谓其宿尚沉雄,间为和厚幽淡之句,不可一类求也。③

七、沈槎

《光绪嘉兴府志》、《嘉庆桐乡县志》、《光绪桐乡县志》有其小传。赵景深、张增元《方志著录元明清曲家传略》引录了《嘉庆桐乡县志》、《光绪桐乡县志》的小传,④邓长风先生《十四位清代浙江戏曲家生平考略》一文亦有所论列。⑤

《携李诗系》卷二五录其诗二首。诗前小传《沈贡士槎》云:

> 槎,字星浮,桐乡人。顺治辛卯贡生。当明之季,与孔自洙、张超、

---

①　赵景深、张增元:《方志著录元明清曲家传略》,第186—189页。

②　邓长风:《四位明末清初戏曲家生平考略》,《明清戏曲家考略三编》,上海古籍出版社1999年版,第92—102页。

③　《携李诗系》卷二四,《文渊阁四库全书·集部》第1475册,第545—546页。

④　赵景深、张增元:《方志著录元明清曲家传略》,第182—183页。

⑤　邓长风:《明清戏曲家考略》,第508—510页。

张方起称'桐川四子'。乃三君相继取科第,而槎独以明经老。闭门学易,晚年更精禅学。海昌陆嘉淑、甬上李邺嗣序其《墨亭诗钞》,咸谓慷慨历落、峭绝凛立,非无意于是者。其子出家天童,得法于啸堂老人,亦善诗。昔年曾居予里,即予所与唱和之杼山上人元盛也。①

"顺治辛卯"是顺治八年(1651)。

八、卜不矜

赵景深、张增元《方志著录元明清曲家传略》引录了《光绪嘉兴府志》中的小传。②《槜李诗系》卷二五录其诗二首。诗前小传《卜秀才不矜》云:"不矜,字竽公,嘉兴县生。弃举子业,专事吟咏。有《复觚集》。"③

卜不矜是清人。《槜李诗系》卷二五所收诗人均为"国朝"。

九、韩畾

《传奇汇考标目》别本载其传奇四种,已佚。邓长风先生《十五位明清戏曲作家的生平史料》引录了《大清畿辅先哲传》卷二七的韩畾传记。④《槜李诗系》卷二七录其诗六首。诗前小传《韩高士畾》云:"畾,字经正,号石耕,(大)兴人。性高僻,善鼓琴。酒酣耳热,拂袖作声,无不惊为绝调。人欲学其一曲,必奉千金,以是遂无传者。终身不娶,遍游诸关塞。晚年侨居平湖。有《天樵集》。"⑤

十、魏坤

《光绪嘉善县志》卷二四《文苑》载魏坤"所填乐章,被歌管,悉合于律"。小传云:

> 魏坤,字禹平,号水村,忠节从孙。父文煌,能文,称隐君子。坤少负异才,工诗,与秀水朱彝尊齐名。尝隐居分湖,仿钱重鼎故事,作《水村第二图》,名人题咏殆遍。游京师,就试桥门,撰《石鼓赋》,国子师交

---

① 《槜李诗系》卷二五,《文渊阁四库全书·集部》第 1475 册,第 588 页。
② 赵景深、张增元:《方志著录元明清曲家传略》,第 168—169 页。
③ 《槜李诗系》卷二五,《文渊阁四库全书·集部》第 1475 册,第 570 页。
④ 邓长风:《明清戏曲家考略》,第 100—101 页。
⑤ 《槜李诗系》卷二七,《文渊阁四库全书·集部》第 1475 册,第 625 页。

相激赏,以为绝伦。屡试不遇。康熙己卯,年五十四,始举于乡。两试礼部,仍下第。乙酉北上,小除日,卒于旅社。坤持己,正临财廉,其学叩之不穷。所填乐章,被歌管,悉合于律。著有《倚晴阁诗钞》、《水村琴趣》、《樗庵集》、《漫游小草》行世。①

十一、徐光灿

《光绪平湖县志》卷一七《人物》载徐光灿善琴。其小传云:

> 徐光灿,字凤辉,号绗斋,诸生。少好游,尝历赤城、华顶诸胜。中年患咯血,习养生家言,遂弃举业。居清溪,工诗、善画,尤精琴理。有《霹雳引》一曲,乃北平韩畕所传于李延罡者,光灿得之,为时独步。重游泮宫,荷金帛之赐。年九十五卒。著有《山影楼诗存》、《琴谱》。②

十二、颜鼎寿

《光绪桐乡县志》卷一九《艺文》:"《峄山堂诗钞》、《半乐亭诗钞》、《渔鼓曲》,颜鼎寿撰。"③

十三、沈中栋

《光绪桐乡县志》卷一五《人物下·文苑》载沈中栋"工词曲"。小传云:"沈中栋,字隆九,庠生。父允闻,入《义行传》。隆九秉承家法,刻厉求学。操选政,有《主敬斋论文》诸刻。诗宗石湖、剑南,亦工词曲。卒年二十五。"④

《光绪桐乡县志》卷一九《艺文》载其著作二种:《自在楼闲吟》、《主敬斋遗集》。⑤

《槜李诗系》卷二九录其诗二首。诗前小传《沈太学中栋》云:"中栋,字

① 《光绪嘉善县志》卷二四《文苑》,《中国地方志集成·浙江府县志辑》第19册,江苏古籍出版社1993年版,第709—710页。

② 《光绪平湖县志》卷一七《人物》,《中国地方志集成·浙江府县志辑》第20册,第425页。

③ 《光绪桐乡县志》卷一九《艺文》,《中国地方志集成·浙江府县志辑》第23册,江苏古籍出版社1993年版,第829页。

④ 《光绪桐乡县志》卷一五《人物下·文苑》,《中国地方志集成·浙江府县志辑》第23册,第579页。

⑤ 《光绪桐乡县志》卷一九《艺文》,《中国地方志集成·浙江府县志辑》第23册,第839页。

隆九,桐乡人。以太学生操选政,有《主敬斋论文》诸刻。诗宗石湖、剑南。亡年才二十五。"①

十四、朱履端

《光绪桐乡县志》卷一五《人物下·文苑》载朱履端"工诗文词曲"。小传云:

> 朱公履端,字端升,号浚谷,明仪第三子。乾隆壬戌进士,由庶吉士改兵部职方司主事。工诗文词曲,善画,近徐青藤。在兵曹,洞悉利弊,吏不敢欺。丁内艰归,以父老乞养,遂不出。筑别业于嘉兴之梅会里,名朴园,本某氏废圃,中有古墓,其子请易之。公不许曰:"死者既安其宅,庸可迁乎?"缭以垣,为其子孙祭扫地。时饮花下,必以酒浇之。②

《光绪桐乡县志》卷一九《艺文》载其著述四种:《朴园吟稿》、《朴园诗余》、《南词谱》、《通音律纂》。③

---

① 《槜李诗系》卷二九,《文渊阁四库全书·集部》第 1475 册,第 705 页。
② 《光绪桐乡县志》卷一五《人物下·文苑》,《中国地方志集成·浙江府县志辑》第 23 册,第 581 页。
③ 《光绪桐乡县志》卷一九《艺文》,《中国地方志集成·浙江府县志辑》第 23 册,第 841 页。

后 记

收入本书的大部分论文是近八年内完成的。2001 年底,笔者以《浙江戏曲史》为题,申报本校的"211"重点学科建设项目,幸蒙允准。但在实际的研究过程中,却感到难度非常之大。一来自己缺乏史家之才识,二来浙江戏曲的内容非常丰富,作家、作品众多。戏曲史家戴不凡先生曾言,中国古代戏曲史,有一半发生在浙江(《浙江家乡戏曲活动漫忆》,《浙江文史资料选辑》第 25 辑,第 1 页,浙江人民出版社,1983 年)。因此,要在短时间内,把从古至今发生在浙江境内的戏曲活动和浙江籍作家、作品逐一进行研究,写出一部像样的《浙江戏曲史》,十分困难。而不从原始文献梳理入手,人云亦云地编出一本应景之作,又非我所愿。如果那样,只能贻笑于人,真堪覆瓿。于是,本人只好改变方向,还是从一个作家、一部作品、一种现象开始,做深入细致的研究。日积月累,终于有了本书的大部分内容。必须说明的是,书中有关叶宪祖的论文,完成于自己读硕士研究生期间。有关李渔的论文,完成于获得硕士学位后,读博士研究生之前。因与本书内容一致,又可见自己在学术道路上的雪泥鸿爪,故收入其中。虽然经过修改、校订,但仍然显得稚嫩。恳请专家、同仁批评、赐教。

非常感谢台湾大学曾永义教授、业师吴国钦教授、王陆才(毅)教授、北京语言大学吴书荫教授。曾永义教授在百忙之中抽空赐序,吴国钦教授仔细阅读全稿,并寄来满满四页纸的修改意见。有关叶宪祖的论文是在王陆才(毅)教授的指导下完成的,吴书荫教授拨冗惠寄资料。他们的厚爱,一直令笔者感怀在心,无以言报。人文学院廖可斌、楼含松、周明初、朱则杰、徐永明诸位教授和友人文术发、张世宏、徐大军、徐永斌、顾克勇诸位博士,对本人的研究也提供过不少帮助。浙江大学出版社钟仲南、宋旭华二位先生为本书的出版付出了不少时间和精力。硕士研究生林琼华、唐运冠二位同学,或帮助查找资料,或校对书稿,在此一并致谢。

寄居在狭窄的出租屋内,外面不时传来各种难以忍受的噪音,在浩如烟海的文献中,搜罗曲家的资料,自己的内心时常处在煎熬之中。既有长时间了无所获的茫然,也有发现点滴资料、略有所得的一丝喜悦;既有时不我待、饥来驱人的焦虑,也有沉潜其中、忘却外界纷扰的宁静;既有对家人的歉疚,也有对他们给以理解与支持的欣慰;既有万言不值一杯水、所欲何为的怀疑,也有怀疑之后的坚持与期待。说出这些,不是为书中可能存在的疏漏或错误寻找托辞,而是如实记载自己这六年来"无以为家"的痛苦经历和无奈感受。

值此书稿出版之际,深切怀念已经故世的三位亲人。他们是:我做博士后研究期间的导师徐朔方先生、岳父蒋敬生先生、父亲张伦财先生。徐朔方先生的道德文章、高风亮节,永远是照耀我学术道路的灯塔。书中的部分内容,曾与先生有过交流。如今书成而人不在,请益无从,临风泫然,悲从中来。岳父蒋敬生先生学识渊博,才华横溢。少时即以知菊部闻名乡县,后长期在文化部门工作,曾与人创办大型文学刊物《今古传奇》,并实际主持编务多年,创作有长、短篇小说、说唱文学、曲艺理论著作等数百万字。尤其令人钦佩的是,岳父传统文化素养丰厚,古、近体诗、词、赋能脱口而出,其《听雨窗诗草》雅淡蕴藉,情深境真。岳父生前反复告诫本人不要被眼前的困难所吓倒,学问要做扎实,花拳绣腿、时髦跟风的东西是不会有长久价值的。言犹在耳。但再也不能拥炉倾谈、面聆教诲了。悠悠苍天,曷此其极!父亲一生勤劳正直,坚韧不屈。德行为乡人所重。去世至今,已近十年。音容笑貌,宛在目前。在传统文化越来越边缘化、学术研究越来越功利化的今天,枯坐陋室,一事无成。颠毛种种,老大伤悲。我还真没能拿得出来的、像样的成绩奉献于三位亲人面前,惟以此本小书,告慰于他们的魂灵,愿他们在天国安息。

沉痛哀悼在四川汶川大地震中遇难的同胞,祝愿我们的国家更加繁荣昌盛,愿灾难不再降临在苍生头上。

2008 年 5 月初稿、6 月修改于杭州蜗居斋

书中《研雪子〈翻西厢〉非沈谦〈翻西厢〉》发表在《文学遗产》本年第 4 期,为了尊重《文学遗产》的首发权,本书的出版只好又延搁一年多。《〈昙花记〉、〈彩毫记〉的作年》与《浙图藏曲选〈歌林拾翠〉》合成《明代曲作二考》一文,发表在《文学遗产》2007 年第 4 期,《王光鲁〈想当然〉传奇和徐士俊〈春波影〉杂剧的作年》发表在台湾《戏曲学报》2007 年第 2 期,《叶宪祖剧作的现实精神》发表在《华中理工大学学报》(社会科学版)1995 年第 3 期,收入该年《古代、近代文学复印资料》。有关叶宪祖、李渔的文章,曾发表在《戏剧之家》、《艺坛》等刊物上。感谢上述刊物编辑先生和匿名评审专家的慧眼,使这些文章有先行面世的机会,在收入本书时,都进行过修改、校订,知我,罪我,悉以本书为准。书中有唐突前修与时贤处,敬请海涵。令人不可思议的是,本书在待刊期间,文字打印稿竟从出版社流失到旧书店,为有心人士买走,幸耶,不幸耶,无语问青天。

2009 年 6 月再记于杭州新蜗居斋

图书在版编目(CIP)数据

明清浙籍曲家考 / 汪超宏著. —杭州:浙江大学出版社,
2008.9

(江南文化研究丛书)

ISBN 978-7-308-06281-7

Ⅰ.明… Ⅱ.汪… Ⅲ.①戏曲－艺术家－生平事迹－浙
江省－明清时代②戏曲－艺术评论－中国－明清时代

Ⅳ.K825.78　J805

中国版本图书馆 CIP 数据核字(2008)第 157763 号

明清浙籍曲家考

汪超宏　著

责任编辑	钟仲南
文字编辑	宋旭华
封面设计	北京春天书装
出版发行	浙江大学出版社
	(杭州天目山路 148 号　邮政编码 310028)
	(网址:http://www.zjupress.com)
排　　版	杭州中大图文设计有限公司
印　　刷	杭州富春印务有限公司
开　　本	710mm×1000mm　1/16
印　　张	33
字　　数	498 千
版 印 次	2009 年 9 月第 1 版　2009 年 9 月第 1 次印刷
书　　号	ISBN 978-7-308-06281-7
定　　价	65.00 元